Christlich Demokratische Union

Beiträge und Positionen
zur Geschichte der CDU

W0171645

Christlich Demokratische Union

Beiträge und Positionen
zur Geschichte der CDU

Herausgegeben von
Norbert Lammert

Siedler

Sollte diese Publikation Links auf Webseiten Dritter enthalten,
so übernehmen wir für deren Inhalte keine Haftung, da wir uns
diese nicht zu eigen machen, sondern lediglich auf deren Stand
zum Zeitpunkt der Erstveröffentlichung verweisen.

Verlagsgruppe Random House FSC® N001967

Erste Auflage
2020
Copyright © 2020 Konrad-Adenauer-Stiftung e. V.
Copyright © 2020 Siedler Verlag, München,
in der Verlagsgruppe Random House GmbH,
Neumarkter Straße 28, 81673 München
Lektorat: Dunja Reulein, Bamberg
Lithographie: Regg Media GmbH, München
Umschlaggestaltung: Büro Jorge Schmidt, München
Umschlagabbildungen unter Verwendung von Bild 1 (v. l.):
Konrad-Adenauer-Stiftung e. V./Giuseppe Moro; Bild 2 (v. l.):
Bundesarchiv, B 145 Bild-F004204-0003/Doris Adrian/CC-BY-SA 3.0;
Bild 3 (v. l.): Konrad-Adenauer-Stiftung e.V./Rainer Unkel;
Bild 4 (v. l.): ullstein bild/Christian Bach
Satz und Tabellen: Satzwerk Huber, Germering
Druck und Bindung: Print Consult GmbH, München
Printed in Slovakia
ISBN 978-3-8275-0138-7
www.siedler-verlag.de

Inhalt

Annegret Kramp-Karrenbauer
Grußwort der Vorsitzenden der CDU Deutschlands   9

Norbert Lammert
Zur Einführung
Die Union: Christlich und demokratisch   13

Günter Bannas
Helmut Kohl – der CDU-Vorsitzende   27

Frank Bösch
Die CDU-Vorsitzenden und -Generalsekretäre   53

Thomas Brechenmacher
Die CDU unter Angela Merkel (2000–2018)   81

Lars P. Feld
Soziale Marktwirtschaft, Ordnungsökonomik und
Freiburger Schule: Wie modern ist ordnungspolitisches
Denken?   137

Ralf Fücks
Kampf um die Mitte –
Perspektiven und Koalitionsoptionen der Union   165

Michael Gehler
Die CDU, Europa und die europäische Einigung:
Motor der Multifunktionalität im Mehrebenensystem   183

Rolf Hasse
Die Währungspolitik der CDU zwischen
D-Mark und Euro 231

Klaus-Dietmar Henke
Die Auseinandersetzung mit der NS-Vergangenheit 277

Wolfgang Jäger
Die CDU und das Ziel der deutschen Einheit 301

Karl-Rudolf Korte
Über den elastischen Sicherheitskonservatismus
der CDU-Wähler 335

Frank-Lothar Kroll
Christliche Demokratie – vom Glaubensbekenntnis
zum politischen Programm? 361

Mariam Lau
Die CDU und die Frauen 397

Antonius Liedhegener
Das »C« als »Himmelsanker« oder: Warum die
CDU der Säkularisierung trotzt 421

Horst Möller
Die Union aus CDU und CSU – zum Verhältnis
der Schwesterparteien 469

Peter Müller
»Ohne Sicherheit ist keine Freiheit« – die CDU und
die Innere Sicherheit 497

Ursula Münch
Erosion der demokratischen Mitte? Herausforderungen
der Unionsparteien in den Zeiten post-pandemischer
Krisenbewältigung 533

Herfried Münkler
Die CDU im Kreuzfeuer von Oppositionsbewegungen: Wiederbewaffnung, Friedensbewegung
und AfD 555

Klaus Naumann
Die CDU zwischen transatlantischer Bündnistreue
und Ausgleich mit dem Osten 577

Heinrich Oberreuter
Recht und Geld – Parteienrecht und Parteienfinanzierung 613

Andreas Rödder
Die Rolle der CDU in der deutschen Geschichte 633

Wolfgang Schroeder
Die Sozialpolitik der Union: Christdemokratische
Sozialpolitik im Wandel der Zeit 657

Matthias Stickler
Von der Integration der Vertriebenen zum
»Integrationsland Deutschland« – die Migrationspolitik
der CDU im Wandel 703

Andreas Wirsching
Restauration oder Modernisierung – Deutungen
der Ära Adenauer 737

Edgar Wolfrum
Volksparteien – Entwicklung und Perspektiven 771

Barbara Zehnpfennig
Die CDU, die parlamentarische Demokratie und die Frage
der Repräsentation 795

Regesten 819

Autoren 831

Abbildungsverzeichnis 837

Grußwort der Vorsitzenden der CDU Deutschlands

Kein Historiker, der über die Bundesrepublik schreibt, kommt um die CDU herum, denn die Geschichte beider ist aufs Engste miteinander verwoben. Die Gründung der Bundesrepublik ist genauso ein Werk christdemokratischer Schaffenskraft wie die Westbindung, die Soziale Marktwirtschaft, die europäische Integration oder die Wiedervereinigung. Es sind zwei Erfolgsgeschichten, wobei es die eine ohne die andere vermutlich so nicht gegeben hätte.

Als Vorsitzende der CDU Deutschlands frage ich mich zugleich: Was wird in fünfundsiebzig Jahren ein Historiker in der Geschichte der Bundesrepublik finden? Stößt er, wenn er dann den Weg unseres Landes seit den 2020er-Jahren erforscht, abermals auf eine die Geschichte des Landes prägende CDU? Eine Zwangsläufigkeit dürfen wir nicht erwarten. In der Geschichte gibt es keine Stammplätze.

Wenn die CDU auch in fünfundsiebzig Jahren noch die politische Gestaltungskraft Deutschlands sein will, dann braucht sie zuallererst den Mut, das Vertrauen in sich selbst, trotz vielerlei Ungewissheiten ihren Beitrag für eine gute Zukunft leisten zu können. Dafür muss sie Veränderungen erkennen, die das Leben prägen, jederzeit eine Ahnung von den Herausforderungen haben und schließlich programmatisch auf der Höhe der Zeit sein. In meiner Vorstellung ist die Union eine Zukunftswerkstatt. Sie entwirft eine eigene Perspektive für das Land und hat dabei immer die Mitte der Gesellschaft im Blick. Ihr politisches Handeln folgt der Einsicht, dass Erfolge von morgen das Ergebnis kluger Entscheidungen von heute sind. Denn wer Weichen nicht mehr stellt, steht bald darauf auf dem Abstellgleis.

Hierfür wird es entscheidend sein, dass die CDU immer Antennen für die Impulse der Zeit hat und gleichzeitig aus ihren bleibenden Werten heraus Gestaltungsanspruch entwickelt – das war das Erfolgsrezept unserer Partei in den zurückliegenden fünfundsiebzig Jahren, das muss das Erfolgsrezept auch in den kommenden fünfundsiebzig Jahren sein: auf festen Werten eine gute Zukunft bauen. Genau aus dieser Haltung heraus hat sich die CDU auf den Weg zu einem neuen Grundsatzprogramm gemacht. Angesichts rasanter Entwicklungen wie z. B. die aktuelle Corona-Krise wollen wir uns auf unsere Grundsätze besinnen, um aus ihnen heraus die richtigen Antworten auf die Fragen der Zukunft zu geben. Hierfür müssen wir dafür Sorge tragen, dass alle unsere drei Wurzeln – die christlich-soziale, die liberale und die konservative – kräftig genug sind, damit sie uns Standfestigkeit bieten können.

Aus dieser Standfestigkeit entwickeln wir den Mut und die Schaffenskraft, Verantwortung für unser Land zu übernehmen – ein Land, in dem Menschen in Freiheit, Gerechtigkeit und Solidarität zusammenleben; ein Land, das soziale Sicherheit, gute Jobs und Wohlstand bietet; ein Land, das jedem Einzelnen die Selbstverantwortung ermöglicht und andererseits auf die Verantwortung füreinander Wert legt; ein Land, das innovativ und mutig ist. So stellen wir uns unser Land auch in Zukunft vor. Dabei kommt es ganz wesentlich darauf an, die Soziale Marktwirtschaft zu erhalten. Ihr Versprechen von Wohlstand und Sicherheit dürfen wir nicht als eine ewig gültige Zusage begreifen. Die Soziale Marktwirtschaft braucht uns, so wie wir sie brauchen.

Damit sie bestehen bleibt, müssen wir ihre Grundprinzipien an den technologischen Entwicklungen und ökonomischen Verschiebungen ausrichten.

Ganz sicherlich wird auch in den kommenden Jahrzehnten die Stärke einer Volkspartei darauf beruhen, dass sie ein Spiegel der Gesellschaft ist – heute, morgen und übermorgen. Das gelingt uns nur dann, wenn wir nicht nur nahe bei den Menschen sind, sondern wenn wir selbst als Partei verwurzelt sind in unserem Land und in unserer Gesellschaft; wenn wir die Unterscheidung zwischen *den* Menschen und *der* CDU durchbrechen. Das ist ein großer Anspruch, aber das ist der Garant dafür, auch in fünfundsiebzig Jahren noch Volkspartei zu sein.

Ich bin der Konrad-Adenauer-Stiftung dankbar für diesen lesenswerten Sammelband. Denn auch er leistet seinen Beitrag dazu, dass wir uns unserer Wurzeln und unserer Herkunft besinnen, um daraus Kraft fürs Morgen zu schöpfen.

Annegret Kramp-Karrenbauer
Vorsitzende der CDU Deutschlands

1 Plakat zu den Landtagswahlen in Nordrhein-Westfalen 1970 (Kinderzeichnung von Manfred Meyers)

Zur Einführung

Die Union:
Christlich und demokratisch

Norbert Lammert

Die CDU ist die erfolgreichste Partei Deutschlands. Mit diesem
schlichten Satz einen Debattenband der Konrad-Adenauer-
Stiftung einzuleiten, der anlässlich des fünfundsiebzigsten
Jubiläums die ungewöhnliche Entstehung und Entwicklung
der CDU möglichst nüchtern, jedenfalls differenziert behandeln soll, mag allzu selbstzufrieden erscheinen – schon gar
nach dem Fiasko bei den Wahlen zur Hamburger Bürgerschaft
und dem Debakel bei der Regierungsbildung in Thüringen
im Jubiläumsjahr. Und doch bleibt die Beobachtung korrekt:
In der einundsiebzigjährigen Geschichte der Bundesrepublik Deutschland führten einundfünfzig Jahre fünf Parteivorsitzende der CDU als Kanzler das Land; sechs der insgesamt
zwölf Bundespräsidenten kamen aus der Union. Bei den bisher neunzehn Bundestagswahlen haben CDU und CSU sechzehn Mal die meisten Stimmen bekommen; zusammen erreichten sie 1957 die absolute Mehrheit – bislang ist das keiner
anderen Partei gelungen. Unser Grundgesetz, die Einbindung
in den Westen, die Soziale Marktwirtschaft, die deutsche Einheit und die europäische Integration sind als zentrale Merkmale unserer Geschichte und unseres politischen, wirtschaftlichen und sozialen Systems untrennbar mit der CDU
verbunden. Auch manche gesellschaftlichen Entwicklungen
und Erwartungen hat die CDU vielleicht nicht früher wahrgenommen als andere Parteien, aber doch schneller umgesetzt.
Früher als andere, auch deutlich ältere Parteien wählte die

CDU mit Angela Merkel eine Frau zur Parteivorsitzenden, die als Spitzenkandidatin ihrer Partei nach den Bundestagswahlen 2005 auch die erste Bundeskanzlerin Deutschlands wurde. Und nach deren Verzicht auf eine erneute Kandidatur hat die CDU wieder eine Frau zur Parteivorsitzenden gewählt – übrigens in Konkurrenz zu zwei männlichen Bewerbern. Andreas Rödder bezeichnet die Union bündig als »inoffizielle bundesdeutsche Staatspartei«.

Das ist jedenfalls auch im internationalen Vergleich eine Bilanz, die sich sehen lassen kann. Historische Jahrestage und Jubiläen geben Gelegenheit, zu reflektieren, wie man dort hinkam, wo man heute ist, und wie es morgen weitergehen soll. Der vorliegende Band zur Geschichte der CDU soll hierzu einen Beitrag leisten. Die Texte namhafter Vertreterinnen und Vertreter der Geschichts- und Sozialwissenschaft sowie aus Medien und Politik setzen sich mit verschiedenen Aspekten in der Parteigeschichte auseinander. Insofern liefert das Werk einen Beitrag zum historischen und politischen Diskurs über die Geschichte, den Stellenwert und die Zukunft der CDU in Deutschland.

Die Anfänge: »Sammlung der Mitte«

Ein wesentlicher Aspekt zum Verständnis der CDU ist der Blick zurück auf die Anfänge. »Sie dürfen niemals die geschichtlichen Zusammenhänge vergessen«, hat Konrad Adenauer in diesem Zusammenhang einmal festgestellt: »das Heute [folgt] aus dem Gestern und das Morgen aus dem Heute. Und so ist es sehr wertvoll, die Fäden zu verfolgen, wie sie durch das ganze Geschehen hindurchlaufen, dann erst bekommt man die richtige Einstellung auch zu dem Heute.«[1]

Die Geschichte der CDU begann 1945 – noch vor der Erlaubnis der Besatzungsmächte zur Bildung eines westdeutschen Teilstaates. Ihre Gründung und der ihr zugrunde liegende programmatische Neuanfang waren eine der Voraussetzungen für die Neugründung von Staat und Gesellschaft in Deutschland nach dem Ende des nationalsozialistischen Regimes und des Zweiten Weltkriegs. Mit der CDU entstand eine neue, interkonfessionelle Partei, die aufbauend auf dem katholischen Milieu und evangelischen Christen einem breiten Spektrum an politischen Strömungen aus der Zeit vor dem Nationalsozialismus ein politisches Zuhause gab – das war in den Anfangsjahren ihr Erfolgsgeheimnis.

Die entscheidenden Impulse und Weichenstellungen gingen aus dem Kreis der Widerstandskämpfer gegen den Nationalsozialismus hervor. Noch im Untergrund und in den Gefängnissen des nationalsozialistischen Regimes keimte die Idee einer christlich-demokratischen Volkspartei, einer »Sammlung der Mitte« über konfessionelle Grenzen hinweg, wie es Otto Lenz formulierte, der zum Gründerkreis der CDU in Berlin zählte.[2] Eugen Gerstenmaier, Mitglied der Widerstandsgruppe des Kreisauer Kreises, später Vorstandsmitglied der CDU und über viele Jahre Bundestagspräsident, hat es gelegentlich so formuliert, »dass die Konstituierung der CDU in den Gefängnissen von Tegel begonnen hat«.[3] In Berlin wurde Andreas Hermes erster Vorsitzender der CDU in der Sowjetischen Besatzungszone (SBZ). Der Volksgerichtshof hatte ihn noch im Januar 1945 zum Tode verurteilt, nur die Eroberung Berlins durch die Rote Armee bewahrte ihn vor der Hinrichtung. Auch in Köln trafen sich die ersten Männer und Frauen mit persönlichen Erfahrungen des Scheiterns der ersten deutschen Demokratie; später stieß Konrad Adenauer, der langjährige Kölner Oberbürgermeister, dazu.

Aber nicht nur in Berlin und Köln, sondern überall in Deutschland kam es zu ersten Anfängen einer Parteigründung, aus der dann die Union erwuchs. Es war eine Parteigründung von unten – getragen von der Idee, für alle in der Mitte der Gesellschaft offenzustehen, eben eine Union zu bilden zwischen Stadt und Land, zwischen sozialen Schichten, zwischen Arbeitnehmern und Arbeitgebern, zwischen katholischen und evangelischen Christen. Natürlich verlief diese Einigung innerhalb der Union nicht ohne Konflikte und auch nicht so zielgerichtet, wie dies aus der Retrospektive erscheinen mag. Gerade mit Blick auf den konfessionellen Schulterschluss gab es so manche Hürde zu nehmen. Anfangs stützte sich die CDU noch stark auf das katholische Milieu und stieß auf Schwierigkeiten in evangelischen Regionen. Doch indem sie es vermochte, das gegenseitige Misstrauen zwischen Katholiken und evangelischen Christen zu überwinden, konnte sie bundesweit eindrucksvolle Wahlergebnisse erzielen. So entwickelte sich die CDU zu einer Partei, die sprichwörtlich den protestantisch-konservativen Schleswig-Holsteiner genauso ansprach wie den katholischen Rheinländer und den liberalen Württemberger.[4] Schon im Dezember 1945 fand in Bad Godesberg erstmals ein »Reichstreffen« von Vertretern der christlich-demokratischen Bewegung aus allen Teilen Deutschlands statt. Man einigte sich auf den im Berliner Gründerkreis geprägten Namen Christlich-Demokratische Union.

Die Männer und Frauen, die die Union gründeten, wollten die christlich-sozialen, die liberalen und die wertkonservativen Traditionen der Vorgängerparteien in einer Partei zusammenführen. Dies sind die drei weltanschaulichen Wurzeln der CDU. Ein Leben in Frieden und Freiheit, der Wiederaufbau und die Rückkehr Deutschlands in die Wertegemeinschaft der westlichen Völker sowie die Einheit Deutschlands wiederherstellen – das waren die gemeinsamen programmatischen Ziele.

Mit dem in Deutschland und vor allem in Berlin immer deutlicher zutage tretenden Kalten Krieg vertiefte sich jedoch die Teilung, die auch praktische Folgen für die Entwicklung politischer Parteien hatte. Eine freie Entfaltung war der CDU in der SBZ nicht möglich. Bereits Ende 1945 setzte die sowjetische Militäradministration den Vorsitzenden Andreas Hermes ab, seinen Nachfolger Jakob Kaiser ereilte zwei Jahre später das gleiche Schicksal. Obgleich die Ost-CDU massiven Repressalien ausgesetzt war, hatte es Kaiser jedoch vermocht, eine beachtliche Parteiorganisation aufzubauen; bei den Landtagswahlen 1946 wurde die SED, die zuvor aus der Zwangsvereinigung von Ost-SPD und KPD hervorgegangen war, zwar stärkste Partei, die Ost-CDU und die liberale Partei LDP konnten jedoch zusammen mehr Stimmen auf sich vereinen als die Einheitspartei. Nach der Gründung der DDR verschärften sich die Zwangsmaßnahmen des Regimes allerdings noch einmal erheblich. Kaiser war gezwungen, ab 1950 als Vorsitzender der Exil-CDU von West-Berlin aus zu wirken. Währenddessen zeigten die mehrfachen Säuberungswellen der SED ihre Wirkung – die Ost-SPD war mit der KPD zwangsvereinigt worden, die Ost-CDU wurde gleichgeschaltete Blockpartei.

In der Bundesrepublik Deutschland dagegen war nach dem Erfolg bei der ersten Bundestagswahl 1949 und der ersten Regierungsbildung unter Konrad Adenauer die Konstituierung der CDU auf Bundesebene der nächste logische und auch entscheidende Schritt im Gründungsprozess der Union. Im Oktober 1950 trafen sich in Goslar unter dem Motto »Einigkeit und Recht und Freiheit« die Delegierten zur Gründung der CDU-Bundespartei, zur Festigung ihrer Geschlossenheit und zur Beratung ihrer geistigen Grundlagen. In der Einleitung des Protokolls vom ersten gesamtdeutschen CDU-Bundesparteitag heißt es: »Goslar sollte der Ausgangspunkt sein für eine organisatorisch festgefügte CDU, die ihre Kraft schöpft aus den ewig gültigen Werten: dem Christentum, der demokratischen Freiheit und der starken Union der Menschen, die guten Willens sind.«[5]

CDU und Bundesrepublik

Der erste Bundeskanzler der Bundesrepublik Deutschland kam aus den Reihen der CDU, mit Konrad Adenauer ist die Gründungsphase der Bundesrepublik Deutschland untrennbar verbunden. Schon als Präsident des Parlamentarischen Rats war er maßgeblich an der Erarbeitung des Grundgesetzes beteiligt – einer zunächst provisorischen Verfassung eines nicht souveränen westdeutschen Teilstaats, die inzwischen zu den ältesten geltenden Verfassungen der Welt gehört. Er war ein Realpolitiker durch und durch, aber mit einem klaren weltanschaulichen und moralischen Fundament, das den Orientierungsrahmen für sein konkretes politisches Handeln schuf. Sein Blick für den Wert des Einzelnen, sein Vertrauen in seine Fähigkeiten und sein fester Wille, sie zur Entfaltung zu bringen, bildeten die Eckpunkte seines Koordinatensystems.

Als Kanzler nahm Adenauer maßgebliche Weichenstellungen in der politischen Orientierung der Bundesrepublik vor: die Westbindung und die europäische Einigung. Die Soziale Marktwirtschaft und das deutsche Wirtschaftswunder sind untrennbar mit Adenauers Wirtschaftsminister Ludwig Erhard verbunden, der später sein Nachfolger als Kanzler wie als Parteivorsitzender wurde. In seine Amtszeit fällt auch die Aufnahme diplomatischer Beziehungen mit dem Staat Israel im Jahr 1965. Die Soziale Marktwirtschaft, die Westintegration auf Basis einer wertegebundenen Außenpolitik und die Europaorientierung bildeten den Kern der CDU-Programmatik. Der Erfolg und die Popularität dieser Persönlichkeiten und ihrer Politik sicherten der CDU bis Ende der 1960er-Jahre solide Mehrheiten bei den Bundestagswahlen – bis zur Bildung der ersten Großen Koalition unter Kurt Georg Kiesinger.

Ende der 1960er-Jahre machte sich der gesellschaftliche Wandel in der Bundesrepublik bemerkbar: Das christliche Milieu, aus dem die CDU einen wesentlichen Teil ihrer Wähler rekrutierte, wurde spürbar kleiner; die Studentenbewegung der 68er und das Aufkommen neuer sozialer Bewegungen veränderten das gesellschaftliche und politische Gesicht der Bundesrepublik. Der CDU/CSU gelang es nicht, darauf überzeugend zu reagieren, und so gingen die Bundestagswahlen 1969 und 1972 verloren.

Die Zeit in der Opposition stieß jedoch einen umfassenden Modernisierungsprozess an, vorangetrieben insbesondere auch vom rheinland-pfälzischen Landesvorsitzenden und Ministerpräsidenten Helmut Kohl, der die Honoratiorenpartei als Parteivorsitzender zielstrebig zur Mitgliederpartei umbaute. Damit einher gingen eine Öffnung und Demokratisierung der innerparteilichen Willensbildung, die sich auch im ersten Grundsatzprogramm der CDU 1978 niederschlugen, das »Freiheit, Solidarität und Gerechtigkeit« als zentrale Grundwerte auf dem Fundament des christlichen Menschenbildes definierte. Das Programm, das auf dem Parteitag in Ludwigshafen beschlossen wurde, leistete eine notwendig gewordene Verdeutlichung des christlichen Selbstverständnisses, der Sozialen Marktwirtschaft und der europäischen wie deutschlandpolitischen Ziele der CDU mit Blick auf die veränderten politischen und gesellschaftlichen Rahmenbedingungen. Eine klassische Programmpartei wurde die CDU freilich nicht, was zum einen am pragmatischen, ideologie- kritischen Politikverständnis und zum anderen am breiten Spektrum an Positionen und Interessen lag, die die Union von Beginn an abdecken wollte. Doch insgesamt wurde das Profil sozialer und im kulturellen Bereich liberaler. Kurt Bie- denkopf und Heiner Geißler trugen als Generalsekretäre viel zum Profil der CDU bei. Die nicht immer spannungsfreie Rol- lenverteilung zwischen Parteivorsitzendem und Generalse- kretär erwies sich für die Partei als vorteilhaft.

Unter dem Eindruck wachsender Spannungen innerhalb der sozialliberalen Koalition – gerade auch innerhalb der SPD als Regierungspartei – gelang es Helmut Kohl 1982 schließ- lich, die FDP davon zu überzeugen, wieder mit der CDU/CSU zu koalieren. Sechzehn Jahre sollte die schwarz-gelbe Koa- lition unter Bundeskanzler Helmut Kohl die Geschicke der Bundesrepublik bestimmen. Als sich im Herbst 1989 tief greifende politische Entwicklungen in Osteuropa und der DDR abzeichneten, nutzte Kohl die Gunst der Stunde und verhandelte auf dem internationalen Parkett die deutsche Einheit mit staatsmännischem Geschick und glänzendem Erfolg.

Das »Parteiensystem« in der DDR blieb von diesen Ereig- nissen nicht unberührt. Die Ost-CDU war im Winter 1989 aus dem »Einheitsblock« ausgetreten und erneuerte sich in per- soneller, organisatorischer und programmatischer Hinsicht. Aus den ersten und letzten freien Wahlen zur Volkskammer ging die CDU in der »Allianz für Deutschland« zusammen mit dem Demokratischen Aufbruch (DA) und der Deutschen Sozialen Union (DSU) überraschend als Wahlsiegerin hervor; ihr Vorsitzender Lothar de Maizière wurde zum Ministerprä- sidenten gewählt. Beim Bundesparteitag im Oktober 1990 in Hamburg vereinigte sich die CDU in West und Ost. Auf dem

Parteitag 1994, ebenfalls in Hamburg, verabschiedete die Partei das erste gesamtdeutsche Grundsatzprogramm und vergewisserte sich damit ihres Wertefundaments angesichts der tief greifenden Veränderungen in Deutschland nach dem Mauerfall, aber auch im internationalen Umfeld nach dem Ende des Kalten Krieges.

Ganz dem Erbe Adenauers verpflichtet, war auch Kohl ein überzeugter Europäer. Er wusste, dass die wirtschaftliche und politische Integration die Voraussetzung für Frieden, Freiheit und Wohlstand in ganz Europa war und zugleich die Bedingung für die Möglichkeit einer Überwindung der Teilung Europas und der Wiederherstellung der staatlichen Einheit Deutschlands.

Die Euphorie über diesen Höhepunkt der jüngeren deutschen Geschichte und einer herausragenden politischen Biografie wurde bald von den konkreten Herausforderungen des Einigungsprozesses verdrängt. In seiner Handlungsfähigkeit geschwächt durch die Mehrheit der SPD im Bundesrat und unwillig, dem waltenden öffentlichen Bedürfnis nach personeller Veränderung Rechnung zu tragen, stellte Helmut Kohl sich auch 1998 zum fünften Mal als amtierender Bundeskanzler zur Wahl, die zum ersten Mal in der Geschichte der Bundesrepublik zu einem Regierungswechsel aufgrund des Wählervotums und nicht durch die Neuorientierung eines Koalitionspartners führte. Der auch innerparteilich hoch umstrittene Umgang mit einer massiven Parteispendenaffäre erzwang den Rücktritt seines Nachfolgers Wolfgang Schäuble als Parteivorsitzender und den Verzicht Kohls auf das Amt des Ehrenvorsitzenden.

Mit Angela Merkel begann eine neue, von kaum jemandem erwartete Epoche der CDU-Parteigeschichte. Mit ihr ging eine gesellschaftspolitische Liberalisierung der CDU einher. Nach sieben Jahren auf der Oppositionsbank übernahm die Union wieder die Regierungsverantwortung, Angela Merkel wurde 2005 zur ersten Bundeskanzlerin Deutschlands. In drei Koalitionsregierungen mit der SPD und einer schwarz-gelben Koalition entwickelte sich Merkel zur international hoch geachteten Politikerin und Vermittlerin – nicht nur in Zeiten der Finanz- und Eurokrise. Ihre Entscheidung, im September 2015 die Grenzen angesichts der Flüchtlingsbewegungen in Europa geöffnet zu lassen, wurde unter humanitären Gesichtspunkten weltweit gelobt; innenpolitisch wurde sie umso weniger populär, je deutlicher die damit verbundenen Probleme und Aufgaben wurden. Die Etablierung einer neuen Partei rechts der Union, die inzwischen im Bundestag und in sämtlichen Landtagen vertreten ist, stellt das traditionelle Parteiensystem im Ganzen und die Union im Besonderen vor neue Herausforderungen. Markus Söder hat nach eigenen schmerzlichen Erfahrungen in diesem Zusammenhang darauf hingewiesen, dass die Union ihre Bindekraft weiterhin in der Mitte entfalten müsse: »Wir haben festgestellt, dass wir in der Mitte mehr Wähler verlieren, als wir rechts gewinnen.«[6]

Die Zukunft der Volkspartei

Nach zwanzig Jahren eines milden Matriarchats, das die Union nachhaltig verändert hat, befindet sich die CDU pünktlich zu ihrem Gründungsjubiläum am Beginn einer neuen Etappe ihrer Parteigeschichte. Ganz aktuell fordert die Corona-Pandemie von der Union wieder einmal die Fähigkeit, Deutschland durch eine außergewöhnliche Krise zu führen. Die Debatte über aktuelle und künftige Herausforderungen für die Union hat längst begonnen und in der Vereinbarung der Fortschreibung ihres Grundsatzprogramms einen deutlichen Ausdruck gefunden. Die CDU hat sich in ihrer Funktion als Volkspartei in der Vergangenheit als Stabilitätsanker der Bundesrepublik erwiesen und zur breiten Zustimmung der Wählerschaft zur parlamentarischen Demokratie des Grundgesetzes maßgeblich beigetragen. Die scheinbar ungefährdete Dominanz der Volksparteien ist freilich schon lange – in Deutschland wie beinahe überall in Europa – einer zunehmenden Segmentierung in eine »Gesellschaft der Singularitäten« (Andreas Reckwitz) zum Opfer gefallen, die sich nicht zufällig auch in einer Erosion des Parteiensystems niederschlägt. Alle traditionellen Großorganisationen von der Kirche bis zu den Gewerkschaften haben signifikant an Bindungskraft verloren, und auch den politischen Parteien fällt es immer schwerer, als Transmissionsriemen zwischen Politik und Gesellschaft zu wirken. Ansehen und Erfolg einer Volkspartei hängen aber ganz wesentlich von ihrer Fähigkeit ab, unterschiedliche gesellschaftliche Gruppen und Interessen zu erreichen und übergreifend zu integrieren. Deswegen darf sie sich nicht als ein wandelndes Denkmal verstehen, das den Zustand der Gesellschaft zum Zeitpunkt ihrer Gründung auf Dauer zu bewahren hätte. Sie muss lebendige Membran sein, die Veränderungen vermittelt – in beide Richtungen.

Vor dem Hintergrund dieser Herausforderungen ist dies für die CDU als Volkspartei eine anspruchsvolle, aber nicht unlösbare Aufgabe, denn Veränderung ist in der DNA der CDU verankert: »Die CDU ist eine Partei politischer Häutungen – von Adenauer über Kohl bis Merkel. Ihre Fundamente, das christliche Menschenbild und das Ja zu Europa, bieten viel Raum dafür, alten Gewissheiten zu entsagen«,[7] beschrieb Günter Bannas diese Fähigkeit der Union.

Der vorliegende Band verdeutlicht dies auf unterschiedliche Art und Weise; verschiedene politische Perspektiven und thematische Blickwinkel kommen zu Wort, um so eine möglichst differenzierte Auseinandersetzung zum Ausdruck zu bringen. Die Autorinnen und Autoren decken ein breit gefächertes Spektrum an Positionen zur Christdemokratie ab – von wissenschaftlicher Distanz über kritische Sympathie bis zu deutlicher Skepsis. Thematische Überschneidungen ergeben sich aus der Komplexität des Gegenstandes. Auch deshalb folgt der Band einer alphabetischen Reihung der Autoren, illustriert mit einer Auswahl an Wahlplakaten der CDU. Inhaltlich erstreckt sich die Bandbreite an Themen von den Anfängen der Union über ihre historische Entwicklung, über die Rolle von Personen wie des Gewichts von Organisationen und Strukturen bis hin zu den gegenwärtigen Herausforderungen, vor der die Partei steht. Und genau betrachtet, geht es dabei um mehr als die Zukunftsperspektiven einer Partei. Konrad Adenauer hat es einmal so ausgedrückt: »Parteipolitik ist nicht schön, und Parteipolitik bringt nicht viel Freude; aber die Beschäftigung mit ihr ist eine Pflicht.« Ganz in diesem Sinne versteht sich auch der vorliegende Band als Beitrag zu einer notwendigen Debatte über Gegenwart und Zukunft der Union als Volkspartei im Kontext unserer parlamentarischen Demokratie.

1 Konrad Adenauer auf der Zonentagung der Jungen Union der CDU in Reckling-hausen am 4. August 1946. Schriftenreihe der Jungen Union, H. 1. Bergisch Gladbach 1946, S. 5.

2 Zitiert nach Hans-Otto Kleinmann: Geschichte der CDU. Stuttgart 1993, S. 21.

3 Ebd.

4 Vgl. Frank Bösch: Die Adenauer-CDU. Gründung, Aufstieg und Krise einer Er-folgspartei, 1945–1969. Stuttgart/München 2001, S. 7.

5 Erster Parteitag der Christlich-Demokratischen Union Deutschlands, Protokoll, 20.–22. Oktober 1950, Goslar, S. 8, (www.kas.de/upload/ACDP/CDU/Proto-kolle_Bundesparteitage/1950-10-20-22_Protokoll_01.Bundesparteitag_Goslar. pdf, Abruf: 15. Dezember 2019).

6 Markus Söder: „Corona ist für uns alle ein Stresstest", in: Berliner Morgenpost, 14. März 2020.

7 Günter Bannas: Die Zeitgeistpartei, in: FAZ, 27. Juni 2015.

Kanzler für Deutschland

Freiheit
Wohlstand
Sicherheit

2 Plakat zu den Bundestagswahlen 1990

Helmut Kohl – der CDU-Vorsitzende

Günter Bannas

»Siehst du, Kurt, alles in Ordnung«, hat sich Jürgen Rüttgers, Teilnehmer der Koalitionsverhandlungen 1994, an eine
Bemerkung Helmut Kohls erinnert.[1] Kurt – gemeint war Kurt
Biedenkopf, damals CDU-Ministerpräsident im neuen Bundesland Sachsen, »König Kurt« wurde er genannt. Kohl war
der »Kanzler der Einheit«. Ziemlich knapp waren die Unionsparteien und die FDP bei der Wahl noch einmal bestätigt worden. Im Bundestag war der Vorsprung der schwarz-
gelben Koalition vor der Opposition von zuvor hundertvier-
unddreißig Sitzen auf zehn Mandate geschmolzen. Schwierige Koalitionsverhandlungen gab es. In großer Runde der
Verhandler wollte sich Biedenkopf zur Rentenpolitik äu-
ßern, weil er glaubte, die Rente sei keinesfalls so sicher, wie
das Jahre zuvor Norbert Blüm wahlkampftauglich versichert
hatte. Biedenkopf erhielt das Wort. Lang und breit erläuterte
er seine Vorstellungen und seine Bedenken, alles beim Alten
zu lassen. Sodann erteilte Kohl, wahrscheinlich wissend, was
kam, seinem Arbeitsminister das Wort. Auch Blüm sprach
lang und breit und verteidigte seine – und Kohls – Rentenpolitik. Kohl war zufrieden. »Siehst du, Kurt, alles in Ordnung.« Ende der Debatte. Vor Augen und Ohren der FDP-
Politiker unter Führung ihres Vorsitzenden Klaus Kinkel, der
keinerlei Bedenken gegen die Fortsetzung des Bündnisses
mit Kohl hatte, wollte der CDU-Vorsitzende die Aufführung
eines parteiinternen Konflikts vermeiden. Zugleich zurrte

der Kanzler die Linie der Partei fest. Seine alte Strategie hatte Erfolg: Kanzlerschaft und Parteivorsitz waren für Kohl zwei Seiten einer Medaille. Ohne das eine Amt wäre das andere wenig wert gewesen. Am besten funktionierte dieses System in einer Koalition.

In der Gemengelage dreier Parteien – CDU, CSU und FDP – war es für Kohl ein Leichtes, die Positionen und Interessen der Partner gegeneinander auszuspielen. Abgesehen davon, dass es in der Geschichte der Bundesrepublik nur ein einziges Mal eine absolute Mehrheit der Union – 1957 unter Konrad Adenauer – gegeben hatte, setzte er aus solch strategischen Gründen lieber auf ein Koalitionsbündnis mit der FDP als auf eine CDU/CSU-Alleinregierung. Das Bestreben der CSU-Spitze unter Franz Josef Strauß, nach der »Wende« im September 1982 alsbald eine Neuwahl anzusetzen, die nach damaliger Einschätzung zum Scheitern der FDP an der Fünfprozenthürde geführt hätte, lehnte Kohl ab. Erst ein halbes Jahr später, im März 1983, wurde gewählt. Kohl hatte doppelten Erfolg. Die FDP, die sich Monate zuvor von der sozialliberalen Koalition mit Helmut Schmidt gelöst und Kohl zur Kanzlerschaft verholfen hatte, blieb im Bundestag. Die CSU aber konnte er zügeln. Nicht einmal das zweitbeste Ergebnis der Union bei einer Bundestagswahl, die 48,8 Prozent von 1983, hätte eine absolute Mehrheit der Mandate gebracht. Dankbarkeit muss keine Kategorie der Politik sein – sie wird es dann aber doch, wenn Dankbarkeit und Machtinteressen zusammenkommen. In diesem Sinne war Kohl der FDP dankbar und nahm Rücksicht auf ihre Befindlichkeiten und politischen wie personellen Querelen. Auch blieb er in der Kontinuität der zu Zeiten der SPD/FDP-Regierung formulierten Außenpolitik Hans-Dietrich Genschers, zum Missvergnügen mancher Strömungen in der eigenen Partei. Er setzte die FDP nicht mit Vertrauensfragen unter Druck. In Wahlkämpfen ließ er es zu, dass die FDP mit Leihstimmen-Kampagnen potenzielle Unionswähler zu sich herüberziehen wollte. Aus eigenem Interesse war er am Bestand der FDP interessiert. Lieber auf der Klaviatur der Interessen dreier Partner spielen als allein von der CSU abhängig sein – das war bis zum Schluss das Bestreben des CDU-Vorsitzenden und Bundeskanzlers und auch sein Erfolgsgeheimnis. Die FDP-Führung hielt ihm die Treue. Ihr sozialliberaler Flügel war gestutzt. Kohl konnte sich auf die FDP verlassen und die FDP auf Kohl.

Frühzeitig hatte er die Grundlagen eines solchen Einvernehmens gelegt. Als es im Herbst 1966 nach dem Ende der Regierung von Bundeskanzler Ludwig Erhard um die Bildung einer Großen Koalition mit der SPD ging, war Kohl im Bundesvorstand der CDU das einzige Mitglied, das gegen die Vereinbarung von Union und SPD stimmte, das Mehrheitswahlrecht einzuführen.[2] Eine solche Änderung des Wahlrechts, von der die SPD dann kurz vor der Bundestagswahl 1969 abrückte, hätte das sichere Ausscheiden der FDP aus dem Bundestag nach sich gezogen. Jahre später in der »Ära Kohl« wurde von »Lagerwahlkampf« gesprochen und deutsche Politik danach organisiert – »bürgerlich« gegen »rotgrün«. Das hieß: CDU, CSU und FDP versus SPD und Grüne.

Mehr als die Hälfte des 20. Jahrhunderts mit all seinen Veränderungen hat Helmut Kohl durchlebt, wurde er von ihnen und hat er sie selbst geprägt, Zeitzeuge und Akteur zugleich. Als Kind und als Jugendlicher erlebte er die Jahre der nationalsozialistischen Diktatur und Schreckensherrschaft und den Zweiten Weltkrieg, in dem sein älterer Bruder fiel. Die Zeitläufe brachten es mit sich, dass Kohl – wie kaum ein Politiker sonst – für die Gesamtheit der sogenannten Bonner Republik stand: die Teilung Deutschlands, die Währungsreform mit der Einführung der D-Mark, den Wiederauf-

bau und das Wirtschaftswunder, das Entstehen der Europäischen Wirtschaftsgemeinschaft, der Bau der Mauer in Berlin, die Aussöhnung mit Frankreich und die Westintegration
der Bundesrepublik, die »Spiegel-Affäre« und die 1968er-
Studentenrevolte mit ihren gesellschaftsverändernden Folgen, das Ende der Adenauer-Ära, die erste Große Koalition
(1966–1969), die Auseinandersetzungen über die Ostpolitik
der sozialliberalen Koalition, die Jahre der Terroranschläge
der Roten-Armee-Fraktion (RAF), das Entstehen der Umwelt-
schutzbewegung und die große Zeit der Friedensbewegung
zu Beginn der 1980er-Jahre, der Fall der Berliner Mauer und
die Vereinigung Deutschlands, die Ablösung der D-Mark
und die Einführung einer europäischen Währung und
schließlich, als er schon nicht mehr Bundeskanzler war, der
Umzug des Sitzes von Bundesregierung und Bundestag von
Bonn nach Berlin.

Umstände- und altersbedingt prägte Kohl die Geschichte
der CDU vielleicht mehr als vor ihm der Parteigründer Konrad Adenauer und nach ihm Angela Merkel – erst reforme-
risch und dann beharrend. Er bekämpfte die »Sozis« und
wollte nicht »rechts« sein. Er dachte liberal und europäisch.
Der katholische Glaube war ihm ein Fundament; klerikal
aber war er nicht. Rücksichten nahm er auf innerparteiliche Gegner, weshalb ihm auch der Vorwurf gemacht wurde,
an nichts anderes zu denken als an eigenes Vorwärtskommen
und Machterhalt. Die unterschiedlichen Flügel und Milieus
der Partei – Nationalkonservative, Wirtschaftsliberale und
Sozialausschüsse – gehörten für ihn zur »Familie« der CDU.
Als Kohl in den Wiederaufbauzeiten Mitglied wurde, war
die CDU von Politikern bestimmt, die schon in der Weimarer Republik tätig waren und deren Scheitern erlebt hatten.
Eine »Honoratiorenpartei« wurde sie zu Recht genannt. Bis
in die 1960er-Jahre hinein hatte sie etwa 250.000 Mitglie-

der. Erst um 1970 herum stieg die Mitgliederzahl auf über 300.000. Mit ihren Generalsekretären Kurt Biedenkopf und Heiner Geißler wurde die CDU unter Kohls Führung zu einer Großorganisation mit schlagkräftiger Kampagnenfähigkeit. 1980 wurden mehr als 700.000 Parteimitglieder gezählt. Nur für kurze Zeit wurde diese Zahl überboten – nach dem Beitritt der DDR zur Bundesrepublik Deutschland und der Integration der Blockpartei CDU in Kohls CDU: 790.000 CDU-Mitglieder gab es. Am Ende seiner Ära waren noch 600.000 verblieben.[3] Gesellschaftliche und politische Änderungen waren die Ursachen. Die Bindewirkung auch von traditionsreichen Großorganisationen wie den Kirchen und Gewerkschaften ging zurück. Ehedem war es selbstverständlich, dass Führungsleute der katholischen Jugend auch in Führungsaufgaben der CDU hineinwuchsen. Mit dem Aufkommen der Grünen brach das ab. Weder die Konfession noch die Mitgliedschaft in einer Gewerkschaft prägt die Parteipräferenz der Wähler. Lange ist es her, dass Katholiken wie selbstverständlich die CDU wählten und Gewerkschaftsmitglieder die SPD. Als Kohl 1998 nicht mehr zum Kanzler gewählt wurde und vom Parteivorsitz zurücktrat, war die Zeit über ihn hinweggegangen.

Helmut Kohl – geboren und behütet aufgewachsen in Ludwigshafen im April 1930, der Vater war Finanzbeamter, die Mutter Hausfrau – war schon seit einigen Jahren Mitglied der neu gegründeten CDU, als er 1950 das Abitur machte. Dass er im schulischen Alltag und als Mitglied in der Nachwuchsorganisation der Partei, der Jungen Union, die Rolle des Anführers innehatte, lässt sich bei Leuten, die eine Karriere machten wie er, natürlich auch eindrucksvoll nachzeichnen. Klaus Dreher – Altersgenosse und Biograf Kohls, ein aus dem benachbarten Mannheim stammender und zeitlich parallel aufsteigender Journalist – hat die entsprechenden Belege und Zitate aufgeschrieben. »Burschikos und direkt« sei Kohl aufgetreten. Keine Angst vor den alten Herren der Partei habe er gehabt. Die »vereinigten Kalkwerke« habe er sie genannt. Als »junger großer Mann mit einer großen Pfeife und einer großen Klappe« sei er in der CDU bezeichnet worden.[4] Die von Kohl dementierte Kolportage, er habe seiner Verlobten und späteren Ehefrau, Hannelore Renner, »beim Walzer ins Ohr geflüstert, sie werde einmal Frau Bundeskanzler werden«, erwähnte Dreher auch. Sein Studium der Geschichte und der Rechtswissenschaften in Frankfurt und Heidelberg und seine ersten Schritte in die Berufswelt ordnete Kohl der Parteiarbeit und seinem politischen Aufstieg unter. Sie waren Mittel zum Zweck. »Die politische Entwicklung in der Pfalz und das Wiedererstehen der Parteien nach 1945« lautete das Thema seiner 1958 fertiggestellten Dissertation, die sein eigenes politisches Engagement und die dabei erworbenen Quellen zur Grundlage hatte. Seine Tätigkeiten als Direktionsassistent in einer Ludwigshafener Eisengießerei und dann beim rheinland-pfälzischen Landesverband der Chemischen Industrie boten ihm ausreichenden finanziellen und zeitlichen Freiraum, sich um die Politik zu kümmern. 1959 wurde er in den Landtag von Rheinland-Pfalz gewählt – im Alter von neunundzwanzig Jahren als damals jüngster Abgeordneter.

Kohl hatte sich durchgesetzt und war zum Berufspolitiker geworden. Seine »Heimat« – wie das lange vor der Renaissance des Begriffs ausgedrückt wurde – war die CDU. Auf allen politischen Ebenen war er tätig. 1954 wurde er stellvertretender Landesvorsitzender der Jungen Union in Rheinland-Pfalz. 1955 kam er in den Landesvorstand der CDU. 1959 wurde er Vorsitzender des CDU-Kreisverbands Ludwigshafen, 1960 Mitglied des Stadtrats dort und gleich auch Fraktionsvorsitzender. In jenen Jahren knüpfte er ein Netzwerk politischer Freunde und Bündnispartner. Bernhard Vogel, seinen Nachfolger im Amt des rheinland-pfälzischen Ministerpräsidenten, und Waldemar Schreckenberger, der später Kohls Staatskanzlei in Mainz und kurze Zeit auch das Bundeskanzleramt leitete, kannte er vom Studium her. Die späteren Bundesminister in Kohls Kabinetten, Gerhard Stoltenberg (Finanzen, Verteidigung) und Friedrich Zimmermann (Innen, Verkehr), waren ihm als damals führende Kräfte in der Jungen Union vertraut. Kohl nahm Einfluss und ließ Einfluss nehmen.

Seine Basis war Mainz und sein erstes Ziel das Amt des Ministerpräsidenten, das seit 1947 Peter Altmeier (CDU, Jahrgang 1899) innehatte. Früh hatten Kohl und seine Freunde dem alten Herrn den Kampf angesagt. Vier Jahre nach seinem Einzug in den Landtag wurde Kohl – im Alter von dreiunddreißig Jahren – Fraktionsvorsitzender. 1966 wurde er zum CDU-Landesvorsitzenden gewählt. Der Landesparteitag fasste einen denkwürdigen Beschluss: »Zu gegebener Zeit« solle Kohl Nachfolger Altmeiers im Ministerpräsidentenamt werden.[5] Altmeiers letztes, 1967 gebildetes Kabinett trug schon Kohls Handschrift. Bernhard Vogel wurde Kultusminister und Heiner Geißler, den Kohl aus der CDU Baden-Württemberg nach Mainz geholt hatte, Sozialminister. Die Landesregierung wurde quasi von der Landtagsfraktion geführt. 1969 war die »gegebene Zeit« gekommen. Kohl löste Altmeier ab. Die Landtagswahl 1971 gewann er mit der absoluten Mehrheit.

Sein Aufstieg in der Bundespartei verlief parallel. Schon in den frühen 1960er-Jahren machte er als Delegierter auf Bundesparteitagen von sich reden – meist dann, wenn es um die Belange des Nachwuchses und die Zukunft der CDU ging. 1969 wurde Kohl einer der fünf stellvertretenden CDU-

Vorsitzenden. 1971 unterlag er bei der Wahl Rainer Barzel, dem – sich als glücklos erweisenden – Vorsitzenden der erstmals seit 1949 oppositionellen CDU/CSU-Fraktion. 1973 trat Barzel, der nur sechs Jahre älter als Kohl war, von beiden Ämtern zurück – zermürbt durch seinen vergeblichen Versuch, 1972 Bundeskanzler Willy Brandt abzulösen, und auch durch innerparteiliche Querelen. Auf einem Parteitag in Bonn im Juni 1973 wurde Kohl zum CDU-Vorsitzenden gewählt. Er blieb so lange wie sonst kein Parteichef – mehr als fünfundzwanzig Jahre.

Kohl trat nicht als Intellektueller auf. Doch er verstand es, in ihren hergebrachten Berufen überaus erfolgreiche Leute für die Politik zu gewinnen und – wenn oft auch nur zeitweise – für sich einzunehmen. Richard von Weizsäcker, Jurist und Manager bei der Mannesmann AG und dem Pharmakonzern Boehringer Ingelheim, kam 1969 über die rheinland-pfälzische Landesliste in den Bundestag. Kurt Biedenkopf, Jahrgangsgenosse Kohls, Rektor der neu gegründeten Ruhr-Universität Bochum und einer der Geschäftsführer des Henkel-Konzerns, wurde CDU-Generalsekretär. Der jüngere Roman Herzog, der schon im Alter von einunddreißig Jahren einen Lehrstuhl für Staatsrecht innehatte, wurde Chef der rheinland-pfälzischen Landesvertretung in Bonn. Die hatte nicht nur die Aufgabe, die Interessen des Landes in der Bundespolitik durchzusetzen. Herzog und seine Mitarbeiter hatten zudem dafür zu sorgen, dass Kohls innerparteiliche Machtinteressen bei Entscheidungen des Bundesrats berücksichtigt wurden – gegen die möglichen Ambitionen anderer CDU-Ministerpräsidenten, vor allem Gerhard Stoltenbergs aus Schleswig-Holstein. Der Politikwissenschaftler Wolfgang Bergsdorf wurde Kohls Büroleiter in der Bonner CDU-Zentrale und organisierte in seinem Sinne Gesprächsrunden mit Bonner Journalisten. Kohls erklärte Absicht, bei der Bundestagswahl 1976 als Kanzlerkandidat anzutreten und dann in die Bundeshauptstadt überzusiedeln, sollte vorbereitet werden. Grundzüge dessen entwickelten sich, was später das »System Kohl« genannt wurde. Den jungen Horst Teltschik, Referent in der CDU-Zentrale, gewann Kohl für seine Arbeit in Mainz; später wurde er Chef der außenpolitischen Abteilung im Kanzleramt. 1971 wurde der Neubau der CDU-Zentrale, das – an der Bundesstraße 9 schräg gegenüber der SPD-Zentrale gelegene – Konrad-Adenauer-Haus, bezogen. Unter Leitung Biedenkopfs wurde es im Sinne Kohls organisatorisch und personell durchlüftet und auf den Stand moderner Führungsmethoden gebracht. Junge Leute und Intellektuelle, häufig aus der CDU-Studentenorganisation RCDS (Ring Christlich-Demokratischer Studenten) stammend, zogen ein, Wulf Schönbohm etwa. Warnfried Dettling wurde Leiter der Planungsgruppe. Kohl war der Mann der Parteijugend und des Reformflügels der CDU und richtete seine Personalpolitik entsprechend aus. In der Jungen Union sah er eine verbündete Organisation. Als Matthias Wissmann 1973 im für damalige Verhältnisse ungewöhnlichen Alter von vierundzwanzig Jahren zum Vorsitzenden der JU gewählt worden war, war er tags darauf zum Termin bei Kohl in der Staatskanzlei in Mainz. Gerd Langguth, Vorsitzender des RCDS, wurde von Kohl gefördert. 1976 kamen beide in den Bundestag. Dass Norbert Blüm (Jahrgang 1935) 1977 den früheren Arbeitsminister und Vorsitzenden der CDU-Sozialausschüsse Hans Katzer (Jahrgang 1919) aus dem Amt drängte, sah Kohl mit Wohlgefallen.[6] Auch Blüm war von ihm gefördert worden.

Ein Selbstläufer war Kohls Bestreben nicht, 1976 die beiden Unionsparteien als Kanzlerkandidat in den Bundestagswahlkampf zu führen. Koalitionsstrategisch verfolgte die CSU unter Führung von Franz Josef Strauß eine andere Linie als der CDU-Vorsitzende. Kohl strebte ein Bündnis mit der FDP an. Teile der CDU, vor allem aber Strauß lehnten das ab. Das Eintreten der FDP 1969 in eine Koalition mit der SPD hatten sie nicht verwunden. Die Ostpolitik nicht nur der Bundeskanzler Willy Brandt und Helmut Schmidt, sondern eben auch der FDP-Außenminister Walter Scheel und ab 1974 Hans-Dietrich Genscher hielten sie für einen Verrat an Deutschland. Genschers Politikstil des Taktierens und Finassierens war ihnen zuwider. Dass Kohl Kontakt zu Genscher hielt, dass er in Rheinland-Pfalz trotz seiner absoluten Mehrheit dort Brücken zur Landes-FDP nicht abgerissen hatte, verärgerte Strauß.

Zu einem Wutausbruch sondergleichen ließ er sich hinreißen – gegen die SPD, vor allem aber gegen die FDP, der er »Charakterlosigkeit« vorwarf, und auch gegen die CDU, der er eine »neidhammelhafte Haltung« ihm gegenüber unterstellte. Im November 1974 geschah dies, auf einer Klausurtagung der CSU-Landesgruppe in Sonthofen. Die Union solle nicht eigene Vorschläge machen. »Lieber eine weitere Inflationierung, weitere Steigerung der Arbeitslosigkeit, weitere Zerrüttung der Staatsfinanzen in Kauf nehmen«, beschrieb er seine Strategie. »Es muss wesentlich tiefer sinken, bis wir Aussicht haben, politisch mit unseren Vorstellungen, Warnungen, Vorschlägen gehört zu werden.« Die Rede war auf Band mitgeschnitten worden. Ein knappes halbes Jahr später erschien ein »Best of« im »Spiegel«.[7] Die Veröffentlichung sorgte für gehörigen Wirbel. »Sonthofen-Strategie« wurde das genannt. Kohls Strategie war es nicht.

Zudem gab es in der CDU andere Spitzenpolitiker, denen Ambitionen auf die Kanzlerschaft unterstellt wurden, Gerhard Stoltenberg vor allem, der unwesentlich älter als Kohl war und nach vielen Jahren im Bundestag und als junger Forschungsminister in der Großen Koalition Erfahrungen in Bonn gesammelt hatte. 1971 und 1975 wurde er mit jeweils absoluter Mehrheit zum Ministerpräsidenten in Schleswig-Holstein gewählt. Stoltenberg aber zögerte. Auch Karl Carstens, an sich ein herausragender politischer Beamter, unter anderem Chef des Bundeskanzleramts unter Kurt Georg Kiesinger, entsprach dem Geschmack der CSU. 1972 war Carstens in den Bundestag gewählt worden, 1973 wurde er nach dem Rücktritt Barzels Vorsitzender der CDU/CSU-Fraktion und hielt polemisch zugespitzte Reden gegen die sozialliberale Bundesregierung.

Doch die Umstände spielten Kohl in die Hände. Die CDU schnitt bei Landtagswahlen gut ab. Die sozialliberale Koalition war in einer Schwächephase. Kohl beanspruchte als Parteivorsitzender auch die Kanzlerkandidatur. Sie wurde ihm von der CDU gewährt. Die CSU hatte sich zu fügen. Die Differenzen kulminierten in dem kuriosen Streit, ob der Wahlkampf 1976 gegen die SPD unter dem Motto »Freiheit oder Sozialismus« (CSU) oder »Freiheit statt Sozialismus« (CDU) zu führen sei. Die Bayern taten schließlich das eine, die CDU das andere. Doch die Wahlkampfführung war auch schick und modern. Ein CDU-Plakat machte Furore. Abgebildet eine junge Frau, Blume im Schmollmund, mit grünen Boxhandschuhen. »Komm aus Deiner linken Ecke«, lautete der Text (vgl. Abb. S. 396). Das beste Ergebnis seit Adenauers absoluter Mehrheit 1957 erzielten die Unionsparteien unter Kohls Führung: 48,6 Prozent, ein Plus von 3,7 Punkten. Die SPD unter Helmut Schmidts Kanzlerschaft verlor 3,2 Punkte und landete bei 42,6 Prozent. Die Schmach von 1969 und 1972 schien überwunden. Die Union war die stärkste Kraft im Bundestag. Doch es reichte nicht. SPD und FDP hatten gemeinsam zehn Sitze mehr, und Genschers FDP blieb an

Schmidts Seite. Die Union stellte den Bundestagspräsidenten – Karl Carstens, die SPD aber den Bundeskanzler – Helmut Schmidt. Helmut Kohl wollte nun als Oppositionsführer nach Bonn.

Drei Wochen standen ihm bevor, in denen sich Ungeheures anzubahnen schien. Die CSU-Landesgruppe beschloss auf einer Klausurtagung in Wildbad Kreuth, die Fraktionsgemeinschaft mit der CDU im Bundestag aufzulösen. Zwei Fraktionen hätte es dann gegeben – eine der CDU, eine der CSU –, was eine Spaltung der Union nach sich gezogen hätte. Strauß hatte es angetrieben und sich abermals treiben und gehen lassen. Das Auseinanderfallen der Unionsparteien hätte zugleich die Ausdehnung der CSU auf die gesamte Bundesrepublik nach sich gezogen mit dem Ziel, als eigenständige Kraft das rechte Wählerspektrum auf sich zu vereinen. Strauß' Zweifel an den Fähigkeiten Kohls waren auch ein Antrieb. Drohte ein »Sonthofen 2«? Kohl setzte seine Leute ein. Roman Herzog sollte helfen, den »Einmarsch« der CDU nach Bayern vorzubereiten. Anhänger in Bayern hatte Kohl auch – Werner Dollinger aus Franken und Hans Maier, der Kultusminister war. Die drei Kohl-Freunde repräsentierten auch das »C« der CDU/CSU. Herzog und Dollinger waren im Evangelischen Arbeitskreis (EAK) der Unionsparteien engagiert, Maier war Präsident des Zentralkomitees der deutschen Katholiken. Gespräche wurden geführt, Drohungen ausgesprochen. Konservative CDU-Politiker, die als Verbündete von Strauß gegolten hatten, gingen bald auf Distanz zum CSU-Chef. Am 19. November hatte die CSU die Trennung beschlossen. Am 1. Dezember wählten die CDU-Bundestagsabgeordneten Kohl zu ihrem CDU-Fraktionsvorsitzenden. Am 12. Dezember wurde der Trennungsbeschluss zurückgenommen. Der CSU-Teil der Unionsabgeordneten aber erhielt als Gegengabe einige Sonderrechte, jenes etwa, dass die CSU-Abgeordneten bei Fragen von besonderer Bedeutung von den Abgeordneten der CDU nicht überstimmt werden dürften. Die Fraktionsgemeinschaft blieb erhalten. Kohl war nun Oppositionsführer und Chef der CDU/CSU-Bundestagsfraktion.

In der über Jahre gewachsenen Hierarchie von wichtigen und weniger wichtigen Abgeordneten aber tat sich Kohl schwer. Er versuchte es mit organisatorischen Maßnahmen, um »seine« Leute, meist jüngere Parlamentarier, in Stellung gegen die »alten Hasen« zu bringen. In seinem Stammland aber verlor er rasch an Einfluss. Kohl wollte, dass sich seine Kabinettsmitglieder die politische Führung in Mainz teilten. Sozialminister Heiner Geißler sollte das Amt des CDU-Landesvorsitzenden übernehmen, Finanzminister Johann Wilhelm Gaddum Ministerpräsident werden. Bernhard Vogel aber setzte sich in den internen Entscheidungen zwei Mal durch. In Bonn kam es zum Zerwürfnis zwischen Kohl und seinem Generalsekretär. Kurt Biedenkopf ging. Kohl holte Heiner Geißler, damals sein Freund, an die Spitze der CDU-Parteizentrale.

Es wurde keine leichte Zeit für ihn. Von Helmut Schmidt wurde er von oben herab wie ein Schuljunge behandelt. Kohl war kein guter Redner. Seine Rhetorik war ausschweifend, voller Stilblüten und fahrig. »Morgenstunde hat Kohl im Munde«,[8] rief ihm Herbert Wehner, der SPD-Fraktionsvorsitzende, in einer Aussprache im Bundestag entgegen. In den Medien kam Kohl schlecht weg. »Birne« wurde er genannt und als solche karikiert. Der CDU-Abgeordnete Jürgen Todenhöfer, dem rechten Fraktionsflügel zugerechnet, sagte – wiewohl über die rheinland-pfälzische Landesliste in den Bundestag gekommen – über Kohl: »Im Schlafwagen kommt man nicht an die Macht.«[9] Kohl kam zu der Einsicht, er werde sich für die Bundestagswahl 1980 nicht als Kanzlerkandidat durchsetzen können. Er schlug den niedersächsischen CDU-Ministerpräsidenten Ernst Albrecht, liberal und smart, vor – dessen Niederlage einkalkulierend. Auch Strauß trat an. Die CDU/CSU-Fraktion stimmte ab. Strauß gewann. Die Bundestagswahl verlor er. Strauß blieb Ministerpräsident in Bayern, Kohl, der sich auch im Fall des Wahlsiegs von Strauß das Amt des Vorsitzenden der Unionsfraktion ausbedungen hatte, blieb Oppositionsführer in Bonn. Zwei Jahre später kündigte die FDP-Führung in Bonn die Zusammenarbeit mit der SPD auf. Am 1. Oktober 1982 wurde Kohl zum Bundeskanzler gewählt – mittels des konstruktiven Misstrauensvotums im Bundestag. Kohl war am Ziel. Mit zwei CDU-Politikern vor allem hatte er es von nun an auf wechselhafte Weise zu tun: Heiner Geißler und Wolfgang Schäuble.

»Ich habe Loyalität nie mit Gehorsam verwechselt«, hat Heiner Geißler in einem Gespräch für ein Buchprojekt der Journalisten Gunter Hofmann und Werner A. Perger gesagt. »Ich bin nicht im Parlament und in der CDU, weil Helmut Kohl oder ein anderer Parteivorsitzender ist, sondern weil ich mein Mandat als eine Berufung für mein Land empfinde und meine Partei die Überzeugungen, Ziele und moralischen Grundsätze vertritt, die auch ich für richtig halte.« 1993, wenige Jahre nach seinem Ausscheiden aus dem Amt des CDU-Generalsekretärs, wurde das Gespräch veröffentlicht.[10] »Ich bin doch nicht einfach in die CDU hineingedackelt und bleibe als Dackel in ihr drin.« Geißler wurde wie Kohl 1930 geboren. Auf einer Jesuitenschule machte er Abitur. Kurze Zeit war er nach dem Studium der Rechtswissenschaften als Richter tätig. Er trat der CDU bei, war einige Jahre Landesvorsitzender der Jungen Union in Baden-Württemberg und Leiter eines Ministerbüros in Stuttgart. 1965 wurde er in den Bundestag gewählt. 1967 holte ihn Kohl ins benachbarte Bundesland. Geißler wurde Sozialminister der rheinland-pfälzischen Landesregierung. Von nun an war er an Kohls Seite – in guten wie in schlechten Zeiten.

1977 wurde er in Bonn CDU-Generalsekretär – auf Vorschlag Kohls, wie es die Satzung der Partei vorschreibt, nach welcher der Generalsekretär auf Vorschlag des Parteivorsitzenden gewählt wird. Im Sinne Kohls trieb er die Reform der CDU als Volkspartei programmatisch und organisatorisch weiter voran. 1978 wurde in Ludwigshafen das erste Grundsatzprogramm der CDU seit ihrer Gründung beschlossen – das bereits ein eigenes Kapitel zur Umweltpolitik enthielt. Geißler organisierte einen »CDU-Jugendparteitag«. 1985 sorgte er dafür, dass der CDU-Parteitag zu einem »Frauenparteitag« gemacht wurde. Im Parteipräsidium habe sich die Unterstützung für seinen Vorschlag »in Grenzen« gehalten, sagte er. Doch Kohl habe das Vorhaben »sehr unterstützt«.[11] Geißler war es, der – auf Anregung seines Bundesgeschäftsführers Peter Radunski – den Vorschlag machte, Rita Süssmuth solle Bundesministerin für Jugend, Familie und Gesundheit (später auch für Frauen) werden, eine Wissenschaftlerin, die auch der CDU angehörte. Kohl war – mit Blick auf die weibliche Wählerklientel – einverstanden, wenn auch an weiteren Einzelheiten nur mäßig interessiert. Als sie ihm im Kennenlerngespräch erläuterte, dass sie in Fragen des Abtreibungsparagrafen 218 anderer Meinung sei als die Mehrheit der CDU, habe Kohl – erinnert sie sich – mit der Bemerkung reagiert, das Thema stehe nicht an und man werde schon eine Lösung finden.[12]

Geißler aber polarisierte. Im Streit über die NATO-Nachrüstung bezeichnete er die SPD als »fünfte Kolonne der anderen Seite« – also der Sowjetunion – und äußerte gegen die Grünen gerichtet, der Pazifismus der 1930er-Jahre habe

»Auschwitz erst möglich gemacht«.[13] Andererseits nahm die CDU die Grünen und die Friedensbewegung ernst. Geißlers Adenauer-Haus organisierte zehntausend »Friedenstage«. Kohl wies im Kanzleramt seinen Staatsminister Jenninger an, Vertreter des »Krefelder Appells« zu empfangen und deren Unterschriftensammlung gegen die NATO-Nachrüstung entgegenzunehmen – ein Treffen, das nach Bekanntwerden des Vorhabens wegen des Widerspruchs aus der Union dann doch nicht zustande kam: Die Organisation »Krefelder Appell« galt im CSU-geführten Innenministerium als Handlanger der Sowjetunion und der DDR. Zugleich hatte Kohl für seinen Generalsekretär in die Bresche zu springen – gegen den Vorwurf Willy Brandts etwa, Geißler sei der »schlimmste Hetzer seit Goebbels«.[14] Doch das äußere Bild der Harmonie entsprach nicht der CDU-internen Wirklichkeit. Es gab zwei konkurrierende Zentren. Kohls Mannschaft im Bundeskanzleramt und Geißlers Mannschaft im Konrad-Adenauer-Haus.

Kohls Misstrauen gegen Geißler wuchs. Der Generalsekretär verstand sich als »geschäftsführender« Parteivorsitzender. Er erhielt auf Bundesparteitagen bessere Wahlergebnisse als Kohl. Seine Reden hielt er nicht am selben Tag wie Kohl, was ihm eine zusätzliche Resonanz verschaffte. Weil Geißler und Radunski die Wahlkämpfe der CDU (1980, 1983 und 1987) erfolgreich organisierten, hielt Kohl an Geißler fest. Er wusste: Geißler ist in der CDU beliebt. Schon vor Kohls Kanzlerschaft hatte der Konflikt begonnen, als es 1981 um die Bestellung eines neuen CDU-Bundesgeschäftsführers ging. Geißler machte – was der Satzung nach sein Recht und seine Pflicht war – einen Vorschlag: Peter Radunski, der da schon einige Jahre in der Parteizentrale für Wahlkampfdinge zuständig gewesen war. Kohl machte, obwohl ihm nach der Satzung dieses Recht nicht zukam, einen eigenen Vorschlag: Hans Terlinden, der ihm schon in Mainz zugearbeitet hatte.

Im CDU-Vorstand kam es zur Abstimmung. Geißlers Vorschlag wurde mit elf zu eins Stimmen angenommen.[15] Kohl stand allein da. Der Bruch zwischen beiden habe damals begonnen, hieß es später. Kohl wollte Geißler offenbar aus der Parteizentrale entfernen, indem er ihm 1982 das Bundesministerium für Jugend, Familie und Gesundheit antrug. Geißler nahm das eine Amt, bestand aber darauf, das andere zu behalten. Kohl akzeptierte. Harte personalpolitische Entscheidungen waren seine Sache nicht, in der Regel jedenfalls. Die Berufung des Journalisten Jürgen Merschmeier 1985 zum Pressesprecher der CDU gilt als die letzte Entscheidung, die Kohl und Geißler im Konsens trafen. Doch Kohls Pressearbeit wurde da längst vom Kanzleramt aus organisiert – von seinem Vertrauten Eduard Ackermann.

Geißler wollte, anders als Kohl, die Reform der Partei vorantreiben. Nach der Bundestagswahl 1987 häuften sich Missverständnisse und Differenzen. Das Regierungsschiff schlingerte. Geißler plädierte für eine »multikulturelle Gesellschaft«, was den Innenpolitikern der CDU und der CSU zuwider war. Dem Beharren auf den Grenzen Deutschlands von 1937 bei deutschnationalen Strömungen in der Union, deren Protagonisten auch von Kohl als »Stahlhelmfraktion« verspottet wurden, setzte Geißler karikierend den Begriff von Deutschland »in den Grenzen von 19xy«[16] entgegen, wovon sich Kohl zu distanzieren hatte. Die CDU-Sozialausschüsse hielten Abstand zu Kohl. Zum Nachfolger ihres Vorsitzenden Blüm wählten sie nicht Kohls Favoriten, den Kölner Heinz Soénius, sondern Ulf Fink, der als Vertrauter Geißlers galt. Landtagswahlen gingen für die CDU verloren. »Die Zentrale einer Partei ist nicht das Kanzleramt oder ein Staatsministerium, sondern im Falle der CDU das Konrad-Adenauer-Haus«, sagte Geißler in der Rückschau. »Darüber gab es in der Tat Differenzen zwischen mir und Helmut Kohl.«[17] 1989 hatte Kohl genug. Er teilte Geißler mit, ihn beim Parteitag in Bremen nicht wieder für das Amt des CDU-Generalsekretärs vorschlagen zu wollen. Den ganzen Sommer über hatte sich Kohl öffentlich und auch gegenüber Parteifreunden in der Personalsache bedeckt gehalten, ob er Geißler doch wieder als Generalsekretär vorschlagen werde. Wichtige CDU-Politiker – darunter die Bundesminister Blüm (Arbeit), Stoltenberg (Verteidigung) und Wallmann (Umwelt) – und auch die Sozialausschüsse forderten Kohl zu dessen Ärger auf, an Geißler festzuhalten. Es half nichts. Kohl blieb hart. Geißler organisierte Gespräche mit Rita Süssmuth, Kurt Biedenkopf und Lothar Späth, dem Ministerpräsidenten von Baden-Württemberg. Ihr Ziel: Ablösung Kohls als Parteichef und auch als Kanzler. Die Ereignisse des Sommers 1989 bewahrten Kohl davor. Die ungarische Regierung ließ ihn wissen, dass und wann sie für die nach Ungarn gereisten Deutschen aus der DDR die Grenze öffnen werde. Pünktlich zum Beginn des entscheidenden CDU-Parteitags in Bremen war das der Fall. Kohl wurde nicht gestürzt. Der sogenannte Putschversuch fand nicht statt. Die Zeit des Parteireformers Kohl aber war beendet. Als Kanzler kümmerte er sich um die Organisation der deutschen Einheit und die Einführung des Euro.

Wolfgang Schäuble, geboren 1942 in Freiburg, Sohn eines ehemaligen CDU-Abgeordneten des Badischen Landtags, trat 1961 in die Junge Union und 1965 in die CDU ein. 1969 wurde der Jurist und Regierungsrat beim Finanzamt Freiburg Vorsitzender der Jungen Union im Bezirk Südbaden. Er zählte zu jenen jungen Leuten, die Kohls Aufstieg in der Partei unterstützten. 1972 wurde er in den Bundestag gewählt. Er machte von sich reden. Kohl wurde auf ihn aufmerksam. 1981 wurde Schäuble einer der Parlamentarischen Geschäftsführer der Fraktion, ein Jahr später, als Kohl Kanzler geworden war, dann auch Erster Parlamentarischer Geschäftsführer. Kohl hatte den konservativen Chef der Hessen-CDU Alfred Dregger nicht in sein Kabinett holen wollen und machte ihn zum Fraktionsvorsitzenden. Schäuble aber wurde Kohls Vertrauter in der Fraktionsspitze und stieg zum Organisator des CDU-geführten Teils der neuen Bundesregierung auf. Er war Dregger und Kohl gegenüber loyal, vor allem aber auch ehrgeizig, führungsstark und durchsetzungsfähig. 1984 stieg er als »Bundesminister für besondere Aufgaben« zum Chef des Bundeskanzleramts auf – sein Vorgänger (und Kohls alter Bekannter) Waldemar Schreckenberger hatte sich als nicht fähig erwiesen, seine Aufgaben zu bewältigen. Ein »Bermuda-Dreieck«, in dem die Akten verschwanden, wurde das Kanzleramt genannt. Schäuble aber wurde im Bonner Journalistenmilieu »Napoleon« geheißen. Dem Jüngeren gegenüber brauchte Kohl nicht misstrauisch zu sein. Er förderte ihn und überließ ihm heikle Aufgaben – von der Deutschlandpolitik bis in Details der Personalpolitik hinein. 1989 wurde Schäuble Innenminister. Kohl entwickelte ein Vater-Sohn-Verhältnis zu ihm. Besonders nach dem Attentat auf Schäuble während des Bundestagswahlkampfs im Herbst 1990 kümmerte er sich um seinen Minister.

Anders als Geißler stellte Schäuble Kohls Führungsanspruch nicht infrage. Schäuble blieb bei seinen Zuständigkeiten. Als Innenminister handelte er nach der Wende mit der DDR-Regierung den Einigungsvertrag mit seinen gesetzlichen Details aus. Den Umzug der Bundesregierung von Bonn nach Berlin bereitete er vor. Nicht Kohl, sondern Schäuble hielt bei der Bonn-Berlin-Debatte des Bundestags die entscheidende Pro-Berlin-Rede. In Angelegenheiten aber, die er ohnehin nicht habe ändern können, sagte er, habe er sich auch nicht eingemischt. Alles wäre sonst noch komplizierter geworden. Die klassische Außenpolitik gehörte dazu. Sie wurde im Kanzleramt von Kohls Sicherheitsberater Horst Teltschik einerseits und von den FDP-Außenministern Genscher und später Kinkel andererseits gestaltet.

Nach seiner Wahl 1991 zum Vorsitzenden der CDU/CSU-Bundestagsfraktion waren Schäubles Zuständigkeiten und Ansprüche weiter vermehrt worden. Dem Ansinnen Kohls, Steffen Heitmann (CDU) als Nachfolger von Bundespräsident Richard von Weizsäcker durchzusetzen, stand er skeptisch gegenüber. Kohl, der sich längst mit dem liberalen Weizsäcker überworfen hatte, auch weil er auf dessen öffentliches Ansehen eifersüchtig war, hatte den konservativen Justizminister aus Sachsen ins Präsidialamt bringen wollen. Doch Heitmann scheiterte an sich selbst – mit ziemlich missverständlichen Äußerungen über die deutsche Geschichte und die Stellung der Frau in der Gesellschaft. Schäuble blieb Kohl gegenüber öffentlich loyal, baute aber zugleich Macht und Einfluss aus. Er bestimmte die Innenpolitik. Nach der noch einmal von Kohl gewonnenen Bundestagswahl 1994 verbreitete sich in der CDU und im Bonner Journalistenmilieu die Vermutung, Kohl werde im Lauf der Wahlperiode die Kanzlerschaft an Schäuble abgeben. Schäuble glaubte nicht daran. Andere Kenner des Binnenbetriebs sahen das schärfer. Kohl habe Schäuble als Fachmann für alles geschätzt, die strategischen Fähigkeiten des Jüngeren aber angezweifelt. Feste Absprachen über einen Stabwechsel jedenfalls gab es nicht. Überdies wäre eine Wahl Schäubles zum Bundeskanzler während der Wahlperiode an der knappen Koalitionsmehrheit gescheitert; die Führungen von FDP und CSU hätten nicht zugestimmt. Zudem wollte Kohl die – damals schon in der deutschen Innenpolitik umstrittene – Einführung der neuen europäischen Währung durchsetzen, ein Projekt, das seinem Selbstbildnis entsprach, der

»Enkel Konrad Adenauers« zu sein, des großen Europäers also.

Anfang 1997 gab Schäuble dem »Stern« ein Interview.[18] »CDU-Reformer für Schäuble als Kohl-Nachfolger«, lautete die Überschrift. »Ein Krüppel als Kanzler?«, wurde er gefragt. »Ja, die Frage muss man stellen«, war Schäubles Antwort. Und ja, die Kanzlerschaft wäre »eine Versuchung, der ich wahrscheinlich nicht widerstehen könnte«. Kohl, der – anders als Schäuble – mit dem »Stern« wie auch mit dem »Spiegel« nie etwas zu tun haben wollte, ließ ein Bild für die Zeitschrift organisieren: Er selbst massig und wohlwollend, Schäuble im Rollstuhl. Dieses Mal, nach fast fünfundzwanzig Jahren CDU-Vorsitz und sechzehn Jahren Kanzlerschaft, standen junge CDU-Politiker nicht mehr aufseiten Kohls. Sie bevorzugten Schäuble. Kohl war für sie ein Mann der Vergangenheit. Schäuble stand für die Zukunft. Kohl nehme alles persönlich, äußerte Angela Merkel damals.[19] Schäuble habe ihm – Schritt für Schritt – in der Innenpolitik die Macht entzogen. Kohl hänge am Tropf von Schäuble. Aber Kohls Instinkte zur Macht seien besser als die des Fraktionsvorsitzenden.

Kohls Entourage, auch er selbst, empfand Schäuble als ungeduldig und drängelnd. Machtbewusst kündigte Kohl (»Ich habe mir die Entscheidung nicht leicht gemacht«) seine abermalige Kandidatur an. Schäuble gab eine Vertrauenserklärung ab: »Die CDU/CSU-Bundestagsfraktion begrüßt die Entscheidung des Bundeskanzlers.«[20] Im Oktober 1997 auf dem CDU-Parteitag in Leipzig aber wurde Schäuble für seine Rede gefeiert. Als der Kongress beendet war, sagte Kohl gegenüber einem privaten Fernsehsender, er wünsche sich Schäuble als Nachfolger. Ein mediales Tohuwabohu entstand. Gesprächsweise ging Schäuble auf Distanz. »Ich kenne den Kohl genau«, sagte er. »In der Demokratie gibt es keine

Kronprinzen.«[21] Und: »Ich hätte auch ohne die Meldung des gestrigen Abends überlebt.« Schließlich: »Ich bin das Objekt seiner Wünsche. Er ist das Subjekt.« Kohl wollte es dem jungen Sozialdemokraten Gerhard Schröder noch einmal beweisen. »Wenn ein altes Schlachtross Militärmusik hört, dann schmeißt es den Kopf hoch! Es hört die Trompete – und auf zur Attacke. Genauso geht es mir.«[22] Dann der CDU-Parteitag fünf Monate vor der Wahl. »Ich sage dies sehr persönlich, lieber Wolfgang, da ich weiß, was Dir der Alltag bringt – an Arbeit, auch an Verdruss und Ärger, aber auch an Freude«, sagte Kohl.[23] Er verlor die Wahl. Schröder wurde Bundeskanzler, Kohl Ehrenvorsitzender der CDU, Schäuble Parteivorsitzender und im Bundestag Oppositionsführer.

Der Start der rot-grünen Bundesregierung 1999 war schlecht. Im März trat Oskar Lafontaine von seinen Ämtern als Finanzminister und SPD-Vorsitzender zurück. Die CDU »eroberte« zwei bis dahin SPD-geführte Landesregierungen: im Januar in Hessen, im September im Saarland. Sie gewann auch die Wahlen in Berlin, Thüringen und Sachsen. Bei der Europawahl erzielte die Union mit 48,7 Prozent fast die absolute Mehrheit – mit einem Plus von nahezu 10 Prozentpunkten. Kohl, der Ehrenvorsitzende, sah sich persönlich bestätigt. »Die Leute wollen mich in Versammlungen haben«, sagte er Ende Oktober 1999. »Der alte Elefant ist noch unterwegs. Das tut mir gut.«[24] Schäuble gegenüber wurde er als dominant empfunden. Seine alten Vertrauten im Konrad-Adenauer-Haus hatte er auch – vor allem den Personalchef Hans Terlinden. Doch die Vergangenheit holte ihn ein: der CDU-Spendenskandal. Geißler bestätigte, in der »Ära Kohl« habe es geheime Konten der CDU gegeben. Kohl übernahm die »politische Verantwortung«, blieb aber dabei, die Namen der Spender nicht nennen zu wollen.[25] Darüber zerbrach auch sein Verhältnis zu Schäuble. Kurz vor Weihnachten schrieb die Generalsekretärin Angela Merkel in der »FAZ«, Kohl habe der Partei Schaden zugefügt.[26] Er habe sich über »Recht und Gesetz« gestellt. »Die Partei muss also laufen lernen.« Und: »Sie muss sich wie jemand in der Pubertät von zu Hause lösen, eigene Wege gehen und wird trotzdem immer zu dem stehen, der sie ganz nachhaltig geprägt hat.« Am 18. Januar 2000 verzichtete Kohl auf den CDU-Ehrenvorsitz.

1 Jürgen Rüttgers im Gespräch mit dem Autor am 27. September 2019.

2 Klaus Dreher: Helmut Kohl – Leben mit Macht. Stuttgart 1998, S. 102 ff.

3 Zitiert nach Ulrich von Alemann: Das Parteiensystem der Bundesrepublik Deutschland. Bonn 2010, S. 171.

4 Dreher: Helmut Kohl, S. 38 ff.

5 Ebd., S. 75 ff.; Hans-Peter Schwarz: Helmut Kohl. Eine politische Biographie. München 2012, S. 104.

6 Dreher: Helmut Kohl, S. 75 ff.

7 Der Spiegel, 10. März 1975.

8 Deutscher Bundestag, Stenographischer Bericht, 8. Wahlperiode, 6. Sitzung 17. Dezember 1976 (Plenarprotokoll 8/6), S. 56.

9 Zitiert nach Mark Spörrle: »Der Friedenskämpfer«, Porträt Jürgen Todenhöfers, in: Die Zeit, 13. Februar 2003 (https://www.zeit.de/2003/08/Titel_2fTodenh_9afer_08/seite-3, Abruf: 14. Januar 2020).

10 Heiner Geißler/Gunter Hofmann/Werner A. Perge: Heiner Geißler im Gespräch mit Gunter Hofmann und Werner A. Perge. Frankfurt a. M. 1993, S. 155.

11 Ebd., S. 277.

12 Rita Süssmuth am 25. September 2019 im Gespräch mit dem Autor.

13 Deutscher Bundestag, Stenographischer Bericht, 10. Wahlperiode, 13. Sitzung 15. Juni 1983 (Plenarprotokoll 10/13), S. 755.

14 Zitiert nach: Der Spiegel, 20. Mai 1985, S. 28–30.

15 Peter Radunski am 5. September 2019 im Gespräch mit dem Autor.

16 Zitiert nach Gunter Hofmann: Ein Schlag gegen die Viererbande, in: Die Zeit, 25. November 1988 (https://www.zeit.de/1988/48/ein-schlag-gegen-die-viererbande/komplettansicht, Abruf: 14. Januar 2020).

17 Geißler/Hofmann/Perge: Heiner Geißler im Gespräch, S. 274.

18 Hans-Peter Schütz: »Ein Krüppel als Kanzler? Ja, die Frage muss man stellen«, in: Der Stern, 9. Januar 1997.

19 Angela Merkel im Februar 1997 im Gespräch mit dem Autor.

20 Zitiert nach Günter Bannas: »Wenn ein altes Schlachtross …«, in: FAZ ONLINE, S. 5 (https://www.faz.net/aktuell/politik/die-gegenwart/helmut-kohl-wenn-ein-altes-schlachtross-15921194-p5.html, Abruf: 14. Januar 2020).

21 Wolfgang Schäuble am 17. Oktober 1997 im Gespräch mit dem Autor.

22 Zitiert nach Günter Bannas: »Wenn ein altes Schlachtross …«.

23 Protokoll 10. Parteitag der CDU Deutschlands. »Wir führen Deutschland ins 21. Jahrhundert«. 18.–19. Mai 1998 Stadthalle Bremen, S. 19 (https://www.kas.de/c/document_library/get_file?uuid=aa74c192-5f83-89ef-c27f-d2d2c507ae21&groupId=252038, Abruf: 14. Januar 2020).

24 Mitschrift des Autors bei einer Veranstaltung der Konrad-Adenauer-Stiftung am 28. Oktober 1999.

25 Siehe dazu den Beitrag von Heinrich Oberreuter in diesem Band.

26 Angela Merkel: Die von Helmut Kohl eingeräumten Vorgänge haben der Partei Schaden zugefügt, in: FAZ, 22. Dezember 1999.

Kurt H. Biedenkopf

3   Plakat der Bundesgeschäftsstelle 1986

Die CDU-Vorsitzenden und -Generalsekretäre

Frank Bösch

Die CDU zählte lange zu den Parteien, die scheinbar leicht zu führen sind. In den letzten siebzig Jahren prägten nur selten spektakuläre Kampfabstimmungen und Proteste ihre Parteitage. Ihr Jugendverband war weniger rebellisch als der der Linken, und die Parteiflügel fanden trotz aller Reibungen meist gemeinsame Leitlinien. Ihre Vorsitzenden mussten zudem seltener über programmatische Grundsätze streiten, sondern konnten aus dem Kabinett und der Fraktionsspitze heraus Akzente setzen. Eine stärkere Parteiorganisation, die sich gegen den Vorsitzenden hätte stellen können, entstand ohnehin erst in den 1970er-Jahren, gewann aber nie ein vergleichbares Eigenleben wie bei den Sozialdemokraten.[1] Ihre Vorsitzenden profitierten von dem bürgerlich geprägten Bedürfnis nach Harmonie und Respekt. Nicht zuletzt die vergleichsweise kontinuierlich guten Wahlergebnisse erleichterten die politische Führung und die lange Amtsdauer von Adenauer, Kohl und Merkel.

Dennoch konnten sich andere CDU-Vorsitzende nur sehr kurz an der Parteispitze halten. Der Vorsitz von Erhard, Kiesinger, Barzel, Schäuble und Annegret Kramp-Karrenbauer endete rasch und konfliktreich, was verdeutlicht, dass die CDU doch nicht immer so leicht zu steuern war. Die starke Stellung der Landesverbände und Ministerpräsidenten erschwerte die Führung der Partei, ebenso weltanschauliche Differenzen zwischen konservativen und liberalen Gruppierungen. Lange Zeit sorgten konfessionelle Prägungen für eifersüchtige Konflikte um Posten, ebenso Flügelkämpfe um verschiedene Sozialstaatskonzeptionen.[2] Da sich die CDU vornehmlich als Regierungspartei verstand, war der Parteivorsitz besonders in Oppositionsphasen eine schwierige Herausforderung, wenn sowohl die Autorität des Kanzlers als auch die Ressourcen des Regierungsapparats fehlten. Deshalb verlagerte sich die Parteiführung in Oppositionszeiten im hohen Maße in die Fraktion, aus der heraus die Parteivorsitzenden ihr Gegengewicht gegenüber den Ministerpräsidenten aufbauten.

Die christlich-demokratischen Parteivorsitzenden traten dementsprechend oft erst in zweiter Linie als Vorsitzende auf. In erster Linie agierten sie als Kanzler oder Fraktionsvorsitzende ihrer Partei. Sowohl das schnelle Scheitern einiger Vorsitzender als auch die dauerhafte Machtstellung anderer sprechen jedoch dafür, den individuellen Führungstechniken einen größeren Stellenwert beizumessen.

Prototyp des starken Vorsitzenden: Konrad Adenauer

Der erste Vorsitzende der CDU, Konrad Adenauer, war ein geradezu idealtypischer Repräsentant einer starken Parteiführung. Charakterlich war er ebenso selbstbewusst wie misstrauisch, zielorientiert und durchsetzungsstark. Innerparteiliche Kritiker brachte er sofort mit deutlichen Briefen auf Linie oder ließ sie bei hartnäckigen Fällen versetzen. Komplizierte Fragen spitzte er gezielt vereinfacht zu, um Diskussionen zu lenken. Seine Zeit als Kölner Oberbürgermeister prägte seinen Stil des persönlichen Eingreifens.[3] Oft schloss Adenauer vorläufige Kompromisse, um langfristig seine Ziele zu erreichen. Selbst zu engen Parteikollegen pflegte er eine nüchterne Distanz, wodurch er seine Autorität bewahrte. Ebenso lockerte er mit Humor schwierige Situationen auf. Der fromme Katholik, der seine Gläubigkeit freilich privat hielt, förderte zudem den Ausgleich mit den Protestanten.

Dass Adenauer das Kanzleramt antrat, bevor sich 1950 die Bundespartei unter seinem Vorsitz gründete, war eine prägende Prioritätensetzung. Das Kanzleramt, nicht die Partei, wurde so für lange Zeit die entscheidende Macht- und Organisationsgrundlage der CDU. Eine von Adenauer gewünschte Zentralisierung der Partei scheiterte freilich an den Landesverbänden, ebenso wie die Einsetzung eines Generalsekretärs. Die Landesverbände glänzten dabei ebenfalls nicht durch Reformfreude: Ihnen fehlte es an Kreisgeschäftsführern, an technischer Grundausstattung, und oft wussten sie nicht annähernd, wie viele Mitglieder oder Ortsverbände sie eigentlich hatten. Modernisierungsanstöße kamen eher von der Bonner Führungsspitze. Sie regte 1956 die Einführung von zentralen Mitgliederkarteien an oder schlug vor, für finanzschwache Gebiete Kreisgeschäftsführer einzustellen. Besonders die katholisch geprägten, stark föderalistischen Landesverbände lehnten dies aber ab, da sie darin eine unzulässige Einmischung sahen. So argumentierte etwa der Ministerpräsident von Rheinland-Pfalz, Peter Altmeier, gegen Adenauers Vorschlag 1957: »Wir können uns nicht von einem Sekretariat, das in Bonn sitzt, Vorschriften machen lassen. Das Gesetz des Handelns müssen wir selbst festmachen.«[4]

Wichtige Entscheidungen, besonders in der Außenpolitik, diskutierte Adenauer vor allem mit seinen Beratern im Kanzleramt. Die Fraktion versuchte er mit gelegentlichen Besuchen und einem engeren Draht zum Fraktionsvorsitzenden Heinrich Krone einzubinden.[5] Dagegen schenkte Adenauer der CDU-Bundesgeschäftsstelle wenig Aufmerksamkeit. In seiner ganzen Amtszeit besuchte er sie nur ein einziges Mal, entsprechend fühlte sie sich permanent übergangen. Ihre Aufgaben beschränkten sich vornehmlich darauf, Wahlbroschüren und Parteiveranstaltungen vorzubereiten. Und selbst hierbei fühlten sich die Bundesgeschäftsführer vernachlässigt: »Es ist kein befriedigender Zustand, wenn der Bundesgeschäftsführer der Partei Plakate, die für die Partei werben sollen, erst an den Plakatsäulen kennenlernt«, klagte etwa Konrad Kraske 1959.[6]

Stattdessen integrierte Adenauer die Partei und ihre Landesvorsitzenden über deren Bundesvorstand. Seinen langen Berichten folgte nur eine kürzere, stark gelenkte Diskussion, bei der sich meist nur die prominenten Christdemokraten zu Wort meldeten. Mitunter sprach Adenauer direkt einzelne abweichende Landespolitiker an und setzte sie so unter Rechtfertigungszwang. Dagegen vermied er Abstimmungen über kontroverse Fragen. Adenauers Führungskunst, so könnte man also zusammenfassen, bestand somit im hohen Maße aus seiner Fähigkeit, Sitzungen und öffentliche Kommunikation zu strukturieren. Abweichende Landesvorsitzende, die zudem keine Wahlerfolge einfuhren, wurden mit Adenauers aktiver Unterstützung abgesetzt. Das zeigte sich in den Jahren nach 1950 vor allem bei dem Vorsitzenden der CDU in Niedersachsen, Günther Gereke, und etwas später auch beim hessischen Vorsitzenden Werner Hilpert.[7] Der Ministerpräsident von Nordrhein-Westfalen, Karl Arnold, konnte sich trotz entsprechender Ermahnungen halten, da er bei Wahlen reüssierte.[8]

Adenauers lenkende Rolle als Parteivorsitzender zeigte sich auch bei der Personalauswahl. So strebte er einen relativ gleichmäßigen konfessionellen, regionalen, sozialen und weltanschaulichen Proporz an. War der Kanzler oder Parteivorsitzende katholisch, so sollten der Bundespräsident und ein Parteivize evangelisch sein. Zudem vergrößerte er nicht nur sein Kabinett, sondern auch die Parteigremien, um möglichst viele Parteirepräsentanten zu integrieren. Dass für die Finanzierung der CDU damals Spenden der Industrie eine große Rolle spielten, die zentral, anonym und steuerbegünstigt über die »Staatsbürgerliche Vereinigung« übermittelt wurden, stärkte die Handlungsmacht des Vorsitzenden, da er über deren Verteilung mitentschied, bremste aber auch den Ausbau der Partei.[9]

Wichtigster Berater in nahezu allen Fragen war Adenauers Staatssekretär im Kanzleramt, Hans Globke. Globke war nicht nur in Regierungsfragen der zentrale Ansprechpartner, sondern stand auch bei der Koordination der Parteiarbeit helfend zur Seite. Er brachte per Telefon die Landesverbände auf Kurs, schlichtete innerparteilichen Streit, hielt den Kontakt zum kirchlichen Vorfeld, beriet Adenauer bei der Personalauswahl und verwaltete das Spendenwesen der Partei. Viele Landespolitiker wandten sich deshalb direkt an Globke, wenn sie innerparteiliche Probleme hatten. Damit übernahm er quasi die Rolle des Generalsekretärs.[10]

Seit 1956 wuchs zunehmend die Kritik am Parteivorsitzenden: erst vorsichtig im Bundesvorstand, dann beim Stuttgarter und beim Kieler Parteitag 1958 auch öffentlich hörbar. Adenauer blieb zwar körperlich und geistig erstaunlich vital, zeigte aber einen gewissen Altersstarrsinn und weniger Gespür für die Notwendigkeit integrativer Entscheidungen. Nachdem er 1959 von seiner Ankündigung Abstand genommen hatte, Bundespräsident werden zu wollen, kam es zum Autoritätsverlust. »Die Fraktion stand in Härte gegen den Kanzler«, notierte etwa der Fraktionsvorsitzende Heinrich Krone.[11] Dass Adenauer seinen Rücktritt hinausschob und Ludwig Erhard diskreditierte, schmälerte seinen Rückhalt. Auch der Streit um die Einführung eines zweiten Fernsehsenders förderte den Konflikt mit wichtigen »Landesfürsten«. Seine erneute Kandidatur von 1961 trug die Partei deshalb nur mit Murren mit, und zwei Jahre später musste der Siebenundachtzigjährige widerwillig auf Druck der FDP und seiner Partei den Kanzlerposten abgeben.[12]

Da Adenauer dennoch bis 1966 Parteivorsitzender blieb, bekam die CDU nun eine neuartige Form der Doppelspitze. Adenauer entdeckte den Parteivorsitz als Reservemachtquelle und trat als Anwalt einer eigenständigen Partei auf, um auf seinen Rivalen Erhard einzuwirken. Nicht zufällig tagte das Präsidium seit Adenauers Rücktritt wesentlich häufiger, zeitweise jede Woche – oft auch ohne Erhard.[13] Im Bundesvorstand behielt Adenauer seine Führungsrolle. Damit erfuhr die CDU, welche Disharmonie eine eigenständige Partei bringen konnte. Dies trug maßgeblich dazu bei, sowohl Erhard als auch Adenauer selbst zu diskreditieren.[14]

Gescheiterte Vorsitzende: Erhard, Kiesinger, Barzel

Als Ludwig Erhard 1966 zum Parteivorsitzenden gewählt wurde, war seine Karriere in der CDU schon fast vorbei. Der Griff nach dem Parteivorsitz war eher ein verzweifelter Rettungsversuch, um sich in der CDU-Führung doch noch zu behaupten. Viele, die eben noch Adenauers Stil kritisiert hatten, sehnten sich wieder nach einem starken Kanzler. Erhard moderierte eher, als dass er Diskussionen lenkte, und oft hielt er sich ganz zurück. Bei seinen Berichten vermisste die Partei die pointierte Klarheit. Oft war er schlecht vorbereitet und interessierte sich kaum für den Parteiapparat, dessen Ausbau nun viele, wie auch der geschäftsführende Vorsitzende Dufhues, forderten. Dazu passte, dass Erhard zumindest formal bislang nicht der CDU beigetreten war.[15] Als einziger Kanzler und Vorsitzender der CDU besuchte Erhard die Bundesgeschäftsstelle kein einziges Mal. Ebenso fehlten ihm in die Partei hineinwirkende Berater wie Globke. Da Erhard auf disziplinierende Briefe oder Gespräche verzichtete, äußerten nun alle möglichen Christdemokraten kaum verhüllt ihre Kritik am Kanzler. Weil die Wahlergebnisse sanken und die Öffentlichkeit generell kritischer wurde, agierte Erhard auch unter schwierigeren Bedingungen. Für seine Rivalen war das Scheitern seiner Koalition mit der FDP Ende 1966 daher ein willkommener Anlass, den schwachen Kanzler und Vorsitzenden in den Rücktritt zu drängen.

Mit Kurt Georg Kiesinger entschied sich die CDU 1967 für einen Nachfolger, der eine deutlich größere Parteierfahrung und Integrationskraft versprach. Er war zunächst Landesgeschäftsführer gewesen, dann als Bundestagsabgeordneter Vorsitzender des Auswärtigen Ausschusses. Ebenso hatte er als Ministerpräsident von Baden-Württemberg seit 1958 das ausgleichende Auftreten eingeübt. Vor allem war er ein glänzender Redner. Aber auch sein Parteiengagement blieb eher gering. Die nun anlaufende Parteireform in der CDU duldete er mehr mit präsidialem Gestus, als sie zu fördern. Auch er vernachlässigte den Kontakt zur Bundesgeschäftsstelle und den einzelnen Parteivereinigungen. Stattdessen verstärkte Kiesinger die Anbindung an die Fraktion. Vorstand und Präsidium tagten unter ihm regelmäßig und diskutierten nach seinen langen Lageberichten entscheidende Fragen. Im Vergleich zu Adenauer blieb Kiesinger in Diskussionen zurückhaltender und kompromissbewusster (»Häuptling Silberzunge«). Auch öffentlich verzichtete er auf zugespitzte Auseinandersetzungen. Im Unterschied zu Erhard glänzte er zwar als integrativer Vermittler, aber viele vermissten zukunftsweisende Impulse.[16]

1967 wurde auch erstmals das Amt des Generalsekretärs auf Bundesebene geschaffen. Den Posten hatte es in den Landesverbänden schon nach 1945 gegeben. Mit Bruno Heck erhielt das neue Amt der ehemalige Bundesgeschäftsführer unter Adenauer. Noch Anfang November 1966 hatte Heck betont: »Die CDU braucht kein neues Programm«,[17] und die Impulse von der Parteispitze und insbesondere dem Vorsitzenden blieben begrenzt. Jetzt, unter dem Druck einer aktiveren jüngeren Generation, begannen die programmatische Debatte und der Organisationsaufbau ab 1967/68 eher von unten.

Kiesingers Parteivorsitz stand letztlich vor einem ähnlichen Problem wie der von Erhard: Auch er war für die CDU so lange akzeptabel, wie er Wahlen gewann und die christdemokratische Kanzlerschaft sicherte. 1969 erreichte er ein beachtliches Ergebnis, nicht aber den Kanzlerposten, was seine Autorität minderte. Auf dem Mainzer Parteitag 1969 wurde er zwar erneut zum Parteivorsitzenden gewählt, aber bereits 1970 kursierten erste Rücktrittsgerüchte. Besonders der Parteinachwuchs im Ring Christlich-Demokratischer Studenten und die Junge Union sprachen sich frühzeitig gegen Kiesingers erneute Kandidatur aus. Angesichts des Reformschubs, den der Regierungsverlust von 1969 forcierte, war die Zeit der präsidialen Parteivorsitzenden abgelaufen.

1971 kam es auf dem Saarbrücker Parteitag zur ersten Kampfabstimmung um den CDU-Bundesvorsitz, bei der sich Rainer Barzel gegen Helmut Kohl durchsetzte. Barzel hatte sich mit siebenundvierzig Jahren bereits eine beachtliche Position erarbeitet. Er war früh Bundestagsabgeordneter und noch unter Adenauer Minister geworden und führte nun die Fraktion. Rhetorisch gelang es ihm, komplizierte Sachverhalte undogmatisch in kurzen politischen Formeln zusammenzufassen, ebenso Diskussionen straff und zielstrebig zu führen. Barzel galt als intelligent, fleißig, loyal, rhetorisch begabt und sehr ehrgeizig, was ihm innerparteilich nicht nur

Freunde bescherte. Die Parteiorganisation war bis 1972 nie sein primärer politischer Ort gewesen, erst dann zeigte er dort mehr Engagement.[18]

Barzel übernahm den Vorsitz als notwendigen Schritt auf seinem Karriereweg. So stattete er der Bundesgeschäftsstelle kurz nach seiner Wahl einen medienwirksamen Besuch ab, richtete eine Anzahl von Kommissionen ein und bemühte sich um eine Verbesserung der Organisationsstrukturen. Der Fraktion maß er jedoch mehr Gewicht bei, deren Arbeit er reformierte und für die er zahlreiche Vorlagen erarbeitete. Mit Konrad Kraske setzte er einen Bundestagsabgeordneten als Generalsekretär der CDU ein, der seit der Ära Adenauer in der Bundesgeschäftsstelle tätig war. Damit sicherte Barzel Kontinuität und Loyalität, aber weniger einen programmatischen oder organisatorischen Neuanfang. Mit der Entscheidung für die Fraktion als Machtbasis war sein Schicksal spätestens nach dem gescheiterten Misstrauensvotum gegen Willy Brandt im Frühjahr 1972 besiegelt. Barzel versuchte sich zwar Anfang 1973 gerade über ein verstärktes Engagement in der Partei noch einmal zu retten, doch kamen diese Bemühungen zu spät. Im Frühjahr 1973 trat er resigniert zurück und überließ seinem langjährigen Rivalen Helmut Kohl den Parteivorsitz.

Der Parteireformer: Helmut Kohl

Die Wahl von Helmut Kohl zum Parteivorsitzenden 1973 war ein Novum in der Parteigeschichte. Mit ihm wählte der Parteitag zum ersten Mal nicht indirekt den künftigen Kanzlerkandidaten, sondern einen Vorsitzenden, der für die Reform der CDU stand. Sein Vorsitz war in den 1970er-Jahren von starken Rivalitäten in der Union begleitet: sei es mit dem

CSU-Vorsitzenden Franz Josef Strauß, mit starken Landesvorsitzenden, der alten Garde um den Fraktionsvorsitzenden Karl Carstens oder ehemaligen Bundesministern wie Gerhard Schröder. Nicht wenige von ihnen erhofften sich eine Kanzlerkandidatur.[19]

Kohl hielt sich jedoch gerade durch seine tiefe Verankerung in der Partei. Er war einer der ersten Berufsparteipolitiker der Bundesrepublik gewesen: Jung war er bereits Landtagsabgeordneter, Fraktionsvorsitzender und dann Ministerpräsident von Rheinland-Pfalz geworden. Bereits im rheinland-pfälzischen Landesvorstand hatte der sechsundzwanzigjährige Kohl 1956 unvermittelt gefordert, die Vorstände als Führungsorgane ernst zu nehmen. Während Adenauers Präsidentschaftskrise drei Jahre später hatte er deshalb für die Trennung von Parteivorsitz und Kanzleramt plädiert, um die Partei zu fördern. Ebenso war er seit seinen ersten Bundesvorstandssitzungen als scharfer Kritiker von Adenauers Führungsstil aufgetreten und sprach rasch offen Probleme im Bundesvorstand an.[20] Bereits als Ministerpräsident von Rheinland-Pfalz hatte er jedoch wichtige Entscheidungen eher im Kreis seiner persönlichen Berater getroffen. Die innerparteiliche Demokratie hatte er auch als Ministerpräsident weiter gefördert, oft freilich, um seine Position abzusichern.

Ein glänzender Redner war Kohl sicher nicht. Aber immerhin erörterte er Probleme analytischer, konstruktiver und integrativer als andere.[21] Kohl zeigte eine große Präsenz im Parteileben und verstand Politik als Knüpfen persönlicher Beziehungen. Er besuchte zahllose politische Versammlungen, schloss unzählige Bekanntschaften und sammelte markante Nachwuchspolitiker um sich – wie die Generalsekretäre Kurt Biedenkopf und Heiner Geißler, wie Bernhard Vogel oder Richard von Weizsäcker. Gemeinsam mit seinem Generalsekretär Kurt Biedenkopf griff er sofort Reforminitiativen auf und leitete eine weit gefasste Modernisierung der Partei ein. So erhielt die Bundesgeschäftsstelle eine wesentlich bessere Personalausstattung und jeder Kreisverband einen hauptamtlichen Geschäftsführer. Dies ermöglichte eine dauerhafte, professionalisierte Kommunikation zwischen Parteiführung und Basis und damit eine kontinuierliche Parteiarbeit. Die nun neu eingestellten Mitarbeiter verstärkten zugleich Kohls Netzwerk bis in die Kreisverbände. Diese Organisationsreform kanalisierte den enormen Mitgliederzuwachs der Partei.

Erst jetzt entfaltete sich das Amt des Generalsekretärs. Biedenkopf war ein vielseitig ausgebildeter Seiteneinsteiger, intellektuell beschlagen, fähig zu nüchterner, bestechend logischer Analyse.[22] Er verfügte über ein großes rhetorisches Talent und konnte auch im Fernsehen wirksam auftreten. Damit ergänzte er Kohls volksverbundenen Habitus. Während Biedenkopf und dann auch sein Nachfolger Geißler die organisatorische und programmatische Erneuerung forcierten und Debatten anstießen, moderierte Kohl als Vorsitzender die Interessen in der föderal organisierten und zunehmend heterogenen Partei – ab 1976 auch als Vorsitzender der Fraktion.[23] Freilich führte die Eigenständigkeit der starken Generalsekretäre zugleich auch zu Spannungen. Biedenkopf verließ die Bundesgeschäftsstelle 1977 gekränkt, Geißlers Verabschiedung 1989 war ebenfalls Ergebnis wachsender Konflikte, die schließlich in die Unterstützung eines Gegenkandidaten für Kohl mündeten.[24]

Kohl verschob die innerparteilichen Gewichte. Präsidium und Vorstand der CDU besetzte er vorwiegend mit Landespolitikern, weniger mit ehemaligen Ministern oder aus der Fraktion. 1970 war Kohl noch der einzige Landeschef unter den Präsidiumsmitgliedern, zehn Jahre später waren diese in der Überzahl. Da die christlich demokratischen »Landesfürsten« über die Bundesratsmehrheit verfügten, wurde das Präsidium zunehmend zu einer Clearing-Stelle für Länderfragen. Mit Gerhard Stoltenberg und Hans Filbinger saßen hier die wichtigsten Vertreter der Nord- und der Süd-CDU, deren Zustimmung Kohl sich in Einzelfällen besonders versichern musste. Zudem suchte Kohl über das Präsidium einen Ausgleich mit der CSU. Er bereitete Sitzungen informell vor, hielt sich dann erst zurück, um schließlich einen auch für ihn akzeptablen Kompromiss zu bilanzieren. Dieses »Aussitzen« von politischen Entscheidungen legten ihm viele als Führungsschwäche aus. Allerdings förderte es die Kohäsion der Partei.

Kohls Stärke war, dass er Niederlagen und Kritik verkraftete und nicht leichtfertig aufgab. Seine Niederlage gegen den populären Kanzler Helmut Schmidt 1976 schadete ihm angesichts eines sehr guten Ergebnisses auf lange Sicht nicht. Im Gegenteil, er gab seine sichere Stellung als Ministerpräsident auf und wechselte als Fraktionsvorsitzender nach Bonn. Trotz der so gewachsenen Machtfülle wuchs die innerparteiliche Kritik an Kohl, ebenso die von der Schwesterpartei CSU, sodass er die Kanzlerkandidatur für die Bundestagswahl 1980 Strauß überließ. Bezeichnenderweise konnte Kohl seinen Favoriten, den niedersächsischen Ministerpräsidenten Ernst Albrecht, nicht durchsetzen.[25] Erst Strauß' deutliche Niederlage bei der Bundestagswahl 1980 festigte wieder Kohls Position.

Kohl als Kanzler und Vorsitzender

Seit 1982 verlagerte sich das Machtzentrum der CDU wieder zunehmend ins Kanzleramt. Kohls Berater stammten hier kaum noch aus der Bundesgeschäftsstelle, sondern waren langjährige persönliche Wegbegleiter (wie Horst Teltschik,

Eduard Ackermann, Wolfgang Bergsdorf oder der erste Kanzleramtschef Waldemar Schreckenberger) oder kamen aus der Fraktionsspitze.[26] Der Posten des Ersten Parlamentarischen Geschäftsführers entwickelte sich dabei zu einer Schlüsselposition auf dem Weg zum Kanzleramtschef – wie bei Wolfgang Schäuble, Rudolf Seiters und Friedrich Bohl.

Damit wuchsen die Ähnlichkeiten zu Adenauers informellem Führungsstil. Auch Kohl dachte seine Politik stark personenbezogen. Diskretion war wie unter Adenauer eine der wichtigsten Tugenden für seine Mitarbeiter. Bei den Treffen ließ er durchaus eine ergebnisoffene, kontroverse Diskussion zu. Besonders in Einzelgesprächen galt er – wie selbst kritische Zeitzeugen berichten – als ein sehr aufmerksamer Zuhörer, der sich selbst zurückhielt und interessiert nachfragte. Gleichzeitig setzte er klare Grenzen. Seine zahllosen Telefonate ersetzten die disziplinierenden Briefe, mit denen einst Adenauer seine Linie einforderte. Und ähnlich wie dieser konnte sich Kohl nun Loyalitäten sichern, weil er Posten zu verteilen hatte. Im Gegensatz zu Adenauer pflegte er dabei einen sehr persönlichen, engen Umgang. Im wörtlichen Sinne wurde das Kanzleramt zur Heimat der Partei. Der Parteienforscher Peter Haungs sprach deshalb von einer *personal party,* einer »persönlichen Partei«.[27] Durch diese große Nähe fielen später auch Zerwürfnisse besonders hart aus.

Das Kabinett diente zugleich der Integration der unterschiedlichen Parteisegmente. Um die geschwächten norddeutschen Protestanten einzubinden, gab Kohl etwa dem Finanzminister Gerhard Stoltenberg eine Schlüsselstellung. Zum Arbeits- und Sozialminister ernannte er dagegen den Vorsitzenden der Christlich-Demokratischen Arbeitnehmerschaft, Norbert Blüm, wodurch der katholisch-soziale Flügel in seinem angestammten Ressort prominent vertreten war. Auffällig war schließlich, dass er den CDU-Generalsekretär

Heiner Geißler auch als Minister für Jugend, Familie und Gesundheit einsetzte. Unverkennbar sollte der eigenständige Parteimann durch diesen Schritt die Kabinettsdisziplin spüren. Damit leitete Kohl allerdings genau jene Einheit zwischen Regierung und Partei ein, die er gegenüber Bruno Heck 1967 verurteilt hatte.[28] Zahlreiche Minister kamen nach dem Machtwechsel auch aus der Fraktionsspitze. Das stärkte die Anbindung an die Fraktion und schwächte Letztere, da starke Köpfe abwanderten. Oft fühlte sich die Fraktion nicht frühzeitig genug in Entscheidungen eingebunden.

Generalsekretär Heiner Geißler hielt trotz seines Ministeramts weiterhin am Modell der eigenständigen Partei fest. Dabei grenzte er sich nicht nur vom Regierungskurs ab, sondern auch von der CSU, was den profilbildenden Konflikt verstärkte. 1985 verließ er sogar sein Ministeramt, um sich stärker der Partei zu widmen. Durch seine provokativen Begriffe und Aussprüche setzte er eigene Akzente, munitioniert von seinen engsten Mitarbeitern in der Bundesgeschäftsstelle. Spätestens seit 1987 polarisierten Geißlers Äußerungen dabei auch innerhalb der eigenen Partei so sehr, dass der konservative Flügel immer wieder für seine Absetzung eintrat. Gegenüber den weiterhin recht autonomen Landesverbänden übte Geißler kaum Einfluss aus. In ihre Personal- oder Wahlkampffragen mischte er sich lediglich in Einzelfällen ein.[29]

Der CDU-Bundesvorstand verlor dagegen zunehmend an Diskussionskraft. Lange Eingangsreferate des Kanzlers nahmen zu, die oftmals ohnehin Bekanntes verbreiteten. Kontroverse Diskussionen, die Kohl als junger Reformer gefordert hatte, schränkte er zunehmend ein. Umgekehrt belohnte Kohl wohlwollendes Verhalten auch bei den Vorstandsmitgliedern durch Posten als parlamentarische Staatssekretäre, was die loyale Schwerfälligkeit des Führungsgremiums verstärkte.[30] Kohls Führungskunst bestand weiterhin darin, am Ende der Sitzung die Beiträge so zu bündeln, dass eine relativ klare und harmonische Linie entstand. Das Präsidium behielt eine gewisse Mitsprachemöglichkeit und kam zumindest alle drei bis vier Wochen zusammen. Da es eine Schnittmenge aus dem Kanzleramt, der Fraktion, den Ländern und der Partei bildete, war es weiterhin eine wichtige Clearing-Stelle für Streitfragen. Seinen Kanzleramtschef, den Bundesgeschäftsführer und die Landesväter zog Kohl hinzu, auch wenn sie keine satzungsgemäßen Mitglieder waren. Kohl holte im Präsidium Meinungen ein. Eigenständige Köpfe wie Geißler, Späth, Süssmuth, Biedenkopf oder Blüm äußerten mitunter offene Kritik, mussten sich eine solche aber auch gefallen lassen. Dass das Präsidium zumeist im Kanzleramt oder im Kanzlerbungalow zusammenkam, zeigte ebenfalls Kohls neues Parteiverständnis. Die Position der Bundesgeschäftsstelle verschlechterte sich bis Ende der 1980er-Jahre dagegen zunehmend. Sie produzierte zwar weiterhin politische und organisatorische Reformschriften, konnte aber immer weniger inhaltliche Akzente setzen. Ähnlich wie Kohls Vorgänger begann dieser, die Bundesgeschäftsstelle zu meiden.

Die abnehmenden Wahlerfolge Ende der 1980er-Jahre verstärkten Konflikte und förderten eine Führungskrise. Auf dem Parteitag 1988 musste sich Kohl harte Kritik anhören, etwa zu fehlenden Diskussionen und dem Aussitzen von Problemen. Zudem war die Partei so verschuldet, dass Entlassungen und Sparmaßnahmen anstanden. Der Machtkampf mit Generalsekretär Geißler spitzte sich so weit zu, dass Kohl schließlich ohne Rücksprache mit der Parteiführung mit Volker Rühe einen neuen Kandidaten für das Amt präsentierte. Im Vorfeld des Bremer Parteitags erwogen Geißler, Biedenkopf und Süssmuth mit dem baden-württem-

bergischen Ministerpräsidenten Lothar Späth einen Gegenkandidaten für den Parteivorsitz. In der Vorstandssitzung
vom 29. August 1989 musste Kohl deutliche Kritik ertragen,
ebenso auf dem anschließenden Bremer Parteitag. Die Kritiker stellten jedoch keinen Gegenkandidaten auf, und Kohl –
mit nur 77 Prozent gewählt – konzedierte die gewünschte
Stärkung der Parteigremien. Vor allem die eskalierende Krise
in der DDR rettete Kohl in dieser Situation.[31]

Faktisch verschob sich nach dem Bremer Parteitag und der
Vereinigung mit der Ost-CDU das Parteigefüge noch mehr
zum Kanzler hin. Die Bundesgeschäftsstelle verlor an Eigenständigkeit: Geißler wurde entlassen, ebenso dessen Umfeld,
und die Grundsatz- und Planungsabteilung wurde umstruk-
turiert. Der neue Generalsekretär Volker Rühe stand zuver-
lässig an Kohls Seite und war bezeichnenderweise in der
Parteiarbeit bislang noch nicht hervorgetreten, sondern nur
in der Fraktion. Ähnliches galt für seinen Nachfolger Peter
Hintze, der vor allem als loyaler Gefolgsmann Kohls galt, weniger als erfahrener Mann in der Parteiorganisation und politischer Ideengeber. Die Bremer Ereignisse verstärkten zugleich Kohls Macht gegenüber den Landesverbänden. Mit
Lothar Späth zog sich nun der letzte christlich-demokratische Ministerpräsident von Rang aus der Bundespolitik zurück. Zudem wurden im Zuge des Bremer Parteitags der soziale Parteiflügel und seine Vereinigungen entscheidend
geschwächt.

Als Gestalter der deutschen Einheit erhielt Kohl einen
neuen Nimbus, der die Diskussionen 1988/89 vergessen
machte. Seine Dominanz in den Gremien wuchs, während
Kritik noch schwieriger artikulierbar war. Beim Zusammenschluss mit der Ost-CDU vergrößerte er die Parteigremien,
sodass sie kaum noch arbeitsfähig waren.[32] Und auch aus den
Landesverbänden erwuchsen dem Kanzler nach den zahlrei-

chen Wahlniederlagen kaum noch starke Kritiker oder gar Konkurrenten. In den alten Bundesländern verblieben lediglich in Berlin und Baden-Württemberg christlich demokratische Ministerpräsidenten, während in Sachsen Kurt Biedenkopf und in Thüringen Bernhard Vogel sich auf ihre neuen Bundesländer konzentrierten. Zuweilen kritisierten die sogenannten Jungen Wilden – Nachwuchspolitiker wie Roland Koch und Christian Wulff – Helmut Kohls Führungsstil, ohne ihn ernsthaft in Bedrängnis zu bringen. Dafür entstanden aber aus den Landesverbänden heraus Reformimpulse.

Ein Grunddilemma war, dass Kohl trotz seiner vorherigen Ankündigung nicht zurücktreten wollte. Nachdem er 1994 von seiner letzten Regierungsperiode gesprochen hatte, erwarteten alle seinen Amtsverzicht. Mit Wolfgang Schäuble stand ein beliebter Nachfolger in den Startlöchern. Trotzdem verkündete Kohl ohne Rücksprache mit der Partei über das Fernsehen seine erneute Kandidatur. Auf dem Leipziger Parteitag 1997 ließ er sich nach dem minutenlangen Applaus nach seiner Rede erneut zum Vorsitzenden küren. Gleich nach dem Parteitag nannte er Wolfgang Schäuble als langfristig geeigneten Nachfolger. Dies förderte den Eindruck, Kohl verfüge eigenständig und ohne Rücksprache mit der Partei über die Ämter. Um eine Wahlniederlage zu verhindern, stellte sich die Partei dennoch geschlossen hinter Kohl. Erst nach den verlorenen Bundestagswahlen im Herbst 1998 übernahm Kohl die Verantwortung und legte das Amt des Parteivorsitzenden nieder.

Übergang in der Opposition: Von Schäuble zu Merkel

Als Wolfgang Schäuble im Herbst 1998 Vorsitzender der CDU wurde, galt er als erfahrener »Ziehsohn« Kohls. Als früherer Kanzleramtschef, Parlamentarischer Geschäftsführer, Innenminister und Fraktionsvorsitzender war er ein effizienter »Krisenmanager«, der diszipliniert und mit intellektueller Schärfe führen konnte. Deshalb fand er allerdings schwerer in die Rolle des Moderators des Neuanfangs. Die Landtagswahlerfolge der CDU 1999 und die Pannen der neuen rotgrünen Bundesregierung suggerierten zudem wie 1969, die CDU könne bald wieder ins Kanzleramt einrücken. Auch Schäubles parteipolitisch damals noch unerfahrene Generalsekretärin Angela Merkel war ihm beim Umbau der Partei nur begrenzt nützlich, zumal fast alle in der Parteiführung ihre Posten Kohl zu verdanken hatten. Schließlich musste Schäuble in der Auseinandersetzung um nicht deklarierte Parteispenden seinen Vorsitz niederlegen, da er selbst eine angenommene 100.000-DM-Spende verschwiegen hatte.[33]

Ihm folgte Angela Merkel, die sich als Aufklärerin in dieser Spendenaffäre um Kohl profiliert hatte. Zahllose Kommentatoren betonten, dass sie als geschiedene Frau aus dem Osten eine denkbar untypische Wahl war. Als Frauen- und dann Umweltministerin brachte sie für den Parteivorsitz Führungserfahrung mit. Ihr unprätentiöses Auftreten galt als authentisch. Die Landtagswahlerfolge der CDU 1999 untermauerten ihren Start, ebenso ihr selbstbewusstes Krisenmanagement in der Spendenaffäre. Die verunsicherte Partei ergriff dankbar diese Chance eines Neuanfangs und wählte sie auf dem Sonderparteitag in Essen im April 2000 mit großer Mehrheit zur neuen Bundesvorsitzenden. Bereits zu dieser Zeit entdeckte Angela Merkel ein hilfreiches Führungsinstrument: die Regionalkonferenzen. In diesen Versammlungen, die allen Parteimitgliedern offenstanden, diskutierte und legitimierte sie Entscheidungen. Im direkten Dialog mit der Basis erschien sie besonders überzeugend, offen und natürlich.

Merkels Start als Vorsitzende war von vielen innerparteilichen Schwierigkeiten begleitet. Früh warfen Kritiker ihr vor, keine politische Linie zu haben und unberechenbar zu sein – manchen Parteifreunden galt sie auch als wirtschafts- und gesellschaftspolitisch zu liberal. Die von ihr forcierte Initiative zu einer »Neuen Sozialen Marktwirtschaft« konnte sie kaum mit Leben füllen. Ihre Reform des CDU-Familienbilds fiel erst später auf fruchtbaren Boden. Auch der altbekannte Vorwurf, Entscheidungen würden im kleinen Kreis getroffen, kam rasch auf. Mit Friedrich Merz stand ihr ein angesehener, inhaltlich profilierter und hochambitionierter Fraktionsvorsitzender gegenüber. Auch die Bundesgeschäftsstelle konnte Merkel lange Zeit nicht zu einem nutzbaren politischen Machtinstrument formen.

Dagegen hatte sie bei ihrem Aufstieg zur Vorsitzenden beinahe das gesamte Personal des Generalsekretariats mitgenommen. Loyalität war auch das zentrale Auswahlkriterium für ihren neuen Generalsekretär, den eher unbekannten Bundestagsabgeordneten Ruprecht Polenz. Als ehemaliger Landespolitiker in Nordrhein-Westfalen sollte er zudem den größten CDU-Landesverband integrieren, dessen Vorsitzender Jürgen Rüttgers durchaus ein profilierter Rivale war. Polenz galt als außenpolitisch versierter, jedoch eher zurückhaltender Politiker – und tatsächlich scheute er auch im neuen Amt harte Gefechte. Sein Nachfolger Laurenz Meyer – erneut nicht zufällig ein Nordrhein-Westfale – hielt sich bis 2004, aber war in der Partei auch oft umstritten.[34]

Merkels Autorität schwächte schließlich die lange schwelende Frage nach dem Unionskanzlerkandidaten für 2002.

Ähnlich wie ihr Mentor Kohl vor der Bundestagswahl 1980 auf eine interne Kandidatur gegen Strauß verzichtet hatte, entzog sich Merkel einer direkten Konfrontation mit dem erfolgversprechenderen Kanzlerkandidaten Stoiber – da eine Niederlage ihre Reputation gemindert hätte. Mit dem berühmten »Wolfratshauser Frühstück«, bei dem Merkel Stoiber die Kanzlerkandidatur überließ, rettete sie ihre Position und Integrität als Parteivorsitzende und manövrierte ihren Rivalen Friedrich Merz aus, um selbst neue Fraktionsvorsitzende zu werden.[35] Dieser Posten untermauerte zugleich den Anspruch auf die nächste Kanzlerkandidatur.

Mit Stoibers Niederlage gegen Gerhard Schröder vergrößerten sich entsprechend wieder Merkels Handlungsspielräume. Sie baute sich allmählich ein Netzwerk auf – zunächst als *girls' camp* belächelt –, dem mit Annette Schavan, Tanja Gönner und Hildegard Müller Präsidiums- beziehungsweise Vorstandsmitglieder aus wichtigen Landesverbänden angehörten, später auch Ursula von der Leyen. Damit gewannen Frauen in der CDU-Führung ein ganz neues Gewicht. Aber auch Christoph Böhr aus Rheinland-Pfalz und Dieter Althaus aus Thüringen gehörten im Parteivorstand zu Merkels treuen Anhängern. Angesichts guter Landtagswahlergebnisse wurden viele junge Mitstreiter und Rivalen Ministerpräsident – wie Roland Koch, Christian Wulff und Peter Müller.[36]

Während der Oppositionszeit bemühte sich Merkel um ein gutes Verhältnis zu Journalisten und baute ihren innerparteilichen Unterstützerkreis aus. So bot sie systematisch wichtig erscheinenden Personen das Du an und organisierte per Mobiltelefon und vor allem per SMS ihr neues Netzwerk, insbesondere in der Fraktion – auch als Gegengewicht zu ihren westdeutschen, eher jüngeren Kritikern aus dem sogenannten Anden-Pakt. Auch programmatisch zeigte sie nun mehr Profil und unterstützte zeitweise die Forderungen des marktliberalen Flügels ihrer Partei. Vor allem der Leipziger Parteitag Ende 2003 stand hierfür.

Die Vorsitzende Merkel als Kanzlerin

Da Merkel 2005 das Kanzleramt nur in einer Koalition mit den Sozialdemokraten übernehmen konnte, wurde ihr marktliberaler Kurs ausgebremst. Dies führte in den eigenen Reihen zu Irritationen und einer öffentlich ausgetragenen Auseinandersetzung über die künftige programmatische Entwicklung. Der notgedrungen kompromissorientierte, ausführliche Koalitionsvertrag wurde zur Leitlinie und das Kabinett zum Ort von Debatten. Als informelles Entscheidungszentrum galt der Koalitionsausschuss. Wie einst unter Kohl entwickelte die CDU unter Merkel ihr Profil und ihre grundlegenden Reformen zunehmend aus der Regierungspolitik und dem Kanzleramt heraus. Merkel galt zwar als Moderatorin, setzte aber zugleich neue Akzente. Die Abschaffung der Wehrpflicht oder der Ausstieg aus der Atomenergie ergaben sich nachgerade aus der Tagespolitik, nicht aus Programmdebatten oder gar einer innerparteilichen Diskussion. Am stärksten vorbereitet war sicherlich der Wandel der CDU-Familienpolitik, die auch Frauen mit Kindern eine Berufstätigkeit ermöglichen sollte. Aber auch hier spielte das noch sozialdemokratisch geprägte Familienministerium eine konzeptionelle Schlüsselrolle in der Großen Koalition.[37] Wegweisende programmatische Texte von Merkel entstanden hingegen in der zweiten und dritten Regierungszeit kaum. Wenngleich ihre Generalsekretäre jede Legislaturperiode wechselten, gewann sie hier loyale Köpfe. Besonders Peter Tauber (2013–2018) signalisierte eine Verjüngung und eine stärkere Online-Präsenz. Zudem gelang es ihr, mit ihrem ehemaligen Generalsekretär Volker Kauder einen loyalen Fraktionsvorsitzenden zu installieren (2009–2018). Von ihrer westdeutschen Biografie her standen die Generalsekretäre komplementär zu Merkel, auch die 2018 gewählte Generalsekretärin Annegret Kramp-Karrenbauer und deren Ende desselben Jahres gewählter Nachfolger Paul Ziemiak.

Konflikte mit den CDU-Ministerpräsidenten scheute Merkel im Zweifelsfall nicht. So forderte sie im April 2007 öffentlich vom baden-württembergischen Ministerpräsidenten Günther Oettinger, sich von einer Rede zu distanzieren, in der er seinen Vorgänger Hans Filbinger zum Gegner des NS-Regimes stilisiert hatte.[38] Da die CDU die Regierungsmacht in vielen Stammländern im Westen verlor, sank auch die Zahl der starken Rivalen von Merkel.

Nach der Bundestagswahl 2009 wurden die Regierung und die CDU im verstärkten Maße auf die Kanzlerin ausgerichtet, was durch die Schwäche der FDP, Merkels lenkende Personalpolitik und das skandalbedingte Ausscheiden von beliebten Unionspolitikern gefördert wurde. Einstige potenzielle Kanzlerkandidaten wie Friedrich Merz, Roland Koch oder Christian Wulff wechselten nacheinander aus der Politik in die Wirtschaft. Politisch reformierte Merkel die Union durch ihre Regierungspolitik. Rasch entstand eine Debatte darüber, ob sie den konservativen Flügel der Partei integrieren könne. Besonders der Ausbau der Kindertagesstätten, die Abschaffung der Wehrpflicht und die Abkehr von der Atomenergie verunsicherten konservative Wähler. Autorität gewann Merkel dagegen im Zuge der transnationalen Finanz- und Wirtschaftskrise, insbesondere im Umgang mit Griechenlands Verschuldung.

Als Zerreißprobe erwies sich seit 2015 die Flüchtlingspolitik. Insbesondere die Diskussion um eine Höchstgrenze für Flüchtlinge, die die CSU unter Horst Seehofer forderte, führte zu den härtesten Konflikten zwischen den Schwesterparteien seit 1976. Da auch Teile der CDU-Mitglieder und -Wähler eine rigidere Ausländerpolitik forderten, geriet Merkel innerparteilich unter Beschuss, obgleich die Union den Zugang nach Deutschland erschwerte. Die rasanten Wahlerfolge der AfD erhöhten den Druck auch in zahlreichen Bundesländern. Merkels Rückzug vom Parteivorsitz 2018 war so auch vor allem eine Konsequenz der CDU-Wahlniederlagen in den Bundesländern.

Der Rückblick auf die Geschichte der CDU-Vorsitzenden ermöglicht es, Angela Merkels Rückzug einzuordnen. Dass nach knapp zwei Jahrzehnten ein Wechsel im Vorsitz gefordert wurde, war bei Adenauer und Kohl nicht anders. Allerdings lernte Merkel aus deren Fehler, nicht loslassen zu können, und kündigte Ende Oktober 2018 selbst an, nicht mehr als Vorsitzende zu kandidieren. Der folgende schrittweise Übergang belebte die Partei ebenso wie die Möglichkeit, zwischen drei potenziellen Nachfolgekandidaten auszuwählen. Dass mit Annegret Kramp-Karrenbauer eine Ministerpräsidentin ihren Posten aufgab, um zunächst Generalsekretärin und dann CDU-Parteivorsitzende zu werden, ist ein Novum, das für eine Aufwertung der Partei steht.

Der Vergleich zwischen den früheren langjährigen Vorsitzenden verdeutlicht deren Stärken. In ihr Amt kamen sie alle durch einen kühnen selbstbewussten Auftritt, der Konkurrenten verdrängte. Auch als Vorsitzende zeigten sie rasch die Fähigkeit, Rivalen im Zweifelsfall abzusetzen. Alle drei langjährigen Vorsitzenden starteten als mutige Reformer, die jedoch zunehmend ihre Entscheidungen aus dem Kanzleramt heraus entwickelten und die Parteizentralen vor allem bei Wahlen einbanden. Zudem erwiesen sich die Vorsitzenden intern als kommunikationsstark: Adenauers Briefe, Kohls Telefonate oder Merkels SMS sicherten Loyalitäten. Auch künftig wird jedoch gelten, dass der CDU-Vorsitz nur so lange sicher ist, wie Wahlerfolge und das Kanzleramt den Posten festigen.

1 Vgl. Wulf Schönbohm: Die CDU wird moderne Volkspartei: Selbstverständnis, Mitglieder, Organisation und Apparat. 1950–1980. Stuttgart 1985; Hans-Otto Kleinmann: Die Geschichte der CDU 1945–1982. Stuttgart 1993; Frank Bösch: Macht und Machtverlust. Die Geschichte der CDU. Stuttgart 2002; Udo Zolleis: Die CDU. Das politische Leitbild im Wandel der Zeit. Wiesbaden 2008.

2 Zu konfessionellen Kämpfen Frank Bösch: Die Adenauer-CDU. Gründung, Aufstieg und Krise einer Erfolgspartei 1945–1969. Stuttgart u.a. 2001; Zolleis: Die CDU, S. 61.

3 Zu dessen Führungsstil vgl. weiterhin Hans-Peter Schwarz: Adenauer. Bd. 1: Der Aufstieg 1876–1952. Stuttgart 1986, S. 518.

4 Protokoll des Landesvorstandes Rheinland-Pfalz, 24. November 1956, in: Landeshauptarchiv Koblenz 663.2-371. Ähnlich: Konferenz der Landesvorsitzenden, 9. März 1956, in: Archiv für Christlich-Demokratische Politik (ACDP) 07-004-033/1. Zur hartnäckigen Position Blanks vgl. auch Fratzscher an Fricke, 5. Januar 1957, in: ACDP 01-248-028/1.

5 Vgl. Heinrich Krone: Tagebücher. Erster Band: 1945–1961. Bearb. von Hans-Otto Kleinmann. Düsseldorf 1995.

6 Denkschrift Kraske 1959, in: ACDP 01-157-013/1.

7 Vgl. etwa Adenauer an Hilpert, 10. Dezember 1951, in: Archiv Stiftung Bundeskanzler-Adenauer-Haus (StBKAH) 12.29; Adenauer an Strickrodt, 24. März 1950, abgedr. in: Konrad Adenauer: Briefe 1949–1951. Hg. von Hans Peter Mensing u.a. Berlin 1985, S. 185; Friedrich Winterhager: Günther Gereke: Ein Minister im Spannungsfeld des Kalten Krieges. Biografischer Essay. Ludwigsfelde 2003, S. 319 f.

8 Detlev Hüwel: Karl Arnold. Eine politische Biographie. Wuppertal 1980, S. 233 f.

9 Vgl. Bösch: Adenauer-CDU, S. 195–235.

10 Vgl. ebd., S. 257–262; Erik Lommatzsch: Hans Globke (1898–1973). Beamter im Dritten Reich und Staatssekretär Adenauers. Frankfurt a. M. u.a. 2009, S. 339.

11 Krone: Tagebücher, 23. Juni 1959, S. 366; vgl. auch Hans-Peter Schwarz: Adenauer. Bd. 2: Der Staatsmann: 1952–1967. Stuttgart 1991, S. 502.

12 Klassisch hierzu Daniel Koerfer: Kampf ums Kanzleramt. Erhard und Adenauer. Stuttgart 1987.

13 Vgl. neben Adenauers Terminkalender Vermerke in: StBKAH III-039.

14 Auch in vergleichender Perspektive Arnulf Baring/Gregor Schöllgen: Kanzler, Krisen, Koalitionen: Von Konrad Adenauer bis Angela Merkel. Berlin 2002, S. 9–94.

15 Vgl. seinen auf 1949 rückdatierten Ausweis in: Archiv der Ludwig-Erhard-Stiftung (LES) NE 05. Dass Erhard erst 1966 eingetreten sei, deutet Schwarz an, Hentschel geht davon aus; vgl. Schwarz: Adenauer, Bd. 2, S. 919; Volker Hentschel: Ludwig Erhard. Ein Politikerleben. Berlin 1998, S. 826. Die Briefe von Adenauer an Erhard vom 14. Februar 1966 dazu und die Antwort von Erhard an Adenauer vom 15. Februar 1966 beziehen sich jedoch auf 1963, in: LES NE I 10. Günter Buchstab weist darauf hin, dass kein von Erhard unterschriebener Antrag erhalten und er daher nie Mitglied gewesen sei, vgl. ders.: »Soll ich Anmeldeformulare ausfüllen?« Ludwig Erhard und die Parteibuchfrage, in: Die Politische Meinung Nr. 53 (2008), S. 71–75.

16 Entsprechend knapp fallen die parteigeschichtlichen Passagen aus in: Philipp Gassert: Kurt Georg Kiesinger, 1904–1988: Kanzler zwischen den Zeiten. Stuttgart 2006.

17 So zitiert in: Katholische Nachrichten-Agentur (KNA), 10. November 1966. Vgl. als Überblick zum Wandel auch Petra Hemmelmann: Der Kompass der CDU: Analyse der Grundsatz- und Wahlprogramme von Adenauer bis Merkel. Wiesbaden 2017, S. 150.

18 Vgl. jetzt auch zum Folgenden Kai Wambach: Rainer Barzel. Eine Biographie. Paderborn 2019, S. 426–466.

19 Vgl. Karl Carstens: Erinnerungen und Erfahrungen. Boppard 1993, S. 429; Klaus Dreher: Helmut Kohl. Leben mit Macht. Stuttgart 1998, S. 175 f.

20 Vgl. etwa Kohl im Bundesvorstand, 4. Dezember 1967, in: Günter Buchstab (Bearb.): Kiesinger: »Wir leben in einer veränderten Welt.« Die Protokolle des CDU-Bundesvorstands 1965–1969. Düsseldorf 2005, S. 778 f.; Hans-Peter Schwarz: Helmut Kohl. Eine politische Biographie. München 2012, S. 80–82, 96–98.

21 Vgl. etwa seine Beiträge in Günter Buchstab (Bearb.): Kohl: »Wir haben alle Chancen.« Die Protokolle des CDU-Bundesvorstands 1973–1976. Düsseldorf 2015.

22 Vgl. Matthias Micus: Kurt Biedenkopf – General bei Kohl, König in Sachsen, in: Ders./Robert Lorenz (Hg.): Seiteneinsteiger: Unkonventionelle Politiker-Karrieren in der Parteiendemokratie. Wiesbaden 2009, S. 81–114.

23 Vgl. zur Sprachpolitik Martina Steber: Die Hüter der Begriffe: Politische Sprachen des Konservativen in Großbritannien und der Bundesrepublik Deutschland, 1945–1980. Berlin 2017.

24 Vgl. Schwarz: Kohl, S. 497–505, 520–527.

25 Vgl. Bösch: Macht, S. 118.

26 Vgl. Karl-Rudolf Korte: Deutschlandpolitik in Helmut Kohls Kanzlerschaft. Regierungsstil und Entscheidungen 1982–1989. Stuttgart 1998, etwa S. 24–30, 83–88.

27 Peter Haungs: Persönliche und politische Parteien – eine Alternative, in: Ders. u.a. (Hg.): Civitas. Widmungen für Bernhard Vogel zum 60. Geburtstag. Paderborn 1992, S. 573–585.

28 Vgl. etwa Zolleis: Die CDU, S. 270.

29 Heiner Geißler im Gespräch mit dem Autor am 12. September 2001 in Berlin. Generell zur föderalen Struktur Josef Schmid: Die CDU: Organisationsstruk-

turen, Politiken und Funktionsweisen einer Partei im Föderalismus. Opladen 1990.

30 Diese Praxis beklagt anschaulich etwa Friedbert Pflüger: Ehrenwort: Das System Kohl und der Neubeginn. Stuttgart 2000, S. 42 f.

31 Vgl. Schwarz: Kohl, S. 461–473, 527–535, 580 f.

32 Vgl. zum Zusammenschluss mit der Ost-CDU Ute Schmidt: Von der Blockpartei zur Volkspartei? Die Ost-CDU im Umbruch 1989–1994. Opladen 1997; vgl. auch Ingrid Reichart-Dreyer: Macht und Demokratie in der CDU: Dargestellt am Prozess und Ergebnis der Meinungsbildung zum Grundsatzprogramm 1994. Wiesbaden 2000.

33 Vgl. Abschlussbericht Untersuchungsausschuss Deutscher Bundestag, 13. Juni 2002, Drucksache 14/9300, S. 165, 200, 388, 447. Zusammenfassend Jens Ivo Engels: Alles nur gekauft? Korruption in der Bundesrepublik. Stuttgart 2019, S. 315 f.

34 Vgl. Gerd Langguth: Angela Merkel. Aufstieg zur Macht. Eine Biographie. München 2007, S. 222–224.

35 Vgl. Hans-Peter Schwarz: Turbulenzen. Die zweite Oppositionszeit, 1998–2005, in: Ders. (Hg.): Die Fraktion als Machtfaktor: CDU/CSU im deutschen Bundestag – 1949 bis heute. München 2009, S. 201–228, hier 219.

36 Vgl. Langguth: Merkel, S. 294–301.

37 Vgl. Sonja Blum: Familienpolitik als Reformprozess: Deutschland und Österreich im Vergleich. Wiesbaden 2012, S. 124; Sören Messinger/Yvonne Wypchol: Moderne CDU? Programmatischer Wandel in der Schul- und Familienpolitik. Göttingen 2014.

38 Vgl. Langguth: Merkel, S. 358.

Für alle.

Wirschaffen ziale Sicherh

deshalb am 18 März

Dr. Angela Merkel kam 1990 zur CDU und ging 2005 in die Geschichte ein: als erste Kanzlerin der Bundesrepublik Deutschland.

Wir haben einfach ein Faible für Quereinsteiger.

Wir suchen Menschen, die sprichwörtlich mitten im Leben stehen, um die Politik mit eben diesem zu füllen. Werden Sie Mitglied in der CDU. Informationen finden Sie im Internet unter www.mitglied-werden.cdu.de

Farbe bekennen.   CDU

4   Plakat zur Mitgliederwerbung 2007

Die CDU unter Angela Merkel (2000–2018)

Thomas Brechenmacher

Angela Merkel[1] ging aus der »tiefsten Krise« der CDU[2] als Parteivorsitzende hervor. Die Spendenaffäre der Jahre 1999 bis 2002[3] beschleunigte einen Umbruch in der Partei, der nach dem Verlust der Regierungsmacht 1998 und dem Ende der Ära des aktiven Helmut Kohl mit dem Übergang des Parteivorsitzes auf Wolfgang Schäuble gerade erst angestoßen worden war. Innerhalb weniger Wochen, zwischen November 1999 und Februar 2000, implodierte das Leitungsgefüge der Bundespartei unter dem Druck immer neuer Enthüllungen und Eingeständnisse führender CDU-Politiker über »schwarze Kassen«. Mit dieser unfreiwilligen Beschleunigung waren verheerende persönliche Abrechnungen und Verwerfungen unter den bis dato dominanten Persönlichkeiten der Partei verbunden, deren Karrieren zum Teil lange in die Zeit der »alten Bundesrepublik« zurückreichten; vor allem aber beschädigte sich der die Partei seit Jahrzehnten prägende Helmut Kohl – Vorsitzender seit 1973, Ehrenvorsitzender seit 1998 – unrevidierbar selbst. Auch sein ehemaliger »Kronprinz« Wolfgang Schäuble musste Anfang 2000 zugeben, in die Spendenaffäre verwickelt zu sein, und erklärte Mitte Februar seinen Rücktritt vom Fraktions- wie Parteivorsitz. Dem »Neuanfang« in der Rolle der Oppositionspartei folgte ein zweiter, viel schmerzlicherer, bedingt durch die Spendenaffäre.

Angela Merkel galt nicht als Teil des »Systems Kohl« (Friedbert Pflüger), obgleich ihre Karriere bis dahin unter

der Protektion des Altkanzlers verlaufen war. Die bisherige Generalsekretärin rückte zudem zu einem taktisch gut
gewählten Zeitpunkt, unmittelbar vor einer Sondersitzung
des CDU-Präsidiums, auf spektakuläre und durchaus mutige
Weise öffentlich von ihrem Mentor ab. In einem Artikel in
der »FAZ« am 22. Dezember 1999 reklamierte sie für »uns,
die wir jetzt in der Partei Verantwortung haben (…), unsere
Zukunft selbst in die Hand zu nehmen«. Helmut Kohl habe
»der Partei Schaden zugefügt«, materiellen wie Glaubwür-
digkeitsschaden. Die Zeit Kohls sei nicht zuletzt deshalb nun
»unwiederbringlich vorüber«. Etwas verklausuliert, aber
für jedermann verständlich, legte Merkel Kohl nahe, »von
heute auf morgen alle Ämter niederzulegen, sich völlig aus
der Politik zurückzuziehen und den Nachfolgern, den Jüngeren das Feld schnell ganz zu überlassen«.[4]

Mit Angela Merkel rückte zum ersten Mal eine Frau an
die Spitze der Partei. Sie stammte zudem aus Ostdeutschland
und war »jung«, zum Zeitpunkt der Amtsübernahme fünfundvierzig Jahre alt.[5] Zehn Jahre nach der deutschen Wiedervereinigung schienen diese Eigenschaften Garanten zu
sein für eine wirkliche Erneuerung der Partei im Zeichen der
politischen und gesellschaftlichen Herausforderungen des
neuen Jahrtausends. Ihr protestantisches Bekenntnis und
ihre »ostdeutsche« Biografie – Merkels Vater war evangelischer Theologe gewesen, der 1954 aus Hamburg in die DDR
übergesiedelt war, um dort Pfarrer zu werden[6] – erregten in
traditionsorientierten Parteikreisen des Westens wohl vereinzelt Stirnrunzeln,[7] im Ganzen spielten diese Fragen aber
keine besondere Rolle. Viel bedeutender war das Narrativ
ihrer Wendeerfahrungen, ihres »Aufbruchs in die Freiheit«,
der sie in den Jahren 1989/90 über verschiedene erste Fehl-
versuche – über die SPD zum Demokratischen Aufbruch –
schließlich zur CDU als der für sie richtigen Partei geführt

habe. Merkel selbst band diese Aufbruchserzählung von der »unglaublichen Zeit« immer wieder als eine Art Identifikationsanker in ihre politischen Selbstdarstellungen ein,[8] während ihr »erstes Leben« in der DDR wenig beleuchtet blieb.[9] Als öffentlichkeitsbrauchbarer Baustein wurde daraus in der Regel lediglich ihr beruflicher Werdegang als promovierte Physikerin transportiert, woraus gerne eine Disposition zu naturwissenschaftlichem, also »rational« bestimmtem Denken und Handeln abgeleitet wurde.

Auf dem Parteitag in Essen vom 9. bis 11. April 2000 wurde Merkel mit 95,9 Prozent der Delegiertenstimmen zur Parteivorsitzenden gewählt. Zum Generalsekretär erkor sie überraschend, aber durchaus proporzorientiert den aus Münster stammenden liberalen Katholiken Ruprecht Polenz, von dessen ausgleichend-reformorientiertem Charakter sie sich für die Beruhigung und Neuorientierung der Partei nach der Spendenaffäre viel versprach. Freilich trat Polenz bereits nach einem halben Jahr zurück, weil er sich nicht in der Lage sah, den – weniger von der Vorsitzenden als aus der Partei heraus erhobenen – Vorstellungen eines im politischen Geschäft mehr »attackierenden« Generalsekretärs zu entsprechen.[10] Ihm folgte ab November 2000 Laurenz Meyer, der mehr als Polenz die Idee zu befriedigen schien, die junge Parteivorsitzende benötige einen »starken Mann« an ihrer Seite.[11] Die Karriere des sehr selbstbewusst auftretenden Meyer endete mit seinem Rücktritt vom Amt des Generalsekretärs im Dezember 2004, der nach anhaltenden Meldungen über unklare finanzielle Zuwendungen durch seinen früheren Arbeitgeber, einen Stromkonzern, nicht mehr zu vermeiden war.[12] Erst mit Volker Kauder (Generalsekretär 2005, dann langjähriger Fraktionsvorsitzender), Ronald Pofalla (2005–2009), Hermann Gröhe (2009–2013) und Peter Tauber (2013–2018) fand Merkel ihrem Stil gemäße Generalsekretäre. Keiner von ihnen konnte aber je ein Eigengewicht entwickeln, das dem der Generalsekretäre Biedenkopf, Geißler und auch noch Rühe während der Ära Kohl vergleichbar gewesen wäre.

Waren Polenz und Meyer »unbeschriebene Blätter«, blieb die neue Vorsitzende im Parteivorstand umgeben von Repräsentanten der »alten« West-CDU, den Landesvorsitzenden von Nordrhein-Westfalen und Niedersachsen, Jürgen Rüttgers und Christian Wulff, der baden-württembergischen Kultusministerin Annette Schavan und dem ehemaligen Generalsekretär und Bundesverteidigungsminister Volker Rühe. Mit diesem als stellvertretendem und Friedrich Merz als Vorsitzenden der CDU/CSU-Bundestagsfraktion standen neben Merkel zunächst noch, bis zur Bundestagswahl 2002, zwei potenzielle Konkurrenten auf wichtigen bundespolitischen Posten. Wolfgang Schäuble indessen blieb zwar nominell Mitglied des Parteipräsidiums, bekleidete jedoch zunächst keine weiteren Ämter mehr, bevor er 2002 als stellvertretender Fraktionsvorsitzender an der Seite der »Oppositionsführerin« Merkel bundespolitisch wieder sichtbarer wurde. Seine Belastung durch die Parteispendenaffäre verstellte alle Aussichten auf eine künftige Kanzlerkandidatur, obwohl sein Verhalten in der Aufklärung und »Bewältigung« der Affäre vielen als vorbildlich galt.[13] Vor diesem Hintergrund gehört es zu den klugen personalpolitischen Schachzügen Merkels, den gleichwohl beliebten, öffentlichkeitswirksamen und politisch herausragend befähigten Schäuble nach einer Karenzzeit sukzessive wieder in wichtige Partei- und schließlich Regierungs- beziehungsweise parlamentarischen Positionen einzubinden.

Der Essener Parteitag sollte die neue Zeit einläuten, die Krise als »Chance« begriffen werden: so die »Essener Erklärung«, mit der sich die CDU eine »Tagesordnung für das

21. Jahrhundert« gab.[14] Auf der Basis dieser Erklärung hielt Merkel ihre Grundsatzrede vor ihrer Wahl zur Parteivorsitzenden.[15] Diese programmatische Äußerung der künftigen Vorsitzenden am Beginn ihrer Amtszeit darf nicht lediglich als leere Parteitagsrhetorik verstanden werden, sondern ist als Koordinatenbestimmung zu lesen. Der in der Folgezeit von Merkel wesentlich verantwortete Kurs der Partei kann durchaus daran gemessen werden, natürlich jenseits von Dogmatik und eingedenk politischer Entwicklungen und Ereignisse, die im April 2000 nicht vorhersehbar waren.

Mit der Krise der Partei hielt sich Merkel in dieser Rede nicht lange auf. Die Partei sei intakt und auf dem richtigen Weg, das hätten die Regionalkonferenzen der vergangenen Wochen bewiesen.[16] Dem folgte ein Bekenntnis zur deutschen Einheit als einer »Herzenssache« der CDU. »Wir sind die Gewinner der Geschichte.«[17] Die amtierende Bundesregierung unter Kanzler Gerhard Schröder (SPD) und Außenminister Joschka Fischer (Grüne) stellte schließlich die Negativfolie bereit – Stichwort »rot-grüne Beliebigkeit« –, vor der Merkel das Bild der CDU als »großer Volkspartei der Mitte« zeichnete: die Partei der Verlässlichkeit aufgrund fester, »christlich-sozialer, wertkonservativer, liberaler« Orientierung. »Christliche Demokraten ändern eben nicht alle halbe Jahre ihre Überzeugungen.«[18] Zu den »Dingen und Werten, die eben immer gelten«, zählte Merkel den Wunsch, eine Familie zu gründen und Zeit für die Kinder zu haben, die Suche der Menschen nach dem Sinn des Lebens (»auch in Zeiten abnehmender Kirchenbindungen«) sowie das Bedürfnis nach Heimat. Dem derart beschriebenen Unveränderlichen gegenüber diagnostizierte sie jedoch als Grundtatsache des 21. Jahrhunderts: »Fast nichts wird mehr so sein, wie es einmal war«, demografischer Wandel, Globalisierung, Technisierung, Beschleunigung fielen als Schlagworte. Aufgabe der Politik sei es, dieses »unglaubliche Spannungsfeld« zwischen Wandel und Beständigkeit zu gestalten. Dies erfordere rechtzeitige »Weichenstellungen«. Besonders der Jugend sei die Politik dies schuldig.[19]

Nachdem das Grundverständnis von Politik in der Epoche totalen Wandels derart definiert war, exemplifizierte Merkel ihre Vorstellungen (und laut »Essener Erklärung« diejenigen ihrer Partei) für die verschiedenen Politikfelder: Wirtschaft (»Markt und Menschlichkeit zusammenbringen«), Finanzen (»keine Ökosteuer«), soziale Sicherheit, Rente, Gesundheit, Bildung (»lebenslanges Lernen«), Rechtsstaat und innere Sicherheit, internationale Beziehungen, Europa (europäische Einheit in regionaler Vielfalt). »Unser Pfund auf dem Weg in die Zukunft sind unsere Grundwerte und ihre gelebte Substanz«,[20] stand als Grundmotiv über diesen Ausführungen.

Als besondere Herausforderungen durch die Globalisierung nannte Merkel Umweltschutz und Ressourcenverbrauch. Aufmerksamkeit widmete sie gerade in diesem Zusammenhang der technologischen Entwicklung. Für Spitzenleistungen auf diesem Gebiet in Deutschland müsse die Politik Rahmenbedingungen schaffen. »Der Ausstieg aus der Kernenergie – dies geschieht, obwohl wir die sichersten Kernkraftwerke der Welt haben – steht beispielsweise für diese wirklich unmögliche Politik [der Bundesregierung]. – Wir (…) berauben uns unseres Technik- und Forschungssachverstands mutwillig und vorsätzlich dadurch, dass wir aus der Kernenergie aussteigen, und können in Zukunft, wenn es einmal zu kritischen Ereignissen kommt, nicht mehr helfen. Dafür trägt Rot-Grün die Verantwortung.«[21]

Über die Technologie bei Gentechnik und Embryonenschutz angelangt, kam Merkel auf das »C in unserem Namen zu sprechen«. Das Leben beginne mit dem Embryo, und das Kriterium der CDU bei der Entwicklung von biotechnologischen Zukunftsentwicklungen leite sich »vom christlichen Menschenbild ab. Es heißt Menschenwürde.«[22] In den Überlegungen zur Familienpolitik – auf deren Feld die CDU seit 1998 bestrebt war, die »programmatische Erneuerung zu beginnen«[23] – fand das »C« bei Merkel keine Erwähnung. Familienpolitik werde aber, so die neue Vorsitzende, »über die Zukunft dieser Gesellschaft in ganz wesentlichem Maße entscheiden«. In der Diskussion, »wie wir den Familien (…) eine lebenswerte Umwelt gestalten können«, stelle sich aber die Frage, »ob die Gleichstellung der Frau wirklich nur über die Erwerbstätigkeit erreicht werden kann. Das ist nicht das, was die Familien ausmacht. Familie – das bedeutet dauerhafte Bindungen, dauerhafte Verantwortung über die Generationen hinweg. Dort lernt man Verantwortung für sein ganzes Leben. Deshalb müssen wir den Familien helfen.«[24]

Europa, Osterweiterung und Türkei-Beitritt – gegen den sie sich aussprach – führten schließlich zum Thema »Zuwanderung und Asyl«: Dies sei »ein heißes Eisen (…) im europäischen Kontext«. »Alternde Gesellschaft« und »unser Menschenbild« seien Leitkriterien in dieser Frage. Mit beiden begründete Merkel die Notwendigkeit von Zuwanderung, forderte aber auch eine »systematische Diskussion«, die Lösungen auf europäischer Ebene »mit Kraft und Sachverstand« anstrebe. »Deutschland wird weiterhin die Menschen, die in Not sind, aufnehmen. An dieser Grundhaltung (…) wird sich nichts ändern.«[25]

Abschließend fasste Merkel appellativ zusammen, was ihrem Bestreben zufolge (»ich will«) »CDU« sei: Markt und Menschlichkeit, Generationengerechtigkeit, Europa der Bürger, Subsidiarität, wo möglich, starker Staat, wo nötig, Bekenntnis zu Nation, Heimat und Identität, Toleranz, Debatten und Diskussionen, am Ende aber »klare Entscheidungen«.[26] »Christliches Menschenbild« kondensierte in »Menschenwürde«,[27] Ausführungen über Religion und Religiosität blieben knapp und vage.[28] Fast mehr Mühe schien sie sich damit zu geben, ganz am Ende der Rede noch das Wesen des »Konservativen« zu bestimmen: »Die Wirklichkeit annehmen, fähig zur Erneuerung sein und zugleich Wertvolles bewahren – genau das ist konservativ.«[29]

Unter dem achtzehn Jahre dauernden Vorsitz von Angela Merkel konnte sich die CDU in ihrem Anspruch, die »große Volkspartei der Mitte« zu sein, noch halten, wenngleich wohl als letztverbliebene »Volkspartei« des alten bundesrepublikanischen Parteienspektrums. Während dieser Periode wurde Merkel turnusgemäß alle zwei Jahre wiedergewählt, insgesamt acht Mal. Drückte sich in den Wahlergebnissen auch weiterhin Zustimmung aus, so ließ die Euphorie des »Neuanfangs« schnell nach und mündete beim Düsseldorfer Parteitag von 2004 in einen Tiefststand (88,41 Prozent), der an die schwierigsten Zeiten Helmut Kohls erinnerte.[30] Die Übernahme der Kanzlerschaft und die erste Große Koalition (2005–2009) führten die Parteivorsitzende fast auf die hohen Wahlergebnisse ihres Anfangs zurück. Nach einem »Durchhänger« 2010 (90,4 Prozent) markierten 97,94 und 96,72 Prozent 2012 und 2014 schließlich den Höhepunkt der innerparteilichen Identifikation mit der Vorsitzenden, bevor sich im Dezember 2016, wiederum in Essen, mit 89,5 Prozent wieder eine deutlich kritischere Haltung im Wahlergebnis niederschlug.[31]

Die Mitgliederzahl der CDU nahm unter dem Vorsitz Merkels (weiterhin) kontinuierlich ab; dieser Trend hielt schon seit 1993 an, als die CDU in der unmittelbaren »Nachwendezeit« ihr Allzeit-Mitgliederhoch von 725.000 erreicht hatte. Am Beginn der Merkel-Ära stand die Mitgliederzahl bei

630.000 (2000), an ihrem Ende bei 436.000 (2016).[32] Mitgliederwerbeaktionen blieben weitgehend erfolglos. In diesen Zahlen spiegelt sich ein allgemeiner Trend. Die beiden großen »Volksparteien« der Bundesrepublik, CDU und SPD, waren nie »Mitgliederparteien«, geschweige denn »Massenorganisationen« gewesen; ihr Erfolg bemaß sich am Potenzial, Wähler dauerhaft zu binden.[33] Nennenswerte Mitgliederzuwächse konnten immerhin in den 1970er- und frühen 1980er-Jahren erzielt werden, bevor sich die Entwicklung zunächst langsam, dann aber beschleunigt umkehrte. Noch dramatischer als der Mitgliederrückgang bei der CDU seit der deutschen Wiedervereinigung war derjenige bei der SPD, deren Mitgliederbestand sich zwischen 1992 und 2016/18 mehr als halbierte (1992: 886.000; 2016: 433.000/2018: 437.000).[34] Fiel die SPD damit auf einen für die Gesamtgeschichte der Bundesrepublik ungekannten Tiefstand, war die CDU mit dem Mitgliederbestand von 2016 wieder bei dem von 1973 angekommen – bei allerdings erheblich höherer Gesamtbevölkerungszahl. Sicherlich spielt der »demografische Wandel« bei diesen Bewegungen eine bedeutende Rolle; freilich gehen »nur« rund 30 Prozent der Verluste auf das Konto von Todesfällen, der verbleibende Negativsaldo ergibt sich aus Austritten und ausbleibenden Neueintritten.[35] Das durchschnittliche Alter der Mitglieder stieg von 52,2 (1992) über 54,9 (2000) auf 60 Jahre (2016);[36] Verjüngungsbemühungen sind damit nicht nachhaltig als »erfolgreich« zu bezeichnen, desgleichen der Versuch, die Partei auf Mitgliederebene »weiblicher« zu machen. Der Anteil der weiblichen Mitglieder stieg seit 1992 nur geringfügig, von 25,3 (1992) und 25,2 (2000) auf 26 Prozent 2016.

Strukturell-typologisch unterschied die Mitgliederbefragung von 2007 zwischen den Gruppen der »gesellschaftspolitisch-liberalen« (17 Prozent), der »traditionsbewussten«

(das heißt »konservativen«, 26 Prozent), der »marktwirtschaftsorientierten« (32 Prozent) und der »christlich-sozialen« (25 Prozent) Mitglieder.[37] In diesen Typologien spiegelt sich die von Merkel in ihrer Essener Rede vom April 2000 auch benannte Mischung aus christlich-sozialer, wertkonservativer und liberaler Orientierung, die zweifellos immer zum Erfolgsrezept der CDU gehörte. Denn diese Gruppen standen sich nicht wie »Lager« strikt getrennt gegenüber, sondern waren untereinander vielfältig verklammert. So vereinte die »christlich-soziale«, also im wesentlichen »sozialstaatliche« Orientierung gesellschaftspolitisch Liberale wie Konservative, während sich etwa bei den gesellschaftspolitisch Traditionsbewussten sowohl marktwirtschaftlich-liberal wie auch stärker sozialstaatlich Orientierte einfinden konnten. Ob es ein Indiz für die Entwicklungsrichtung der Partei ist, dass die Mitgliederstudie von 2017 auf die Bestimmung dieser Typologien verzichtete, muss offen bleiben. Zu prüfen wäre die Hypothese, inwieweit in der Ära Merkel die so typisch »volksparteiliche« Verklammerung mehrerer Milieus schwand oder aufgegeben wurde, unter der Zielsetzung, durch Konzentration auf ein bestimmtes oder auch auf ein neues »anderes« Milieu« neue Wählergruppen anzuziehen, und um den Preis verschärfter innerparteilicher »Lagerbildung« beziehungsweise des Verlusts traditioneller CDU-Milieus.

Mit Blick auf die Sozialstruktur der Mitglieder war dies zum Zeitpunkt der Mitgliederbefragung 2017 noch nicht eindeutig zu beurteilen. Erkennbar hatten die Berufsgruppen der höheren Beamten und Angestellten (im öffentlichen wie nicht öffentlichen Dienst) schon seit den 1990er-Jahren deutlich zugenommen, zulasten der Arbeiter/Handwerker, Landwirte und Selbstständigen.[38] Der Anteil der im öffentlichen Dienst beschäftigten CDU-Mitglieder lag deutlich über dem Durchschnittsanteil dieser Gruppe innerhalb der Gesamtbevölkerung (2017: 28 versus 21 Prozent). Der steigende Akademisierungsgrad der Mitglieder korrespondierte mit demjenigen in der Gesamtbevölkerung, nicht jedoch die konfessionelle Zugehörigkeit und die eigene Verortung der religiösen Bindung. 2017 waren noch immer 52 Prozent der CDU-Mitglieder katholisch, 36 Prozent evangelisch (Gesamtbevölkerung noch je etwa 30 Prozent). Lediglich 19 Prozent hielten das »C« für die Partei für verzichtbar, 64 Prozent hingegen bezeichneten Religion als den »tragenden Grund« ihres Lebens.[39] Gegenüber 2007 stellte dies nur einen geringfügigen Rückgang dar (um 2 beziehungsweise 3 Prozentpunkte).[40] Eine »Verstädterung« der Partei zeichnete sich auf der Mitgliederebene nicht ab. 7 Prozent der Mitglieder lebten 2017 in Großstädten, 10 Prozent in Großstadtvororten; das stellte gegenüber 2007 keinerlei Veränderung dar: 58 Prozent der Mitglieder lebten damals »überwiegend im ländlichen Raum«, 17 Prozent in Großstädten und deren Vororten.[41]

Ob der rasante Verlust an Mitgliedern durch einen höheren Aktivitätsgrad der Verbleibenden oder Hinzukommenden kompensiert wird, mag dahingestellt bleiben.[42] Faktisch lässt die Bindekraft der »Volksparteien« dramatisch nach. Dies zeigte sich während der Merkel-Ära vielleicht mehr noch als an den Mitgliederzahlen in den Wahlergebnissen auf Bundesebene. Zwar führte der »Neuanfang« in den Bundestagswahlen 2002 zu einem Mobilisierungseffekt, der die CDU/CSU mit Zugewinnen von 3,4 Prozentpunkten gleichauf mit der SPD führte (Verlust 2,4 Prozent), jedoch konnte die rot-grüne Koalition aufgrund des starken Ergebnisses der Grünen (8,6 Prozent) nicht abgelöst werden. 2005 genügte das schwache Ergebnis von 35,2 Prozent, um aufgrund des noch schwächeren Abschneidens der SPD die Initiative zur

Regierungsbildung in die Hand zu bekommen. 2009 überdeckte der völlige Einbruch der SPD das für die CDU/CSU ebenfalls unbefriedigende Ergebnis von 33,8 Prozent, das aufgrund der Stärke der FDP (14,6 Prozent) jedoch genügte, die Große durch eine christlich-liberale Koalition abzulösen. 2013 markierte den vorerst letzten Triumph für die »große Volkspartei der Mitte« und ihre bayerische Schwesterpartei: Mit 41,5 Prozent wurde die absolute Mehrheit der Sitze nur knapp verfehlt. Da die FDP an der Fünfprozenthürde scheiterte und eine schwarz-grüne Koalition auf Bundesebene zu diesem Zeitpunkt (noch) vor allem am Widerstand der Grünen scheiterte, blieb die Neuauflage der Großen Koalition mit einer anhaltend bereits deutlich geschwächten SPD. Die Bundestagswahl 2017 brachte die Fortsetzung des Negativtrends für beide »Volksparteien«. Der Versuch, zum ersten Mal eine unionsgeführte Bundesregierung unter Einbindung der Grünen – in Form einer »Jamaika-Koalition« (mit zusätzlicher Einbeziehung der FDP) – zu bilden, scheiterte, sodass erneut nur die »Große« Koalition blieb.

In den Bundestagswahlergebnissen der CDU (und CSU) seit 2002 schlug sich ein allgemeiner Trend zur Erosion der großen Volksparteien nieder, der zum Zeitpunkt des Amtsantritts Merkels in seiner Dramatik noch nicht prognostizierbar war. Was 2013 als triumphales Ergebnis galt (41,5 Prozent), wäre vor 1990, in den 1970er- und 1980er-Jahren zumal, als katastrophal bezeichnet worden. Die unbefriedigenden Bundestagswahlergebnisse genügten aber trotz allem, die Regierungsmacht seit 2005 dauerhaft zu sichern. Parallel dazu differenzierte sich das Parteiensystem aus, zunächst durch die Etablierung der Linkspartei (ehemals PDS/ WASG) seit 2005 am linken, schließlich der AfD seit 2013/17 am rechten Rand. Bedingung für den stabilen Machterhalt war unter diesen Umständen die dreimalige Große Koalition mit dem früheren systemischen Gegner, der SPD. Diese Regierungsvariante war in der Geschichte der Bundesrepublik nur einmal für eine kurze Zeit (1966–1969) als dezidierte Notlösung in einer schwierigen Phase versucht worden. Die lange als »Traumkonstellation« einer bundesrepublikanischen Regierung geltende christlich-liberale Koalition bewährte sich zwischen 2009 und 2013 offenbar nicht – wobei dafür die FDP, nicht die CDU/CSU, von den Wählern mit einem Verlust von 9,8 Prozentpunkten und dem Ausscheiden aus dem Bundestag bestraft wurde. Die – von dieser Legislaturperiode abgesehen – jahrelange, zur Normalität werdende Große Koalition führte zu einem veränderten, großblockhaften Verständnis von »Mitte«, einer Art »Juste-Milieu«-Konfiguration ohne gleichgewichtige Opposition, die sowohl im Lichte historischer Erfahrung als auch demokratietheoretisch als nicht unproblematisch zu gelten hat.

Die strategische Aufgabe der im Jahr 2000 neu gewählten Vorsitzenden musste zunächst lauten, die CDU in die Regierungsverantwortung zurückzuführen, sodann – gemäß des Urcredos der Partei, die Kanzlerpartei der Bundesrepublik Deutschland schlechthin zu sein – sie in der Regierungsverantwortung dauerhaft zu halten, schließlich aber auch, sie so zu transformieren, dass sie in diesem Selbstverständnis, als »große Volkspartei der Mitte«, auch in der Zukunft gestaltungsfähig sein konnte. Kein Zweifel besteht daran, dass Angela Merkel die beiden ersten dieser strategischen Ziele eindrucksvoll erreicht hat. Diskussionen – spätestens seit dem Jahr 2015 erbitterte Diskussionen – wurden (und werden) aber darüber geführt, inwieweit der eingeschlagene Weg im Dienste des dauerhaften Machterhalts nicht um den Preis einer Gefährdung der Zukunftsfähigkeit gegangen wurde.

1. Rückkehr zur Macht

Die Spendenaffäre und die daran anschließende Neuaufstellung der Partei erleichterten es nicht, dieses Ziel bereits 2002 zu erreichen. Die neue Vorsitzende saß noch keineswegs fest im Sattel, das Zusammenspiel mit dem ebenfalls ambitionierten Friedrich Merz an der Spitze der Bundestagsfraktion lief nicht rund. Aus den Reihen der Unionsministerpräsidenten baute sich obendrein Widerstand gegen eine Kanzlerkandidatur Merkels auf. Dass Merkel das Geschick aufbrachte, aus dieser Situation nicht gleich zu Beginn als Verliererin hervorzugehen, sondern sich durch den Coup des legendären »Wolfratshauser Frühstücks«[43] in die Position einer um des gemeinsamen Erfolgs willen vorbehaltlosen und noblen Unterstützerin der Kanzlerkandidatur Edmund Stoibers (CSU) brachte, kann rückblickend als wichtiger Schritt auf ihrem Weg zu einer unangefochtenen Position an der Spitze der Partei und zur schließlich erfolgreichen Aspirantin für die Nachfolge Gerhard Schröders gelten. In der Situation selbst war dieser Schritt nicht risikolos, denn unter einem Kanzler Stoiber hätte Merkel vielleicht über Jahre hinweg bestenfalls in der zweiten Reihe gestanden. Nach der knappen Wahlniederlage der Union aber ging sie in die Offensive und verdrängte Merz von der Fraktionsspitze. Damit waren Bundesvorsitz und Fraktionsvorsitz wieder in einer Person vereint und der Anspruch Merkels auf die nächste Kanzlerkandidatur unüberhörbar angemeldet.

Diesen Anspruch versuchte sie in der Folgezeit durch eine programmatische Profilierung als Reformpolitikerin zu untermauern. Anfang Oktober 2003 erregte sie Aufsehen mit einer appellativen Rede zum Tag der Deutschen Einheit, in der sie eine radikale Reformagenda entwarf. Dabei war sie als Oppositionsführerin gewissermaßen eine »Getriebene«, da ja auch die Regierung unter Bundeskanzler Schröder ein umfassendes arbeits- und sozialpolitisches Reformprogramm vorantrieb, das mit einem tiefgreifenden Umbau und durchaus schmerzlichen Leistungskürzungen die Problematik des aufgeblähten und disfunktionalen Sozialstaats in den Griff zu bekommen versuchte. Dieses im März 2003 als »Agenda 2010« verkündete Programm wurde angesichts der hohen Arbeitslosigkeit und der schwierigen konjunkturellen Lage in der Öffentlichkeit und insbesondere bei der klassischen SPD-Klientel sehr ungnädig aufgenommen.[44] Da es so viele Komponenten eigentlich »bürgerlicher« und nicht als »sozialdemokratisch« geltender Politik enthielt, blieb der CDU aber wenig anderes übrig, als die Reformimpulse zu spiegeln und die Reformidee darüber hinaus noch weiter zu drehen. Genau dies versuchte Merkel in ihrer Rede vom 1. Oktober 2003.

Während die SPD durch die »Agenda 2010« und die »Hartz-Reformen« in den Verdacht kam, zentral von ihr beanspruchte Werte wie »Gerechtigkeit« und »Solidarität« zu verraten, setzte Merkel demgegenüber den Wert der »Freiheit« an die Spitze der Werteskala, ohne »Solidarität und Gerechtigkeit« – nach christlich-demokratischem Verständnis – zu vernachlässigen. Mit dieser Priorisierung verband sie die Forderung nach einer »Neuen Sozialen Marktwirtschaft«, in der Eigenverantwortung ganz oben stehen müsse. Freiheit sei »Leistungsfreude, Entfaltung des Einzelnen, Freude an Verschiedenheit, Ablehnung von Gleichmacherei, Eigenverantwortung«; sowohl die politische Ordnung der Demokratie als auch die wirtschaftliche Ordnung der Sozialen Marktwirtschaft seien »Ordnungen der Freiheit«.[45] Freiheit müsse durch »moderne Gerechtigkeit« und Solidarität ausbalanciert sein, der Fortschritt finde seine Grenzen in den Geboten des »christlichen Menschenbildes« und insbesondere der Menschenwürde.[46] Von dieser Basis ausgehend schlug Merkel ein grundlegendes Reformpaket vor, von Bildung und Forschung über die Neujustierung der Sozialsysteme und des Finanzsektors (große Steuerreform nach Merz/Kirchhoff) bis hin zu einer grundlegenden Neuordnung der Arbeitswelt (Arbeit subventionieren statt Nichtarbeit). Der Staat werde stark, indem er sich zurücknehme und auf Kernaufgaben konzentriere; eine Föderalismusreform sei wichtig, das Gebot der Subsidiarität müsse aber stets berücksichtigt bleiben.

Vielleicht ebenso bemerkenswert wie die umfassende Reformagenda musste Merkels Angebot einer konstruktiven Zusammenarbeit mit der rot-grünen Bundesregierung erscheinen. Merkel war in der vorteilhaften Situation, auf eine Mehrheit der unionsgeführten Länder im Bundesrat rekurrieren zu können. Ohne dessen Zustimmung ließen sich viele Reformvorhaben der Regierung nicht in Gesetzesform bringen. Fundamentalopposition lehnte Merkel ab, sie warb um konstruktive Zusammenarbeit zugunsten von Kompromissen: »Ich stehe dafür, dass in den kommenden Wochen (…) die Union mit den ihr im Bundestag und Bundesrat zur Verfügung stehenden Mitteln um Kompromisse ringen wird. Kompromisse, die einer Bedingung genügen: es müssen die Vorteile die Nachteile überwiegen.«[47] Diese Aussage gewinnt im Rückblick insofern an Bedeutung, als sich in ihr schon die spätere Kompromisspolitikerin Merkel abzeichnet, die mit den Konstellationen der Großen Koalition – zu denen in der Regel auch sichere Bundesratsmehrheiten gehörten – jedenfalls nicht schlecht zurechtkam.

Merkels Reformkurs, der die wirtschaftsliberalen Segmente in der Union bevorzugt ansprach, ohne jedoch »neoliberal«[48] zu sein – denn: Solidarität und Gerechtigkeit als Korrektive im Rahmen einer Sozialen Marktwirtschaft blieben gewahrt –, fand zwar auf dem Leipziger Parteitag 2003 Unterstützung, führte jedoch im Wahljahr 2004 nicht zu messbaren

Ergebnissen. An dessen Anfang stand ein Erfolg mit traditioneller Symbolwirkung für einen Regierungswechsel: Merkel konnte in der Bundespräsidentenwahl 2004 »ihren« Kandidaten Horst Köhler mit Nolens-volens-Unterstützung der CSU und FDP durchbringen. Innerparteilich bedeutete dies einen weiteren Stabilisierungsschritt für Merkel, denn sie setzte sich taktisch überzeugend gegen andere wichtige Unionsprotagonisten wie Friedrich Merz und Roland Koch durch, auf deren Listen andere Favoriten standen. Diesem Lichtblick folgte aber eine Reihe für die CDU weitgehend desaströser Wahlen, beginnend mit der Europawahl über Landtagswahlen in Thüringen, im Saarland, in Sachsen und Brandenburg, in den letztgenannten Bundesländern mit den größten Verlusten (minus 15 und minus 7 Prozentpunkte). Möglicherweise hatte Merkel die Chancen überschätzt, mit dem von ihr ausgerufenen Reformkurs Wähler zu mobilisieren; anhaltende Querelen mit der CSU über unterschiedliche Auffassungen in der Gesundheits- und Sozialpolitik — womöglich aber auch als Nachhutgefechte des sich seit der verlorenen Bundestagswahl gedemütigt fühlenden CSU-Chefs — trugen das Ihre zur schlechten »Performance« der Union bei. Doch erst der öffentlich inszenierte Rückzug Merz' im Oktober 2004 stürzte die Parteichefin in eine Krise.[49] Auf dem Düsseldorfer Parteitag kämpfte sie sichtlich, indem sie versuchte, alle Strömungen innerhalb der Partei mit ihren jeweils dominierenden Persönlichkeiten durch direkte Ansprache einzubinden. Andererseits beharrte sie auf ihrer Reformagenda, bekannte sich weiterhin zur Idee der »großen« Steuerreform im Sinne der Merz-Vorlage und forderte gegenüber der Leipziger Beschlusslage vom Vorjahr sogar noch verstärkte Reformbemühungen.[50] Die Resonanz des Parteitags fiel mäßig aus: Die nur 88,4 Prozent bei der Wiederwahl Merkels zur Vorsitzenden waren direkter Ausdruck der Krise.

Friedrich Merz' Ausscheiden aus den Parteiämtern und schließlich ganz aus der Politik unterminierte Merkels Position jedoch nicht dauerhaft, im Gegenteil: In der längeren Perspektive schwächte dieser impulsive und unkontrollierte Abgang den Wirtschaftsflügel der Union, konsolidierte jedoch die Vorsitzende. Ähnliches gilt für den vollständigen Rückzug des hessischen Ministerpräsidenten und stellvertretenden Parteivorsitzenden Roland Koch im Jahr 2010. Mit diesen Politikern verlor die Partei wichtige Bindeglieder an der Schnittstelle vom »marktwirtschaftlichen« zum »traditionsbewussten« Segment.

Der Verlust der rot-grünen Mehrheit in Nordrhein-Westfalen sowie die daraufhin – und aufgrund des anhaltenden Anstiegs der Arbeitslosenzahlen – von Bundeskanzler Schröder provozierte Vertrauensfrage mit der kalkulierten Folge von Neuwahlen auf Bundesebene hievte Angela Merkel aus ihrer Krise als Parteivorsitzende und nach einem bescheidenen Wahlsieg ins Kanzleramt, als Haupt einer Großen Koalition.[51] Durch ihre 2003 artikulierte Kompromissbereitschaft zugunsten gemeinsam gestalteter Reformen war Merkel disponiert, eine solche Koalition auch jenseits des Modus einer Notlösung dauerhaft zu führen.

2. Machterhalt und Transformation

Das Amt der Bundeskanzlerin versetzte die Vorsitzende schlagartig in ein neues Verhältnis zur Partei. Jenseits programmatischer Fragen und Belange der einzelnen Parteiströmungen konnte sie jetzt in besonderem Maße Loyalität, Unterstützung und Geschlossenheit einfordern. Die CDU war seit jeher in der Lage, diese Aufgabe besser als die andere große Volkspartei zu bewältigen; die halb spöttische, halb respektvolle Titulatur »Kanzlerwahlverein« verweist auf ihre Fähigkeit, programmatische Prinzipientreue zugunsten hoher Auslegungsflexibilität im Dienste des Machterhalts zurückzustellen. Fliehkräfte und Zerreißproben hatte die CDU unter ihren Kanzlern von Adenauer bis Kohl stets durch volksparteiliche Dehnungsfähigkeit aufgefangen und sich dabei beständig selbst verändert. Sollte das unter der Bundeskanzlerin/Vorsitzenden Merkel anders sein? Stand zu irgendeinem Zeitpunkt ihres Vorsitzes der »Markenkern« CDU in Gefahr?

Zwei Jahre nach der Regierungsübernahme, 2007 in Hannover, wurde das bereits seit Längerem von einer neunundsechzigköpfigen Grundsatzkommission unter maßgeblicher Mitwirkung von Annette Schavan, Dieter Althaus und Peter Müller vorbereitete neue Grundsatzprogramm der CDU verabschiedet.[52] In der Opposition geboren, konnte es jetzt wie ein programmatischer Leuchtturm für die erneuerte Regierungsarbeit der CDU wirken. Der Schlüsselbegriff blieb, wie bereits im vorangegangenen Grundsatzprogramm von 1994, derjenige der »Freiheit«, diesmal jedoch gekoppelt an den komplementären Begriff der »Sicherheit«. Dieser sollte die »Architektur der CDU« in den Herausforderungen des Zeitalters der Globalisierung, der bedrohten Ordnungen und der bedrohten Umwelt neu austarieren.[53] Die Grundpositionierungen waren unverändert diejenigen der klassischen christlichen Demokratie, wie sie von Merkel auch in ihren programmatischen Reden stets referiert wurden: das Bekenntnis zum christlichen Menschenbild, die Dreiheit der Werte Freiheit, Solidarität und Gerechtigkeit im »richtigen Verhältnis (…) zueinander« sowie die »christlich-soziale, liberale und [wert-]konservative« Strömungsarithmetik.[54]

Auffällig ist im Programm von 2007 hingegen der Begriff der »Leitkultur«, um den es in Verbindung mit Zuwanderung und Integration vor allem von Muslimen seit den späten 1990er-Jahren wiederholt teils heftige Debatten gegeben hatte. CDU-seitig hatten insbesondere Friedrich Merz (2000) und Norbert Lammert (2005) mit dem Begriff operiert, um die Forderung zu unterstreichen, Zuwanderer müssten sich mit den in Deutschland im Allgemeinen geltenden kulturellen, politischen und historischen Orientierungen identifizieren. Mit der Übernahme des Begriffs in ihr Grundsatzprogramm bekannte sich die CDU zum Konzept einer »Leitkultur« – wie es ja im Grunde durch das »christliche Menschenbild« ohnehin für die Partei gegeben war –, sprach jedoch nicht von einer »deutschen Leitkultur«, sondern von einer »Leitkultur in Deutschland«: Diese ergebe sich aus »kulturellen Werten und historischen Erfahrungen«, beide »geprägt von den Gemeinsamkeiten der europäischen und den Besonderheiten der deutschen Geschichte. Dazu gehören vor allem die föderale und die konfessionelle Tradition, das besondere Verhältnis zwischen Staat und Kirche und die Verantwortung, die den Deutschen aus den Erfahrungen zweier totalitärer Regime auch für die Zukunft erwächst.« Integration von Zuwanderern sei in diesem Sinne eine »politische Schlüsselaufgabe. Sie führt zu gleichberechtigter Teilhabe, zu wechselseitigem Verständnis und zugleich zur Identifikation mit unserem Land.«[55] In dieser Perspektive ergibt sich »Leitkultur« nicht als geschlossene nationale oder gar ethnische Kategorie, sondern leitet sich aus Strukturtraditionen und historischen Erfahrungen ab, die Zuwanderern aus anderen »leitkulturellen« Kontexten prinzipiell vermittelbar sind. Das Grundsatzprogramm verschweigt im Übrigen auch nicht die Sicherheitskomponente des Bekenntnisses zu gemeinsamer kultureller Identität. »Wenn wir uns dessen versichern, was uns leitet, dann gewinnen wir inneren Halt, um Freiheit in Verantwortung wahrnehmen zu können. Die gesellschaftliche Integration von Zuwanderern auf der Basis der Leitkultur in Deutschland ist ein wichtiger Beitrag zur kulturellen Sicherheit.«[56]

Als das Grundsatzprogramm 2007 verabschiedet wurde, war noch nicht absehbar, wie stark die Zuwanderungsfrage die deutsche Politik künftig bewegen, ja polarisieren sollte. Aber die globalen Bedrohungslagen durch den islamistischen Fundamentalismus waren spätestens seit dem 11. September 2001 evident; es konnte nicht ausbleiben, dass diese in – oftmals sehr vereinfachte – Zusammenhänge mit den ebenso globalen Migrationsbewegungen gesetzt und stark emotionalisiert diskutiert wurden. In Verlängerung der »Leitkultur«-Debatten verschärfte sich der Ton zunächst über die Frage, inwieweit »der Islam« zu Deutschland »gehöre«. Bereits Wolfgang Schäuble hatte auf der ersten Islamkonferenz 2006 den Islam als einen »Bestandteil unserer Gesellschaft« bezeichnet.[57] Größere Aufmerksamkeit erregte jedoch erst der – ebenfalls von Merkel, wenn auch mit weit weniger taktischem Geschick durchgesetzte – Nachfolger Horst Köhlers, Bundespräsident Christan Wulff. In seiner Rede zum 3. Oktober 2010 führte er aus: »Das Christentum gehört zweifelsfrei zu Deutschland. Das Judentum gehört zweifelsfrei zu Deutschland. Das ist unsere christlich-jüdische Geschichte. Aber der Islam gehört inzwischen auch zu Deutschland.«[58] Diese Äußerung blieb nicht unwidersprochen, auch vonseiten führender Unionspolitiker und bis hinein in die CDU/CSU-Bundestagsfraktion nicht. Die Bundeskanzlerin reagierte mit einer der für sie kennzeichnenden sperrigen, die Plattitüde streifenden Formulierung, die »ihrem« Bundespräsidenten aber jedenfalls nicht direkt widersprach: »Ich glaube, dass der Bundespräsident auf etwas hingewiesen hat, was aus meiner Sicht sehr wichtig ist: erstens, dass Deutschland durch die christlichen Wurzeln, durch die jüdischen Wurzeln geprägt ist, dass das unsere

Geschichte ausmacht und dass wir inzwischen natürlich Muslime in Deutschland haben.«[59] Nicht unwesentliche Teile der CDU-Klientel, vorwiegend wohl diejenigen, die sich dem »christlich-sozialen«, mehr aber noch dem »traditionsbewussten« Segment zuordneten, mussten diese von der Bundeskanzlerin und Parteivorsitzenden unwidersprochenen Aussagen des Bundespräsidenten als irritierend und als Andeutung einer Transformation empfinden, die das Koordinatensystem der Partei verschob.

2009 lebten zwischen 3,8 und 4,3 Millionen Muslime in Deutschland, 4,6 bis 5,2 Prozent der Gesamtbevölkerung.[60] »Dass wir inzwischen natürlich Muslime in Deutschland haben« war vor diesem Hintergrund zweifellos eine Plattitüde, dass islamische Religiosität und Kultur ein Aspekt der sozialen Realität war, eine Tatsache. Der ungeachtet der Immigrationswellen seit 2015 weiterhin nur behutsamen Zunahme des muslimischen Bevölkerungsanteils standen die anhaltend dramatischen »Säkularisierungsverluste« auf christlicher Seite gegenüber, und vielleicht muss diese »Entchristlichung« auf lange Sicht als das fundamentalere Transformationsfaktum für eine Gesellschaft gelten, der sich die Frage stellen wird, auf welchen Säulen ihr Wertekanon künftig stehen soll.[61] Über die Zeit der Kanzlerschaft Merkels hinweg zeichnete sich als Wertesurrogat eine Art »universaler Humanismus« ab, zu dessen Grundkomponenten zwar noch vage »christlich-jüdisch« abgeleitete Verhaltenskodizes (»Nächstenliebe«, »Gleichheit aller Menschen«, »Bewahrung der Schöpfung«) zählen, deren religiöse wie philosophische, zumal auch systematisch-differenzierte Herleitungen im Sinne reflektierter Ethik wie Soziallehre jedoch verblassen. Damit schwindet die Legitimität einst verbindlicher Letztbegründungen, und »Moral« wird zum Politikum, deren jeweils als konsensual definierte, jedoch inhaltlich unscharfe Leitideen heftigst gegen »Abweichler« mit ihrem provokativen Anspruch, »Grenzen zu verschieben«, situativ verteidigt werden müssen. Politik als Kunst eigentlich pragmatischer Problemlösung wird so zusehends durch moralischen Begründungsdruck beschwert, nicht ohne Folgen in Richtung der Verfestigung eines moralischen Mainstreams in der Mitte und dissidenter Radikalisierung an den Rändern.

Für eine Partei wie die CDU, die das »C« im Namen und ein »christliches Menschenbild« im Grundsatzprogramm führt, ist die Entchristlichung bedrohlicher als der Umstand, dass »der Islam« inzwischen zu Deutschland gehört. Eine Erklärungshypothese für das Agieren der Bundeskanzlerin und Parteivorsitzenden Merkel wäre deshalb, dass sie, ausgestattet mit Gespür für das Faktische, bemüht sein musste, nicht nur dem muslimischen Teil Deutschlands durch Anerkennung zu besserer Integration zu verhelfen, sondern auch für ihre Partei eine Antwort zu finden auf das fortschreitende Wegbrechen des »C«: Die CDU musste »Volkspartei der Mitte« bleiben, auch wenn in dieser Mitte immer weniger Christen zu finden waren. Für diese »neue Mitte« musste die Partei Angebote haben.

Zu den Verlierern der Transformation gehörte die traditionsbewusst-katholische Klientel der Partei, die sich von Merkel immer weniger angesprochen fühlte. Symptomatisch für diese Entfremdung stand Merkels »Papstschelte« Anfang Februar 2009. Dass die Rücknahme des kirchenrechtlichen Akts der Exkommunikation gegenüber den sogenannten Piusbrüdern – unter diesen ein Leugner des Holocaust – kein kirchenpolitisches Meisterstück des Heiligen Stuhls war, steht außer Frage. Dass andererseits die Bundeskanzlerin dies zum Anlass nahm, dem »deutschen« Papst Benedikt XVI. öffentlich eine unklare Haltung zum nationalsozialistischen Judenmord zu unterstellen, wirkte nicht nur für traditionsbewusste Katholiken, sondern darüber hinaus für viele Wertkonservative peinlich maßregelnd, diplomatisch fragwürdig, mindestens aber bestürzend uninformiert[62] – hatte sich der Papst doch sowohl 2005 bei seinem Besuch in der Kölner Synagoge als auch 2006 in Auschwitz unmissverständlich positioniert und stand doch seine Pilgerreise ins Heilige Land und nach Israel im Mai 2009 mit den damit untrennbar verknüpften symbolischen Akten unmittelbar bevor. Die »Papstschelte« nährte den Verdacht, Merkels eigene Bekenntnisse zum »C« unterlägen einer an der politischen Tages- beziehungsweise Erregungslage orientierten Opportunität.

Die Verschiebungen des Koordinatensystems der CDU zeichneten sich während der ersten Großen Koalition erst langsam ab. Allgemein politisch dürfen diese Jahre zu Recht als Phase der »Kontinuität und Konsolidierung«,[63] als Phase des Wiederaufschwungs in Deutschland gelten, bezeichnenderweise im Zeichen der von der Vorgängerregierung eingeleiteten Arbeitsmarkt-, Fiskal- und Sozialreformen (»Agenda 2010«). Auf deren Weg schritt die erste Regierung Merkel erfolgreich voran, ohne ihrerseits das Reformprogramm im Sinne der von der Oppositionsführerin Merkel ausgerufenen »Jahrhundertreformen« weiterzutreiben. Die Zahl der Arbeitslosen konnte von 4,9 Millionen (2005) auf unter 3 Millionen (Oktober 2008) reduziert werden,[64] freilich bei Rekordverschuldung im Bundeshaushalt (86 Milliarden 2010).[65] Mit der globalen Banken- und Finanzmarktkrise, die im September 2008 im Zusammenbruch der US-amerikanischen Großbank Lehman Brothers kulminierte, und der daran anschließenden Euro-Staatsschuldenkrise seit 2009 traten jedoch Herausforderungen auf den Plan,[66] die neben ihren in den verschiedenen Staaten unterschiedlich einschneidenden ökonomischen wie politischen Folgen zu polarisierten Debatten über Fiskal- und Geldpolitik einerseits sowie über Sinn und Reichweite des »europäischen Projekts« andererseits führten. Neben der umstrittenen Rettungspolitik gegenüber in Schieflage geratenen EU-Mitgliedsstaaten wie Irland und Griechenland und der nicht weniger kontrovers diskutierten expansiven Geldpolitik der EZB mit ihrem Weg in eine anhaltende Phase des Niedrigzinses liegt die für Deutschland mittelfristig wichtigste politische Folge der »Eurokrise« in der Gründung einer zunächst im Wesentlichen euroskeptischen und gegenüber der EU stärkere nationale Autonomie fordernden Partei, Alternative für Deutschland (AfD), 2013. Die sich schnell über Europawahl und Landesparlamente etablierende, sich politisch rechts von der Union positionierende Partei grenzte sich stark polemisierend und polarisierend von den »etablierten Altparteien« ab.

CDU-Generalsekretär Ronald Pofalla hatte in Hannover als Ziel für die Bundestagswahl 2009 »40 Prozent plus x« ausgegeben.[67] Davon blieb die Union trotz ihrer guten Regierungsbilanz enttäuschend weit entfernt. Als eigentlicher Gewinner ging die FDP aus der Wahl hervor, während die SPD ein Debakel erlebte. Der Wunsch vieler Wähler, die Große wieder durch eine »bürgerliche« CDU/CSU/FDP-Koalition abgelöst zu sehen, dürfte zu dem herausragenden Ergebnis der FDP geführt haben. Dies dürfte en gros auch der Stimmung innerhalb der CDU entsprochen haben; ob indessen die christlich-liberale Koalition auch das Wunschziel Merkels war, gilt als nicht ganz so sicher.[68]

Auf dem Parteitag in Karlsruhe 2010 wurde die erste einer Reihe von »Zumutungen« vor allem für die wertkonservative und traditionsbewusste CDU-Klientel, aber auch für Teile der anderen Parteimilieus, kontrovers diskutiert: die Aussetzung der allgemeinen Wehrpflicht, als Antrag vorgestellt vom damaligen Bundesverteidigungsminister Karl-Theodor Freiherr zu Guttenberg (CSU). Der Parteitag billigte den Antrag mit einer »beträchtlichen Zahl von Gegenstimmen«.[69] Die dann 2011 gesetzlich fixierte Entscheidung, die Wehrpflicht auszusetzen, berührte doch – so rational sie zweifellos begründet war – einen Nerv der CDU, ihr altbundesrepublikanisches Geschichtsverständnis und auch ihr traditionelles Bild eines zum Einsatz für das Gemeinwesen verpflichteten Staatsbürgers.[70]

Pro und Contra der auf den Bericht der Vorsitzenden in Karlsruhe folgenden Aussprache zeigen exemplarisch, innerhalb welchen Spektrums die CDU Ende 2010 über ihren künftigen Kurs diskutierte. Im Hintergrund der Kritik stand die desaströs verlorene Landtagswahl in Nordrhein-Westfalen vom Mai (10,3 Prozentpunkte Verlust für die CDU und damit Verlust der Regierungsfähigkeit), für die sehr stark auch das bundespolitische Bild der schwarz-gelben Koalition verantwortlich erklärt wurde. Der schwäbische Delegierte Eugen Abler artikulierte seine Sorge über das Abbröckeln des »bürgerlichen Lagers«, über das Davonlaufen der Stammwähler. »Sie wenden sich ab, weil sie sich bei uns nicht mehr beheimatet fühlen, weil das Profil unserer Partei in der Wirklichkeit fast bis zur Unkenntlichkeit verschwommen ist. (...) Wir, die CDU, sind mittlerweile (...) sehr liberal und beliebig geworden.« Dies zeige sich vor allem an einem Verblassen des christlichen Kerns. »Begreifen wir das C in unserem Namen als Kompass, als klares Signal für Werte, Überzeugungen und Richtungen. (...) Wir müssen aufgeschlossen für Neues sein, dürfen uns aber nicht vom Zeitgeist treiben lassen. Die Tagespolitik darf nicht gänzlich unser Programm bestimmen.«[71] Auf der anderen Seite plädierte der Delegierte Harald Noack dafür, die Partei für Bündnisse mit den Grünen zu öffnen. Solche Bündnisse abzulehnen – wie Angela Merkel strikt in ihrer vorangegangenen Rede – führe »schlichtweg (...) in die Sackgasse. (...) Wir haben schon einmal den großen Fehler gemacht, die ökologische Bewegung aus der Partei zu verbannen. Wir sollten diesen Fehler in Zukunft nicht machen, sondern wir sollten Bündnisse mit Partnern, mit denen wir gemeinsame Projekte gestalten können, auch eingehen.«[72] Generalsekretär Hermann Gröhe griff seinerseits das Gefühl der Ratlosigkeit und Unbestimmtheit des politischen Kurses auf. Zwar befinde sich Deutschland im Aufschwung, gleichwohl aber empfänden viele Menschen angesichts der Wirtschafts- und Finanzkrise starke Verunsicherung. »Das treibt viele Aktive in den Reihen unserer Partei um, ja, das belastet nicht wenige unserer Anhänger.«[73] Diese Unruhe und Verunsicherung in der Partei konnte Merkel – zumal nach dem als schlechten Start empfundenen Beginn der christlich-liberalen Koalition – offensichtlich nicht für alle zufriedenstellend auffangen: Im mäßigen Ergebnis ihrer Wiederwahl zur Vorsitzenden (90,4 Prozent) bildete sich diese Stimmung ab.

Die Euro-Schuldenkrise, von der Merkel in Karlsruhe den Eindruck erweckte, sie sei durch Schutzschirm und Griechenland-Hilfe bereits gebannt, begann Ende 2010 gerade erst, ihre chaotische Dynamik voll zu entfalten, die dann zu immer komplexeren Rettungskonstruktionen führen sollte. Merkels Formel »Scheitert der Euro, scheitert Europa«[74] wies die Kanzlerin als leidenschaftliche, wieder und wieder auch ihren politischen Ziehvater Helmut Kohl beschwörende »Europäerin« aus. Dabei hatte sie selbst zunächst auf der sogenannten No-Bailout-Klausel des EU-Vertragswerks beharrt, der zufolge eine Haftung der Gemeinschaft insgesamt oder einzelner Mitgliedsstaaten für andere unzulässig war.[75] Unter dem Druck der galoppierenden Schuldenkrise und in Angst vor einer vielleicht durch einen Austritt Griechenlands ausgelösten und für die gesamte Europäische Union destruktiven Kettenreaktion schwenkte sie dann freilich auf die das EU-Recht seinerzeit verletzende Linie der Rettungsschirm- und »Stabilisierungspolitik« ein.[76] Mit seiner hohen Beteiligung an den einzelnen Instrumenten des Rettungsschirms ging Deutschland über die Jahre hinweg ein immenses Haftungsrisiko ein; demgegenüber steht die Auffassung, dass ein Ausscheiden einzelner Staaten oder gar ein Auseinanderbrechen der gesamten Währungsunion noch mit weitaus größeren Risiken verbunden gewesen wäre.[77] Der Hauptkrisenstaat Griechenland gilt seit Juni 2018 offiziell als »gerettet«; seit 2010 flossen 274 Milliarden Euro aus den unterschiedlichen Hilfsprogrammen dorthin.[78] Im Gegenzug musste sich das Land harten Spar-, Reform- und Strukturauflagen unterziehen.

Mit Merkels Schwenk in der EU-Krisenpolitik begann eine Reihe explizit oder implizit als »alternativlos«[79] erklärter Interventionen, die für die zweite Phase ihrer Kanzlerschaft charakteristisch werden sollten.[80] Praxis und Rhetorik der »Alternativlosigkeit« stellten gerade auch ihre Partei vor große Herausforderungen. Denn ungeachtet der Bewertung der einzelnen Entscheidungen und ihrer Folgen tendiert die Rede von der »Alternativlosigkeit« zu einer den demokratischen Diskurs schwächenden Apodiktizität. Das Werben um die eigene Position, darum, die eigene Überzeugung mehrheitsfähig zu verbreiten und zu vermitteln, tritt gegenüber der Behauptung einer Unausweichlichkeit zurück. Politik wird dadurch ihres prinzipiell offenen Charakters entkleidet und tendiert zur Administration des scheinbar Notwendigen. Diese Tendenz wurde auch dem Führungsstil Merkels insgesamt, besonders aber ihrem Verhalten gegenüber ihrer Partei vorgeworfen. Während Helmut Kohl durch unermüdliche Arbeit »an der Basis«, im persönlichen Kontakt noch zu den Mitgliedern auf den untersten Ebenen, bestrebt gewesen sei, für seinen politischen Kurs Anhänger zu gewinnen,[81] habe Merkel die Partei eher stiefmütterlich und »von oben herab« behandelt, aus der Überzeugung heraus, zu ihrem jeweils eingeschlagenen Kurs gebe es im Grunde keine »rationale« Alternative und daher auch keinen Werbungs- oder besonderen Erklärungsbedarf innerhalb der Partei.[82]

Dies wurde besonders dort als belastend empfunden, wo Merkel – anders als im Fall der Aussetzung der Wehrpflicht und nicht eingespannt in die größeren europäischen Entscheidungsverbünde bei der Bewältigung der Eurokrise – situativ bedingte Kehrtwenden gegenüber eigenen Positionen und jenen der Partei vollzog. Der Beschluss zum beschleunigten Ausstieg aus der Atomkraft im Frühjahr 2011 und der deutsche Alleingang in der Flüchtlingspolitik im Sommer/ Herbst 2015 stehen exemplarisch für solches Handeln. In beiden Fällen agierte die Kanzlerin aufgrund emotional aufwühlender Schlüsselereignisse, deren unabweisbare Impulse sie genötigt hätten, Entscheidungen so und nicht anders zu fällen. Damit traten neben – sicherlich ernst zu nehmender – persönlicher Betroffenheit der Kanzlerin an die Stelle einer Sachrationalität andere Motive, die einesteils (Atomausstieg) in der vorauseilenden Reaktion auf eine in der Gesellschaft tatsächlich vorhandene oder auch nur wahrgenommene Stimmung, anderenteils im Gebot eines humanitären Imperativs (Flüchtlinge) zu suchen sind.

So war der Atomausstieg eine direkte Folge der Reaktorkatastrophe im japanischen Fukushima im März 2011. Erst im Herbst 2010 waren, einer schwarz-gelben Koalitionsvereinbarung entsprechend, die Laufzeiten der Kernkraftwerke in Deutschland verlängert worden. Kernkraft sollte bis zur zuverlässigen Etablierung der Nutzung erneuerbarer Energien als »Brückentechnologie« verstanden werden.[83] Unter dem unmittelbaren Eindruck der Katastrophe in Japan und damit verbundener Anti-Kernkraft-Großkundgebungen in Deutschland vollzog die Regierung aber noch im März 2011 eine Wende, setzte zunächst mit einem dreimonatigen Moratorium die Laufzeitverlängerung faktisch außer Kraft und brachte im Juni ein Gesetz in den Bundestag ein, mit dem die ursprünglich beschlossene Laufzeitverlängerung zurückgenommen wurde. Mit dieser Entscheidung entsprach die Regierung genau der dominierenden öffentlichen Meinung: 45 Prozent der Befragten stimmten laut ZDF-Politbarometer im Juni 2011 der definitiven Abschaltung aller Kernkraftwerke bis spätestens 2022 zu, 34 Prozent plädierten für »früher abschalten« und lediglich 18 Prozent für »länger betreiben«.[84] Bereits im Sommer 2010 war eine deutliche Mehrheit der Bevölkerung gegen Laufzeitverlängerungen von Kernkraftwerken gewesen.[85]

Merkel, die jahrelang die Position vertreten hatte, ein überstürzter Atomausstieg komme mit ihr und der CDU nicht infrage, trat hier insofern in Widerspruch zu sich selbst, als sie gegen ihren »Technik- und Forschungssachverstand«[86] die eigentlich sachrationale Lageeinschätzung, der zufolge Erdbeben und Tsunamis in Deutschland als Risikofaktoren eher ausscheiden, zugunsten einer stimmungsmäßigen zurückstellte. Die »grüne Strömung« in der Bundesrepublik wurde offenbar mittlerweile als derart fundamental wahrgenommen, dass sie Bestandteil der Orientierung einer »pivotal party« wie der CDU um jeden Preis – selbst um den Preis illegalen Agierens[87] – werden musste. Dass damit die Grünen auf ihrem Kerngebiet (noch) nicht überholbar waren, zeigte die Landtagswahl in Baden-Württemberg vom 27. März 2011 mit ihren herben Verlusten für CDU wie FDP und einem Triumph für die Grünen: Deren Zugewinn von 12,5 Prozentpunkten führte den Grünen-Politiker Winfried Kretschmann ins Amt des Ministerpräsidenten und die CDU in Baden-Württemberg nach fast sechzig Jahren zum ersten Mal in die Opposition. Die weitere Ausrichtung künftiger

Transformation der CDU schien sich nach dieser Wahl aber geradezu aufzudrängen.

Merkel brachte auf dem Parteitag in Leipzig 2011 die Atomwende lapidar auf den Punkt: Es habe sich eben gezeigt, dass bisherige Annahmen über die Beherrschung von Restrisiken falsch gewesen seien; »die Welt hat sich durch Fukushima verändert, und deshalb müssen wir schnell aussteigen. Deshalb müssen wir schnellstmöglich aussteigen.«[88] Ernst zu nehmende Kritik an der Politik des Kurswechsels wurde auf dem Parteitag nicht geäußert. Im Gegenteil, der Delegierte Uwe Lehmann-Brauns feierte gar den »Paradigmenwechsel«, den die Partei gerade vollziehe (nicht nur in der Energie-, sondern auch in der Europapolitik und beim Thema »Mindestlohn«). Jetzt werde »unser humaner Ansatz mit den Erfordernissen dieser Epoche« verbunden. Das sei keine »Sozialdemokratisierung«, sondern Rezeption dessen, was »aus der Mitte der Gesellschaft« komme. »Wir danken der Kanzlerin und ihren Mitdenkern, dass sie diese Rezeption geleistet hat. (…) Es ist lange her, dass wir den Zeitgeist mitbestimmen konnten, so wie jetzt in der Europa- und Energiepolitik. Für diese neue Dynamik bin ich dankbar, ich habe sie lange genug entbehrt.«[89] Jene, die Unionspolitik anders gestaltet sehen wollten als durch Rezeption des Zeitgeists, fanden sich in der Rolle von »Sektierern« und »Dissentern« wieder.[90] Sogar Bundestagspräsident Norbert Lammert wurde missbilligend genannt, weil er in der Bundestagsdebatte über die Ausweitung des Euro-Rettungsschirms gegen den Beschluss der jeweiligen Fraktionen zwei »Abweichlern« von der offiziellen CDU- und FDP-Position Rederecht erteilt hatte.[91] Thomas de Maizière versuchte in seinem für einen Parteitag ungewöhnlich reflektierten Beitrag vor dem Hintergrund der Transformation, den Begriff »Konservativismus« zu retten: »Für mich ist ein Konservativer nicht jemand, der eine bestimmte Position vertritt, der für einen bestimmten Inhalt steht, sondern derjenige, der eine bestimmte Haltung hat und sich auch danach verhält.« Instrumente und Werte sollten nicht verwechselt werden: Wehrpflicht, Schulstruktur, Kernkraft, Euro seien durchweg »Instrumente«, nicht »Werte«. Konservativismus liege in Werthaltungen begründet – »Nachhaltigkeit, verantwortlich mit Risikobeherrschung umgehen und die Bewahrung der Schöpfung. Das ist eine konservative Position« –, nicht in Bekenntnissen zu Instrumenten. Aus diesen Werthaltungen heraus seien neue Wege vertrauensvoll zu beschreiten. »Es gibt keinen Weg zurück in die Vergangenheit.«[92]

Ob konservativ oder nicht – auch bei Konsens über die »Werte« konnte die Auffassung entstehen, die verfassungsgerechte Diskussion über die »Instrumente« komme zu kurz. Bundestagspräsident Lammert etwa kritisierte sowohl die Laufzeitverlängerung[93] als auch die anschließende Wende. In beiden Fällen sah er die Rechte des Parlaments durch das Vorgehen der Bundesregierung missachtet. »Wo es objektiv einen Druck gibt, wäre es unvernünftig, so zu tun, als bestünde er nicht. Aber wo er nicht besteht, lassen wir uns ihn nicht einreden – auch nicht von der Bundesregierung«,[94] äußerte sich Lammert zum »schnellstmöglichen« Atomausstieg. Auch für die Ausdehnung des Europäischen Stabilitätsmechanismus forderte Lammert die konkrete Mitwirkung des Bundestags gemäß Haushaltsrecht »in jedem neuen Einzelfall«.[95] Die Bundeskanzlerin und ihr Finanzminister, Wolfgang Schäuble, vertraten demgegenüber die Auffassung, eine bloße »Konsultation« des Bundestags sei ausreichend.

In dem hervorragenden Bundestagswahlergebnis von 2013 (41,5 Prozent) kam indessen breite Zustimmung zur Politik der Union unter Bundeskanzlerin Merkel zum Ausdruck. Darin wurde vor allem die Krisen- und Konsolidierungspolitik gewürdigt. Die 2009 grundgesetzlich verankerte Schuldenbremse begann ihre Wirkung zu entfalten; Wirtschaft, Konjunktur und Arbeitsmarkt entwickelten sich so gut, dass mitunter sogar von einem »kleinen Wirtschaftswunder« die Rede war.[96] Alle Negativa wurden von den Wählern offenbar auf das Konto der FDP geschrieben, der es in der Koalition weder gelungen war, eigene Inhalte zu setzen (Abgabenentlastung und Steuerreform), noch – vielleicht von Außenminister Guido Westerwelle abgesehen –, personell zu überzeugen. Die Analyse der Wählerwanderung ist eindeutig: Vier Fünftel der massiven Stimmverluste der FDP gingen auf das Konto von Abwanderungen in Richtung Union.[97]

Merkel fand sich in der zweiten Großen Koalition wieder – hätten die Grünen mitgezogen, wäre sie vielleicht jetzt schon zur schwarz-grünen Option auf Bundesebene bereit gewesen[98] – und steuerte auf den Gipfel ihrer gerade auch international gewürdigten Laufbahn als »mächtigste Frau der Welt« zu.[99] Als besondere Herausforderungen für die kommenden Jahre identifizierte sie auf dem Kölner Parteitag im Dezember 2014 Digitalisierung und Demografie.[100] Von der anwachsenden Strömung des Populismus sprach die Kanzlerin indessen noch nicht. Allein der unermüdliche Parteitagsmahner der Traditionalisten, Eugen Abler, stellte die »AfD-Frage«: »Warum gehen Wähler zu dieser Partei? Was vermissen sie bei anderen Parteien, was sie glauben, bei der AfD zu finden? Neue Parteien entstehen, wenn die Unzufriedenheit mit etablierten Parteien steigt.«[101] Ein Diskussionsredner aus Ludwigsburg wollte auf einem der Parteitagsforen bereits ein Potenzial von 40 Prozent AfD-Sympathisanten in der CDU-Wählerschaft erkannt haben – weil in der CDU keine »konservativen Positionen« mehr Vertretung fänden.[102]

Auch wenn diese Zahl zweifellos übertrieben war, stellte der Populismus in Deutschland bald einen Faktor dar, der nicht nur die Parteientektonik ein weiteres Mal verschob, sondern auch den in der Bundesrepublik über Jahrzehnte hinweg bewährten »Stil« der Politik mit bisher noch nicht absehbaren Folgen veränderte. Euro-Skepsis, islamistischer Fundamentalismus und Terror, vor allem aber die Flüchtlingspolitik der Bundesregierung im Sommer und Herbst 2015 bildeten die Anlässe für zunehmende Wahlerfolge der rechtspopulistischen AfD, aber auch für »außerparlamentarische« Protestbewegungen wie »Pegida«, deren fremdenfeindliche Demonstrationen wenige Wochen vor dem Kölner CDU-Parteitag, im Oktober 2014 in Dresden, begonnen hatten. Auftreten und Artikulationsweisen dieser erstarkenden radikalen Segmente versuchten, den politischen wie sozialen Konsens zu unterlaufen und gültige Semantiken – etwa über die Bewertung der deutschen Geschichte – aufzubrechen.

Zu kurz griffe es freilich, die aktuellen Anlässe auch zu Ursachen des Populismus zu erklären oder sie im Sinne dessen reduktionistischer und polarisierender Strategien gar noch auf Angela Merkel als »Alleinschuldige« zuzuspitzen (»Merkel muss weg!«). Vielmehr müsste nach den Ursachen für Populismus als einem weltweit zunehmenden Phänomen gefragt werden, das gerade für konstitutionell-parlamentarisch-repräsentative Demokratien mit ihren bewährten Praktiken diskursiver und intermediärer Willensbildung eine Gefahr darstellt. Zweifellos nimmt Populismus in unterschiedlichen politischen und gesellschaftlichen Zusammenhängen ein je unterschiedliches Gesicht an (Niederlande, Frankreich, Spanien, Griechenland, Österreich, Polen, Ungarn, auch Vereinigte Staaten etc.)[103]; grundsätzlich – und gerade im Rahmen der parlamentarischen Demokratien – kommen in ihm aber offenbar Delegitimierungsprozesse zum Ausdruck, die aus der »strukturellen Distanz zwischen politischem System und Gesellschaft« erwachsen und zu »Entfremdung zwischen Regierenden und Regierten« führen.[104] Die medialen Bedingungen des »digitalen Zeitalters« begünstigen Populismus:[105] Polarisierung, Parole, Radikalisierung und Gefolgschaftsbildung fallen in der Welt der angeblich völlig freien, in Wahrheit aber bloß ungefilterten »sozialen Medien« und ihrer Kurznachrichtenlogik viel leichter als der geduldige Umgang mit Komplexität, Differenzierung und Debatte.

Gemessen an den Wahlerfolgen der AfD in den Landtagswahlen und schließlich in der Bundestagswahl 2017 schien auch in Deutschland eine wachsende Menge von Bürgern ihre strukturelle Distanz zum etablierten politischen System und dessen Repräsentanten artikulieren zu wollen. Gleichzeitig öffnete sich ein neuer Spalt zwischen Ost und West, der ungeachtet aller ökonomischen Aufbauerfolge seit der Wiedervereinigung Gefühle der Unzufriedenheit und des Zu-kurz-gekommen-Seins abbildete. Die »Flüchtlingskrise« von 2015/16 befeuerte solche Gefühle, und die Bundeskanzlerin wurde von populistischen Feindbildstrategen zur Zielscheibe des mobilisierten Hasses auserkoren.

Die in Richtung Europa zielenden Bewegungen des weltweiten Migrationsgeschehens verstärkten sich bereits seit 2014 und mündeten 2015 und 2016 vor allem aufgrund der Situation im Nahen Osten (insbesondere Syrien) in einen anschwellenden Strom von Flüchtlingen, der die Europäische Union über ihre Außengrenzen erreichte. Die »Flüchtlingskrise« erwies sich bald als »EU-Krise«, da offenbar die europäischen Regelungen über Aufnahme, Verteilung und den Umgang mit Asylbewerbern nicht funktionierten oder in ihrer jeweiligen Auslegung und Anwendung umstritten waren. Nationale Interessen schoben sich vor die Idee gemeinsamer Solidarität und gemeinsamen Agierens. Der Vorwurf eigensinnigen Handelns fiel auch auf die Bundeskanzlerin selbst zurück, nachdem sie Anfang September die Entscheidung getroffen hatte, eine Masse von Flüchtlingen, die – über die »Balkanroute« gekommen – in Ungarn festsaß, nach Deutschland einreisen zu lassen. Darunter befand sich auch eine große Zahl von Migranten aus sogenannten sicheren Herkunftsländern und aus den Balkanstaaten selbst. Die Entscheidung vom 4. auf den 5. September setzte eine Dynamik sich zunächst überstürzender, wenig koordinierter und kontrollierter Aktionen in Gang, an deren Ende (November 2016) etwa 1,2 Millionen Flüchtlinge nach Deutschland eingereist und fast ebenso viele Erstanträge auf Asyl gestellt waren.[106] Die sich daran entzündende Debatte – gerade auch innerhalb der CDU und mit der Schwesterpartei CSU teils erbittert geführt – kreiste um Themenkomplexe wie »Aufnahmefähigkeit« und »Obergrenzen« sowie Wesen und Ziel des Asylrechts im Verhältnis zu Erfordernissen der »Humanität«. Weiterhin ging es um die konkreten Herausforderungen der Integration, um Fragen von Kriminalität und Gewalt, um die Auswirkungen der Immigration auf die »Leitkultur« und nicht zuletzt auch um die europäische Dimension und die grundsätzliche Haltung Europas zum weltweiten Flucht- und Migrationsgeschehen, das als eine der großen und dauerhaften Herausforderungen der Zukunft erkannt wurde. Gerade Merkel, die stets die Position verfochten hatte, die Migrationsthematik müsse zwingend im europäischen Verbund behandelt werden,[107] sah sich der Kritik ausgesetzt, sie habe durch ihren Alleingang die Europäische Union unter Druck gesetzt und das Erfordernis gemeinsamen Handelns missachtet.[108]

Im Inland dominierte zunächst eine – auch durch die Medien gespeiste – Euphorie der »Willkommenskultur«, die angesichts der realen und sich vor allem in den mit dem konkreten »Management« des Flüchtlingsstroms betrauten regionalen und lokalen Einrichtungen stellenden Überforderungen bald abkühlte. Die kommunikative Beharrungsstrategie der Bundeskanzlerin trug zu dem Gefühl bei, die direkt von der Masseneinwanderung Betroffenen würden alleingelassen und mit appellativen Floskeln abgespeist. Merkel zog mit ihrem sentenziösen »Wir schaffen das« (August 2015) Sarkasmus auf sich,[109] ihre Rede vom »freundlichen Gesicht« und Deutschland als (nicht mehr) »ihrem Land« (September 2015)[110] wurde einerseits als beschönigend, andererseits als moralisch überheblich wahrgenommen.

In der rückblickenden Beurteilung wird hervorzuheben sein, dass die »Flüchtlingskrise« der Jahre 2015 und 2016 insgesamt bisher gut bewältigt wurde, dass Merkel also mit ihrem »Wir schaffen das« nicht so falsch lag. 20 Prozent der Bevölkerung Deutschlands verfügten 2018 über einen »Migrationshintergrund«;[111] wer – wie Merkel – die demografischen Herausforderungen einer alternden Gesellschaft im Blick hat,[112] wird nicht bestreiten können, dass verstärkte Zuwanderung zu den Voraussetzungen der Zukunftsfähigkeit dieser Gesellschaft zählt. Neben den humanitären Impetus ließe sich für die Entscheidungen von 2015 damit ein demografischer stellen. Sollte dieser im Sinne des »Wir schaffen das« und bei gelingender Integration mittel- und längerfristig die gewünschten (positiv-demografischen) Folgen zeitigen, bleibt gleichwohl nicht ohne bittere Ironie festzuhalten, dass mit der Flüchtlingspolitik der Kanzlerin 2015/16 der Beginn der Erosion ihrer lange als unanfechtbar geltenden Position verbunden ist. Dazu trug der Dauerstreit mit dem (selbst keineswegs kohärent handelnden) bayerischen Partner CSU über die Asyl- und Flüchtlingspolitik bei, der zu fast unerhörten Demütigungen der Kanzlerin (CSU-Parteitag November 2015) und bis an den Rand des Scheiterns der Fraktionsgemeinschaft führte.[113] Die Merkel-geführte Union schien in diesen Auseinandersetzungen eher beim »großen« Koalitionspartner SPD zu stehen denn bei der kleinen bayerischen Schwesterpartei. Im größeren Maßstab wirkten sich aber die schrittweisen migrationspolitischen Rückzüge bei rhetorisch lange anhaltender Beharrung auf der »humanitären« Linie von 2015 auf die Beurteilung der Handlungsfähigkeit der Kanzlerin aus, zumal vor dem Hintergrund der durch Terror und gewalttätige Übergriffe als massiv bedroht erscheinenden öffentlichen Sicherheit (unter anderem Silvesternacht 2015, Anschläge in Brüssel, Nizza und auf den Berliner Weihnachtsmarkt an der Gedächtniskirche 2016). War Merkel, die »Rationale«, im September 2015 einem vorwiegend humanitären Imperativ gefolgt und hatte einmal eher emotional gehandelt, musste sie sich anschließend schrittweise der Realität beugen, den Anforderungen von »Härte«, wie sie diese selbst in jenem Rostocker Schülergespräch gegenüber einem libanesischen Flüchtlingsmädchen als Krux gerade der Asylpolitik bezeichnet hatte.[114] Ob dieser kurze Dialog mit dem weinenden Mädchen wenige Wochen vor dem Höhepunkt der »Flüchtlingskrise« dazu beigetragen hat, der Kanzlerin in der Situation des September zum Primat des Humanitären zu raten und Selfies mit Geflüchteten verbreiten zu lassen,[115] muss ebenso in den Bereich des Spekulativen verwiesen werden wie die zugespitzte These, das Handeln der Bundesregierung in jenen Tagen sei vor allem von dem Bestreben geleitet worden, »hässliche Bilder« zu vermeiden.[116] Massive Kritik einerseits, andererseits aber die Ehrung Merkels als »person of the year« durch das US-Magazin »Time« bezeichnen die beiden Seiten der Medaille am Ende des Jahres 2015.

Die Flüchtlings- und Sicherheitsthematik hatte das Potenzial, innerhalb der CDU sehr kontroverse Positionierungen quer durch die einzelnen Teilmilieus hervorzurufen. In ihrer Rede zum siebzigsten Jahrestag der Parteigründung berührte Merkel das Thema nur sehr kursorisch.[117] Auf dem Parteitag in Karlsruhe im Dezember jedoch stand es im Mittelpunkt der Debatte. Auch wenn grundsätzliche Übereinstimmung darüber herrschte, dass es dem »christlichen Menschenbild« entspreche, Schutzbedürftigen zu helfen,[118] und auch wenn zahlreiche Delegierte – üblicher Parteitagsrhetorik entsprechend – ihre Stellungnahmen zunächst mit einem Lob der Bundeskanzlerin begannen, blieb der kritische Tenor doch unüberhörbar: Gerade von der »Basis« her häuften sich die Warnungen vor einer Überforderung der staatlichen Systeme wie der Gesellschaft insgesamt durch fortgesetzte, zumal unkontrollierte Zuwanderung.[119] Der Bundesvorstand versuchte, mit einem Leitantrag – »Karlsruher Erklärung zu Terror und Sicherheit, Flucht und Integration«[120] – beruhigend zu wirken und den künftigen Kurs der Partei in der Flüchtlingsfrage in den Dreiklang »Ordnen, Steuern, Reduzieren« zu kleiden.[121] Ungeachtet ihres anhaltenden Bekenntnisses zum »Wir schaffen das« und zur »humanitären Verantwortung« sah die Vorsitzende darin den Weg zum behutsamen Eingeständnis, »dass auch ein starkes Land wie Deutschland auf Dauer mit einer so großen Zahl von Flüchtlingen überfordert ist«.[122]

In den Landtagswahlen 2016 und 2017 sowie schließlich in der Bundestagswahl 2017 zeigte sich, dass die Veränderung der Parteienlandschaft mit der Entstehung der populistischen Protestpartei am rechten Rand bis auf Weiteres nicht mehr revidierbar war. Die AfD fand in der Polemik gegen die Flüchtlingspolitik der Kanzlerin ihr eigentliches Thema und zog mit teils aus dem Stand erreichten sehr hohen Anteilen in die Länderparlamente ein (Sachsen-Anhalt: 24,3 Prozent, Baden-Württemberg: 15,1 Prozent, Rheinland-Pfalz: 12,6 Prozent, Schleswig-Holstein: 5,9 Prozent, Niedersachsen: 6,2 Prozent); die CDU blieb weit von ihren Zielen entfernt (Rückeroberung der Regierungsmacht in Baden-Württemberg, Regierungsübernahme in Rheinland-Pfalz) und musste herbe Verluste verkraften. In Sachsen-Anhalt konnte sich Ministerpräsident Reiner Haseloff nur durch Erweiterung seiner bisher Großen zu einer schwarz-rot-grünen (»Kenia«-)Koalition im Amt halten. Diese Wahlergebnisse verschärften die Debatten über Ausrichtung und Kurs der Union wie über Person und Politik der Vorsitzenden. Merkel-Verteidiger und Merkel-Kritiker traten sich zunehmend ungedeckt gegenüber. Im März 2017 gründete eine Gruppe von CDU/CSU-Mitgliedern die »Werteunion«, ein bewusst innerhalb der Unionsparteien agierendes Netzwerk, in der Kernüberzeugung, die Union werde »nur dann zur alten Stärke wieder zurückkehren (...), wenn sie ihren konservativen Flügel ernst nimmt und angemessen berücksichtigt«.[123]

Aber erst die Bundestagswahl 2017 mit ihrem für die Union desaströsen Ergebnis – dem schlechtesten seit 1949 – und der sich daraufhin monatelang hinziehenden Regierungsbildung beschleunigte die Diskussion um die politische Zukunft Merkels insgesamt. Die Neuauflage der »Großen« Koalition, mit inzwischen eher kleinformatiger Regierungsmehrheit, war nach dem Scheitern der schwarz-grün-gelben Option »alternativlos«, wurde aber bei beiden Partnern mit wenig Enthusiasmus vollzogen. Die prominentesten ihrer jüngeren parteiinternen Kritiker, Julia Klöckner und Jens Spahn, versuchte Merkel durch ein Ministeramt in die Regierungsdisziplin einzubinden; innerparteilich nahm sie durch die Installation der saarländischen Ministerpräsidentin Annegret Kramp-Karrenbauer als Generalsekretärin eine Weichenstellung für die Zukunft vor. Hingegen wurde Merkels Autorität Ende September 2018 durch die Abwahl ihres langjährigen, absolut loyalen Gefolgsmannes Volker Kauder von der Spitze der

CDU/CSU-Bundestagsfraktion ernstlich erschüttert.[124] Einen Monat später musste die CDU bei der Landtagswahl in Hessen eine weitere empfindliche Niederlage hinnehmen; trotz des beliebten Amtsinhabers Volker Bouffier konnte sie lediglich 27 Prozent der Stimmen auf sich vereinigen und hatte einen Verlust von mehr als 11 Prozent zu verkraften. Am Tag nach der Wahl gab Merkel bekannt, beim bevorstehenden CDU-Parteitag in Hamburg nicht mehr zur Wiederwahl zur Parteivorsitzenden anzutreten, jedoch bis zum Ende der Legislaturperiode im Amt der Bundeskanzlerin verbleiben zu wollen. Dies wurde als Ausdruck ihrer Absicht gewertet, das Ende ihrer politischen Karriere selbstbestimmt zu gestalten.[125]

Ob sie mit dieser Art der Selbstbestimmung ihrer Partei einen Dienst geleistet hat, stand vierzehn Monate später zur Debatte. Rückblicke aus größerer Distanz könnten dereinst versucht sein, Merkel als Vorsitzende zu bezeichnen, die auch nach der formalen Aufgabe ihres Amtes weiterhin inoffizielle Vorsitzende blieb. Mit ihrer aus dem Ausland erhobenen Forderung, das Ergebnis einer Ministerpräsidentenwahl in Thüringen »rückgängig« zu machen, da sich die CDU-Landtagsabgeordneten »unverzeihlich« verhalten hätten,[126] desavouierte sie die Vermittlungsbemühungen ihrer Nachfolgerin, Kramp-Karrenbauer. Dieser blieb Anfang Februar 2020 nichts übrig, als ihren Rückzug vom Amt der Parteivorsitzenden anzukündigen.

Jens Spahn sprach infolge dieser Erschütterungen von der »größten Krise der Geschichte« der CDU.[127] Träfe dies zu, wäre Angela Merkel als Vorsitzende nicht nur aus einer »größten Krise« hervorgegangen, sondern hätte die Partei nach zwanzig Jahren auch in einer solchen verlassen.

3. Zukunftsfähigkeit

Gehörte es zur Raison d'Être der Union in der alten Bundesrepublik, dass sich rechts von ihr dauerhaft keine Partei etablieren dürfe, scheint diese Selbstverortung in der Ära Merkel ihre Gültigkeit verloren zu haben. Zwar bekannte sich Merkel im Oktober 2017 noch ausdrücklich zu dem berühmten Diktum Franz Josef Strauß', fügte aber hinzu, dieser hätte sie bestimmt nicht dazu ermuntert, eigene Prinzipien zugunsten dieses Ziels aufzugeben.[128] Doch geht es in der Geschichte der modernen Parteien ja nicht so oft um den Wechsel oder das Aufgeben von Prinzipien, sondern meist um die Definition dessen, was jeweils mit den Prinzipien vereinbar ist. Merkels letzte Rede als Vorsitzende auf einem CDU-Parteitag, im Dezember 2018, unterscheidet sich denn auch im Prinzipiellen wenig von ihren früheren.[129] Wo wurde also während ihrer Zeit als Vorsitzende das Spektrum des mit den Prinzipien als vereinbar Erachteten verschoben?

Neben der Sicherheits- und Ordnungspolitik (Bundeswehr, Asyl, innere Sicherheit) wird hier vor allem das Verhältnis zu Umwelt und Klima zu nennen sein, das während der Merkel-Ära in der politischen Agenda mehr und mehr nach vorne rückte und dessen im Sinne generationenübergreifender Solidarität definierte Notwendigkeiten zu einer starken Ausdehnung staatlicher Regulationsansprüche auf Kosten von Freiheit führten, gerade auch im ökonomischen Sinne (Regulationen in der Bauwirtschaft, im Autobau, in der Verkehrspolitik, in der Energiewirtschaft, durch die Energiewende). Fiskalpolitisch gelang es zwar, durch die Schuldenbremse und bei guter Konjunktur zu ausgeglichenen Bundeshaushalten zu kommen, freilich bei weiterer Expansion des Sozialstaats und massiver Abgabenlast, ohne dass die großen Steuerreformpläne der Frühzeit auch nur in Ansätzen realisiert worden wären. Insgesamt hat die CDU unter Merkel ihre Wirtschaftskompetenz sicher nicht gestärkt – eine Problematik, der die Mittelstands- und Wirtschaftsunion (MIT) der Partei seit Jahr und Tag entgegenzusteuern versucht.[130] Familienpolitisch bewegte Merkel die CDU sehr stark in Richtung des Leitbilds von der berufstätigen Frau beziehungsweise der Doppelverdienerehe;[131] dies ist nicht allein ein Relikt ihrer DDR-Sozialisation, sondern reagiert schlicht auf die gesellschaftlichen Realitäten und insgesamt veränderte Zuschreibungen in den Geschlechterrollen. Dabei ergaben sich erhebliche Friktionen mit jenen Parteimilieus, für die nach wie vor das traditionelle Familienmodell gilt.

Europapolitisch blieb die CDU unter Merkel dem Erbe Adenauers absolut treu; freilich stellt das Thema der Ausdehnung europäischer Kompetenzen gegenüber den einzelstaatlichen Souveränitätsrechten ein heiß debattiertes Feld dar, ebenso wie die Höhe der deutschen Beiträge zu den EU-Haushalten. Inwieweit Merkels Flüchtlingspolitik für den Brexit verantwortlich zu erklären ist, stünde noch intensiver zu diskutieren.[132] International-politisch galten in der Ära Merkel grundsätzlich die fundamentalen Koordinaten der Westbindung, der Einbindung in die NATO und der Solidarität mit Israel, wenngleich Risse im deutsch-amerikanischen, im deutsch-französischen und – aufgrund der Nahostpolitik (Iran) – im deutsch-israelischen Verhältnis am Ende nicht zu übersehen sind.[133] Dies sind aber Entwicklungen, die einem Bündel von komplexen Faktoren folgen und jedenfalls nicht monokausal mit der Person der Bundeskanzlerin verknüpft werden sollten, »mächtigste Frau der Welt« hin oder her.

Zahlreiche der Verschiebungen des Koordinatensystems der CDU sind zweifellos den faktisch existierenden Herausforderungen des Tages geschuldet, die innerhalb der konkreten politischen Konstellationen bewältigt werden mussten.

Die langjährige Koalition mit der Sozialdemokratie blieb nicht ohne Folgen, und wenn manche Sozialdemokraten auf die großen Erfolge gerade ihrer Partei in den Großen Koalitionen auf Bundesebene hinweisen, darf dies nicht darüber hinwegtäuschen, dass diese mit der Kannibalisierung der SPD einhergingen und (vorerst) lediglich eine – wie manche Politikwissenschaftler urteilen[134] – »sozialdemokratisierte« CDU als letztverbliebene Volkspartei zurückließen. Sollte dies Angela Merkels Zukunftsstrategie für die »Volkspartei der Mitte« gewesen sein – die eben nicht mehr, wie noch zu Zeiten Kohls, die Volkspartei einer *rechten* Mitte war –, dann ist sie gut aufgegangen. Dann musste aber der »Sozialdemokratisierung« konsequenterweise eine »Vergrünung« folgen, um eine erfolgversprechende Koalitionsoption auch für die Zeit aufzubauen, in der es mit der Sozialdemokratie nicht mehr reichen würde.

Der »Markenkern« der CDU wurde durch diese Verschiebungen sicher nicht irreparabel geschädigt, wenngleich doch stark gedehnt. Große Teile der Partei gingen den Merkel-Kurs mit, gestalteten ihn selbst aktiv mit, begünstigt natürlich auch durch die lange Zeit erfolgreiche Personalpolitik der Vorsitzenden. Die Partei richtete sich stärker an Merkel aus als diese sich an der Partei – wie es ja vielleicht auch zu den Fähigkeiten einer »Kanzlerpartei« gehören muss (die die SPD nie war). Überdehnungen wurden aber doch nach und nach spürbar, zuerst infolge der Euro-Rettungspolitik, dann der »Flüchtlingskrise« von 2015. Die Teilmilieus der Partei drifteten auseinander, wobei insbesondere der Umgang mit Vertretern des traditionalistisch-konservativen Milieus wenig freundlich war. Zuletzt fielen Stellungnahmen prominenter CDU-Politiker auf, die das »Konservative« gar aus dem »Markenkern« der CDU entfernt zu sehen wünschten.[135]

Ungeachtet dieser Verschiebungen wäre zu fragen, ob die Etablierung einer Partei rechts von der Union hätte verhindert werden können durch eine stärkere Berücksichtigung des traditionalistisch-(wert-)konservativen Milieus der CDU, wie es etwa stellvertretend der Delegierte Eugen Abler auf fast jedem Parteitag forderte. Von Verhindern wird nicht die Rede sein können, zumal sich der Erfolg der AfD am Ende der Ära Merkel auch als ein Erfolg eines neu herbeigeredeten Ost-West-Gegensatzes zeigt, für den die CDU, in welcher Ausrichtung auch immer, nun wirklich nicht verantwortlich zu machen ist.

Allerdings trug die Wählerwanderung von der CDU/CSU bei der Bundestagswahl 2017 doch massiv dazu bei, die AfD zu stärken: Etwas mehr als eine Million derjenigen, die 2013 die Union gewählt hatten, votierten 2017 für die AfD. Freilich: Zur FDP wechselten 1,6 Millionen Wähler – wohl Enttäuschte des »marktwirtschaftlichen« Segments –, und ebenso viele ehemalige CDU/CSU-Wähler entschieden sich 2017 dafür, nicht zur Wahl zu gehen.[136] Gerade unter Letzteren dürften zahlreiche vor allem konfessionell-katholisch oder -evangelisch gebundene Traditionalisten sein, für die es niemals infrage käme, die pöbelhafte und den Radikalismus am rechten Rand kultivierende AfD zu wählen, die sich aber durch die Entwicklung ihrer Stammpartei CDU politisch heimatlos fühlen. Aus diesen Wählerwanderungen insgesamt wäre zu schließen, dass nicht nur das traditionalistisch-(wert-)konservative, mit Schnittstellen zum »christlich-sozialen« verbundene Parteimilieu, sondern auch das marktwirtschaftlich orientierte zur Erosion des Volksparteistatus der CDU wesentlich beiträgt. Das »gesellschaftspolitisch-liberale« Milieu dürfte demgegenüber seit der Mitgliederstudie von 2007 massiv angewachsen sein.

Müßig wird zuletzt die Spekulation sein, ob die CDU je die »politische Heimat« Angela Merkels war oder lediglich das Vehikel für die politische Karriere der »Fremden«.[137] Sie, die als Fünfunddreißigjährige mit dem Ballast ihrer DDR-Biografie in den Wendetagen zur CDU kam, konnte natürlich kein »von der Pike auf« sozialisiertes CDU-Gewächs altbundesrepublikanischer Prägung sein. Aber man wird ihre stereotyp wiederholte Beteuerung der wunderbaren Bedeutung des Wiedervereinigungserlebnisses für ihr Leben ernst nehmen und sich einverstanden erklären müssen mit der Erklärung, dass sie zur CDU fand, weil diese Partei diejenige der Einheit und der Freiheit war. Insofern war die CDU auch »ihre« Partei, und sie war die Partei, mit der eine der bemerkenswertesten politischen Karrieren in der Geschichte der Bundesrepublik eben möglich war – wie andere große Karrieren, darunter vermeintlich »Fremder« (Ludwig Erhard), auch.

Die Zukunftsfähigkeit der CDU als Partei, gegen die keine Regierung gebildet werden kann (»pivotal party«), dürfte nach den Operationen der Ära Merkel auf Bundesebene vorerst noch gesichert sein, wenngleich der »Volksparteianspruch« künftig in bescheideneren Maßen gemessen werden wird. Ob die CDU massiv in das »neubürgerliche« Milieu der großstädtischen, akademisch gebildeten Grünen-Wähler wird einbrechen können, darf fraglich bleiben.[138] Aber solange nicht der umgekehrte »Baden-Württemberg-Effekt« eintritt, dürfte es für die CDU genügen, »anschlussfähig« in Richtung grün zu sein. Freilich werden Zweierkoalitionen kaum mehr ausreichen, das Farbenspektrum künftiger Bundesregierungen wird sich nach »Kenia« oder »Jamaika« richten. Ob in diesen Konstellationen mehr möglich sein wird als nur Abwehrhaltung gegenüber den Extremisten, muss sich erweisen.[139]

1 Als gut recherchierte und detailgesättigte Standardbiografien gelten bisher Gerd Langguth: Angela Merkel. Biografie. München 2010; Evelyn Roll: Die Kanzlerin. Angela Merkels Weg zur Macht. Berlin 2009; über Merkels Leben in der DDR und in den Jahren der Wende Ralf Georg Reuth/Günther Lachmann: Das erste Leben der Angela M. München 2013; eine Summe der von Publizisten, Journalisten, Politologen und Ökonomen seit 2015 an Merkel geäußerten Kritik bei Philip Plickert (Hg.): Merkel. Eine kritische Bilanz. München 2017. Zur Entwicklung der CDU unter Merkel zusammenfassend, mit weiterführenden Literaturhinweisen Volker Kronenberg: Christlich Demokratische Union (CDU), II. Politikwissenschaftlich, in: Staatslexikon. Recht – Wirtschaft – Gesellschaft, Bd. 1 (2017), Sp. 1042–1044 (auch online unter: www.staatslexikon-online.de). Der vorliegende Beitrag stützt sich im Wesentlichen auf das reichhaltige, von der Konrad-Adenauer-Stiftung und dem Archiv für Christlich-Demokratische Politik bereitgestellte Material zur Entwicklung und Geschichte der CDU während der Jahre der Vorsitzenden Merkel. Mein Dank gilt Thilo Pries, Ulrike Nüchel und Daniel Westermann für tatkräftige und jederzeit prompte Unterstützung.

2 So das von Angela Merkel gezeichnete Vorwort im Bericht der Bundesgeschäftsstelle für den Parteitag in Essen, April 2000, S. 5.

3 Knapper Abriss zur Parteispendenaffäre bei Manfred Görtemaker: Die Berliner Republik. Wiedervereinigung und Neuorientierung. Berlin 2009, S. 125–128. Mit Quellencharakter Friedbert Pflüger: Ehrenwort. Das System Kohl und der Neubeginn. Stuttgart 2000. Die Datierung (bis 2002) orientiert sich an der Arbeitsphase des vom Bundestag im Dezember 1999 eingesetzten Untersuchungsausschusses zur Parteispendenaffäre.

4 Angela Merkel: »Die von Helmut Kohl eingeräumten Vorgänge haben der Partei Schaden zugefügt«, in: FAZ, 22. Dezember 1999.

5 So Wolfgang Schäuble bereits anlässlich der Wahl Merkels zur Generalsekretärin auf dem Parteitag vom November 1998: »Ich habe in den Zeitungen gelesen, Angela Merkel sei ostdeutsch, Frau, jung – jung ist (…) inzwischen relativ. Ich habe gesagt: Das mag sie alles sein, vor allem ist sie gut. Deswegen schlage ich sie vor.« Protokoll des 11. Parteitags der CDU, 7. November 1998, S. 77.

6 Langguth: Merkel, S. 13.

7 Vgl. Pflüger: Ehrenwort, S. 129.

8 So zum Beispiel in ihrer Rede vor der Wahl zur Parteivorsitzenden im April 2000 (wie Anm. 15), S. 113, oder in ihrer programmatischen Reformrede am 1. Oktober 2003 (wie Anm. 45), S. 2. In ihrer letzten Rede als Vorsitzende kam sie mit einem wörtlichen Zitat aus der Essener Rede von 2000 wiederum auf das Thema zurück, in: Protokoll des 31. Parteitags, 07./08.12.2018, S. 23.

9 Dies solide aufgearbeitet erst durch Reuth/Lachmann: Das erste Leben.

10 Jan Philipp Wölbern: Ruprecht Polenz (https://www.kas.de/web/geschichte-der-cdu/personen/biogramm-detail/-/content/ruprecht-polenz-v1, Abruf: 20. Januar 2020).

11 FAZ, 20. November 2000 (https://www.faz.net/aktuell/politik/laurenz-meyer-westfaelische-zuverlaessigkeit-und-rheinischer-frohsinn-111677.html, Abruf: 20. Januar 2020).

12 FAZ, 24. Dezember 2004 (https://www.faz.net/aktuell/politik/cdu-laurenz-meyer-erhaelt-52-000-euro-abfindung-1191514.html).

13 Vgl. Pflüger: Ehrenwort, S. 100 f., 122–124. Schäuble wurde in der unübersichtlichen Debatte um den Kanzlerkandidaten der Union 2002 sogar ins Gespräch gebracht – durch den CSU-Landesgruppenvorsitzenden Glos. Dies war aber ein rein taktischer Schachzug, um Edmund Stoiber zu bewegen, sich zur Kandidatur zu erklären; vgl. Langguth: Merkel, S. 234 f.

14 Protokoll des 13. Parteitags der CDU, 9.-11.04.2000, S. 267–278, hier bes. 267 und 269.

15 Bericht der Generalsekretärin, in: Protokoll 13. Parteitag, S. 93–113.

16 Ebd., S. 93.

17 Ebd., S. 95 f.

18 Ebd.

19 Alles ebd., S. 97.

20 Ebd., S. 98.

21 Ebd., S. 103.

22 Ebd.

23 Ebd. Merkel selbst leitete die nach dem Erfurter Parteitag 1999 eingerichtete Kommission »Familie 2000«; vgl. Bericht der Bundesgeschäftsstelle für den Parteitag in Essen. April 2000, S. 13 f.

24 Ebd., S. 106.

25 Alles ebd., S. 109 f.

26 Ebd., S. 111 f.

27 Ebd., S. 111.

28 Ebd., S. 106: »Ich sage Ihnen voraus: Auch wenn viele Menschen keine direkte Beziehung zu einer der Religionen haben werden, so werden sie doch immer wieder schauen, welches Angebot wir mit dem C in unserem Namen ihnen machen.«

29 Ebd., S. 112.

30 ACDP, Wahl der Vorsitzenden der CDU auf den Bundesparteitagen und Parteitagen; Stand: 17. Dezember 2016 (https://www.kas.de/documents/252038/253252/7_file_storage_file_26172_1.pdf/e2bcca4e-4c64-7e6d-460b-5ff71d121599?version=1.0&t=1539637806904). Kohl hatte 1979, noch in der Opposition, nur 88,27 Prozent erreicht. Am schlechtesten fielen seine Ergebnisse in den Jahren unmittelbar vor der Wiedervereinigung aus (1987: 87,6 Prozent, 1989 [September]: 79,53 Prozent).

31 Ebd.

32 Die Zahlen gerundet nach ACDP: Mitgliederentwicklung der CDU, 1952–2009 (https://www.kas.de/c/ document_library/get_file?uuid=0015a1a8-fad5-bf10-0dc3-2daedd929db6&groupId=252038), sowie den Berichten der Bundesgeschäftsstelle.

33 Vgl. Thomas Brechenmacher: Die Bonner Republik. Politisches System und innere Entwicklung der Bundesrepublik. Berlin 2010, S. 52 f.

34 https://de.statista.com/statistik/daten/studie/1214/umfrage/mitgliederent-wicklung-der-spd-seit-1978/.

35 Vgl. Bericht der Bundesgeschäftsführung 2016, S. 41.

36 Vgl. die jeweiligen Berichte der Bundesgeschäftsführung, außerdem die Mitglie-derstudien von 2007 und 2017: Viola Neu: Die Mitglieder der CDU. Eine Umfrage der Konrad-Adenauer-Stiftung. Sankt Augustin/Berlin 2007, S. 9 f. Dies.: »Ich wollte etwas bewegen.« Die Mitglieder der CDU. Eine empirische Analyse von Mitgliedern, Wählern und der Bevölkerung. Sankt Augustin/Berlin 2017, S. 9.

37 Neu: Mitgliederstudie 2007, S. 40–46.

38 Ebd., S. 14 f.; Neu: Mitgliederstudie 2017, S. 61 f.

39 Ebd., S. 49 und 53.

40 Neu: Mitgliederstudie 2007, S. 14.

41 Ebd., S. 17.

42 Ebd., S. 19:»Möglicherweise treten nur noch solche Mitglieder in Parteien ein, die sich auch politisch engagieren wollen.«; Neu: Mitgliederstudie 2017, S. 37: Die Mitglieder seien »in ihrem Selbstverständnis heute keine ›Karteileichen‹ mehr, sondern wollen aktiv Politik gestalten«.

43 Die Einzelheiten bei Langguth: Merkel, S. 233–239.

44 Zur »Agenda 2010« knapp Görtemaker: Berliner Republik, S. 156–166.

45 Quo vadis Deutschland? Gedanken zum 13. Jahrestag der Deutschen Einheit (https://www.kas.de/de/einzeltitel/-/content/quo-vadis-deutschland-1-v1), S. 11.

46 Ebd., S. 14.

47 Ebd., S. 8.

48 Dies behauptet Ralf-Georg Reuth: Merkels doppelte Biographie, in: Plickert (Hg.): Merkel, S. 50–61, hier 60.

49 Der Spiegel titelte am 18. Oktober 2004:»Flüchtige Macht. Der einsame Kampf der Angela Merkel«.

50 Protokoll des 18. Parteitags, Düsseldorf, 6./7.12.2004 (https://www.kas.de/c/document_library/ get_file?uuid=c95176aa-d5cd-7f76-36f9-b48730ba077e&groupId= 252038), S. 24–55, hier bes. 26 und 34.

51 Görtemaker: Berliner Republik, S. 170–175.

52 Protokoll des 21. Parteitags, Hannover, 3./4.12.2007 (https://www.kas.de/c/document_library/get_file?uuid=f3383570-983e-9279-245b-e8cfd4c9259f&groupId= 252038), S. 74.

53 So Generalsekretär Pofalla bei der Vorstellung des Grundsatzprogramms auf dem Parteitag in Hannover, ebd. S. 75. Das Grundsatzprogramm von 1994 stand unter dem Titel»Freiheit in Verantwortung«.

54 Freiheit und Sicherheit. Grundsätze für Deutschland. Das Grundsatzpro-gramm. Beschlossen vom 21. Parteitag, Hannover 2007 (https://www.kas.de/c/document_library/get_file?uuid=5f72a0b2-5c95-01ad-092f-0039ff40c168&groupId=252038), S. 2 und 4.

55 Ebd., S. 14.

56 Ebd., S. 21.

57 http://www.deutsche-islam-konferenz.de/DIK/DE/DIK/01_UeberDieDIK/09_DIK_2006-2009/Rueckschau/rueckschau-node.htm.

58 Christian Wulff: Rede zum 20. Jahrestag der Deutschen Einheit, Bremen, 3. Oktober 2010 (https://www.bundespraesident.de/SharedDocs/Reden/DE/Christian-Wulff/Reden/2010/ 10/20101003_Rede.html). Im Hintergrund der Debatte über die »Islamäußerung« Wulffs stand die Auseinandersetzung um das Ende August 2010 erschienene Buch Thilo Sarrazins: Deutschland schafft sich ab.

59 Merkel in der CDU/CSU-Bundestagsfraktion, 5. Oktober 2010, zitiert nach Stefan Detjen:»Der Islam gehört zu Deutschland«. Die Geschichte eines Satzes, Deutschlandfunk Kultur, 14. Januar 2015 (https://www.deutschlandfunkkultur.de/die-geschichte-eines-satzes-der-islam-gehoert-zu-deutschland.1895. de.html?dram:article_id= 308696).

60 Bundesamt für Migration und Flüchtlinge/Deutsche Islamkonferenz: Muslimisches Leben in Deutschland, 2009, zitiert nach Thomas Brechenmacher: Die Kirchen im Gefüge der Berliner Republik, in: Michael C. Bienert u.a. (Hg.): Die Berliner Republik. Beiträge zur deutschen Zeitgeschichte seit 1990. Berlin 2013, S. 201–224, hier 206.

61 1990 betrug der Anteil der formal römisch-katholischen und evangelischen Christen noch 72,3 Prozent der Gesamtbevölkerung, 2008 waren es nur noch 60,7 Prozent, 2018 53,1 Prozent (r.-k. 27,7, ev. 25,4 Prozent). Der Anteil der Konfessionslosen belief sich 2018 auf rund 38 Prozent. Der Zeitpunkt ist absehbar, an dem weniger als die Hälfte der Deutschen noch einer der christlichen Konfessionen angehören wird. Die Zahlen nach Brechenmacher: Die Kirchen, S. 204; die Angaben für 2018 nach den Statistiken von Deutscher Bischofskonferenz und EKD.

62 Vatikan kontert Angela Merkels Papst-Rüge, in: Die Welt, 3. Februar 2009 (https://www.welt.de/politik/article3142148/Vatikan-kontert-Angela-Merkels-Papst-Ruege.html); vgl. Volker Resing: Angela Merkel. Die Protestantin. Freiburg i. Br. u.a. 2017, S. 158; Wolfgang Ockenfels: Das hohle C. Über Angela Merkels politisches Christentum, in: Plickert (Hg.): Merkel, S. 38–49, hier 43–45.

63 Görtemaker: Berliner Republik, S. 175.

64 Ebd., S. 176.

65 Langguth: Merkel, S. 393.

66 Michael S. Aßländer: Finanzmarktkrise, in: Staatslexikon. Recht – Wirtschaft – Gesellschaft, Bd. 2 (2018), Sp. 722–728, bes. 725–727; Elmar Nass/Daniel Göler: Eurokrise, in: ebd., Sp. 314–321 [Die Beiträge auch online unter: www.staatslexikon-online.de].

67 Protokoll des 21. Parteitags, Hannover, 3./4.12.2007, S. 80.

68 Vgl. Langguth: Merkel, S. 393.

69 Protokoll des 23. Parteitags, Karlsruhe, 15./16.11.2010 (https://www.kas.de/c/document_library/get_file?uuid=09629588-3aba-870d-c538-24131d21378d&group Id=252038), S. 162.

70 Vgl. z.B. https://www.bundestag.de/dokumente/textarchiv/2011/33831649_kw12_de_wehrdienst-204958 (»Aussetzung der allgemeinen Wehrpflicht beschlossen«).

71 Protokoll des 23. Parteitags, Karlsruhe, 15./16.11.2010, S. 45.

72 Ebd., S. 55.

73 Ebd., S. 57.

74 Ebd., S. 30.

75 Vgl. Rainer Hank: Wie europäisch ist Angela Merkel?, in: FAZ, 29. März 2010 (https://www.faz.net/aktuell/wirtschaft/konjunktur/griechenland-krise-wie-europaeisch-ist-angela-merkel-1951285.html).

76 David Marsh: Die Widersprüche der Euro-Krise. Über deutsche Macht und Ohnmacht in der Währungsunion, in: Plickert (Hg.): Merkel, S. 95–104.

77 Vgl. zum Beispiel Holger Zschäpitz: Ökonomen warnen vor Billionenrisiko für Deutschland, in: Die Welt, 23. Oktober 2017 (https://www.welt.de/finanzen/geldanlage/article169931094/Oekonomen-warnen-vor-Billionenrisiko-fuer-Deutschland.html).

78 Vgl. zum Beispiel: »Die griechische Krise ist heute Abend vorbei«, in: Der Tagesspiegel, 22. Juni 2018 (https://www.tagesspiegel.de/politik/ende-der-griechenland-rettung-die-griechische-krise-ist-heute-abend-vorbei/22722800.html).

79 Regierungserklärung der Bundeskanzlerin zu den Hilfen für Griechenland, 5. Mai 2010: »Die zu beschließenden Hilfen für Griechenland sind alternativlos, um die Finanzstabilität des Euro-Gebietes zu sichern.« (https://archiv.bundesregierung.de/archiv-de/regierungserklaerung-von-bundeskanzlerin-merkel-zu-den-hilfen-fuer-griechenland-1122362). »Alternativlos«, ein Terminus, dessen sich nicht allein Merkel, diese jedoch am prominentesten, bediente, wurde 2010 zum »Unwort« des Jahres gewählt. Vgl. Heike Göbel: Merkels Verdrusswort, in: FAZ, 18. Januar 2011 (https://www.faz.net/aktuell/wirtschaft/alternativlos-merkels-verdrusswort-1574350.html).

80 Vgl. auch Kronenberg: CDU, Sp. 1043.

81 Vgl. Georg Milde: Entscheidungsprozesse von Spitzenpolitikern. Wie Helmut Kohl Beratung nutzte und Fremdbestimmung verhinderte. Berlin 2016.

82 Vgl. zum Beispiel Norbert Bolz: Merkels Erfolgsgeheimnis. Über den autoritären machtpolitischen Stil der Kanzlerin, in: Plickert (Hg.): Merkel, S. 18–26.

83 Vgl. Merkel auf dem Parteitag in Karlsruhe 2010 (wie Anm. 69), S. 32.

84 ZDF Politbarometer, Atomausstieg bis 2022 (https://de.statista.com/statistik/daten/studie/190403/ umfrage/meinung-zum-atomausstieg-bis-2022/).

85 Marc Brost: Schon wieder Ärger mit dem Volk. Die Mehrheit der Deutschen ist gegen die Atomkraftpläne von Union und FDP, in: Die Zeit, 22. Juli 2010 (https://www.zeit.de/2010/30/Atomausstieg).

86 Vgl. oben Anm. 21.

87 So unter anderen der ehemalige Präsident des Bundesverfassungsgerichts, Hans-Jürgen Papier; Frankfurter Rundschau, 30. März 2011: Ex-Verfassungsrichter hält Moratorium für illegal (https://www.fr.de/politik/ex-verfassungsrichter-haelt-moratorium-illegal-11401812.html).

88 Protokoll des 24. Parteitags, 14./15.11.2011, Leipzig (https://www.kas.de/c/document_library/get_file?uuid=fd5d42c3-14bc-ca2b-8ce2-329fa7eb7932&groupId=252038), S. 23.

89 Ebd., S. 37 f.

90 Ebd.

91 Robin Alexander: Lammerts Solo. Heftiges Nachspiel nach Rederecht für Euro-Rebellen, in: Die Welt, 29. September 2011 (https://www.welt.de/politik/deutschland/article13633653/Heftiges-Nachspiel-nach-Rederecht-fuer-Euro-Rebellen.html). Es handelte sich um die Abgeordneten Klaus-Peter Willsch (CDU) und Frank Schäffler (FPD). Zu den sogenannten Abweichlern, die gegen die Ausweitung der »Haftungsunion« argumentierten, zählten auch Wolfgang Bosbach (CDU) und Peter Gauweiler (CSU). Kritik an Lammert auf dem Partei-tag: Protokoll des 24. Parteitags, 14./15.11.2011, Leipzig (wie Anm. 88), S. 37.

92 Ebd., S. 51–53.

93 Der Spiegel, 1. August 2011.

94 Zitiert nach n-tv, Politik, 16. April 2011: Mehr Respekt vor Parlamentsrechten. Lammert kritisiert Merkel (https://www.n-tv.de/politik/Lammert-kritisiert-Merkel-article3121596.html).

95 Ebd.

96 Marcel Fratzscher: Erlebt Deutschland ein kleines Wirtschaftswunder?, in: Die Zeit, 28. Januar 2014 (https://www.zeit.de/wirtschaft/2014-01/konjunktur-deutschland-arbeitsmarkt-wachstum).

97 Der Spiegel: Bundestagswahl 2013. So wählten die Deutschen. Wählerwande-rung (https://www.spiegel.de/politik/deutschland/bundestagswahl-2013-waeh-lerwanderung-gewinne-verluste-direktmandate-a-923290.html).

98 Merkel auf dem Parteitag im Dezember 2014 in Köln: »Ich will noch einmal in Erinnerung rufen: Wir wären bereit gewesen, eine solche Koalition zu wagen, manche Grüne waren es nicht. Schade drum! (Beifall) Umso erfolgreicher ar-beitet unser Freund Volker Bouffier als Ministerpräsident unter einer schwarz-grünen Koalition in Hessen. Lieber Volker, danke, dass du das hinbekommen hast. (Lebhafter Beifall) Das ist ein neuer interessanter Weg.« Protokoll des 27. Parteitags, 9./10.12.2014, Köln (https://www.kas.de/c/document_library/get_file?uuid=bc94c95a-d49b-b940-2a49-25558406ecff&groupId=252038), S. 37.

99 Das US-amerikanische Politmagazin Forbes kürte Merkel seit 2010 jährlich (zu-letzt 2018) zur »mächtigsten Frau der Welt«.

100 Protokoll des 27. Parteitags (wie Anm. 98), S. 25/26.

101 Ebd., S. 44.

102 Ebd., S. 155.

103 Vgl. Marcel Pauly: Links wie rechts. Wo Populisten in Europa auftrumpfen, in: Der Spiegel, 29. April 2019 (https://www.spiegel.de/politik/ausland/populismus-in-diesen-laendern-sind-populisten-auf-dem-vormarsch-a-1263335.html).

104 Paula Diehl: Populismus, in: Staatslexikon. Recht – Wirtschaft – Gesellschaft, Bd. 4 (2020) [im Druck]; hier auch die wissenschaftliche Literatur zum Stich-wort.

105 Dazu Diehl, ebd., die aber meines Erachtens den Schritt von den (älteren) Mas-senmedien zu den (Massen-)Medien der digitalen Welt noch nicht nachdrück-lich genug geht.

106 Detailreich, wenn auch in den Bewertungen nicht unumstritten: Robin Alexander: Die Getriebenen. Merkel und die Flüchtlingspolitik: Report aus dem
Innern der Macht. München 2017. Die Zahlen nach Bundesamt für Migration
und Flüchtlinge (BAMF), Flyer Schlüsselzahlen Asyl 2018; vgl. außerdem: Zahl
der Neuankömmlinge unterschreitet CSU-Obergrenze, in: Die Welt, 28. Dezember 2016 (https://www.welt.de/politik/deutschland/article160651528/Zahl-
der-Neuankoemmlinge-unterschreitet-CSU-Obergrenze.html).

107 Vgl. oben Anm. 25.

108 Vgl. zum Beispiel Boris Kálnoky: Entfremdung von Deutschland. Die Kanzlerin
hat die Osteuropäer vor den Kopf gestoßen, in: Plickert (Hg.): Merkel, S. 209–
215, hier bes. S. 210.

109 Vgl.: Wir müssen das schaffen: Merkel-Satz spaltete das Land – aber er bleibt
richtig, in: Focus, 31. August 2017 (https://www.focus.de/politik/deutsch-
land/bundestagswahl_2017/bundestagswahl-2017-wir-muessen-das-schaffen-
merkel-satz-spaltete-das-land-aber-er-bleibt-richtig_id_7537048.html).

110 »Ich muss ganz ehrlich sagen, wenn wir jetzt anfangen, uns noch entschuldigen
zu müssen dafür, dass wir in Notsituationen ein freundliches Gesicht zeigen, dann
ist das nicht mein Land.« Zitiert nach n-tv, 15. September 2015 (https://www.n-tv.
de/politik/Merkel-Dann-ist-das-nicht-mein-Land-article15938301.html).

111 BAMF: Minas. Atlas über Migration, Integration und Asyl, 9. Ausgabe. Nürnberg 2019, S. 9.

112 Vgl. zum Beispiel Parteitagsrede, Köln 2014, Protokoll (wie Anm. 98), S. 26–28:
Der demographische Wandel als Herausforderung der Zeit.

113 Vgl. Almut Cieschinger: Schwesterparteien im Zwist. Fraktionsgemeinschaft –
was war das noch?, in: Der Spiegel, 25. Juni 2018 (https://www.spiegel.de/
politik/deutschland/cdu-und-csu-fraktionsgemeinschaft-was-war-das-noch-
a-1214216.html).

114 Was Merkel und das Mädchen wirklich besprochen haben, in: Die Welt,
16. Juli 2015 (https://www.welt.de/politik/deutschland/article144094607/
Was-Merkel-und-das-Maedchen-wirklich-besprochen-haben.html).

115 Vgl. Cora Stephan: Versagen in der Flüchtlingspolitik. Merkel hat sich im entscheidenden Augenblick weggeduckt, in: Plickert (Hg.): Merkel, S. 140–151,
bes. 149 f.

116 Ebd., S. 150, vor allem aber Alexander: Die Getriebenen, zum Beispiel S. 26.

117 70 Jahre gemeinsam für Deutschlands Zukunft. Rede der CDU-Vorsitzenden (…)
beim Festakt (…) am 29. Juni 2015, Berlin (https://www.kas.de/c/document_
library/get_file?uuid=42e70b30-1934-6bc0-658f-1fa402f962d7&groupId=2520
38), hier S. 21: »eine große Bewegung von Menschen, die in Europa ihre zukünftige Heimat sehen. Es kommen Flüchtlinge zum Teil aus Bürgerkriegen,
die wir schützen und denen wir eine neue Heimat geben wollen.«

118 So auch Generalsekretär Tauber in seiner Rede, S. 5 f., der aber gleichzeitig dafür plädierte, die Debatte über die »Leitkultur« verstärkt und inhaltlich konkret voranzutreiben: »Insofern sind wir gefordert, wenn es darum
geht, die Werte, über die wir immer reden, mit Leben zu füllen. Wenn in
Kindergärten Laternenfeste statt Sankt Martin gefeiert werden, wenn kei-

ner mehr genau weiß, was Pfingsten eigentlich ist, dann dürfen wir uns nicht wundern, wenn das Bekenntnis zu unseren Traditionen und Werten schwerfällt.« Bericht des Generalsekretärs […], 28. Parteitag, Karlsruhe, 14. Dezember 2015 (https://www.kas.de/c/document_library/get_file?uuid= f1007301-e50e-2bfe-68cc-d8613b2a4b1e&groupId=252038), S. 5 f. und 6–8, Zitat 8.

119 Protokoll des 28. Parteitags, 14./15. Dezember 2015, Karlsruhe (https://www. kas.de/c/document_library/get_file?uuid=51820aaa-2f21-e948-9544ffbf29dc94 99&groupId=252038), hier die umfängliche Aussprache zum Bericht der Vorsitzenden, S. 45–111.

120 Ebd., S. 111–116.

121 Vgl. ebd., S. 36: (Merkel): »Mit diesem nationalen, europäischen und internationalen Einsatz wird es gelingen, die Migration zu ordnen, zu steuern, Fluchtursachen zu bekämpfen und die Zahl der Flüchtlinge zu reduzieren.«

122 Ebd., S. 30.

123 Homepage »Werteunion« (https://werteunion.net/wer-wir-sind/, Abruf: 2. Januar 2020).

124 Vgl. »Merkel ist jetzt endgültig eine Kanzlerin auf Abruf«, in: Die Welt, 26. September 2018 (https://www.welt.de/politik/deutschland/article181666246/Pressestimmen-zur-Kauder-Abwahl-Merkel-ist-jetzt-endgueltig-eine-Kanzlerin-auf-Abruf.html).

125 Merkel zieht die Reißleine, in: Die Welt, 29. Oktober 2018 (https://www.welt. de/politik/deutschland/article182903264/Zeitenwende-nach-Hessen-Wahl-2018-Merkel-zieht-die-Reissleine.html).

126 Die Welt, 6. Februar 2020: Für die Kanzlerin ist Kemmerichs Wahl »unverzeihlich«; (https://www.welt.de/politik/deutschland/article205641483/Merkel-Thueringen-Wahl-unverzeihlich.html).

127 ZDF, 25. Februar 2020: »CDU in der größten Krise«. Spahn für Laschet als CDU-Chef; (https://www.zdf.de/nachrichten/heute/-cdu-in-der-groessten-krise-spahn-fuer-laschet-als-cdu-chef-100.html).

128 https://www.n-tv.de/ticker/Merkel-Rechts-von-der-Union-darf-es-keine-Partei-geben-article20071081.html.

129 Protokoll des 31. Parteitags, 07./08.12.2018, Hamburg (https://www.kas.de/ documents/291599/291648/31.+Parteitagsprotokoll_2018_Internet.pdf/62e3c155-8af0-5cb7-8004-900323d2ad32?t=1560859494371), S. 19–29.

130 Vgl. auch Daniel Koerfer: Der verlorene Kompaß. Angela Merkels Abkehr von Ludwig Erhard und der Sozialen Marktwirtschaft, in: Plickert (Hg.): Merkel, S. 73–83.

131 Birgit Kelle: Vergeudung weiblicher Potentiale. Die Sozialdemokratisierung der CDU-Familienpolitik, in: ebd., S. 62–72.

132 Vgl. Anthony Glees: Bye-bye Britain. Wie Angela Merkel den Ausschlag zum Brexit gab, in: ebd., S. 199–208.

133 Rafael Seligmann: Bei aller Sympathie. Merkel hat Deutschlands Juden enttäuscht, in: ebd., S. 176–183, bes. S. 181–183.

134 Zum Beispiel Werner Patzelt: Wohin steuert die Union? Die Kanzlerin hat ihre Partei in eine schwierige Lage gebracht, in: ebd., S. 27–37.

135 Vgl.: Ministerpräsident Laschet: »Markenkern der CDU ist nicht das Konservative«, in: Der Spiegel, 18. Februar 2018 (https://www.spiegel.de/politik/deutschland/armin-laschet-der-markenkern-der-cdu-ist-nicht-das-konservative-a-1194097.html).

136 Die Zahlen nach tagesschau.de, Bundestagswahl 2017, Wählerwanderungen (https://wahl.tagesschau.de/wahlen/2017-09-24-BT-DE/analyse-wanderung.shtml#11_Wanderung_UNION).

137 Langguth: Merkel, S. 423; auch Bolz: Merkels Erfolgsgeheimnis, S. 23.

138 Wählerwanderung 2013–2017 Grüne–CDU/CSU: 300.000, dagegen 380.000 in Richtung SPD und 330.000 in Richtung Linke (Zahlen wie Anm. 136).

139 Der Schluss dieses Beitrags, dessen Manuskript Anfang Januar 2020 beendet und nach den Turbulenzen um die Regierungsbildung in Thüringen Ende Februar / Anfang März 2020 noch einmal leicht überarbeitet wurde, ist womöglich ein Lehrstück für die Halbwertszeit zeitgeschichtlich basierter Vermutungen. Die durch das »Corona-Virus« ausgelöste globale Gesundheitskrise dürfte eines jener unvorhersehbaren und unerwarteten Ereignisse sein, unter denen sich die Perspektiven drehen. Mit welchen Maßstäben, in welcher Perspektive die in diesem Beitrag behandelte Ära in der Zeit »nach Corona« bewertet werden wird, ist derzeit (Anfang April 2020) noch völlig unklar. Es ist aber immerhin nicht ausgeschlossen, dass die Krise zu einer Renaissance von Idee und Gestalt einer »großen Volkspartei der Mitte« führen könnte, wenn sich in ihr erweist, dass hier die Potentiale liegen, derartige Krisen zu meistern, Extremisten gleich welcher Couleur hingegen nichts dazu beizutragen haben.

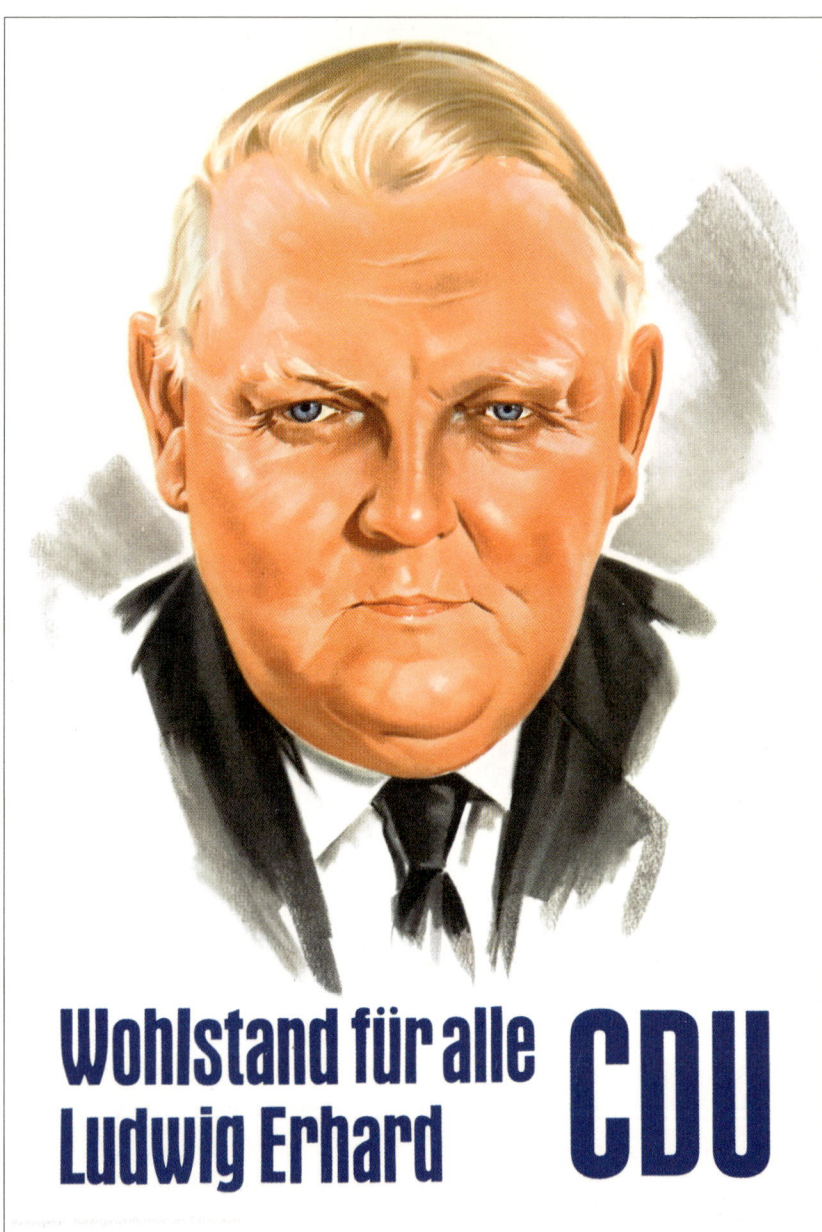

**Wohlstand für alle
Ludwig Erhard** **CDU**

5 Plakat zu den Bundestagswahlen 1957

Soziale Marktwirtschaft, Ordnungsökonomik und Freiburger Schule: Wie modern ist ordnungspolitisches Denken?

Lars P. Feld

1. Einleitung

Die Diskussion um die Soziale Marktwirtschaft als in Deutschland entstandene und von dort auf die Europäische Union (EU) und ihre Mitgliedstaaten ausstrahlende Wirtschaftsordnung scheint in der heutigen Zeit so intensiv wie lange nicht geführt zu werden. Das ist erstaunlich, denn gerade das der Sozialen Marktwirtschaft zugrunde liegende ordnungspolitische Denken wird von manchen angelsächsischen Autoren als überholte, auf Deutschland beschränkte Ausprägung der Wirtschaftspolitik dargestellt und müsste daher längst in Vergessenheit geraten sein. Insbesondere die deutsche Positionierung in der europäischen Schuldenkrise, das Ringen um eine Reform der Architektur der Europäischen Währungsunion (EWU) oder um die Schuldenbremse werden mit Bezug auf die Ordnungsökonomik gerne als ein völlig veraltetes Verständnis von Ökonomie beschrieben. Wolfgang Münchau bezeichnete die deutsche Ordnungspolitik in der »Financial Times« vom 17. November 2014 als »the wacky economics of Germany's parallel universe«, Hans Kundnani sprach im »Guardian« vom 6. Januar 2012 von ökonomischem Narzissmus.[1]

Anstatt sich folgerichtig von der vermeintlich veralteten Ordnungsökonomik abzuwenden, arbeitet sich jedoch – jenseits der journalistischen Auseinandersetzungen – eine Vielzahl von Autoren in wissenschaftlichen Analysen an diesem für die Soziale Marktwirtschaft wichtigen Konzept ab. Man könnte geradezu von einer Renaissance der Ordnungsökonomik vor allem in den Wirtschafts- und Politikwissenschaften reden. Die in jüngeren Jahren vorgelegten Analysen betrachten einerseits die Frage, ob es ordnungspolitische Grundlagen der Wirtschaftspolitik in Deutschland und in Europa gibt. Beispiele sind David Schäfer für die Europäische Bankenunion,[2] Markus K. Brunnermeier, Harold James und Jean-Pierre Landau sowie Lars P. Feld und andere für die Politik Deutschlands in der europäischen Schuldenkrise,[3] David J. Gerber für die europäische Wettbewerbspolitik oder die Beiträge von Peter Nedergaard dazu.[4] Nedergaard und Holly Snaith identifizieren die ordnungspolitische Tradition gar als wesentlich dafür, dass Deutschland zum Hegemon der EU avanciert sei.[5] Thorsten Beck und Hans-Helmut Kotz, Thomas Biebricher und Frieder Vogelmann, Josef Hien und Christian Joerges oder Malte Dold und Tim Krieger haben Sammelbände zur Rolle der Ordnungsökonomik in der europäischen Politik vorgelegt, mit denen kontroverse Debatten dokumentiert werden.[6]

In der deutschen innenpolitischen Diskussion wird darüber hinaus gelegentlich versucht, die Ordnungspolitik als Teil der deutschen Wirtschaftspolitik moralisch zu desavouieren – mit der Absicht, eine grundlegende Änderung dieser Wirtschaftspolitik zu erreichen. So wird die Frage erörtert, wie die Ordnungsökonomen staatspolitisch zu Demokratie und zur demokratischen Wirtschaftspolitik insbesondere standen. Ralf Ptak[7] oder Werner Bonefeld[8] sind bestrebt, den Ordnungsökonomen der ersten Stunde ein autoritäres Staatsverständnis nachzuweisen. Ulrike Herrmann[9] unternimmt einen ähnlichen Versuch, indem sie Ludwig Erhard als Kollaborateur der Nationalsozialisten denunziert. Dahinter mögen eindeutige Interessen in der heutigen politischen Debatte stehen. Gleichwohl erfordert dies eine Auseinandersetzung mit der Frage, was die wissenschaftlichen und staatsphilosophischen Grundlagen der ordnungsökonomischen Analysen sind.

In diesem Beitrag wird daher zunächst in Abschnitt 2 dargelegt, was die ordnungsökonomischen Grundlagen der Sozialen Marktwirtschaft sind. Dies beschränkt sich im Wesentlichen auf die Rolle der Freiburger Schule bei der Entstehung der deutschen Wirtschaftsordnung, klärt aber zudem deren staatspolitisches Verständnis so weit wie möglich auf. Die Rolle Ludwig Erhards wird dabei ebenso wie die Bedeutung anderer ordnungsökonomischer Schulen angesprochen. In Abschnitt 3 wird die weitere Entwicklung der deutschen und europäischen Wirtschaftspolitik skizziert und darauf eingegangen, welche Rolle die Ordnungsökonomik dafür gespielt haben könnte. Bezüge zu internationalen Entwicklungen in den Wirtschaftswissenschaften werden hergestellt, die Rückschlüsse auf die Modernität der Ordnungsökonomik zulassen. Abschnitt 4 enthält eine Diskussion der ordnungspolitischen Grundlagen der EWU und ihrer Modernität. Schlussbemerkungen finden sich in Abschnitt 5.

2. Ordnungsökonomische Grundlagen der Sozialen Marktwirtschaft

Die ordnungsökonomischen Grundlagen der Sozialen Marktwirtschaft sind vielfältig und können daher nur knapp skizziert werden. Insbesondere erfordert dies eine historische Einordnung, bei der auf die Interaktion der verschiedenen Protagonisten Bezug genommen wird (Abschnitt 2.1). Das staatspolitische Verständnis der Freiburger Schule ergänzt diese Betrachtung (Abschnitt 2.2).

2.1 Die Entstehung der Sozialen Marktwirtschaft[10]

Die Ordnungsökonomik entstand in den 1930er-Jahren aus verschiedenen Motivationen heraus. Eine erste Motivation entsprang der Unzufriedenheit mit dem Zustand der eigenen Wissenschaft. In den Wirtschaftswissenschaften war nach dem sogenannten Methodenstreit in Deutschland die Historische Schule der Nationalökonomie als Siegerin hervorgegangen, während die Österreichische Schule in der Folge von Carl Menger angesichts ihrer stärker theoretischen Ausrichtung international anschlussfähig geblieben war. Im Grunde war die Historische Schule empiristisch ausgerichtet und behauptete, dass ökonomische Ereignisse immer durch einen bestimmten historischen und kulturellen Kontext geprägt und daher nicht verallgemeinerungsfähig seien.[11] Eine Gruppe jüngerer Ökonomen, die als Ricardianer bezeichnet wurden, versuchte, die Nationalökonomie theoretisch auszurichten und die induktiv-historische Methode der Historischen Schule zu überwinden. Insbesondere Walter Eucken[12] tat sich in diesen Diskussionen hervor. Zu den Ricardianern zählten unter anderem Wilhelm Röpke, Alexander Rüstow und als jüngerer Vertreter der Österreichischen Schule Friedrich A. von Hayek.

Die zweite Motivation für die Entstehung der Ordnungs-ökonomik war die wirtschaftliche Lage in der Weimarer Republik, die aus Sicht der Ordnungsökonomen von einer wirtschaftspolitischen Orientierungslosigkeit geprägt war. Zu Beginn ihres Bestehens war die Weimarer Republik durch die Hyperinflation heimgesucht worden, welche die Ersparnisse vieler Bürger wertlos werden ließ und damit deren Altersvorsorge vernichtete. Zum Ende ihres Bestehens zerrüttete die Weltwirtschaftskrise die Weimarer Republik und gab ihren Gegnern so viel Aufwind, dass sie die Gelegenheit zur Übernahme der Regierungsgewalt nutzen konnten. Erleichtert wurde die Machtergreifung der Nationalsozialisten in wirtschaftlicher Hinsicht durch die starke Kartellbildung in der deutschen Wirtschaft. Ihre Vermachtung durch Kartelle und Monopole begünstigte die Gleichschaltung der Wirtschaft und stärkte die politische Machtkonzentration.

Das Problem von Machtkonzentrationen in Wirtschaft und Politik wurde das zentrale Thema der Freiburger Schule der Nationalökonomie, ihr Anspruch war jedoch universeller. Ihrer Lehr- und Forschungstradition als Zusammenarbeit Walter Euckens mit den Juristen Franz Böhm und Hans Großmann-Doerth ging es um die Frage: Wie kann eine auf individueller Freiheit und Wettbewerb gegründete Wirtschaftsordnung gestaltet und gesichert werden? Die Forschungsanstrengungen der Freiburger Schule waren darauf gerichtet, einen wissenschaftlichen Beitrag zum Bemühen um eine funktionsfähige und menschenwürdige Ordnung der Wirtschaft, der Gesellschaft und des Staats zu leisten. Sie lehnten eine zentrale Wirtschafts- und Gesellschaftsplanung genauso ab wie den von staatlichen Eingriffen freien Laisser-faire-Staat oder einen regulierend an den Interessen der Wirtschaft ausgerichteten Staat.

Mit ihrer Vorstellung einer freien Wirtschaftsverfassung entfernten sich die Vertreter der Freiburger Schule vom klassischen Liberalismus des 19. Jahrhunderts, der vor allem auf Privateigentum und Vertragsfreiheit setzte, sich aber im Unterschied zu den Ordoliberalen für eine vom Staat vollkommen ungeregelte Wirtschaftstätigkeit starkmachte. Die Freiburger Schule wandte sich zwar in Anlehnung an den klassischen Liberalismus gegen eine zentrale Kontrolle der Wirtschaftsordnung im Sinne einer zentralen Verwaltungswirtschaft, welche die Handlungen einzelner Beteiligter planmäßig anzuordnen versucht. Sie vertraute somit weiterhin darauf, dass sich eine zweckmäßige, spontane Ordnung herausbildet, wenn es dem Einzelnen überlassen bleibt, seine eigenen Interessen in freier Entscheidung zu verfolgen, und folgte insofern der von Adam Smith begründeten Tradition liberalen Denkens.

Allerdings setzte sie dabei einen eigenen Akzent, indem sie die Notwendigkeit eines Regelrahmens für die Marktwirtschaft betonte. In einer Marktwirtschaft bildet sich eine spontane Ordnung dadurch aus, dass die einzelnen Beteiligten im Rahmen allgemeiner Regeln ihre jeweiligen Interessen verfolgen und sich dabei wechselseitig aneinander anpassen. Eine wohlgeordnete Marktwirtschaft im Freiburger Sinne ist daher keine rein spontane, sondern eine durch geeignete Regeln eingehegte spontane Ordnung. Wie bei einem Fußballspiel hängt der Charakter des Wirtschaftsprozesses von der Natur des Regelrahmens ab. Bei einem Spiel haben die Beteiligten, trotz widersprüchlicher Interessen im Spielverlauf, doch ein gemeinsames Interesse an Regeln, die einen möglichst für alle attraktiven Ablauf versprechen. Genauso sollten alle Marktteilnehmer ein gemeinsames Interesse daran haben, die Spielregeln des Markts so zu gestalten, dass sie das Wohl aller fördern.

Das wesentliche Instrument zur Lösung dieser Aufgabe ist die Wettbewerbsordnung. So, wie die Regeln sportlicher Wettbewerbe sicherstellen sollen, dass Erfolg nur durch bessere Leistung und nicht durch unlautere Mittel erreicht werden kann, so soll die Wettbewerbsordnung in der Wirtschaft für Leistungswettbewerb sorgen. Dieser soll sicherstellen, dass wirtschaftlicher Erfolg sich nur bei idealer Versorgung der Nachfrager einstellt und nicht auf unlautere Weise erzielt wird.

Die Kernbotschaft der Freiburger Schule lautet daher, dass es die Aufgabe des Staats ist, einen verlässlichen Regelrahmen für alle – Unternehmen wie Verbraucher – zu schaffen. Darüber hinaus soll der Staat nicht mit Einzelmaßnahmen in den Wirtschaftsprozess eingreifen, etwa indem er Preise festsetzt, bestimmte wirtschaftliche Tätigkeiten regulatorisch, durch Subventionen oder Abgaben bevorzugt oder diskriminiert oder einzelnen Unternehmen Wettbewerbsvorteile verschafft. Vielmehr soll der Staat über den Interessengruppen stehen und die Wettbewerbsordnung gegen Kartelle, Monopole und marktbeherrschende Stellungen von Unternehmen durchsetzen. Andernfalls besteht die Gefahr, dass er von Interessengruppen vereinnahmt wird: »[D]ass er mit seinen Subventionen, Zöllen, Einfuhrverboten (…) viel tiefer in die Einkommensgestaltung des Einzelnen eingreift, dass sich also eine entschiedene Expansion der Staatstätigkeit vollzieht, ist oft geschildert worden. (…) [D]iese Expansion bedeutet (…) nicht etwa eine Stärkung, sondern ganz im Gegenteil eine Schwächung des Staates. (…) Seine Handlungen werden abhängig von dem Willen der wirtschaftlichen Gruppen, denen er mehr und mehr als Werkzeug dient.«[13]

Die Beschränkung des Staats auf eine Politik der Regelsteuerung und sein Verzicht auf direktes Eingreifen stellen sich freilich nicht von selbst ein. Vielmehr setzt dies eine verfassungsmäßige Begrenzung staatlicher Befugnisse voraus. Sie soll einerseits verhindern, dass sich Politiker durch Vergünstigungen für bestimmte Wirtschaftsgruppen politische Unterstützung sichern können. Andererseits kann so der politische Prozess nicht durch einzelne wirtschaftliche Interessengruppen dominiert werden.

Das Hauptaugenmerk der Vertreter der Freiburger Schule galt zwar dem Problem der Gestaltung der Wirtschaftsverfassung. Ihre Analyse führte sie jedoch zu der Schlussfolgerung, dass dem politischen Prozess – nicht anders als dem Wirtschaftsprozess – ein Regelrahmen gegeben werden muss. Dieser soll die Einzelinteressen der Beteiligten in Bahnen lenken, die dem Allgemeininteresse dienlich sind.

Die Vorstellungen der Freiburger Schule, wie eine Wettbewerbsordnung aussehen sollte und welche staatliche Verfassung dazugehört, waren inkompatibel mit dem Regime und der Politik der Nationalsozialisten. Während Alexander Rüstow und Wilhelm Röpke schon früh, beide im Jahr 1933, in die Türkei emigrieren mussten, und Friedrich A. von Hayek schon ab dem Jahr 1931, also vor der Machtergreifung Adolf Hitlers und dem Anschluss Österreichs, eine Professur an der London School of Economics wahrnahm, blieben die Freiburger Ordnungsökonomen überwiegend bis zum Ende des Zweiten Weltkriegs in Deutschland. Ihr Weg führte sie letztlich zum Widerstand gegen die nationalsozialistischen Machthaber. Auslöser dafür war die Reichspogromnacht.

Entsetzt und angewidert vom barbarischen Verhalten des nationalsozialistischen Regimes am und in der Folge des 9. November 1938 kam im Dezember 1938 auf Initiative Constantin von Dietzes erstmals ein Kreis von Freiburger Professoren, das sogenannte Freiburger Konzil, zusammen.[14] Dieser Kreis traf sich bis zum September 1944 regelmäßig in der Wohnung eines der Beteiligten, um im Anschluss an einen

Vortrag Fragen des christlichen Widerstandsrechts, des Naturrechts und der christlichen Ethik, des Verhältnisses von Wirtschaft und Recht und einer anzustrebenden Staats- und Wirtschaftsordnung zu diskutieren.

Die meisten Konzilteilnehmer standen der Bekennenden Kirche nahe. Eucken lehnte zwar deren theologisches Konzept ab, sah aber darin eine wichtige Widerstandsinstitution gegenüber dem totalen Führungsanspruch des Regimes. Euckens Kritik an der nationalsozialistischen Wirtschaftspolitik und seine Gedanken zur Nachkriegsordnung wurden in verschiedenen Widerstandskreisen rezipiert. Dadurch war Eucken noch kein Widerstandskämpfer, gleichwohl lieferte er Ideen und Texte für den Widerstand gegen Hitler. Über Jens Jessen und Peter Graf Yorck von Wartenburg, die Eucken auf Tagungen getroffen und seinen Vortrag »Wettbewerb als Grundprinzip der Wirtschaftsverfassung« gehört hatten, gelangten die Vorstellungen Euckens von einer freiheitlichen Wirtschaftsordnung in den Kreisauer Kreis und damit in die militärische Widerstandsgruppe um General Ludwig Beck. Jessen, Yorck von Wartenburg und Beck wurden nach dem gescheiterten Attentat auf Hitler vom 20. Juli 1944 hingerichtet. Angesichts dieser Vernetzung der Freiburger Ökonomen im deutschen Widerstand dürfte Dietrich Bonhoeffer einige Freiburger Historiker, Juristen und Ökonomen gebeten haben, Grundzüge für die deutsche Nachkriegsordnung auszuarbeiten, wohlgemerkt für eine Ordnung nach dem verlorenen Krieg. Eucken, von Dietze und Adolf Lampe verfassten die Anlage 4 »Wirtschaftsordnung- und Sozialordnung« zur Denkschrift »Politische Gemeinschaftsordnung: Ein Versuch zur Selbstbesinnung des christlichen Gewissens in den politischen Nöten unserer Zeit«.[15]

Zu den Freiburger Kreisen gehörte die Arbeitsgemeinschaft Erwin von Beckerath, die sich ebenfalls intensiv mit der Ausgestaltung der wirtschaftlichen Nachkriegsordnung beschäftigte.[16] Eucken, von Dietze und Lampe waren dort ebenfalls Mitglied und brachten ihre Vorstellungen von einer freiheitlichen Wirtschaftsordnung ein. Die Arbeitsgemeinschaft nahm nach dem Krieg Kontakt mit Ludwig Erhard auf, nachdem keine Verbindung mit den amerikanischen Besatzungsbehörden zustande gekommen war. Sie betonte vor allem, dass eine Währungsreform mit einer marktwirtschaftlichen Wirtschaftsordnung einhergehen müsse.[17] Am 29. Januar 1948 trafen sich siebzehn deutsche Wirtschaftswissenschaftler und beschlossen die Gründung eines wirtschaftspolitischen Beirats. Eingeladen waren sie von der Verwaltung für Wirtschaft des Vereinigten Wirtschaftsgebiets, deren Direktor Ludwig Erhard war. Aus dem Beirat der Verwaltung für Wirtschaft wurde nach der Gründung der Bundesrepublik Deutschland der Wissenschaftliche Beirat beim Bundesministerium für Wirtschaft.

Die Argumente des Beirats bei der Verwaltung für Wirtschaft des Vereinigten Wirtschaftsgebiets dürften nicht ohne Einfluss auf Ludwig Erhard gewesen sein. Zudem war mit Leonhard Miksch ein Schüler Walter Euckens in der Verwaltung für Wirtschaft beschäftigt. Von ihm stammte der Referentenentwurf des sogenannten Leitsätzegesetzes, das am Tag der Währungsreform und der Einführung der Deutschen Mark für eine Preisfreigabe wesentlicher Gütergruppen sorgte.[18] Während die Währungsreform selbst vor allem durch die amerikanischen Besatzungsbehörden vorbereitet worden war, gelang Erhard mit dem Leitsätzegesetz ein Coup. Weder wussten die amerikanischen Behörden davon, noch standen die Verwaltung für Wirtschaft, also seine eigene Behörde, oder die deutsche Wirtschaft geschlossen hinter Erhard. Gleichwohl sorgten beide Maßnahmen zusammen für das sogenannte Wirtschaftswunder – bei aller Differenzierung, die eine solche kausale Aussage erfordert.[19]

Damit war der Anfang gemacht für die neue deutsche Wirtschaftsordnung, die Soziale Marktwirtschaft.[20] Für Erhard und die Freiburger Schule war der Übergang von einer gesteuerten, durch Kartelle und Monopole vermachteten Wirtschaft der Weimarer Republik über die planwirtschaftliche Verwaltungswirtschaft des Dritten Reichs zu einer marktwirtschaftlichen Wettbewerbswirtschaft bereits wesentlich für den sozialen Ausgleich. Gerade weil die Wettbewerbswirtschaft private Machtkonzentration verhindert, sorgt sie für eine bessere Chancenverteilung in der Gesellschaft. Gleichwohl war dies nur ein Anfang, weitere Schritte hin zu einem besseren Wettbewerbsrecht mussten noch folgen. Die Ausgestaltung der Sozialpolitik in der Bundesrepublik blieb ebenfalls späteren Jahren vorbehalten.

2.2 Das Staatsverständnis der Freiburger Schule

Die jüngsten Diskussionen um die Rolle Ludwig Erhards im Dritten Reich legen grundsätzliche Bemerkungen nahe. Herrmann behauptet, Erhard habe mit den NS-Behörden kooperiert und daran gut verdient.[21] Er sei keinesfalls dem Widerstand nahe gewesen oder habe die NS-Diktatur in einer Nische überstanden. Vielmehr habe er Gutachten über besetzte Gebiete verfasst und sich so an der Besatzungspolitik der Nationalsozialisten bereichern wollen. Im Grundsatz ist diese Kritik nicht neu. Schon Dieter Haselbach[22] versuchte, Verbindungen zwischen dem Nationalsozialismus und den Ordoliberalen herzustellen. Ähnlich verfahren Ptak und Bonefeld[23], bei Biebricher und Vogelmann[24] finden sich ähnliche Ansätze. Trotz der Replik von Otmar Issing und Daniel Koerfer[25] dürfte die Diskussion um Erhard noch nicht zu Ende sein.

Im Grundsatz gilt in der Wissenschaft, dass die Gültigkeit einer Aussage unabhängig von ihrer Genese ist. Somit spielt es keine Rolle für den Wahrheitsgehalt einer Aussage, wer diese getätigt hat oder aus welchem politischen Umfeld sie stammt. Übertragen auf diese Diskussion bedeutet das – wenngleich in der Politik und daher in der Wirtschaftspolitik moralische Vorstellungen eine Rolle spielen –, dass die Idee der Sozialen Marktwirtschaft oder das Konzept der Ordnungsökonomik nicht gleichzusetzen ist mit den dahinterstehenden Protagonisten. Vielmehr kommt es auf Fehlentwicklungen an, die durch die Soziale Marktwirtschaft ausgelöst werden oder in ihr zustande kommen, wenn Kritik an diesem Konzept verfangen soll.

Hinzu kommt, dass bei der Rückschau auf das Verhalten einzelner Menschen im Dritten Reich allzu häufig die bequeme Position des gesättigten Analytikers der heutigen Zeit eingenommen wird. Historiker müssen Sachzusammenhänge in ihrer Forschung in die damalige Zeit einordnen, die Dogmengeschichte muss den Wert einer wissenschaftlichen Analyse in den Stand der Wissenschaft in der jeweiligen Zeit einordnen. Der erhobene Zeigefinger heutiger Bequemlichkeit taugt dabei nicht.

Die kurze Darstellung im vorangegangenen Abschnitt verdeutlicht, dass die Freiburger Schule der Ordnungsökonomik nachweislich mit dem Widerstand gegen den Nationalsozialismus in Kontakt stand. Daher lassen sich vermeintliche Kontinuitäten von den Eliten im Dritten Reich zu den bundesrepublikanischen Eliten der Nachkriegszeit nicht ohne Weiteres behaupten. Ptak und Bonefeld[26] argumentieren differenzierter, indem sie deutschen Ordnungsökonomen ein autoritäres Staatsverständnis unterstellen und sie damit in die Nähe nationalsozialistischen Denkens zu rücken versuchen. Die Behauptungen von Ptak oder Bonefeld[27] basieren im Fall Euckens nicht zuletzt auf dessen Artikel aus dem Jahr 1932 im »Weltwirtschaftlichen Archiv« mit dem Titel »Staatliche Strukturwandlungen und die Krisis des Kapitalismus«. Darin weist Eucken auf die Notwendigkeit eines starken Staats hin, der über den Interessengruppen stehen müsse, um zu einer besseren Wirtschaftspolitik in Deutschland zu kommen. Die Behauptung eines autoritären Staatsverständnisses Euckens ist jedoch falsch.

Dies zeigen jüngere Untersuchungen von Ekkehard A. Köhler und Daniel Nientiedt.[28] Sie legen die liberalen Grundlagen Eucken'schen Denkens dar und verbinden diese mit der liberalen Vorstellung, dass Mehrheitsentscheidungen in der Demokratie der rechtsstaatlichen Kontrolle unterliegen müssen. Dadurch entsteht ein Spannungsverhältnis zwischen Demokratie- und Rechtsstaatsprinzip, das allen Demokratien westlicher Prägung eigen ist und je nach Land mit unterschiedlicher Schwerpunktsetzung aufgelöst wird. In der liberalen Staatstheorie steht dahinter das Problem, dass Demokratie ohne Freiheit resultieren kann, etwa wenn die Mehrheit strukturelle Minderheiten unterdrückt. Der Minderheitenschutz durch den Rechtsstaat erschöpft sich allerdings nicht in verfassungsrechtlich gewährleisteten Menschen- und Grundrechten, sondern bildet die Leitidee der horizontalen und vertikalen Gewaltenteilung sowie weiterer Elemente der Selbstbindung des Gesetzgebers durch eine Verfassung.

Köhler und Nientiedt[29] betrachten die Kritik Euckens[30] an der Bedeutung von Interessengruppen in der Politik in diesem Zusammenhang. Der starke Staat Euckens ist vielmehr ein verfassungsrechtlich gebundener Staat, der mit dem Rückhalt durch die Verfassung Partikularinteressen widerstehen, über ihnen stehen kann. Er ist kein autoritärer Staat. Die Sicht Euckens korrespondiert mit Hayeks Vorstellungen zu Demokratie und Rechtsstaat und ist eine dezidiert und konsistent liberale Sicht.

Offen bleibt hingegen bei Eucken, woher die Legitimation für die ordnungspolitischen Prinzipien der Wirtschaftspolitik stammt, oder allgemeiner, woraus die Legitimation für verfassungsrechtliche Normen gewonnen wird. Verfassungsrechtliche Normen werden irgendwann im Entscheidungsprozess festgelegt und verändern sich im Zeitablauf. Köhler und Nientiedt[31] beantworten diese Frage mit Rückgriff auf vertragstheoretische Grundlagen und die in dieser Hinsicht insbesondere von Viktor Vanberg[32] vorangetriebene Modernisierung der Ordnungsökonomik, nämlich dass es auf die freiwillige Zustimmung beteiligter Individuen zu einer Verfassung ankommt.

Nientiedt[33] führt diese Überlegungen aus einer anderen Perspektive fort. Ein Vorwurf an die Ordnungsökonomik lautet üblicherweise, dass sie sich überlegenes Wissen über die richtige Wirtschaftspolitik jenseits demokratischer Entscheidungsprozesse anmaßt.[34] Damit verbunden seien normative Aussagen, ohne dass Ordnungsökonomen die dahinterstehenden Werte aufdecken würden. Es stellt sich also die Frage nach der Positionierung der Ordnungsökonomik zur Wertfreiheitsdiskussion, wie sie in den Sozialwissenschaften seit Max Weber geführt wird.

Nun ist die moderne Auffassung zur Wertfreiheit der Wissenschaft schon einige Zeit von Max Weber abgerückt und stellt nicht mehr die Wertfreiheit des einzelnen Wissenschaftlers in den Mittelpunkt, sondern die Wertfreiheit der Wissenschaft, die sich aus dem wettbewerblich organisierten Wissenschaftsprozess ergibt. Gleichwohl sollte eine Analyse des Wertfreiheitsbegriffs der Ordnungsökonomen ein Schlaglicht darauf werfen, ob sie sich tatsächlich überlegenes Wissen anmaßen.

Insbesondere in seinen frühen Schriften ist Eucken[35] dem Weber'schen Ideal verbunden und betont, dass Wissenschaft eine Einschätzung von Fakten vornimmt, so Aussagen über die Realität trifft und damit zur Objektivität beiträgt. In späteren Schriften widerspricht Eucken[36] Weber explizit, wenn es um die Anwendung wissenschaftlicher Erkenntnisse auf praktische Probleme geht. Eucken grenzt sich einerseits mit seiner Betonung der Wertfreiheit von der Historischen Schule à la Gustav von Schmoller ab, jedoch ohne sich explizit mit Schmollers Thesen zur Wertfreiheit auseinanderzusetzen. Allerdings verteidigt Eucken insbesondere in seiner Vorlesung zum »Kampf der Wissenschaft« (unveröffentlicht im Nachlass) die Bedeutung wissenschaftlicher Objektivität gegen Vorgaben durch den nationalsozialistischen Staat. Nach Nientiedts[37] Auffassung liegt die Widersprüchlichkeit Euckens zur Wertfreiheit darin begründet, dass er Weber missversteht. Wertfreiheit bedeutet nicht, dass sich Wissenschaftler nicht in politischen Diskussionen engagieren dürfen. Gleichwohl bleibt Euckens Ansicht unklar, inwiefern Wissenschaftler politische Ziele, die durch den (demokratischen) politischen Prozess bestimmt wurden, akzeptieren oder hinterfragen sollten.

Ähnlich uneindeutig ist Franz Böhms Positionierung zwischen Naturrecht und Rechtspositivismus.[38] Das Naturrecht nimmt eine normative Vorprägung des Rechts vor und sieht dieses nicht als Ergebnis (demokratischer) politischer Entscheidungen. Der Rechtspositivismus lehnt hingegen eine Verbindung zwischen Recht und Gerechtigkeit ab. Typischerweise bezieht sich Böhm auf Naturrecht, wenn er übliche Verhaltensmuster auf Wettbewerbsmärkten im Sinne der spontanen Ordnung analysiert. Dies ist allerdings eher eine Referenz an typisches menschliches Verhalten. Böhm begründete die politischen Vorstellungen der Freiburger

Schule hingegen nicht im thomistischen Sinne, also mit Rückgriff auf den Ordo-Begriff der scholastischen Ethik. Gleichwohl stellt Böhm im Widerspruch zum Rechtspositivismus eine Verbindung zwischen Recht und Gerechtigkeit her und ist insofern im Naturrecht zu verorten. Allerdings macht dies weder ihn zu einem Ideologen noch die Ordnungsökonomik zu einer quasireligiösen Veranstaltung.[39] Böhm lehnt metaphysische Quellen für die Rechtsordnung explizit ab und sieht die Wettbewerbsordnung als konstruktivistische Aufgabe, ohne Rückgriff auf das Naturrecht zu nehmen.

3. Die Entwicklung der Sozialen Marktwirtschaft

In den ersten Jahren nach dem Zweiten Weltkrieg stand für die Ordnungsökonomen die Vervollständigung der Wettbewerbsordnung an. Dies erforderte erstens die Sicherstellung der Funktionsfähigkeit des Preismechanismus. Zweitens galt es, das Wettbewerbsrecht gemäß den Vorstellungen der Ordnungsökonomen zu reformieren. Die Verhinderung einer Machtkonzentration in der Wirtschaft bildete den Kern des ordnungsökonomischen Denkens der Freiburger Schule. Die Umsetzung ihrer Ideen musste daher ein zentrales Anliegen sein.[40] Eucken und Miksch konnten sich allerdings nicht mehr in die wettbewerbspolitischen Diskussionen der Nachkriegszeit einbringen. Beide waren im Jahr 1950 verstorben. Franz Böhm und Ludwig Erhard mussten sich daher anderweitig Unterstützung suchen.

Diese benötigten sie dringend, denn die deutsche Wirtschaft hielt nichts von den wettbewerbspolitischen Vorstellungen der Ordoliberalen.[41] Das Gesetz gegen Wettbewerbsbeschränkungen (GWB), das schließlich im Jahr 1957 verabschiedet wurde, sollte Monopole verhindern, markt-beherrschende Stellungen beseitigen und Fusionen auf ihre wettbewerbsbeschränkenden Effekte prüfen. Zudem sollte darin ein generelles Kartellverbot festgehalten werden. Dies war eine wesentliche Abkehr vom Wettbewerbsrecht der Weimarer Republik, das lediglich auf ein Missbrauchsver-bot von Kartellen abstellte. Ein solcher Missbrauch war schwer zu belegen und hinderte daher die Kartellbildung in der Weimarer Republik nicht. Die deutsche Wirtschaft, ins-besondere der Bundesverband der deutschen Industrie un-ter der Führung von Fritz Berg, wandte sich vor allem gegen das Kartellverbot. Ihr war die Zerschlagung von Industrie-konglomeraten – wie der IG Farben – durch die Alliierten nach dem Zweiten Weltkrieg schon genug. Mit großer Mühe gelang es Böhm und Erhard, sich mit gewissen Abstrichen durchzusetzen. Das GWB enthielt schließlich das Kartellver-bot und wurde zum ökonomischen Grundgesetz der neuen Bundesrepublik.[42]

Dieser Erfolg ist aus heutiger Sicht nicht zu überschätzen. Das deutsche Wettbewerbsrecht stand Pate für das europä-ische.[43] In ihrer Kombination haben beide einen erheblichen Beitrag zur Fortentwicklung Deutschlands und Europas zu Wettbewerbswirtschaften geleistet.

Ein weiterer Schwerpunkt ordnungspolitischen Wirkens in der Sozialen Marktwirtschaft war die Ausfüllung des Ad-jektivs »sozial«. Alfred Müller-Armack, der Erfinder dieser Bezeichnung, engagierte sich in erheblichem Maße für die Konkretisierung und Fortentwicklung der Sozialpolitik, ins-besondere in der Rentenpolitik mit der Einführung der dy-namischen Rente im Jahr 1957. Unterstützung fand er vor allem unter Vertretern der christlichen Soziallehre und der Christlich-Demokratischen Arbeitnehmerschaft. In der deut-schen Ordnungsökonomik gibt es bis heute intensive Debatten über die richtige Ausgestaltung der Sozialpolitik. Bemerkenswert ist gleichwohl, dass sich dort in vielerlei Hinsicht eine ordnungspolitisch inspirierte Regelorientierung zeigt, so etwa beim Äquivalenzprinzip in der Gesetzlichen Rentenversicherung.

Im Zeitablauf nahmen die deutschsprachigen Wirtschaftswissenschaften die Veränderungen im Kenntnisstand ihres Fachs auf, die sich aus immer stärkerer Internationalisierung ergaben. Dies lässt sich exemplarisch am Sachverständigenrat zur Begutachtung der gesamtwirtschaftlichen Entwicklung darlegen. Gegründet von Ludwig Erhard, nahm er im Jahr 1964 seine Arbeit auf. Der Sachverständigenrat war zwar ein Kind des Keynesianismus, aber gleichwohl war ab dem ersten Gutachten die ordnungspolitische Fundierung zu erkennen.[44] Dieses stellte bereits das damals gültige feste Wechselkurssystem von Bretton Woods infrage. Die Diskussion war stark an der angelsächsischen Debatte um die Vor- und Nachteile fester und flexibler Wechselkurse orientiert. Nach dem Zusammenbruch des Bretton-Woods-Systems stand das Thema Preisstabilität im Vordergrund, das in Euckens[45] konstituierenden Prinzipien eine zentrale Rolle spielt. Der Sachverständigenrat entwickelte früh ein Konzept der Geldmengensteuerung und nahm damit Ideen des Monetarismus auf. Ab Ende der 1970er-Jahre, lange bevor dieses Konzept in den USA aufkam, stellte der Sachverständigenrat die Angebotspolitik in den Vordergrund und lieferte damit Reformvorschläge für die neu ins Amt gekommene christlich-liberale Bundesregierung. Nach der Wiedervereinigung setzte der Rat immer wieder Reformimpulse, die schließlich eine Rolle bei der Verabschiedung der Agenda 2010 von Bundeskanzler Gerhard Schröder spielten. Wenngleich Anselm Küsters[46] ordnungspolitische Hoch- und Tiefpunkte der Ratsgutachten herausarbeitet, zeigt sich gleichwohl eine gewisse Rolle

der Ordnungspolitik. Sebastian Botzem[47] und Judith Hesselmann sehen den Sachverständigenrat daher als Gralshüter
des Ordoliberalismus.

Eine bibliometrische Analyse von Frank Bönker, Agnès
Labrousse und Jean-Daniel Weisz[48] zeichnet die Entwicklung des Ordoliberalismus anhand der Beiträge zum »ORDO-
Jahrbuch« bis zum Jahr 1998 nach. Am häufigsten finden
sich Beiträge zur Wettbewerbspolitik, gefolgt von dem ver-
wandten Thema sektoraler Regulierung. An dritter Stelle folgen die Geld- und Währungspolitik, dann die Sozial- und die
Handelspolitik. Fiskalpolitik und Industriepolitik sind weit
abgeschlagen. Man erkennt hieran sehr gut, dass die beiden zentralen Themen der Ordnungsökonomen, die Wettbewerbspolitik und die Währungsordnung, durchgehend eine
wichtige Rolle spielten.

Mit ihren Analysen und Vorstellungen waren Eucken und
seine Mitstreiter damals nicht allein. Henry Simons' Aufsatz aus dem Jahr 1936[49] zur Regelorientierung in der Geldpolitik wurde in dieser Zeit veröffentlicht. Eucken stand in
reger Korrespondenz mit Simons. Zudem wurde damals an
der Universität Chicago mit dem Public-Choice-Ansatz und
der Verfassungsökonomik ein Forschungsprogramm ange-
regt, das sehr lange und bis heute erfolgreich ökonomische
Analysen und Argumente für eine Regelorientierung in der
Wirtschaftspolitik liefert. Die Regelorientierung in der Mak-
roökonomik, anfangs vor allem der Geldpolitik, entwickelte
sich im Zeitablauf weiter und ist bis heute Teil (makro-)öko-
nomischer Analysen.[50] In jüngerer Zeit geht es vor allem um
die Rolle von Fiskalregeln in der Wirtschaftspolitik.[51]

4. Ordnungspolitische Grundlagen der Europäischen Währungsunion

So kann nicht mehr erstaunen, dass die ordnungspolitischen Grundlagen der EWU durchaus erkennbar und, falls zu wenig berücksichtigt, in der deutschen Debatte heftig eingefordert werden.[52] Das ursprüngliche Konzept des Maastricht-Vertrags war am Euckenschen Primat der Währungspolitik ausgerichtet. Preisstabilität sticht als vorrangiges Ziel der Europäischen Zentralbank (EZB) hervor. Diese Festlegung wurde im Maastricht-Vertrag durch das Verbot der monetären Staatsfinanzierung und das Nicht-Beistandsgebot gestützt. Zudem sollte über die Konvergenzkriterien und nach Eintritt in die EWU durch den Stabilitäts- und Wachstumspakt sichergestellt werden, dass die Geldpolitik nicht durch die Fiskalpolitik dominiert wird. Die Forderung nach solider Finanzpolitik findet sich bei Eucken ebenfalls in seinen frühen geldtheoretischen Schriften.

Dieses Konzept war im Grunde dazu angelegt, Preisstabilität zu sichern und zugleich die Mitgliedstaaten in ihrer Wirtschafts-, Finanz- und Arbeitsmarktpolitik so zu disziplinieren, dass sie ihre Politik auf eine Verbesserung ihrer Wettbewerbsfähigkeit ausrichten. Leider hatte das Konzept eine offene Flanke. Es berücksichtigte die enge Beziehung zwischen Bankensystemen und Staaten nicht. Dadurch war es möglich, dass die Finanz- und Wirtschaftskrise in eine Schuldenkrise im Euroraum mündete.

Die Reformen, die danach einsetzten, waren zu einem gewissen Teil wiederum ordnungspolitisch begründet.[53] Insbesondere die Bankenunion zielte darauf ab, Haftung und Entscheidung wieder in Einklang zu bringen.[54] Die Betonung des Haftungsprinzips ist ebenfalls in Euckens konstituierenden Prinzipien erkennbar. Allerdings fehlen bis heute gewisse Elemente zur Vervollständigung der Bankenunion, insbesondere die Absicherung des Abwicklungsfonds und eine Änderung der Eigenkapitalvorschriften für Banken, damit staatliche Schulden mit Eigenkapital unterlegt werden müssen.

Umstritten ist die Gründung des Europäischen Stabilitätsmechanismus (ESM). Viele sehen in den Rettungsprogrammen im Zuge der Krise ein Bailout der betroffenen Staaten. Dabei ist ein Liquiditätsmechanismus erforderlich, gerade wenn man die Nicht-Beistandsklausel ernst nimmt. Hat ein Mitgliedstaat Schwierigkeiten, sich auf den Märkten zu refinanzieren, ist er womöglich zu einer Umschuldung gezwungen, bietet der ESM im Gegenzug gegen Reformen Überbrückungskredite. Genauso, wie ein Unternehmen bei kurzfristigen Finanzierungsproblemen und tragfähigem Geschäftsmodell von seiner Bank während der Umschuldung mit Liquidität versorgt wird, unterstützt der ESM die Mitgliedstaaten. Folgerichtig ist ein Ordnungsrahmen für Umschuldungen Teil der anstehenden Reform des ESM.[55]

Problematisch wäre hingegen die Einrichtung einer Fiskalkapazität auf EU-Ebene. Der Ordnungsrahmen der EWU zielt gerade darauf ab, dass die Mitgliedstaaten ihre Staatsausgaben und ihre Staatsverschuldung mit Geld bezahlen müssen, das sie nicht selbst herstellen können. Es geht um die Disziplinierungswirkung der Fiskalpolitik. Eine Fiskalkapazität würde hingegen diese Verantwortlichkeiten verwischen.

5. Schlussbemerkung

In diesem Beitrag wird ein Bogen geschlagen von der Entstehung der Sozialen Marktwirtschaft auf Basis ordnungspolitischer Konzepte über die Entwicklung der Sozialen Marktwirtschaft bis zur Europäischen Währungsunion. Die Analyse verdeutlicht, dass die Ordnungsökonomik durchgehend Einfluss auf die Entwicklung der Sozialen Marktwirtschaft genommen hat. Sie hat die deutsche und die europäische Wirtschaft letztlich als Wettbewerbswirtschaft zu konzipieren geholfen. Bei aller Kritik an der Ordnungsökonomik darf dies als Erfolg gewertet werden. Die Soziale Marktwirtschaft ist ein erfolgreiches Konzept.

In makroökonomischen Fragen, etwa der Architektur der Europäischen Währungsunion, besteht weiterhin Reformbedarf. Ordnungspolitische Vorstellungen stehen im Wettbewerb mit anderen Konzepten. Es wird sich weisen müssen, inwiefern die Idee der Sozialen Marktwirtschaft dabei tragfähig bleibt.

1 Folgende Artikel im Economist sind in dieser Diskussion ebenfalls von Interesse: Slow, but popular (8. Dezember 2012), Ordoliberalism revisited (18. Oktober 2014), The sputtering engine (22. November 2014), Of rules and order (9. Mai 2015).

2 David Schäfer: A Banking Union of Ideas? The Impact of Ordoliberalism and the Vicious Circle on the EU Banking Union, in: Journal of Common Market Studies 54/4 (2016), S. 961–980.

3 Markus K. Brunnermeier/Harold James/Jean-Pierre Landau: The Euro and the Battle of Ideas. Princeton 2016; Lars P. Feld/Ekkehard A. Köhler/Daniel Nientiedt: Ordoliberalism, Pragmatism and the Eurozone Crisis: How the German Tradition Shaped Economic Policy in Europe, in: European Review of International Studies 2/3 (2015), S. 48–61; Lars P. Feld/Ekkehard A. Köhler/Daniel Nientiedt: Die Europäische Währungsunion aus traditioneller und moderner ordnungsökonomischer Perspektive, in: ORDO 69 (2018), S. 65–84.

4 David J. Gerber: Constitutionalizing the Economy: German Neo-Liberalism, Competition Law and the »New« Europe, in: American Journal of Comparative Law 42/1 (1994), S. 25–84; Peter Nedergaard: The Ordoliberalisation of the European Union, in: Journal of European Integration 42/2 (2020), S. 213–230.

5 Peter Nedergaard/Holly Snaith: As I Drifted on a River I Could Not Control: The Unintended Ordoliberal Consequences of the Eurozone Crisis, in: Journal of Common Market Studies 53/5 (2015), S. 1094–1109.

6 Thorsten Beck/Hans-Helmut Kotz (Hg.): Ordoliberalism: A German Oddity? London 2017; Thomas Biebricher/Frieder Vogelmann (Hg.): The Birth of Austerity: German Ordoliberalism and Contemporary Neoliberalism. London 2017; Josef Hien/Christian Joerges (Hg.): Ordoliberalism, Law and the Rule of Economics. Oxford 2017; Malte Dold/Tim Krieger (Hg.): Ordoliberalism and European Economic Policy: Between Realpolitik and Economic Utopia. Abingdon-on-Thames 2019.

7 Ralf Ptak: Vom Ordoliberalismus zur Sozialen Marktwirtschaft: Stationen des Neoliberalismus in Deutschland. Opladen 2004.

8 Werner Bonefeld: Freedom and the Strong State: On German Ordoliberalism, in: New Political Economy 17/5 (2012), S. 633–656.

9 Ulrike Herrmann: Deutschland, ein Wirtschaftsmärchen. Frankfurt 2019.

10 Teile dieses Abschnitts sind im Zusammenhang mit der Ausstellung zur Freiburger Schule entstanden, die im Jahr 2020 zur 900-Jahr-Feier der Stadt Freiburg im Breisgau konzipiert wurde.

11 Daniel Nientiedt: German Economists and Value Freedom: The Case of Walter Eucken. Unveröffentlichtes Manuskript. Freiburg 2019.

12 Walter Eucken: Die Überwindung des Historismus, in: Schmollers Jahrbuch für Gesetzgebung, Verwaltung und Volkswirtschaft 62 (1938), S. 63–86; Ders.: Die Grundlagen der Nationalökonomie. Berlin 1940; Ders.: Wissenschaft im Stile Schmollers, in: Weltwirtschaftliches Archiv 52 (1940), S. 469–506.

13 Walter Eucken: Staatliche Strukturwandlungen und die Krisis des Kapitalismus, in: Weltwirtschaftliches Archiv 36 (1932), S. 297–321.

14 Nils Goldschmidt: Die Entstehung der Freiburger Kreise, in: Historisch-Politische Mitteilungen 4 (1997), S. 1–17; Ders.: Wirtschaft, Politik und Freiheit. Freiburger Wirtschaftswissenschaftler und der Widerstand. Tübingen 2005.

15 Helmut Thielicke/Philipp von Bismarck: Politische Gemeinschaftsordnung: Ein Versuch zur Selbstbesinnung des christlichen Gewissens in den politischen Nöten unserer Zeit. Denkschrift des Kreises um Gerhard Ritter und Carl-Friedrich Goerdeler. Tübingen 1979.

16 Siehe Christine Blumenberg-Lampe: Das wirtschaftspolitische Programm der »Freiburger Kreise«: Entwurf einer freiheitlich-sozialen Nachkriegswirtschaft. Nationalökonomen gegen Nationalsozialismus. Berlin 1973; Dies. (Bearb.): Der Weg in die Soziale Marktwirtschaft: Referate, Protokolle, Gutachten der Arbeitsgemeinschaft Erwin von Beckerath 1943–1947. Stuttgart 1986; Heinz Grossekettler: Adolf Lampe, die Transformationsprobleme von Friedens- und Kriegswirtschaften und die Arbeitsgemeinschaft von Beckerath, in: Nils Goldschmidt (Hg.): Wirtschaft, Politik und Freiheit. Freiburger Wirtschaftswissen-

schaftler und der Widerstand. Tübingen 2005, S. 91–122; Daniela Rüther: Der Widerstand des 20. Juli auf dem Weg in die Soziale Marktwirtschaft. Die wirtschaftspolitischen Vorstellungen der bürgerlichen Opposition gegen Hitler. Paderborn/Zürich 2002.

17 Grossekettler: Lampe, S. 108.

18 Zum Leitsätzegesetz und zum Beitrag von Leonhard Miksch, einem Schüler Walter Euckens in Freiburg, siehe Lars P. Feld/Ekkehard A. Köhler (Hg.): Wettbewerbsordnung und Monopolbekämpfung. Tübingen 2015. Zu Mikschs Beitrag zur Ordnungstheorie siehe Arnold Berndt/Nils Goldschmidt: Wettbewerb als Aufgabe – Leonhard Mikschs Beitrag zur Ordnungstheorie und -politik, in: ORDO 51 (2000), S. 33–73; Nils Goldschmidt: Leonhard Mikschs Beitrag zur Ordnungstheorie und -politik: Einsichten in sein Tagebuch nach 1945, in: Feld/Köhler (Hg.): Wettbewerbsordnung und Monopolbekämpfung, S. 1–16; Ekkehard A. Köhler: Das geldtheoretische Denken und die Geldordnungsvorstellungen von Leonhard Miksch, in: Feld/Köhler (Hg.): Wettbewerbsordnung und Monopolbekämpfung, S. 61–80.

19 Herbert Giersch/Karl-Heinz Paqué /Holger Schmieding: The Fading Miracle: Four Decades of Market Economy in Germany. Cambridge 1992.

20 Unter Wirtschaftshistorikern ist umstritten, wie sehr dies einen wirklichen Bruch mit den Wirtschaftssystemen der Vergangenheit darstellte. Siehe dazu die Kontroverse zwischen Albrecht Ritschl: Der späte Fluch des Dritten Reichs: Pfadabhängigkeiten in der Entstehung der bundesdeutschen Wirtschaftsordnung, in: Perspektiven der Wirtschaftspolitik 6/2 (2005), S. 151–170, und Mark Spoerer: Das kurze Dritte Reich: Zur Frage der Kontinuität sozioökonomischer Strukturen zwischen der Weimarer Republik, dem Dritten Reich und der Bundesrepublik (erscheint in: Perspektiven der Wirtschaftspolitik, 2020). Nach dem heutigen Stand der Diskussion müssen vor allem das Leitsätzegesetz und das spätere Gesetz gegen Wettbewerbsbeschränkungen (GWB) als wesentliche Veränderungen angesehen werden – beide Gesetze waren Kernforderungen der Freiburger Schule.

21 Herrmann: Deutschland. Diese kurze Zusammenfassung ihrer Thesen bezieht sich auf den Vorabdruck von Thesen des Buchs in der TAZ vom 19. September 2019 mit dem Titel »Ein Profiteur der Nazis«.

22 Dieter Haselbach: Autoritärer Liberalismus und Soziale Marktwirtschaft: Gesellschaft und Politik im Ordoliberalismus. Baden-Baden 1992.

23 Ptak: Ordoliberalismus; Bonefeld: Freedom.

24 Biebricher/Vogelmann: Birth of Austerity.

25 Otmar Issing/Daniel Koerfer: Zielscheibe Ludwig Erhard, in: FAZ, 1. November 2019.

26 Ptak: Ordoliberalismus; Bonefeld: Freedom.

27 Ebd.

28 Ekkehard A. Köhler/Daniel Nientiedt: Liberalism and Democracy – A Comparative Reading of Eucken and Hayek, in: Cambridge Journal of Economics 40/6 (2016), S. 1743–1760.

29 Ebd.

30 Eucken: Strukturwandlungen.

31 Köhler/Nientiedt: Liberalism.

32 Viktor Vanberg: »Ordnungstheorie« as Constitutional Economics. The German Conception of a »Social Market Economy«, in: ORDO 39 (1988), S. 17–31.

33 Nientiedt: German Economists and Value Freedom.

34 Zur Auseinandersetzung mit den Thesen von Gebhard Kirchgässner: Wirtschaftspolitik und Politiksystem: Zur Kritik der traditionellen Ordnungstheorie aus der Sicht der Neuen Politischen Ökonomie, in: Dieter Cassel/Bernd-Thomas Ramb/H. Jörg Thieme (Hg.): Ordnungspolitik. München 1988, S. 53–75, siehe Vanberg: »Ordnungstheorie« as Constitutional Economics, S. 17–31, sowie Lars P. Feld/Ekkehard A. Köhler: Ist die Ordnungsökonomik zukunftsfähig?, in: Zeitschrift für Wirtschafts- und Unternehmensethik 12/2 (2011), S. 173–195.

35 Walter Eucken: Kapitaltheoretische Untersuchungen. Jena 1934.

36 Ders.: Die Grundlagen der Nationalökonomie. Berlin 1940; Ders.: Wissenschaft im Stile Schmollers, S. 469–506.

37 Nientiedt: German Economists.

38 Ebd.

39 Philip Manow: Ordoliberalismus als ökonomische Ordnungstheologie, in: Leviathan 29/2 (2001), S. 179–198.

40 Walter Eucken: Die Wettbewerbsordnung und ihre Verwirklichung, in: ORDO 2 (1949), S. 1–100.

41 Siehe ausführlich Ernst-Joachim Mestmäcker: Wettbewerb in der Privatrechtsgesellschaft. Tübingen 2019.

42 Volker Berghahn: Ordoliberalism, Ludwig Erhard, and West Germany's »Economic Basic Law«, in: European Review of International Studies 2/3 (2015), S. 37–47.

43 Mestmäcker: Wettbewerb in der Privatrechtsgesellschaft; Nedergaard: The Ordoliberalisation of the European Union.

44 Anselm Küsters: In Search of Ordoliberalism: Evidence from the Annual Reports of the German Council of Economic Experts, 1964–2017, in: Max Planck Institute for European Legal History Research Paper Series No. 2019-12.

45 Walter Eucken: Grundsätze der Wirtschaftspolitik. Tübingen 1952.

46 Küsters: Ordoliberalism.

47 Sebastian Botzem/Judith Hesselmann: Gralshüter des Ordoliberalismus? Der Sachverständigenrat zur Begutachtung der gesamtwirtschaftlichen Entwicklung als ordnungspolitischer Fluchtpunkt bundesrepublikanischer Politikberatung, in: Leviathan 46/3 (2018), S. 402–431.

48 Frank Bönker/Agnès Labrousse/Jean-Daniel Weisz: The Evolution of Ordoliberalism in the Light of the Ordo Yearbook: A Bibliometric Analysis, in: Agnès Labrousse/Jean-Daniel Weisz (Hg.): Institutional Economics in France and Germany: German Ordoliberalism versus the French Regulatory School. Berlin u.a. 2001, S. 159–182.

49 Henry C. Simons: Rules versus Authorities in Monetary Policy, in: Journal of Political Economy 44 (1936), S. 1-20.

50 Siehe Finn E. Kydland und Edward C. Prescott: Rules Rather than Discretion:

The Inconsistency of Optimal Plans, in: Journal of Political Economy 85 (1977), S. 473–492; John B. Taylor: Discretion versus Policy Rules in Practice, in: Carnegie-Rochester Conference Series on Public Policy 39 (1993), 195–214.

51 Siehe Lars P. Feld/ Wolf Heinrich Reuter/ Mustafa Yeter: Öffentliche Investitionen: Die Schuldenbremse ist nicht das Problem, in: Perspektiven der Wirtschaftspolitik 20 (4), 2019.

52 Siehe Lars P. Feld: Europa in der Welt von heute: Wilhelm Röpke und die Zukunft der Europäischen Währungsunion, in: ORDO 63 (2012), S. 403–428; Ders./Köhler/Nientiedt: Ordoliberalism, Pragmatism and the Eurozone Crisis.

53 Lars P. Feld u.a.: Maastricht 2.0: Safeguarding the Future of the Eurozone, in: Richard Baldwin/Francesco Giavazzi (Hg.): How to Fix Europe's Monetary Union: Views of Leading Economists. London 2016, S. 46–61; Sachverständigenrat zur Begutachtung der gesamtwirtschaftlichen Entwicklung: Verantwortung für Europa wahrnehmen. Wiesbaden 2011; Ders.: Zukunftsfähigkeit in den Mittelpunkt stellen. Wiesbaden 2015; Jens Weidmann: Krisenmanagement und Ordnungspolitik, Walter-Eucken-Vorlesung am 11. Februar 2013 (https://www.bundesbank.de/de/presse/reden/krisenmanagement-und-ordnungspolitik-710712, Abruf: 8. Januar 2020).

54 Schäfer: A Banking Union of Ideas?.

55 Jochen Andritzky u.a.: A Mechanism to Regulate Sovereign Debt Restructuring in the Euro Area, in: International Finance 22/1 (2019), S. 20–34.

Unsere Umwelt:

Verantwortung
für die Menschen.
Verantwortung
für die Natur.

NIEDERSACHSEN

CDU

Neues Denken, neues Handeln für die Umwelt. Mehr Infos im Internet: www.cdu-niedersachsen.de

6 Plakat zu den Landtagswahlen in Niedersachsen 1998

Kampf um die Mitte – Perspektiven und Koalitionsoptionen der Union

Ralf Fücks

Die bundesdeutsche Parteienlandschaft ist im Umbruch. Sie folgt damit einem europäischen Trend, der in Italien, Frankreich und anderswo schon vor Jahren eingesetzt hat: Die alte Mitte erodiert, das Parteiensystem splittert sich auf, Mehrheitsbildung wird komplizierter.

Jahrzehntelang beruhte die politische Architektur in Europa auf dem Wechselspiel von Mitte-rechts- und Mitte-links-Parteien. Sie banden einen Großteil der Wählerschaft und sorgten für Stabilität. Regierungswechsel entsprachen dem normalen demokratischen Zyklus: Die regierenden Parteien verschleißen sich im Lauf der Zeit, die Unzufriedenheit wächst, es schlägt die Stunde der Opposition. Das Wechselspiel zwischen Mitte-links und Mitte-rechts kombinierte Wandel mit Kontinuität. Es ermöglichte Regierungswechsel ohne größere Verwerfungen. Je nach Wahlsystem waren Koalitionen mit kleinen Parteien nötig, die in der Regel nicht über die Rolle eines Juniorpartners hinauskamen. Häufig waren liberale Parteien das Zünglein an der Waage. Alternativ gab es Koalitionen mit rechtskonservativen oder linkssozialistischen Kräften, mit denen oppositionelle Strömungen eingebunden wurden.

Den ersten größeren Einbruch in diese relativ stabile Parteienlandschaft markierte der Aufstieg des Medienmoguls Silvio Berlusconi zum italienischen Ministerpräsidenten im Jahr 1994. Er ging einher mit dem Zusammenbruch der Christdemokraten – bis dahin die italienische Staatspartei schlechthin – infolge eines Korruptionsskandals. Berlusconis Forza Italia wurde ganze zehn Wochen vor der Parlamentswahl gegründet. Mithilfe einer massiven Medienkampagne sprang sie aus dem Stand auf 21 Prozent der Stimmen. Zur Macht verhalf Berlusconi eine Koalition mit den Postfaschisten von der Nationalen Allianz und der damals noch als Regionalpartei des reichen Nordens auftretenden Lega Nord. Heute würde man von der ersten rechtspopulistischen Koalition in einem europäischen Kernland sprechen. Berlusconi wurde in Deutschland lange als eine bizarre Ausnahme belächelt. Tatsächlich war er Vorreiter einer Entwicklung, die nach und nach auch in anderen europäischen Ländern einsetzte.

Auch in Frankreich ist die alte Mitte-links-, Mitte-rechts-Konstellation zusammengebrochen. Die stolze sozialistische Partei ist nur noch ein Schatten früherer Tage. Das Feld wird beherrscht vom rechtsnationalistischen Front National und Macrons »La République en Marche«, die sich nicht von ungefähr als »Bewegung« bezeichnet, um sich vom traditionellen politischen Establishment Frankreichs abzusetzen. Im linken Spektrum hat Jean-Luc Mélenchon mit seiner linksnationalistischen Gegenbewegung »La France insoumise« (Unbeugsames Frankreich) die Sozialisten überrundet.

In Skandinavien haben die Sozialdemokraten ihre jahrzehntelange Vormachtstellung eingebüßt. In Österreich ist es mit der alten Doppelherrschaft zwischen Sozialdemokraten und Konservativen vorbei. Die traditionsreiche ÖVP wurde faktisch in eine »Liste Sebastian Kurz« verwandelt. Kurz war beweglich genug, von einer Koalition mit der rechtspopulistischen FPÖ zu einem Regierungsbündnis mit den Grünen zu wechseln, ohne große Abstriche an seiner Agenda zu machen. In den Niederlanden hat sich das Parteienspektrum stark aufgefächert, dort erreichen die Liberal-Konservativen noch knapp über 20 Prozent der Stimmen, alle anderen Parteien liegen deutlich darunter. Wer die Entwicklung in Deutschland verstehen will, muss sie in diesen europäischen Kontext einordnen. Wir sind in der neuen europäischen Normalität angekommen, und wenig spricht dafür, dass sich dieser Trend auf kurze oder mittlere Sicht wieder umkehren wird.

Die Erosion der Volksparteien

Der Niedergang der alten Volksparteien lässt sich offenkundig nicht auf diese oder jene unglückliche Personalentscheidung, politische Fehler und Versäumnisse zurückführen. Sie mögen als Verstärker wirken, sind aber nicht Ursache ihrer Schwindsucht. Das wird auch im Rückblick auf die Wahlergebnisse in der Bundesrepublik deutlich. Bei der ersten Bundestagswahl im Jahr 1949 lagen CDU/CSU und SPD gemeinsam bei 60 Prozent. Dann stieg ihr Anteil deutlich an. 1957 vereinigten sie schon 82 Prozent der Stimmen auf sich (mit einer absoluten Mehrheit der CDU/CSU), 1976 waren es sagenhafte 91 Prozent. Danach setzte ein langsamer Sinkflug ein. Bei der Bundestagswahl 2002 wählten immer noch beachtliche 77 Prozent die Union und die SPD. Dann ging es steil bergab. 2017 kamen beide zusammen noch auf 53 Prozent, in den aktuellen Umfragen sind es gerade noch rund 40 Prozent. Seit den 1970er-Jahren hat sich der Stimmenanteil von Union und Sozialdemokraten also mehr als halbiert.

Ein so dramatischer Einbruch muss tiefer liegende Ursachen haben. Sie finden sich in der Veränderung unserer Gesellschaft. Zuerst traf es die SPD. Mit den Grünen erwuchs ihr schon in den 1980er-Jahren eine Alternative im links-alternativen Spektrum und im Milieu der Jungakademiker. Wer jung, kritisch und aufgeweckt war, ging eher zu den Grünen als zu den Jusos. Da war »mehr Leben in der Bude«, mehr Aufbruch und mehr Zukunft. Das gilt bis heute, allerdings mit dem Unterschied, dass die Grünen inzwischen auch der Union den Nachwuchs in den liberal-bürgerlichen Milieus abwerben.

Die zweite Verschiebung traf die SPD mit der Umwandlung der SED in eine bundesweite Partei, die sich als Sammelbecken für enttäuschte Traditionslinke anbot. Der dritte Schlag kam mit den Hartz-IV-Reformen, die von Gerhard Schröder gegen die Überzeugungen eines Gutteils der Partei durchgesetzt wurden.

Von diesem Riss zwischen Traditionalisten und Modernisierern hat sich die SPD bis heute nicht erholt. Sie steckt in einem strategischen Dilemma: Wohin sie sich politisch auch bewegt, verliert sie einen Teil ihrer restlichen Wählerschaft entweder an die Grünen, an die Linke oder an die AfD, die mit ihrer fremdenfeindlichen und sozialnationalen Rhetorik auch in traditionell sozialdemokratischen Schichten Anklang findet. Unter den Facharbeitern hatte die Union der SPD ohnehin schon lange den Rang abgelaufen.

CDU und CSU mochten sich eine Zeit lang in der Illusion wiegen, sie blieben vom Schicksal der SPD verschont oder könnten davon sogar profitieren. Inzwischen ist klar, dass die Union von einer ähnlichen Dynamik erfasst ist. Wie die SPD ist sie immer weniger in der Lage, die soziale und kulturelle Ausdifferenzierung der Gesellschaft auf einen gemeinsamen politischen Nenner zu bringen. Sie kann die Spannbreite zwischen altkonservativen Milieus und jungen Frauen, traditionellem Mittelstand und Start-up-Szene, ländlichen Gebieten und Großstädten, Christen und Atheisten, aufstrebenden Migranten und in Abwehr verharrenden Teilen ihrer Wählerschaft nicht mehr halten. In traditionellen CDU-Milieus zieht sich die Scheidelinie inzwischen mitten durch die Familien: Vater wählt noch die Union, Mutter und Tochter die Grünen, ein Teil der Verwandtschaft ist bei der AfD gelandet.

Wie die Sozialdemokratie hat die Union ihre programmatische Modernisierung verpasst. Auf die großen Zukunftsfragen – Klimawandel, digitale Revolution, Einwanderungsgesellschaft, Umbruch der Geschlechterverhältnisse, wie weiter mit der Europäischen Union, neue Welt-Unordnung – hat sie bestenfalls zaghafte Antworten. Sie agiert, spricht, denkt eher in Kategorien der Vergangenheit als der Zukunft.

Was lange eine Stärke war – eine stabilitätsorientierte Politik der kleinen Schritte – erscheint jetzt als Sprachlosigkeit angesichts der fundamentalen Veränderungen, die unsere Gesellschaft erfasst haben.

Innere Fliehkräfte der Union

Angela Merkel hat zwar erfolgreich die Feminisierung politischer Spitzenämter betrieben, aber das Kandidatenumfeld für ihre Nachfolge ist so männerdominiert wie einst. In ihrer Breite wirkt die Union nach wie vor wie eine Männervereinigung. Wie die SPD mit der Agenda 2010 erlebte die Union mit der Auseinandersetzung um die Flüchtlingspolitik einen Bruch in ihrer Anhängerschaft, von dem sie sich bis heute nicht erholt hat. Abschaffung der Wehrpflicht, Ehe für Schwule und Lesben, steigende Belastung mit Steuern und Sozialabgaben, Mindestlohn und Fahrverbote sind für einen Teil ihrer Basis schon Zumutung genug. Aber mit der Entscheidung Angela Merkels, mehr als einer Million Menschen aus dem Nahen und Mittleren Osten Zuflucht zu gewähren, war für eine relevante Zahl von Mitgliedern und Wählern eine rote Linie überschritten. Sie verzeihen ihr das bis heute nicht. Ein Teil ging in die innerparteiliche Opposition, ein anderer wanderte zur AfD. Die monatelange Zerreißprobe zwischen Horst Seehofer und der Kanzlerin spiegelte wider, was in der Anhängerschaft der Union los war. Das Hin und Her um die Wahl eines FDP-Ministerpräsidenten in Thüringen mit den Stimmen von CDU und AfD offenbarte einen West-Ost-Konflikt in der Partei, der nur oberflächlich gekittet wurde.

Ich zähle diese inneren Konfliktlinien der Union auf, weil sie auch für die Frage nach künftigen Koalitionen hochrelevant sind. Jede denkbare Kombination ist mit politischen Kosten und Risiken verbunden, die das Abschmelzen der eigenen Wählerschaft noch beschleunigen können. Gleichzeitig ist nicht ausgemacht, welches Bündnis die besten Chancen bietet, sich zu konsolidieren und das eigene Terrain wieder zu erweitern.

Die Ausgangslage ist kompliziert: Der Weg in Richtung 20 Prozent ist einfacher als der Rückweg jenseits der 30 Prozent. Wenn CDU und CSU in ihrem jetzigen Tief verharren, schrumpfen auch ihre Koalitionsoptionen. Bis vor Kurzem schien keine Regierungsbildung gegen die Union möglich. Das brachte sie in eine starke strategische Position. Darauf kann sie sich nicht mehr verlassen. Man sollte im Adenauer-Haus schon einmal über das Undenkbare nachdenken: dass die Union ihre Vorrangstellung als stärkste Partei verliert. Selbst wenn sie die Nase vorn behält, ist nicht ausgemacht, dass sie wieder die Kanzlerin (oder den Kanzler) stellen kann. Durchaus möglich, dass die nächste Koalition im Bund gegen die Union gebildet wird.

Sollte es eine arithmetische Mehrheit für *Grün-Rot-Rot* geben, wird daraus mit hoher Wahrscheinlichkeit auch eine Regierungsmehrheit. Weshalb sollten die Grünen die historische Gelegenheit ausschlagen, das Kanzleramt zu erobern? Von der Klimabewegung bis zu Gewerkschaften und Sozialverbänden gäbe es starken Rückhalt für eine grün-rot-rote Koalition, ebenso an den Hochschulen und in einem Teil der Medien. Die Union wäre schlecht beraten, sich im Wahlkampf auf den Erfolg einer »Rote-Socken-Kampagne« zu verlassen. Alternativ liegt auch eine *Ampel-Koalition* im Bereich des Möglichen. Ob die FDP wie 2017 erneut davonläuft, wenn es an ihr liegt, ein Linksbündnis zu verhindern, kann bezweifelt werden. Es wäre auch nicht wünschenswert.

Die Grünen: Konkurrenz um die Mitte

Die Unionsführung kann nicht darauf bauen, dass sich der Umfrage-Höhenflug der Grünen als Eintagsfliege entpuppt. Ihre bundesweiten Erfolge in den Großstädten sprechen eine andere Sprache. Der andauernde Höhenflug der Grünen in einem modernen Industrieland wie Baden-Württemberg, einem historischen Stammland der CDU, ist ein Warnsignal, was der Union auch im Bund blühen kann. Von der neuen Klima-APO bis zum Zurückdrängen der Autos aus den Städten, von Antidiskriminierung bis zur Flüchtlingsrettung im Mittelmeer, von gleichberechtigten Partnerschaften bis zu erweiterter Bürgerbeteiligung – die gesellschaftlichen Megatrends kommen vorrangig den Grünen zugute. Im Vergleich zu anderen Parteien erscheinen sie als moderne Kraft, personell und habituell wie im Hinblick auf ihre Themen. Ihre solide, im Kern pragmatische Politik in Kommunen und Ländern wirkt vertrauensbildend bis in bisherige CDU-Milieus. Für große Teile der bürgerlichen Mitte ist ein grüner Kanzler kein Schreckgespenst mehr. Das gilt auch für die Wirtschaft. Viele Unternehmensvorstände pflegen regelmäßige Kontakte mit den Grünen. Wo sie regieren, kommt man in der Regel gut miteinander aus. Nicht zuletzt profitieren sie vom Aufstieg der AfD: Während Union und SPD Wähler an die nationalistische Rechte verlieren, erscheinen die Grünen als glasklarer Gegenpol und Alternative.

Sicher, es gibt jede Menge Zielkonflikte in der politischen Programmatik der Grünen. Setzen sie auf einen ökologischen Planstaat oder eine ökologische Marktwirtschaft? Geht es ihnen um Nullwachstum oder um ein grünes Wirtschaftswunder? Wie passt der Ruf nach dem Primat der Ökologie über die Ökonomie zur geforderten Steigerung sozialer Leistungen? Wollen die Grünen über steigende CO_2-Preise hinaus noch detaillierte Zielvorgaben für einzelne Branchen? Was haben sie noch an Verboten in petto? Wie verträgt sich die Forderung nach preisgünstigem Wohnraum mit kostenträchtigen Auflagen? Wie protektionistisch ist die grüne Handels- und Wirtschaftspolitik? Sind die Grünen bereit, dem Appell für ein soziales Europa massive Finanztransfers für eine europaweite Grundsicherung folgen zu lassen? Wo liegen die Grenzen für die Aufnahmefähigkeit von Flüchtlingen, und wie sollen sie durchgesetzt werden? Die Liste ließe sich verlängern. Aber solange die anderen Parteien nicht in der Lage sind, die Grünen mit ihren inneren Widersprüchen zu konfrontieren, können sie gut damit leben.

Die Union muss zur Kenntnis nehmen, dass ihr ein neuer, starker Konkurrent in der Mitte der Gesellschaft erwachsen ist. Die CDU ist in Gefahr, zur Partei der alten Mitte zu werden, während die Grünen die neue Mitte repräsentieren – die junge Generation des Bürgertums, akademische Mittelschichten, Start-up-Unternehmer, Ökolandwirte, auf-

stiegsorientierte Migranten und einen Großteil der Kultur-
eliten des Landes. An Hochschulen und Theatern, in den
Medien und der Kreativszene der Republik bilden Anhänger von CDU und CSU eine kleine, trotzige Minderheit. Die
nüchterne Wahrheit ist, dass die Union dabei ist, den Kampf
um die kulturelle Hegemonie zu verlieren.

Ähnlich der SPD droht auch sie zwischen den Parteien
zu ihrer Linken und Rechten eingeklemmt zu werden. Wird
die Union zu »grün«, verliert sie in Richtung FDP und AfD.
Rückt sie ins rechtskonservative Spektrum, verliert sie vollends die liberalen, modernen Milieus. Sich vor allem gegen
die FDP zu wenden ergibt strategisch wenig Sinn. Die Union
braucht die Freien Demokraten als potenziellen Partner in einer Dreierkoalition. Sie »unter die Wasserlinie« zu drücken
würde das gesamte Parteiengefüge nach links verschieben.
Von der SPD ist nicht mehr viel zu holen, sie ist auf den harten Kern ihrer Anhängerschaft geschrumpft.

Strategische Optionen der Union

Wollen die CDU und ihre bayerische Schwester wieder
stärker werden, bleiben ihnen nur drei Optionen. Sie können erstens versuchen, verstärkt heutige Nichtwähler zu
mobilisieren. Aufgrund der Heterogenität der abstinenten
Bürger ist das eine Option mit vielen Unbekannten.

Sie können zweitens auf die verbliebenen bürgerlich-
konservativen Wähler der AfD zielen, die mit der Radikalisierung dieser Partei nicht konform gehen. Es ist aber keineswegs klar, wie groß dieser Anteil noch ist – wer heute
trotz alledem AfD wählt, muss schon ziemlich hartgesotten
sein. Um nennenswert Wähler von der AfD zurückzuholen,
müsste die Union in der Migrations- und Europapolitik so

weit nach rechts rücken, dass sie in der Mitte verliert, was sie am rechten Rand gewinnt. Nebenbei würde sie mit einem solchen Kurs einem grün-rot-roten Bündnis Auftrieb geben. Klüger – und staatspolitisch geboten – ist es, einen klaren Trennungsstrich zur AfD zu ziehen und ihr durch tatkräftige Politik den Sauerstoff zu entziehen.

Drittens kann die Union die Auseinandersetzung mit den Grünen um die Herzen und Köpfe der »neuen Mitte« aufnehmen. Das heißt nicht, die grünen Emporkömmlinge zum Hauptgegner zu erklären. Vielmehr geht es um einen Wettbewerb um die besten Köpfe, Ideen und Konzepte für die Zukunft der Republik. Der würde der Union, den Grünen und dem Land guttun.

Vor der Koalitionsfrage stellt sich also die Frage, wie die Union wieder attraktiver werden kann, und zwar vor allem für Wählerschichten, bei denen ihr die Grünen den Rang abgelaufen haben: Studierende, junge Familien, akademische Berufe, im Kulturbetrieb und bei den neuen Selbstständigen. Gleichzeitig muss sie ihre angestammte Basis im ländlichen Milieu, bei den älteren Semestern, unter Facharbeitern und mittleren Angestellten festigen. Ihre Zukunft als Volkspartei hängt davon ab, ob ihr das Kunststück gelingt, kulturell und sozial divergierende Schichten und Milieus wieder unter ihrem Dach zu versammeln. Ob das in Zeiten wachsender Heterogenität gelingen kann, ist fraglich.

Zumindest braucht es dafür ein politisches Personal, das auf dem Kirchentag wie beim Bitkom, unter Unternehmern wie auf der Mitgliederversammlung eines Umweltverbands zu Hause ist. Es geht nicht darum, Sprache und Habitus dieser Milieus zu imitieren, sondern den Ton zu treffen und ein kompetenter Gesprächspartner zu sein. Allemal braucht die Union mehr *digitale Kompetenz* – die Hilflosigkeit, mit der sie auf die Attacke eines Teenie-Stars auf YouTube reagierte, sprach Bände.

Die sozialen Netzwerke haben die Dynamik politischer Kommunikation radikal verändert. Diese ist weniger denn je eine Einbahnstraße zwischen Sender und Empfänger, sondern verläuft horizontal, tausendfach vernetzt und in rasender Geschwindigkeit. Den Parteien bleibt keine andere Wahl, als sich ins Getümmel zu stürzen. Sie müssen zugleich agieren und reagieren, rasch auf kritische Trends eingehen und selbst Debatten anstoßen. Das bedeutet auch, dass die politischen Hauptquartiere Kontrolle abgeben müssen. Kommunikation im Netz funktioniert nicht top-down. Verlautbarungen fallen durch, es zählen Meinungsstärke und Haltung.

In der Mediengesellschaft sind Persönlichkeit, Auftritt, Sprache und Habitus Trumpf. Aber man sollte sich nicht täuschen: Am Ende dreht sich Politik immer noch um Antworten auf gesellschaftliche und internationale Probleme. Das gilt gerade in Zeiten großer internationaler und gesellschaftlicher Umbrüche. Wenn die Union die führende Kraft der Mitte bleiben will, muss sie integrative Antworten auf die Fragen finden, an denen sich die Gesellschaft wie ihre potenzielle Wählerschaft tendenziell polarisiert. Die Grünen können polarisieren, wenn es um Klima, Geschlechterpolitik oder Einwanderung geht. Bis zu einem gewissen Grad erwartet man das sogar von ihnen – sie sollen das Salz in der Suppe und der Vorreiter anstehender Veränderungen sein.

Versöhnen statt spalten

Dagegen muss die Union als letzte klassische Volkspartei »versöhnen statt spalten«, um es mit den Worten des vormaligen Bundespräsidenten Johannes Rau zu sagen. Sie muss die Gesellschaft in Zeiten stürmischer Veränderung zusammenhalten. Es ist ihre spezifische Aufgabe, Brücken zwi-

schen Modernisierern und Traditionalisten, Fortschritts-
freunden und Wertkonservativen, Ökologie und Ökonomie,
Heimatverbundenheit und Weltoffenheit zu schlagen. Wenn
sie den Fehler macht, sich dauerhaft auf eine Seite zu schlagen, verliert sie ihren Charakter als Volkspartei. Die Union
kann weder eine marktliberale noch eine staatsfixierte Partei
sein. Sie muss die Selbstverantwortung des mündigen Bürgers und die Eigeninitiative einer aktiven Zivilgesellschaft
mit einem solidarischen Sozialsystem kombinieren, den
Schutz vor disruptiven technischen und wirtschaftlichen
Entwicklungen mit Innovationsoffenheit, die Begrenzung
der Zuwanderung auf ein sozial verträgliches Maß mit einer
aktiven Einwanderungspolitik.

In dieser verbindenden, vermittelnden, integrativen Funktion liegt ein großer Wert, aber auch die Gefahr, als profil-
los, beliebig und langweilig zu erscheinen. Unterschiedliche
Wertvorstellungen, Denkwelten und Interessen unter einen
Hut zu bringen bedeutet aber nicht zwangsläufig eine We-
der-Fisch-noch-Fleisch-Politik. Es braucht klare, im politischen Alltag erkennbare Grundwerte und eigenständige Konzepte für die großen Polarisierungsthemen. Und es braucht
ein paar »große Erzählungen«, die als politische Markenzeichen wirken. Die Themen liegen auf der Straße.

Programmatische Leerstellen

Die Union hat ihr großes Erbe der Sozialen Marktwirtschaft
seit Jahren brachliegen lassen. Das ist nicht eine Frage dieser oder jener sozialpolitischen Maßnahme. Es geht um eine
Leitidee für eine gute Ordnung der Wirtschaft, die auf Leis-
tungsbereitschaft und Eigenverantwortung der Einzelnen
setzt und zugleich kollektive Institutionen sozialer Sicher-

heit bereitstellt: Wie muss die Soziale Marktwirtschaft in Zeiten von Klimawandel und digitaler Revolution weiterentwickelt werden? Was kann, was soll Politik leisten, um das legitime Bedürfnis nach Sicherheit der Lebensverhältnisse mit der Offenheit für grundlegende Veränderungen zu vereinbaren? Wie kann der demografische Wandel bewältigt und das Versprechen auf Wohlstand und Aufstiegschancen für alle erneuert werden? Was ist das christlich-demokratische Konzept von Gerechtigkeit?

Ohne überzeugende Antworten auf diese Fragen wird die Zustimmung zur marktwirtschaftlichen Ordnung weiter erodieren. Der Zweifel wächst, ob eine rein marktförmige, auf Wachstum ausgerichtete Wirtschaftsordnung fähig ist, den Klimawandel einzudämmen. Der Ruf nach umfassender Regulierung von Produktion und Konsum, nach immer neuen Geboten und Verboten wird lauter. Man kann ihn nur erfolgreich abwehren, wenn die Verteidiger einer freiheitlichen Wirtschafts- und Lebensform alternative Wege zum Klimaschutz aufzeigen. Eine aufkommensneutrale ökologische Steuerreform und ein »Upscaling« des europäischen Emissionshandelssystems sind zentrale Weichenstellungen für eine ökologische Erneuerung der Marktwirtschaft. Die Union muss das Bremserhäuschen in der Klimafrage verlassen, wenn sie nicht vollends ins Hintertreffen geraten will.[1]

Gleichzeitig hat eine deutliche Mehrheit der Bevölkerung den Eindruck, dass es in unserer Gesellschaft nicht gerecht zugeht.[2] Das Verständnis für den Zusammenhang zwischen einer freiheitlichen Wirtschaftsverfassung und einer demokratischen politischen Ordnung schwindet. Die Ungleichheit der Vermögen und die Brisanz der Wohnungsfrage müssten eine Partei wie die Union ebenso umtreiben wie die starke Abhängigkeit des Bildungserfolgs von der sozialen Herkunft. Die CDU stand einst dafür, Wirtschaftskompetenz mit einem starken Sinn für soziale Teilhabe zu verbinden. Heute traut man ihr weder das eine noch das andere zu.

Ähnliches gilt für die Europapolitik. Ursula von der Leyen als Kommissionspräsidentin war ein erfolgreicher Coup der Kanzlerin. Angela Merkel hat auf dem Höhepunkt der Schuldenkrise viel dafür getan, die EU zusammenzuhalten. Aber seit dem Scheitern des europäischen Verfassungsvertrags ist unklar, wohin die europäische Reise gehen soll. Wofür steht die CDU: Strebt sie eine europäische Föderation an, in der die Mitgliedsstaaten auf den Status deutscher Bundesländer herabsinken und das Zentrum der Macht im europäischen Parlament und einer europäischen Regierung liegt? Ist sie bereit, die entsprechenden Schritte in eine europäische Transferunion zu gehen? Oder will sie den Doppelcharakter der EU als einer Staaten- und Bürgerunion erhalten, in der dem Europäischen Rat das entscheidende Gewicht zukommt und die Staaten für ihre Politik haften? Will sie das Terrain von Mehrheitsentscheidungen ausweiten – insbesondere in der Außen- und Sicherheitspolitik –, ungeachtet der Risiken für den Zusammenhalt der Staatengemeinschaft? Oder nähert sie sich dem Konzept eines Europas der verschiedenen Geschwindigkeiten an, in dem sich wechselnde Allianzen auf eine vertiefte Zusammenarbeit verständigen – etwa in der Verteidigungs- oder der Flüchtlingspolitik? Damit könnte auch der Zielkonflikt zwischen Erweiterung und Vertiefung entspannt werden, der die EU gegenwärtig in ihrer Nachbarschaftspolitik – etwa gegenüber der Ukraine – lähmt.

Zu all diesen Fragen steht eine klare Position der Union aus. Eine Politik des »muddling through« mag angebracht sein, wenn innerhalb der EU keine Verständigung auf eine gemeinsame Strategie möglich scheint. Sie kann aber auf Dauer keine strategische Orientierung ersetzen. Die Liste der programmatischen Leerstellen ließe sich fortsetzen: Wie hält es die Union mit dem Föderalismus? Soll die Schuldenbremse trotz Investitionsstau und negativer Zinsen bleiben oder zugunsten verstärkter Investitionen von Bund und Ländern gelockert werden? Welche Aufgaben soll die Bundeswehr erfüllen, und welche Ressourcen sind dafür erforderlich? Wo ist der Platz Deutschlands in der wachsenden Rivalität zwischen Amerika und China?

Bündnis von alter und neuer Mitte

Solange die Union in diesen strategischen Fragen blass bleibt, wird es ihr kaum gelingen, wieder die unangefochtene Nummer eins in der Parteienlandschaft zu werden. Das ist aber Voraussetzung, um in der Koalitionsfrage das Heft des Handelns in der Hand zu behalten. Zu wissen, wohin man will, ist auch geboten, um die richtigen Prioritäten in möglichen Koalitionsverhandlungen zu setzen. Für eine schwarz-gelbe Mehrheit wird es auf absehbare Zeit nicht mehr reichen. Eine Fortsetzung der Koalition mit der SPD scheidet schon aus arithmetischen Gründen aus, ganz abgesehen von der wachsenden gegenseitigen Aversion. Wenn man den Flirt mit der AfD ausschließt, bleiben der CDU als realistische Optionen für die kommende Bundestagswahl nur eine schwarz-grüne Mehrheit oder eine Jamaika-Koalition.

Ein Bündnis zwischen alter und neuer Mitte wäre nicht die schlechteste Konstellation für die Bundesrepublik. Das gilt für den überfälligen Brückenschlag zwischen Ökonomie und Ökologie, aber auch für die Europa- und Außenpolitik. CDU und Grünen kann man noch am ehesten zutrauen, die Westbindung Deutschlands auch in Zeiten transatlantischer Verwerfungen zu bewahren und kritische Distanz gegenüber Putins Sirenengesängen für eine erweiterte Eurasische

Union zu halten. In der Flüchtlings- und Migrationspolitik wären sie am ehesten in der Lage, einen tragfähigen Konsens jenseits von offenen Grenzen und Abschottung zu finden. Nicht zuletzt würde Schwarz-Grün die demokratische Mitte gegenüber den radikalen Rändern stärken. Genau darauf kommt es in Zeiten wachsender Unsicherheit und großer Veränderungen an.

So oder so kann sich die Union nicht über die Koalitionsfrage definieren. Sie muss wieder eine unverkennbare Kraft der Mitte werden, die konservative Werte mit der Moderne versöhnt. Sie muss eine Brücke zwischen dem Bedürfnis nach Sicherheit und der Offenheit für fundamentale Veränderungen schlagen, statt beides gegeneinander auszuspielen.[3] Und sie muss ein Konzept zur Erneuerung der Sozialen Marktwirtschaft vorlegen, das Antworten auf die digitale Revolution und den Klimawandel gibt. Viel Zeit bleibt ihr dafür nicht.

---

1 Siehe den gemeinsam von der Konrad-Adenauer-Stiftung und dem Zentrum Liberale Moderne herausgegebenen Sammelband »Soziale Marktwirtschaft ökologisch erneuern« (https://libmod.de/buch-von-libmod-und-kas-soziale-marktwirtschaft-oekologisch-erneuern/, Abruf: 16. Januar 2020).

2 Siehe https://de.statista.com/statistik/daten/studie/214482/umfrage/meinung-zur-gerechtigkeit-in-der-deutschen-gesellschaft/ (Abruf: 16. Januar 2020).

3 Siehe den Abschlussbericht der Kommission »Sicherheit im Wandel« (https://libmod.de/der-bericht-der-expertenkommission-sicherheit-im-wandel/, Abruf: 16. Januar 2020).

7   Plakat zu den Europawahlen 1979

Die CDU, Europa und die europäische Einigung: Motor der Multifunktionalität im Mehrebenensystem

Michael Gehler

Die Christlich Demokratische Union Deutschlands (CDU) und ihre Repräsentanten spielten in der Geschichte der europäischen Einigung eine bedeutsame Rolle,[1] sei es im Kontext der Entwicklung von der westeuropäischen Integration bis zur Europäischen Union (EU) (1950–1993), im Rahmen der gesamteuropäischen Vereinigung im Zuge des »Falls der Mauer« mit der sich vollziehenden EU-»Osterweiterung« (1993–2004/07) oder im Zeichen der schon mehr als ein Jahrzehnt anhaltenden Komplexitätskrise der EU (2007–2019).[2]

Diese Ausgangsthese gilt es auf verschiedenen Arbeitsebenen und unterschiedlichen Politikfeldern auszuführen sowie an konkreten Beispielen zu belegen. Dabei waren Parteiprogramme als Absichtserklärungen und Grundlagen für eine proaktive deutsche christlich-demokratische Europa- und Integrationspolitik nicht unwichtig, aber vielmehr noch herausragende Führungspersönlichkeiten wie Konrad Adenauer, Helmut Kohl und zuletzt Angela Merkel,[3] auf die auch einzugehen sein wird. Bei allem Konsens und aller Kontinuität der Europa- und Integrationspolitik der CDU und ihrer Repräsentanten blieben innerparteiliche und innenpolitische Auseinandersetzungen um den geeigneten

Kurs, die richtige Methode und die entsprechende Zielsetzung nicht aus. Spätestens seit den 1970er-Jahren gewann auch die christlich-demokratische transnationale Parteienkooperation in Europa an Bedeutung mit Blick auf Impulsgebung und Themensetzung für die Gemeinschaftsbildung, deren Wirkung auf die Dynamik der europäischen Integration nicht unterschätzt werden sollte.[4] Schließlich wird an drei Beispielen europäischer Institutionen wie der Kommission, dem Parlament und dem Gerichtshof die Präsenz und Wirkung der Aktivitäten deutscher Christdemokraten beleuchtet und zu guter Letzt als Fazit eine Zusammenfassung geboten, die auch eine quantifizierende Analyse enthält.

1. Parteipolitik und Programmatik

Deutliche Bezüge auf Europa hatte es in der Programmatik[5] bereits bei der nach Kriegsende neu konstituierten und interkonfessionell ausgerichteten christlich-demokratischen Partei Deutschlands gegeben – zu einer Zeit, als das institutionell vergemeinschaftete Europa noch gar nicht existierte. Weniger als ein Jahr nach der Kapitulation der deutschen Wehrmacht am 8. und 9. Mai 1945 wurde am 1. März 1946 ein Parteiprogramm in Neheim-Hüsten im westfälischen Sauerland beschlossen, in dem unter dem Stichwort »Verhältnis zu anderen Ländern« formuliert wurde:

»Das deutsche Volk hat trotz der Untaten des Nationalsozialismus einen Anspruch darauf, nicht allein nach dieser Epoche seiner Geschichte beurteilt zu werden. Außenpolitik wird Deutschland vorerst nur in beschränktem Umfange treiben können. Sein Ziel muss sein, an der friedlichen Zusammenarbeit der Völker in der Vereinigung der Nationen gleichberechtigt teilzunehmen. Die Lasten, die der verlorene Krieg Deutschland anderen Ländern gegenüber auferlegen wird, müssen so bemessen werden, dass Deutschland sie tragen und ihnen gerecht werden kann.«[6]

Die Parteiprogrammatik erinnerte damit implizit an die fatalen Auswirkungen und verhängnisvollen Folgen der europäischen Nachkriegsordnung von 1919/20, die unter dem Stichwort »Versailles« noch sehr präsent waren. Die Parteiführung setzte alles daran, die durch die Verbrechen der Nationalsozialisten entstandene internationale Isolation Deutschlands zu überwinden, um wieder zu einem geachteten Partner in der europäischen Staatengemeinschaft zu werden, wobei Adenauers Politik besonders darauf ausgerichtet war, nicht nur dem deutschen Nationalismus das Wasser abzugraben, sondern sich auch durch ein unmissverständliches Bekenntnis zum demokratischen Westen vom (Sowjet-)Kommunismus deutlich abzugrenzen, wofür er auch Unterstützung bei den westeuropäischen Partnern erhielt.[7] Aus dieser politischen Grundhaltung heraus folgte nach kurzzeitigen Überlegungen einer Neutralisierung Deutschlands (1946/47) die Fixierung einer eigenen Westintegrationsdoktrin für einen neuen deutschen Weststaat, der möglichst viel Eigenständigkeit erhalten sollte.[8]

Neben dem notwendigen Gedanken von der Gleichberechtigung der Nationalstaaten spielte schon sehr früh die für die westeuropäische Integration originelle Idee von der Wirtschaftskooperation eine Rolle. Drei Jahre nach Neheim-Hüsten wurde in den »Düsseldorfer Leitsätzen über Wirtschaftspolitik, Landwirtschaftspolitik, Sozialpolitik, Wohnungsbau« vom 15. Juli 1949 zum Programmteil der »Wirtschaftspolitik« der Grundsatz hinzugefügt, »durch die im Marshallplan gegebene Verzahnung der europäischen Volkswirtschaften« eine quasi »bessere gegenseitige Entsprechung der Produktivkräfte dieser Länder« zu erreichen und »durch die Güte wirtschaftlicher Verflechtung eine Erhöhung der Leistung aller« zu erzielen. Zur Verwirklichung der früh propagierten Sozialen Marktwirtschaft wurde unter anderem folgender Leitsatz aufgestellt: »Der Leistungswettbewerb ist gesetzlich sicherzustellen. Monopole und Träger marktwirtschaftlicher Macht sind einer institutionell verankerten, unabhängigen und nur dem Gesetz unterworfenen Monopolkontrolle zu unterstellen.«[9]

Ausgehend von den Düsseldorfer Leitsätzen galt: Deutschland sollte »als gleichberechtigter Partner in das Gesamtgefüge der europäischen Volkswirtschaften«[10] eingeordnet werden.

Mit dieser Feststellung war indirekt die Botschaft verbunden, sich von einem alten Europa, das mit Engstirnigkeit, Nationalismus und Krieg assoziiert wurde, ein für alle Mal zu lösen. Damit war auch eine gleichsam ewige Friedensverheißung verknüpft.

Ein Jahr nach Schaffung der Europäischen Gemeinschaft für Kohle und Stahl (EGKS) – der Pariser Vertrag der Montanunion war am 23. Juli 1952 in Kraft getreten – wurde im Rahmen des vierten CDU-Bundesparteitags vom 18. bis 22. April 1953 in Hamburg das neue Parteiprogramm unter dem Leitmotiv »Deutschland – sozialer Rechtsstaat im geeinten Europa« verabschiedet und herausgestellt, dass die CDU »Bestrebungen zur Einigung Europas von Anfang an mit allen Kräften unterstützt und ihnen eigene starke Impulse gegeben« habe: »Der Beitritt der Bundesregierung zum Europarat, die Gründung der Montanunion und die Annahme des Deutschland-Vertrages und des Vertrages über die Europäische Verteidigungsgemeinschaft waren die wichtigsten Stationen des von uns mit unbeirrbarer Entschlossenheit beschrittenen Weges.«[11]

Alle Nachfolger Adenauers im Amt des Bundeskanzlers kamen an dem fundamentalen wie zutiefst die zukünftige Deutschlandpolitik vorentscheidenden Projekt der Westintegration nicht vorbei, die auf indirektem und langfristig angedachtem Wege zur friedlichen Einigung mit dem östlichen Landesteil führen sollte. Die deutsch-französische Annäherung, die transatlantische Partnerschaft und die »Wiedergutmachung« gegenüber Israel blieben für alle deutschen Regierungspolitiker unabhängig von ihrer parteipolitischen Couleur Auftrag und Verantwortung zugleich.

Im Berliner Programm von 1968 sprach sich die Partei abermals für die politische Einigung des Kontinents aus, indem in der Präambel »ein vereintes Europa und eine Völkergemeinschaft, die den Frieden in der Welt sichert und dem Wohle und der Entwicklung der Völker dient«,[12] als maßgebliches Ziel festgehalten wurde. »Freiheit und Einheit für das ganze deutsche Volk« zu erringen sollte Aufgabe der deutschen Politik sein und dabei »das Selbstbestimmungsrecht für das deutsche Volk und die staatliche Einheit Deutschlands zusammen mit der Überwindung der Teilung Europas« angestrebt werden. Den Programmatikern war eines vollkommen bewusst: »Ein dauerhafter Frieden für Europa ist ohne die Lösung der deutschen Frage nicht möglich.« Dieser sollte »durch gegenseitigen Abbau der Spannungen vorbereitet werden«. Dem Ziel sollten auch »menschliche, kulturelle, wirtschaftliche und politische Beziehungen zur Sowjetunion und den Staaten und Völkern Ost- und Südosteuropas« dienen: »Wir wollen eine europäische Ordnung, die den Frieden garantiert.«[13]

Der durch die Westintegration der Bundesrepublik entscheidend geförderte Formationsprozess der westeuropäischen Integration (1950–1958) mit EGKS, der Europäischen Atomgemeinschaft (EURATOM), vor allem aber der Europäischen Wirtschaftsgemeinschaft (EWG), der mit der Teilung Deutschlands sowie Europas und ihrer indirekten Hinnahme als vorläufiger Konsequenz einherging, sollte laut CDU-Programmatik kein Dauerzustand sein. Jedenfalls verstand sich das von der in Sektoren geteilten ehemaligen Reichshauptstadt besonders beeinflusste Berliner Programm ganz im Interesse der Überwindung der Spaltung Deutschlands und damit auch des in scheinbare Ost-West-Blöcke aufgegliederten Europas. Klar war den Politikstrategen der CDU, dass ein dauerhafter Friedenszustand in Europa ohne die »Wiedervereinigung« Deutschlands nicht denkbar wäre. Ein diesbezügliches gesamtdeutsches Verantwortungsgefühl war stark vorhanden. Das galt für die führenden Vertreter der CDU wie auch die Parteibasis besonders in den 1950er- und 1960er-Jahren, während seit Mitte der 1970er-Jahre im Zeichen der Entspannungspolitik in der deutschen politischen Kultur ganz allgemein gesehen ein Zweistaatlichkeitsrealismus Platz zu greifen begann, ein allmähliches Leben mit dem deutsch-deutschen Status quo einsetzte und das Bonner Provisorium zu einem Dauerzustand zu werden schien. Helmut Kohl war *der* CDU-Spitzenpolitiker, der trotz Kritik bis in die 1980er-Jahre am Gedanken der Einheit der deutschen Nation glaubhaft festhielt und dies eben nicht nur als gebetsmühlenartig vorgetragenes Lippenbekenntnis verstand.[14]

Das CDU-Grundsatzprogramm von Ludwigshafen, das im Rahmen des 26. Bundesparteitags vom 23. bis 25. Oktober 1978 verabschiedet wurde, betonte wesentliche zusätzliche Eckpunkte zur bisherigen Programmatik: Das waren die Grundwerte und Prinzipien einer europäischen Wirtschaftsordnung, wobei »Gerechtigkeit«, »Freiheit« und »Solidarität«[15] als elementare Bestandteile der politischen und geistigen Kultur Europas im Sinne einer betont *west*europäischen Wertegemeinschaft verstanden wurden. Neben

Föderalismus war auch der Gedanke der Subsidiarität eines der zentralen Elemente für eine enger zu gestaltende Kooperation in Europa – auch im Zeichen der zwei Jahre zuvor 1976 in Luxemburg gegründeten Europäischen Volkspartei (EVP) aus Anlass der anstehenden ersten Direktwahlen zum Europäischen Parlament und aus dem Beweggrund heraus, im Vorfeld bereits alles zu tun, um die Chancen des christlich-demokratischen Lagers für diese Urnengänge möglichst optimal zu sichern.[16]

Unter der Rubrik »Deutschland in der Welt« wurden als Hauptziele ausgegeben: »Überwindung der Teilung Deutschlands, Einigung Europas, verantwortungsbewusste Mitarbeit im Atlantischen Bündnis und am Aufbau einer stabilen und menschenwürdigen internationalen Ordnung, die allen Menschen die Chance der Freiheit geben soll.« Das Stichwort »Europa« nahm im Ludwigshafener Programm wiederholt einen prominenten Platz ein. Unter anderem hieß es darin: »In Frieden wollen wir die Spaltung Europas und mit ihr die Teilung unseres Vaterlandes überwinden. (...) Unser Ziel ist die Herausbildung eines demokratischen europäischen Bundesstaates.«[17]

Im Zuge der deutschen Einigung 1989/90, der Erosion des real existierenden Sozialismus und seiner Staatenwelt im Nordosten, in der Mitte und im Osten sowie im Südosten Europas (1989–1991) sowie der Unterfertigung des Unionsvertrags von Maastricht am 7. Februar 1992 zielte die Programmatik der CDU nun darauf ab, die europäische Integration auszuweiten und unumkehrbar zu machen. Das bedeutete auch, die neuen und jungen Demokratien der nordost-, mittelost- und südosteuropäischen Staaten spätestens mittelfristig in die EU aufzunehmen. So wurde es im CDU-Grundsatzprogramm beim 5. Parteitag vom 21. bis 23. Februar 1994 in Hamburg fixiert.

Als wesentliche Basis für die innere wie wirtschaftliche Einigung Europas sollte die Einführung einer europäischen Einheitswährung dienen, die gleichzeitig Grundlage für eine europäische Sozialunion bilden könnte. Wieder rekurrierte man auf einen Ursprungsgedanken: Nur durch gleiche Wettbewerbsfähigkeit könne sich die EU im Zeichen der sich immer stärker manifestierenden Globalisierung behaupten und von ihr profitieren. So weit musste in Hamburg klar gewesen sein und damit auch eingeräumt werden, dass nun die Erweiterung vor der Vertiefung der Integration rangierte und damit das von Anfang an proklamierte Ziel der CDU-Parteiprogrammatik, einen europäischen Bundesstaat zu schaffen, das vor allem von Helmut Kohl aus der Oppositionszeit seit den 1970er-Jahren stammende Ziel,[18] in weite Ferne rückte – gerade angesichts der sich abzeichnenden EU-»Osterweiterung«, der größten Erweiterung in der Geschichte der Gemeinschaften.[19]

Trotz terminologischer Zwiespältigkeiten spricht laut Jürgen Elvert viel dafür, dass aufgrund der in den 1980er-Jahren weiterentwickelten Überlegungen zur politischen Endzweckbestimmung (*finalité politique*) des gemeinschaftlichen Europas Kohl an dem 1978 verabschiedeten Ludwigshafener CDU-Grundsatzprogramm festhielt, das als Ziel der Integration auch die Herausbildung eines demokratischen europäischen Bundesstaats genannt hatte. Auf dem Wiesbadener CDU-Parteitag von 1988 war die Bildung »Vereinigter Staaten von Europa« neuerlich zum Hauptziel christdemokratischer Europapolitik deklariert worden, das über den Ausbau der EG zu einer EU erreicht werden und auf den Pfeilern einer politischen, einer Sicherheits- sowie einer Wirtschafts- und Währungsunion aufgerichtet sein sollte. Diese Union sollte von einer demokratisch legitimierten europäischen Exekutive regiert werden, der ein mit umfassenden Kompetenzen ausgestattetes Europäisches Parlament gegenüberstehen müsste, wohingegen der Europäische Rat beziehungsweise der Ministerrat allmählich in eine zweite Kammer des Parlaments umzuwandeln wäre.[20]

Gegenüber Europaskeptikern in den Unionsparteien betonte Kohl auch noch Anfang der 1990er-Jahre, dass er für die EG eine bundesstaatliche Lösung vor Augen habe, relativierte aber schon gleichzeitig, dass diese nicht als Schaffung der »Vereinigten Staaten von Europa« misszuverstehen sei. Dabei zogen ein CDU-naher Intellektueller und ein namhafter Europaparlamentarier es schon vor, von »Europas vereinigten Staaten« als alternativer Bezeichnung zu sprechen.[21] Hanns Jürgen Küsters jedenfalls gibt zu bedenken, dass in der Erforschung der Europa- und Integrationspolitik von Kohl noch nicht das letzte Wort gesprochen sei.[22]

Das schon in der beginnenden Ära von Angela Merkel verabschiedete Grundsatzprogramm der CDU »Freiheit und Sicherheit. Grundsätze für Deutschland« auf dem 21. Parteitag in Hannover vom 3. bis 4. Dezember 2007 machte schon einleitend klar, dass mit der vollzogenen EU-»Osterweiterung« eine epochale Wende eingetreten war: »Deutschland ist zum ersten Mal in der Geschichte nur von Freunden und Partnern umgeben. Dazu haben unsere Freunde in Amerika und Europa einen wesentlichen Beitrag geleistet. Nie zuvor war der Traum der Gründungsväter Europas so greifbar nahe: ein Europa vereint in Frieden und Freiheit, wirtschaftlich stark, sozial und bereit, mehr Verantwortung in der Welt zu übernehmen.«[23]

Unter dem Motto »Deutschlands Chance Europa« machten die Hannoverschen Beschlüsse deutlich, dass die EU »im Interesse aller Mitgliedsstaaten und deren Bürger« im Sinne der »Stärke Europas« auch eine Gelegenheit für Deutschland sein würde, mit der »Vollendung der Einheit Europas«[24] das

Werk der politischen Einigung des Kontinents zu finalisieren.

Vom »europäischen Bundesstaat« als konkreter Zielvorstellung war expressis verbis nicht mehr die Rede. Nur einmal blitzte der Aspekt als Eigenschaftswort auf: »Der Nationalstaat wird sich wandeln, aber auf Dauer Bestand haben. Im Rahmen der ihr von den Mitgliedsstaaten zugewiesenen Kompetenzen arbeitet die Europäische Union nach bundesstaatlichen Prinzipien und Methoden.«[25]

Insidern war längst klar, dass die Idee des europäischen Bundesstaats in weite Ferne gerückt, wenn nicht völlig illusorisch geworden war.[26]

Angesichts der sich bereits ankündigenden Krisen außerhalb und innerhalb der EU mangelte es dem Hannoveraner Grundsatzprogramm an einer fest umrissenen Bestimmung und Vorstellung dessen, auf welches Ziel man sich bezüglich der weiteren Ausgestaltung der EU einlassen und wie sich die EU nach vollzogener »Osterweiterung« weiterentwickeln sollte. Deutlich wurde hingegen, dass »Freiheit« und »Sicherheit« genau in dieser und nicht in einer anderen Reihenfolge als prioritäre Grundsätze formuliert worden waren.[27]

Hintergrund dieser programmatischen Grundsätze waren die Erfahrungen mit dem 11. September 2001, dem Irakkrieg 2003 und dem gescheiterten EU-»Verfassungsvertrag« 2005. Die Beantwortung der Finalitätsfrage, also die Bestimmung des Endzwecks der EU, war in Hannover erneut vertagt worden. Dem international und global agierenden Terrorismus wurde zwar der Kampf angesagt, aber im Unterschied zu den USA ganz im aufklärerischen europäischen Geiste der Freiheit Vorrang vor der Sicherheit eingeräumt.

Bei aller Notwendigkeit des Studiums der verschriftlichten Grundsätze der CDU, die für ihre Darstellung nach außen wie auch für ihr Selbstverständnis nach innen bedeutsam gewesen sein mochten, hält Tim Geiger fest, dass die Programme für die Partei »nur eine marginale Rolle« spielten: »Die Union schöpfte ihre Programmatik primär aus der politischen Praxis.«[28] In welchem Maße dies für alle von der CDU geführten Regierungen und ihre Protagonisten über Adenauer und Erhard hinausgehend zutraf, bleibt noch weiteren Forschungen vorbehalten. Für die Ermittlung und das Verständnis des innerparteilichen Europa- und Integrationsdiskurses bleiben die Parteiprogramme jedenfalls aufschlussreiche und ergiebige Quellen.

2. Die europa- und integrationspolitische Rolle der CDU-Bundeskanzler/in

Es war nach Konstituierung der bundesdeutschen Regierung von Anfang an deren Ziel, für die Bundesrepublik im Verbund der westeuropäischen Partner eine gleichberechtigte Rolle zu erarbeiten. Bundeskanzler Adenauer (1949–1963) selbst war nach Gründung der Montanunion der erste Präsident des EGKS-Ministerrats, was bereits auf die prominente Position verwies, die die Bundesrepublik in der sich neu formierenden Gemeinschaft einnehmen sollte. Für Adenauer stand das Ziel fest: »Im Interesse des Friedens, im Interesse des Fortschritts müssen wir Europa schaffen, und wir werden es schaffen.«[29]

Für ihn wie für alle nachfolgenden Bundeskanzler, auch jene von der deutschen Sozialdemokratie, sollte immer klar sein, dass die deutsch-französische Verständigung bis hin zur Versöhnung eine grundlegende Frage für die Weiterentwicklung der europäischen Integration sein würde. So legte Adenauer großen Wert auf die Koordination gemeinsamer europäischer Politik mit allen französischen Regierungen, sei es mit dem Christdemokraten Robert Schuman vom Mouvement Républicain Populaire (MRP), Ministerpräsident (1947) und Außenminister (1948–1952), über Ministerpräsident Guy Mollet (1956–1957) von den Sozialisten bis hin zum nationalkonservativen Premier und Staatspräsidenten Charles de Gaulle (1958–1969). Das war ein wesentlicher Grundsatz der sehr pragmatischen lager- und parteiübergreifenden Europa- und Integrationspolitik Adenauers, der letztlich auch für die nachfolgenden Bundeskanzler Willy Brandt (1969–1974), Helmut Schmidt (1974–1982) und Gerhard Schröder (1998–2005) aus den Reihen der SPD gelten sollte, die mit den jeweiligen französischen Staatspräsidenten Georges Pompidou (1969–1974), Valéry Giscard d'Estaing (1974–1981) und Jacques Chirac (1995–2007) relativ bis sehr gut harmonierten. Allerdings war während der Zeit von Ludwig Erhard als Bundeskanzler (1963–1966) und Kurt Georg Kiesinger als Regierungschef (1966–1969) das deutsch-französische Einvernehmen nicht immer so ausgeprägt entwickelt wie zuvor unter Adenauer oder nachher unter Helmut Kohl und Angela Merkel. Die absolut herausragende europa- und integrationspolitische Rolle Kohls[30] schon vor seiner Kanzlerschaft ab 1982, die sich bereits seit seiner Wahl zum CDU-Vorsitzenden 1973 abzeichnete, ist in der von nationalen Paradigmen dominierten deutschen Geschichtsforschung einige Zeit unterbelichtet geblieben, aber inzwischen von ihr erkannt und unbestritten. Kohl prägte eine Ära, nicht nur in der deutschen, sondern auch in der europäischen Politik. Nach der vom ihm maßgeblich forcierten deutschen Einigung (1990),[31] die keine Risiken, aber auch keine Folgekosten für die Westdeutschen und Folgeschäden für die Ostdeutschen scheute, setzte er sich massiv für die Aufnahme der neutralen EFTA-Staaten Finnland, Österreich und Schweden in die EU (1995) ein und unterstützte die Aufnahme des Schengen-Rechtsbestands in den Amsterdamer Unionsvertrag (1997). Zuvor war er schon mit seinem Eintreten für den Unionsvertrag von Maastricht (1993) und seiner Bereitschaft zur Einführung einer Wirtschafts- und Währungsunion (WWU), die erst nach seiner Amtszeit (1999–2002) zustande kommen sollte, auf der europäischen Ebene neben Frankreichs Staatspräsident François Mitterrand (1981–1995) vor allem in der zweiten Hälfte der 1980er- und in den 1990er-Jahren der maßgebliche Akteur. Im letzten Jahr seiner Kanzlerschaft wurde Kohl im Rahmen der ersten österreichischen Ratspräsidentschaft der bis dato nur Jean Monnet verliehene Titel eines »Ehrenbürgers Europas« durch einstimmigen Beschluss der Staats- und Regierungschefs zuteil. Das ist ein bemerkenswerter Umstand, der in Deutschland wenig präsent ist, wo Kohl in erster Linie als »Kanzler der Einheit« geehrt wurde oder in negativer Erinnerung mit dem CDU-Parteispendenskandal (1999/2000) in Verbindung gebracht wird. Die feierliche Verleihung des Anerkennungstitels fand bei einem Treffen des Europäischen Rats in Wien am 11./12. Dezember 1998 statt.[32]

Als deutscher Oppositionspolitiker war Kohl schon im Rahmen der EVP seit Ende der 1970er-Jahre zum führenden christlich-demokratischen Politiker Europas aufgestiegen. Sein Durchbruch als führender Europapolitiker unter den Staats- und Regierungschefs begann mit der Einigung Deutschlands, als es ihm im Verbund mit Mitterrand und EG-Kommissionspräsident Jacques Delors 1990 gelingen sollte, in Kürze die DDR in die Europäischen Gemeinschaften einzugliedern.[33] Beim Gipfeltreffen der EVP im Vorfeld der Europäischen Ratstreffen gelang es Kohl immer wieder, Konsens herzustellen, entscheidende Vorabkompromisse zu schließen und wirksame Kooperation zu ermöglichen, wobei er auch das finanzielle Gewicht Deutschlands in die Waagschale zu werfen verstand.[34]

Die deutsche Bundeskanzlerin Angela Merkel (seit 2005) galt im Unterschied zu Helmut Kohl eher als Vernunft- denn als Herzenseuropäerin.[35] Ihre Europa- und Integrationspolitik wird man im Rückblick im Sinne einer ersten vorläufigen Bilanzierung in vier Phasen einteilen können:

(1) In den Jahren von 2005 bis 2007 gelang es ihr, gemeinsam im Verbund mit dem Regierungspartner SPD in der Großen Koalition unter Mithilfe von Außenminister Frank-Walter Steinmeier den durch negative Referenden in Frankreich und den Niederlanden im Jahre 2005 gescheiterten EU-»Verfassungsvertrag« im Kern zu bewahren und während der deutschen Ratspräsidentschaft (2007) im daraus erwachsenden Unionsvertrag von Lissabon, der schließlich 2009 in Kraft treten sollte, zu sichern.[36] Damit bewies Merkel bereits ausgesprochenes Talent im Umgang mit der Bewältigung von europa- und integrationspolitischen Krisen.

(2) In den Jahren von 2008/09 bis 2014/15 beeindruckte Merkels pragmatisches »Euro«-Krisenmanagement in Koordination mit dem ambitionierten französischen Staatspräsidenten Nicolas Sarkozy (2007–2012) und dem politisch weit schwächeren François Hollande (2012–2017). Der Bundeskanzlerin kam bei der Sicherung der Eurozone und der Wahrung des Zusammenhalts der EU gemeinsam mit EZB-Präsident Mario Draghi (2014–2019), den Staats- und Regierungschefs und dem Kommissionspräsidenten José Manuel Barroso (2004–2014) eine zentrale Rolle zu.[37]

(3) Im Zuge der »Flüchtlingskrise« des Jahres 2015 spielte Merkel eine zunehmend umstrittenere Rolle, indem sie zunächst auf einer gemeinsamen und partnerschaftlichen Aufnahme von Kontingenten der Zuwanderer aus den Kriegs- und Notstandsgebieten des Mittleren Ostens beharrte, was zum Einspruch und Widerstand Tschechiens, der Slowakei, aber auch Ungarns und Polens führen sollte – und die EU-

Mitglieder an den Rand einer politischen Spaltung brachte. Erst im Lauf der Jahre 2016/17 lenkte Merkel ein, versuchte jedoch in Folge nachdrücklich, teilweise aber vergeblich, den Zusammenhalt der europäischen Staats- und Regierungschefs, vor allem in der Frage der Migration, herzustellen.

(4) In den ausklingenden Jahren ihrer Kanzlerschaft (2017–2019) verabsäumte es die Bundeskanzlerin, auf diverse Vorschläge des französischen Staatspräsidenten Emmanuel Macron, beginnend mit seiner berühmten Sorbonne-Rede vom 26. September 2017, adäquate, konkrete, rechtzeitige und substanzielle Antworten zu geben.[38] Sie verpasste eine einmalige Gelegenheit, Seite an Seite mit Frankreich der erlahmten europäischen Integrationsdynamik neue gemeinsame Zielvorstellungen zu vermitteln und entsprechend konkrete Projekte voranzutreiben. Sie schwächte damit nicht nur die innenpolitische Position Macrons, der im Zuge wachsender innerfranzösischer Widerstände durch die monatelang anhaltende Streikbewegung der »Gelbwesten« in die Defensive geraten war, sondern erregte auch den Unmut Macrons gegenüber dem Spitzenkandidaten der EVP, Manfred Weber, für die anstehenden Wahlen zum Europäischen Parlament im Mai 2019 (siehe unten). Sie weckte mit ihrem Verhalten aber auch zunehmend die Kritik europapolitisch engagierter Kreise und Kräfte in der deutschen Öffentlichkeit wie in den eigenen Parteireihen.

Der mit Macron zuvor in Aachen am 22. Januar 2019 unterzeichnete deutsch-französische Freundschaftsvertrag in Ergänzung und Fortsetzung des Élysée-Vertrags vom 22. Januar 1963 zwischen Adenauer und de Gaulle erwies sich nur als ein kurzzeitiger Hoffnungsschimmer für die krisengebeutelte EU im Zeichen der anhaltenden »Brexit«-Debatte, denn das bilaterale Vertragswerk war rein auf Deutschland und Frankreich beschränkt[39] und vermochte in Folge keine stärkeren integrationspolitischen Impulse für die EU als Ganzes zu geben.

3. Innerparteiliche und innenpolitische Auseinandersetzungen

Bei aller Konsequenz und Überzeugung der Politik deutscher Christdemokraten in den grundsatzpolitischen Fragen der europäischen Einigung blieben dennoch Debatten um die Ausrichtung und die Prioritäten der europäischen Einigungsvorhaben, auch mit Blick auf die Rückwirkungen im Bereich der transatlantischen Beziehungen, nicht aus. Bereits während der Verhandlungen über die Montanunion und im Anschluss an den abgeschlossenen Vertrag über die Kohle- und Stahlintegration kam es unter deutschen Christdemokraten zur Austragung erheblicher Auffassungsunterschiede über die einzuschlagende Richtung. Sollte auf dem Weg der branchenspezifischen, das heißt sektoralen, oder einer gesamtwirtschaftlichen, vor allem horizontalen Integration vorangeschritten werden? Sollte im Sinne der Kontinuität der EGKS eine eher eng gehaltene kerneuropäische Zollunion gebildet werden, wie es mit der Europäischen Wirtschaftsgemeinschaft (EWG) gedacht war, oder darüber hinausgehend eine große europäische Freihandelszone (FHZ) aller OEEC-Staaten? Zwischen dem EWG- und dem FHZ-Projekt entbrannte ein Grundsatzkonflikt zwischen Adenauer und Wirtschaftsminister Erhard. Konrad Adenauer bevorzugte aus politischen Gründen den Schulterschluss mit Frankreich, um über die Wirtschaft eine dauerhafte politische Bindung mit Paris herzustellen und damit die deutsch-französische Erbfeindschaft ad acta zu legen.[40] Ludwig Erhard hatte bei diesem Projekt die weltweiten deutschen

Exportinteressen gefährdet gesehen und eine FHZ mit Großbritannien favorisiert.[41] Adenauer setzte zudem zuerst wie Jean Monnet[42] eher auf eine Atomgemeinschaft (EURATOM) mit Frankreich, bis er sich dann den Vorstellungen des Belgiers Paul-Henri Spaak, des Niederländers Jan Willem Beyen und des Franzosen Guy Mollet entsprechend für einen »Gemeinsamen Markt« und sodann für beide Projekte (EWG und EURATOM) aussprechen sollte.[43] In diesem Grundsatzkonflikt musste der deutsche Regierungschef von seiner Richtlinienkompetenz Gebrauch machen,[44] um sich gegen Erhard durchzusetzen, der bis zuletzt auch öffentlich die Römischen Verträge kritisiert hatte.[45] Das Projekt der FHZ sollte im Herbst 1958 scheitern, zumal schon zuvor die Römischen Verträge in Kraft getreten waren.[46]

Im Zeichen der Annäherung zwischen Adenauer und de Gaulle (1958–1962) und der enger werdenden deutsch-französischen Beziehungen zu Beginn der 1960er-Jahre entstand innerhalb der CDU ein Richtungsstreit in der Frage, ob man hinsichtlich der Außen-, Integrations- und Sicherheitspolitik eher auf die französische oder mehr auf die amerikanische Karte setzen sollte. Die Debatte um die französischen Fouchet-Pläne für eine Union der politischen Kooperation der EWG-Staaten (1961–1962) und die noch offenen britischen Beitrittsverhandlungen (1961–1962) spielten dabei auch eine Rolle.[47]

Es ging unter den deutschen Christdemokraten um einen doppelten Disput, nämlich um die Streitfrage zwischen den Unionsparteien innerhalb der gemeinsamen Bundestagsfraktion, aber auch in den Reihen der CDU, ob man einerseits mehr auf Frankreichs Führungsrolle unter Präsident Charles de Gaulle setzen sollte, unter der die deutsche Europapolitik eine Schrittmacherrolle einnehmen könnte, oder ob man mehr auf die US-amerikanischen Interessen unter den Präsidenten John F. Kennedy (1961–1963) und Lyndon B. Johnson (1963–1969) im Sinne der Sicherheitspolitik im NATO-Rahmen Rücksicht nehmen müsste. Das war der Streit zwischen »Atlantikern« und »Gaullisten«. Die Ersteren insistierten auf der Priorität deutscher Sicherheitspolitik und dem engen Bündnis mit den USA. Sie forderten eine Stärkung der supranationalen Strukturen der europäischen Institutionen und den britischen EWG-Beitritt, um über Großbritannien die EWG enger mit der NATO und den USA zu einer »atlantischen Gemeinschaft« zu verbinden. Gleichzeitig waren sie auch offen für eine beweglichere Haltung gegenüber den östlichen sozialistischen Staaten. Der Exponent der »Atlantiker« war Gerhard Schröder als Außenminister (1961–1966). Die Gaullisten wurden angeführt von Adenauer, der aber in seiner Position schwankte, und Franz Josef Strauß, dem CSU-Vorsitzenden (1961–1988) und Verteidigungsminister (1956–1962). Sie sahen durch die amerikanische Entspannungspolitik deutsche Sicherheitsinteressen gefährdet und wollten das deutsche Potenzial gegenüber den Vereinigten Staaten durch einen westeuropäischen Zusammenschluss, vor allem eine tiefer gehende deutsch-französische Kooperation, stärken. Dafür wollten sie auch ein Scheitern der britischen EWG-Beitrittsverhandlungen in Kauf nehmen. Im Bereich der Ostpolitik beharrten sie auf dem Alleinvertretungsanspruch der Bundesrepublik im Sinne der Hallstein-Doktrin, also der Nichtanerkennung der DDR. Im Bundestag waren die »Atlantiker« stärker vertreten, im Regierungslager hingegen mehr die »Gaullisten«. So wurde der deutsch-französische Vertrag vom 22. Januar erst am 16. Mai 1963 in Kraft gesetzt, nachdem ihm eine Präambel vorangestellt worden war, die die enge Partnerschaft der Bundesrepublik mit den USA, die Weiterentwicklung der EWG unter Einbeziehung des Vereinigten Königreichs und die Integration der NATO-Streitkräfte betonte. Mit diesen Bekräftigungen wurden wiederum alle vertraglichen Vorstellungen de Gaulles konterkariert. Der Kennedy-Besuch vom 23. bis 26. Juni 1963 in der Bundesrepublik, besonders in West-Berlin, stärkte die Position der »Atlantiker« in Adenauers Regierung. Der Streit eskalierte, als es um den Beitritt der Bundesrepublik zu dem zwischen den USA, Großbritannien und der Sowjetunion ausgehandelten Abkommen über das Verbot von Kernwaffenversuchen ging. Die französische Regierung lehnte den Beitritt ab, weil dieser die Entwicklung einer eigenen Atomstreitmacht verhindern würde. Führende CDU- und CSU-Politiker wie Franz Josef Strauß, der CSU-Abgeordnete Karl-Theodor Freiherr von und zu Guttenberg und Heinrich von Brentano, der ehemalige Außenminister (1955–1961), forderten, dass die Bundesrepublik dem französischen Beispiel folgen sollte. Gerhard Schröder sorgte sich, dass sich die Bundesrepublik außenpolitisch isolieren könnte, würde sie das Vorhaben, das Verhältnis zwischen West und Ost zu entspannen, nicht mittragen. Er setzte sich gegen Adenauer aufgrund der Mehrheit im Bundestag durch. Am 19. August 1963 trat die Bundesrepublik dem Atomteststopp-Vertrag bei. Nach dem Regierungswechsel von Adenauer zu Erhard im Oktober 1963 verschärfte sich der Streit im Regierungslager erneut. Gegen Schröders Außenpolitik trat eine in der CDU/CSU-Bundestagsfraktion formierte oppositionelle Gruppierung auf, die von Adenauer, der noch CDU-Vorsitzender war, sowie vom CSU-Parteivorsitzenden Strauß angeführt wurde. Als im Juli 1964 de Gaulle bei einem Arbeitsbesuch in Bonn überraschend einen Plan für eine politische Union Europas vorlegte, wobei diese um das deutsch-französische Bündnis aufgebaut sein und die proeuropäischen Kräfte bündeln sollte, vor allem auch hinsichtlich einer größeren Selbstständigkeit Europas gegenüber den Vereinigten

Staaten, behandelten Erhard und Schröder diesen Vorstoß dilatorisch und verwarfen ihn. Adenauer und Strauß griffen de Gaulles Vorschläge auf und kritisierten die Außenpolitik der Bundesregierung, worauf Erhard scharf replizierte: Eine engere deutsch-französische Union würde Misstrauen bei den kleineren EWG-Mitgliedern hervorrufen und weder die europäische Einigung noch die transatlantischen Beziehungen stärken, sondern eher unterlaufen.[48]

Der Streit zwischen »Atlantikern« und »Gaullisten« machte insgesamt betrachtet deutlich, dass sowohl das eine wie auch das andere Lager zur Kenntnis nehmen musste, dass in der bundesdeutschen Außenpolitik weder auf Frankreich noch auf die USA verzichtet werden konnte. Für die Europa- und Integrationspolitik war sowohl mit de Gaulle als auch mit Kennedy beziehungsweise Johnson kein größerer Durchbruch möglich. Weder der eine noch die anderen entsprachen den Bonner Erwartungen hinsichtlich der Weiterentwicklung von EWG/EG und NATO. Laut Tim Geiger zwang diese Erkenntnis zu einer Neupositionierung in der deutschen Europa- und Integrationspolitik. Der »jahrelange Diadochenkampf« um die Nachfolge Adenauers und der Streit um Richtungsfragen zwischen großeuropäisch-transatlantisch-westlicher oder abendländisch-kerneuropäisch-kontinentaler Europaorientierung kosteten die Partei viel Kraft.[49]

Weitere Streitpunkte ergaben sich bei der geplanten Einführung der Wirtschafts- und Währungsunion in der zweiten Hälfte der 1990er-Jahre. Es gab erhebliche Bedenken bezüglich der Vorbereitung der europäischen Einheitswährung. Diese bestanden zum Teil zwischen den beiden Koalitionspartnern CDU/CSU auf der einen und der in Opposition befindlichen SPD auf der anderen Seite, die erhebliche Schwierigkeiten bereiteten, vor allem aber auch innerhalb der Schwesterparteien in der Unionsfamilie. Während Bundeskanzler Helmut Kohl (1982–1998) das Projekt gemeinsam mit EG-Kommissionspräsident Jacques Delors (1985–1995) und Frankreichs Staatspräsident François Mitterrand (1981–1995) im Rahmen der deutschen Ratspräsidentschaft auf dem Gipfel in Hannover vom 27./28. Juni 1988 angestoßen hatte und gemeinsam mit Mitterrands Nachfolger Jacques Chirac (1995–2007) weiter forciert sehen wollte, war die CSU unter Edmund Stoiber, Bayerns Ministerpräsident (1993–2007), dem Vorhaben kritisch gegenübergestanden, während Theo Waigel (CSU) als Finanzminister (1989–1998) zwischen den »Fronten« stand. Kurt Biedenkopf (CDU), der sächsische Ministerpräsident (1990–2002), zeigte sich ebenfalls sehr skeptisch und opponierte. Von der Deutschen Bundesbank ließ Präsident Hans Tietmeyer (1993–1999) mitunter leise Vorbehalte in der Frage der Aufnahmekriterien für den Euro sowie gegen Methode und Tempo der Einführung des Euro durchblicken und signalisierte hinhaltenden Widerstand.[50] Auch aus Sorge, der Euro könnte in Deutschland aus innen- und parteipolitischen Gründen scheitern, trat Kohl nochmals zur Wahl 1998 an, um kraft seiner Politikerpersönlichkeit dieses Projekt ungefährdet durchzusetzen.[51]

Das Argument war nicht von der Hand zu weisen: Stoiber war als Gegner des Euro aufgetreten, und Biedenkopf hatte gegen die Einführung der dritten Stufe der WWU seinen Widerstand im Bundesrat am 28. April 1998 artikuliert und sich im Namen des Freistaats Sachsen der Stimme enthalten.[52] Niedersachsens Ministerpräsident Gerhard Schröder (1990–1998), SPD-Spitzenkandidat für den Bundestagswahlkampf, hatte sich nicht wenig abschätzig über den Euro und sehr kritisch über die Folgen einer Einführung geäußert.[53] Er ließ sich am 26. März 1998 in der »Bild«-Zeitung folgendermaßen vernehmen: »Die überhastete Währungsunion hat zu einer kränkelnden Frühgeburt geführt. (...) Der

Euro bringt keine blühenden Landschaften. Er kostet zunächst Arbeitsplätze.«[54]

Kohl verlor zwar die Bundestagswahl gegen Schröder, doch mit dem am 18. Juni 1997 beschlossenen Unionsvertrag von Amsterdam, der am 1. Mai 1999 in Kraft trat, wurde der Stabilitäts- und Wachstumspakt für die WWU gültiges EU-Recht.[55] Neben dem US-Dollar wurde der Euro am 1. Januar 1999 Buchgeld, relevante globale Reservewährung und ab dem 1. Januar 2002 zweitwichtigste Handelswährung der Welt.

In der Frage der Bewältigung der Banken-, Finanzmarkt- und Staatsverschuldungskrise ab 2007/08 sorgte die Politik der »Rettungsschirme« für Griechenland, Irland und Portugal, verkörpert und vertreten in Deutschland durch Angela Merkel, für weitere Konflikte innerhalb der CDU. Das Krisenmanagement der Kanzlerin stand teilweise im kritischen Fokus von Bundestagsabgeordneten wie zum Beispiel von Wolfgang Bosbach, aber auch seitens Wolfgang Schäubles, des Finanzministers (2009–2017), der im Unterschied zu Merkel für einen Ausschluss Griechenlands aus der Eurozone eingetreten war. Die Bundeskanzlerin plädierte hingegen für Athens Verbleib und machte wie früher Adenauer von ihrer Richtlinienkompetenz Gebrauch.[56] Innerparteilichen Rückhalt und innenpolitisches Verständnis konnte Merkel wiederum für ihre Politik der Konditionalität gewinnen, das heißt Sparmaßnahmen als Bedingung für die Gewährung von Rettungspaketen zu fordern und die Einführung von Eurobonds abzulehnen.[57]

Differenzen bestanden zwischen Merkel und Schäuble auch in der Frage der Einschaltung des Internationalen Währungsfonds zu Beginn der sich entwickelnden »Eurokrise«. Während Schäuble schon frühzeitig anstatt des IFW einen Europäischen Währungsfonds (EWF) in Vorschlag gebracht hatte, reagierte Merkel zögerlich.[58] Letztlich sollte Schäuble recht behalten, indem zunächst mit der Europäischen Fazilität zur Stabilisierung der Finanzen (EFSF), dann mit deren Nachfolger, dem Europäischen Stabilitätsmechanismus (ESM), vor allem aber der Kooperation der Europäischen Zentralbank (EZB) und der Kommission im praktischen Verbund miteinander gleichsam eine Art europäischer Währungsfonds (wenn auch noch nicht so bezeichnet) zustande kam und der IWF bei den jüngsten Stabilisierungsmaßnahmen der Eurozone als Faktor ausschied und außen vor blieb.

Ein höchst strittiges Thema für die Union war die Flüchtlingsfrage in Europa. Am 11. September 2015 verdeutlichte Merkel, dass das Grundrecht auf Asyl für politisch Verfolgte »keine Obergrenze« kenne. Ihre Position provozierte mehrfach Kritik nicht nur in den eigenen Parteireihen, sondern auch beim bayerischen Ministerpräsidenten (2008–2018) und CSU-Vorsitzenden (2008–2019) Horst Seehofer. Dieser forderte mehrfach eine Obergrenze für die Aufnahme von Flüchtlingen und setzte in Folge langen Ringens als seit 2018 amtierender Bundesinnenminister mit Behörden und Kanzlerin die Schaffung sogenannter Ankerzentren für Flüchtlinge durch. Als Seehofer Merkel auf dem CSU-Parteitag am 20./21. November 2015 in München öffentlich zu demütigen versuchte, bewahrte sie bei allem Unmut die Fassung. Auf dem Karlsruher CDU-Parteitag am 13. Dezember 2015 konnte ein Kompromiss gefunden werden: einerseits Obergrenzen konsequent abzulehnen, andererseits »die Zahl der Flüchtlinge spürbar zu reduzieren«. Der seit 2016 in aller Öffentlichkeit ausgetragene und anhaltende Streit unter den christlich-demokratischen Schwesterparteien bedeutete indirekte Wahlhilfe für die Alternative für Deutschland (AfD). Die Querelen zwischen CSU und CDU wirkten bei den Bundestagswahlen 2017 nach. Zwischenzeitlich wurde zwar der Dissens kaschiert. Kritisierte einst Seehofer Merkel mehrfach in der Flüchtlingsfrage, so hielt er sie vor den Wahlen wieder für die »beste Kandidatin«. Für viele Unionsanhänger war sein Verhalten nicht mehr nachvollziehbar. Sie wählten entweder ihre Partei trotz Merkel oder wanderten zur FDP oder AfD ab.[59] Ob die Bundeskanzlerin mit ihrer Politik die »progressive Mitte« halten konnte, erschien fraglich. Sie hatte aus der CDU eine Anti-Atom-, eine Griechenland-Rettungs- und eine Pro-Flüchtlinge-Partei gemacht und sich damit von der rechten Mitte schon in einem längeren Prozess abgesetzt.

Die mit den öffentlichen Ankündigungen und Ansprachen von Emmanuel Macron wieder auflebende Debatte über die mehr oder weniger fehlenden Zukunftsvorstellungen zur EU seitens der deutschen Bundeskanzlerin erzeugte Unmut. Während Schäuble mehrfach für eine verbesserte Verfassung Europas warb,[60] fragte man sich, welche konkrete Vision Merkel vom künftigen Europa habe. Ihre zögerliche Vorgehensweise durch ein vorsichtiges Herantasten an Lösungsversuche von politischen Problemen ließ kaum mehr Raum für die Beantwortung der Finalitätsfrage und Zukunft der EU. Merkel äußerte sich nur vage bezüglich der Bildung einer europäischen Armee, während die Verteidigungsministerin Ursula von der Leyen im Zusammenhang mit der »Ständigen Strukturierten Zusammenarbeit« (SSZ) oder »Permanent European Structural Cooperation« (PESCO) in der Detailmaterie gemeinsam mit ihren europäischen – vor allem den französischen – Amtskolleginnen intern nicht unmaßgebliche Vorarbeit mit Blick auf die Schaffung zukünftiger Verteidigungskomponenten in Brüssel leistete. Die Bemühungen zeigten bereits erste Erfolge: Die Außen- und Verteidigungsminister von fünfundzwanzig der achtundzwanzig EU-Staaten kommunizierten im November und Dezember 2017 dem Europäischen Rat, in der Verteidigung künftig gemeinsame Wege zu gehen,[61] während Großbritannien sowie die neutralen Staaten Malta und Zypern außen vor blieben.

4. Engagement in der transnationalen Parteienkooperation

Nach 1945 gab es eine Notwendigkeit für Begegnungen mit den vormaligen Gegnern sowie für neue Kontakte und organisierte Kooperation auf transnationaler Parteienebene. Dazu zählten die geheimen Begegnungen des »Genfer Kreises« (1947–1956) westeuropäischer Christdemokraten sowie die Kongresse der 1947 im belgischen Chaudfontaine gebildeten »Nouvelles Équipes Internationales« (NEI) und nach deren Umbenennung 1965 die »Europäische Union Christlicher Demokraten« (EUCD).[62]

Von Anfang an hatten deutsche Christdemokraten das Bedürfnis, in die genannten Plattformen aufgenommen zu werden und sich zu engagieren, zumal ihnen vor dem Hintergrund der deutschen Verbrechen im Krieg die Anerkennung und Rehabilitation Deutschlands echte Anliegen waren. Noch bevor die Bundesrepublik souverän wurde und sich europäischen Gemeinschaftsorganen anschließen konnte, partizipierten deutsche CDU-Politiker gemeinsam mit Vertretern der bayerischen CSU am Genfer Kreis und an den NEI, allen voran Konrad Adenauer als CDU-Vorsitzender in der britischen Besatzungszone und späterer Präsident des Parlamentarischen Rats oder Josef Müller und Fritz Schäffer von der CSU. Sie nutzten den Genfer Zirkel, um sich auszutauschen, zum Beispiel mit dem französischen Außen- und Premierminister (1949–1950) und Gründer des Mouvement Républicain Populaire (MRP) Georges Bidault oder dem italienischen Politiker der Democrazia Cristiana (DC) und späteren Leiter der Schuman-Plan-Verhandlungen Paolo Emilio Taviani. Ab der Regierungsübernahme 1949 spielten NEI und Genfer Kreis für Adenauer keine große Rolle mehr, gleichwohl er seine Vertrauten Herbert Blankenhorn, Otto Lenz oder Karl Graf von Spreti weiter zu diesen geheimen Treffen in die Schweiz entsandte, die bis Mitte der 1950er-Jahre auf informellem Wege Abstimmungen, Koordination und Kooperationen der christlich-demokratischen Politiker in Westeuropa ermöglichten. Den unliebsam gewordenen Jakob Kaiser, Minister für gesamtdeutsche Fragen (1949–1957), der für einen »dritten Weg« und ein neutrales Deutschland als Brücke zwischen Ost und West eingetreten war, schloss Adenauer von den Genfer Treffen aus.[63]

Die genannten Foren waren gleichwohl von ständigen Debatten gekennzeichnet, wie weit die Abstimmung in politischen wie weltanschaulichen Fragen beziehungsweise im gemeinsamen Vorgehen auf nationaler und internationaler Ebene gehen und wie weit die vorhandene Organisation gestärkt werden sollte. Das war besonders ein Anliegen der deutschen Vertreter, denen die NEI nicht straff genug organisiert war. In Folge intensivierte sich in den 1970er-Jahren die Kooperation. Deutsches christlich-demokratisches Engagement äußerte sich neben der EUCD in der schon erwähnten 1976 in Luxemburg gegründeten Europäischen Volkspartei (EVP) als Fraktion im Europäischen Parlament und in der zwei Jahre später auf Schloss Kleßheim bei Salzburg ins Leben gerufenen European Democrat Union (EDU), woran der Bundesparteiobmann der Österreichischen Volkspartei (ÖVP) Josef Taus,[64] aber auch Kohl und Strauß maßgeblich beteiligt waren.[65]

Von 1973 bis 1981 war der deutsche CDU-Politiker Kai-Uwe von Hassel Präsident der EUCD.[66] Als EUCD-Generalsekretäre fungierten ferner die deutschen Christdemokraten Thomas Jansen und Klaus Welle.[67]

Im Dezember 1978 zählten bereits siebzehn politische Parteien aus dreizehn europäischen Staaten zur EUCD, nämlich aus der Bundesrepublik Deutschland, Österreich, Italien, der Schweiz, Belgien, Luxemburg, Spanien, Portugal, Holland, Frankreich, San Marino, Irland und Malta. NEI und EUCD beriefen sich ausdrücklich auf christliche Grundsätze, sodass Parteien der bürgerlichen Mitte mit verwandter, aber eben nicht identischer Programmatik nicht beteiligt waren. Dies betraf Staaten mit anders gelagerter politischer Kultur und nur kleinen christlich deklarierten Parteien, wie Großbritannien und die skandinavischen Länder. Innerhalb der erwähnten Parteienkooperationen verlief eine Konfliktlinie zwischen christlich-sozial-linksliberalen und christdemokratisch-konservativen Parteien. Zur ersteren Gruppe zählten das französische Mouvement Républicain Populaire (MRP), die Parti Social-Chrétien (PSC) beziehungsweise die Christelijke Volkspartij (CVP) in Belgien, die niederländischen Katholieke Volkspartij (KVP) und die Democrazia Cristiana (DC) Italiens. Der zweiten Gruppe waren in erster Linie die Österreichische Volkspartei (ÖVP) und die CDU zusammen mit der CSU zuzurechnen. Hinzu kam, dass erstere Parteien mehr oder weniger für eine kerneuropäische Ausrichtung mit loser transnationaler Organisationsform eintraten, die sich nach den NEI in der EUCD eine Plattform zu schaffen suchte.[68]

CDU/CSU und ÖVP standen dagegen für eine große europäisch-konservative Ausrichtung, die in der 1978 begründeten EDU ein Äquivalent für die EVP im Europäischen Parlament und somit eine breitere Basis zu erlangen wünschte. Kohl und Strauß waren in der EDU auch präsent, um den Rahmen der europäischen Christdemokratie auszuweiten und ein breiteres Spektrum an Kooperation europäischer Parteien der konservativ-bürgerlichen Mitte inner- und außerhalb der EG zu schaffen. Das war vor allem im Vorfeld der ersten Direktwahlen zum Europäischen Parlament motivierend, die 1979 stattfanden. Die weltanschaulichen Differenzen zwischen Christdemokraten und Mitte-rechts-Parteien, vor allem der britischen Konservativen und französischen Neogaullisten, waren mit der transnationalen Doppelgleisigkeit EUCD/EDU allerdings nicht überbrückt. Das seit der Gründung der EDU mitunter auch als Dualismus zu bezeichnende Verhältnis bestand weiter, das sich mit der EVP noch zu einem trialistischen Konkurrenzverhältnis entwickelte, zumal die Nicht-EG-Staaten-Parteien nicht an ihr teilhaben konnten, aber in der EUCD und der EDU vertreten waren. Immer mehr europäische Parteien versuchten, das grundsätzliche Dilemma zwischen Christdemokraten und Konservativen im Rahmen der EVP als Fraktion im Europäischen Parlament zu überwinden, sodass für Neogaullisten und Tories die Tore geöffnet wurden und 1992 die Umbenennung in »Fraktion der Europäischen Volkspartei und Europäischer Demokraten« (EVP-ED) erfolgen konnte.[69]

Schon seit den 1960er- und 1970er-Jahren hatte man im Rahmen der EUCD, EVP und EDU begonnen, trotz organisatorischer Mehrgleisigkeiten zahlreiche politische Initiativen zu starten und integrationspolitische Zielvorgaben zu thematisieren, die bis dahin zunächst noch keine politische Aufmerksamkeit erregten oder wenig wirtschaftliche Relevanz erreichten. Das waren früh propagierte Anliegen wie die Fusion der Gemeinschaftsorgane, um zum Beispiel eine Kommission und ein Parlament für alle drei Gemeinschaften (EGKS, EWG, EURATOM) zu haben, die Forderung nach Direktwahlen zum Europäischen Parlament oder das Vorhaben einer WWU. Die genannten Themen wurden in den Jahren 1965–1967, 1977–1979 und 1988–1991 relevant. In den Ausschüssen und Kommissionen der transnationalen Formationen wurde auf breiter internationaler Ebene über Fragen der neuen Technologien wie auch der Umweltpolitik als gemeinsamer europäischer Domäne im globalen Wettbewerb beraten. Seit Ende der 1970er-Jahre unterstützte man die Gründung neu entstehender Demokratien in Südeuropa (Griechenland, Spanien und Portugal) und bekämpfte gleichzeitig im Osten Europas kommunistische und totalitäre Tendenzen. Dies geschah zu einer Zeit, als die Sozialistische Internationale (SI) noch weitgehend auf Anerkennung und Kooperation mit den realsozialistischen Staaten setzte. Die Mehrgleisigkeiten in der transnationalen Parteienkooperation konnten im Lauf der 1990er-Jahre überwunden werden, was durch Personalunionen geschah: Von 1983 bis 1994 wirkte Thomas Jansen sowohl als Generalsekretär der EVP wie auch der EUCD. Die vollständige Fusion der beiden Organisationen fand dann 1998 statt. Im Laufe der folgenden Jahre nahm die EDU weitere europäische Parteien auf, doch verlor sie gegenüber der EVP aufgrund der EU-Erweiterungen von 1995 und 2004 und des wachsenden politischen Gewichts des Europaparlaments zunehmend an Bedeutung. Im Oktober 2002 beendete die EDU ihre eigenständigen Aktivitäten.[70]

Auffallend ist, wie Wolfram Kaiser festgestellt hat, dass deutsche CDU-Politiker vor allem dann Aktivitäten in der Zusammenarbeit der transnationalen Parteiformationen in der EUCD, EDU oder EVP entfalteten, wenn sie nicht in Regierungsfunktion waren. So konnten sie in Zeiten der Opposition auf diese europäischen Netzwerke zugreifen, wichtige Informationen zur EG-Politik empfangen und über diesen Umweg andere christlich-demokratische Parteien, die in den Mitgliedsstaaten mitregierten, als ihre Verbündeten in Europa gewinnen und so gleichzeitig indirekt Einfluss auf das Gemeinschaftsgeschehen nehmen.[71]

5. Aktivitäten im entstehenden europäischen Parlamentarismus

Seit den 1950er-Jahren waren Vertreter der CDU in den parlamentarischen Gremien und Organen aktiv. Heinrich von Brentano, Vorsitzender der CDU/CSU-Bundestagsfraktion (1949–1955, 1961–1964), war Mitglied der Parlamentarischen Versammlung des Europarats (1950–1955) und deren Vizepräsident und gleichzeitig Abgeordneter in der »Gemeinsamen Versammlung« der Montanunion. Seit September 1952 war er auch als Präsident des Ausschusses zur Ausarbeitung eines Verfassungsentwurfs für eine Europäische Politische Gemeinschaft (EPG) von einer Ad-hoc-Versammlung bestimmt worden, die sich aus Abgeordneten der Gemeinsamen Versammlung der Montanunion, der EGKS und Mitgliedern der Beratenden Versammlung des Europarats konstituiert hatte. Nach dem Vorschlag Brentanos, der ganz auf der Linie Adenauers agierte, wäre eine politische Union der sechs Gründerstaaten der EGKS nicht nur realisierbar, sondern auch wünschenswert gewesen. Die CDU war mit Brentano als exponiertem Vor- und Wegbereiter der europäischen Integration[72] anderen westeuropäischen Parteien damit voraus. Von 1956 bis 1958 und noch einmal zwischen 1960 und 1962 stand der deutsche CDU-Politiker Hans Furler dem Europäischen Parlament vor, als es in den ersten entscheidenden Formationsprozessen um die Erweiterung der Montanunion zu einer Wirtschaftsgemeinschaft und um ihre Ausgestaltung ging.[73]

Von 1992 bis 1994, als die Vorbereitungen der WWU zum Thema wurden, war der CDU-Parlamentarier Egon Klepsch umsichtiger Präsident des Parlaments, wobei sich dieses im Zeichen des Unionsvertrags von Maastricht (1993) einen Kompetenzzugewinn nach dem anderen, vor allem auch durch Unterstützung der EVP-Fraktion, er-kämpfte.[74]

Hervorzuheben ist die Amtszeit von Hans-Gert Pöttering, der von 1979 an im Europäischen Parlament wirkte, und der als Vorsitzender der EVP-ED-Fraktion von 1999 bis 2007 und in den Jahren seiner Parlamentspräsidentschaft von 2007 bis 2009 sehr profiliert war. Insbesondere bei der Realisierung des Lissaboner Vertrags nach dem gescheiterten Verfassungsvertrag spielte er eine besonders aktive Rolle als Parlamentspräsident. Er setzte sich auch engagiert für die Schaffung eines Hauses der Europäischen Geschichte ein, welches am 6. Mai 2017 in Brüssel eröffnet werden konnte.[75]

Ferner ist anzuführen, dass vor Pöttering zwei Deutsche in entscheidenden Phasen der europäischen Integrationsgeschichte den Vorsitz der christlich-demokratischen beziehungsweise EVP-Fraktion im Europäischen Parlament innehatten, Hans August Lücker von 1969 bis 1975 sowie Egon Klepsch von 1977 bis 1982 und von 1984 bis 1992. Erwähnenswert ist auch, dass Elmar Brok, langjähriger EVP-Abgeordneter (1980–2019), unter anderem als Beobachter des Europäischen Parlaments bei den Reformkonferenzen und Vorsitzender der informellen EVP-ED-Gruppe im Verfassungskonvent (2002–2003) und als Brexit-Beauftragter der EVP (2016–2019) tätig war.[76]

An den Beispielen Furler, Klepsch und Pöttering lässt sich zeigen, dass deutsche Christdemokraten Parlamentspräsidenten waren, als die entscheidenden Weichenstellungen in der Geschichte der europäischen Integration erfolgten. Die starke personelle Kontinuität dieser Akteure an der Spitze des Europäischen Parlaments, die allesamt aus der CDU stammten, ist bemerkenswert. Mit dem EVP-Parlamentarier Manfred Weber wird womöglich ab 2022 erstmals auch ein bayerischer CSU-Politiker die Funktion eines europäischen Parlamentspräsidenten einnehmen.

Einer der besten Kenner der Geschichte der europäischen Volksparteien, Thomas Jansen, selbst Generalsekretär der EVP (1983–1994), benannte drei Gründe für die starke personelle Aktivität und Kontinuität der Europapolitik von deutschen Christdemokraten, vor allem aus den Reihen der CDU: die entschiedene proeuropäische Ausrichtung, die relativ geringen Konflikte in der EVP-Fraktion der 1970er- und 1980er-Jahre und die von beiden Schwesterparteien CDU/CSU gemeinsam geführten Bundesregierungen als Rückhalt und Unterstützer von Adenauer und Kohl bis zu Merkel, verbunden mit ihrer Bereitschaft, Einfluss geltend zu machen, um auf europäischer Bühne bei neuen integrationspolitischen Anliegen Führung zu übernehmen.[77]

Es ist nicht übertrieben, wenn der belgische Christdemokrat Wilfried Martens, Ministerpräsident seines Landes (1979–1981, 1981–1992) und Präsident der EVP (1990–2013), festgehalten hat, dass die EVP ohne die CDU nicht das wäre, was aus ihr geworden ist.[78] Eine eigene infrastrukturelle Grundlage für eine erfolgreiche deutsche Europa- und Integrationspolitik bildete die eigens für diesen Zweck geschaffene EVP-Zentrale in der Rue du Commerce unweit des Institutionenviertels in Brüssel, die, ausgestattet mit entsprechend personellen und finanziellen Ressourcen, einen großen Vorteil gegenüber anderen Parlamentsfraktionen hat. Um deren Aufbau und Ausgestaltung hat sich besonders Klaus Welle, vormals Abteilungsleiter für Europa- und Außenpolitik in der Bundesgeschäftsstelle der CDU (1991–1994), Generalsekretär der EVP und der EUCD (1994–1999) sowie der EVP-ED-Fraktion im Europäischen Parlament (1999–2003), sodann Generaldirektor in der Direktion Interne Politikbereiche im Europäischen Parlament (2004–2007) und zuletzt Generalsekretär der gleichnamigen Institution seit 2009,[79] sehr verdient gemacht. Mit dem Beispiel Welle wird verdeutlicht, dass es immer wieder strategische Köpfe hinter den Kulissen für eine erfolgreiche christlich-demokratische Politik in Europa brauchte.

6. Prägende Präsenz in der kommissarischen und richterlichen Verwaltung der Gemeinschaften

Die Kommission der Gemeinschaften ist das supranationale Herzstück der europäischen Institutionen. In diesem Rahmen kann es auch nicht verwundern, dass deutsche Christdemokraten ebenfalls sehr prominent vertreten waren. Herausragend war die Position des ersten Kommissionspräsidenten, die vom Juristen, Wirtschaftsprofessor und vormaligen Staatssekretär im Auswärtigen Amt, Walter Hallstein, in den Jahren von 1958 bis 1967 eingenommen wurde. Die deutschen christlich-demokratischen Repräsentanten in der Hohen Behörde der EGKS waren Franz Etzel (1952–1957), Fritz Hellwig (1959–1967) und Karl-Maria Hettlage (1962–1967). Die EWG-Kommissare aus dem Spektrum der Christdemokratie waren Hans von der Groeben, Fritz Hellwig, Karl-Heinz Narjes, Peter Schmidhuber und Günther Oettinger.[80] Zuletzt wurde mit der CDU-Politikerin Ursula von der Leyen zum ersten Mal eine Frau für das Amt der Kommissionspräsidentin von den Staats- und Regierungschefs vorgeschlagen und mit knapper Mehrheit vom Europäischen Parlament gewählt.

Walter Hallstein, zunächst parteilos und erst 1953 der CDU beigetreten, steht für die Gründergeneration der europäischen Gemeinschaften. Bereits durch seine Tätigkeit als deutscher Delegationsleiter der Verhandlungen zur Montanunion (1951–1952) und durch seine aktive Mitwirkung an den Konferenzen der EGKS-Staaten in Messina 1955 und Venedig 1956, die wegbereitend für die neuen Gemeinschaftsverträge wurden, ist er auf deutscher Seite als einer der führenden Akteure der Anfänge der westeuropäischen Integration zu nennen. Ohne sein Engagement wären EWG und EURATOM, kurz die Römischen Verträge vom 25. März 1957, wohl so nicht zustande gekommen. Als Kommissionspräsident war Hallstein trotz widerstrebender mitgliedsstaatlicher Interessen angestrengt bemüht, den Gemeinschaftsaufbau voranzutreiben und die Grundlagen für seine Vertiefung und Erweiterung zu schaffen, obwohl er mit seinen ambitionierten föderalistischen Zielsetzungen auf den zunehmend erbitterten Widerstand des französischen Staatspräsidenten stieß.[81] Für Hallstein blieben EGKS, EWG und EURATOM Ausdrucksformen eines unvollendeten Bundesstaats,[82] den er als langfristiges Ziel vor Augen hatte – ganz zum Missfallen von Charles de Gaulle, für den Hallstein ein »rotes Tuch« war. Dessen Möglichkeiten waren letztendlich begrenzt ab dem Zeitpunkt, als zwischen Adenauer und de Gaulle (1963) ein immer enger werdendes bilaterales Bündnis die europäischen Integrationsvorhaben zu überlagern begann. So wurde Hallstein völlig zu Unrecht zum »vergessenen Europäer« in Deutschland, nachdem er entnervt 1967 seinen Rückzug aus Brüssel angetreten hatte.[83]

In den Kommissionen Hallstein I und II war von der Groeben für Wettbewerbsfragen zuständig. In der nachfolgenden Kommission unter der Präsidentschaft von Jean Rey (1967–1970) wurde ihm dann das Ressort Binnenmarkt und Regionalpolitik als Kompetenzbereich übertragen. Von der Groeben machte es sich zu seiner wesentlichsten Aufgabe, die Wettbewerbsregeln zu realisieren und neben der Schaffung eines europäischen Kartellrechts auch die Rechtsangleichung zur Steuerharmonisierung mit der Einführung eines europäischen Mehrwertsteuersystems zu verbinden. Nach Kriegsende hatte er als Regierungsdirektor im Finanzministerium von Niedersachsen fungiert. Ludwig Erhard gewann ihn für das Bundeswirtschaftsministerium und übertrug ihm die Leitung der Unterabteilung »Schuman-Plan«. Seit 1953 vertrat von der Groeben als Ministerialdirigent die Bundesregierung im Koordinierungsausschuss der Montanunion. Er zählte neben Hallstein zu den Vätern der EWG. Nach seinem Ausscheiden aus der Kommission 1970 beriet er die CDU in Fragen der europäischen Politik und betätigte sich als Wissenschaftler und Publizist. 1987 erhielt er den Jean-Monnet-Preis der Johann-Wolfgang-von-Goethe-Stiftung in Basel.[84]

In der durch die Fusionsverträge von 1965 (in Kraft 1967) geschaffenen Übergangs-EG-Kommission wirkte Fritz Hellwig als vormaliges Mitglied der Hohen Behörde der EGKS (1959–1967) nun als einer der vier Vizepräsidenten (1967–1970) unter Kommissionspräsident Rey. Der gebürtige Saarländer Hellwig war Burschenschafter, Mitglied der NSDAP und der SA gewesen. Im Jahre 1947 trat er in die CDU ein und wurde noch im gleichen Jahr Mitglied des Wirtschaftspolitischen Ausschusses für das Rheinland. Er zählte zu den Mitautoren der Düsseldorfer Leitsätze der CDU von 1949 und wirkte als Geschäftsführender Direktor des Deutschen Industrieinstituts in Köln (1951–1959), des nachmaligen Instituts der deutschen Wirtschaft, Bundestagsabgeordneter (1953–1959) sowie als Vorsitzender des Deutschen Saarbundes. Hellwigs Analysen dienten als Korrektiv für Adenauers Saarpolitik, der einer »Europäisierung« das Wort redete und den Verlust des Saargebiets in Kauf nahm, wogegen sich Hellwig erfolgreich wandte, bis der Volksentscheid von 1955 die Rückgliederung an das Bundesgebiet ermöglichte. Von 1953 bis 1956 war Hellwig auch stellvertretender Delegierter für den Europarat und gehörte 1959 kurzzeitig dem Europäischen Parlament an. Er legte im gleichen Jahr sein Bundestagsmandat nieder, um Mitglied der Hohen Behörde der EGKS zu werden.[85]

Der erst 1967 der CDU beigetretene Karl-Heinz Narjes war von 1969 bis 1973 Minister für Wirtschaft und Verkehr des Landes Schleswig-Holstein. Von 1981 bis 1988 wirkte er als Kommissionsmitglied. Von 1981 bis 1984 war er unter Kommissionspräsident Gaston Thorn für Binnenmarkt, Zollunion, industrielle Innovation, Umwelt, Verbraucherfragen und nukleare Sicherheit zuständig. Narjes und sein Nachfolger, der Brite Sir Arthur Cockfield, gelten als Wegbereiter für die Wiederaufnahme des Projekts »Gemeinsamer Markt« aus den 1950er-Jahren, das dann unter dem Stichwort »Binnenmarkt« mit dem magischen Kürzel »EG 92« ab 1. Januar 1993 realisiert werden konnte. Von 1984 bis 1988 war Narjes Vizepräsident der EG-Kommission sowie für Industriepolitik, Forschung und Innovation zuständig. Seine Europa-Karriere ist jedoch weit früher anzusetzen: Narjes war 1955 als Attaché in den Dienst des Auswärtigen Amtes eingetreten, seit 1956 als stellvertretender Konsul am Generalkonsulat in Basel tätig und 1958 als Legationsrat zur Kommission in der EWG unter Hallstein bestellt worden. Seit 1963 arbeitete er als dessen Kabinettschef und nach Hallsteins Ausscheiden ab 1968 als Generaldirektor für Presse und Information der Kommission.[86]

Peter Schmidhuber von der bayerischen CSU, seit 1978 Staatsminister für Bundesangelegenheiten und Europafragen (1978–1987) in München, wurde als Kommissar (1987–1995) in alle Kommissionen Delors I–III berufen. Er war für Regionalpolitik, Haushalt und Finanzkontrolle zuständig. Zu den Aufgabenfeldern gehörten im Ressort der Regionalpolitik der Kohäsionsfonds, aber auch die Ausformung des Gedankens der Subsidiarität.[87]

Als weiterer deutscher Kommissar aus dem Lager der deutschen Christdemokraten nach Schmidhuber wirkte Günther Oettinger, vormaliger Ministerpräsident des Bundeslandes Baden-Württemberg (2005–2010), so als Kommissar für Energiewirtschaft in der Kommission Barroso II (2010–2014). Danach war er als EU-Kommissar für digitale Wirtschaft und Gesellschaft (2014–2016) tätig. Gegen Ende Oktober 2016 teilte EU-Kommissionspräsident Jean-Claude Juncker mit, dass Oettinger auch Kommissar für Finanzplanung und Haushalt (2017–2019) werde, da die Amtsinhaberin Kristalina Georgiewa zur Weltbank wechselte.[88] Für Oettinger stand außer Zweifel, dass die Kommission schon zu seiner Zeit auf dem Wege von der Geschäftsführung zu einer europäischen Regierung war.[89]

Nach den Europawahlen im Mai 2019 konnte Merkel den siegreichen Spitzenkandidaten der EVP, den bayerischen CSU-Politiker und Europaparlamentarier Manfred Weber, nicht gegen den französischen Widerstand als Kommissionspräsidenten durchsetzen, während mit Ursula von der Leyen als Kommissionspräsidentin und der IWF-Chefin Christine Lagarde als EZB-Präsidentin ein Kompromiss unter den Staats- und Regierungschefs gefunden werden konnte – ohne das allerdings unionsrechtlich nicht vorgesehene, aber im Vorfeld der Wahlen stark propagierte und von Klaus Welle entwickelte Spitzenkandidatenmodell zu respektieren, das viele Wählerinnen und Wähler motiviert hatte, zu den Urnen zu gehen. Beide Frauen hatten gar nicht für die Wahlen kandidiert. Macron hatte von der Leyen goutiert, weil er damit auch seine Kandidatin Lagarde vom IFW als neue EZB-Präsidentin durchbringen konnte, »seine« deutsche Kandidatin in der europäischen Verteidigungspolitik ambitioniert war und nicht zuletzt auch Französisch beherrscht. Macron und Merkel erwiesen sich bei ihrer dann im Konsens getroffenen Entscheidung nicht als supranationale Gemeinschaftseuropäer der europäischen Institutionen, sondern als intergouvernementale Unionseuropäer der Staats- und Regierungschefs. Von der Leyen wurde nach äußerst knapp ausgegangener Wahl durch das Europäische Parlament am 16. Juli 2019 mit nur neun Stimmen Mehrheit über dem erforderlichen Quorum (bei insgesamt 383 Ja-, 327 Neinstimmen, 22 Enthaltungen und einer ungültigen Stimme) die zweite deutsche EU-Kommissionsvorsitzende nach Walter Hallstein.[90]

Vor der Abstimmung über die Präsidentschaft der EU-Kommission hatte von der Leyen ihren Rücktritt als deutsche Verteidigungsministerin verkündet. Ihre Nachfolgerin wurde die CDU-Vorsitzende Annegret Kramp-Karrenbauer. Durch die Nichtberücksichtigung der bei der Europawahl aufgestellten Spitzenkandidaten Manfred Weber (CSU) und Frans Timmermans (PvdA/SPE) durch den Europäischen Rat infolge der Ablehnung des Ersteren durch den französischen Staatspräsidenten und des Letzteren durch die Regierungschefs mittelosteuropäischer Staaten wird nach Meinung von Beobachtern und Kommentatoren der Unmut der Wählerinnen und Wähler über die EU nicht abnehmen.

7. Zusammenfassung

Keine andere Partei des zunehmend integrierteren Westeuropas (1950–1993), des später vereinten und immer weiter vergemeinschafteten Europas (1993–2004/07) sowie der EU in Zeiten der »Polykrise« (Jean-Claude Juncker) (2007–2019) hat so kontinuierlich derartig großen Einfluss auf die Ausgestaltung der europäischen Einigung genommen wie die deutsche Christdemokratie.

Eine quantifizierende Analyse der in diesem Beitrag genannten zweiundvierzig europa- und integrationspolitisch
aktiv gewordenen deutschen Christdemokraten ergibt aufschlussreiche Befunde: Die Männer dominierten mit fast
100 Prozent nahezu völlig. Erst mit Merkel (2005) und zuletzt mit von der Leyen (2019) kamen zwei Frauen in Regierungsfunktion stark in Berührung mit der Europa- und Integrationspolitik. 50 Prozent der Akteure waren vor 1918
geboren und hatten somit zwei Weltkriege erlebt. 29 Prozent
waren vor dem Zweiten Weltkrieg geboren und hatten diesen noch bewusst oder am Rande sowie vor allem den Kalten Krieg, das heißt das geteilte Deutschland und das gespal-
tene Europa, besonders eindrücklich erfahren. 36 Prozent
der CDU-Europaexponenten waren in Grenz- und Nachbar-
schaftsregionen geboren und aufgewachsen (Elsaß-Lothrin-
gen, Hessen und Oberfranken an der innerdeutschen oder
nachbarschaftlichen Grenze im Rheinland, Saarland, Sude-
tenland oder in Baden-Württemberg), der Rest in Binnen-
räumen. 67 Prozent waren studierte Juristen und als Beamte
(17 Prozent) oder Politiker (60 Prozent) tätig geworden. Frei-
berufler machten 19 Prozent aus. 45 Prozent waren Mitbegründer der CDU in den Jahren 1945/46 beziehungsweise
in der unmittelbaren Entstehungs- und Formationsphase
des christlich-demokratischen Parteienspektrums, das heißt
Mitglieder in den Folgejahren von 1947 bis 1949 geworden.
Diese genannten Daten lassen – direkt oder indirekt – auch
Rückschlüsse auf das starke Europaengagement deutscher
Christdemokraten nach 1945 zu.

Anhand der aufgezeigten Aspekte und Befunde wird
deutlich, dass die CDU und ihre Mitglieder und Vertreter –
sowohl was die personelle als auch die strukturelle Ebene an-
ging – auf multifunktionelle Weise im dynamischen Mehrebenensystem der europäischen Einigungsprozesse agierten.

Inwieweit die CDU im Zeichen der Erosion der Volksparteien und der unübersehbaren Tendenzen der Renationalisierung in Europa nach wie vor eine tragende Rolle in der europäischen Einigung spielen kann, hängt nicht nur von der Parteiprogrammatik entwickelter und der Dynamik neuer Projekte, sondern ganz entscheidend auch von authentischen Politikerpersönlichkeiten ab. Wenn es um die Ausgestaltung der Bankenunion, einer zukünftigen Digitalunion, Energieunion und Verteidigungsunion geht, wird die deutsche Christdemokratie nicht im Abseits stehen. Die gleiche Frage stellt sich allerdings auch für eine Sozialunion. Es bedarf daher vor allem überzeugender Akteure, die in der Lage sind, visionäre Gemeinschaftsprojekte nicht nur zu artikulieren, sondern auch mehrheitsfähig zu machen und dabei den Willen zu demonstrieren, diese auch anzugehen und zu verwirklichen. Wieweit dem die Betonung nationaler Interessen entgegensteht und diese immer mehr überhandnehmen sowie von nationalistischen Parteien aufgegriffen und eingefordert werden und den Gemeinschaftsinteressen zuwiderlaufen, bleibt abzuwarten.

1 Kurt Beilken: Architekten und Baumeister des europäischen Hauses. Eine Dokumentation über das Wirken deutscher Christdemokraten für die Einheit Europas seit dem Ende des Zweiten Weltkrieges. Bonn 1993.

2 Michael Gehler: Europa. Ideen – Institutionen – Vereinigung – Zusammenhalt. Reinbek bei Hamburg 2018, komplett überarbeitete und erheblich erweiterte Neufassung der Version von 2010, S. 207–325, 382–535, 673–819.

3 Gisela Müller-Brandeck-Bocquet u.a.: Deutsche Europapolitik. Von Adenauer bis Merkel. Wiesbaden 2010.

4 Michael Gehler: From European Union of Christian Democrats (EUCD) to European People's Party (EPP): Limits of and Possibilities for a Project on Transnational Party Cooperation, in: Georg Kastner/Ursula Mindler/Helmut Wohnout (Hg.): Auf der Suche nach Identität. Festschrift für Dieter A. Binder. Wien/Münster 2015, S. 423–450; siehe auch die Einleitung von Michael Gehler/Mar-

cus Gonschor/Hinnerk Meyer: Von der Europäischen Union Christlicher Demokraten (EUCD), Europäischen Volkspartei und European Democrat Union (EDU) zu den ersten Direktwahlen zum Europäischen Parlament 1965–1979, in: Michael Gehler u.a. (Hg.): Transnationale Parteienkooperation der europäischen Christdemokraten und Konservativen 1965–1979. Coopération transnationale des partis démocrates-chrétiens et conservateurs en Europe. Documents 1965–1979, 2 Teilbände, Teilband 1. Berlin/Boston 2018, S. 1–64.

5 Zur Entwicklung der Europa-Konzeption und -Programmatik siehe Ulrich Lappenküper: Zwischen »Sammlungsbewegung« und »Volkspartei«. Die CDU 1945–1969, in: Michael Gehler/Wolfram Kaiser/Helmut Wohnout (Hg.): Christdemokratie in Europa im 20. Jahrhundert/Christian Democracy in 20th Century Europe/La Démocratie Chrétienne en Europe au XXe siècle. Wien u.a. 2001, S. 385–398, 390–395.

6 http://www.kas.de/upload/ACDP/CDU/Programme_Beschluesse/1946_Parteiprogramm-von-Neheim-Huesten.pdf, Abruf: 30. August 2019.

7 Siehe hierzu auch Hans-Peter Schwarz: Adenauer und Europa, in: Vierteljahrshefte für Zeitgeschichte 27 (1979), S. 471–523; Konrad Kraske: »Der Kanzler legte sehr großen Wert darauf, diese Kontakte zu pflegen: ›Herr Kraske, verjessen Se nie, was die Leute für uns jetan haben in den ersten Jahren nach'm Krieg!‹«, in: Michael Gehler u.a. (Hg.): Mitgestalter Europas. Transnationalismus und Parteiennetzwerke europäischer Christdemokraten und Konservativer in historischer Erfahrung. St. Augustin/Berlin 2013, S. 29–53, 39–40.

8 Michael Gehler/Hinnerk Meyer: Konrad Adenauer: Europa und die Westintegration der Bundesrepublik im Kontext von privaten und persönlichen Netzwerken, in: Hanns Jürgen Küsters (Hg.): Deutsche Europapolitik Christlicher Demokraten. Von Konrad Adenauer bis Angela Merkel (1945–2013). Düsseldorf 2014, S. 117–156, 120–122.

9 http://www.kas.de/upload/ACDP/CDU/Programme_Bundestag/1949_Duesseldorfer-Leitsaetze.pdf, Abruf: 30. August 2019.

10 Ebd.

11 http://www.kas.de/upload/ACDP/CDU/Programme_Bundestag/1953_Hamburger-Programm.pdf, Abruf: 30. August 2019.

12 http://www.kas.de/upload/ACDP/CDU/Programme_Beschluesse/1968_Berliner-Programm.pdf, Abruf: 30. August 2019.

13 Alle Zitate aus ebd.

14 Zu Kohl und seiner Rolle im deutsch-deutschen Einigungsprozess wie zur komplizierten Ausgangslage siehe Hans Jürgen Küsters: Helmut Kohl, die CDU und die Wiederherstellung der deutschen Einheit, in: Michael Gehler/Maximilian Graf (Hg.): Europa und die deutsche Einheit. Beobachtungen, Entscheidungen und Folgen. Göttingen 2017, S. 27–42, 27–30; sowie zu den Grundüberzeugungen Kohls siehe ders.: Helmut Kohl: Architekt der europäischen Einigung? Betrachtungen zur Erforschung seiner Europapolitik, in: Mareike König/Matthias Schulz (Hg.): Die Bundesrepublik Deutschland und die europäische Einigung 1949–2000. Politische Akteure, gesellschaftliche Kräfte und internationale Erfahrun-

gen. Festschrift für Wolf D. Gruner zum 60. Geburtstag. Stuttgart 2004, S. 221–237, 224–226.

15 http://www.kas.de/upload/ACDP/CDU/Programme_Beschluesse/1978_Grundsatzprogramm_Ludwigshafen.pdf, Abruf: 30. August 2019.

16 Thomas Jansen/Steven van Hecke: At Europe's Service. The Origins and Evolution of the European People's Party. Dordrecht/Wiesbaden 2011.

17 http://www.kas.de/upload/ACDP/CDU/Programme_Beschluesse/1978_Grundsatzprogramm_Ludwigshafen.pdf, Abruf: 30. August 2019.

18 Hanns Jürgen Küsters: Helmut Kohl: Architekt der europäischen Einigung?, S. 224–226.

19 http://www.kas.de/upload/ACDP/CDU/Programme_Beschluesse/1994_Grundsatzprogramm_Hamburg.pdf, Abruf: 30. August 2019.

20 Jürgen Elvert: Helmut Kohl und die europäische Integration 1982–1992, in: Die Politische Meinung 485 (April 2010), S. 37–42, 29.

21 Frankfurter Rundschau, 28. Oktober 1992: Wirtschaftswoche, 15. Oktober 1993. Bemerkenswert ist der Umstand, dass der Politikwissenschaftler Ludger Kühnhardt und der Europarlamentarier Hans-Gert Pöttering zuvor schon ein Buch mit dem Titel: Europas vereinigte Staaten. Annäherungen an Werte und Ziele. Texte und Thesen. Zürich/Osnabrück 1991, veröffentlichten.

22 Küsters: Kohl: Architekt der europäischen Einigung?, S. 237.

23 http://www.kas.de/upload/ACDP/CDU/Programme_Beschluesse/2007_Hannover_Freiheit-und-Sicherheit.pdf (Abruf: 30. August 2019).

24 Ebd.

25 Ebd.

26 Peter Radunski: »Ich bin heute ein radikal Gewendeter und sage, dass die EU eine Staatengemeinschaft sein kann, einen Bundesstaat wird es aber nicht geben«, in: Gehler u.a. (Hg.): Mitgestalter Europas, S. 93–148, hier 95f.

27 http://www.kas.de/upload/ACDP/CDU/Programme_Beschluesse/2007_Hannover_Freiheit-und-Sicherheit.pdf (Abruf: 30. August 2019).

28 Tim Geiger: Der Streit um die deutsche Europapolitik in den 1960er Jahren, in: Küsters (Hg.): Deutsche Europapolitik Christlicher Demokraten, S. 331–362, hier 361.

29 Rede Adenauers bei der ersten Sitzung des Ministerrats der Europäischen Gemeinschaft für Kohle und Stahl in Luxemburg, 8. September 1952 (https://www.konrad-adenauer.de/quellen/reden/1952-09-08-rede-egks, Abruf: 30. August 2019).

30 Elvert: Kohl, S. 37–42.

31 Hanns Jürgen Küsters: Das Ringen um die deutsche Einheit. Die Regierung Helmut Kohl im Brennpunkt der Entscheidungen 1989/90. Freiburg u.a. 2009.

32 Siehe https://www.kas.de/web/geschichte-der-cdu/kalender/kalender-detail/-/content/die-staats-und-regierungschefs-der-eu-beschlie-en-die-auszeichnung-helmut-kohls-als-ehrenburger-europas (Abruf: 30. August 2019).

33 Michael Gehler: Von der Befürwortung zur Verzögerung und Verhinderung: Österreichs EG-Antragsgesuch, die Bundesrepublik und die Annäherungen der DDR an die Europäischen Gemeinschaften 1989–1990, in: Ders./Maximi-

lian Graf (Hg.): Europa und die deutsche Einheit. Beobachtungen, Entscheidungen und Folgen. Göttingen 2017, S. 295–347, 559.

34 Hans-Peter Schwarz: Helmut Kohl. Eine politische Biographie. München 2014, S. 619–855; Hanns Jürgen Küsters: Helmut Kohl und der Europäische Rat, in: Ders. (Hg.): Deutsche Europapolitik Christlicher Demokraten, S. 179–201; siehe auch Henning Köhler: Helmut Kohl. Ein Leben für die Politik. Köln 2014.

35 Gerd Langguth: Die Europapolitik Angela Merkels, in: Küsters (Hg.): Deutsche Europapolitik Christlicher Demokraten, S. 271–293.

36 Gehler: Europa, S. 515–535.

37 Ebd., S. 673–701.

38 Michael Gehler: Vom Krisenmanager zur lahmen Ente Europas? Die Berliner Republik am Scheideweg, in: Europäische Rundschau 47 (2019), Heft 1, S. 61–66.

39 Michael Gehler: Ein verheißungsvoller Neustart für Europa? In Aachen soll am 22. Jänner ein neuer deutsch-französischer Vertrag unterzeichnet werden. Es kann ein Hoffnungsschimmer sein – wenn man genügend andere Staaten einbindet (Gastkommentar), in: Wiener Zeitung, 18. Januar 2019.

40 Hanns Jürgen Küsters: Die Gründung der europäischen Wirtschaftsgemeinschaft. Baden-Baden 1983, S. 79–88, bezüglich Adenauer: S. 39–42, 225–227, 319–325, 422–424; Ders.: The origins of the EEC Treaty, in: Enrico Serra (Hg.): Il Rilancio dell'Europa e i trattati di Roma/La Relance Européenne et les Traités de Rome/The Relaunching of Europe and the Treaties of Rome, Actes du colloque de Rome 25–28 mars 1987 (Groupe de liaison des historiens auprès des communautés/European Community Liaison Committee of Historians 3). Bruxelles u.a 1989, S. 211–238.

41 Horst Friedrich Wünsche: Wirtschaftliche Interessen und Prioritäten. Die Europavorstellungen von Ludwig Erhard, in: Rudolf Hrbek/Volker Schwarz (Hg.): 40 Jahre Römische Verträge: Der deutsche Beitrag. Dokumentation der Konferenz anläßlich des 90. Geburtstages von Dr. h.c. Hans von der Groeben. Baden-Baden 1998, S. 36–49.

42 Gérard Bossuat: Face à l'histoire. Les décideurs politiques français et la naissance des traités de Rome, in: Michael Gehler (Hg.) (unter Mitarbeit von Andreas Pudlat): Vom gemeinsamen Markt zur europäischen Unionsbildung. 50 Jahre Römische Verträge 1957–2007. From Common Market to European Union Building. 50 years of the Rome Treaties 1957–2007. Vienna u.a. 2009, S. 147–168, hier 149–155, 167–168; Laurent Warlouzet: France and the Treaty of Rome. Negotiation and implementation (1956–1974), in: ebd., S. 541–555.

43 Hanns Jürgen Küsters: Adenauers Europapolitik in der Gründungsphase der Europäischen Wirtschaftsgemeinschaft, in: Vierteljahrshefte für Zeitgeschichte 31 (1983), S. 646–673.

44 Ders.: Der Streit um Kompetenzen und Konzeptionen deutscher Europapolitik 1949–1958, in: Ludolf Herbst/Werner Bührer/Hanno Sowade (Hg): Vom Marshallplan zur EWG. Die Eingliederung der Bundesrepublik Deutschland in die westliche Welt. München 1990, S. 335–370, 355–368.

45 Mathieu Segers: Der Streit um die deutsche Europapolitik in den 1950er Jahren, in: Küsters (Hg.): Deutsche Europapolitik Christlicher Demokraten, S. 295–350, hier 314–326.

46 Michael Gehler: Das Scheitern der Großen Freihandelszone 1958 und die Gründung der EFTA 1959/60, in: Ders. (Hg.): Vom gemeinsamen Markt zur europäischen Unionsbildung, S. 243–282.

47 Gabriele Clemens: »A delicate matter«. Großbritannien und die Fouchet-Verhandlungen 1960–1962, in: Journal of European Integration History 11 (2005), S. 103–124.

48 Tim Geiger: Atlantiker gegen Gaullisten. Außenpolitischer Konflikt und innerparteilicher Machtkampf in der CDU/CSU 1958–1969. München 2008.

49 Geiger: Der Streit, S. 361–362.

50 Siehe neuerdings Joachim Algermissen: Hans Tietmeyer: Ein Leben für ein stabiles Deutschland und ein dynamisches Europa. Tübingen 2019, S. 332–420.

51 Siehe zur Aufgabe der DM Jens Peter Paul: Zwangsumtausch. Wie Kohl und Lafontaine die D-Mark abschafften. Frankfurt a. M. 2010; und zum dramatischen Ringen um die Euro-Einführung das Kapitel in Schwarz: Helmut Kohl, S. 797–855, hier 800–819; Wilfried Loth: Helmut Kohl und die Währungsunion, in: Vierteljahrshefte für Zeitgeschichte 61 (2013), S. 455–480.

52 Rede im Bundesrat zur Begründung der sächsischen Enthaltung, 28. April 1998, in: Kurt Biedenkopf: Der Weg zum Euro. Stationen einer verpassten Chance. Ausgewählte Aufzeichnungen. Berlin 2012, S. 99–108.

53 https://www.tagesspiegel.de/wirtschaft/keine-liebesbeziehung-schroeder-und-der-euro/68202.html (Abruf: 30. August 2019).

54 Siehe daneben auch viele andere Euro-Zitate unter http://www.eu-info.de/dpa-europaticker/133204.html (Abruf: 30. August 2019).

55 Hans Tietmeyer: Herausforderung Euro. Wie es zum Euro kam und was er für Deutschlands Zukunft bedeutet. München 2004, S. 228–242.

56 Langguth: Die Europapolitik Angela Merkels, S. 276–283; Gehler: Europa, S. 694–697.

57 Ebd., S. 681, 684–685.

58 Langguth: Die Europapolitik Angela Merkels, S. 276–277, 287–289.

59 Michael Gehler: Stabilität nach dem Erdbeben? Gastkommentar: Deutschland ist ein gespaltenes Land – das hat die jüngste Bundestagswahl deutlich gemacht, in: Wiener Zeitung, 3. Oktober 2017.

60 Siehe z.B. Hinweise in: Gehler: Europa, S. 875–876.

61 http://www.politische-union.de/euv07/euv-p1a.htm (Abruf: 31. August 2019).

62 Siehe die Dokumente der Edition von Michael Gehler/Wolfram Kaiser (Hg.): Transnationale Parteienkooperation der europäischen Christdemokraten: Dokumente 1945–1965/Coopération transnationale des partis démocrates-chrétiens en Europe: Documents 1945–1965. München 2004.

63 Michael Gehler: Der »Genfer Kreis«: Christdemokratische Parteienkooperation und Vertrauensbildung im Zeichen der deutsch-französischen Annäherung 1947–1955, in: Zeitschrift für Geschichtswissenschaft 49 (2001), S. 599–625; Ders./Wolfram Kaiser: Transnationalism and early European integration: the

Nouvelles Equipes Internationales and the Geneva Circle, 1947–1957, in: Historical Journal 44 (2001), S. 773–798.

64 Josef Taus: »Für die Österreichische Volkspartei war die Gründung der EVP eine Niederlage«, in: Gehler u.a. (Hg.): Mitgestalter Europas, S. 55–67, hier 66.

65 Siehe die zahlreichen Dokumente zu CDU-Aktivitäten in der Edition von Michael Gehler u.a. (Hg.): Transnationale Parteienkooperation der europäischen Christdemokraten und Konservativen 1965–1979. Coopération transnationale des partis démocrates-chrétiens et conservateurs en Europe. Documents 1965–1979, 2 Teilbände, Teilband I. Berlin/Boston 2018; Dies. (Hg.): Mitgestalter Europas.

66 Mark Speich: Kai-Uwe von Hassel. Eine politische Biographie. Diss. Universität Bonn 2001; Volker Koop: Kai-Uwe von Hassel. Eine politische Biographie. Köln u.a. 2007.

67 https://www.kas.de/web/geschichte-der-cdu/europaeische-union-christlicher-demokraten-eucd- (Abruf: 30. August 2019).

68 Michael Gehler/Wolfram Kaiser: Transnationale Parteienkooperation der europäischen Christdemokraten: Nouvelles Equipes Internationales und Genfer Kreis 1947 bis 1965, in: Helmut Wohnout (Hg.): Demokratie und Geschichte. Jahrbuch des Karl von Vogelsang-Instituts zur Erforschung der Geschichte der christlichen Demokratie in Osterreich 4. Wien u.a. 2000, S. 105–135.

69 Torsten Oppelland: Das Parteiensystem der Europäischen Union, in: Oskar Niedermayer/Richard Stöss/Melanie Haas (Hg.): Parteiensysteme in Westeuropa. Stabilität und Wandel. Wiesbaden 2006, S. 455–475, hier 460.

70 Diether A. Schmidt:»Die Auflösung der EDU hat die bi- und multilateralen Beziehungen zwischen christdemokratischen und konservativen Parteien in Europa empfindlich beeinträchtigt«, in: Gehler u.a. (Hg.): Mitgestalter Europas, S. 427–442, hier 432.

71 Zu den Grenzen und Möglichkeiten: Wolfram Kaiser: Deutsche Christliche Demokraten in der transnationalen Parteienkooperation: Konstitutionalisierung, Erweiterung und Programmatik, in: Küsters: Deutsche Europapolitik Christlicher Demokraten, S. 25–47, hier 46–47.

72 Roland Koch/Frank-Lothar Kroll: Heinrich von Brentano. Ein Wegbereiter der europäischen Integration. München 2004.

73 Hans Furler: Reden und Aufsätze 1953–1957. Oberkirch 1958; Ders.: Im neuen Europa. Erlebnisse und Erfahrungen im Europäischen Parlament. Frankfurt a. M. 1963.

74 Thomas Jansen: Deutsche Christliche Demokraten im Europäischen Parlament, in: Küsters (Hg.): Deutsche Europapolitik Christlicher Demokraten, S. 49–87, hier 67–74.

75 Ebd., S. 78–86; Hans-Gert Pöttering: Wir sind zu unserem Glück vereint. Mein europäischer Weg. Köln u.a., 2. durchgesehene und aktualisierte Auflage 2016.

76 Siehe auch Karl Josef Hahn: Die christliche Demokratie in Europa und die Europäische Volkspartei. Mit Mitwirkung von Friedrich Fugmann. Rom 1979; Hans August Lücker: Christliche Demokraten bauen Europa. Bonn 1987; Günter Rinsche: Die Bedeutung christlicher Demokraten für die Entwicklung Europas, in:

Wolfram Hilz u.a. (Hg.): Auf dem Weg zu mehr Demokratie und Bürgernähe. Europas Zukunft nach dem Lissabonner Vertrag. Sankt Augustin/Berlin 2009, S. 129–142; Pascal Fontaine: Herzenssache Europa. Eine Zeitreise 1953–2009. Geschichte der Fraktion der Christdemokraten und der Europäischen Volkspartei im Europäischen Parlament. Brüssel 2009; zu Brok siehe Jansen: Deutsche Christliche Demokraten im Europäischen Parlament, S. 74–77.

77 Ebd., S. 86–87.
78 Wilfried Martens: »Without the CDU the EPP would not be what the party is today«, in: Gehler u.a. (Hg.): Mitgestalter Europas, S. 621–646, hier 638, 641.
79 Zu den Funktionen und zum Lebenslauf von Klaus Welle siehe https://www.europarl.europa.eu/the-secretary-general/de/biography-and-responsibilities (Abruf: 30. August 2019).
80 Burkard Steppacher: Deutsche Christliche Demokraten in der Europäischen Kommission und ihr Wirken in politischen Netzwerken, in: Küsters (Hg.): Deutsche Europapolitik Christlicher Demokraten, S. 89–116, hier 94–98.
81 Matthias Schönwald: Walter Hallstein and the »Empty chair« Crisis 1965/66, in: Wilfried Loth (Hg.): Crises and compromises. Baden-Baden 2001, S. 157–172.
82 Walter Hallstein: Der unvollendete Bundesstaat. Europäische Erfahrungen und Erkenntnisse. Düsseldorf/Wien 1969.
83 Wilfried Loth/Wolfgang Wessels (Hg.): Walter Hallstein – Der vergessene Europäer? Bonn 1995; Wilfried Loth.: Walter Hallstein (1958–1967): The Founding President, in: Jan van der Harst/Gerrit Voerman (Hg.): An Impossible Job? The Presidents of the European Commission 1958–2014. London 2015, S. 29–50; zum Wirken Hallsteins Steppacher: Deutsche Christliche Demokraten in der Europäischen Kommission, S. 98–101.
84 Hans von der Groeben: Integration der europäischen Nationalstaaten als Instrument der Anpassung an sozialen Wandel, in: Peter R. Weilemann (Hg.): Hans von der Groeben, Die Europäische Gemeinschaft und die Herausforderungen unserer Zeit. Aufsätze und Reden 1967–1987. Baden-Baden 1987, S. 29–40.
85 Fritz Hellwig: Europäische Integration aus historischer Erfahrung. Ein Zeitzeugengespräch mit Michael Gehler. Bonn 2004; zur Biografie siehe https://www.kas.de/web/geschichte-der-cdu/personen/biogramm-detail/-/content/fritz-hellwig-v1 (Abruf: 30. August 2019); zum Wirken Steppacher: Deutsche Christliche Demokraten in der Europäischen Kommission, S. 102.
86 Karl-Heinz Narjes: Europäische Integration aus historischer Erfahrung. Ein Zeitzeugengespräch mit Michael Gehler. Bonn 2004, S. 57–59; zur Vita https://www.kas.de/karl-heinz-narjes- (Abruf: 30. August 2019); zum Wirken von Narjes siehe Steppacher: Deutsche Christliche Demokraten in der Europäischen Kommission, S. 102 f.
87 Peter M. Schmidhuber: Europäische Integration aus historischer Erfahrung. Ein Zeitzeugengespräch mit Michael Gehler. Bonn 2012, S. 33–35; zum Wirken Schmidhubers siehe Steppacher: Deutsche Christliche Demokraten in der Europäischen Kommission, S. 103 f.

88 Günther H. Oettinger: Europäische Integration aus historischer Erfahrung. Ein Zeitzeugengespräch mit Michael Gehler. Bonn 2019; und den Lebenslauf https://ec.europa.eu/commission/commissioners/2014-2019/oettinger_de (Abruf: 30. August 2019).

89 Ebd., S. 10, 27 f.

90 Siehe das Interview »Nicht die schärfste Drohung an den Anfang«. Ursula von der Leyen will im Streit über Rechtsstaatlichkeit in Polen und Ungarn die Emotionen rausnehmen. Und dem überschuldeten Italien signalisiert sie Entgegenkommen. Die Haushaltsregeln der EU erlauben viel Flexibilität, in: Süddeutsche Zeitung, 19. Juli 2019, S. 2; siehe auch https://www.zeit.de/thema/ursula-von-der-leyen (Abruf: 30. August 2019).

nur EIN STARKER EURO IST EIN GUTER EURO.

Europa muß man richtig machen.

CDU

mitten im Leben, mitten in Europa.

8   Plakat zu den Europawahlen 1999

Die Währungspolitik der CDU zwischen D-Mark und Euro

Rolf Hasse

1. Die ordnungspolitische Prägung und ihre Akteure

»Die praktische Politik erweckt oft den Eindruck, als strebe sie durch eine für rational gehaltene Prinzipienlosigkeit nach dem Augenblickserfolg. Nur gelegentlich wird der Satz beachtet: ›Der Realpolitiker behält für den Augenblick recht: Den Ideen folgen die großen Zeiträume‹ (F. A. Lange, 1910, S. 90). Das Konzept der Sozialen Marktwirtschaft ist eine solche Idee, auf die eine lange Zeit des Einflusses gefolgt ist.«[1]

Die politischen Auseinandersetzungen um die geeignete Wirtschaftsordnung für Deutschland nach 1945 sind sehr kontrovers gewesen, da extrem unterschiedliche Ordnungen von deutschen Parteien und den vier alliierten Mächten präferiert wurden. Die Entscheidungen für die Soziale Marktwirtschaft sind – anders als häufig unterstellt – viel stärker deutsche Entscheidungen gewesen. Denn außer den Vereinigten Staaten unterstützte keine andere alliierte Macht eine Marktwirtschaft. Vielmehr waren die Fortsetzung der Rationierungspolitik der Kriegswirtschaft und ihre robuste Umsetzung in den Westsektoren von den (wirtschafts-)politischen Präferenzen der französischen und britischen Kommandanturen geprägt, die gleichfalls die Institutionen in die Hand von Sozialdemokraten überführten. Die Verhaltensweise der Amerikaner wurde in den Monaten der Entscheidung für die Soziale Marktwirtschaft immer zurückhaltender gegenüber den deutschen politischen Entscheidungen im Frankfurter Wirtschaftsrat, im Länderrat und bei dem Beschluss der CDU, die Soziale Marktwirtschaft als ihre Wahl für die deutsche Wirtschaftsordnung in den Düsseldorfer Leitsätzen (15. Juli 1949) zu verankern. Damit erhielt der Wähler für die erste Bundestagswahl eine prägnante Wahlalternative: mit der Sozialen Marktwirtschaft das wirtschaftliche Gestaltungsprinzip der Prioritäten- und Bezugswirtschaft abzuwählen oder es wieder einzuführen, wie es die sozialdemokratischen und kommunistischen Parteien anstrebten.[2]

Die Währungsreform und die mit ihr verwirklichte Wirtschafts- und Preisreform sind historisch die wichtigsten Daten der Neuordnung der Wirtschafts- und Währungsordnung (WWU) in Deutschland. Und die bewusste Koppelung beider Elemente ist untrennbar mit den Unionsparteien – allen voran der CDU – verbunden sowie mit einzelnen Persönlichkeiten – vor allem mit Ludwig Erhard.

Als Direktor des Frankfurter Wirtschaftsrats vertrat er konsequent sein Programm zugunsten der Marktwirtschaft als Komplement zur Demokratie, um die Einheit von politischer und wirtschaftlicher Freiheit zu verwirklichen und mit der wirtschaftlichen Freiheit bereits wichtige soziale Elemente umzusetzen. Er konzipierte zusammen mit Leonhard Miksch, einem neoliberalen Ökonomen und Sozialdemokraten, das Leitsätzegesetz als Ergänzung der Währungsreform vom 20. Juni 1948, um die Bewirtschaftungsmaßnahmen weitgehend aufzuheben und die Preise freizugeben. Damit sollte das neue Geld – die D-Mark – seine Geldfunktionen wahrnehmen und die im März 1948 gegründete Zentralbank – die Bank deutscher Länder – eine wirkungsvolle Geldpolitik ausüben können.[3]

In den großen wirtschaftlichen und politischen Turbulenzen nach Einführung der Marktwirtschaft blieb nur einer unbeirrt – der Direktor des Wirtschaftsrats Ludwig Erhard. Mit Zähigkeit, großem Mut und offensiven Vorträgen überwand er die Widerstände aus der Wirtschaft und seitens der Gewerkschaften (Generalstreik im November 1948), die Kritik aus den Reihen der CDU, die aber allmählich mehrheitlich die Freiheitsoptionen der Marktwirtschaft anerkannten und übernahmen. Hier war Konrad Adenauer letztlich ein ausschlaggebender Wegbereiter. Lange war er mehr politischer Pragmatiker und Vertreter des Ahlener Programms, bis er wahrnahm, dass seine Ziele einer bürgerlichen Partei mit der Konzeption der Sozialen Marktwirtschaft besser realisiert werden konnten als mit den Verstaatlichungs- und Gemeinwohlzielen des Ahlener Programms.[4]

Dieser Aufbau einer für Deutschland neuen Gestaltungsform der Wirtschaft und Gesellschaft war die Leistung der sie vertretenden Parteien – der CDU/CSU als stärkster Kraft vor und nach der ersten Bundestagswahl 1949; einzelner politischer Persönlichkeiten – Ludwig Erhard, Franz Böhm, Konrad Adenauer und andere; der FDP und der DP, die als liberale Parteien von Anfang an für die Marktwirtschaft eintraten und den Kurs der CDU/CSU unterstützten und auch korrigierten. Nicht vergessen werden sollte der Beitrag von einzelnen Sozialdemokraten – Leonhard Miksch in der »Wendezeit« (1948) und später Karl Schiller (1970–1972, siehe unten).

Ein ganz wichtiges Fundament ist gewesen, dass in der deutschen Wissenschaft ganz neue Konzeptionen liberaler Marktwirtschaften entwickelt worden waren, die Argumentationsbasen und Handlungsoptionen boten: der Ordoliberalismus der Freiburger Schule um Walter Eucken, die Soziale Marktwirtschaft von Alfred Müller-Armack, der liberale Humanismus von Wilhelm Röpke. Sie waren und sind bis heute innovative Fortentwicklungen des Liberalismus für die Gesellschaft, Wirtschaft und Sozialordnung.[5]

Wirksam wurden diese Konzeptionen, indem sie in die politische Realität übertragen worden sind. Umgesetzt wurden sie durch Ludwig Erhard und die CDU/CSU, aber auch durch die Vertreter und Schöpfer dieser Ordnungen für Wirtschaft und Gesellschaft, indem sie in verschiedenen Formen Verantwortung übernahmen im Bundestag (Franz Böhm, Ludwig Erhard), in Ministerien (Alfred Müller-Armack) und in den wissenschaftlichen Beiräten, insbesondere des Bundesministeriums für Wirtschaft (Erwin von Beckerath, Walter Eucken, Leonhard Miksch und andere). Weiterhin entscheidend ist gewesen, dass führende Tageszeitungen sich aktiv an der Förderung und Erklärung der neuen, freiheitlichen Wirtschaftsordnung beteiligten.[6] Letztlich wurden zentrale Elemente der Sozialen Marktwirtschaft in die Wirtschaftsverfassung der EWG übertragen – die These ist erlaubt, dass ohne diese freiheitlichen Prinzipien der Erfolg der europäischen Integration nicht möglich gewesen wäre.

Die Geldverfassung mit einer unabhängigen Zentralbank und der prioritären Zielsetzung Geldwertstabilität ist der *zweite* integrale Bestandteil der Sozialen Marktwirtschaft. Diese Zielsetzung entwickelte sich seit der Gründung der Bank deutscher Länder im März 1948 und wurde vollendet mit dem Gesetz über die deutsche Bundesbank vom 26. Juli 1957 auf der Grundlage des Grundgesetzes, Artikel 88. Von Anfang an (März 1948) entwickelte sich eine konstruktive Kooperation zwischen dem Bundesministerium für Wirtschaft (BMWi) mit Minister Ludwig Erhard und der Bank deutscher Länder, weil beide Institutionen und ihre Persönlichkeiten gleichgerichtete ordnungspolitische Zielsetzungen verfolgten. Diese enge Abstimmung war ein Garant für die Überwindung der Krisenzeit nach der Währungsreform, während der Korea-Krise und in der Zeit zunehmender Überschüsse in der Leistungsbilanz.[7] Diese Kooperation war auch ein Garant für ordnungspolitisch klare Lösungen bei der währungspolitischen Integration in der EG/EU unter CDU-geführten Bundesregierungen.

Die *dritte* ordnungspolitische Säule der Sozialen Marktwirtschaft wurde 1958 in Kraft gesetzt: die Wettbewerbsordnung mit dem Gesetz gegen Wettbewerbsbeschränkungen.

Die Politik der Deutschen Bundesbank war stilbildend und schuf Vertrauen in der Bevölkerung. Eine weitere Schutzfunktion übten die Medien aus, die massiv auf politische Angriffe gegen die Bundesbank reagierten. So errang die Bundesbank mit ihren sachlichen Analysen die Position, als Mahner und Kritiker zur Wirtschaftspolitik zu agieren, wenn in der Politik ordnungspolitische Grundsätze gefährdet schienen oder wurden.

Diese Entwicklung ist einer der größten Erfolge der CDU und der Sozialen Marktwirtschaft. Sie hat die geldpolitische Kultur in der Bundesrepublik nicht nur geprägt, sondern geschaffen. Und für die währungspolitische Integration in Europa wurden die Soziale Marktwirtschaft und die unabhängige Bundesbank mit ihrer erfolgreichen Geldpolitik eine Leitlinie, die – wenn auch häufig widerstrebend – anerkannt wurde.

Die Ära der D-Mark und der deutschen Geldpolitik endete unwiderruflich mit der Einführung des Euro und der Übertragung der monetären Autonomie auf das Europäische System der Zentralbanken (ESZB) sowie der Europäischen Zentralbank (EZB) 1999. Der Weg von der Gründung der Deutschen Bundesbank und dem zeitlich parallelen Start der europäischen Integration mit der Europäischen Wirtschaftsgemeinschaft 1958 bis zu einer europäischen Geldpolitik dauerte einundvierzig Jahre. Die Ausgestaltung der

EZB hatte zwar die Deutsche Bundesbank als Vorgabe, aber es gab von Anfang an Variationen im institutionellen Aufbau und seit der internationalen Währungskrise nach 2007 und der europäischen Schuldenkrise ab 2010 auch deutliche Abweichungen in der geldpolitischen Praxis. Seitdem wachsen die Zweifel, ob die europäische Geldpolitik von der deutschen Öffentlichkeit und der Politik in ihrer institutionellen Gestaltung und vor allem in ihrer praktischen Ausführung ausreichend kritisch analysiert wird. Hat sich hier etwa eine ordnungspolitische Eigendeutung des Instituts »Unabhängigkeit der EZB« durch die EZB-Politik ergeben? Sind die deutsche Öffentlichkeit und das politische Interesse an den Kernzielen einer EZB-Politik, wie sie im Maastrichter Vertrag klar formuliert worden sind, nicht mehr gleichermaßen präsent wie zu Zeiten der Deutschen Bundesbank? Und welche Positionen hat die CDU in den Jahren vor und nach 1999 vertreten, und gibt es ebenfalls Erosionen nach 2007/10? Und welche Positionen müsste sie vertreten, wenn sie sich als Sachwalter der Sozialen Marktwirtschaft in der Bundesrepublik und in der EU versteht?

Immerhin hat die CDU seit 1958 über zweiundvierzig Jahre den Kanzler/die Kanzlerin gestellt und in der Regierung maßgeblich die Politik mitbestimmt. Und in diesen Phasen fielen die entscheidenden integrationspolitischen Beschlüsse über die Fortentwicklung der EG/EU: der Binnenmarkt 1992, die Verträge von Maastricht (1992), Amsterdam (1997) und Lissabon (2007).

2. Die EWG als »Zollunion plus« – ihre währungs- und wirtschaftspolitischen Integrationsdefizite

Eine Zollunion ist eine funktionelle Integration beziehungsweise eine Integration der Warenmärkte; sie bedarf einer marktwirtschaftlichen Ordnung.

Aber nur eines der sechs Gründungsländer der Europäischen Wirtschaftsgemeinschaft (EWG) hatte eine Marktwirtschaft als Wirtschaftsordnung eingeführt – die Bundesrepublik mit der Konzeption der Sozialen Marktwirtschaft. Diese Form der Marktwirtschaft war seinerzeit und ist auch heute noch eine innovative Weiterentwicklung des Liberalismus.[8]

Frankreich war mit der »Planification« auf dem Weg in eine staatlich gelenkte Wirtschaft; Italien hatte liberale Politiker, aber eine Industriestruktur, die zu einer Markwirtschaft nicht zu passen schien; die Beneluxstaaten hatten unklare, gemischte Ordnungen, die mehr eine Globalsteuerung anpeilten als eine Marktwirtschaft, die viel besser zu ihren kleinen offenen Volkswirtschaften passte.

Auch gegen Widerstände seitens des Außenministeriums verfolgte der Verhandlungsführer des BMWi, Alfred Müller-Armack, eine konsequente marktwirtschaftliche Strategie.[9] So wurde eine zentrale ordnungspolitische Forderung durchgesetzt – den Gemeinsamen Markt der Zollunion abzusichern mit gemeinschaftlichen Wettbewerbsregeln; die Kompetenz wurde bei der Kommission angesiedelt, die unabhängig entscheiden konnte – auch in Bezug auf staatliche Beihilfen und gegen Staatsunternehmen aufgrund der Gleichbehandlung von staatlichen und privaten Unternehmen (Artikel 85–90 EWG-Vertrag). Eine weitere Komponente, die die Bezeichnung »Zollunion plus« begründet, war die Schaffung eines eigenen Gerichtshofs (EuGH) für originär europäisches Recht, das gleichzeitig Vorrang gegenüber dem nationalen Wirtschaftsrecht erhielt.

Der EWG-Vertrag ist ein Erfolg des marktwirtschaftlichen Flügels der CDU gewesen. Gleichzeitig war es ein großer außenpolitischer Schritt, die Bundesrepublik als gleichberechtigten Partner international zu etablieren.[10]

Die Umsetzung der Zollunion wurde eine Erfolgsgeschichte vor allem für die Länder, die sich nur als begrenzt wettbewerbsfähig einschätzten und sich vehement um Schutzklauseln im EWG-Vertrag bemüht hatten – Frankreich und Italien. Die auf zwölf Jahre terminierte Übergangsphase wurde massiv gekürzt, der interne Zollabbau und die Errichtung eines gemeinsamen Zolltarifs gegenüber Drittstaaten wurde am 1. Juli 1967 erreicht – zweieinhalb Jahre früher. Wenn man ferner berücksichtigt, dass in diese Zeitspanne zwei GATT-Runden fielen (die Dillon- und die Kennedy-Runde), die weitere große Zollsenkungen beschlossen, erkennt man, welche Dynamik und Steigerungen der Wettbewerbsfähigkeit die zweiseitige Öffnung der Märkte bewirkte.

In dieser stürmischen Integrationsphase traten aber auch die ungelösten Elemente des Integrationskonzepts EWG hervor. Die Aufwertung der D-Mark 1961 sorgte bereits für Unruhe, sie wurde aber gedämpft, weil sich die Öffnung der Märkte noch am Anfang befand. Die Problembereiche wurden in der Wissenschaft und im BMWi früh benannt und klar erkannt.[11] Es waren die CDU-Ministerien, die hier hervortraten; die CDU als Partei konnte in dieser Phase nicht die Funktion als Treiber und Vordenker wahrnehmen. Hinzu kam der personelle Umbruch in der CDU. Die Kontinuität lag auf den Schultern des BMWi mit Ludwig Erhard und unter anderen Alfred Müller-Armack und ebenso bei der Deutschen Bundesbank. Die Zusammenarbeit zwischen dem BMWi und der Bank deutscher Länder und ab 1958 der Deutschen Bundesbank ist die Stabilitätsgarantie in der Bundesrepublik gewesen mit sehr positiven Ausstrahlungen in die EWG.[12]

Die Vertiefung der Integration vergrößerte die gegenseitige Schockabhängigkeit und legte offen, dass für die wirtschaftspolitische Konvergenz keine ausreichende Vorsorge in den EWG-Vertrag aufgenommen worden war. Es werden darin nahezu alle Bereiche aufgeführt: Artikel 2: Aufzählung der wirtschaftspolitischen Ziele, Artikel 6: Koordinierung der Wirtschaftspolitik, Artikel 67–73: Zahlungsverkehr, Artikel 103: Konjunkturpolitik, Artikel 104: Zahlungsbilanz, Artikel 105: Koordinierung der Wirtschafts- und Währungspolitik sowie Koordinierungsorgane, Artikel 106: Kapitalverkehr, Artikel 108/109: Zahlungsbilanzpolitik.

Die Grundformulierung in allen Verträgen lautet bis heute: »Die Mitgliedstaaten betrachten ihre Konjunkturpolitik als eine Angelegenheit von gemeinsamem Interesse.« Dann folgen vage oder sehr präzise Verfahren und institutionelle Vorgaben, wie die Koordinierung vorbereitet wird. Am Schluss aller Vorgaben steht entweder ein Beschluss, der einstimmig sein muss, oder eine Empfehlung.

Fazit: Eine konkrete wirtschafts- und währungspolitische Koordinierung war politisch nicht realisierbar, die wirtschafts- und die währungspolitische Konvergenz blieben im politischen Alltag nur verbal angestrebte Zielsetzungen.

Mit diesem Manko musste die EWG die Währungskrise (1968), die Konjunkturschwankungen und den internationalen Verfall des Bretton-Woods-Systems meistern – in der Regel mit massiven Interventionen am Devisenmarkt, steuerlichen Hilfsaufwertungen und Kapitalverkehrskontrollen sowie einem monströsen »grünen Grenzausgleich« für den EWG-Agrarmarkt.[13] Dies ist eine Ära der Exekutive gewesen und weniger der Gestaltung über Parteien und ihre Programme. Entscheidend war, welche ordnungspolitische

Grundströmung in den Parteien vorherrschte. Diese blieb aufgrund der widersprüchlichen Interessen in vielen Wirtschaftsverbänden häufig labil im Meinungsbild der CDU/CSU. Also traten andere Repräsentanten in den Vordergrund, etwa das DIHT unter der Führung von Otto Wolff von Amerongen und des Hauptgeschäftsführers Franz Schoser, die wie ein ordnungspolitischer, marktwirtschaftlicher Kompass in der stürmischen Umbruchzeit wirkten. Ebenso herausragende Persönlichkeiten in den Ministerien, zum Beispiel Hans Tietmeyer als Leiter der Grundsatzabteilung im BMWi und später (1982–1989) als Staatssekretär im Bundesfinanzministerium (BMF) sowie in der Bundesbank und als Bundesbankpräsident (1993–1999). Zu erwähnen ist auch Karl Schiller als Wirtschafts- und Finanzminister in der Zeit der internationalen Währungskrisen nach 1968 und beim ersten Anlauf zu einer europäischen Währungsunion nach der Gipfelkonferenz von Den Haag (Dezember 1969); er blieb in letzter Konsequenz immer eigenständig und ein Ökonom, der bei der Wahl der wirtschafts- und währungspolitischen Mittel der Marktwirtschaft einen Vorrang einräumte.[14]

3. Der erste Anlauf zu einer europäischen Währungsunion

Die währungspolitischen Instabilitäten Ende der 1960er-Jahre und die Frage, wie die europäische Integration fortgesetzt werden könnte, ohne dass ein Stagnationsgefühl entstünde, (ver-)führte zu einer überraschenden Initiative. Auf der Gipfelkonferenz von Den Haag (1./2. Dezember 1969) wurde der Beschluss gefasst, dass »im Laufe des Jahres 1970 ein Stufenplan für die Errichtung einer Wirtschafts- und Währungsunion ausgearbeitet wird. Die Entwicklung der Zusammenarbeit in Währungsfragen sollte sich auf die Harmonisierung der Wirtschaftspolitik stützen. Sie sind übereingekommen, die Möglichkeit der Errichtung eines europäischen Reservefonds prüfen zu lassen, zu dem eine gemeinsame Wirtschafts- und Währungspolitik hinführen müsste.« (Kommuniqué Ziffer 8).

Grundlage dieser Initiative war ein Memorandum der Kommission (»Barre-Memorandum«) vom 12. Februar 1969, in dem die problematische Lage der Koordinierung der Wirtschaftspolitik und der Zusammenarbeit behandelt worden war.[15] Nun sollte sie in einem »großen Sprung« in Stufen gelöst werden. Insofern enthielt das Kommuniqué erstaunliche Formulierungen, aus denen man auf den ersten Blick hätte ableiten können, dass die Kernproblematik einer Wirtschafts- und Währungsunion – die Herstellung der wirtschaftspolitischen Konvergenz und der währungspolitischen Konvergenz – ernsthafte Zielsetzungen seien. Selbst die Prüfung eines Reservefonds, der eigentlich in dieses Konzept gar nicht passte, wurde »eingezäunt« durch den Zusatz: »(...) zu dem eine gemeinsame Wirtschafts- und Währungspolitik hinführen müsste«.[16]

Zur Klärung der Bedingungen und zur Erarbeitung eines Stufenplans wurde eine Arbeitsgruppe eingesetzt unter dem Vorsitz des luxemburgischen Ministerpräsidenten Pierre Werner (Werner-Kommission).

Diese Zielsetzung bewirkte eine Explosion in der Meinungsbildung aller politischen Institutionen und der Interessenverbände in den EWG-Mitgliedsländern. Diese Stellungnahmen dokumentierten nicht nur eine große Heterogenität von Auffassungen. Besonders problematisch waren die unterschiedlichen Vorstellungen über die Tragweite der Zielsetzungen, die konträren ordnungspolitischen Inhalte einer Wirtschafts- und Währungsunion und damit auch über die zeitliche Gestaltung des Weges zu diesen beiden, parallel anzustrebenden Zielen. Vielfach war auch festzustellen, dass Unsicherheit oder Unkenntnis über die Zielinhalte bestand, sodass es nicht gelang, die Probleme zu ordnen und daraus ordnungspolitisch sachgerechte Schlussfolgerungen zu entwickeln.

Der Leiter der Grundsatzabteilung im BMWi, Hans Tietmeyer, fragte Mitte April 1970 Alfred Müller-Armack, nunmehr wieder an der Universität zu Köln und Direktor des Instituts für Wirtschaftspolitik, ob dort ein Gutachten über die Probleme einer Europäischen Wirtschafts- und Währungsunion (EWWU) erarbeitet werden könnte, das noch für die Arbeit in der Werner-Kommission hilfreich sein könnte. Diese Studie wurde in Tag- und Nachtschichten erarbeitet und Mitte August 1970 abgeliefert – Titel: »Konzept einer europäischen Konjunktur- und Währungspolitik«.[17]

Der Titel des Gutachtens war vorgegeben und spiegelte den Titel und die Inhalte des »Barre-Memorandums« wider. Die Kernaufgabe lautete, die ordnungspolitischen Grundbedingungen für eine europäische Wirtschafts- und Währungsunion zu erarbeiten. Parallel dazu sollten die verschiedenen nationalen Vorstellungen verglichen werden sowie die institutionellen Bedingungen herausgearbeitet werden: (Un-)Abhängigkeit der nationalen Zentralbanken, Staatseinfluss auf die Kreditwirtschaft, Struktur des Bankensektors, die als Hemmnisse einzuschätzen waren.

Der Einfluss des Gutachtens auf die Position des BMWi und der deutschen Delegation lässt sich gut ermitteln, wenn man den Zwischenbericht der Werner-Kommission (vorgelegt am 20. Mai 1970) mit dem Abschlussbericht (vorgelegt am 8. Oktober 1970) vergleicht. Die Widerstände gegen diese Linie waren in der Kommission und in Paris nachhaltig.[18]

Die Divergenzen zwischen den zwei Lagern, die als »Ökonomisten« (Bundesrepublik, Niederlande) und »Monetaristen« (Frankreich, Belgien, die Kommission) klassifiziert wurden, waren riesig und untermauerten auch die Erwartung in dem Gutachten, dass die Strategie der Monetaristen das Ziel verfehlen würde.[19]

In der Bundesrepublik traten wieder altbekannte Kontrahenten und Kooperationen auf. Die Bundesbank stimmte mit den Grundsätzen des BMWi und des Gutachtens überein. Das Bundeskanzleramt und das Außenministerium versuchten dagegen, diese Grundsätze aus politischen Erwägungen zu relativieren, und zeigten größere Konzilianz gegenüber der französischen Position, die möglichst jede Festlegung (sachlich, zeitlich), die zu Kompetenzübertragungen führen würde, ausklammern und in die Endstufe der Wirtschafts- und Währungsunion verschieben wollte. Hauptziel der französischen Regierung war, die Stabilität des französischen Franc durch eine Einbettung der D-Mark in einen europäischen Wechselkursverbund mit verengten Bandbreiten und großen Interventionskrediten zu sichern.

Es kam zum Eklat innerhalb der Bundesregierung und mit Frankreich (14./15. Dezember 1970). Die politische Einigung zwischen der Bundesrepublik und Frankreich am 2. Februar 1971 wurde in einer Erklärung des Presse- und Informationsamtes am 12. Februar 1971 veröffentlicht. Zuvor nahm der Bundesminister für Wirtschaft, Karl Schiller, am 10. Februar 1971 auf einer Informationstagung in Bonn dazu Stellung. Die von ihm vorgetragenen acht Grundsätze waren im Kern der Beleg, dass der Kompromiss von Paris im BMWi deutlich anders umgesetzt werden sollte als im Bundeskanzleramt und im Außenministerium. Dies registrierten auch die Oppositionsparteien, vor allem die CDU/CSU, die der Auffassung des BMWi und der Bundesbank zuneigten.[20]

Während einer sich anbahnenden Währungskrise im April/Mai 1971 beruhigte der Wirtschaftsminister die

Märkte nicht, es kam zur Aufwertung der D-Mark und zur Beendigung des Versuchs, zwischen den EWG-Währungen einen Wechselkursverbund mit halbierten Bandbreiten zu errichten, wie er im Werner-Abschlussbericht auf Drängen Frankreichs vorgeschlagen worden war.

Es begann eine Ära, in der verschiedene Wechselkursverbünde ausprobiert wurden: die Schlange, die Schlange im Tunnel, das Europäische Währungssystem (EWS) (März 1979).[21] Alle hatten inflationär wirkende Interventionsmechanismen aufgrund der hohen Interventionskredite und der Rückzahlungsmodalitäten. Dennoch wirkten sie ganz anders, weil die Bundesbank die Regeln umkehrte (intramarginale Interventionen, kurzfristige Interventionskredite und Rückzahlungen auch in Gold). Die Achse BMWi–Bundesbank verlor nicht ihre Durchsetzungskraft.[22]

Innenpolitisch wurde die Initiative für eine europäische Wirtschafts- und Währungsunion verdrängt durch die Ostpolitik der SPD/FDP-Koalition. Die Parteien erlebten oder erlitten nicht nur in dieser Zeit die währungspolitischen Turbulenzen in der EWG, sondern parallel den Zusammenbruch von Bretton-Woods und dessen Transformation sowie Ende 1973 die erste Ölkrise. So merkwürdig es klingt, indem die Dringlichkeit sank, eine Konzeption für die währungspolitische Integration zu entwickeln, erhielt die CDU Zeit, zu dieser Zielsetzung mithilfe der Dokumente, des Rats von Wissenschaftlern und Fachleuten in den Ministerien und unter dem Eindruck der wechselhaften Erfahrungen mit den unterschiedlichen europäischen Wechselkursverbünden eigene konzeptionelle Überlegungen vorzubereiten, die ab 1982 zum Tragen kamen. Eine weitere Stütze in dieser Zeitspanne war die Deutsche Bundesbank, die Fehlentwicklungen des EWS eigenständig korrigierte und über viele Kanäle ihre Auffassung für den Einstieg in eine Währungsunion umriss:

1. Konvertibilität der Währungen auch für den Kapitalverkehr;
2. die Vollendung des Gemeinsamen Marktes;
3. Inflationsabbau;
4. wirtschaftspolitische Konvergenz;
5. Schuldenbremse für die nationalen Fiskalpolitiken;
6. eine Europäische Zentralbank nach dem Beispiel der Bundesbank oder des Federal Reserve System der USA.

Dies waren und sind die Bausteine der wirtschaftspolitischen und währungspolitischen Konvergenz, ohne die eine Währungsunion keine Stabilitätsgemeinschaft sein oder werden kann.

4. Auf dem Weg nach Maastricht

Per aspera ad astra – dies kennzeichnet zutreffend die Jahre vor dem Vertrag von Maastricht: Krisen in Europa, weltweite Krisen (zweite Ölkrise) und ein Gefühl der integrationspolitischen Erstarrung, aus der dann mächtige Integrationsschübe erwuchsen.

Die zweite Ölkrise ab 1979 wurde in der EG noch übertroffen durch die politischen und wirtschaftlichen Instabilitäten in Frankreich nach der Regierungsübernahme durch die Sozialisten und Kommunisten 1981. Die expansive Fiskalpolitik, die Verstaatlichung zahlreicher Unternehmen, die Einführung der 39-Stunden-Arbeitswoche und der Rückgriff auf Kapitalverkehrskontrollen und Abwertungen waren das völlige Gegenteil einer wirtschafts- und währungspolitischen Konvergenz, die mit der Schaffung des Europäischen Währungssystems zum 1. Januar 1979 angestrebt werden sollte.[23] Parallel dazu führte die erst schleichende, dann offene Krise in der Regierung Helmut Schmidt 1982 zu einem Regierungswechsel: Helmut Kohl wurde Bundeskanzler einer Koalitionsregierung mit der FDP, die den politischen Kurs der SPD nicht weiter mitgehen wollte. Zu diesen Problembereichen gehörte auch die europäische Integrationspolitik, die allerdings durch die Aktivitäten der französischen Regierung unter François Mitterrand (Sozialisten und Kommunisten) eine krisenhafte Zuspitzung erfuhr. Die in dieser Krise praktizierte Kooperation zwischen Bonn und Paris, Mitterrand und Kohl, Stoltenberg und Delors war so nicht absehbar. Aber dies ebnete die größten Integrationsfortschritte seit 1958.[24]

Die Krise in Frankreich erreichte ihren Höhepunkt im März 1983, und sie ist gekennzeichnet von zwei nahezu historischen Entscheidungen.

1. Frankreich stand vor dem politischen Debakel, abwerten und das EWS – also ein viertes Mal einen europäischen Wechselkursverbund – verlassen zu müssen. Die schwierigen Verhandlungen bilateral und multilateral in Brüssel führten zu einem Realignment der Wechselkurse im EWS.[25] Entscheidend für die deutsch-französische Konsensfindung war, dass Deutschland mit seiner Aufwertung die größere wirtschaftliche und politische Last übernahm. Gleichzeitig sollen die Bundesregierung (Bundeskanzler Kohl, Finanzminister Stoltenberg, Staatssekretär Tietmeyer) und die Bundesbank der französischen Seite (Staatspräsident Mitterrand und Finanzminister Delors) volle Unterstützung für die Phase nach den Wechselkurskorrekturen zugesagt haben.

2. Frankreich vollzog einen klassischen U-Turn in der Wirtschafts- und Währungspolitik. Die Fiskalpolitik wurde restriktiv auf Stabilisierung ausgerichtet, staatliche In-

terventionen in der Wirtschaft wurden abgebaut, Kapitalverkehrskontrollen aufgehoben und die Freiheit des Kapitalverkehrs angestrebt sowie die Nationalisierungen zurückgenommen. Damit sollte der wirtschaftspolitische Wettbewerb mit der Bundesrepublik aufgenommen und die wirtschafts- und währungspolitische Konvergenz in der EG nachhaltig verbessert werden.

Diese dramatischen Veränderungen hatten positive integrationspolitische Folgewirkungen:

1. Auf dieser Grundlage kam auf der Tagung des Europäischen Rats in Mailand (28./29. Juni 1985) der Beschluss zustande, von der Kommission ein Arbeitsprogramm zur Verwirklichung eines einheitlichen Binnenmarkts bis spätestens 1992 ausarbeiten zu lassen.[26]
2. Ferner wurde am 1. Juli 1987 die Einheitliche Europäische Akte in Kraft gesetzt, deren Auftrag ebenfalls in Mailand erteilt wurde. Damit wurden Mehrheitsentscheidungen möglich, die die Suche und Akzeptanz von Lösungen für den Binnenmarkt 1992 wesentlich förderten.

Fazit: Ausgangspunkt auf deutscher Seite war wieder die Kooperation zwischen dem Finanzministerium (Stoltenberg, Tietmeyer) und der Deutschen Bundesbank (Pöhl). Sie wurde in diesem Fall durch Bundeskanzler Kohl voll gestützt, der die bilaterale Kooperation mit Frankreich stärken und Frankreich bei seiner Strategie der marktwirtschaftlichen Erneuerung der Bundesrepublik und der EG an seiner Seite haben wollte.

Mit dem Projekt »Binnenmarkt '92« mit seinen fünf Grundfreiheiten (Freiheit des Warenverkehrs, des Dienstleistungsverkehrs, des Zahlungsverkehrs, des Kapitalverkehrs, Personenfreizügigkeit) sowie den Liberalisierungen in den Sektoren Banken, Versicherungen, Verkehr und Energie wurden Integrationsschritte projiziert und umgesetzt, die unerlässliche Vorbedingungen für eine europäische Wirtschafts- und Währungsunion waren. Diese wurden von der Wissenschaft und den CDU-Regierungen und der CDU seit 1970 formuliert.

Als Baustellen blieben also die wirtschaftspolitische und die währungspolitische Konvergenz.

Dabei war die Schaffung der wirtschaftspolitischen Konvergenz das größere Problem. Es umfasste die Fiskalpolitik und die allgemeine Wirtschaftspolitik. Gerade in diesen Bereichen wurden nach 1958 keine Fortschritte erzielt. Alle Ansätze verharrten in Aufzählungen der verschiedenen wirtschaftspolitischen Instrumente. Eine Analyse und Selektion der wirtschaftspolitischen Instrumente nach ihrer Kompatibilität mit der Marktwirtschaft im gemeinsamen Markt und Binnenmarkt ist politisch nie ernsthaft versucht worden.[27]

Die währungspolitische Konvergenz würde in einer Währungsunion durch eine gemeinschaftliche Zentralbank und eine europäische Währung realisiert. Insofern ist hier die Gestaltung der Geldverfassung die Kernaufgabe.

5. Der zweite Anlauf zur europäischen Wirtschafts- und Währungsunion – der Vertrag von Maastricht

Der zweite Anlauf wurde unter besseren Voraussetzungen begonnen. Das Projekt »Binnenmarkt '92« realisierte die Offenheit der Märkte als Voraussetzung für eine EG-weite Geld- und Währungspolitik. Die zur Vorbereitung eingesetzte Kommission unter dem Vorsitz von Jacques Delors erarbeitete eine Konzeption,[28] in der

1. zentrale Vorbedingungen zum ersten Mal dokumentiert wurden (zum Beispiel die vollständige Konvertibilität der Währungen nach innen und gegenüber Drittstaaten),
2. die Probleme der wirtschaftlichen Konvergenz (allerdings nur mit makroökonomischen Zielvorstellungen) und die fiskalpolitische Konvergenz zum ersten Mal konkret benannt und mit Vorschlägen belegt wurden und
3. sogar die reale Konvergenz der wirtschaftlichen Annäherung in der Wirtschafts- und Währungsunion durch Initiativen von Jacques Delors im Rahmen der massiven Ausweitung des Strukturfonds und später der Gründung des Kohäsionsfonds eingearbeitet wurden.

Der Delors-Bericht hat eine starke und eine schwache Seite. Beide Seiten haben ihre Vertreter, sodass die Einmütigkeit als politische Demonstration verstanden werden kann, hinter der eine Koalition stand, die den Status ungeklärter Gegenpositionen zum gemeinsamen Nenner erklärte.

Die Europäische Zentralbank in der Endstufe ist von deutschen Vorstellungen geprägt. Der Bericht bietet aber gleichzeitig eine offene Flanke. Die nationalen Zentralbanken haben Mitbestimmungsrechte in der EZB, ihr Status wird in Ziffer 52 sehr offen formuliert, »(...) dabei sollte erwogen werden, den Zentralbanken mehr Autonomie zu gewähren«.

Ebenso offen und einseitig sind die Ausführungen zur wirtschaftspolitischen Konvergenz. Dominant sind Vorstellungen einer keynesianischen Globalsteuerung auf Gemeinschaftsebene als Gegengewicht zu den unterstellten Defiziten der Marktkräfte, »(...) die [sich] entweder zu langsam und zu schwach erweisen oder aber zu plötzlich und zu drastisch greifen«. Aus diesem Grunde müsste die Gemeinschaft »(…) in der Lage sein, ihre gesamtwirtschaftliche Situation zu beobachten; sie müsste beurteilen können, ob die Entwicklungen in den einzelnen Ländern im Hinblick auf die gemeinsamen Ziele konsistent sind, und sie müsste wirtschaftspolitische Leitlinien entwickeln können« (Ziffer 30). Dies wurde 1989 geschrieben vor dem Hintergrund keynesianischer Versuche der Globalsteuerungen, die wenig erfolgreich waren. Im Kern sind diese Formulierungen identisch gewesen mit den wirtschaftspolitischen Vorstellungen im Frankreich der 1950er- und 1960er-Jahre und des Experiments der Koalitionsregierung von Sozialisten und Kommunisten unter Mitterrand nach 1981.[29]

Die Vorschläge zur fiskalpolitischen Disziplin sind sehr rigoros formuliert (Obergrenzen für Haushaltsdefizite), ihnen wird aber mit den Prinzipien der Subsidiarität und Pluralität ein Gegengewicht gegenübergestellt, das vieles relativiert. Im Ergebnis kommt bei der Aufgabe, für die Kommission Vorschläge zur Koordinierung der Geld- und Wirtschaftspolitik und für den Übergang von Zuständigkeiten zu erarbeiten, heraus, dass der Auftrag ungelöst zurückgegeben wird (Ziffer 57).

Bleibt noch das Minderheitsvotum für einen Europäischen Reservefonds (Poolung von Devisenreserven), wie ihn Frankreich bereits im Abschlussbericht der Werner-Kommission 1970 als Devisenausgleichsfonds lanciert hatte. Es war ein erneuter Versuch, die Anpassungskraft der D-Mark zu beschränken und in diesem Fall sogar die Unabhängigkeit der Deutschen Bundesbank zu beschneiden. Dieser Fonds sollte nach Artikel 235 EG-Vertrag gegründet werden, um damit die Vorgabe des Artikels 102a zu umgehen, wonach institutionelle Veränderungen nur auf der Grundlage eines ratifizierungsbedürftigen Vertrags nach Artikel 236 vorgenommen werden dürfen. Dies war als Schutzklausel für die funktionelle Unabhängigkeit der Deutschen Bundesbank in die Einheitliche Europäische Akte von 1987 (!) eingefügt worden.

Diese Erwähnung ist wichtig, da die französischen Regierungen seit Beginn der europäischen Integration die Unabhängigkeit der Deutschen Bundesbank und später auch der EZB nie voll akzeptiert und deshalb immer attackiert haben. Die französische Sicht einer Staatsverfassung schließt eine Unabhängigkeit der Zentralbank – bis heute – aus. Die Unabhängigkeit der EZB wird kritisiert, oder die französische Regierung kämpft verbissen um den Posten des Präsidenten oder anderer Schlüsselpositionen der EZB, um ihre abweichende wirtschafts*politische* Konzeption durchzusetzen – eine auf Wachstum ausgerichtete Koordinierung von Fiskal- und Geldpolitik.

In der Bundesrepublik entstand im Vorfeld der Vorbereitungen des zweiten Anlaufs zur Wirtschafts- und Währungsunion ein Geplänkel zwischen dem Finanzministerium,[30] das die Kompetenz für Geld- und Währungsfragen hatte, und dem Außenministerium,[31] das aber nur begrenzt dem Muster wie seit 1956 folgte. Beide betonten die wirtschaftspolitische Konvergenz und die Stabilitätsorientierung. Allerdings stützte sich das »Genscher-Memorandum« hierbei auf eine Europäisierung des Stabilitäts- und Wachstumsgesetzes von 1967, während das »Stoltenberg-Memorandum« viel konkreter die Stabilitätsorientierung einer EZB benannte sowie die Fiskalpolitik der Teilnehmerländer direkt als zentrale Aufgabe der wirtschaftspolitischen Konvergenz in der EG hervorhob. Beide Memoranden betrachteten die ECU als Währung, wenn auch mit unterschiedlichen Aufgaben: Genscher als Parallelwährung, Stoltenberg als Reservewährung. Die ECU ist als Währungskorb nie eine echte Währung gewesen.

Ein erwähnenswertes anderes Detail ist, dass im »Stoltenberg-Memorandum« betont wurde, dass eine Wirtschafts- und Währungsunion eine politische Union erfordere. Das ist bis zu diesem Zeitpunkt die Auffassung der Deutschen Bundesbank und der Mehrheit der Universitätsprofessoren gewesen, die sich mit dieser Materie befassten. Da diese Zielsetzung ganz andere Dimensionen (politische und zeitliche) hat und mit dem EU-Vertrag von 1992 nur Teillösungen beschlossen wurden, bleibt für eine Wirtschafts- und Währungsunion im Zwischenstadium die Erkenntnis, dass der wichtigste, politische Teil der WWU die wirtschaftspolitische Konvergenz ist – als langfristige Conditio sine qua non.[32]

Unmittelbar nach der Veröffentlichung des Delors-Berichts wurde in den Stellungnahmen der EG-Länder und der Zentralbanken erkennbar, dass nahezu bei allen Fragen der wirtschafts- und währungspolitischen Konvergenz, der Stabilitätsorientierung, des Status einer EZB und ihrer Zielsetzung sowie bei der Abfolge der Integrationsschritte weiter große Differenzen bestanden.

Die Vorbereitungen und Verhandlungen des Vertrags von Maastricht fanden in einer Zeit des Umbruchs und der internationalen Konflikte statt: Öffnung der Mauer, deutsche Währungsunion, deutsche Wiedervereinigung, Zusammenbruch der Sowjetunion und des COMECON, Demokratisierung Osteuropas, Invasion in Kuwait und der Golfkrieg 1991. Die Regierung Kohl verfügte über ein erfahrenes Team für die Vorbereitungen, die Verhandlungen und die Umsetzung der WWU: unter anderen Gerhard Stoltenberg und Theo Waigel als Bundesfinanzminister; Hans Tietmeyer, Horst Köhler und Jürgen Stark als Staatssekretäre und Wolfgang Schäuble. Da die Kooperation zwischen BMF und Deutscher Bundesbank in diesen Fragen vorzüglich war, kam konkrete und kritische Unterstützung von dieser Seite durch Hans Tietmeyer als Direktionsmitglied (1990–1993) und als Präsident (1993–1999) sowie vom Präsidenten Helmut Schlesinger (bis 1993).

Die Verhandlungen waren zäh und voller Widerstände. Die Überlagerung mit der deutschen Wiedervereinigung war unübersehbar. Hinzu kam, dass die Verhandlungen erweitert wurden auf die politische Union, ein Ziel, das von deutscher Seite in diesem Bezug immer betont wurde, dessen Dimension in dem existierenden Stadium der politischen Integration jedoch eine zusätzliche Belastung und Asymmetrie bedeutete. Die Forderung nach einer politischen Union als Anker und Stabilitätsgarantie der WWU war selbst bei einer parallelen Entwicklungsstrategie mit den zeitlichen Vorstellungen zur Realisierung der WWU nicht erreichbar. Die Schwierigkeiten, Fortschritte bei der wirtschaftspolitischen und währungspolitischen Konvergenz zu erreichen, sind der reale Beleg, dass der Problemberg drohte, zu groß zu werden.

Die Ergebnisse im Vertrag von Maastricht sind uneinheitlich. Die Lösung für die Europäische Zentralbank hat viele Elemente der Deutschen Bundesbank (Unabhängigkeit, Geldwertstabilität). Die personelle Unabhängigkeit sollte sich als ein schwieriger Part herausstellen. Die Widerstände gegen diese Unabhängigkeit der EZB und auch der nationalen Zentralbanken beim Eintritt in die Währungsunion waren riesig, zerschellten aber an der deutschen Position. Die Frage der Währung schien lange ein offenes Problem zu bleiben, umrankt von Vermutungen, dass eine Vereinbarung zwischen Kohl und Mitterrand existiere: die Aufgabe der D-Mark gegen die Aufgabe des französischen Widerstands gegen die Wiedervereinigung.

Die Ergebnisse des Vertrags von Maastricht brachten dennoch einen großen Schritt in Richtung Währungsunion, verglichen mit dem Versuch von Den Haag 1969. Die Währungsunion sollte konkret spätestens 1999 beginnen. Die markttechnischen Voraussetzungen (Konvertibilität der Währung von Anfang an), der institutionelle Aufbau der EZB sowie des Europäischen Systems der Zentralbanken (durchgängige Unabhängigkeit) sowie die prioritäre Ausrichtung auf das Ziel Preisstabilität waren wichtige, positive Meilensteine. Die währungspolitische Konvergenz wurde durch die währungspolitischen Konvergenzkriterien (Preisniveau, Zins, Wechselkurs) für die Übergangszeit durchaus angemessen geregelt, auch da sie als Zugangshürden für den Eintritt in die Währungsunion galten.

Demgegenüber standen Problembereiche im Sektor der wirtschaftspolitischen Konvergenz, die gleichermaßen die Geldpolitik beeinträchtigten. Im Kern sind die Regeln in den nationalen Vorbehalten stecken geblieben, ähnlich wie im Werner-Bericht, den Entscheidungen des EG-Rats 1971/72 und im Bericht des Delors-Komitees.

Im Bereich der allgemeinen Wirtschaftspolitik und der makroökonomischen Politik sind umfangreiche Berichts- und Konsultations-Institutionen und -Prozesse verabredet worden, die aber wie seit dem Vertrag von 1958 bestenfalls zu Empfehlungen führten.[33] Als besonderes Problem wurden von Anfang an die fiskalpolitischen Stabilitätskriterien angesehen – das Verschuldungskriterium mit der Staatsschuld in Höhe von 60 Prozent des Bruttoinlandsprodukts (BIP) und eine Defizitgrenze bei öffentlichen Ausgaben von 3 Prozent zum BIP.

Dass hier eine berechtigte Sorge für die Geldwertstabilität und die Stabilität der WWU liegen könnte, ist in dem durchgehenden Tenor der Entschließung des Deutschen Bundestags vom 2. Dezember 1992 zu erkennen.[34] Dies alles stand auch im Mittelpunkt des Verfahrens über den Vertrag von Maastricht vor dem Bundesverfassungsgericht.[35]

Diese Stellungnahme des Bundestags spiegelt auch zutreffend die Sorgen und Erwartungen der deutschen Bevölkerung wider: keine bewusste Ablehnung einer neuen europäischen Währung, sondern die Erwartung, dass die Politik konkrete Vorsorge getroffen hat, dass die Geldwertstabilität erhalten bleibt.

In der Wissenschaft herrschte die Auffassung vor, dass die Kritik an den Vorkehrungen im Vertrag von Maastricht von der Bundesregierung eher als Ablehnung der WWU denn als berechtigte Sorge über Defizite bezüglich der wirtschaftspolitischen Konvergenz gesehen werde. Die Kritik konzentrierte sich sehr rasch auf die Fiskalkriterien und die komplizierten Prozesse in Artikel 104c und in einem gesonderten Protokoll.[36] Die Schuldenobergrenze von 60 Prozent des BIP war eine errechnete Durchschnittsgröße der EU-Länder, die dadurch schon als nationale Obergrenze wenig Aussagekraft hatte. Zudem reichte die Spannbreite der öffentlichen Schulden 1989 von 128,4 (Belgien) bis 9,0 Prozent (Luxemburg).[37]

Die Tatsache, dass im Vertrag eine zusätzliche Sicherung eingearbeitet worden war – die »No-Bailout-Klausel« im Artikel 104b –, wurde in den Diskussionen etwas an den Rand gedrängt.

Die Defizitobergrenze erweckte ebenso den Anschein fiskalischer Strenge wie die Regelung, bei Missachtung der Empfehlungen und Vorgaben der EG-Kommission und des EG-Rats finanzielle Sanktionen zu verhängen. Die präzise Analyse der prozessualen Schritte und die politischen Abwehrhebel deuteten darauf hin, dass die Konditionen kaum eine materielle Disziplinierung bewirken könnten. Hinzu kam, dass die finanziellen Sanktionen als Ultima-Ratio-Strafe aufgrund der Logrolling-Optionen keine geeignete Maßnahme darstellten.[38] Die Breite und die Ernsthaftigkeit der Diskussionen in den Koalitionsparteien, in den Medien, durch den Sachverständigenrat in seinem Jahresgutachten 1995 und in der Wirtschaft führten zu einer Reaktion der Bundesregierung durch das Finanzministerium. Im November 1995 legte Finanzminister Theo Waigel einen »Stabilitätspakt für Europa« vor, um die europäische Geldpolitik besser vor finanzpolitischem Fehlverhalten zu schützen.[39]

Die wesentlichen Elemente waren:

1. Die Budgetobergrenze ist 3 Prozent durchgehend, Länder mit hoher Verschuldungsquote (über 50 Prozent) sollen mittelfristig 1 Prozent anstreben.
2. Bei Überschreiten der 3-Prozent-Grenze setzt automatisch der Sanktionsmechanismus ein.
3. Es wird ein eigener Stabilitätsrat aus den Wirtschafts- und Finanzministerien gegründet, der die Überwachung und Sanktionsentscheidungen trifft.
4. Bei Überschreiten der 3-Prozent-Grenze werden Strafzahlungen in Höhe von 0,25 Prozent des BIP für jeden angefangenen Prozentpunkt fällig. Dies führt zu einer unverzinslichen »Stabilitätseinlage«, die zurückgezahlt wird, wenn die Defizitquote den Referenzwert von 3 Prozent nicht mehr überschreitet.
5. In Extremfällen kann der Referenzwert überschritten werden. Dann begründet der Stabilitätsrat diese Erlaubnis, und es wird ein Konvergenzplan erstellt.

Aus diesem Vorschlag wurden der »Stabilitäts- und Wachstumspakt« von Dublin im Dezember 1996 und dann die Verordnungen (EG) Nr. 1466/97 und 1467/97 vom 7. Juli 1997.

Erstaunlich ist, dass es der deutschen Seite gelang, die Verwässerung in Grenzen zu halten:

1. Die Obergrenze von 3 Prozent blieb bestehen, und es wurde als Zielsetzung ein mittelfristig ausgeglichener Haushalt oder mit leichtem Überschuss (bei hoher Verschuldung) formuliert. Die Überschreitung des Referenzwerts wird je nach realer Wachstumsrate bewertet, also begründet flexibler geregelt.

2. Bei Überschreitung des Referenzwerts von 3 Prozent wird das Verfahren für ein übermäßiges Defizit eingesetzt. Die Kommission erstellt den Bericht und entscheidet, ob ein übermäßiges Defizit vorliegt. Daraufhin entscheidet der ECOFIN-Rat.

3. Sanktionen werden verhängt, wenn ein Mitgliedsland alle Vorwarnungen und Vorschläge missachtet. Die finanzielle Sanktion wird als unverzinsliche Einlage verhängt – eine feste Komponente von 0,2 Prozent des BIP und ein variabler Anteil, der einem Zehntel des Prozentsatzes entspricht, um den die 3 Prozent überschritten werden, bis zu einer gesamten Obergrenze von 0,5 Prozent. Bleibt das übermäßige Defizit länger bestehen, wird die Einlage nach zwei Jahren in eine Geldbuße umgewandelt.[40]

Diese Regeln könnten bei allseitiger Einhaltung durchaus positiv wirken. Aber die politischen Kommentare dazu fielen unterschiedlich aus. Frankreichs Präsident kommentierte die Dubliner Beschlüsse damit, dass der Euro »(...) ein Instrument im Sinne des Wachstums« geworden sei.[41] Und der französische Finanzminister Arthuis erklärte: »Die Eurowährung ist kein Selbstzweck, sondern ein Instrument im Dienste des Wachstums und der Beschäftigung.«[42] Ein Automatismus wurde von mehreren Seiten nicht gesehen, sondern nur besondere politische Entscheidungsverfahren.[43]

6. Der Übergang in die Europäische Währungsunion

Das Europäische Währungssystem brach quasi im August 1992 auseinander, indem die Bandbreiten zwischen den Währungen auf +/− 15 Prozent erweitert wurden. Formal bestand es weiter und endete endgültig am 1. Januar 1999 mit der Einführung des Euro.

Mit der Gründung des Europäischen Währungsinstituts (EWI) zu Beginn der zweiten Stufe zur WWU Anfang 1994 in Frankfurt am Main war der Standort nach heftigem Gerangel entschieden. Mit dem Belgier Alexandre Lamfalussy als Präsident war ein unbestrittener, internationaler Fachmann mit den Aufgaben des Aufbaus der Währungsunion, der EZB und des ESZB gewählt worden.[44] Ihm folgte im Juli 1997 Willem F. Duisenberg. Ein weiterer Schritt war die Namensgebung der neuen europäischen Währung. Am 16. Dezember 1995 beendete der Europäische Rat diese Suche und nahm den Vorschlag von Theo Waigel an, die neue Währung »Euro« zu nennen.

Der politische Wunsch, in die Währungsunion einzutreten, war unterschiedlich ausgeprägt. Großbritannien hatte die Ausnahmeregel im Vertrag von Maastricht durchgesetzt und votierte dagegen; ebenso Dänemark und Schweden, obwohl Letzteres alle Konvergenzkriterien erfüllte. Große Anstrengungen unternahm Italien, das als Gründungsmitglied nicht ausgeschlossen werden wollte: mit geld- und fiskalpolitischen Maßnahmen und mit noch mehr Versprechungen für die Zeit nach dem Beginn der Währungsunion am 1. Januar 1999. Aufgrund einer besorgten, aber letztlich positiven Bewertung der Konvergenzkriterien entwickelten sich Wechselkurs, Zins und Geldwertstabilität noch weiter auf das durchschnittliche Konvergenzniveau zu. Man vertraute auf eine Fortsetzung des Anpassungspfads, obwohl Belgien mit 122,2 Prozent und Italien mit 121,6 Prozent Schuldenstandsquote sehr weit weg waren von dem – auch aus ökonomischer Sicht nicht gut gewählten – Grenzwert von 60 Prozent.[45] Die zum Beispiel von deutscher Seite geäußerte Hoffnung über die zukünftige Senkung der öffentlichen Schuldenquote in Italien wurde von italienischen Politikern als unrealistisch angesehen.[46] Ein weiterer Aspekt dieses Optimismus ist die »No-Bailout-Regel« aus Artikel 104b EG-Vertrag gewesen.

Am 1. Januar 1999 begann die Europäische Währungsunion mit elf Ländern: Belgien, Deutschland, Finnland, Frankreich, Irland, Italien, Luxemburg, Niederlande, Österreich, Portugal und Spanien.

7. Erstes Zwischenfazit

Eine Wirtschafts- und Währungsunion ist ein politisches Ziel, weil es in die Souveränitätsrechte der nationalen Wirtschafts- und Währungspolitik hineinreicht. Die politische Bedeutung ist umso größer, je unterschiedlicher die Ordnungsstrukturen für diese beiden Politikbereiche national gesteuert sind. Die Unterschiede waren von Anfang der europäischen Integration an sehr groß und wurden umso virulenter, je weiter die wirtschaftliche Integration voranschritt und je stärker die Integration über die Zollunion hinaus zum Binnenmarkt und zu einer Währungsunion geleitet wurde.

Die deutsche Position war insbesondere mit den CDU/CSU-geführten Bundesregierungen bis 1998[47] dadurch gekennzeichnet, dass klare ordnungspolitische Vorstellungen über Ziele, Erfordernisse und institutionelle Notwendigkeiten einer Wirtschafts- und Währungsunion existierten; dass Persönlichkeiten die europäischen Verhandlungen führten, die auf den Erkenntnissen der Freiburger Schule, der Sozialen Marktwirtschaft und insbesondere von Ludwig Erhard und Alfred Müller-Armack aufbauten, Letztere prägten nicht nur den EWG-Vertrag, sondern auch die Personen in den Ministerien, die die Wirtschafts- und Währungspolitik der Bundesrepublik gestalteten; dass es stets eine konstruktiv-kritische Zusammenarbeit zwischen der unabhängigen Deutschen Bundesbank und der Bundesregierung gab, wobei die Bundesregierung alle Angriffe auf die Unabhängigkeit der Deutschen Bundesbank entschieden abwehrte; dass nicht nur europäische Entscheidungen mit beschlossen wurden, sondern aufmerksam die Umsetzung beobachtet worden ist.

Man kann dies wie folgt zusammenfassen: Wenn von deutscher Seite in der EWG/EG eine klare marktwirtschaftliche, liberale Position vertreten wurde, kam es zu konstruktiven Lösungen, die für alle EG-Mitgliedsländer letztlich positive Wirkungen erzeugten.

Das zentrale Problem der Wirtschafts- und Währungsunion waren ihre politischen Kerne: die währungs- und die wirtschaftspolitische Konvergenz.

Für die währungspolitische Konvergenz wurde im Vertrag von Maastricht ein Rechtsrahmen vereinbart, der als eine gute Lösung im europäischen Umfeld gewertet werden konnte.[48] Bezüglich der wirtschaftspolitischen Konvergenz bestanden in Deutschland nicht nur in der Wissenschaft große Vorbehalte aus zwei Gründen. Einmal bestanden nur die zwei fiskalpolitischen Regeln und das Gebot des »No-Bailout«. Denn die Konvergenzkriterien über den Zins, den

Wechselkurs und die Preisstabilität waren in der einheitlichen Geld- und Währungspolitik aufgegangen. Zweitens wurden die Erwartungen, dass die Teilnehmerländer des Euro in der Währungsunion eine größere fiskalische Disziplin aus Selbstverpflichtung ausüben würden, nicht geteilt.

Die wirtschaftspolitische Konvergenz in der Währungsunion stellte größere Anforderungen als in den Stufen zuvor. Denn ein wichtiges Instrument der nationalen, realwirtschaftlichen Anpassung entfiel durch die Einführung des Euro – die Wechselkursänderung.

Es gab zwei Anforderungen: nationale Disziplin in der Fiskalpolitik und in der Wirtschaftspolitik; konsequentes Monitoring der nationalen wirtschaftlichen Politiken und Entwicklungen sowie konsequentes Einschreiten seitens der europäischen Institutionen und auch der Teilnehmerstaaten der Währungsunion.

Eine Komponente der wirtschaftspolitischen Konvergenz bleibt ungelöst: die Diskussion, Prüfung und Selektion der nationalen wirtschaftspolitischen Instrumente auf ihre Kompatibilität mit dem Binnenmarkt und einer einheitlichen Geldpolitik.

8. Die nicht bestandenen Bewährungsproben nach dem Beginn der EWWU

Es ist ein Kennzeichen der europäischen Integration, dass Regeln von souveränen Staaten vereinbart werden, die immer dann problemhaft werden, wenn echte oder vermeintliche Souveränitätsbereiche berührt werden. Ein weiteres Kennzeichen ist, dass diese Regeln nur in der Form vereinbart werden, dass Regelverletzungen nicht zu sofortigen oder gar zu keinen fundamentalen Sanktionen führen. Die fiskalischen Konvergenzkriterien erfüllen diese Bedingungen und sind deshalb für jeden Mitgliedstaat eine Bewährungsprobe, ob man sich regelkonform verhält oder gegen Regeln verstößt. Die Mehrzahl der gewählten Optionen bestimmt, ob die europäische Währungsunion stabil oder instabil ist.

8.1 Italien: Der erste »Sündenstaat«

Italien hatte 1996/97 mit Schatzminister Ciampi große Konsolidierungsanstrengungen umgesetzt, die die Bereitschaft schufen, Italien die Qualifikation zum Eintritt in die Währungsunion zu gewähren. Ärgerlich ist gewesen, dass weitere Versprechungen recht kurz nach dem Eintritt aufgegeben wurden, ohne dass die Gegenwehr von den europäischen und den anderen nationalen Institutionen sehr harsch gewesen wäre. Ferner ist zu bemängeln, dass Italien die großen Zinsersparnisse bei seinen Schulden (Neuverschuldung und Revolvierung) nicht dazu nutzte, die Schulden zu konsolidieren oder zu senken, wie es die vertraglichen Verpflichtungen vorgaben.[49]

8.2 Griechenlands mirakulöse Konvergenz

Griechenland wurde im Konvergenzbericht des EWI 1997 attestiert, dass es alle Konvergenzkriterien nicht erfüllte.[50] Ihm wurde aber eine Frist zugestanden, sie bis zur Einführung des Euro-Bargelds (1. Januar 2002) zu erfüllen. Und dies gelang mit viel statistischen Rechenkünsten, die von Eurostat nicht zurückgewiesen und erst später aufgedeckt wurden.[51]

8.3 Der deutsche Wandel als potenzielle Implosion

Nach den Wahlen zum Bundestag 1998 startete die Koalitionsregierung von SPD und den Grünen. Damit war eine so nicht zu erwartende Veränderung gegenüber der EWWU verbunden. Das Finanzministerium erhielt eine neue Führungsriege, die personell, fachlich und europapolitisch nur bedingt über die erforderlichen Vorkenntnisse verfügte. Darüber hinaus wurde der Leiter der Währungsabteilung, Klaus Regling, nicht übernommen.[52] Der Finanzminister Lafontaine hatte andere Präferenzen und war undiplomatisch genug, bei der Einführung des Euro in Frankfurt abwesend zu sein.

Ebenso fiel die wichtige Kooperation mit der Deutschen Bundesbank materiell aus. Ihr neuer Präsident, Ernst Welteke, konnte die konzeptionelle Arbeit seiner Vorgänger substanziell nicht fortsetzen.

Noch drastischer war die Entscheidung von Bundeskanzler Schröder 2002/03, den Antrag der Kommission, der ECOFIN-Rat möge Deutschland wegen des fortwährenden Überschreitens der Defizitgrenze von 3 Prozent und der Nichtbeachtung der Auflagen, das Haushaltsdefizit unter 3 Prozent zu drücken, in Verzug setzen, mithilfe von Frankreich, Belgien, Griechenland, Irland, Italien und Luxemburg politisch abzuwehren. Es war auch ein Novum, dass sich der ECOFIN-Rat am 25. November 2003 über die Empfehlung der Kommission hinwegsetzte und für Deutschland und Frankreich beschloss, das Defizitverfahren auszusetzen.[53]

Die Idee der Selbstbindung der EG-Staaten wurde dadurch in ihr Gegenteil gewendet und damit der Stabilitäts- und Wachstumspakt politisch geschwächt, gerade durch das Land, das ihn initiiert hatte, um die wirtschaftspolitische Konvergenz zu stärken.

8.4 Der Konvent von Laeken – der Versuch, die Wirtschafts-verfassung der EG zu verändern

Von der politischen und der medialen Öffentlichkeit wurde wenig zur Kenntnis genommen, dass im Rahmen des Konvents von Laeken Bemühungen gestartet wurden, die Wirtschaftsverfassung und die Währungsverfassung des Vertrags von Maastricht in zentralen Punkten zu ändern.[54] Gescheitert sind diese Versuche an dem hartnäckigen Widerstand von Erwin Teufel, dem ehemaligen CDU-Ministerpräsidenten von Baden-Württemberg.[55]

Der eigentliche Auftrag von Laeken lautete, die nicht gelungene institutionelle Neuordnung für die EWWU und die Osterweiterung der EU zu gestalten. Erstaunlicherweise wurden durch das gesamte Präsidium (Präsident Valéry Giscard d'Estaing) Vorlagen entwickelt, die beachtliche Eingriffe in die Wirtschaftsverfassung von Maastricht und Amsterdam vorsahen. Und das Präsidium ließ seine Präferenzen auch gegen das Votum der Arbeitsgruppe »Ordnungspolitik« in der Endfassung, die dem Europäischen Rat auf seiner Sitzung in Thessaloniki (19./20. Juni 2003) vorgelegt wurde. Erst dort wurden Korrekturen vorgenommen, unter anderem auf hohen Druck der EZB.

Die Änderungen umfassten:

1. eine »Euro-Gruppe« als politischen Gegenpol zur EZB in die Verfassung aufzunehmen (Vorschlag Frankreichs);
2. die Verpflichtung, dass die Wirtschaftspolitik ebenfalls die Preisstabilität zu beachten hat (Artikel 2 und 99 Absatz 2 EGV), zu streichen;
3. eine Aufgreifkompetenz für die Kommission in sozialpolitischen Fragen einzuräumen, wenn die Mitgliedstaaten

nicht tätig werden (Artikel 15 Absatz 3 Verfassungsvertrag);

4. sowie (von SPD-Politikern vorgetragen) das Ziel der Vollbeschäftigung in den Katalog der Ziele und Aufgaben einzuarbeiten.[56]

Die deutsche Regierung hatte dagegen keine entschiedene Gegenwehr geleistet und damit die Entschließungen des Bundestags und des Bundesrats zum Vertrag über die Europäische Union und zum Vertrag von Maastricht, zu den »12 Leitsätzen zum Urteil des Bundesverfassungsgerichts vom 12. Oktober 1992« sowie zum Vertrag von Amsterdam 1997 leichtfertig beiseitegeschoben.

9. Zweites Zwischenfazit zur wirtschaftspolitischen Konvergenz in der EWWU

Die wirtschaftspolitische Konvergenz bleibt eine Achillesferse der EWWU, vor allem die großen Mitgliedstaaten neigen dazu, bei innenpolitischen Konflikten den Vorrang der nationalen Wirtschaftspolitik durchzusetzen. Die Leitidee der Selbstverpflichtung ist auch von deutscher Seite seit 2003 erschüttert worden, als der Initiator des Stabilitäts- und Wachstumspaktes diesen politisch aushebelte.

Der Schuldenstand wurde kaum vermindert und gewann einen Duldungsstatus. Erst seit in Deutschland die »Schwarze Null« praktiziert wird, gibt es indirekten Widerstand.

Die unterschiedlichen nationalen wirtschaftspolitischen Zielprioritäten führen weiterhin zu offenen Versuchen, Ausnahmen zu erzwingen. Dies war deutlich sichtbar im Rahmen des Konvents von Laeken. Es kennzeichnet neuerdings auch die Position Italiens.

Hier besteht eine ordnungspolitische Daueraufgabe, die im Prinzip nur unter der Führung Deutschlands realisierbar ist, wenn Parteien und Regierungen für die wirtschaftlichen und gesellschaftspolitischen Ziele der Sozialen Marktwirtschaft in der EU eintreten.

10. Das neue Problemfeld – die EZB und ihre »Geldpolitik«

Die Rolle der EZB und ihre Geldpolitik haben mit der Euro-Schuldenkrise eine ganz neue Dimension gewonnen, die neue ordnungspolitische Antworten und politische Aktivitäten verlangt.

Die Kernaufgaben einer Zentralbank – hier der EZB – sind: den Zahlungsverkehr zwischen Banken, Nichtbanken und dem Staat zu sichern; die Geldpolitik so zu steuern, dass die Geldwertstabilität gewährleistet wird; und in Krisensituationen dem Kreditbankensystem auch unorthodoxe Liquiditätsstützen zur Verfügung zu stellen (*lender of last resort*).

Die Funktion der Kreditbanken ist dabei von besonderer Bedeutung, weil sie als Einlagennehmer dem Sparer gegenüber eine Treuhandfunktion übernehmen, die sie bei ihren Kreditgeschäften zu beachten haben. Ergänzt wird dies durch das Ziel der Geldpolitik, die Geldwertstabilität zu sichern. Dieses Ziel hat einmal die Funktion, nicht inflationär verzerrte Preise auf Märkten zu garantieren, und zweitens hat dieses Ziel eine soziale Funktion, die reale Erhaltung des monetären Vermögens. Hier greifen also mikro- und makroökonomische sowie ökonomisch-funktionelle und soziale Aspekte ineinander.

Diese Kernaufgaben wurden durch die EZB gut und normal wahrgenommen, über die Finanzkrise 2007 hinweg bis zur Euro-Schuldenkrise. Von deutscher Seite wurde viel Vertrauen in die Arbeit der EZB gesetzt, zumal die deutschen Chefökonomen Otmar Issing (1998–2006) und Jürgen Stark (2006–2011) mit ihrer Erfahrung aus der Deutschen Bundesbank Garanten dafür waren. Im Widerspruch zum Anlass des Rücktritts von Jürgen Stark (Unvereinbarkeit mit der Ausrichtung der EZB-Politik) nahm das Interesse der deutschen Regierungen an einer substanziellen Vertretung im Direktorium der EZB ab. Seitdem steht Deutschland willentlich auf einem geldpolitischen Abstellgleis.

Ebenso nahm die Duldung der Eigeninterpretation des geldpolitischen Ermessens seitens der EZB so zu, dass man den deutschen Regierungen ein mangelndes Interesse an ordnungspolitischen Fragen der Geldpolitik unterstellen kann.

Seit der geldpolitischen Wende der EZB-Geldmengenpolitik am 26. Juli 2012 nahm die anfangs begründete Krisenabwehr immer skurrilere Formen an:

1. Aus der Geldwertstabilität (bis zu 2 Prozent Geldentwertung) wurde ein Inflationsziel von mindestens 2 Prozent.
2. Es wurden Deflationsängste vorgetragen in einem Umfeld von guten Wachstumsraten und hoher Beschäftigung.
3. Es wurde die These befürwortet, dass der Gleichgewichtszins zwischen Sparen und Investieren unter 0 Prozent liege.
4. Die hohe Liquidität, die die EZB geschaffen hatte, wurde beklagt und den Banken vorgeworfen, das Kreditgeschäft nicht progressiv genug wahrzunehmen. Als Anreiz wurde der Leitzins sukzessive gesenkt bis auf 0 Prozent (10. März 2018), und als Druckmittel wurde die Liquiditätshaltung der Banken bei der EZB mit einem Negativzins belegt (ab 12. September 2019 0,5 Prozent). So wird die internationale Wettbewerbsfähigkeit europä-

ischer Banken und ihre Fähigkeit, Eigenkapital zu bilden, verringert, denn die amerikanischen Banken erhalten Zinsen auf ihre Einlagen.

Man kann dies durchaus als »manische Geldpolitik« bezeichnen. Denn die geldpolitischen Notsituationen oder Katastrophen existieren seit Jahren nicht mehr – und wenn, dann nur in wenigen Ländern der EWWU. Somit hat die EZB-Politik eine regionalpolitische Ausrichtung, die in den Statuten nicht zu finden ist. Der Ankauf der Staatsanleihen und das künstlich geschaffene Zinsniveau von nahe 0 Prozent oder sogar eine Negativverzinsung langfristiger Staatsanleihen haben die Grenzen der Geldpolitik schon lange verlassen. Es handelt sich nicht um eine direkte Staatsfinanzierung, aber um eine gewollte indirekte Staatsschuldenfinanzierung beziehungsweise -sanierung.

Die politische Duldung dieser geldpolitischen Praxis kann unterschiedlich erklärt werden: als mangelnde Wahrnehmung der Wirkungen oder als die Bevorzugung der eigenen Vorteile.

Aus deutscher ordnungspolitischer Sicht ist Folgendes von Bedeutung: Für eine Partei wie die CDU, die sich als Sachverwalterin der Sozialen Marktwirtschaft versteht, müssten bereits die Verzerrungen zwischen den Güter- und Dienstleistungsmärkten sowie den Bestandsmärkten (Immobilien- und Börsenmärkte) ein Alarmsignal sein. Seitdem die Niedrigzins-, die Nullzins- und nun die Negativzinspolitik existieren, entstehen immer höhere soziale Kosten bei Sparern, Pensionsfonds, Versicherungsnehmern, der privaten Rentenvorsorge und Gläubigern, weshalb die Politik einmal über ihre Wähler und über die Verantwortung für diesen Personenkreis nachdenken sowie Handlungsoptionen erarbeiten sollte.[57]

Die neuerliche Unruhe in der EZB und das Manifest der ehemaligen Zentralbankpolitiker beschreiben noch nicht einmal ansatzweise das ganze Ausmaß der Demontage der europäischen Verträge seit 1992.

Die Unabhängigkeit der Zentralbank ist eine politische Entscheidung, um eine entpolitisierte, sachorientierte Geldpolitik zu erreichen und abzusichern. Dadurch wird der Zentralbank aber kein Freibrief zur freien Gestaltung und Neudefinition der geldpolitischen Ziele und Mittel gegeben. Denn das wäre eine mit dem Ordnungsverständnis der Sozialen Marktwirtschaft gänzlich inkompatible Vorstellung. Diese Geldpolitik kann deshalb nur in den EU-Staaten gebilligt werden, die zwar eine unabhängige Zentralbank ablehnen, aber eine Geldpolitik befürworten, die Wachstum, Beschäftigung und eine Übernahme öffentlicher Schulden als Aufgaben wahrnimmt. Mit dem Vertrag von Maastricht und der wirtschaftlichen Realität stimmt die Politik der EZB nicht mehr überein.

11. Schlussfazit

Wir haben mit Christine Lagarde einen Wechsel an der Spitze der EZB. Und eine CDU, die die Inhalte und Werte der Sozialen Marktwirtschaft umsetzen will, sollte ihre Haltung gegenüber der EZB aktiv ändern, indem sie darauf dringt, dass

1. die Vertragsregeln wieder beachtet werden und damit der Ermessensspielraum der EZB bezüglich der Ziele, Instrumente und Dosierung der geldpolitischen Maßnahmen wieder in normale Bahnen gelenkt wird;
2. die dramatischen sozialen Folgen für die Sparer, die Lebensversicherungen sowie die Betriebspensionen stärker

in die Analysen der Negativzinspolitik eingebracht werden;

3. der Personalpolitik bezüglich der deutschen Repräsentanz in der EZB wieder eine größere Bedeutung beigemessen wird und

4. die internationalen negativen Wirkungen der Negativzinspolitik für die europäischen Banken in den Fokus der Politik gerückt werden.

Die EZB ist unabhängig gestellt worden gegenüber der Politik, sie hat sich aber eigenständig in eine politische Zentralbank transformiert. Sie übt unter dem Deckmantel der Geldpolitik Fiskalersatzpolitik aus. Die Abschiedsklage des vorherigen Präsidenten Draghi, dass die nationalen Fiskalpolitiken »nicht geliefert hätten«, ist der Beleg, dass die EZB eine fiskalpolitische Sanierung mit ihren erweiterten Instrumenten wahrnahm.

Deshalb muss es Aufgabe einer ordnungspolitischen Initiative sein, den Ordnungsrahmen der EZB auf den Kern zurückzuführen – eine genuin politische Pflicht für die Währungsordnung der EWWU.

1 Hans Willgerodt: Wertvorstellungen und theoretische Grundlagen des Konzepts der Sozialen Marktwirtschaft, in: Wolfram Fischer (Hg.): Währungsreform und Soziale Marktwirtschaft. Berlin 1989, S. 31–60.

2 Vgl. Gerold Ambrosius: Die Durchsetzung der Sozialen Marktwirtschaft in Westdeutschland 1945–1949. Stuttgart 1977, passim.

3 Ebd., vor allem Kapitel VI, S. 148 ff. Vgl. auch Carl-Ludwig Holtfrerich: Geldpolitik bei festen Wechselkursen (1948–1970), in: Deutsche Bundesbank (Hg.): Fünfzig Jahre Deutsche Mark. Notenbank und Währung in Deutschland seit 1948, S. 347–473, insbes. 361–380.

4 Vgl. Ambrosius, Durchsetzung, S. 22–28, 204 ff.

5 Vgl. Rolf Hasse: The German Concept of Market Economy: Social Market Economy. Its Roots and its Contribution to Liberal Economic Orders in Germany, Eu-

rope and Beyond, in: Georges C. Bitros/Nicholas C. Kyriasis (Hg.): Democracy and Open-Economy World Order. Cham 2017, S. 93–108.

6 Vgl. Maximilian Kutzner: Marktwirtschaft schreiben. Das Wirtschaftsressort der Frankfurter Allgemeinen Zeitung 1949–1992. Tübingen 2019.

7 Vgl. Ludwig Erhard: Wohlstand für alle. Düsseldorf 1957, passim. Vgl. auch Otmar Emminger: Ordnungs- und währungspolitische Probleme der Korea-Krise, in: Die Korea-Krise als ordnungspolitische Herausforderung der deutschen Wirtschaftspolitik. Ein Symposium der Ludwig-Erhard-Stiftung am 7. November 1984 in Bonn, S. 11–32. Vgl. ferner Ders.: D-Mark, Dollar, Währungskrisen. Erinnerungen eines ehemaligen Bundesbankpräsidenten. Stuttgart 1986, passim.

8 Vgl. Hasse: The German Concept of Market Economy, S. 93–108.

9 Ludwig Erhard war kein Anhänger einer regionalen Integration und beteiligte sich konsequent nicht an den Verhandlungen. Diese wurden von Prof. Alfred Müller-Armack geführt, Staatssekretär im BMWi, geistiger Vater der Sozialen Marktwirtschaft und Weggefährte von Ludwig Erhard von 1952 an im BMWi bei deren Umsetzung. Vgl. Alfred Müller-Armack: Auf dem Weg nach Europa. Erinnerungen und Ausblicke. Tübingen 1971, insbes. S. 68 ff., 104 ff., 221 ff.

10 Vgl. Gernot Gutmann u.a.: Ordnungsstrukturen im europäischen Integrationsprozeß. Ihre Entwicklung bis zum Vertrag von Maastricht. Stuttgart 1999. Vgl. Hanns Jürgen Küsters: Die Gründung der Europäischen Wirtschaftsgemeinschaft. Baden-Baden 1982.

11 Vgl. u.a. Otmar Issing: Monetäre Probleme der Konjunkturpolitik in der EWG. Berlin 1964.

12 Vgl. u.a. Erhard: Wohlstand für alle, passim; Emminger: D-Mark, Dollar, Währungskrisen, passim.

13 Vgl. Hans Willgerodt: Der »Gemeinsame Agrarmarkt der EWG«. Kritische Betrachtungen zu einer wirtschaftspolitischen Fehlkonstruktion. Tübingen 1974; Rolf Hasse/Horst Werner/Hans Willgerodt: Außenwirtschaftliche Absicherung zwischen Markt und Interventionismus. Erfahrungen mit Kapitalverkehrskontrollen. Frankfurt a. M. 1975.

14 Es ist durchaus erwähnenswert, dass es Prof. Karl Schiller als SPD-Politiker gewesen ist, der bei den Beratungen des »Gesetzes zur Förderung der Stabilität und des Wachstums der Wirtschaft« (StabG) von 1967 den Zusatz einbrachte, dass alle Maßnahmen so zu gestalten sind, dass »sie im Rahmen der marktwirtschaftlichen Ordnung« die Ziele des »magischen Vierecks« verwirklichen.

15 Memorandum der Kommission an den Rat über die Koordinierung der Wirtschaftspolitik und die Zusammenarbeit in Währungsfragen, Brüssel, den 12. Februar 1969, in: Bulletin der Europäischen Gemeinschaft, Nr. 1/1971.

16 Alle Dokumente abgedruckt in: Rainer Hellmann: Europäische Währungsunion. Eine Dokumentation. Baden-Baden 1972.

17 Das Gutachten enthielt alle Facetten und eine Synopse der wichtigsten Stufenpläne. Es wurde leicht überarbeitet und ergänzt mit einem sachgerechteren Titel Anfang 1972 veröffentlicht. Hans Willgerodt u.a.: Wege und Irrwege zur europäischen Währungsunion. Freiburg i. Br. 1972.

18 Italien und Luxemburg lavierten zwischen beiden Gruppen und ihren Strategien. Genaueres vgl. Rolf Hasse: Europäische Währungsunion – Illusion oder Wirklichkeit?, in: Aus Politik und Zeitgeschichte, B 20/1971, S. 1 – 32.

19 Vgl. Hellmann: Dokumentation, S. 215 ff.

20 Vgl. Horst Unger: A Concise History of European Monetary Integration. From EPU to EMU. Westport/London 1997, S. 133 ff.

21 Vgl. Rolf Hasse: Der Europäische Wechselkursverbund – Entwicklung und Erfahrungen mit einem internationalen Multiwährungs-Interventionsstandard bei festen und flexiblen Wechselkursen. Köln 1979 (Gutachten für das BMWi), Privatarchiv Hasse.

22 Vgl. Rolf Hasse: Die Europäische Zentralbank: Perspektiven für eine Weiterentwicklung des Europäischen Währungssystems. Mit Beiträgen von Werner Weidenfeld und Reinhold Biskup. Gütersloh 1989, S. 37 ff.

23 Die Neufassung des europäischen Wechselkursverbunds durch das EWS war das Ergebnis einer politischen Initiative von Bundeskanzler Helmut Schmidt und dem französischen Staatspräsidenten Valéry Giscard d'Estaing. Die neuartige währungstechnische Konstruktion hatte weniger währungspolitische als politische Ziele. Sie sollte die Teilnahme Frankreichs nicht als dritten Eintritt in den Wechselkursverbund erscheinen lassen. Im Fall des EWS war das Einvernehmen zwischen der Bundesregierung und der Deutschen Bundesbank nicht ungetrübt. Die geschaffene ECU war keine originäre Währung, sondern ein Währungskorb. Vgl. zur Entwicklung des EWS und der Politik der Devisenmarktinterventionen Hasse: Europäische Zentralbank, S. 65–90.

24 Vgl. Alexander Spielau: Die Politische Ökonomie von Wechselkursanpassungen. Auf- und Abwertungen in Deutschland und Frankreich. Köln 2018, insb. Kapitel 7.

25 Aufwertungen: Bundesrepublik – 5,5 %, Niederlande – 3,5 %, Dänemark – 2,5 %, Belgien/Luxemburg – 1,5 %. Abwertungen: Frankreich – 2,5 %, Italien – 2,5 %, Irland – 3,5 %. Deutsche Bundesbank, Monatsbericht April 1983, S. 4.

26 Vgl. Kommission der EG: Vollendung des Binnenmarktes. Weißbuch der Kommission an den Europäischen Rat. Luxemburg Juni 1985. Vgl. auch: Paolo Cecchini: Europa '92. Der Vorteil des Binnenmarktes. Baden-Baden 1988.

27 Vgl. EG-Rat: Richtlinie vom 18. Februar 1974 über die Stabilität, das Wachstum und die Vollbeschäftigung in der Gemeinschaft, abgedruckt in: EG-Währungsausschuss. Brüssel 1990, S. 24 ff. Sie wurden von der SPD/FDP als übereinstimmend mit ihren Beschlüssen von Schloss Gymnich bewertet, obwohl sie keine substanziellen Verbesserungen enthielten. Vgl. Deutscher Bundestag, 7. Wahlperiode, Drucksache 7/2021 vom 21. April 1974, Ziffer 27.

28 Die Delors-Kommission wurde auf der Tagung des EG-Rats in Hannover (27./28. Juni 1988) eingesetzt mit der Aufgabe, »die konkreten Etappen zur Verwirklichung dieser Union zu prüfen und vorzuschlagen«. Der Bericht wurde am 17. April 1989 veröffentlicht und wurde von allen Repräsentanten, inklusive aller Gouverneure der Zentralbanken der EG-Länder, angenommen. Trotzdem, die gravierenden ordnungspolitischen Unterschiede wurden nicht ausgeklammert, sondern genannt. Bericht zur Wirtschafts- und Währungsunion in

der Europäischen Gemeinschaft (»Delors-Bericht«), 12. April 1989, abgedruckt in: Europa-Archiv 10/1989, S. D 283–304.

29 Zur Kontinuität der etatistischen Ordnungspolitik und ihrer wirtschaftspolitischen Ausgestaltung vgl. Hans-Markus Johannsen: Die ordnungspolitische Haltung Frankreichs im Prozeß der europäischen Einigung. Frankfurt a. M. u.a. 1999. Im Delors-Bericht vertritt auch der italienische Vertreter, Tommaso Padoa-Schioppa, diese keynesianische Strategie. Vgl. Delors-Bericht, Anhang.

30 Gerhard Stoltenberg: Zur weiteren Entwicklung der währungspolitischen Zusammenarbeit in Europa. Bonn, 19. März 1988 [»Stoltenberg-Memorandum«].

31 Hans D. Genscher: Memorandum für die Schaffung eines europäischen Wirtschaftsraumes und einer Europäischen Zentralbank. Bonn, 26. Februar 1988. Die Bundesbank veröffentlichte ihre eigene Stellungnahme und die aus den anderen EG-Ländern in ihrer Veröffentlichung »Auszüge aus Presseartikeln im Zeitraum vom 17. April bis Ende September 1989«.

32 Vgl. Rolf Hasse: Wieviel Politische Union braucht die EWU? In: Internationale Politik 52 (1997), S. 47–52.

33 Weg ohne Wiederkehr, in: Der Spiegel, 2. März 1998.

34 EG-Vertrag Titel VI. Die Wirtschafts- und Währungspolitik (Art. 102a–104c).

35 Entschließung des Deutschen Bundestages zum Vertrag vom 7. Februar 1992 über die Europäische Union. Bundestagsdrucksache 12/3906 vom 2. Dezember 1992; Gemeinsame Entschließung der Fraktionen der CDU/CSU, SPD und FDP. Siehe auch Plenarprotokoll 12/126 vom 2. Dezember 1992, S. 10885. Entschließung anlässlich der Ratifizierung der Verträge von Maastricht und des Vertrags über die Europäische Union (unterzeichnet am 7. Februar 1992).

36 Urteil des Bundesverfassungsgerichts vom 12. Oktober 1992 mit der Zurückweisung der wesentlichen Beschwerden.

37 Protokoll über das Verfahren bei einem übermäßigen Defizit.

38 Vgl. Rolf Hasse: Budget Policies for a European Monetary Union: No laissez-faire but what kind of rules?, Gutachten im Auftrag der EG-Kommission-Generaldirektionen IV und XIV. Hamburg 1992.

39 Ebd., S. 25–30 und Appendix D. Der Vorschlag des Autors in einem Vortrag bei der Eröffnung des Brüsseler Büros des CDU-Wirtschaftsrats, statt des Verlusts des Stimmrechts im Ausschuss als Ultima Ratio bei totaler Nichtbeachtung der fiskalischen Restriktionen den Verlust des Stimmrechts im Ministerrat zu verhängen, verursachte einerseits blankes Erstaunen, fand andererseits aber Interesse, weil er aus der Logik des Vertrags von Maastricht abgeleitet worden war. Vgl. Rolf Hasse: Geld und Währung in Europa unter veränderten Rahmenbedingungen. Von der Vision zur Realisierung. Hamburg 1992.

40 Bundesministerium der Finanzen: Stabilitätspakt für Europa-Finanzpolitik in der dritten Stufe der WWU. Dokumentation 7/95. Bonn 1995.

41 EU-Kommission: Europäischer Rat von Dublin. Schlußfolgerungen des Vorsitzes und Anlagen zu den Schlußfolgerungen des Vorsitzes, in: Bulletin der Europäischen Union 12/1996.

42 Zitate in Werner Steuer: Gibt es eine europäische Stabilitätsstruktur?, in: Wirtschaftsdienst II/1997, S. 86–93.

43 Handelsblatt vom 17. Dezember 1996.

44 Das EWI hatte folgende Aufgaben: Verbesserung der Koordinierung der Geldpolitik in der Übergangszeit; Stärkung der Finanzstabilität, Vorbereitung des
grenzüberschreitenden Zahlungsverkehrs; Entwicklung des regulatorischen,
organisatorischen und logistischen Rahmens; Erarbeitung einer gemeinsamen
geldpolitischen Strategie für die Gemeinschaftswährung; Vorbereitung des einheitlichen Geldmarktes. Hinzu kam die Erarbeitung eines »Konvergenzberichts
nach Artikel 109j des Vertrages zur Gründung der Europäischen Gemeinschaft«
(vorgelegt im März 1998).

45 EWI. Konvergenzbericht, S. 22 f., 162–180.

46 Vgl. Deutsche Bundesbank, Monatsbericht, April 1998, S. 37 ff.; vgl. auch Otmar Issing: The Birth of the EURO. Cambridge u.a. 2008, passim.

47 Dies gilt auch für die Phase der sozialliberalen Koalition während der Amtszeit
von Prof. Karl Schiller und den anderen agierenden Personen im BMWi und
BMF (s. oben).

48 Die wissenschaftliche Kritik und auch das Votum gegen einen Eintritt in die
dritte Stufe der Währungsunion 1999 signalisierten vor allem die Sorgen über
die als ungenügend eingeschätzten Regeln der wirtschaftspolitischen Konvergenz.

49 Die Zinsen für italienische Staatsanleihen verringerten sich von 1995–1998 von
13,5 % auf 3,9 % und blieben bis zur Währungskrise 2007 nahe bei dem gemeinschaftlichen Zinsniveau um den deutschen Zinssatz. Damit sank die Zins-
zahlungslast von bis zu 10 % des BIP (1990–1997) auf 4 % des BIP. Die jährlichen Zinszahlungsersparnisse lagen zwischen 50 bis 80 Mrd. Euro. Vgl. Neue
Zürcher Zeitung, 28. August 2012.

50 EWI. Konvergenzbericht, S. 19 ff., 96 ff.

51 Vgl. Frank Wilkens: Griechenlands Exodus. Vom Beitritt zur Währungsunion
über Finanzcrash und Hilfspakete zum Grexit. Eine Chronologie der Schuldenkrise: Daten, Fakten, Analysen, historische Informationen und Szenarien.
München 2015, Kapitel 1.

52 Teilausnahmen waren Stefan Collignon, der über europäische Währungsfragen
geforscht hatte, und Claus Noé, der als beamteter Staatssekretär über fachliche
Vorkenntnisse verfügte, aber nicht die hier entscheidenden Schlüsselpositionen innehatte.

53 Zum Ablauf des Verfahrens vgl. Patrick Buchmüller/Andreas Marte, in: Wirtschaftsdienst IV/2004, S. 261–266.

54 Vgl. Ralf Brun: Die Wirtschaftsverfassung der Europäischen Union aus deutscher Perspektive. Berlin 2009.

55 Vgl. Rolf Hasse: Europa in der Wagenburg. Der Verfassungsvertrag ist in seiner
bisherigen Form nur bedingt integrationsfördernd, in: FAZ, 31. März 2007.

56 Vgl. Günter Glosser/Michael Roth: Berliner Entwurf – Verfassung für die Europäische Union. SPD-Fraktion. Berlin 2002. Inwieweit hier eine Abstimmung
mit der Bundesregierung vorlag, ist nicht zu ermitteln.

57 Die Folgen für die Renten, Pensionen und die private Altersvorsorge sind dramatisch. Die Fortsetzung dieser Politik hat eine logische Konsequenz: Die Ren-

ten müssen immer stärker über Steuermittel finanziert werden. Gerade eine derartige Entwicklung widerspricht den Grundsätzen einer Sozialen Marktwirtschaft.

Zur Aufklärung!

Die **CDU**

ist eine *christliche* Partei; aber nicht die Partei einer Kirche. Sie will christliche Grundsätze im öffentlichen Leben zur Anwendung bringen.

Die **CDU**

ist eine *demokratische* und antifaschistische Partei. Sie lehnt Klassenkampf und Haßgefühle ab. Sie wendet sich gegen jede Willkürherrschaft.

Die **CDU**

ist die *Union* d.h. die Vereinigung aller Schichten unseres Volkes. Sie sammelt alle fortschrittlichen Kräfte für eine bessere Zukunft.

Wählt CHRISTLICH DEMOKRATISCHE UNION DEUTSCHLANDS Liste 3

D 03 RATSDRUCKEREI DRESDEN GMBH. 1046 500   GEN. D. DIE MILIT. ZENSUR 1.10.46 ZENSUR-CHEF D. MILIT.-VERWALTUNG D. BUNDESLANDES SACHSEN

9 Plakat zu den Land- und Kreistagswahlen in der Sowjetischen Besatzungszone 1946

Die Auseinandersetzung mit der NS-Vergangenheit

Klaus-Dietmar Henke

Die Ära Adenauer: Moralischer Imperativ und
politisches Kalkül

Bereits in der Peripetie des Zweiten Weltkriegs, als der Nationalsozialismus mit der Vernichtung der europäischen Juden und der Wendung gegen die eigene Bevölkerung vollends zu sich selbst fand, war zu ahnen, dass diese Vergangenheit in ihrer einzigartigen Düsternis niemals vergehen werde. Dieser Tiefenakkord konnte nach 1945 zeitweise übertönt, aber nie zum Verstummen gebracht werden. Hier von »neurotischem Dauergeschwätz über die NS-Vergangenheit«[1] zu sprechen setzt die Anstrengung gerade auch im konservativen Lager herab, im nach-nationalsozialistischen Deutschland einen demokratischen Rechtsstaat aufzubauen und zugleich die Hypothek des »Dritten Reichs« abzutragen.

Die Politik stand dabei immer im Widerstreit zwischen Gesinnungsethik und Verantwortungsethik. Die CDU erfuhr das in besonderer Weise, musste sie einen großen Teil ihrer Wählerschaft doch in einem Bürgertum gewinnen, das eine Stütze des NS-Staats gewesen war. Außerdem verkörperte sie teilweise auch einen Konservatismus, der erhebliche Mitschuld am Nationalsozialismus hatte. Da eine Thematisierung dieser Grundtatsachen als politisch inopportun galt, fand die Union lange nicht zu einer Haltung, die den ethischen Maßstäben jener Mitglieder und Repräsentanten entsprochen hätte, die aus dem Widerstand gegen Hitler zu ihr gestoßen waren.

Handlungsleitend für die CDU wurde der Umstand, dass sie ihr strategisches Ziel – die Bildung eines bürgerlichen Blocks rechts von der SPD – nur erreichen konnte, wenn sie auf ihre Koalitionspartner, die Freie Demokratische Partei (FDP), die Deutsche Partei (DP) und den Bund der Heimatvertriebenen und Entrechteten (BHE), Rücksicht nahm. Diese protestantisch-mittelständischen Parteien waren in starkem Maße Sammelbecken von Rechtsnationalisten und Nationalsozialisten. Sie sahen in der Verfolgung von NS-Verbrechen, der Entnazifizierung und der »Umerziehung« vor allem Instrumente der Sieger zur Niederhaltung des deutschen Volkes. Die vergangenheitspolitische Linie der CDU war daher von einem »großzügigen Einbindungskurs«[2] bestimmt; jahrelang saßen im rechtskonservativen Bürgerblock achtmal mehr Bundestagsabgeordnete, die der NSDAP angehört hatten, als in den Reihen der Sozialdemokratie.[3] Auch die innere Stabilität der neuen Partei verlangte Zurückhaltung, denn als eine interkonfessionelle Union hatte sie auf die sorgsame Austarierung zwischen den Angehörigen katholischer und evangelischer Konfession zu achten. Da viele einstige Anhänger der NSDAP (die im protestantischen Milieu viel erfolgreicher gewesen war als im katholischen) jetzt in die CDU strömten, wurden Integrationsangebote unumgänglich. Also vermied man es, Schuld und Verantwortung von Millionen Funktionseliten und Mitläufern explizit zu benennen.

Im programmatischen Schrifttum der CDU findet sich wenig zur Auseinandersetzung mit dem Nationalsozialismus. Zwar wurden anfangs noch »Rassenhochmut«, der Einfluss »großkapitalistischer Rüstungsmagnaten« oder ein »nationalistische[r] Machtrausch«, dem viele Deutsche verfallen gewesen seien, als Ursachen der Katastrophe benannt,[4] doch gewann rasch die im europäischen Katholizismus gängige Interpretation Oberhand, wonach die Moderne – mit ihrer übelsten Ausprägung in Kommunismus und Nationalsozialismus – vom »Kampf zwischen Christentum und Materialismus«[5] geprägt sei. Konrad Adenauer, der früh zur überragenden Figur der Union aufstieg, sah in der Auseinandersetzung mit dem Materialismus »die entscheidende Frage der geschichtlichen Periode, in der wir leben«.[6] Dieser konservative Antimaterialismus zielte, anders als der linke Antikapitalismus, nicht auf gesellschaftlichen Umbau, sondern auf geistige Umorientierung. Adenauer kannte die »innere Labilität des deutschen Volkes«,[7] doch durch eine »Befreiung des deutschen Geistes«[8] würden sogar die Deutschen zivilisiert werden können.

Auf dem Goslarer Gründungsparteitag 1950, als der Kalte Krieg die bewährte Integrationsideologie des Antikommunismus wieder zu Ehren gebracht hatte, stufte der CDU-Vorsitzende die Verfolgungsmaßnahmen des »Dritten Reichs« im Vergleich zu denen in der Ostzone als »mäßig« ein und flankierte damit seine Einladung zur Mitarbeit an jene ehemaligen Nationalsozialisten, die sich »ehrlich an dem Aufbau einer neuen Ordnung« beteiligen wollten. Zugleich wandte er sich scharf gegen alle, »die den nationalsozialistischen Geist wieder neu zu beleben versuchen«.[9] Sein Credo lautete: Großzügigkeit gegenüber den »Ehemaligen«, Härte gegen die »Ewiggestrigen«. Gleichwohl gab es nie eine einheitliche CDU-Linie, weil das Vorverständnis und die Interessen ihrer Mitgliedschaft zu verschieden waren. Die Kontroversen ihres linken und rechten Flügels bestimmten den Umgang der Partei mit der NS-Vergangenheit über Jahrzehnte beinahe so stark wie ihre Regierungspolitik.

Bundeskanzler Konrad Adenauer war überzeugt, dass die Wiedereingliederung der in den Okkupationsjahren Ausgeschalteten zügig erfolgen musste, wenn der demokratische Neubeginn nicht im Elend der Zusammenbruchsgesellschaft versacken sollte. In seiner Regierungserklärung am 20. September 1949 hielt er einen Hinweis auf die Vergangenheit von Beamten, Professoren, Richtern oder Unternehmern ebenso für unnötig wie ein Wort zur deutschen Kriegsschuld, zur politischen Verfolgung oder zum Judenmord. Was er versprach, war die rasche Korrektur der Besatzungsmaßnahmen und seine Bereitschaft, dort, wo es »vertretbar erscheint, Vergangenes vergangen sein zu lassen«.[10] Damit bediente die Mitte-Rechts-Koalition die Selbstwahrnehmung der Bevölkerung, nun lange genug Opfer von Krieg und Besatzung gewesen zu sein. Kardinal Frings sah im deutschen Volk »viel mehr Opfer als Träger« der nationalsozialistischen Gräueltaten in NS-Diktatur und Krieg,[11] und nun werde es auch noch von den Siegermächten verfolgt und entrechtet. Noch populistischer und vergebungssüchtiger war die evangelische Kirche, die Hitler in nationalprotestantischer Tradition reichlich Palmzweige gestreut hatte. In »unbußfertigem Nationalismus«[12] warb sie für einen Schlussstrich ohne Wenn und Aber.

Alle Parteien wussten, wie wenig »argumentativen Manövrierraum«[13] sie hatten. Auch die mit der CDU um die Stimmen der »Mitläufer« konkurrierende SPD vermied es, sich gegen den Rehabilitierungs- und Pazifizierungskurs der Regierung zu stellen, vielmehr begab sie sich immer wieder in »schwarz-rote Abstimmungskoalitionen«.[14] Sogleich erging eine Fülle von Gesetzen, die den Umgang mit dem Erbe der Hitler- *und* der Okkupationsjahre regelten. Diese großzügige »Vergangenheitspolitik« (Norbert Frei) hatte drei Erwartungshaltungen zu berücksichtigen: die der »Ehemaligen«, der NS-Opfer und die des Westens, an den Adenauer Westdeutschland unwiderruflich binden wollte.

Mehrere Gesetze zielten auf eine weitgehende Rückabwicklung der Verurteilungen und Entlassungen während der Besatzungsjahre sowie die Wiedereingliederung der Betroffenen. Die von der »amnestiefreudigen Bevölkerungsmehrheit«[15] begrüßten Amnestiegesetze begnadigten zehntausende NS-Täter. Das in der zweiten Legislaturperiode verabschiedete Straffreiheitsgesetz trug ebenfalls zur Untergrabung der Legitimität von vergangenheitsbezogener Personalsäuberung und Strafverfolgung bei. In den Debatten über die Beendigung der Entnazifizierung (die ohnehin fast alle zu »Mitläufern« erklärte) entfachten besonders FDP und DP ihr Druckpotenzial; Adenauer selbst hatte sich mit der Forderung hören lassen, man solle »mit der Naziriecherei Schluss machen«.[16]

Das Gesetz zur Durchführung von Artikel 131 GG, das Zehntausenden den Weg zurück in den öffentlichen Dienst ebnete, forcierte die Koalition besonders. So blieb das vor 1945 mitnichten »sachlich« orientierte Berufsbeamtentum von der Frage nach seiner Rolle im Nationalsozialismus weitgehend verschont. Der Rückstrom der »Ehemaligen« trieb nicht nur den Prozentsatz früherer NSDAP-Mitglieder in den Behörden hoch, es strömten auch Exekutoren der Vernichtung zurück; ausgerechnet Polizei und Justiz waren am stärksten von ihnen durchsetzt. Die Richterschaft erfreute sich praktisch ungebrochener Kontinuität, was bei der Verfolgung von NS-Straftaten zu »schwersten Unterlassungsschäden«[17] führte.

Die kleinen Koalitionsparteien nutzten im Verein mit Rechtsradikalen und Teilen der Union besonders die Auseinandersetzung über Wiederbewaffnung und Westintegration, um den Furor des Vergebens und Vergessens zu bedienen. Obgleich die Strafprozesse der Alliierten die menschheitsfeindlichen NS-Verbrechen klar vor Augen geführt hatten, agitierten sie für eine Generalamnestie. Der Bundeskanzler manövrierte vorsichtig. Er durfte es sich weder mit den Besatzungsmächten noch mit der Mehrheit einer Bevölkerung verscherzen, die den deutschen Mordtaten mit geschichtsblinder Ignoranz begegnete. Immer wieder wandte sich Adenauer, der die normative Distanzierung vom Nationalsozialismus geradezu personifizierte, aber die »Demokratisierung mit minimaler Diskussion der NS-Verbrechen«[18] zu verbinden verstand, gegen seine Parteifreunde, wenn sie sich allzu sehr in Solidarität mit den Tätern übten. Die Westmächte zeigten sich zu Gnadenerweisen bereit, doch eine Generalamnestie ließen sie nicht zu. Im Vorfeld der Bundestagswahl 1953 kamen sie dem Kanzler freilich ein Stück entgegen, der nun seinerseits den bis zur Lächerlichkeit bemitleideten »Kriegsverurteilten« Reverenz erwies.

Nach dem überwältigenden Wahlsieg der Union 1953 und den außenpolitischen Weichenstellungen erschöpfte sich die aufgeputschte Erregung. Die Verbrecher kamen nach und nach frei, ihr Schicksal verlor seine angeblich nationalpolitische Bedeutung, doch zementierten die Amnestie-Kampagnen auf Jahre ein unwahrhaftiges Bild der Vergangenheit. Dem Bundeskanzler war für die innen- und außenpolitische Stabilisierung der Republik selten ein Preis zu hoch. Doch konnte er sich bei der Zivilisierung der Deutschen auf die Westmächte verlassen und sie sich auf ihn. Letztlich war es deren »latente Interventionsdrohung«[19] gegen eine Wiederkehr der Vergangenheit, die seinen politischen Spagat absicherte. Sein Erfolg bei den »Adenauer-Wahlen« ging hauptsächlich auf die Verbesserung der Lebensverhältnisse zurück, aber wohl auch auf seine Revisions- und Integrationspolitik. Der haushohe Sieg der demokratischen Parteien machte zugleich klar, dass aggressive Nationalisten und Neunationalsozialisten inzwischen auf verlorenem Posten standen.

Adenauer unterstrich zu Beginn seiner zweiten Amtszeit denn auch, dass die auf eine »Wiederbelebung der nationalsozialistischen Ideologie gerichteten Parteien« eine klare Absage erhalten hätten, doch in Unterschätzung der langfristigen Folgen der »Ehemaligen«-Integration meinte er, dass das »zahlenmäßige Gewicht der NS-Rückstände im deutschen Volk weithin überschätzt worden ist«.[20] Die Mittäter des Hitler-Staats waren in der Tat keine homogene Gruppe und als solche politisch nicht aktivierbar. Sie saßen zwar zum Teil wieder in einflussreichen Positionen, fanden sich aber einem öffentlichen und institutionellen Anpassungsdruck ausgesetzt, der es ihnen geraten erscheinen ließ, sich den veränderten Gegebenheiten anzupassen. Viele orientierten sich tatsächlich um, personelle Kontinuität bedeutete nicht auch Kontinuität von Denken und Einstellung.

Das wird man auch für Staatssekretär Hans Globke annehmen dürfen, »heimlicher Generalsekretär der CDU«[21], der sich der »geheimen Dienste« des BND[22] bediente und die westdeutsche Demokratiegründung vom Bundeskanzleramt aus mitprägte. Wegen seines Standardkommentars zur Rassegesetzgebung war er fraglos ein prominenter Mittäter der nationalsozialistischen Ausgrenzungs- und Vernichtungspolitik, andererseits konnte er zu seinem persönlichen Verhalten allerbeste Leumundszeugnisse geistlicher Würdenträger und Regimegegner vorweisen. Adenauer hielt an der Symbolfigur für die Wiederkehr der alten Funktionseliten fest – je schärfer die Angriffe der DDR, desto entschiedener. Diese demonstrative Solidarität war zugleich ein Signal an die »Mitläufer«-Gesellschaft: Hielt sich ein Schreibtischtäter wie Globke im Amt, wer wollte dann noch im Leben der anderen wühlen? Das hatte einen hohen Preis. Eine Bundesrepublik, die nicht einmal ihre Spitzenämter rein hielt, konnte lange nicht zur Republik der NS-Gegner werden. Der CDU-

Mitbegründer und Buchenwald-Häftling Eugen Kogon beklagte 1954, viele von ihnen hätten sich inzwischen in die »Widerstandsbunker des Geistes« zurückgezogen.[23]

Die Politik des großzügigen Pardons war die eine Seite der »Vergangenheitsbewältigung«. Zugleich machte die Bundesregierung gegen neonazistische Bestrebungen Front, wie sie sich in der Sozialistischen Reichspartei (SRP) zeigten. Auf Drängen von Innenminister Robert Lehr (CDU), einem NS-Gegner, war sie im Herbst 1952 verboten worden. Einige Wochen später machte Adenauer aus seiner Genugtuung über die Zerschlagung der »Gauleiter-Verschwörung« zur Unterwanderung der FDP in Nordrhein-Westfalen durch die britische Besatzungsmacht keinen Hehl.[24]

Die von der Regierung Adenauer eingeschlagene Doppelstrategie weitherziger Pardonierung »Ehemaliger« und demonstrativer Bekämpfung »Ewiggestriger« wurde, drittens, durch die sogenannte Wiedergutmachung nationalsozialistischen Unrechts ergänzt. Sie ging einerseits auf die Erwartungen »des Auslands« zurück, zum anderen aber auch auf eine genuine moralische Sensibilität des CDU-Vorsitzenden. Die im Wiedergutmachungsabkommen mit Israel beziehungsweise der Jewish Claims Conference und im Abkommen über die deutschen Auslandsschulden vereinbarten Milliardensummen lösten in der Union im Einklang mit einer »skeptischen bis ablehnenden Haltung«[25] in der Bevölkerung starke Kritik aus. Dennoch drängte der Bundeskanzler ungeachtet des erheblichen finanziellen Risikos, das er nach einer verbreiteten Befürchtung einging, »mit unbeugsamer Härte«[26] auf eine Ratifizierung. Die Verbundenheit mit Israel blieb ein Leitgedanke christlich-demokratischer Politik, bis hin zu dem Bekenntnis von Bundeskanzlerin Angela Merkel vor der Knesset, die besondere Verantwortung für die Sicherheit des jüdischen Staats sei »Teil der Staatsräson« Deutschlands.[27]

Freilich, die jahrzehntelange Praxis von Rückerstattung und Entschädigung, bei der sich Gesetzgebung, Rechtsprechung und Durchführung oft in peinlichster Weise bissen, war für viele »Anspruchsberechtigte« nichts als eine demütigende Erfahrung bürokratischer Kälte.

Von Kiesinger zu Merkel: Die allmähliche Annahme der Vergangenheit

Als das Jahrzehnt personeller Integration und politischer Stabilisierung zu Ende ging, begann das Fundament der jungen Bundesrepublik an seinen politisch-moralischen Schwachstellen bereits zu bröckeln. Die Ungereimtheiten und Versäumnisse waren so schwerwiegend, dass es einer jahrzehntelangen Anstrengung bedurfte, um sie halbwegs zu korrigieren. Da es die maßgeblich von CDU/CSU verantwortete Politik gewesen war, die erhebliche moralische Kosten nach sich gezogen hatte, fanden sich Teile der Union nach und nach zu einem Umdenken und Umsteuern bereit. Es waren vor allem Einzelpersönlichkeiten, die gegen eine wohlstandssichere Vergangenheitsvergessenheit ankämpften und sich dabei auch mit der eigenen Partei anlegten.

Das Unbehagen an dem Versagen der Justiz bei der Verfolgung von NS-Verbrechen, ein »Kainsmal«,[28] verschaffte sich bereits Ende der 1950er-Jahre Gehör. Nicht zuletzt infolge der richterlichen »Verfilzung mit vergangenem Unrecht«[29] war sie praktisch zum Erliegen gekommen. Es sind die ihre »wohlerworbenen Rechte« einklagenden NS-Täter selbst gewesen, welche die Öffentlichkeit hellhörig machten und die zweite Phase der Strafverfolgung einläuteten. 1958 gründeten die Länder eine zentrale Vorermittlungsstelle in Ludwigsburg, und mit dem Jerusalemer Eichmann- und dem Frankfurter Auschwitz-Prozess Anfang der 1960er-Jahre traten allmählich nicht nur das Ausmaß, sondern auch die breite gesellschaftliche Arbeitsteilung bei der Ermordung der europäischen Juden ins öffentliche Bewusstsein.

Konnte die Verjährung von Totschlagsverbrechen 1960 den Bundestag gegen die SPD-Opposition noch passieren, so gelang das bei Mord fünf Jahre später nicht mehr. Nicht allein die Sozialdemokraten stellten sich dagegen, in der Union selbst regten sich Bedenken. Obgleich nur weniger als ein Drittel der Bevölkerung einen Schlussstrich ablehnte,[30] warnte der CDU-Abgeordnete Ernst Benda, »dass das Rechtsgefühl eines Volkes in unerträglicher Weise korrumpiert werden würde, wenn Morde ungesühnt bleiben müssten, obwohl sie gesühnt werden könnten«.[31] Wenigstens die Verfolgung der schwersten NS-Verbrechen durfte (bei Ablehnung durch die CSU und drei Dutzend Gegenstimmen aus der CDU) nun fortgesetzt werden – wenn auch »im Zeichen des ›Zu spät‹«.[32] Nicht allein die Präsenz von ehemaligen NS-Eliten und die NS-Verfahren wurden nun deutlicher angesprochen, der Umgang mit der Vergangenheit als Ganzes rückte »zu einem der wichtigen Themen der innenpolitischen Debatten« auf.[33]

Mitte der 1960er-Jahre, als die defizitäre Aufarbeitung »zusehends als Skandalon betrachtet« wurde,[34] sahen viele in der Großen Koalition unter Kurt Georg Kiesinger und Willy Brandt ein Zeichen erinnerungspolitischer Versöhnung; mit dem Zweckbündnis des einstigen NSDAP-Mitglieds und des von Adenauer verleumdeten Emigranten würden die geschichtspolitischen Gräben vielleicht überwunden. Das war ein Irrtum. Gemeinsam stand die Koalition außerdem einer antiautoritären Jugendrevolte gegenüber, welche die »Gegenwart der Vergangenheit«[35] politisierte und instrumentalisierte. Während eines CDU-Parteitags 1968 versetzte die deutsch-französische Aktivistin Beate Klarsfeld dem Bundeskanzler eine Ohrfeige, um das Fortwirken des NS-Personals anzuprangern. Heinrich Böll schickte rote Rosen, doch sonst löste die Attacke Empörung aus. Kiesinger reagierte zunächst gelassen, doch konservative Parteifreunde überredeten ihn dazu, ein auf die außerparlamentarische Opposition zielendes Exempel von Recht und Ordnung zu statuieren. Erst dadurch wurde die Ohrfeige »zur Ikone«.[36]

Als die sozialliberale Regierung Brandt/Scheel im Herbst 1969 mit ihrer neuen Ostpolitik eine Normalisierung der Beziehungen zum Ostblock einleitete, rückten die Hauptschauplätze der deutschen Verbrechen stärker ins öffentliche Bewusstsein. Wenig wirkte in der Debatte über die »Vergangenheitsbewältigung« so revolutionierend und auf die Unionsparteien so verstörend wie der Kniefall des Bundeskanzlers am Warschauer Denkmal für die Gefallenen des jüdischen Getto-Aufstands am 7. Dezember 1970. Ausgerechnet der wegen seiner Entspannungspolitik von CDU/CSU angefeindete NS-Gegner Brandt bezeugte vor der Welt die Anerkenntnis deutscher Schuld – »eine der wenigen großen Bekenntnis- und Versöhnungsgesten, die den Deutschen nach 1945 im Umgang mit dem Grauen ihrer Vergangenheit gelungen sind«.[37]

Im Rahmen der lebhaft gewordenen öffentlichen Diskussion der NS-Zeit bescherte die Auseinandersetzung über Hans Filbinger der Union die wohl ärgste geschichtspolitische Herausforderung ihrer Oppositionsjahre. Der Dramatiker Rolf Hochhuth griff den baden-württembergischen Ministerpräsidenten 1978 scharf an und nannte ihn wegen seiner Tätigkeit als Marinerichter einen »furchtbaren Juristen«. Der zum rechtskonservativen Rand der CDU gehörende Filbinger verhielt sich in dieser Kontroverse so unglaubwürdig und ungeschickt, dass er das Ansehen der Union ernstlich beschädigte. Besonders seine Einlassung, was damals Recht gewesen sei, könne »heute nicht Unrecht sein«,[38] löste Empörung aus. Dreißig Jahre nach Kriegsende gehörte es eigentlich zum Allgemeinwissen, dass der Staat Hitlers ein Unrechtsstaat gewesen war und seinen Verfolgungsmaßnahmen »unrichtiges Recht« (Gustav Radbruch) zugrunde gelegen hatte. Der starrsinnige Filbinger wurde von seinen Parteifreunden zum Rücktritt gedrängt, der ihm mit dem Ehrenvorsitz seines Landesverbands versüßt wurde. Er fühlte sich immer als unschuldiges Opfer der Linken und widmete sich hinfort dem rechtslastigen »Studienzentrum Weikersheim«. Die Affäre stieß eine intensive gesellschaftliche Beschäftigung mit den Untaten der Militärjustiz an. Ihre Mitglieder wurden später vom Bundesgerichtshof als »Blutrichter« eingestuft, ihre Unrechtsurteile vom Bundestag aufgehoben.

Bald nach dem Filbinger-Eklat gingen die Wogen der Erinnerung neuerlich hoch. Die amerikanische Fernsehserie »Holocaust« zog Westdeutschland in Bann. Die fiktive Geschichte einer jüdischen Berliner Arztfamilie rückte die Schoah erstmals in das breite Bewusstsein. Manche sprachen von einer erinnerungspolitischen Zäsur. Das TV-Drama strahlte auch auf die Bundestagsdebatte im Frühjahr 1979 aus, in der es neuerlich um die Aufhebung der Verjährungsfrist für Mord ging. Johann Baptist Gradl (CDU) bezeichnete sie als einen »Akt moralisch-politischer Selbstreinigung unseres Volkes«.[39] Bei aufgehobenem Fraktionszwang entschied sich das Parlament mit knapper Mehrheit dafür; 85 Prozent der CDU/CSU-Abgeordneten votierten dagegen.[40]

Der mühsam genug erzielte Kompromiss offenbarte, wie umkämpft die Haltung zum »Dritten Reich« noch immer war. Das zeigte sich auch, als der amerikanische Präsident Ronald Reagan anlässlich des vierzigsten Jahrestags des Kriegsendes die Bundesrepublik besuchte. Bundeskanz-

ler Helmut Kohl (CDU) begab sich mit ihm auf einen Solda-
tenfriedhof in Bitburg, um die Aussöhnung zwischen den
ehemaligen Gegnern zu demonstrieren. Als sich herausstellte, dass dort auch Soldaten der Waffen-SS lagen, erhob
sich ein internationaler Aufschrei. Der CDU/CSU-Fraktions-
vorsitzende Alfred Dregger war über die Skandalisierung
ebenso empört wie das linksliberale Lager über die pau-
schale Totenehrung. Kohl, der mit seiner Forderung nach
»einer geistig-moralischen Wende« bereits einigen Widerstand ausgelöst hatte, scheiterte mit dem Versuch, »die NS-
Zeit durch einen Akt der abschließenden Versöhnungssym-
bolik zu deaktualisieren«, denn inzwischen hatte sich eine
neue Sensibilität entwickelt, »durch welche die nationalsozialistische Vorgeschichte der Bundesrepublik und insbesondere die personellen Kontinuitäten als Belastung und Skandal empfunden wurden«.[41]

Welcher Anstrengungen es bedurfte, um eine Abkehr vom
herkömmlichen Umgang mit der NS-Zeit einzuleiten, wurde
deutlich, als Bundespräsident Richard von Weizsäcker (CDU)
mit einer Deutung des Epochenjahrs 1945 hervortrat, die
wie eine Antwort auf die Bitburg-Affäre wirkte. Aristokra-
tische Erscheinung und unabhängiger Geist, war der spät
zur Union Gestoßene schon des Öfteren angeeckt. Er hatte
sich für die Ostverträge ausgesprochen und kultivierte seine
Rolle als eine Art Gegentypus zum dominierenden Parteivorsitzenden, der seine Wahl in das höchste Staatsamt gerne
verhindert hätte. Der Bundespräsident (der sich bei der familiären »Vergangenheitsbewältigung« schwertat) qualifi-
zierte in einer Feierstunde des Bundestags am 8. Mai 1985
die bedingungslose Kapitulation nicht wie gewohnt nur als
Niederlage, sondern auch als einen »Tag der Befreiung«,[42]
der die zweite deutsche Demokratie überhaupt erst ermöglicht habe.

Das war ein geschichtspolitischer Paradigmenwechsel, der international auf mehr Zustimmung stieß als in der Bundesrepublik. Der Präsident gedachte explizit der Opfergruppen, die bisher gewöhnlich links liegen gelassen worden waren, Kommunisten, Zwangsarbeiter, Zwangssterilisierte etwa. Über die Täter, die inzwischen die Pensionsgrenze meist überschritten hatten, und die breite gesellschaftliche Verankerung des Nationalsozialismus sprach er weniger konkret. Dafür war es offenbar noch immer zu früh. Der 1986 einsetzende »Historikerstreit«,[43] der aufseiten des linksliberalen Spektrums auch als Gegenreaktion gegen die vom CDU-Kanzler betriebene Geschichtspolitik geführt wurde, zeigte neuerlich, welche »politische Dimension«[44] die nationalsozialistische Vergangenheit inzwischen gewonnen hatte.

Die Wiedervereinigung 1989/90 veränderte alles. Sie schien auch den Umgang der Deutschen mit dem entsetzlichsten Kapitel ihrer Geschichte befrieden zu können. Die beinahe zweihundert Jahre alte deutsche Frage nach der inneren Verfassung, den Außengrenzen und der außenpolitischen Orientierung der Nation war endgültig beantwortet, das »Dritte Reich« um eine »historische Epochenschwelle«[45] zurückgetreten. Die Christdemokraten durften Adenauers Politik der Westbindung ebenso bestätigt sehen wie die Sozialdemokraten Brandts Entspannungspolitik. Warum sollte nicht auch die große Debatte über die »Vergangenheitsbewältigung« in nationalem Konsens enden?

Das Gegenteil war der Fall. Die NS-Zeit rückte noch stärker in den Vordergrund, weil die Welt sehr genau darauf sah, wie sich das vereinte Deutschland zu den Verpflichtungen aus seiner Geschichte stellen würde, weil kritische Geister nun nicht mehr als »antifaschistische« Wasserträger der SED abgestempelt werden konnten und die östlichen Archive neue Einblicke in die deutsche Vernichtungspolitik ermöglichten.

Die 1990er-Jahre wurden zu einer Hochzeit geschichtspolitischer Selbstverständigung, die jedoch erst gut zwanzig Jahre später zu einer mehrheitlichen Übereinstimmung in der Beurteilung der NS-Zeit führte. Erst dann war sie kein innenpolitisches Zentralthema mehr. Nach dem Abtreten der Tätergeneration wandelte sich die Auseinandersetzung mit der NS-Vergangenheit von einem Kampf um Leugnung oder Anerkennung persönlich zurechenbarer Schuld zur Durchsetzung gesellschaftlicher Anerkenntnis der politisch-moralischen Verantwortung für den Nationalsozialismus.

Obgleich die Bundesregierung den Zwei-plus-Vier-Vertrag von 1990 nicht als Friedensvertrag ansah, musste den nach Ende des Kalten Krieges »gleichsam wieder aufgetauten«[46] Verpflichtungen vor allem gegenüber den ostmitteleuropäischen Ländern Rechnung getragen werden. Mit humanitären Globalabkommen versuchte die Regierung Kohl, diesen Druck aufzufangen, doch die Frage der Wiedergutmachung erlangte jetzt eine weltweit derart Wellen schlagende Aufmerksamkeit, dass sich ihr neben der Bundesregierung auch Unternehmen, Banken und Versicherungen nicht mehr entziehen konnten.

Mit dem Wechsel zur rot-grünen Regierung 1998 gewann eine größere Bereitschaft zu erweiterten humanitären Regelungen für NS-Opfer an Boden, massiver Druck der USA tat ein Übriges. Ungemein verwickelte, von den Unionsparteien skeptisch begleitete Verhandlungen fanden im Jahr 2000 mit der Errichtung des von Staat und Wirtschaft gemeinsam getragenen Entschädigungsfonds für ehemalige Zwangsarbeiter in Höhe von zehn Milliarden DM ihren Abschluss – eine späte Geste gegenüber den überlebenden Opfern deutscher Gewaltpolitik. Insgesamt wurden von der Bundesrepublik bisher insgesamt gut fünfundsiebzig Milliarden Euro für die »Wiedergutmachung« aufgewandt.[47]

Mit seltener Vehemenz wurde auch darüber gestrittenen, ob die achtzehn Millionen deutschen Soldaten in einer »sauberen Wehrmacht« gedient hatten. Anders als das Problem der NS-Kontinuitäten und NS-Verbrechen tangierte diese Frage so gut wie jede Familie. Daher tobte ein erbitterter, mit Demonstrationen, Gegendemonstrationen und wüsten Pamphleten geführter Streit. Auslöser war die Ausstellung »Verbrechen der Wehrmacht« des Hamburger Instituts für Sozialforschung, die in vielen Städten gezeigt wurde. An ihrer wissenschaftlich längst gesicherten Grundaussage, wonach die Wehrmacht ein Element deutscher Vernichtungspolitik gewesen sei, gab es nichts zu deuteln, doch steckten Fehler in der Präsentation, die von Veteranen, Konservativen und Rechtsradikalen zum Anlass genommen wurden, um ihre Kernaussage zu diskreditieren. Unionspolitiker standen dabei meist auf deren Seite. Alfred Dregger, Frontmann der sogenannten Stahlhelm-Fraktion, sprach von »Selbsthass«, der »Deutschland ins Mark« treffe.[48] Die Ausstellung wurde überarbeitet, doch das historische Bild der Verflechtung des Militärs mit der deutschen Vernichtungspolitik behielt Bestand.

Bundespräsident Roman Herzog (CDU) hatte inzwischen den 27. Januar, den Tag, an dem die Rote Armee 1945 das Vernichtungslager Auschwitz befreite, mit Zustimmung aller Bundestagsparteien zum Gedenktag für die Opfer des Nationalsozialismus erklärt. Damit folgte er einer Anregung von Ignaz Bubis, dem Vorsitzenden des Zentralrats der Juden in Deutschland, der in den Vergangenheitsdebatten des ersten Vereinigungsjahrzehnts zu einer maßgeblichen Stimme wurde. Entschieden reagierte er auf alle Anzeichen, die auf ein Wiedererstarken von Rassismus, Antisemitismus oder auf Tendenzen hindeuteten, einen erinnerungspolitischen Schlussstrich zu ziehen. Das verband ihn mit ausländischen

Beobachtern, die vor einer Wiederkehr großdeutscher Lemuren warnten. Widerwärtige Hetzjagden auf Asylbewerber kurz nach der Vereinigung ließen Schlimmes befürchten.

Bundeskanzler Helmut Kohl kannte die Befürchtungen »des Auslands« und hatte sie mit Verträgen, Verpflichtungen und Zusagen abzufedern versucht. Geschichtspolitisch bewegte er sich mit seinem Bestreben, im Unterschied zu einer »Holocaust-Identität«, mit der die »Geschichte Mahnung und Bürde der Nation« bleiben würde, eine »Normale-Nation-Identität« zu stiften,[49] allerdings noch in eingefahrenen Gleisen. Nach langer Diskussion über eine nationale Gedenkstätte wollte Kohl die Neue Wache in Berlin zum zentralen Mahnmal für die »Opfer von Krieg und Gewaltherrschaft« gestaltet wissen. Diese anonymisierende und nivellierende, Opfer und Täter auf eine Stufe stellende Formulierung kam jedoch unter Beschuss und musste durch Hinweistafeln ergänzt werden, die nach dem Vorbild der Weizsäcker-Rede alle Opfergruppen benannten.

Hintergrund dieses Kompromisses war eine Absprache zwischen Bubis und Kohl, der diesem die Zusicherung gab, es werde im Zentrum Berlins ein eigenes »Denkmal für die ermordeten Juden Europas« errichtet werden, das auf eine bürgerschaftliche Initiative zurückging. Der Landesausschuss der Jungen Union Berlin fiel mit der Erklärung »Kein Juden-Denkmal am Potsdamer Platz« aus der Rolle,[50] Eberhard Diepgen (CDU) wollte keine »Hauptstadt der Reue«.[51] Jan und Aleida Assmann haben den »Deal« von Bubis und Kohl so bezeugt: »Ich unterstütze die Neue Wache und du unterstützt das Holocaust-Mahnmal. Im Juni 1999 gab es dann im Bundestag eine Abstimmung mit großer Mehrheit für das Denkmal.«[52] Sechs Jahre später wurde es der Öffentlichkeit übergeben. Nahe der ehemaligen Reichskanzlei gelegen, ist es das sichtbarste Zeichen des Wandels, den der Umgang mit der NS-Zeit in der Bundesrepublik und der Union inzwischen erfahren hatte.

Dass nicht alle diesen Sinneswandel vollzogen hatten, wurde bei der Aufdeckung des Parteispendenskandals deutlich, der das Ansehen des eben aus dem Amt geschiedenen Helmut Kohl und seiner Partei schwer beschädigte. Der hessische CDU-Landesverband, der ebenso wie die Bundespartei illegale Konten unterhalten hatte, ging nämlich so weit, seine in die Schweiz verschobenen Gelder als »jüdische Vermächtnisse« auszugeben. Der sächsische Ministerpräsident Kurt Biedenkopf (CDU) prangerte das sogleich an und entschuldigte sich. Sein Amtskollege Roland Koch (CDU) tat das ebenfalls und fügte hinzu, dies sei »nicht die Geisteshaltung« seiner Partei.[53]

Nach der Wiedervereinigung fehlte es nicht an Versuchen konservativer west-östlicher Allianzen, die Auseinandersetzung mit der SED-Diktatur zu nutzen, um die Erinnerung an die NS-Diktatur in den Hintergrund zu drängen. Dabei spielte die politische Versuchung mit, den Staatssozialismus nun genauso gegen den demokratischen Sozialismus auszuspielen, wie das in der alten Bundesrepublik mit dem Nationalsozialismus gegen das bürgerlich-konservative Lager geschehen war. Ehemalige Bürgerrechtler und CDU-Politiker aus den neuen Ländern wie Vera Lengsfeld, Günter Nooke oder Arnold Vaatz taten sich dabei besonders hervor. Doch auch die staatlich institutionalisierte, üppig alimentierte DDR-Aufarbeitung birgt die Gefahr einer kuriosen, im äußersten Fall nivellierenden Geschichtsverzerrung. Wie die Rede von den »zwei deutschen Diktaturen« ist die hypertrophe Befassung mit dem Honecker/Mielke-Sozialismus geeignet, den Unterschied zwischen dem SED-Unrechtsstaat und dem menschheitsfeindlichen NS-Regime zu verwischen. An sich sollte man nicht daran erinnern müssen, dass sich diese welthistorische Differenz in einer »kategorialen Asymmetrie«[54] bei der Auseinandersetzung mit beiden Systemen widerzuspiegeln hat.

Die Einzigartigkeit des Unheils, das Deutschland über die Welt brachte, wird niemals aus der Erinnerung der Menschheit zu tilgen sein. Auch infolge des politisch kaum vermeidbaren, aber moralisch kostenträchtigen Pragmatismus der Ära Adenauer und wegen der Konvulsionen bei der allmählichen Annahme der Vergangenheit durch die Unionsparteien hat es lange gedauert, bis sich die Erkenntnis durchsetzte, dass unser Land der Verantwortung für den Nationalsozialismus nicht entkommen kann. Solange die Neigung, diese Verpflichtung abzustreifen, sich nicht in der politischen Mitte festsetzt – der konservative Flügel der Union trägt hier große Verantwortung –, wird sie der Nation keinen Schaden zufügen können. Die CDU-Vorsitzende Angela Merkel ließ nie Zweifel daran aufkommen, dass die Abwehr einer Unterhöhlung dieses in Jahrzehnten mühsam genug gewachsenen Konsenses zu den Hauptaufgaben der Union zählt. Mehr noch, in schwieriger Lage hat sie der Bundesrepublik 2015 einen bleibenden historischen Dienst erwiesen: Deutschland ist seither nicht mehr nur das Land, das maßloses Unheil anrichtete, sondern auch eines, das zu humanitärer Großherzigkeit fähig ist.

1 Hans-Peter Schwarz: Adenauer. Der Staatsmann: 1952–1967. Stuttgart 1991, S. 527.

2 Frank Bösch: Die Adenauer-CDU. Gründung, Aufstieg und Krise einer Erfolgspartei 1945–1969. Stuttgart 2001, S. 423.

3 Siehe die »Liste ehemaliger NSDAP-Mitglieder, die nach 1945 politisch tätig waren«, in: Wikipedia (Abruf: 7. Januar 2019).

4 Siehe etwa http://www.kas.de/upload/ACDP/CDU/Programme_Beschluesse /1945_Koelner-Leitsaetze.pdf oder https://www.kas.de/c/document_library/ get_file?uuid=ab4d4989-70dc-fbc7-e7bd-14f683a68eaa&groupId=252038 (Abruf: 18. Januar 2019).

5 Maria Mitchell: Materialism and Secularism: CDU Politicians and National Socialism, 1945–1949, in: The Journal of Modern History, 67/2 (1995), S. 278–308, hier 283.

6 Rede Adenauers in Köln am 2. September 1956, zitiert nach Anneliese Poppinga: Konrad Adenauer. Geschichtsverständnis, Weltanschauung und politische Praxis. Stuttgart 1975, S. 57.

7 Ebd., S. 103.

8 Corinna Franz: Prinzipien und Pragmatismus. Konrad Adenauers Umgang mit der NS-Vergangenheit, in: Stefan Creuzberger/Dominik Geppert (Hg.): Die Ämter und ihre Vergangenheit. Ministerien und Behörden im geteilten Deutschland 1949–1972. Paderborn 2018, S. 14–45, hier 43.

9 Grundsatzrede Adenauers am 20. Oktober 1950, in: Erster Parteitag der Christlich-Demokratischen Union Deutschlands. Oberursel 1950, S. 16, 20.

10 Deutscher Bundestag, Stenographischer Bericht, 1. Wahlperiode, 5. Sitzung, 20. September 1949, S. 27.

11 Ulrich Herbert: Geschichte Deutschlands im 20. Jahrhundert. München 2014, S. 659.

12 Clemens Vollnhals: Im Schatten der Stuttgarter Schulderklärung. Die Erblast des Nationalprotestantismus, in: Manfred Gailus/Hartmut Lehmann (Hg.): Nationalprotestantische Mentalitäten. Konturen, Entwicklungslinien und Umbrüche eines Weltbildes. Göttingen 2005, S. 379–431, hier 429.

13 Norbert Frei: Vergangenheitspolitik. Die Anfänge der Bundesrepublik und die NS-Vergangenheit. München 1996, S. 401.

14 Ebd., S. 398.

15 Kristina Meyer: Die SPD und die NS-Vergangenheit 1945–1990. Göttingen 2015, S. 506.

16 Deutscher Bundestag, Stenographischer Bericht, 1. Wahlperiode, 234. Sitzung, 22. Oktober 1952, S. 10736.

17 Frei: Vergangenheitspolitik, S. 100.

18 Jeffrey Herf: Zweierlei Erinnerung. Die NS-Vergangenheit im geteilten Deutschland. Berlin 1998, S. 406.

19 Klaus-Dietmar Henke: Die Grenzen der politischen Säuberung in Deutschland nach 1945, in: Ludolf Herbst (Hg.): Westdeutschland 1945–1955. Unterwerfung, Kontrolle, Integration. München 1986, S. 132.

20 Deutscher Bundestag, Stenographischer Bericht, 2. Wahlperiode, 3. Sitzung, 20. Oktober 1953, S. 11.

21 Bösch: Adenauer-CDU, S. 426.

22 Klaus-Dietmar Henke: Geheime Dienste. Die politische Inlandsspionage der Organisation Gehlen 1946–1953. Berlin 2018.

23 Eugen Kogon: Beinahe mit dem Rücken an der Wand, in: Frankfurter Hefte 9 (1954), S. 641–645, hier 644.

24 Vgl. Ulrich Herbert: Best. Biographische Studien über Radikalismus, Weltanschauung und Vernunft 1903–1989. Bonn 1996, S. 468.

25 Constantin Goschler: Schuld und Schulden. Die Politik der Wiedergutmachung für NS-Verfolgte seit 1945. Göttingen 2005, S. 479.

26 Hans-Peter Schwarz: Die Ära Adenauer. Gründerjahre der Republik 1949–1957. Stuttgart 1981, S. 185.

27 Bulletin der Bundesregierung, Nr. 26-1, 18. März 2008.

28 Herbert: Geschichte Deutschlands, S. 667.

29 So Ernst Müller-Meiningen jr. 1958 in einem Kommentar. Zitiert nach Klaus-Dietmar Henke: Die Trennung vom Nationalsozialismus. Selbstzerstörung, politische Säuberung, »Entnazifizierung«, Strafverfolgung, in: Ders./Hans Woller (Hg.): Politische Säuberung in Europa. Die Abrechnung mit Faschismus und Kollaboration in Europa nach dem Zweiten Weltkrieg. München 1991, S. 71-83, hier 80.

30 Clemens Vollnhals: »Über Auschwitz aber wächst kein Gras«. Die Verjährungsdebatten im Deutschen Bundestag, in: Jörg Osterloh/Clemens Vollnhals (Hg.): NS-Prozesse und deutsche Öffentlichkeit: Besatzungszeit, frühe Bundesrepublik und DDR. Göttingen 2011, S. 375–401, hier 383.

31 Deutscher Bundestag, Stenographischer Bericht, 4. Wahlperiode, 170. Sitzung, 10. März 1965, S. 8524.

32 Martin Broszat: Siegerjustiz oder strafrechtliche »Selbstreinigung«. Aspekte der Vergangenheitsbewältigung der deutschen Justiz während der Besatzungszeit 1945–1949, in: Vierteljahrshefte für Zeitgeschichte 29 (1981), S. 477–544, hier 541.

33 Ulrich Herbert: Liberalisierung als Lernprozess. Die Bundesrepublik in der deutschen Geschichte – eine Skizze, in: Ders. (Hg.): Wandlungsprozesse in Westdeutschland. Belastung, Integration, Liberalisierung 1945–1980. Göttingen 2002, S. 7–49, hier 47.

34 Edgar Wolfrum: Geschichtspolitik in der Bundesrepublik Deutschland. Der Weg der bundesrepublikanischen Erinnerung 1948–1990. Darmstadt 1999, S. 351.

35 Peter Graf Kielmansegg: Lange Schatten. Vom Umgang der Deutschen mit der nationalsozialistischen Vergangenheit. Berlin 1989, S. 80.

36 Philipp Gassert: Kurt Georg Kiesinger 1904–1988. Kanzler zwischen den Zeiten. München 2006, S. 651.

37 Peter Graf Kielmansegg: Nach der Katastrophe. Eine Geschichte des geteilten Deutschland. Berlin 2000, S. 208.

38 Zitiert nach Wolfram Wette: Der Fall Filbinger, in: Ders. (Hg.): Filbinger – eine deutsche Karriere. Springe 2006, S. 20.

39 Deutscher Bundestag, Stenographischer Bericht, 8. Wahlperiode, 145. Sitzung, 29. März 1979, S. 11565.

40 Deutscher Bundestag, Stenographischer Bericht, 8. Wahlperiode, 165. Sitzung, 1. Juli 1979, S. 13311.

41 Herbert: Geschichte Deutschlands, S. 1018.

42 http://www.bundespraesident.de/SharedDocs/Downloads/DE/Reden/2015/02/150202-RvW-Rede-8-Mai-1985.pdf?__blob=publicationFile (Abruf: 23. Februar 2019).

43 Ernst Reinhard Piper (Hg.): »Historikerstreit«. Die Dokumentation der Kontroverse um die Einzigartigkeit der nationalsozialistischen Judenvernichtung. München 1987.

44 Kielmansegg: Schatten, S. 92.

45 Norbert Frei: 1945 und wir. Das Dritte Reich im Bewusstsein der Deutschen. München 2005, S. 8.

46 Goschler: Schuld und Schulden, S. 414.

47 Bundesministerium der Finanzen: Leistungen auf dem Gebiet der Wiedergutmachung, Stand: 31. Dezember 2017, in: https://www.bundesfinanzministerium/Content/DE/Standardartikel (Abruf: 20. Februar 2019).

48 Deutscher Bundestag, Stenographischer Bericht, 13. Wahlperiode, 163. Sitzung, 13. März 1997, S. 14711.

49 Wolfrum: Geschichtspolitik, S. 355.

50 Eins an jeder Ecke, in: Der Spiegel, 20. Juni 1995.

51 Zitiert nach Antje Langer: Holocaust-Mahnmal in Berlin, in: Torben Fischer/Matthias N. Lorenz (Hg.): Lexikon der »Vergangenheitsbewältigung« in Deutschland. Debatten- und Diskursgeschichte des Nationalsozialismus nach 1945. Bielefeld 2015, S. 314–317, hier 315.

52 Holocaust-Mahnmal ist eine globale Ikone, in: Frankfurter Rundschau, 18. Dezember 2017.

53 Empörung über angebliche jüdische Vermächtnisse, in: Der Tagesspiegel, 18. Januar 2000.

54 Klaus-Dietmar Henke: Gedächtnisverschiebung? Für eine kategoriale Asymmetrie bei der Auseinandersetzung mit der NS- und der SED-Zeit, in: Zeitschrift für Geschichtswissenschaft 64/1 (2017), S. 54–65.

10　Plakat zu den Bundestagswahlen 1949

Die CDU und das Ziel der deutschen Einheit

Wolfgang Jäger

Die Spanne zwischen der Kapitulation Deutschlands und dem Beitritt der Deutschen Demokratischen Republik zur Bundesrepublik Deutschland betrug nur fünfundvierzig Jahre. Diese relativ kurze Phase war ein Laboratorium der Geschichtswissenschaft, ohne dass diese sich dessen bewusst sein konnte. Die Mehrzahl der Historiker und zeitgeschichtlich arbeitenden Politikwissenschaftler scheiterte mit ihren Experimenten, sprich: Hypothesen und Thesen zur deutschlandpolitischen Entwicklung.[1]

Die wichtigste rechtliche Grundlage der Deutschlandpolitik war die Regelung der Potsdamer Konferenz der Siegermächte. Deutschland sollte nicht zerstückelt werden. Es sollte von einem Alliierten Kontrollrat, der seine Beschlüsse nur einstimmig fassen konnte, regiert werden, und »bis auf Weiteres« würde keine zentrale Regierung gebildet werden. Jeder der vier Zonen-Befehlshaber übte die unumschränkte Gewalt in seiner Zone aus. Dem in vier Sektoren aufgeteilten Berlin kam insofern ein Sonderstatus zu, als es der gemeinsamen Hoheit der vier Alliierten unterstellt wurde. Wirtschaftlich sollte Deutschland als Einheit behandelt werden.

An diese Übereinkunft der Siegermächte zu erinnern ist wichtig. Es war ein nicht zu unterschätzendes Verdienst der CDU in der Geschichte der Bundesrepublik, die Westmächte auf ihre Verantwortung zu verpflichten.

Die Außenpolitik der CDU wurde von Anfang an dominiert von Konrad Adenauer, der schon im Januar 1946 an die Spitze der CDU der britischen Zone gelangt war. Der Zonenausschuss der CDU war eine Art Parlament mit Delegierten aus den einzelnen Landesverbänden Schleswig-Holstein, Braunschweig, Hannover, Oldenburg, Lippe, Hamburg, Bremen, Westfalen und Rheinland.[2]

Adenauer ging bereits 1945 von der »Tatsache« der Trennung von Ost- und Westeuropa sowie von dem »wünschenswerten Endziel« einer »Union der westeuropäischen Staaten« unter Einbeziehung Westdeutschlands aus – so in einem Brief an den Oberbürgermeister von Duisburg vom 31. Oktober 1945.[3] Zum einen wollte er den Schutz Westdeutschlands vor dem expansiven Sowjetrussland, zum anderen galt es, den Besatzungsmächten die Angst vor einem aggressiven Deutschland zu nehmen: durch die europäische Verflechtung der deutschen Wirtschaft und den Aufbau einer Demokratie, die die Deutschen auch vor sich selbst schützte und ihrer Vergötterung des Staats ein für alle Mal ein Ende setzte. Dabei hatte Adenauer auch eine deutsche Frage besonderer Art im Blick, nämlich die territoriale Integrität Westdeutschlands.

Aufschluss gibt eine grundsätzliche Rede zur politischen Lage, die der Vorsitzende vor dem Zonenausschuss am 17. Dezember 1946 in Lippstadt hielt.[4] Adenauer sorgte sich um die Gebietsansprüche der Niederlande unter dem »harmlosen Wort ›Grenzberichtigung‹«, einer »Tarnung schlimmster Sorte«. Das Nachbarland wolle »die ganzen Kohlebergwerke und Kohleschätze (…) bis zum Rheinufer haben« sowie »das ganze Aachener Becken«. Die zweite Sorge galt Frankreich, das die Internationalisierung des Ruhrgebiets und des Rheinlands sowie die Abtrennung des Saargebiets fordere, aber auch die französische Zone aus dem »übrigen Deutschland« ausschließen wolle.

Adenauer hatte durchaus Verständnis für das französische Sicherheitsbedürfnis und wollte ein Zeichen setzen mit der Entscheidung über die Frage der Hauptstadt. Er hielt es »für absolut notwendig, dass man vielleicht an einer sichtbaren Stelle betont, dass Berlin nicht mehr die Hauptstadt werden soll. Sie glauben ja gar nicht, was das in der Mentalität der Franzosen ausmacht, dass Berlin nicht mehr die Hauptstadt werden soll.«

Eine solche Position stand natürlich der Sicht der Berliner CDU-Führungsgruppe um Jakob Kaiser diametral entgegen, die für die neue Partei eine zentrale Rolle im Reich beanspruchte. Sie war gegen die Westintegration und trat für ein blockfreies Gesamtdeutschland ein, das eine Art Brücke zwischen West und Ost bilden sollte. Adenauer setzte sich mit seiner Konzeption der Westintegration durch. Die Absetzung Kaisers Ende 1947 durch die Sowjets, die Berlin-Blockade und die Sowjetisierung der Ostzone entzogen Kaiser den Boden. Adenauer machte ihn 1949 zum Bundesminister für gesamtdeutsche Fragen. Fortan trug er, wenn auch manchmal unwillig, Adenauers Politik mit. Immer wieder rief ihn der Kanzler in Kabinettssitzungen zur Ordnung und kritisierte seine »Extratouren«, wenn er Zweifel am Willen des Kanzlers zur deutschen Einheit anklingen ließ. Er fühlte sich als eine Art »gesamtdeutsches Gewissen« (Hans-Peter Schwarz).[5] Der damalige Staatssekretär im Bundeskanzleramt, Otto Lenz, schrieb in seinem Tagebuch sogar, dass Kaiser Politik lediglich aus einem nationalistischen Ressentiment mache.[6]

Es ging vor allem um die Frage, ob Adenauers Kurs der Westintegration die deutsche Teilung vertiefe. Der Bundeskanzler war zutiefst davon überzeugt, dass es keinen Gegensatz gebe zwischen einer »Politik für Europa« und einer »Politik für die deutsche Einheit«.[7]

Dem Weg zum souveränen Akteur auf der internationalen Bühne bei gleichzeitiger Westbindung dienten der Vertrag über die Europäische Gemeinschaft für Kohle und Stahl (1951), der Generalvertrag mit seinen Zusatzverträgen (Deutschlandvertrag) und die Koppelung mit der Europäischen Verteidigungsgemeinschaft, die im Mai 1952 von den Westmächten und der Bundesrepublik unterzeichnet wurden. Adenauers Angebot eines deutschen Wehrbeitrags war durch den Ausbruch des Koreakrieges (1950) beflügelt worden. Seine Politik der Wiederbewaffnung wurde in der CDU nicht nur begrüßt. Bundesinnenminister Gustav Heinemann trat aus Protest zurück (9. Oktober 1950), verließ die CDU und gründete die Gesamtdeutsche Volkspartei mit, die sich 1957 der SPD anschloss.

Da die französische Nationalversammlung 1954 die Verträge nicht ratifizierte, verschob sich das Inkrafttreten des Deutschlandvertrags nach einigen Modifikationen bis 1955. Der deutsche Wehrbeitrag wurde in die NATO und die WEU integriert. Das Misstrauen der Franzosen gegenüber den Deutschen war noch allzu lebendig, zumal damals die Saarfrage noch nicht geregelt war. Erst am 1. Januar 1957 erfolgte der Beitritt des Saarlands zur Bundesrepublik (»kleine Wiedervereinigung«).

Aus der späten Sicht der erfolgten Wiedervereinigung ist vor allem an den Artikel 7 Absatz 1 des Deutschlandvertrags zu erinnern. Die Vertragsparteien halten dort ein »gemeinsames Ziel« fest, nämlich »ein wiedervereinigtes Deutschland, das eine freiheitlich-demokratische Verfassung ähnlich wie die Bundesrepublik besitzt und das in die europäische Gemeinschaft integriert« ist.[8]

Das ganze Vertragswerk war ein Ergebnis höchster Diplomatie des Bundeskanzlers. Insbesondere gilt dies im Verhältnis zu Frankreich. Adenauer war äußerst sensibel, wenn es um die Ängste Frankreichs gegenüber einem wiederer-

starkenden Deutschland ging. Er wusste, dass der Wesens-
kern eines vereinigten und freien Europas die nachhaltige
Aussöhnung zwischen Deutschland und Frankreich war.
Die Leistung des Bundeskanzlers wird oft unterschätzt. Das
liegt wohl daran, dass die überaus heftige Auseinandersetzung zwischen Regierung und Opposition über die Auswirkungen der Verträge auf die deutsche Teilung alles überla-
gerte. Die Polemik des SPD-Vorsitzenden Kurt Schumacher
kannte keine Grenzen, wenn er Adenauer vorwarf, »Kanzler
der Alliierten« zu sein, oder sich sogar zu der Äußerung ver-
stieg: »Wer diesem Generalvertrag zustimmt, der hört auf,
ein Deutscher zu sein.«[9]

Die Auseinandersetzung wurde verschärft durch das Angebot der Sowjetregierung an die Westmächte vom 10. März
1952, einen Friedensvertrag mit einem wiedervereinigten
Deutschland zu schließen. Adenauer sah in Stalins Vorstoß
nur ein Störmanöver, um das wachsende Vertrauen zwischen
dem Westen und der Bundesrepublik zu zerstören, die Westintegration zu verhindern und die Bundestagswahl 1953 zu
beeinflussen. Eine Neutralisierung, so fürchtete Adenauer,
würde Deutschland dem sowjetischen Machtbereich ausliefern.

Bis heute hält die Diskussion an, ob damals eine historische Chance zur Wiedervereinigung in Frieden und Freiheit vertan worden sei. Unter Abwägung aller Argumente
pro und kontra kommt Heinrich August Winkler zu dem
Schluss: »Nimmt man die inneren und die äußeren Wirkungen zusammen, die eine Wiedervereinigung auf der Basis der
sowjetischen Vorschläge vom März und April 1952 gehabt
hätte, fällt die Behauptung von den ›versäumten Chancen‹
jenes Jahres in sich zusammen.«[10]

Kaum eine Rolle spielte in der damaligen Auseinandersetzung die Frage der deutschen Ostgrenze. Immerhin gab es in

der Bundesrepublik und DDR zusammengenommen 8,4 Millionen Heimatvertriebene bei einer Gesamtbevölkerung von siebzig Millionen. »Eine Wiedervereinigung in den Grenzen von 1945 wäre, so muss man folgern, mit einer großen Gefahr verbunden gewesen: einem radikalen Nationalismus, der schon einmal nach 1918 zur Zerstörung einer deutschen Demokratie beigetragen hatte« – so Winkler.

In der Logik der im Grundgesetz verankerten Kernstaatsidee, dass sich die Bundesrepublik in der Rechtsnachfolge des Deutschen Reiches befinde und, demokratisch legitimiert, darauf hinwirken solle, die Einheit und Freiheit Deutschlands zu vollenden, lag die Politik der völkerrechtlichen Nichtanerkennung und Isolierung der Deutschen Demokratischen Republik (Hallstein-Doktrin). Der Volksaufstand in der DDR im Juni 1953 und der ständige Zustrom von DDR-Bewohnern in die Bundesrepublik waren der für alle Welt offenkundige Beweis für die fehlende demokratische Legitimation des von der Roten Armee besetzten Teils Deutschlands.

Die Mitte der 1950er-Jahre nach Stalins Tod trotz der Niederschlagung des Aufstands in der DDR einsetzende Entspannungsphase zwischen den zwei Supermächten änderte an der Haltung der UdSSR gegenüber der deutschen Frage nichts. Auch die von Adenauer als vorteilhaft erachtete Aufnahme der diplomatischen Beziehungen mit Moskau 1955 brachte darin keinen Fortschritt. Allerdings erreichte er die Rückführung der deutschen Kriegsgefangenen und eines Teils der in Russland festgehaltenen Zivilpersonen. Zwar hielt die sowjetische Führung daran fest, dass die Wiedervereinigung die Angelegenheit der beiden deutschen Staaten sei, nahm aber brieflich zur Befriedigung Adenauers die bundesdeutsche Rechtsposition entgegen, dass mit der Aufnahme der diplomatischen Beziehungen »keine Anerkennung des territorialen Besitzstandes« verbunden und »die endgültige

Festsetzung der Grenzen Deutschlands einem Friedensvertrag vorbehalten« sei. Außerdem, dass damit »keine Änderung des Rechtsstandpunktes der Bundesregierung in Bezug auf ihre Befugnis zur Vertretung des deutschen Volkes in Vertretung von internationalen Angelegenheiten und in Bezug auf die politischen Verhältnisse in denjenigen deutschen Gebieten, die gegenwärtig außerhalb ihrer effektiven Hohcitsgewalt« lägen, erfolge.[11]

Der Bundeskanzler ließ sich in seinem Konzept der europäischen Integration und der Isolierung der DDR nicht beirren. 1957 wurden die Römischen Verträge zur Gründung der Europäischen Wirtschaftsgemeinschaft (EWG) und der Europäischen Atomgemeinschaft (EURATOM) unterzeichnet. In der Kommunikation mit der Sowjetregierung beharrten beide Seiten auf ihren Positionen: Auf westdeutscher Seite war dies der Alleinvertretungsanspruch für Gesamtdeutschland unter dem Dach der Vier-Mächte-Verantwortung im Rahmen des atlantischen Bündnisses. Die sowjetische Seite bestand auf der Forderung, dass die Wiedervereinigung Sache der beiden souveränen deutschen Staaten sei und ein wiedervereinigtes Deutschland neutral sein müsse.

Dass Adenauer deutschlandpolitisch flexibler war, als seine Kritiker monierten, beweist sein gegenüber dem sowjetischen Botschafter im März 1958 geäußerter Vorschlag, der DDR den Status Österreichs zu geben, also militärisch neutral zu sein, sie aber über ihre Regierung selbst bestimmen zu lassen: »(...) ihnen die Lebensbedingungen zu erleichtern, selbst für den Preis, dass die Wiedervereinigung nicht unmittelbar durchgeführt würde. Die Chance einer Wiedervereinigung zu einem späteren Zeitpunkt blieb offen.« Adenauer bat darum, den Vorschlag geheim zu halten, da er riskiere, »von meinen eigenen Leuten dafür gesteinigt zu werden«.[12]

Hier wurde die später immer virulenter werdende Spannung deutlich, einerseits menschliche Erleichterungen für die DDR-Bevölkerung zu erreichen, andererseits damit aber die Stabilität des zweiten deutschen Staats zu fördern.

Die sowjetische Regierung reagierte auf den Österreich-Vorschlag gar nicht. Mit dem Ultimatum der Sowjets an die Westmächte vom November 1958, aus Berlin abzuziehen und West-Berlin zur autonomen Einheit zu machen, verschärfte sich der Ost-West-Konflikt. Der Bundeskanzler bemühte sich nun, mehr noch als vor Chruschtschows Ultimatum, mit allen diplomatischen Mitteln in der Zeit der Berlin-Krise bis 1962, die Westmächte USA und Großbritannien zu drängen, ihre deutschlandpolitische Verantwortung nicht aufzugeben. Dass es ihm vor allem gelang, den Status West-Berlins zu verteidigen, wurde – wie Hans-Peter Schwarz festhält – von der deutschen Öffentlichkeit »bis heute nicht gebührend gewürdigt«.[13]

Allerdings bedeuteten der Bau der Mauer am 13. August 1961 und ein Jahr später im Oktober die an den Rand des Atomkriegs führende Kuba-Krise für das Verhältnis der beiden Supermächte einen wichtigen Einschnitt. Beide Seiten akzeptierten mehr oder weniger ihre Einflussgebiete, also den Status quo – die Grundlage für eine Entspannungspolitik.

Damit wurde es aber immer schwieriger für die Bundesregierung, an der Politik der Isolierung und Nichtanerkennung der DDR festzuhalten. Während in der SPD, ausgehend von den in Berlin regierenden Sozialdemokraten, sich die Bereitschaft zum Dialog mit der Ost-Berliner Regierung rasch durchsetzte, begriff man auch zunehmend in der CDU, dass eine Politik der menschlichen Erleichterungen in der DDR unausweichlich war, um das Einheitsgefühl der beiden Volksteile durch die Isolation nicht zu gefährden. Allerdings überwog immer noch die Sorge vor der Anerkennung der zweiten deutschen Diktatur.

Bundeskanzler Ludwig Erhard betonte in seiner Regierungserklärung 1963, dass es ohne die Lösung der Deutschland-Frage keine Entspannung geben könne, wies aber doch auf eine pragmatische Verbesserung der Beziehungen zu den osteuropäischen Ländern des Ostblocks hin. Dies war vor allem das Anliegen von Bundesaußenminister Gerhard Schröder.

In der Großen Koalition verstärkten Bundeskanzler Kurt Georg Kiesinger und Außenminister Willy Brandt diesen Aspekt noch. Kiesinger billigte beispielsweise den Beziehungen zu den osteuropäischen Ländern jetzt dieselben »besonderen Gegebenheiten« zu, die 1955 zur Aufnahme der diplomatischen Beziehungen mit der Sowjetunion geführt hatten: »Wir sehen das als einen Fall eigener Art an, den wir pragmatisch lösen müssen« (Interview vom 20. Januar 1967).[14] Deutschlandpolitisch blieb die Große Koalition noch eindeutig in der alten Spur: Die Fraktionen der CDU/CSU und SPD stimmten am 25. September 1968 einer Resolution zu: »Die Anerkennung des anderen Teiles Deutschlands als Ausland oder als zweiter souveräner Staat deutscher Nation kommt nicht in Betracht.«[15]

Die neue Ostpolitik der sozialliberalen Regierung Brandt/Scheel, die auf der von Brandts Mitarbeiter Egon Bahr geprägten Formel »Wandel durch Annäherung« aufbaute, stürzte dann die CDU in innere Turbulenzen. In seiner Regierungserklärung vom 28. Oktober 1969 erklärte Bundeskanzler Brandt, dass ein »weiteres Auseinanderleben der deutschen Nation« verhindert werden müsse. »Eine völkerrechtliche Anerkennung der DDR« komme zwar nicht in Betracht. Aber: »Auch wenn zwei Staaten in Deutschland existieren, sind sie doch füreinander nicht Ausland; ihre

Beziehungen zueinander können nur von besonderer Art sein.« Die Zwei-Staaten-Theorie der Bundesregierung war geboren. In ihrer Entgegnung verwiesen Oppositionsführer Rainer Barzel und Altbundeskanzler Kiesinger auf die gemeinsame Regierungserklärung von 1968 und lehnten die Anerkennung der DDR als Staat kategorisch ab.[16]

Schwieriger wurde es mit dem Moskauer Vertrag (12. August 1970) und dem Warschauer Vertrag (7. Dezember 1970), die im Frühjahr 1972 im Bundestag beraten wurden. Zwischen der Unterzeichnung der beiden Verträge durch die Regierungen und ihrer parlamentarischen Beratung lagen die äußerst schwierigen Verhandlungen der vier Mächte über Berlin. Das Berliner Abkommen wurde am 3. September 1971 von den Botschaftern der vier Mächte unterzeichnet. Die Bundesregierung sah zwischen der Sicherung der Bindungen der Westsektoren mit der Bundesrepublik durch die Sowjetunion einerseits und den Ostverträgen andererseits ein politisches Junktim. Sie wurde darin von der Opposition bestärkt und sogar bedrängt.

Am 24. Januar 1972 lehnte der Bundesausschuss der CDU dennoch die Annahme der Ostverträge einstimmig ab, da sie einseitige deutsche Zugeständnisse enthielten. Der Fraktionsvorsitzende Rainer Barzel verfolgte dagegen eine Strategie, die Kooperation und Konfrontation mit der Bundesregierung zu vereinen versuchte. Sein Motto lautete: »So nicht!« Konnte dieses Vorgehen noch Taktik sein, um die Abstimmung über die Verträge zu verschleppen, war dies nach dem Scheitern des konstruktiven Misstrauensvotums am 27. April nicht mehr möglich. Sowohl die Opposition wie auch die Regierung waren angesichts der Pattsituation im Bundestag gezwungen, aufeinander zuzugehen. Das Ergebnis war die »Gemeinsame Erklärung des Bundestages zu den Ostverträgen«, die am 10. Mai 1972 von den Fraktionen der CDU/CSU,

SPD und FDP in den Bundestag eingebracht wurde. Barzel schien sein Ziel erreicht zu haben, nämlich die Zustimmung seiner Fraktion zu den Ostverträgen zu erhalten. Die Erklärung enthielt den Friedensvertragsvorbehalt, die Fortgeltung der »Rechte und Verantwortlichkeiten der Vier Mächte in Bezug auf Deutschland als Ganzes und Berlin« und die Offenheit der »deutschen Frage«, das Bekenntnis zum atlantischen Bündnis und zur Politik der europäischen Einigung sowie zur Aufrechterhaltung der Bindung zwischen Berlin (West) und der Bundesrepublik Deutschland. Die Sowjetregierung nahm die Erklärung als offizielles Dokument noch vor Abschluss der Ratifikation entgegen, allerdings ohne ausdrückliche Zustimmung.[17]

Obgleich der CDU-Bundesvorstand am 15. Mai 1972 Barzels Position billigte, konnte er sich in seiner Fraktion nicht durchsetzen; die Union blieb zerstritten. Da einige Abgeordnete drohten, für die Verträge zu stimmen, einigte man sich auf den Kompromiss der Enthaltung bei wenigen Neinstimmen am 17. Mai im Bundestag. Damit konnten die Ostverträge passieren. Die Gemeinsame Erklärung wurde daraufhin einstimmig bei fünf Enthaltungen verabschiedet. Da die Bundesregierung ihre Mehrheit im Bundestag durch das Ausscheiden einiger Abgeordneter verloren hatte, sorgte also die Opposition durch ihr Verhalten für die Verabschiedung der Verträge, ohne sich jedoch dessen zu rühmen. Schließlich galt im bevorstehenden Bundestagswahlkampf ihre Hauptkritik der sozialliberalen Ostpolitik. Längerfristig jedoch war das Verhalten der Union die Grundlage für die Kontinuität der Ostpolitik auch bei einem Koalitionswechsel. Die Beziehungen zwischen der Bundesrepublik Deutschland und der DDR wurden normalisiert – so heißt es in der Gemeinsamen Erklärung –, aber die deutsche Frage blieb offen.

Zunächst hielt der Streit in der Union an. Er galt nun dem Grundlagenvertrag mit der DDR vom 21. Dezember 1972 – also nach der Bundestagswahl, die der sozialliberalen Koalition eine klare Mehrheit beschert hatte. In den Worten von Werner Link eine »komplizierte Konstruktion: Die volle völkerrechtliche Anerkennung wird nicht ausgesprochen, aber die Beziehungen werden auf der Basis und nach den Grundsätzen des Völkerrechts geregelt.«[18] Der Vertrag strebte die Normalisierung der Beziehungen zwischen beiden deutschen Staaten und die Regelung praktischer und humanitärer Fragen an. Er ging von der »souveränen Gleichheit« und »territorialen Integrität« der Vertragspartner aus. In einem Protokollvermerk hielt die Bundesrepublik fest, dass Staatsangehörigkeitsfragen durch den Vertrag nicht geregelt würden. Und in einem »Brief zur deutschen Einheit« an die Regierung der DDR erklärte die Bundesregierung, dass der Vertrag nicht im Widerspruch zu dem politischen Ziel stehe, »auf einen Zustand des Friedens in Europa hinzuwirken, in dem das deutsche Volk in freier Selbstbestimmung seine Einheit wiedererlangt«.[19]

Das Verhalten der Opposition war widersprüchlich. Den Grundlagenvertrag lehnte sie bei wenigen Jastimmen ab, da das Ziel der Wiedervereinigung im Vertrag selbst keine Rolle spielte. Bei der mit dem Grundlagenvertrag eng gekoppelten Frage des Beitritts der Bundesrepublik zu den Vereinten Nationen, der natürlich den Beitritt der DDR nach sich ziehen musste, war die Fraktion gespalten. Der Fraktionsvorsitzende Barzel befürwortete den Beitritt, die Fraktion lehnte aber mit knapper Mehrheit ab. Der ohnehin durch die verlorene Bundestagswahl angeschlagene Fraktionsvorsitzende legte daraufhin sein Amt nieder. Im Bundesrat stimmte die Union dem UN-Beitritt zu. Am 18. September 1973 wurden die Bundesrepublik und die DDR in die UN aufgenommen. Der rheinland-pfälzische Ministerpräsident Helmut Kohl, der Barzel im Amt des Parteivorsitzenden folgen sollte, hatte den UN-Beitritt befürwortet.[20]

Ein Meilenstein der Deutschlandpolitik war das Urteil des Bundesverfassungsgerichts, das von der Bayerischen Staatsregierung gegen den Grundlagenvertrag angerufen worden war. Beide Seiten, sowohl die Regierung wie auch die Opposition, konnten sich dabei als Gewinner fühlen. Das Gericht lehnte am 31. Juli 1973 die Klage ab, zog aber der Interpretation des Grundlagenvertrags enge Grenzen im Sinne des Grundgesetzes. Die Wiedervereinigung sei ein verfassungsrechtliches Gebot. »Alle Verfassungsorgane sind verpflichtet, in ihrer Politik auf die Erreichung dieses Zieles hinzuwirken (…) und alles zu unterlassen, was die Wiedervereinigung vereiteln würde.«[21] Die Staatsangehörigkeit der Bundesrepublik gebühre auch den Bürgern der DDR. Das Deutsche Reich habe den Zusammenbruch 1945 überdauert und besitze nach wie vor Rechtsfähigkeit.

Das Urteil des Bundesverfassungsgerichts blieb die rechtliche Grundlage der Deutschlandpolitik der Bundesrepublik bis zur Wiedervereinigung und sollte im Vereinigungsprozess eine zentrale Rolle spielen.

Als Krönung der neuen Ostpolitik sah die sozialliberale Regierung die Konferenz für Sicherheit und Zusammenarbeit in Europa (KSZE) an, das Treffen von fünfunddreißig europäischen Staaten einschließlich der Bundesrepublik und der DDR sowie der USA und Kanadas. Nach zweijährigen Verhandlungen wurde am 1. August 1975 in Helsinki die Schlussakte unterzeichnet. Für den Ostblock bedeutete sie die Konsolidierung des Status quo in Europa, für den Westen ein Stück Entspannungspolitik. Die Union wandte sich gegen die Schlussakte, da deren Geist von der expansiven Politik der Sowjetunion verletzt werde. Zwar enthalte die Schlussakte die Anerkennung der Menschenrechte, auch

Grenzen könnten in Übereinstimmung mit dem Völkerrecht in freiheitlicher Vereinbarung geändert werden. Aber insgesamt sah die CDU/CSU-Opposition die deutschen Interessen zu wenig berücksichtigt. Die Union lag damit auf der Linie ihrer Kritik an der sozialliberalen Ostpolitik. Helmut Kohl kritisierte später die Entscheidung der Union und gestand zu, dass Korb III der Schlussakte über die Menschenrechte in Helsinki »einen ganz wesentlichen Beitrag« für den Wandel in Europa gespielt habe.[22]

Von nun an wurde die deutschlandpolitische Position der CDU deutlich pragmatischer – nicht zuletzt im Hinblick auf den erwünschten Regierungswechsel und eine Koalition mit der FDP unter dem Kanzlerkandidaten Helmut Kohl 1976. Pragmatismus hieß, die Forderung nach der staatlichen Einheit Deutschlands zu versöhnen mit der Praxis, über menschliche Erleichterungen für die Bürger der DDR und die Förderung innerdeutscher Kontakte die Einheit der Nation im Bewusstsein zu erhalten und zu stärken. Das faktische Plebiszit der Bundesbürger über die Ostpolitik der sozialliberalen Regierung in der Bundestagswahl 1972 wurde nun auch von der Union akzeptiert. Dies kommt im Grundsatzprogramm der CDU von 1978 zum Ausdruck: »Die deutsche Frage ist offen.«[23] Es gelte, in Frieden »die Spaltung Europas und mit ihr die Teilung unseres Vaterlandes« zu überwinden. Die Bundesrepublik bleibe »Treuhänder für eine freiheitliche Ordnung aller Deutschen. Sie nimmt die Schutzpflicht für die Grund- und Menschenrechte der Deutschen wahr.« Es bleibe bei der »ungeteilten deutschen Staatsangehörigkeit«. Aber: Alle Verträge »mit der DDR sind verbindlich«. Und: »Wir bejahen Verhandlungen und Vereinbarungen, die das Leben im geteilten Land erleichtern und Kontakte fördern, den Menschenrechten Geltung verschaffen und die Fundamente künftiger Einheit festigen sollen.«

Einen noch wichtigeren Meilenstein für die Anbahnung einer Koalition mit der FDP sah der damalige Generalsekretär der CDU, Heiner Geißler, in dem Beschluss des CDU-Parteitags 1981 in Hamburg, die Ostverträge, aber auch die Schlussakte der KSZE-Konferenz von Helsinki »nicht nur völker- und verfassungsrechtlich korrekt anzuwenden«, sondern »mit Leben zu füllen; das heißt, in konkrete Politik umzusetzen«. Die Resolution erfolgte nicht ohne Auseinandersetzungen im Bundesvorstand und in der Fraktion.[24]

Nach dem Regierungswechsel 1982 war dann natürlich die Deutschlandpolitik des Kanzlers, also der Bundesregierung, im Wesentlichen auch die Position der CDU. Allerdings flackerten durchaus hin und wieder Differenzen auf. Diese ergaben sich aus der inhaltlichen Bandbreite der Volkspartei und den unterschiedlichen Rollen des Bundeskanzlers beziehungsweise Parteivorsitzenden und des Generalsekretärs. Geißler sah seine Aufgabe darin, die Partei für »neue Wählerschichten zu öffnen« und »inhaltlich vorauszumarschieren«.[25] In der Deutschlandpolitik hieß dies offensichtlich für ihn, sich näher am Zeitgeist zu bewegen, als der konservative Flügel der Partei es zulassen wollte. Schließlich machte die Wiedervereinigungspolitik einen wichtigen Kern des damaligen rechten Flügels der Volkspartei aus. Der Parteivorsitzende musste als Regierungschef dagegen die unterschiedlichen Kräfte der Partei und der Koalition einschließlich der CSU integrieren. Da konnten Konflikte nicht ausbleiben, wie sich vor allem in der zweiten Hälfte der 1980er-Jahre zeigen sollte.

Der Regierungswechsel fand in einer Eiszeit der Ost-West-Beziehungen statt. Die sowjetische Invasion in Afghanistan, das Kriegsrecht in Polen, insbesondere aber die heftigen Auseinandersetzungen über den NATO-Doppelbeschluss stellten die neue Regierungskoalition von Helmut Kohl und

Hans-Dietrich Genscher vor große innen- und außenpolitische Herausforderungen, nachdem Bundeskanzler Helmut Schmidt in der Frage des Doppelbeschlusses von der eigenen Partei im Stich gelassen worden war.

Bundeskanzler Kohl arbeitete in seinen ersten Regierungserklärungen sowie 1983 im Bericht zur Lage der Nation, jetzt wieder mit dem Zusatz »im geteilten Deutschland«[26], vier Säulen seiner Deutschlandpolitik heraus.

Erstens: Zunächst festigte er das atlantische Bündnis, indem er am NATO-Doppelbeschluss festhielt und so den neutralistischen, pazifistischen und antiamerikanischen Tendenzen entgegenwirkte, die sich in der Friedensbewegung zeigten. Zugleich bekundete er seinen Willen, das »europäische Einigungswerk« und die »europäische Gemeinschaft zu stärken«.

Zweitens: Die normative Distanz zur DDR wurde wieder deutlicher betont. »Normalität kann nicht entstehen, solange es an der Grenze mitten durch Deutschland Mauer, Stacheldraht, Schießbefehl und Schikanen gibt.« Und: »Friede kann nicht gedeihen, wo Menschenrechte mißachtet werden.« Kohl verweigerte damit der DDR die »innere Anerkennung«, die damals vor allem von Günter Gaus gefordert wurde.[27]

Drittens: Die deutsche Frage wurde als offen bezeichnet. Es gebe zwar zwei Staaten in Deutschland, aber nur eine deutsche Nation. Berlin bleibe das Symbol für die offene deutsche Frage. Es gelte, die Einheit Deutschlands wiederherzustellen in Frieden und Freiheit »im Rahmen einer gesamteuropäischen Friedensordnung«.

Viertens: Indem die neue Bundesregierung im Westen Vertrauen erneuerte und für den Osten durch Standfestigkeit im Rahmen der Nachrüstungspolitik ihre Berechenbarkeit unterstrich, eröffnete sie beiden deutschen Staaten neue Handlungsspielräume. Jede Seite konnte in ihrem Bündnislager stärker auf ihre Eigeninteressen pochen, ohne sich dem Verdacht des Ausscherens auf Kosten der Verbündeten auszusetzen. Dies war dann die »praktische Deutschlandpolitik«, wie Kohl in seinem Bericht zur Lage der Nation 1983 formulierte: eine »Politik des Dialogs, des Ausgleichs und der Zusammenarbeit«, nicht nur »ein geregeltes Nebeneinander«, sondern ein »Zustand des Zusammenlebens in Deutschland« mit dem Ziel, »die Teilung erträglicher [zu] machen und vor allem weniger gefährlich«. Es war die Rede von der »Verantwortungsgemeinschaft«.

Die Arbeit der zahlreichen innerdeutschen Kommissionen und Verhandlungsrunden sowie Expertengespräche auf vielen Politikfeldern wurden ohne großes öffentliches Aufsehen in sachlicher Atmosphäre nicht nur fortgeführt, sondern intensiviert. Ihren Höhepunkt fand diese Zusammenarbeit 1983 in der vom CSU-Vorsitzenden Franz Josef Strauß im Auftrag des Bundeskanzlers vermittelten Bundesbürgschaft für einen Kredit in Höhe von einer Milliarde D-Mark, den die DDR bei westdeutschen Banken aufnehmen konnte. 1984 erhielt die DDR einen zweiten Kredit.[28]

Die praktische Zusammenarbeit der beiden deutschen Staaten war so gut, dass die beiden Block-Vormächte misstrauisch wurden. Die bundesdeutsche Regierung entgegnete dem mit einer Forcierung ihrer europäisch-atlantischen Diplomatie, die DDR-Regierung heizte im Fahrwasser der sowjetischen Propaganda ihre Revanchismus-Kampagne gegen den Westen an. Honecker musste seinen Besuch in Bonn, zu dem ihn noch Bundeskanzler Schmidt eingeladen hatte, verschieben. Die deutsch-deutsche Kooperation wurde jedoch fortgesetzt. Vor allem der Reiseverkehr stieg weiter an.

Bewegung und Entspannung in die Ost-West-Beziehungen brachte dann der Aufstieg von Michail Gorbatschow an die Spitze der Sowjetunion. Helmut Kohl tat sich anfangs schwer mit Gorbatschow, zumal dieser sich zunächst auf die USA konzentrierte. Auch die Abrüstungsgespräche Gorbatschows mit Ronald Reagan und der INF-Vertrag über die Vernichtung und das Verbot von landgestützten Mittelstreckenraketen (1987) schürten zunächst Misstrauen. Es waren Außenminister Hans-Dietrich Genscher und Bundespräsident Richard von Weizsäcker, die den Weg Kohls zu Gorbatschow ebneten. Dann allerdings entwickelte der Bundeskanzler zum sowjetischen KP-Chef ein persönliches und vertrauensvolles Verhältnis.

Die deutsch-deutschen Beziehungen liefen seit der Machtübernahme Gorbatschows wieder synchron mit der Ost-West-Entspannung. Höhepunkt war der nachgeholte Besuch des SED-Generalsekretärs und Staatsratsvorsitzenden Erich Honecker in der Bundesrepublik im September 1987. Sein Empfang wurde protokollarisch wie ein Staatsbesuch gestaltet, aber nicht als Staatsbesuch verstanden – eine Spitzfindigkeit, die von den Bürgern beider Staaten kaum verstanden wurde. Als Ausgleich wurde von der DDR-Spitze die Übertragung der Rede des Bundeskanzlers zu Ehren von Erich Honecker über das DDR-Fernsehen zugestanden. Kohl pochte darin auf das »Bewusstsein für die Einheit der Nation« und auf die Präambel des Grundgesetzes: »Die deutsche Frage bleibt offen, doch ihre Lösung steht zur Zeit nicht auf der Tagesordnung der Weltgeschichte, und wir werden dazu auch das Einverständnis unserer Nachbarn brauchen.« Die große Aufgabe sei, »eine europäische Friedensordnung zu gestalten, die die Spaltung Europas überwindet«.[29]

Der Umgang mit dem Honecker-Besuch war symptomatisch für die bundesdeutsche Haltung zur deutschen Frage. Auf der einen Seite behandelte die praktische Politik die DDR wie einen souveränen Staat, auf der anderen Seite pochte man auf die rechtlichen Vorgaben des Grundgesetzes und des Bundesverfassungsgerichts. Danach war die deutsche Frage offen.

Die Medien und die Politiker behandelten die Kluft von Wiedervereinigungsnorm und deutsch-deutscher Praxis unterschiedlich. Die linksliberalen Medien und die Sozialdemokraten, die Grünen ohnehin, schütteten den Graben immer mehr zu, gaben die Wiedervereinigung auf und sahen die Zukunft in der deutschen Zweistaatlichkeit. Nicht alle formulierten so drastisch wie Peter Glotz (SPD), der den Gebrauch des Wortes Wiedervereinigung noch am 21. Oktober 1989 als »opportunistisch und widerwärtig« bezeichnete und die Einheit der Nation als »Leerformel«[30] rügte. Willy Brandt und Egon Bahr sprachen von der Hoffnung auf Wiedervereinigung als der »Lebenslüge der Zweiten Deutschen Republik«.[31] Der deutsche Pragmatismus der SPD zeigte sich in dem gemeinsamen Papier »Der Streit der Ideologien und die gemeinsame Sicherheit«, das Vertreter der Grundwertekommission der SPD und der Akademie für Gesellschaftswissenschaften beim ZK der SED gemeinsam erarbeiteten (1987): »Keine Seite darf der anderen die Existenzberechtigung absprechen. Unsere Hoffnung kann sich nicht darauf richten, dass ein System das andere abschafft. Sie richtet sich darauf, dass beide Systeme reformfähig sind, und der Wettbewerb der Systeme den Willen zur Reform auf beiden Seiten stärkt. Koexistenz und gemeinsame Sicherheit gelten also ohne zeitliche Begrenzung.« Die Thesen der SPD-Bundestagsfraktion (1984) forderten die Aufnahme offizieller Beziehungen zwischen dem Deutschen Bundestag und der Volkskammer der DDR, die »Respektierung der DDR-Staatsbürgerschaft«, die Auflösung der »Zentralen Erfassungsstelle Salzgitter« und die »Feststellung des Verlaufs der Elbgrenze in beiderseitigem Einvernehmen«. Die SPD kam also den Forderungen

Erich Honeckers, die er 1980 in Gera aufgestellt hatte, ziemlich nahe.[32]

Für die Sozialdemokraten hatte die Entspannungspolitik höchste Priorität. Der Ruf nach der Wiedervereinigung wurde zumeist als entspannungsschädlich angesehen, zumal die Anerkennung der DDR-Realität mit der Hoffnung verbunden war, dass sie die Liberalisierung des Regimes nach sich ziehen würde. Das war ein Irrtum, das Gegenteil war der Fall. Der größte Irrtum bestand aber in der Annahme, dass die Bevölkerung der DDR die innere Anerkennung der Existenz der DDR vollzogen, also eine eigene Identität entwickelt habe. Diese Prämisse war nichts anderes als elitäre Arroganz, die nach dem Fall der Mauer als solche entlarvt wurde.

Auch die CDU blieb vom Mainstream, der die Kluft zwischen der deutschlandpolitischen Praxis und der Wiedervereinigungsrhetorik schließen wollte, nicht unberührt. Hans-Peter Schwarz hält in seiner Kohl-Biografie fest: »Allzuweit ist der Bundeskanzler (...) nicht von den Tiefenströmungen in der Wählerschaft entfernt. Auch er hält an dem Fernziel der deutschen Einheit fest, doch wie die Dinge nun einmal liegen, hat die europäische Vereinigung für ihn Priorität.«[33] Umfragen zeigten nämlich, dass der Anteil der vor allem unter Fünfzigjährigen wuchs, die nicht mehr von einer Nation der beiden deutschen Staaten ausgingen. Allerdings waren 80 Prozent der Deutschen durchaus für eine Wiedervereinigung. Auch die Einstellungen der bundesdeutschen Bevölkerung waren also widersprüchlich.[34]

In den Gorbatschow-Jahren gewann in der CDU die Diskussion über die deutsche Frage neue Aktualität. Sie manifestierte sich vor allem in drei Konflikten.

Als besonderer Störenfried galt der badische CDU-Bundestagsabgeordnete Bernhard Friedmann. Nach dem Treffen von Ronald Reagan und Michail Gorbatschow im Oktober 1986, bei dem die Beseitigung von Mittelstreckenwaffen der beiden Supermächte zur Debatte stand, forderte der Abgeordnete die Bundesregierung auf, in den »Entspannungs- und Rüstungskontrollprozess mit dem Ziel einer besseren Sicherheits- und Friedensordnung in Europa vonseiten der Bundesrepublik auch das Ziel der Wiederherstellung der Einheit Deutschlands« einzubringen. Friedmann wollte die deutsche Frage also – anders als Bundeskanzler Kohl es immer wieder formulierte – auf die »Tagesordnung der Weltpolitik« setzen: »Die deutsche Teilung ist nicht nur Folge, sondern auch Ursache von Ost-West-Spannungen. Folglich wäre die Wiedervereinigung der Deutschen ein Beitrag zu einer aktiven Friedenspolitik.« Für Friedmann rangierte die Wiedervereinigung vor der Einbindung Deutschlands in den Westen, obgleich diese wünschenswert sei. Aber darüber müsste das wiedervereinigte Deutschland selbst entscheiden.[35]

Der Bundeskanzler reagierte harsch. Er bezeichnete Friedmanns Gedanken als »blühenden Unsinn«. Vor der Bundestagsfraktion beschwor Kohl die Gefahren der Neutralisierung und einer deutschen Schaukelpolitik zwischen Ost und West, einen »Neuaufguss von Rapallo«.[36]

Der deutschlandpolitisch konservative Flügel der CDU blieb jedoch wach. Dies musste Dorothee Wilms, Bundesministerin für innerdeutsche Beziehungen, erfahren, als sie in einer weithin beachteten Rede in Paris am 25. Januar 1988 formulierte: »Der Nationalstaat um seiner selbst willen, das ist weder der Auftrag des Grundgesetzes noch entspricht dies unserem politischen Bewusstsein. (…) Da die nationale Frage in unseren Augen primär eine Frage der Selbstbestimmung ist, betrachten wir den territorialen Aspekt als nachgeordnet. (…) Wir wissen, dass die Überwindung der Teilung Deutschlands in naher Zukunft nicht zu erwarten ist, weil auch die Teilung Europas noch andauert.«[37] Wilms befand sich eigentlich in guter Gesellschaft. Bundeskanzler Kohl hatte schon 1985 erklärt, dass es ein Zurück zum Nationalstaat des 19. Jahrhunderts nicht geben werde: »Weil die Teilung Deutschlands auch die Teilung Europas ist, ist auch die deutsche Frage nur im europäischen Rahmen zu lösen.«[38] Ähnlich äußerten sich andere CDU-Granden. Eine Antwort von konservativer Seite blieb nicht aus. Zwar erteile das Grundgesetz den Auftrag zur europäischen Einigung. Dieser stehe aber nicht im Verhältnis eines Vorrangs zum Wiedervereinigungsauftrag, der nicht nur im Zusammenhang mit der europäischen Einigung zu sehen sei – so der renommierte Verfassungsrechtler und CDU-Politiker Rupert Scholz.

Auch bei der Formulierung eines Leitantrags »Unsere Verantwortung in der Welt« für den 36. Bundesparteitag der CDU im Juni 1988 spielte die Prioritätenfrage europäische Einigung oder Wiedervereinigung eine Rolle. Eine vom Bundesvorstand eingesetzte Kommission, bestehend aus hochrangigen Regierungs- und Fraktionsmitgliedern sowie Wissenschaftlern, hatte im Sinne von Wilms die deutsche Frage hinter dem Ziel der europäischen Einigung platziert und festgestellt, dass das Ziel der deutschen Einheit ohnehin gegenwärtig nicht zu erreichen und nur im Einvernehmen der Nachbarn in West und Ost zu erlangen sei. Das Wort »Wiedervereinigung« kam in dem Text nicht vor. Auf Betreiben des zuständigen Fachausschusses der Partei korrigierte der Bundesvorstand den deutschlandpolitischen Passus in seinem Leitantrag für den Parteitag, der diesen dann einstimmig übernahm. Das mit einem Zitat Konrad Adenauers erneuerte Ziel der Wiedervereinigung in Freiheit rangierte jetzt wieder vor Europa und wurde als vordringlichstes Ziel deutscher Politik herausgestellt.[39]

Eine Episode, die der Zeithistoriker Hans-Peter Schwarz in seinen »Lebenserinnerungen« erzählt, ist bezeichnend für die Differenzen in der CDU, insbesondere zwischen Generalsekretär Geißler und dem konservativen Flügel. Schwarz hielt am 18. Januar 1989 auf einem CDU-Kongress »40 Jahre Bundesrepublik« ein Referat. Darin kritisierte er die Sicht, dass die Existenz eines kommunistischen Staats in Deutschland als »letztes Wort der deutschen Geschichte« zu akzeptieren sei. Einer seiner früheren Studenten vom Geißler-Flügel der CDU habe ihn anschließend leicht vorwurfsvoll gefragt: »Wollen Sie die CDU wieder in eine nationale Richtung dirigieren? Ist das Ihr Beitrag zur Entspannungspolitik?«[40]

Die deutschlandpolitischen Spannungen in der Partei eskalierten nicht, da ohnehin niemand mit einer absehbaren Wiedervereinigung rechnete oder – so die offizielle Politik der CDU-geführten Bundesregierung – sie sogar als nahes Ziel heruntergespielt wurde. Die unmittelbaren Jahre vor der Wiedervereinigung waren der Höhepunkt der deutsch-deutschen Beziehungen. In seinem Bericht zur Lage der Nation am 1. Dezember 1988[41] sagte der Bundeskanzler, dass die Bundesregierung die »innere Schwierigkeit des politischen Systems der DDR« mit Sorge betrachte. Die Überwindung der deutschen Teilung nannte er wie immer als Ziel, betonte aber: »Wir haben freilich nach wie vor keinen Grund zu der Annahme, dass eine Lösung der deutschen Frage nahegerückt ist. Ich kann vor solchen, gelegentlich bei uns zu hörenden Illusionen nur warnen.« Ähnlich äußerte sich Kanzleramtsminister Wolfgang Schäuble.[42]

Auffallend ist der geradezu beschwörende Charakter des Abwiegelns der deutschlandpolitischen Erwartungen. Offensichtlich galt die Sorge der Bundesregierung einer Destabilisierung der DDR durch die anschwellende Dissidentenbewegung mit unabsehbaren Folgen. Man wollte der

DDR-Führung nicht die Möglichkeit eröffnen, vom Perestroika-Druck aus Moskau abzulenken und einen angeblichen aggressiven Imperialismus des Westens als Vorwand für ihre Repressionsmaßnahmen gegen die Dissidenten zu nehmen. Im Übrigen wusste man nicht, wie fest Gorbatschow im Sattel saß und ob die reformfeindlichen Kräfte in der Sowjetunion wieder die Zügel in die Hand nehmen könnten.

Die Bundesregierung blieb in der deutschen Frage zurückhaltend und setzte auf Gorbatschow, auch als seit August 1989 in der DDR eine Massenflucht einsetzte. Gorbatschow hatte im Juni 1989 die Bundesrepublik besucht und zum Bundeskanzler ein menschlich enges Verhältnis entwickelt.[43] Während des Bundesparteitags der CDU in Bremen (10. bis 13. September 1989), als Kohl sich gegen einen innerparteilichen Putschversuch wehrte, öffnete Ungarn die Grenze zu Österreich für mehr als sechstausend Flüchtlinge aus der DDR. Bundeskanzler Kohl hatte sich vorher bei Gorbatschow vergewissert, dass Moskau nicht intervenieren würde. Allerdings zeigten wütende Pressereaktionen aus Moskau, die die Souveränität der DDR in Gefahr sahen, dass Gorbatschows Gegner aktiv waren. Kohl bemerkte dazu: »Diese und andere Töne verdeutlichten mir einmal mehr, auf welch dünnem Eis sich Gorbatschow bewegte.«[44]

Kohl folgte mit seinen Aussagen zur deutschen Frage behutsam der Entwicklung in der DDR und in Ostmitteleuropa. So rückte er auf dem Bremer Parteitag die Möglichkeit einer Überwindung der deutschen Teilung nicht mehr wie Anfang des Jahres beschwörend in die weite Ferne. »Es gilt, die dynamische Entwicklung im Westen und den Reformprozess im Osten unseres Kontinents schöpferisch miteinander zu verknüpfen und so die Teilung Europas und die Teilung unseres deutschen Vaterlands zu überwinden.« Der damalige sowjetische Botschafter in der Bundesrepublik, Julij A. Kwizinskij, berichtet in seinen »Erinnerungen«, dass auf diesem Parteitag bereits zu erkennen gewesen sei, »welche Richtung die Entwicklung nehmen konnte und welche Perspektiven man in Bonn besaß«.[45]

Tatsächlich stand die deutsche Wiedervereinigung zu diesem Zeitpunkt jedoch noch nicht auf der politischen Tagesordnung, weder in West- noch in Ostdeutschland. Im Vordergrund stand die Frage der Perestroika-Reformen in der DDR. Sowohl die linksliberalen Medien der Bundesrepublik wie auch die Dissidentengruppen gingen von der fortdauernden Zweistaatlichkeit aus.

Aber die Ereignisse in der DDR überstürzten sich. Der im Sommer begonnene Massenexodus schwoll weiter an. Am 30. September verkündete Außenminister Genscher auf dem Balkon der Prager Botschaft, dass die vielen DDR-Bürger, die in der Botschaft Zuflucht gesucht hatten, mit Sonderzügen über das DDR-Territorium ausreisen durften. Die Demonstrationen in der DDR zogen immer mehr Menschen an. Eine Zuspitzung und weltweite Beachtung erhielten die Proteste und die staatliche Repression anlässlich der Gorbatschow-Teilnahme an der Feier zum vierzigjährigen Bestehen der DDR am 7. Oktober 1989.

Die politische Führung der DDR blieb nun von dem Aufruhr nicht unberührt. Erich Honecker wurde am 18. Oktober von Egon Krenz abgelöst. Am Führungsanspruch der SED änderte sich dadurch nichts. Aber der Ruf nach Demokratisierung wurde auf der Straße immer lauter. Die Rücktritte an der Partei- und Staatsspitze häuften sich. In der SED versuchten Reformkräfte, den Sozialismus zu retten. Der Höhepunkt war eine Massenveranstaltung am 4. November auf dem Alexanderplatz. Es herrschte ein ziemliches Chaos. Durch ein Missverständnis des Politbüromitglieds Günter Schabowski wurde dann am 9. November 1989 die Mauer geöffnet.

Am Tag vor dem Mauerfall gab Bundeskanzler Kohl im Bundestag den Bericht der Bundesregierung zur Lage der Nation ab. Kohl hob vor allem auf die Ermöglichung einer demokratischen Willensbildung in der DDR ab, sprach aber auch über die »deutschen Fragen«, die sich nicht nach einem Drehbuch lösen ließen. Die Überwindung der deutschen Teilung bettete er in die »europäische Dimension« ein. »Wiedervereinigung und Westintegration, Deutschlandpolitik und Europapolitik sind wie zwei Seiten derselben Medaille, Sie bedingen einander.«[46] Die anschließende Debatte war wiederum ein Beweis für die Arroganz, mit der westdeutsche Politiker meinten, über die Befindlichkeit der DDR-Bevölkerung Bescheid zu wissen. Von den Grünen artikulierte sich Antje Vollmer am deutlichsten. Die Rede von der Wiedervereinigung sei historisch überholt. Vollmer bezichtigte Kohl eines »bundesdeutschen Nationalismus« und »bundesdeutschen Wohlstandschauvinismus«. Zum ersten Mal entstehe durch die Reformbewegung eine eigene DDR-Identität.[47] Dass diese Behauptung ein Irrtum war, zeigte die Entwicklung der Massenbewegung in der DDR nach dem Fall der Mauer. Der Rücktritt weiterer SED-Funktionäre und die Reformvorschläge der neuen DDR-Regierung von Hans Modrow konnten nicht verhindern, dass in der zweiten Novemberhälfte auf der Straße der Ruf »Wir sind ein Volk« und »Deutschland einig Vaterland« immer lauter wurde. Modrow griff dies mit seinem Vorschlag einer Vertragsgemeinschaft zwischen den beiden souveränen Staaten auf.

Der Bundeskanzler reagierte mehr auf die vernehmlicher werdende Stimmung in der ostdeutschen Bevölkerung achtend als auf deren selbst ernannte Sprecher. Am 28. November trug er im Bundestag ohne vorhergehende Absprache mit dem Koalitionspartner ein »Zehn-Punkte-Programm zur Überwindung der Teilung Deutschlands und Europas« vor.[48]

Über Maßnahmen zur Soforthilfe hinaus forderte er die Demokratisierung des Regierungssystems der DDR, die Aufgabe des Herrschaftsmonopols der SED und vor allem freie Wahlen, bevor eine wirkliche Vertragsgemeinschaft entstehen könne. Die eigentliche Botschaft aber enthielten die Sätze zur deutschen Einheit: »Wir sind aber auch bereit, noch einen entscheidenden Schritt weiter zu gehen, nämlich konföderative Strukturen zwischen beiden Staaten in Deutschland zu entwickeln mit dem Ziel, eine Föderation, d. h. eine bundesstaatliche Ordnung, in Deutschland zu schaffen. Das setzt aber eine demokratisch legitimierte Regierung in der DDR zwingend voraus.« Und: »Wie ein wiedervereinigtes Deutschland schließlich aussehen wird, das weiß heute niemand. Dass aber die Einheit kommen wird, wenn die Menschen in Deutschland sie wollen, dessen bin ich sicher.« Die »Wiedervereinigung, d. h. die Wiedergewinnung der staatlichen Einheit Deutschlands«, bleibe das politische Ziel der Bundesregierung. Der Bundeskanzler legte großen Wert darauf, den Einheitsprozess in einen Zusammenhang mit der europäischen Integration zu stellen. Kohl sagte später, dass er damals noch mit einem Zeitraum von drei, vier Jahren bis zur deutschen Einheit gerechnet habe.[49]

Die Zehn-Punkte-Erklärung wurde im In- und Ausland als »deutschlandpolitische Initiative« (FAZ)[50], als Trompetensignal für den Beginn des Prozesses der Wiedervereinigung verstanden. Der Weg zur deutschen Einheit beschleunigte sich nun rasant. Kunstvoll lenkte die Bundesregierung unter der Führung des CDU-Kanzlers den Einigungsprozess. Treibende Kraft waren die Erwartungen der Menschen in der DDR.

Die CDU konnte sich als natürliche Einheitspartei präsentieren. Sie hatte das Ziel der Wiedervereinigung nie aufgegeben, auch wenn kaum jemand in der Partei an ihre Verwirklichung in absehbarer Zeit geglaubt hatte. Die Partei musste sich jedoch nicht verbiegen. Ihre deutschlandpolitische Glaubwürdigkeit war der Schlüssel für das Vertrauen, das die Mehrheit der Bürger in West- und Ostdeutschland im Vereinigungsprozess in die Union setzen konnte.

Allerdings drohte diese Vertrauensbasis nach der Öffnung der Mauer kurzzeitig brüchig zu werden. Der Strom der Übersiedler schwoll angesichts des politischen und wirtschaftlichen Niedergangs der DDR und der zunehmenden Perspektivlosigkeit der DDR-Bürger gewaltig an und stellte die Bundesländer und Kommunen im Westen wegen der Unterbringung vor große Herausforderungen. Aus der Willkommenskultur für die Flüchtlinge wurde Missvergnügen über scheinbare Privilegien der Übersiedler. Der saarländische Ministerpräsident Oskar Lafontaine (SPD) setzte sich an die Spitze des Unmuts und forderte den Stopp des Aufnahmeverfahrens, auch mit dem Argument, die DDR drohe auszubluten. Die große Mehrheit der westdeutschen Bevölkerung gab ihm recht, wie Wolfgang Schäuble in seinen »Erinnerungen« erwähnt.[51] Die Angst wuchs, dass sich das soziale Klima in der Bundesrepublik verschlechtern könne. Die CDU, die in den Landtagswahlen im Saarland, Nordrhein-Westfalen und Niedersachsen[52] deswegen Federn ließ, wurde nervös. Bundesinnenminister Schäuble hielt jedoch eisern am Aufnahmeverfahren fest, als sichtbares Zeichen für das Streben der Ostdeutschen nach der deutschen Einheit und als starke Triebkraft für ihre rasche Vollendung. Schäuble berichtet in seinen »Erinnerungen« über den Druck auch aus seiner Partei, das Aufnahmeverfahren zu beenden. Nur mit Unterstützung des Bundeskanzlers und von Außenminister Genscher setzte er sich durch. Erst als der Termin für die Wirtschafts- und Währungsunion feststand, ließ der Übersiedlerstrom nach.[53]

Im Vorfeld der Wiedervereinigung sorgte immer wieder die leidige Frage der Oder-Neiße-Grenze für Irritationen, die vor allem von den Gegnern der Wiedervereinigung im In- und Ausland instrumentalisiert wurde. Noch 1985 hatte eine Bemerkung von Volker Rühe, damals stellvertretender Vorsitzender der CDU/CSU-Bundestagsfraktion, für Kritik des rechten Flügels der Union gesorgt, der sich als Sachwalter der Vertriebenenanliegen sah. Rühe hatte von der politischen Bindungswirkung des Warschauer Vertrags gesprochen, die auch von einem wiedervereinigten Deutschland nicht ignoriert werden könne. Bundeskanzler Kohl ließ keinen Zweifel daran, dass er Rühe unterstützte, hielt aber am friedensvertraglichen Vorbehalt für die Anerkennung der polnischen Westgrenze durch ein wiedervereinigtes Deutschland fest. Am Vorabend des Mauerfalls bestätigte der Bundestag in einer fast einstimmigen Entschließung diese Position. Von 437 Abgeordneten stimmten nur vier mit Nein, 33 enthielten sich.[54] Der Text war identisch mit einer Erklärung, die Außenminister Genscher in der Vollversammlung der UN vor der Weltöffentlichkeit abgegeben hatte.[55]

Als Fazit bleibt festzuhalten, dass die CDU sich deutschlandpolitisch immer treu geblieben ist. Zugleich ist es ihr gelungen, sich der innen- und weltpolitischen Dynamik anzupassen, auch wenn dies phasenweise mit heftigem innerparteilichen Streit verbunden war. Letztlich hat sich der Gründervater der CDU, Konrad Adenauer, mit seiner Vision der deutschen Einheit durchgesetzt. Die Magnetwirkung der westdeutschen Demokratie, das Versagen der sozialistischen Planwirtschaft und die Schwächephase der Sowjetunion waren Bedingungen, die von der Bundesregierung für eine mit der europäischen Integration[56] und atlantischen Partnerschaft eng verflochtene Wiedervereinigung kunstvoll genutzt wurden. Der Beitritt der DDR nach Artikel 23 des Grundgesetzes war »geradezu eine Bestätigung der Kernstaatsidee«.[57]

Die »neue Ostpolitik« der sozialliberalen Bundesregierung von Willy Brandt und Walter Scheel stellte für die CDU letztlich keinen Bruch ihrer Deutschlandpolitik dar. Nach heftigen inner- und zwischenparteilichen Konflikten bekannte sie sich zu den Ostverträgen, nachdem das Bundesverfassungsgericht das Wiedervereinigungsgebot bestätigt hatte (1973). Dennoch blieb ein Unterschied zur SPD: Hier wuchs tendenziell die Bereitschaft, die Zweistaatlichkeit als unabänderliche Tatsache zu akzeptieren. Durch die Entspannungspolitik und eine sich vertiefende Kooperation mit der DDR hoffte man auf die Liberalisierung der SED-Herrschaft. Die CDU dagegen sah eher die Chance, durch die menschlichen Erleichterungen im Zuge der Entspannungspolitik und vor allem durch die zahlreichen Begegnungen der Menschen in Ost und West das Bewusstsein der nationalen Einheit zu erhalten. Am Ziel der Wiedervereinigung wurde festgehalten, auch wenn man es in weiter Ferne vermutete und es vielfach zur reinen Floskel erstarrte. Das Festhalten an der einheitlichen deutschen Staatsbürgerschaft war, wie sich bei der Fluchtwelle und dem Übersiedlerstrom erweisen sollte, nicht nur die symbolische, sondern auch eminent praktische Seite der Deutschlandpolitik der Union.

Mit der »Blockflöten«-CDU der DDR tat sich die westdeutsche CDU-Führung schwer. Im November 1989 wählte die Ost-CDU Lothar de Maizière zum neuen Parteivorsitzenden. Er wurde stellvertretender Ministerpräsident in der Allparteienregierung von Hans Modrow (SED), die sich immer noch dem Sozialismus verpflichtet sah. Erst im Hinblick auf die Volkskammerwahl vom 18. März 1990 wurde der CDU-Parteivorsitzende Kohl aktiv. Im Dezember begann er, die »Allianz für Deutschland«, bestehend aus der Ost-CDU, dem Demokratischen Aufbruch und der Deutschen Sozialen Union, zu schmieden. Unter aktiver Teilnahme der westdeutschen CDU und des Bundeskanzlers selbst führte sie den

Wahlkampf mit den Zielen der Sozialen Marktwirtschaft und des Beitritts der DDR zur Bundesrepublik nach Artikel 23 des Grundgesetzes. Die Allianz siegte in der Volkskammerwahl. Der Weg für den Beitritt der DDR war frei.

Am 1. und 2. Oktober 1990, unmittelbar vor dem Tag der Deutschen Einheit, fand in Hamburg der Vereinigungsparteitag der CDU statt: der erste Parteitag der CDU Deutschlands. Besonders bemerkenswert ist sowohl in der Rede von Bundeskanzler Kohl wie auch in dem vom Parteitag verabschiedeten »Manifest zur Vereinigung der Christlich Demokratischen Union Deutschlands« die enge Koppelung von Wiedervereinigung und europäischer Integration. Im Manifest heißt es: »Deutschland ist unser Vaterland, Europa ist unsere Zukunft. Die deutsche Einheit ist Motor der europäischen Einigung. (…) Wir wollen durch eine Politische Union den Weg für die Vereinigten Staaten von Europa eröffnen.«[58]

1 Zu den folgenden Ausführungen über die Geschichte der Bundesrepublik Deutschland: Karl-Dietrich Bracher u.a. (Hg.): Geschichte der Bundesrepublik Deutschland, 6 Bde. Stuttgart u.a. 1983 ff.

2 Konrad-Adenauer-Stiftung (Hg.): Konrad Adenauer und die CDU der britischen Besatzungszone. Bonn 1975, S. 4.

3 Konrad Adenauer: Erinnerungen 1945–1953. Stuttgart 1965, S. 39 f.

4 Konrad-Adenauer-Stiftung (Hg.): Adenauer und die CDU, S. 248 ff.

5 Hans-Peter Schwarz, in: https://www.kas.de/web/geschichte-der-cdu/deutschlandpolitik (Abruf: 28. Januar 2019).

6 Im Zentrum der Macht. Das Tagebuch von Staatssekretär Lenz 1951–1953. Bearb. von Klaus Gotto, Hans-Otto Kleinmann, Reinhard Schreiner. Düsseldorf 1989, S. 363.

7 Adenauer: Erinnerungen 1945–1953, S. 535 f.

8 Heinrich August Winkler: Der lange Weg nach Westen, Bd. I. München 2000, S. 151 f.

9 Ebd., S. 152.

10 Ebd., S. 151.

11 Konrad Adenauer: Erinnerungen 1953–1955. Stuttgart 1966, S. 550.

12 Konrad Adenauer: Erinnerungen 1955–1959. Stuttgart 1967, S. 378 f.

13 Hans-Peter Schwarz, in: https://www.kas.de/web/geschichte-der-cdu/deutsch-landpolitik (Abruf: 28. Januar 2019).

14 Auswärtiges Amt (Hg.): Außenpolitik der Bundesrepublik Deutschland, Dokumente von 1949 bis 1984. Köln 1995, S. 304.

15 Werner Link, in: Geschichte der Bundesrepublik Deutschland, Bd. 5/1, S. 166. Zu den folgenden Ausführungen ebd., S. 163 ff.

16 Deutscher Bundestag, Stenographischer Bericht, 6. Wahlperiode, 6. Sitzung, 29. Oktober 1969, S. 43, 75.

17 Auswärtiges Amt (Hg.): Außenpolitik der Bundesrepublik, S. 108 f.; Link: Geschichte der Bundesrepublik Deutschland, S. 210, 213.

18 Ebd., S. 222.

19 Auswärtiges Amt (Hg.): Außenpolitik der Bundesrepublik, S. 370 ff.

20 Hans-Peter Schwarz: Helmut Kohl: Eine politische Biographie. München 2012, S. 464.

21 BVerfGE 36, S. 1.

22 Materialien der Enquête-Kommission »Aufarbeitung von Geschichte und Folgen der SED-Diktatur in Deutschland«. Hg. vom Deutschen Bundestag, Bd. V/1. Baden-Baden 1995, S. 931.

23 Peter Hintze (Hg.): Die CDU-Parteiprogramme. Bonn 1995, S. 161.

24 Manfred Schell: Die Kanzlermacher. Mainz 1986, S. 108 f.

25 Ebd., S. 106.

26 Deutscher Bundestag, Stenographischer Bericht, 10. Wahlperiode, 16. Sitzung, 23. Juni 1983, S. 987–994, für die folgenden Ausführungen vgl. Wolfgang Jäger: Die Deutschlandpolitik der Bundesregierungen der CDU/CSU-FDP-Koalition (Kohl-Genscher), die Diskussion in den Parteien und in der Öffentlichkeit 1982–1989, in: Materialien der Enquete-Kommission, Bd. V/2, S. 1572–1611.

27 Günter Gaus: Wo Deutschland liegt. Eine Ortsbestimmung. München 1986 (zuerst Hamburg 1986), S. 188.

28 Karl-Rudolf Korte: Deutschlandpolitik in Helmut Kohls Kanzlerschaft. Regierungspolitik und Entscheidungen 1982–1989. Stuttgart 1998, S. 161 ff.

29 Auswärtiges Amt (Hg.): Außenpolitik der Bundesrepublik Deutschland, S. 551 ff.

30 Jens Hacker: Deutsche Irrtümer. Schönfärber und Helfershelfer der SED-Diktatur im Westen. Berlin u. a. 1992, S. 206 f.

31 Ebd., S. 237 ff., 241, 249.

32 Dazu Jäger: Die Deutschlandpolitik der Bundesregierungen der CDU/CSU-FDP-Koalition, S. 1599 f.; Bundesministerium für innerdeutsche Beziehungen (Hg.): Texte zur Deutschlandpolitik, Reihe III/Band 2. Bonn 1985, S. 427 ff.

33 Schwarz: Helmut Kohl, S. 464.

34 Ebd., S. 463 f., vgl. auch Clay Clemens: Reluctant realists – The Christian Democrats and West German Ostpolitik. Durham u. a. 1989, in: Ders.: CDU Deutschlandpolitik and reunification 1985–1989, Alois Mertes Memorial Lecture, German Historical Institute Washington D.C., 1992.

35 Bernhard Friedmann: Einheit statt Raketen. Thesen zur Wiedervereinigung als Sicherheitskonzept. Herford 1987, S. 10, 52 f., 147.

36 Matthias Zimmer: Nationales Interesse und Staatsräson. Zur Deutschlandpolitik der Regierung Kohl 1982–1989. Paderborn u.a. 1992, S. 197 f.; Schwarz: Helmut Kohl, S. 472.

37 Jäger: Die Deutschlandpolitik der Bundesregierungen der CDU/CSU-FDP-Koalition, S. 1586.

38 Hacker: Deutsche Irrtümer, S. 191 f.

39 Ebd., S. 187; Jäger: Die Deutschlandpolitik der Bundesregierungen der CDU/CSU-FDP-Koalition, S. 1597.

40 Hans-Peter Schwarz: Von Adenauer zu Merkel. Lebenserinnerungen eines kritischen Zeitzeugen. München 2018, S. 446 f.

41 Deutscher Bundestag, Stenographischer Bericht, 11. Wahlperiode, 113. Sitzung, 1. Dezember 1988, S. 8094-8100.

42 Jäger: Die Deutschlandpolitik der Bundesregierungen der CDU/CSU-FDP-Koalition, S. 1588 f.

43 Helmut Kohl: Ich wollte Deutschlands Einheit. Dargestellt von Kai Diekmann und Ralf Georg Reuth. Berlin 1996, S. 35 ff.

44 Ebd., S. 75, 89. Zum Prozess der Wiedervereinigung siehe: Geschichte der deutschen Einheit, 4 Bde. Stuttgart 1998. Bd. 1 Karl-Rudolf Korte: Deutschlandpolitik in Helmut Kohls Kanzlerschaft; Bd. 2 Dieter Grosser: Das Wagnis der Währungs-, Wirtschafts- und Sozialunion; Bd. 3 Wolfgang Jäger: Die Überwindung der Teilung; Bd. 4 Werner Weidenfeld: Außenpolitik für die deutsche Einheit; Andreas Rödder: Geschichte der deutschen Wiedervereinigung. München 2011.

45 Julij A. Kwizinskij: Vor dem Sturm. Erinnerungen eines Diplomaten. Berlin 1993, S. 14.

46 Deutscher Bundestag, Stenographischer Bericht, 11. Wahlperiode, 173. Sitzung, 8. November 1988, S. 13018.

47 Ebd., S. 13031 f.

48 Deutscher Bundestag, Stenographischer Bericht, 11. Wahlperiode, 177. Sitzung, 28. November 1988, S. 13510-13514.

49 Kohl: Ich wollte Deutschlands Einheit, S. 167.

50 Ebd., S. 175.

51 Wolfgang Schäuble: Der Vertrag. Wie ich über die deutsche Einheit verhandelte. Hg. von Dirk Koch und Klaus Wirtgen. Stuttgart 1991, hier Taschenbuchausgabe München 1993, S. 72.

52 Vgl. die Analyse der Landtagswahlen in: Zeitschrift für Parlamentsfragen, 3 (1990).

53 Schäuble: Der Vertrag, S. 65 ff.

54 Wie Anm. 46.

55 Hans-Dietrich Genscher: Erinnerungen. Berlin 1995, S. 653.

56 Vor allem auf Betreiben des französischen Präsidenten François Mitterrand gab der Europäische Rat auf dem Treffen in Dublin am 24./25. Juni 1990 den Startschuss für die Weiterentwicklung der EG zur politischen Union; vgl. Kohl: Ich wollte Deutschlands Einheit, S. 409.

57 Hans-Peter Schwarz, in: https://www.kas.de/web/geschichte-der-cdu/deutschlandpolitik (Abruf: 28. Januar 2019).

58 Protokoll 1. Parteitag der CDU Deutschlands, Hamburg 1.–2. Oktober 1990, S. 156.

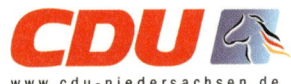

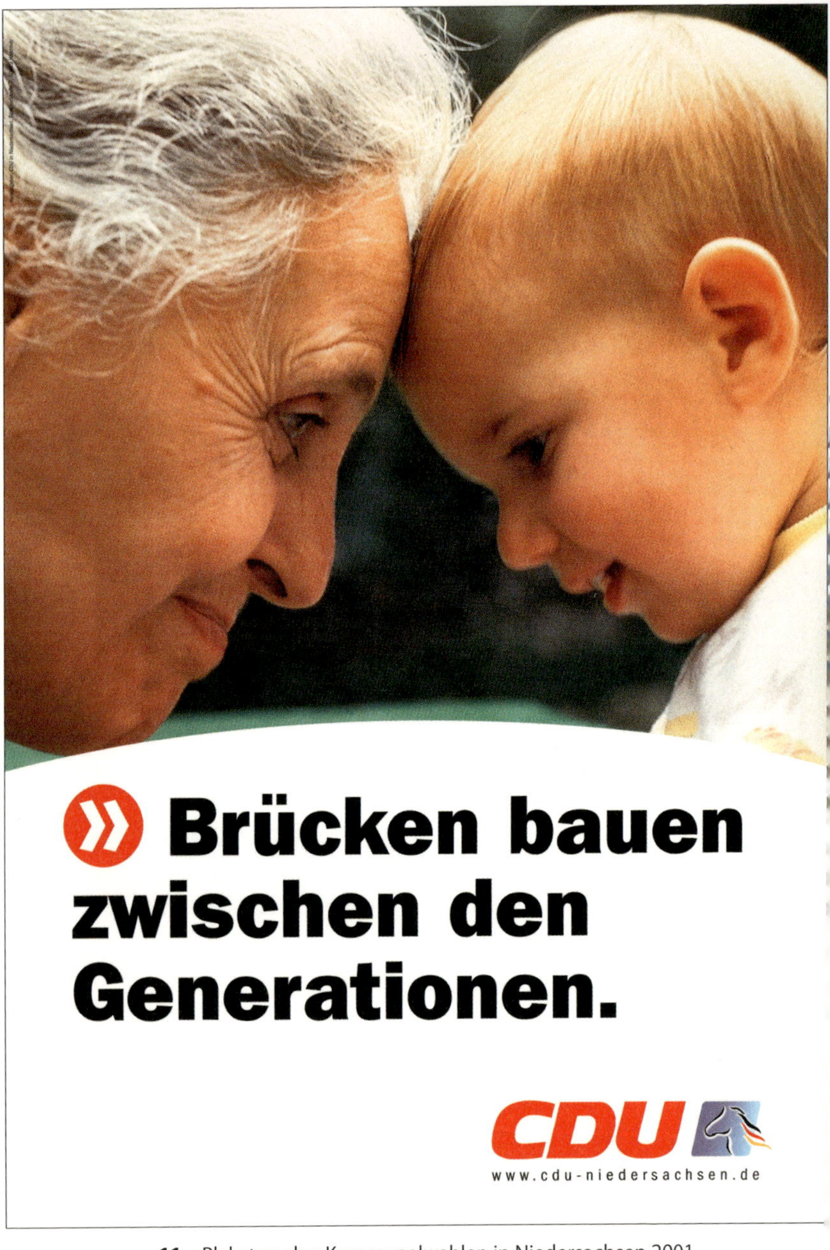
Brücken bauen zwischen den Generationen.
CDU
www.cdu-niedersachsen.de

11 Plakat zu den Kommunalwahlen in Niedersachsen 2001

Über den elastischen Sicherheits-konservatismus der CDU-Wähler

Karl-Rudolf Korte

Man kennt sie. Sie leben mitten unter uns – die Wähler der CDU. Aber man spricht nicht über sie. Sie fallen auch nicht besonders auf. Nichts an ihnen ist spektakulär. Wählen gehört für sie zur guten Bürgerpflicht. Die Union gilt in ihrer Wahrnehmung als Staatspartei mit immerwährendem Regierungsauftrag. Pragmatisch, eher unideologisch, harmoniesüchtig. Partei- und Wählerglück hängen nicht an gelungenen Programmdiskussionen. Man unterstützt als Wähler die CDU und leidet leiser, wenn einem der Kurs nicht passt. Wählertreue hat keine mobilisierende Kraft, um andere mitzureißen. Wähler sehen hinter der Fassade der Parteiorganisation eine Familie als diffuse Gefühlsgemeinschaft, keinen Verein, in den man ein- und wieder austreten kann. Schon lange begegnet man solchen Unionswählern und -mitgliedern, die ein ausgeprägtes Zugehörigkeitsbewusstsein kennzeichnet. Doch der Sockel, von dem sich so eine erklärungsarme, pragmatische Wahlbindung an die CDU ableiten lässt, bröckelt gewaltig. Die ewige Staatspartei wirkt heimatlos. Und auf die Wähler als Stabilitätsgarant ist immer weniger Verlass.

Die Parteivorsitzende Angela Merkel hat zwischen 2000 und 2018 für Wähler und Mitglieder das hegemoniale Image einer bürgerlichen Volkspartei moderiert und mitgeprägt – in der Tradition der Vorgänger mit extensiven Amtszeiten, wie Helmut Kohl und Konrad Adenauer.

Die Modernisierung und vor allem die gesellschaftspoliti-sche Liberalisierung der Partei, die Merkel besonders in ih-rer Regierungsverantwortung ab 2005 vorantrieb, sicherten der CDU verlässlich Wahlerfolge. In ihrer Amtszeit blieb die Union stets stärkste Fraktion im Deutschen Bundestag. Das ist ein Erfolgsmerkmal dieser Volkspartei, denn zusammen mit der CSU musste die Union nur 1972 und 1998 die Pole-Position der stärksten Fraktion im Deutschen Bundestag an die SPD abgeben.

Doch welche Merkmale kennzeichnen die Wählerschaft, die der Union in den letzten Jahrzehnten zu ihrem Spitzenplatz verhalf? Um Wählerschaften zu vermessen, bedarf es eines komplexen Ansatzes, denn die Gründe für Wahlabsichten sind vielschichtig. Das nachfolgende Modell skizziert die zahlreichen Bestimmungsfaktoren bei der Wahlentschei-dung:

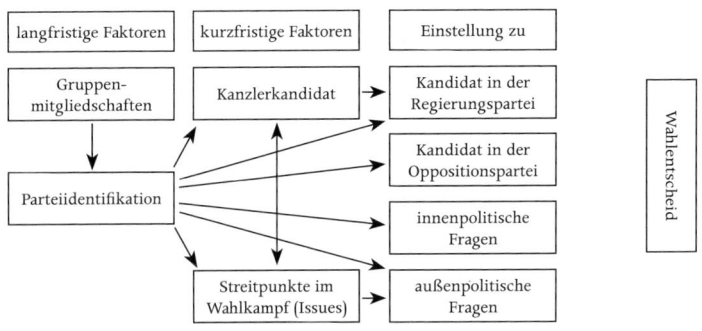

Abbildung 1: Bestimmungsfaktoren bei der Wahlentscheidung

Im Modell ist erkennbar, dass zeitliche, inhaltliche sowie personen- und parteiorientierte Aspekte beim Wahlakt greifen, wobei die Sach- und Parteienorientierung als wichtigste Kriterien der Wahlentscheidung gelten. Die Personenorientierung ist jedoch im Zeitverlauf stärker hervorgetreten. Diese ist nicht mit Attraktivität oder Sympathie für eine zur Wahl stehende Person zu verwechseln.[1] Vielmehr bündelt die Einzelperson als Programmträger von Lösungskompetenz und Parteiaura durchaus Facetten einer sachorientierten Wahlentscheidung. Den Wählern der CDU können somit sehr heterogene Muster unterstellt werden, die im Folgenden in drei Abschnitten näher erörtert werden:

1. Angela Merkel und politische Streitthemen bei der Bundestagswahl 2017
2. Sozialstruktur und Wählerschaft der CDU
3. Über die Elastizität der CDU-Wähler

1. Angela Merkel und politische Streitthemen bei der Bundestagswahl 2017

Zunächst lohnt ein erinnernder Blick auf den Stil, den Merkel für bürgerliche Wähler idealtypisch prägte – gerade in Abgrenzung zur Kanzlerschaft von Gerhard Schröder. So kennzeichnet Merkel statt lautstarker und selbstsicherer Kraftmeierei eher eine spezifische Armutsästhetik: sachlich, zurückhaltend, bescheiden und ruhig. Sie favorisiert einen erklärungsarmen Pragmatismus statt erklärungsreicher Projektvorhaben. Hinter dieser Berliner Armutsästhetik verbirgt sich ein protestantisches Politikverständnis der Kanzlerin. Beispielhaft zieht sich das selbstlose Dienen leitmotivisch durch Merkels Reden. Sie gibt sich provozierend unpathetisch und manchmal bis zur Schmerzgrenze ernüchternd. Sie verzichtet bislang auf alles Gebaren der Macht und erweitert heroische zu postheroischen Gesten. Konsensuale Dominanz setzt sie als Machtmittel vor allem in den drei Großen Koalitionen unter ihrer Führung ein. Die Macht durch Moderation kommt unprogrammatisch, situativ, oft tentativ daher. Sie schafft es offenbar, inhaltliche Berührungspunkte zu sehen, wo andere Unvereinbarkeiten erkennen.

Wie die Bundestagswahlen bis 2013 zeigten, honorierten viele Wähler genau diesen – bis auf markante Ausnahmen – gradualistischen Politikstil. Die Kanzlerin sollte moderieren und Tagesentscheidungspolitik betreiben, nicht kraftstrotzend und darstellungsreich entscheiden, wie es Power-Entscheider tun.[2] Dieses Merkel'sche »Auf-Sicht-Fahren« war populär, weil das ein adäquater Regierungsstil in beschleunigten Krisenzeiten zu sein schien.[3] In diesen Zeiten dramatischer Risikoentscheidungen zogen viele Status-quo-Wähler also das Bekannte dem Unbekannten vor und stärkten Merkel kräftig den Rücken. Sie suchten Problemlotsen, die als Solidaritätsgaranten fungierten. Auch bei der Bundestagswahl 2017 siegte der Merkel-Stil-Bonus erneut: Die Wähler bevorzugten die nüchterne, abarbeitende, sichernde und deeskalierende Art Angela Merkels und erteilten leidenschaftlichen, gestaltenden und gerechtigkeitsgetriebenen Kanzlerkandidaten eine Absage.

So stabilisierte Merkel insgesamt das Wählerpotenzial für die CDU, konnte sich jedoch keineswegs dem Gesamttrend widersetzen: Alle Volksparteien verloren angesichts von gesellschaftlichen Modernisierungserscheinungen an Zustimmung. Die CDU blieb davon keineswegs verschont: Während sie bei der Bundestagswahl 2013 noch 34,1 Prozent der Wählerstimmen erhielt (CDU/CSU: 41,5 Prozent), waren es im Jahr 2017 nur noch 26,8 Prozent (CDU/CSU: 33 Prozent).

Dennoch schöpfte Angela Merkel das liberale, konservative und christlich-soziale Wählerpotenzial für die bürgerliche Volkspartei klug ab. Viele Wähler folgten dieser Selbstbeschreibung der Partei, die sich als Sammlungsbewegung der Mitte geriert. Polarisierende Brüche und abrupte programmatische Wechsel, wie sie von Merkel etwa nach der Katastrophe von Fukushima oder der Flüchtlingspolitik nach 2015 betrieben wurden, blieben Ausnahmen in einer Kette von strategischer Bravheit, welche die überwiegende Zahl von Wählern goutierte. Denn gerade bürgerliche Wähler bleiben im Kern getrieben von Sicherheit, Verlässlichkeit und Berechenbarkeit.

Zeitgleich entwickelte sich jedoch ein sogenannter Merkel-Malus bei den Wählern. Die seit Jahren andauernde Begeisterung für die Kanzlerin wich sukzessive einem Trend zu heroischer Führung und durchsetzungsstarken Führungsfiguren. Nicht nur in Deutschland, sondern weltweit gewinnt ein Führungstypus an Zustimmung, der weniger auf Kompromisse als auf unilaterale Durchsetzung pocht. Die Neugierde der Wähler auf andere Führungstypen, durchaus auch charismatischen Überschwang, nimmt ebenso zu wie die Emotionen im politischen Geschäft.[4]

Dass Merkels »Popularitätspanzer«[5] löchriger wurde, lässt sich auch inhaltlich mit der folgenreichen Flüchtlingsentscheidung der Bundeskanzlerin vom 4. September 2015 über die begrenzte Aufnahme syrischer Flüchtlinge aus Ungarn begründen.[6] Zwar wurde Merkel für manche zur Ikone des humanitären Helferstolzes, für viele Bürger war die Bundeskanzlerin jedoch persönlich verantwortlich, mithin ursächlich haftbar für den zeitweiligen Kontrollverlust an den Grenzen. »Staatsversagen«, lautete der Vorwurf, trotz glänzender Erfolge im Katastrophenschutzmanagement, den Hunderttausenden Menschen in Not professionelle Hilfe anzubieten. CSU-Chef Seehofer beschwor derweil die »Herrschaft des Unrechts«.[7]

Merkels Politikmanagement – die begrenzte Aufnahme syrischer Flüchtlinge – ordnet die Publizistin Ursula Weidenfeld in Merkels Handlungslogik von »radikalen Interventionen« ein: »Die Bundeskanzlerin scheint geradezu auf Ereignisse zu warten [gemeint waren die Katastrophe von Fukushima und die Lehmann-Bank-Pleite], die politisches Handeln erfordern, um sie anschließend durch allgemeine politische Erwägungen anreichern zu können, die dem Gebot der Zeit, nicht dem eventueller eigener Vorstellungen folgen.«[8] Demnach beherrscht die Kanzlerin nicht nur den erklärungsarmen Pragmatismus, sondern auch die abrupte Kehrtwende. Doch bei der Flüchtlingspolitik schien dieses Prinzip erstmals überreizt, es stieß an seine Grenzen. Merkel hatte große Mühe, die Mehrheit in ihrer Partei und darüber hinaus in der Bevölkerung zu halten. Ihre Macht erodierte ebenso wie ihr öffentliches Ansehen.

Dieser durch die Grenzöffnung ausgelöste Globalisierungsschub wirkte als externer Schock auf die faktische Einwanderungsgesellschaft. Der Grund: Kaum ein Thema ist so lebensnah und emotional im Alltag der Bürger verankert wie der Umgang mit den neuen Fremden. Der sich anbahnende Diskurs kreiste um Verteilungs- und Gerechtigkeitsfragen, um die Themen Identität und Sicherheit. Der sperrige Begriff der Globalisierung musste nun in den familiären Alltag übersetzt werden.

Hinter der Chiffre »Flüchtlingspolitik« verbarg sich also ein politisches Amalgam: Wo endet das gemeinsame »Wir«? Wer hält sich an welche Regeln? Wer lindert die wachsenden Gefühle der Unsicherheit und des Unbehagens? Die Ethnisierung vieler politischer Diskurse nahm ebenso wie die Repolitisierung der Gesellschaft zu. Die Flüchtlinge waren der

Auslöser, der Katalysator einer Diskussion, die schon länger schlummerte und sich in Debatten über die Toleranz von Parallelgesellschaften erstmals öffentlichkeitswirksam Bahn brach.

Der Begriff »Flüchtlingspolitik« prägte nicht nur die persönliche Wahlentscheidung vieler Bürger, sondern auch die Ausdifferenzierung des Parteienspektrums, denn Migrations- und Flüchtlingsthematiken markieren bis heute Machtfragen, die Parteidifferenzen aufzeigen.[9] Auch löste er eine Veränderungskraft im Parteienwettbewerb aus, die als Zäsur bezeichnet werden kann: Nach rund sechzig Jahren zog mit der AfD eine rechtspopulistische und in Teilen rechtsextreme Partei in den Bundestag ein und sorgte somit für eine deutliche Achsenverschiebung im Parteiensystem.[10] Die Bundestagswahl 2017 war demnach ein für Schlüsselentscheidungen typisch nachgelagertes Plebiszit über die Grenzöffnung im Sommer 2015.[11]

Schließlich zeigten die aufkommenden Diskurse eine weitere gesamtgesellschaftliche Entwicklung: die Etablierung einer neuen ideologischen Konfliktlinie, die die herkömmlichen gesellschaftlichen Konfliktlinien ergänzt und zwischen kosmopolitischen und kommunitaristischen Werten entsteht.[12] Gemeint ist damit das Spannungsfeld zwischen globalisierten Weltbürgern und nationalkonservativen Gemeinschaften. Kommunitaristische Einstellungen favorisieren die Zugehörigkeit und Mitgliedschaft in nationalen und kommunalen Kontexten. Kosmopolitische Einstellungen betonen hingegen universelle Verpflichtungen. Dementsprechend können neobiedermeierliche Rückzüge und kulturelle Schutzargumente des eigenen Marktes einem internationalen Freihandelsabkommen wie TTIP entgegenstehen. So wird die innere Globalisierung – auch verstanden als die humanitäre Aufgabe, immer mehr Flüchtlinge aufzunehmen – infrage gestellt.

Letztlich triumphieren im nationalen Kommunitarismus die Volksgemeinschaft gegenüber internationalen Verpflichtungen und die Idee, primär der eigenen Gesellschaft Verantwortung zu schulden – entgegen universellen Werten der global denkenden Eliten.

Doch wie genau übersetzten sich diese zu beobachtenden gesellschaftlichen Veränderungen auf die Wählerschaft der CDU? Was sind konstante Merkmale von CDU-Wählern, was hat sich verändert? Dazu wird der Blick im folgenden Abschnitt auf die Sozialstruktur der Wählerschaft im zeitlichen Längsschnitt geworfen.

2. Sozialstruktur und Wählerschaft der CDU

Der idealtypische Stammwähler der CDU als bürgerliche Sammlungsbewegung hat folgende sozialstrukturelle Merkmale:[13] Er ist in der Regel älter als sechzig Jahre, nach wie vor katholischer Kirchgänger und pflegt einen kleinbürgerlichen Lebensstil. Der Bildungsgrad ist überschaubar. Man lebt in kleinstädtischen beziehungsweise ländlichen Regionen. Ruheständler, Landwirte, Arbeiter und Angestellte in mittelgroßen Unternehmen, durchaus auch Beamte gehören zum verlässlichen Wählerklientel, das der CDU eine jahrzehntelange Dominanz sicherte. Viele dieser sozialstrukturellen Merkmale haben jedoch in den zurückliegenden Jahrzehnten ihre gesamtgesellschaftliche Relevanz verloren. Dennoch bleibt die soziale Herkunft auch für die kommende Bundestagswahl 2021 im Hinblick auf die individuelle Wahlentscheidung in hohem Maße prägend.[14] Doch die Sozialstrukturen werden diffuser, vielleicht auch hybrider. Veränderungen deuten sich an. Dabei dient die Bundestagswahl 2017 als Ausgangspunkt.

Geschlecht: Betrachtet man das Merkmal »Geschlecht«, so zeigt sich, dass die Union 2017 mehr von Frauen (37 Prozent) als von Männern (29 Prozent) gewählt wurde. Wie Tabelle 1 zeigt, war das keineswegs immer so, denn in den 1990er-Jahren war das Verhältnis eher ausgeglichen:[15]

	1994	1998	2002	2005	2009	2013	2017
Männer	40,6 %	35 %	40 %	35 %	31 %	39 %	29 %
Frauen	42,2 %	35 %	36 %	35 %	36 %	44 %	37 %

Tabelle 1: Wähler der CDU nach Geschlecht

Im Zeitverlauf lässt sich außerdem festhalten: Je mehr sich die familienpolitischen Vorstellungen der Union modernisierten, umso deutlicher wuchs wieder der elektorale Vorsprung der Frauen vor den Männern. Wie bei allen sozialstrukturellen Befunden sind monokausale Erklärungen jedoch problematisch. Der deutliche Vorsprung bei den weiblichen Wählern hing sicher nicht nur mit veränderter Programmatik zusammen, sondern auch mit der weiblichen Spitzenkandidatin Angela Merkel. Auch die christliche Verankerung der CDU bei Frauen – deutlicher als bei Männern – hat Auswirkungen auf das geschlechtsspezifische Wahlverhalten. Denn Frauen hatten immer schon traditionell eine engere Kirchenbindung als Männer. Dies erklärt den überproportionalen Frauenanteil im klassischen Elektorat der CDU. In Kombination mit den Variablen Alter und Bildung können weitere Schlussfolgerungen herausgearbeitet werden: Während die Union in den 1990er-Jahren vor allem bei jüngeren Frauen mit höheren Bildungsabschlüssen nicht mehr punkten konnte, präferierten Frauen mit Hauptschulabschluss konstant die Union. Was die Union in den letzten Jahren frauenpolitisch hinzugewann, verlor sie zeitgleich bei den Männern.

Alter: Die Union war 2017 – ebenso wie 2013 – in allen Altersgruppen die stärkste Partei. Am schlechtesten schnitt sie bei den unter Dreißigjährigen mit 25 Prozent ab. Überdurchschnittliche Werte erreichte sie hingegen mit 41 Prozent bei den über Sechzigjährigen. Im mittleren Alter (dreißig bis vierundvierzig Jahre) waren die Verluste 2017 am höchsten. Tabelle 2 zeigt die prozentuale Verteilung der CDU-Wählerschaft auf verschiedene Altersgruppen für die Bundestagswahlen 1994 bis 2017:

	1994	1998	2002	2005	2009	2013	2017
18–29 Jahre	–	–	33 %	29 %	27 %	34 %	25 %
30–44 Jahre	–	–	34 %	31 %	33 %	41 %	30 %
45–59 Jahre	44,5 %	36 %	40 %	34 %	31 %	39 %	31 %
ab 60 Jahre	49,7 %	44 %	45 %	43 %	42 %	49 %	41 %

Tabelle 2: Altersgruppen der CDU-Wähler

Im Alter wächst also ganz offensichtlich die Bereitschaft, die Union zu wählen. Hier finden sich die treuesten und verlässlichsten Wähler. Da der Altersdurchschnitt bei Wahlen steigt und ältere Menschen eine überdurchschnittlich hohe Wahlbeteiligung aufweisen, könnte die CDU davon profitieren. Eine Interpretationslinie dazu besagt: Die Union hat sich immer für das Thema innere Sicherheit eingesetzt, religiöse Werte betont und sich bei der Radikalität von Gesellschaftsreformen zurückgehalten, was diesen Alterstrend erklären könnte.[16] Dieses Argument passt zur Überalterung der Gesellschaft, kann aber nicht erklären, warum das elektorale Profil der Union zeitgleich deutlich schrumpft.

Eine Betrachtung im Längsschnitt lässt wenig Hoffnung für die Union erkennen, denn der Anteil der über sechzigjährigen CDU-Wähler sinkt in den vergangenen zwei Jahrzehnten. Der relative Absturz bei den Senioren wird außerdem nicht durch jüngere CDU-Wähler unter dreißig Jahren aufgefangen.[17] Da half auch nicht die Liberalisierung der CDU unter Merkel im Hinblick auf gesellschafts- und sozialpolitische Themen. In der alternden Gesellschaft mit wahrnehmbarem Alterskonservatismus dünnt sich das Kernklientel für die CDU demnach aus. Das hängt auch an der Mortalität, die bei der CDU aufgrund der verhältnismäßig alten Wähler auch strategische Bedeutung hat. Matthias Jung macht darauf aufmerksam, dass die Union pro Legislaturperiode in der Altersgruppe ab sechzig Jahren mehr als eine Million Wähler durch das Versterben dieser verliert: »Das bedeutet, dass die CDU/CSU allein seit der Wiedervereinigung einen mortalitätsbedingten Wählerschwund von ca. 7,4 Millionen Wählern in dieser Altersgruppe hinzunehmen hatte.«[18]

Konfession: Die Union wurde 2017 bei den Katholiken mit überdurchschnittlichen 44 Prozent zum wiederholten Mal stärkste Partei. Auch bei den Protestanten punktete die Union mit 33 Prozent. Wie sich die Wählerschaft der CDU nach Konfessionen aufgeteilt bei den letzten Bundestagswahlen zusammensetzte, beleuchtet Tabelle 3:

	1994	1998	2002	2005	2009	2013	2017
Katholisch	–	33 %	36 %	34 %	33 %	41 %	44 %
Evangelisch	–	47 %	52 %	48 %	44 %	53 %	33 %
Keine/andere	–	21 %	25 %	21 %	22 %	31 %	–

Tabelle 3: Wähler der CDU nach Konfessionen

Noch deutlicher wird der Vorsprung der Katholiken, wenn man die Häufigkeit von Kirchgängen mitbetrachtet. Dennoch beträgt ihr Anteil an der gesamten Wählerschaft mittlerweile lediglich rund 5 Prozent. Die rasant fortschreitende Säkularisierung der Gesellschaft, die konfessionelle Ungebundenheit ostdeutscher Wähler und die massiven Vertrauensverluste der Amtskirchen in Deutschland minimieren folglich die Chancen der Union, im konfessionsgebundenen Milieu Wahlerfolge zu feiern. Das relativiert viele Aussagen zur konfessionellen Bindekraft für die Union.

Als Alleinstellungsmerkmal im Vergleich zu den anderen Bundestagsparteien ist das »C« im Namen allerdings nicht unwichtig. Mobilisieren lässt sich damit zwar wenig, aber für eine argumentierende Öffentlichkeit kann ein Orientierungslabel zur eigenen Urteilsfindung als nützliche Ressource dienen. In Zeiten des Gewissheitsschwunds gewinnen werthafte Orientierungen an Erklärungskraft. Das sehen die Mitglieder der CDU ähnlich. Während in der CDU altersunabhängig christliche Werte eine sehr hohe Relevanz besitzen, ist die Bedeutung innerhalb der Wählerschaft deutlich geringer.[19]

Historisch gesehen, ist dieses sozialstrukturelle Merkmal außerdem nicht zu unterschätzen. So hing der Aufstieg der interkonfessionellen CDU seit ihrer Gründung 1945 in außerordentlich hohem Maße damit zusammen, dass das weltanschaulich gefestigte katholische Milieu der Zentrumspartei mit der Einbindung von protestantischen, zugleich konservativen Wählern nach und nach verschmolz. Christliche Werte in Kombination mit der antitotalitären sowie antikommunistischen Ausrichtung machten aus einer kleinen Partei im Werden eine wuchtige Staatspartei.

Berufsgruppen: Ebenso wie die Bindung durch Konfession hat auch die Bindung durch Berufsgruppen im Elektorat grundsätzlich nachgelassen. Die berufliche Stellung sagt immer weniger über die Wahlabsicht und den Wahlausgang aus. 2017 erreichte die Union über die verschiedenen Berufsgruppen hinweg relativ ähnliche Anteile: 33 Prozent der Angestellten zählten zu ihrer Wählerschaft, 35 Prozent der Beamten, 34 Prozent der Selbstständigen und lediglich 29 Prozent der Arbeiter. Wie Tabelle 4 zeigt, sahen die Verteilungen früher anders aus:

	1994	1998	2002	2005	2009	2013	2017
Angestellte	38,4 %	32 %	35 %	35 %	33 %	41 %	33 %
Beamte	42,7 %	40 %	41 %	38 %	36 %	43 %	35 %
Selbstständige	52,2 %	44 %	51 %	41 %	36 %	48 %	34 %
Arbeiter	36,9 %	30 %	37 %	32 %	31 %	38 %	29 %

Tabelle 4: CDU-Wähler nach Berufsgruppen

Die Angleichung des Wahlverhaltens zwischen den verschiedenen Berufsgruppen hängt mit der Entwicklung zur Dienstleistungsgesellschaft zusammen. In der klassischen Industriegesellschaft der Bonner Republik gehörten die Landwirte (heute nur noch 3 Prozent aller Wähler) und die Selbstständigen zunächst zur erwerbsstrukturellen Kerngruppe der Unionswähler.[20] Je nach wirtschaftspolitischer Großwetterlage gelang es der Union, die wirtschaftsfreundlichen Kreise zur Unterstützung der Union zu bewegen. Oft wanderten diese Wähler auch zur FDP, um das bürgerliche Lager insgesamt zu stabilisieren.

Die Volksparteien konnten insgesamt über Jahrzehnte die größte Gruppe der Erwerbstätigen, die Arbeiter und Angestellten, verlässlich binden. In den 1980er-Jahren konnte die Union auch bei den Arbeitern punkten und die Dominanz der SPD in diesem Bereich brechen. Arbeitslose und gewerkschaftlich organisierte Arbeitnehmer fremdeln nach wie vor mit der Union. Die größten Unterschiede zwischen Union und SPD zeigten sich deutlich bei Angestellten und Beamten. Zunächst profitierte die SPD von den neuen Erwerbsschichten des »expandierenden Versorgungsstaates und Dienstleistungssektors«.[21] In den 2000er-Jahren verlor sich dieser Vorsprung, ohne dass die Union davon profitierte. Die Abwanderung erfolgte von der SPD über die CDU zu den Grünen.

Bildung: Die Union blieb 2017 in allen Bildungsgruppen stärkste Kraft, wobei sie bei den Wählern mit Hauptschulabschluss 37 Prozent erreichte, bei denjenigen mit Abitur 31 Prozent und bei den Wählern mit Hochschulabschluss 30 Prozent. Am meisten sprach sie demnach Wähler mit formal niedrigem Bildungsniveau an und ist dort in verlässlicher Gemeinschaft mit SPD und AfD. Die Wählerschaft der CDU, unterteilt nach Bildungsabschlüssen über die letzten sieben Bundestagswahlen hinweg, setzt sich wie folgt zusammen:

	1994	1998	2002	2005	2009	2013	2017
Hauptschulabschluss	–	–	41 %	38 %	37 %	46 %	37 %
Mittlere Reife	–	–	39 %	35 %	34 %	43 %	34 %
Hochschulreife	–	–	34 %	31 %	30 %	39 %	31 %
Hochschulabschluss	–	–	34 %	33 %	31 %	37 %	30 %

Tabelle 5: CDU-Wähler nach Bildungsabschlüssen

Eine treffende Einordnung dieser Daten lautet: »Die weniger starke Verankerung der Union in urbanen Räumen und die zunächst schwächere Bindung an expandierende Arbeitnehmergruppen wie Angestellte und Beamte in den 70er-Jahren dürften dazu geführt haben, dass die Partei zunächst recht wenig von der Bildungsexpansion seit Ende der 60er-Jahre profitieren konnte. Im Laufe der 2000er-Jahre scheinen sich die Differenzen zwischen den einzelnen Bildungsgruppen allmählich abgeschliffen zu haben.«[22] Das ansteigende Bildungsniveau nutzt im Hinblick auf die Wahlbeteiligung allen Parteien. Speziell die Union hat unter diesen Bedingungen die Chance erhalten, konjunkturell auch unter den formal höher gebildeten Wählern optional besser abzuschneiden.

Geografische Wählerschaft: Die CDU hat traditionell ein stärkeres Wählerklientel abseits der urbanen Metropolen.[23] Auffallend ist zudem eine Ost-West-Spaltung der Wählerschaft. Da angesichts sehr abweichender Milieuprägungen in Ostdeutschland eine Parteibindung nach westlichen Maßstäben nach 1990 nie existierte, bleiben markante Unterschiede in der Wählerstruktur. Andere Faktoren der Wahlentscheidung, wie Personen oder Kompetenzzuschreibungen (Issues) für wichtige Problemlösungen, überlagern in Ostdeutschland situativ alle Faktoren, die in Westdeutschland für sozialstrukturelle Indikatoren herangezogen werden können. Da der Anteil von katholisch geprägten Wählern verschwindend gering ist, sind letztere Faktoren für die Interpretation der Wählerschaft im Osten zu vernachlässigen. Eine Wirkungsoption scheint eher von den Funktionsträgern in den ostdeutschen Bundesländern auszugehen, von denen sich an zentralen Stellen Katholiken behaupten.

Wähler und Mitglieder: Die Merkmale von CDU-Wählern lassen sich auch komparativ ableiten. Hierzu dienen die bereits thematisierten Umfragedaten von Viola Neu aus dem Jahr 2017. Die Studie, die sowohl Daten über die Gesamtbevölkerung als auch die CDU-Mitglieder und CDU-Wähler erfasst, dokumentiert zahlreiche Unterschiede zwischen den Befragten. Ohne auf die Details näher einzugehen, kann in der Summe festgehalten werden:

— Die befragten Mitglieder der CDU sind in ihren politischen Einstellungen konservativer (im Sinne einer Tradierung des Immergleichen) als CDU-Wähler und die Gesamtbevölkerung.
— Die meisten Mitglieder verorten sich deutlich rechts vom Erscheinungsbild ihrer Partei.
— Die meisten CDU-Wähler sehen sich eher links von der CDU verortet.[24]

Überträgt man diese Befunde pointiert auf die Wahlergebnisse Angela Merkels, so könnte man zur Einschätzung gelangen, dass Merkel auch deshalb so erfolgreich regiert hat, weil sie ganz offensichtlich näher am Wähler als an der eigenen Partei war.[25]

Die Ergebnisse lassen sich außerdem analog auf andere Parteien anwenden. In der Regel sind Parteimitglieder »linientreuer«, programmatisch-traditioneller, historisch meinungsmäßig festgelegter und an den Grundwerten festhaltender als die Wähler. Aus diesem Differenzpotenzial ergeben sich oft inhaltliche Eruptionen und Konflikte auf Bundesparteitagen, auf denen Mitglieder- und Wählerlogiken argumentativ aufeinanderprallen.

3. Über die Elastizität der CDU-Wähler

Die Lage auf dem Wählermarkt erscheint angesichts der bisher hier vorgestellten Datenlage für die CDU ambivalent. Einerseits hadert die Kernwählerschaft mit der Kanzlerin und langjährigen Vorsitzenden Merkel und fühlt sich vorrangig bei Migrations-, Integrations- und Flüchtlingsthematiken nicht ausreichend mitgenommen. In der älteren katholischen Wählerschaft hat Merkels Papstkritik – am deutschen Papst – deutliche Spuren hinterlassen. Zudem schwächelt sie sozialstrukturell – insbesondere im Hinblick auf das hohe Alter der Stammwähler. Andererseits genießt die Kanzlerin weiterhin immer noch hohe Beliebtheitswerte, vor allem seitdem sie im Dezember 2018 den Parteivorsitz abgegeben hat. Die Nachfolger haben große Chancen in der Mitte der Gesellschaft, wenn sie auf die Kontinuität einer politischen Erbschaft von Merkel setzen.

Um den Status einer Volkspartei zu halten, muss sich die CDU noch intensiver als bisher auf dem Wählermarkt tummeln und nach konjunkturellen Wählern suchen, die man situativ für eine bestimmte Wahl gewinnen kann. Denn das Wählerprofil hat sich für alle Parteien gewandelt. Zudem nimmt der Anteil an »wählerischen« Wählern tendenziell zu.[26] So hat sich in den letzten zwanzig Jahren der Anteil der Wechselwähler bei Bundestagswahlen verdoppelt. Immer weniger Wähler sind parteipolitisch gebunden, immer mehr wechseln ihre Parteipräferenzen in immer kürzeren Abständen. Nur noch rund ein Drittel des Elektorats machen heute stabile Wähler, sogenannte Stammwähler, aus. Dennoch ist der Wähler kein Flugsand, sondern in der Regel – trotz gewachsener Volatilität – einer Partei prinzipiell mehr zugeneigt als einer anderen. Wechselwähler-Wahlkämpfe sind die strategische Antwort auf diese Entwicklungen. Dabei bleibt die Hauptwirkung des Wahlkampfs im Bereich der Bestätigung (»Reinforcement«) einer bereits weit vor dem Wahltag getroffenen Entscheidung.[27]

Zudem entscheiden immer weniger Wähler über immer mehr. Der Nichtwähleranteil hatte bis 2015 deutlich zugenommen, sodass Wahlergebnisse weniger repräsentativ waren, aber keineswegs weniger demokratisch.[28] Derzeit steigt die Wahlbeteiligung wieder. Ob die Zunahme allerdings anhält, ist im Moment schwer vorhersehbar, zumal das Polarisierungsthema der Flüchtlingspolitik in der Wählergunst von Umwelt- und Klimathemen abgelöst wird. Deutlich verändert hat sich zudem der Grund der Wahlentscheidung, der immer häufiger leistungsorientiert und immer weniger milieu- beziehungsweise bindungsorientiert ableitbar ist. Diese Leistungsorientierung bezieht sich auf einen konkreten Zukunftsnutzen und eine Zukunftssicherheit, die für die individuelle Wahlentscheidung wichtig sind.[29] Besonders problematisch bleibt der Anteil der unpolitischen Gesinnungswähler, die stimmungsgetrieben, spontan und kurz entschlossen wählen, wobei die Begründung oft eher ästhetischen als politischen Kategorien entspringt. Bei knappen Wahlentscheidungen können auch diese Wähler wahlentscheidend werden. Die Grundtrends des wählerischen Wählens haben sich jedenfalls auch bei der Bundestagswahl 2017 bestätigt.[30]

Bislang dominierten nicht Gerechtigkeits- und Bürgerrechtsthemen zurückliegende Wahlkämpfe, sondern Wohlfahrtsversprechen. Sicherheit ist in der Wahlarena wichtiger als Gerechtigkeit. Nicht wer am meisten Veränderungen versprach – rechts wie links –, wurde seit 2005 gewählt, sondern wer am plausibelsten machen konnte, die Bürger vor den Unbilden der Zukunft zu schützen. Bürgerliche Wähler fordern also Stabilitätsgarantien.[31] Sie möchten, dass die Politik den Status quo sichert. Angesichts eines Wählerklientels, das bei der Bundestagswahl 2017 mehrheitlich älter als sechsundfünfzig Jahre alt ist, bleibt dies nachvollziehbar. Das Potenzial für CDU-Wähler ist damit weiterhin vorhanden, wenn man sie elastisch anspricht und drastische Gegenmobilisierungen verhindert.

Noch immer führt darüber hinaus die Schnittmenge aus drei Bereichen zum Wahlerfolg: ökonomische Effizienz, soziale Gerechtigkeit und kulturelle Modernisierung. Wer in allen drei Bereichen über zugeschriebene Problemlösungskompetenz und personelle Sichtbarkeit verfügt, steigt in der Wählergunst. Nicht direkte Verteilungsfragen sind besonders wichtig, sondern eher Ligaturen, die ein Minimum an sozialer Sicherheit und Planbarkeit für das Familien- und Arbeitsleben garantieren und gleichzeitig den Charme von Modernität versprühen.

Der Primat der Sicherheit stand auch 2017 im Zentrum, aber mit veränderten Ausprägungen. Innere und äußere Sicherheit waren den Bürgern extrem wichtig, ohne in Panikstimmung angesichts drohender terroristischer Gewalttaten zu verfallen.[32] Soziale Sicherheit als Absicherung des sozialen Status spielte eine viel größere Rolle als in zurückliegenden Wahlkämpfen, denn der gesellschaftliche Deutungskonsens, in einer Abstiegsgesellschaft zu leben, hatte die sogenannte Mittelschicht über Ungleichheitsdiskurse erreicht.[33] Die Diskussionen über Ungerechtigkeiten und extreme Verzerrungen im Bereich von Einkommen und Vermögen prägten so die öffentliche Arena.

Neue Akzente setzte der Begriff der kulturellen Sicherheit. Hier werden Identitätsfragen mit Sicherheitsvariablen angereichert: Wer gehört zu »uns«? Solidarität und Zugehörigkeiten stehen auf dem Prüfstand. Wie viel Heterogenität verträgt eine globalisierte Nation, und wie viel Vielfalt ist dysfunktional? Diese Thematisierungen greifen die Impulse auf, die sich im Kontext der Einwanderungsgesellschaft stellen und seit dem Sommer 2015 die Diskussion um Flüchtlinge und Asyl in Deutschland öffentlich charakterisieren.[34]

Bürger fordern nicht nur ökonomische Teilhabe, sondern auch kulturelle Teilhabe als Facette kultureller Sicherheit ein.[35] Antielitäre Wut von Protestwählern ist weiterhin messbar, wenngleich sich die Richtung des Protests nicht mehr eindimensional am Flüchtlingsthema entzündet. Bundespräsident Gauck sagte dazu im Juni 2016 in Bukarest: »Dazu müssen wir immer auch alle wieder lernen, Argumente an uns heranzulassen, die unserem eigenen Milieu zunächst unplausibel erscheinen können. Wir müssen wieder lernen, an die intellektuelle und moralische Tradition des argumentativen Disputs anzuknüpfen«.[36] Damit ist gemeint, die Überforderungen durch zu viel Neues oder zu viel empfundene Fremdheit anzuerkennen. Zudem sollte die Einübung ins Fremde idealerweise erstritten und ausgehandelt sein.[37] Um kulturelle Teilhabe auch gegen bürgerliche Diskurswächter durchzusetzen, bedarf es bei den Befürwortern einer einzufordernden kulturellen Sicherheit einer Offenheit, die bei Argumenten ohne vorschnelle Stigmatisierung auskommen sollte. »Robuste Zivilität«[38] setzt keine Streitgrenzen, soweit der normative Gehalt des Grundgesetzes nicht verletzt wird. Protestwähler fühlen sich auch kulturell marginalisiert, worauf etablierte Politik zu reagieren hat.

Für die CDU entstehen durch die Etablierung der AfD zusätzliche Herausforderungen. Die Wählerschaft ist im Hinblick auf die Links-rechts-Verortung keineswegs nach rechts gerückt – trotz einer gesellschaftlichen Konsensverschiebung nach rechts.[39] Die meisten Bürger verorten sich weiterhin in der ideologischen Mitte. Die Erfolge der AfD erklären sich weniger über einen Rechtsruck in Deutschland als über die Attraktivität eines Parteiangebots rechts von der Union.

Um Wählerangebote zu machen, die nicht auf die AfD schielen, bedarf es eigener bürgerlich-attraktiver und glaubwürdiger Leistungsversprechen für notwendige Reparaturarbeiten am Wohlfahrtsstaat.

Begrenzte Aggressivität, Sicherheitsbotschaften und Zukunftskompetenz bleiben die Variablen auf der Angebotsseite der CDU. Je nach politischer Großwetterlage konnte die CDU bisher mal die linke, mal die konservative Seite der Partei betonen, um sowohl die Wählerschaft als auch die eigenen Flügel zufriedenzustellen. Elastizität ist somit ein Kernmerkmal der CDU auf dem Wählermarkt. Diese Elastizität ist auch stark gefordert, denn bei einer Vielzahl von Wählern bestehen innere Widersprüche, die nur schwer miteinander zu vereinbaren sind. Verlässliche Szenarien lassen sich daraus nur schwer ableiten. Erneut gilt, dass Wahlkämpfe Marathonläufe mit Fotofinish sein können. Darauf muss die CDU vorbereitet sein. Wählermärkte und Koalitionsmärkte gehen weiterhin auseinander. Wahlkämpfe bleiben gegenüber dem Wähler ohne Koalitionsaussagen. Das ist umso problematischer in Zeiten, in denen sich das Parteiensystem in Deutschland vom Typus des moderaten zu einem Typus des polarisierten Pluralismus verfestigt:[40] Aus der Umarmungsdemokratie mit einem moderaten Parteienwettbewerb der Mitte entwickeln sich an den linken und rechten Rändern neuartige Polarisierungen, die eine Umarmung immer schwieriger machen. Bei den ostdeutschen Landtagswahlen 2019 stand eine liberale Mehrheitsgesellschaft einer rechtsradikalen beziehungsweise rechtsextremen Minderheit gegenüber.

Die kommenden Bundestagswahlen sind historisch unvergleichbar. Erstmals treten die Parteien mit ihren Kanzlerkandidatinnen und Kanzlerkandidaten gegeneinander an ohne Titelverteidiger im Kanzleramt. Das ist ein Novum, was die Startchancen für die Union, die Grünen und die SPD völlig neu konzeptioniert. Die Attraktivität der zukünftigen Spitzenkandidaten bringt Prozentwerte, doch in der Rangfolge der Wahlentscheidungen gilt weiterhin: Sachkompetenz, Glaubwürdigkeit, Führungsqualität und dann erst persönliche Sympathie. Dennoch stellen Personen eine Kohärenz dar, die nicht zu unterschätzen ist. Denn je heterogener die Bedürfnisstruktur von Gesellschaften ohne homogene sozialmoralische Milieus ausfällt, umso mehr steigt der Bedarf nach Eindeutigkeit. Es müssen nicht gleich Heilsgestalten sein, die mobilisieren können, schon gar nicht im biederen Wählerterrain der CDU. Doch die gesellschaftliche Akzeptanz für traditionelle und moderne Themen ist entscheidend für die CDU, um eine Partei zu bleiben, die 30 Prozent der Wähler binden kann. Es wird nicht ausreichen, nur traditionelle christdemokratische Milieus wiederzugewinnen, die Merkel nach 2015 nicht mehr erreichte. Wer dafür die liberale Mitte preisgibt, verliert mehr, als er gewinnt. Sicherheitskonservative Elastizität ist angesagt.

---

1 Vgl. dazu Anna Gaßner u.a.: Schöner wählen: Der Einfluss der physischen Attraktivität des politischen Personals bei der Bundestagswahl 2017, in: Karl-Rudolf Korte/Jan Schoofs (Hg.): Die Bundestagswahl 2017. Analysen der Wahl-, Parteien-, Kommunikations- und Regierungsforschung. Wiesbaden 2019, S. 63–82.

2 Vgl. Karl-Rudolf Korte: Was entscheidet die Wahl? Zu Themen und Wahlmotiven im Superwahljahr 2017, in: Aus Politik und Zeitgeschichte 67 (2017), 38/39, S. 4–9.

3 Vgl. dazu Ders.: Beschleunigte Demokratie. Entscheidungsstress als Regelfall, in: Aus Politik und Zeitgeschichte 62 (2012), 7, S. 21–26; Ders.: Risiko als Regelfall. Über Entscheidungszumutungen in der Politik, in: Zeitschrift für Politikwissenschaft 21 (2011), 3, S. 465–478; Henning Laux/Hartmut Rosa: Zeithorizonte des Regierens. Rasender Stillstand, in: Karl-Rudolf Korte/Timo Grunden (Hg.): Handbuch Regierungsforschung. Wiesbaden 2013, S. 83–92.

4 Vgl. Karl-Rudolf Korte: Emotionen und Politik. Begründungen, Konzeptionen und Praxisfelder einer politikwissenschaftlichen Emotionsforschung, in: Ders.

(Hg.): Emotionen und Politik. Begründungen, Konzeptionen und Praxisfelder einer politikwissenschaftlichen Emotionsforschung. Baden-Baden 2015, S. 11–25.

5 Vgl. Manfred Güllner: Merkel hat einen Popularitätspanzer, in: FAZ, 22. August 2013.

6 Zum Verlauf und Hintergrund vgl. Robin Alexander: Die Getriebenen. Merkel und die Flüchtlingspolitik: Report aus dem Innern der Macht. München 2017.

7 Die Zitate sind einem Interview zwischen der Passauer Neuen Presse und Horst Seehofer entnommen. Vgl. dazu: Seehofer unterstellt Merkel »Herrschaft des Unrechts«, in: Passauer Neue Presse, 9. Februar 2016.

8 Vgl. Ursula Weidenfeld: Nur in der Krise kommt das Land voran, in: Karl-Rudolf Korte (Hg.): Politik in unsicheren Zeiten. Kriege, Krisen und neue Antagonismen. Baden-Baden 2016, S. 117–130, hier 120.

9 Zu den komplexen Konsequenzen für das Regieren und den Parteienwettbewerb vgl. Christoph Bieber u.a.: Regieren in der Einwanderungsgesellschaft. Impulse zur Integrationsdebatte aus Sicht der Regierungsforschung. Wiesbaden 2017. Konkret zu den langfristigen Folgen des Parteienwettbewerbs vgl. Karl-Rudolf Korte u.a.: Parteiendemokratie in Bewegung. Organisations- und Entscheidungsmuster der deutschen Parteien im Vergleich. Baden-Baden 2018.

10 Vgl. dazu Frank Decker: Über Jamaika zur Fortsetzung der Großen Koalition. Die Entwicklung des Parteiensystems vor und nach der Bundestagswahl 2017, in: Korte/Schoofs: Die Bundestagswahl 2017, S. 201–224.

11 Vgl. Karl-Rudolf Korte: Wählen und Führen in der Einwanderungsgesellschaft, in: Marin Koschkar/Clara Ruvituso (Hg.): Politische Führung im Spiegel regionaler politischer Kultur. Wiesbaden 2018, S. 273–291, hier 274.

12 Zu den herkömmlichen Konfliktlinien gelten die Verteilung von gesellschaftlichem Reichtum, die kulturellen Differenzen der politischen Partizipation sowie das relative Gewicht von Staat und Markt. Dazu vgl. Wolfgang Merkel: Schluss: Ist die Krise der Demokratie eine Erfindung?, in: Ders. (Hg.): Demokratie und Krise. Wiesbaden 2015, S. 492; Ulrich Eith/Gerd Mielke: Gesellschaftlicher Strukturwandel und soziale Verankerung der Parteien, in: Elmar Wiesendahl (Hg.): Parteien und soziale Ungleichheit. Wiesbaden 2017, S. 39–61.

13 Vgl. Franz Walter/Christian Werwath/Oliver D'Antonio: Die CDU. Entstehung und Verfall christdemokratischer Geschlossenheit, 2. überarbeitete Auflage. Baden-Baden 2014, S. 171.

14 Dazu mit Vergleichsdaten Markus Klein u.a.: Die politische Urteilsbildung der Wählerschaft im Vorfeld der Bundestagswahl 2017, in: Zeitschrift für Parlamentsfragen 50 (2019), S. 22–44.

15 Die Daten dieser und aller folgenden Tabellen zur Struktur der Wählerschaft sind entnommen aus: Bösch: Christlich Demokratische Union Deutschlands, S. 248 f.; Korte u.a.: Parteiendemokratie in Bewegung, S. 178; Matthias Jung/ Yvonne Schroth/Andrea Wolf: Bedingt regierungsbereit – Eine Analyse der Bundestagswahl 2017, in: Korte/Schoofs: Die Bundestagswahl 2017. Ergänzungsdaten auch bei Sigrid Roßteutscher u.a. (Hg.): Zwischen Polarisierung und Beharrung: Die Bundestagswahl 2017. Baden-Baden 2019.

16 Vgl. Bösch: Christlich Demokratische Union Deutschlands, S. 250.

17 Vgl. Walter/Werwath/D'Antonio: Die CDU, S. 173.

18 Vgl. Matthias Jung: Modernisierung und asymmetrische Demobilisierung. Zur Strategie der Union seit 2005, in: Korte/Schoofs: Die Bundestagswahl 2017, S. 323–340.

19 Vgl. Viola Neu: »Ich wollte etwas bewegen.« Die Mitglieder der CDU. Eine empirische Analyse von Mitgliedern, Wählern und der Bevölkerung. Sankt Augustin/Bonn 2017, S. 53.

20 Vgl. Franz/Werwath/D'Antonio: Die CDU, S. 177 f.

21 Vgl. ebd., S. 179.

22 Vgl. ebd., S. 182.

23 Vgl. ebd., S. 171.

24 Vgl. Viola Neu: »Ich wollte etwas bewegen.« Dazu mit den Vergleichsdaten zu den anderen Parteien: Markus Klein u.a.: Die Sozialstruktur der deutschen Parteimitgliedschaften. Empirische Befunde der Deutschen Parteimitgliederstudien 1998, 2009 und 2017, in: Zeitschrift für Parlamentsfragen 50, S. 81–98.

25 Vgl. Tina Hildebrandt: Die Heimatvertriebenen, in: Die Zeit, 22. Februar 2018.

26 Vgl. Karl-Rudolf Korte: Die Bundestagswahl 2009 – Konturen des Neuen, in: Ders. (Hg.): Die Bundestagswahl 2009: Analysen der Wahl-, Parteien-, Kommunikations- und Regierungsforschung. Wiesbaden 2010, S. 9–32, hier 24.

27 Dazu mit Vergleichsdaten Klein u.a.: Die politische Urteilsbildung, S. 40 f.

28 Vgl. Wolfgang Merkel: Der Parteienverächter. Wider den publizistischen Stammtisch – ein Zwischenruf, in: WZB-Mitteilungen 124, Juni 2009, S. 13–16.

29 Vgl. Korte: Die Bundestagswahl 2009, S. 24.

30 Vgl. dazu Karl-Rudolf Korte: Die Bundestagswahl 2017. Ein Plebiszit über die Flüchtlingspolitik, in: Ders./Schoofs: Die Bundestagswahl 2017, S. 1–19; weiterführend Ders.: Parteienwettbewerb. Wählen und Regieren im Schatten der Großen Koalition, in: David H. Gehne/Tim Spier (Hg.): Krise oder Wandel der Parteiendemokratie? Festschrift für Ulrich von Alemann. Wiesbaden 2010, S. 121–131.

31 Vgl. Karl-Rudolf Korte: Bürgerliche Mitte. Wie die etablierten Parteien sie neu erkämpfen können, in: Die Politische Meinung 540 (2016), S. 14–21.

32 Zum Thema Gelassenheit vgl. Renate Köcher: Deutschland ist anders. Eine Dokumentation des Beitrags von Prof. Dr. Renate Köcher, in: FAZ, 22. Dezember 2016.

33 Vgl. dazu Oliver Nachtwey: Die Abstiegsgesellschaft. Über das Aufbegehren in der regressiven Moderne. Berlin 2016; Karl-Rudolf Korte: Wählermobilisierung im Superwahljahr 2017, in: Wolfram Hilz/Antje Nötzold (Hg.): Die Zukunft Europas in einer Welt im Umbruch. Wiesbaden 2018, S. 413–427; Christopher Smith Ochoa/Taylan Yildiz: Der Armuts- und Reichtumsbericht der Bundesregierung im Ungleichheitsdiskurs. Working Paper Forschungsförderung Nr. 121 der Hans Böckler Stiftung (2019).

34 Vgl. Karl-Rudolf Korte: Identitätsfragen als neue demokratische Herausforderung des Politikmanagements, in: Bieber u.a. (Hg.): Regieren in der Einwanderungsgesellschaft, S. 9–17.

35 Gerade der US-Präsidentschaftswahlkampf 2016 zeigte die Mischung aus Klassen- und Kulturkampf. Vgl. dazu Christoph Bieber/Klaus Kamps: Nach Obama. Amerika auf der Suche nach den Vereinigten Staaten. Frankfurt a. M./New York 2017.

36 Zitiert nach Karl-Rudolf Korte: Gesichter der Macht. Über die Gestaltungspotenziale der Bundespräsidenten. Frankfurt a. M. 2019, S. 187.

37 Vgl. Korte: Wählen und Führen, S. 285.

38 Vgl. Timothy Garton Ash: Redefreiheit. Prinzipien für die vernetzte Welt. München 2016.

39 Belege dafür bei Roßteutscher u.a.: Zwischen Polarisierung, besonders S. 379.

40 Zur Begrifflichkeit vgl. Aiko Wagner: Typwechsel 2017? Vom moderaten zum polarisierten Pluralismus, in: Zeitschrift für Parlamentsfragen 50 (2019), S. 114–129.

12   Plakat zu den Kommunalwahlen in Nordrhein-Westfalen 1946

Christliche Demokratie – vom Glaubensbekenntnis zum politischen Programm?

Frank-Lothar Kroll

1.

Die Idee einer »christlichen Demokratie« gehört nicht zu den traditionellen Denkbildern der europäischen politischen Theorie. Leben und Lehre Jesu Christi vollzogen sich bekanntlich in einer Umwelt, deren politischem Horizont der Rückgriff auf irgendwie »demokratisch« geartete Überlieferungen vollkommen fremd geworden war. In den nachfolgenden Jahrhunderten einer christlich geprägten Welt- und Lebensordnung boten sich keinerlei ernst zu nehmende Ansatzpunkte für die Realisierung einer »demokratischen Christlichkeit« – weder im staatlich-politischen Raum noch im Rahmen gesellschaftlicher oder kultureller Aktionsfelder. Und auch im innerkirchlichen Bereich waren entsprechende Entfaltungsräume denkbar gering, trotz der reformatorischen Aufbrüche im Zeitalter Luthers und Calvins. Politisches Handeln besaß zwar bis zum 18. Jahrhundert stets eine mehr oder weniger stark ausgeprägt christlich-konfessionelle Komponente, vollzog sich aber weitab von jedem »demokratischen« Bezug. Verständnis und Bedeutung des Worts »Demokratie« blieben weitgehend auf die Gelehrtensprache beschränkt, und selbst noch bei ausgesprochen »republikanisch« argumentierenden Autoren wie Jean-

Jacques Rousseau oder Immanuel Kant überwog zumeist eine eher negative Akzentuierung des Begriffs – fern aller semantischen Nähe zu christlichen Überlieferungssträngen. Einen betont christlich legitimierten Republikanismus gab es in den Jahrhunderten der Vormoderne allenfalls vereinzelt, etwa beim Aufstand der Niederlande gegen den Absolutismus der spanischen Habsburger im 16. Jahrhundert oder aufseiten radikaler puritanischer Sekten und Parteiungen in ihrer Auseinandersetzung mit den Herrschaftsansprüchen des Stuart-Absolutismus während des 17. Jahrhunderts.

Das änderte sich im Verlauf der 1780er-Jahre – nicht zuletzt durch die Vorboten, Verlaufsprozesse und Folgewirkungen der Französischen Revolution. Nun erst wurde »Demokratie« im politischen Sprachgebrauch zu einem fester verankerten Ausdruck für mögliche Gestaltungsformen staatlicher Verfassungseinrichtungen.[1] Zugleich jedoch vollzog sich – im zeitweiligen Triumph der »totalitären Demokratie« jakobinischer Prägung[2] – eine erste nachhaltige Loslösung des neuen, radikal-demokratischen Staats von allen christlichen Traditionen, indem die angemaßte Allmacht der nunmehr republikanisch-revolutionären Ordnung einen unbedingten Herrschaftsanspruch über die Glaubens- und Gewissensentscheidungen der Bürger erhob. Die damit einsetzende Entfremdung zwischen Kirche und Staat, die wachsende Konfrontation tradierter christlicher Lebenswelten mit dem revolutionär-liberalen Zeitgeist sollte, ausgehend von der maßstabsetzenden Entwicklung in Frankreich,[3] eine Annäherung der beiden weltanschaulichen Lager, ein Zusammendenken von Christentum und Demokratie, zunächst nur sehr zögerlich in Gang kommen lassen. Katholische Autoren mit traditionalistischer Ausrichtung wie Joseph de Maistre[4] oder Louis-Gabriel de Bonald[5] verfochten im Zeitalter der Restauration – im Interesse religiös-kirchlicher Selbstbehauptung – eine betont theokratische Staats- und Gesellschaftskonzeption, deren innere Logik nicht dem autonomen Willen des Individuums oder den Gesetzen der souveränen menschlichen Vernunft folgte, sondern allein dem »Rhythmus der Trinität«[6] verpflichtet sein sollte. Von solchen Auffassungen führte keine Brücke zum Gedanken einer christlichen Demokratie moderner Prägung.

2.

Diesen Weg ebnete als einer der Ersten der französische Theologe und Publizist Hugues Félicité Robert de Lamennais (1782–1854). Mit der 1834 erschienenen Programmschrift »Paroles d'un croyant« wurde er – nach Abkehr von zunächst verfochtenen traditionalistischen Ausgangspositionen – zum Begründer des Gedankens einer »Démocratie chrétienne«. Seit dieser Schrift empfahl sich Lamennais als Anreger und Impulsgeber für eine Erneuerung der Gesellschaft durch eine erneuerte christliche Religiosität, die, nunmehr im Bündnis von Kirche *und* Demokratie, einer Versöhnung christlichen *und* demokratisch-revolutionären Geistes das Wort redete.[7] Schon zuvor, in der von 1830 bis 1831 von ihm herausgegebenen Zeitung »L'Avenir«, hatte Lamennais für eine gänzliche Trennung von Staat und Kirche plädiert. Der Kirche sollten Freiheit und Unabhängigkeit vom Staat garantiert werden, der Staat wiederum sollte die Einhaltung der Gewissens-, Unterrichts-, Presse- und Vereinsfreiheit gewährleisten. Politische Neutralität der Kirche und Selbstbestimmung der politisch mündigen Bürgerschaft galten hier als sich wechselseitig bedingende und einander ergänzende Bausteine für die Formierung einer »politischen Christlichkeit« im Jahrhundert der Revolutionen.[8]

Bei Lamennais verband sich die Forderung nach einer Trennung von Kirche und Staat zunehmend mit einer antimonarchischen Gesinnung. Die Krone erschien ihm, in eklatanter Verkennung der mit ihr tatsächlich verbundenen Entwicklungsmöglichkeiten, als prinzipielle Feindin jeder freiheitlich-demokratischen Ordnung[9] und als eine zur Anpassung an die sozialen Herausforderungen der Zeit unfähige Formation.[10] Zugleich überschätzte Lamennais die Möglichkeiten und Grenzen des der Kirche zugewiesenen gesellschaftlichen Auftrags – sie galt ihm als »Führerin« der Völker auf dem Weg zur Demokratie. Für die mehrheitlich konservativ gesinnten Kreise des französischen Episkopats waren solche Einstellungen allemal inakzeptabel. Ihr Urheber geriet in wachsende Distanz zur Amtskirche und tendierte mehr und mehr zu einer auf die soziale Frage gerichteten Humanitätsreligion.[11] Das galt auch für die meisten anderen führenden Vertreter des liberalen Katholizismus, wie er sich im Frankreich der 1840er-Jahre, neben und nach Lamennais, in dessen Mitstreitern Jean Baptiste Henri Lacordaire (1802–1861), Philippe Buchez (1796–1865) und Antoine Frédéric Ozanam (1813–1853) verkörperte und im Revolutionsjahr 1848/49 in der Zeitschrift »Ère Nouvelle«, dem »zweite[n] große[n] Presseunternehmen der französischen Démocratie chrétienne«,[12] seinen Ausdruck finden sollte. Freilich wurde bereits hier, bei aller Hervorhebung der unbestreitbaren Herrschaftsrechte des Volks, nicht etwa einer wohlfeil eudämonistischen Doktrin vom Glück der vielen als höchstem Staatszweck das Wort geredet, sondern das Prinzip der Bürgertugend, der bürgerschaftlichen Verantwortung und zivilgesellschaftlichen Verpflichtung betont.

Aufs Ganze gesehen, waren die Möglichkeiten einer Zusammenarbeit von Katholizismus und Demokratie, die sich unter der viel zitierten Devise »Dieu et la liberté« mit alledem eröffnet hatten,[13] eng begrenzt – zumal sich die laizistische Dritte Französische Republik nach 1870 in einer jahrzehntelang dogmatisch verfochtenen Gegnerschaft zur katholischen Kirche gefiel. Der Versuch Papst Leos XIII., Christentum und Demokratie im Anschluss an die 1891 veröffentlichte Enzyklika »Rerum Novarum« miteinander zu versöhnen, blieb eine Episode und wurde bereits 1901 durch die Enzyklika »Graves de communi« »auf ein exklusiv sozialpolitisches Programm«[14] reduziert. Die in Frankreich erstmals vorgetragenen christlich-demokratischen Lehren vermochten sich in der politischen Praxis vorerst nicht durchzusetzen, »in der Folgezeit gingen Kirche und Demokratie getrennte Wege«[15] – trotz erheblicher Strahlkräfte, die damit verbundene Auffassungen in anderen europäischen Ländern entfalteten.[16]

3.

Im deutschen Geschehensraum entwickelte sich der Gedanke einer christlichen Demokratie zunächst gleichfalls vor allem als Reaktion auf die von der Französischen Revolution und deren Folgen ausgehenden Entkirchlichungstendenzen. Die Forderung nach Freiheit der Kirche von staatlicher Bevormundung verband sich mit dem Wunsch, den sich zusehends säkularisierenden Staat mit den Prinzipien eines erneuerten Glaubenslebens zu versöhnen, ihn »nicht nur von außen her zu begrenzen, sondern von innen zu durchdringen«.[17] Zur eingeforderten Freiheit der Kirche im Staat gehörte selbstverständlich auch die Freiheit publizistischer Betätigung und christlicher Vereinsgründungen. Katholisch-konservative Publizisten wie Joseph Görres (1776–1848) und dessen Münchner Kreis um die Zeitschrift »Historisch-politische Blätter« hatten solchen Forderungen in den Jahren des Vormärz zusehends Gehör verschafft und dabei bereits erste Brücken zu den politischen Vorstellungen des bürgerlichen Liberalismus und Konstitutionalismus mit seinem Ideal einer Repräsentativverfassung auf parlamentarischer Grundlage geschlagen.[18]

Dem deutschen Katholizismus gelang, wesentlich befördert durch die Aktivitäten seiner politischen Vertretung, der 1870/71 gegründeten Zentrumspartei, nach Abbau der Kulturkampfgesetze seit Ende der 1870er-Jahre, die allmähliche Integration in den preußisch-protestantisch dominierten kleindeutschen Nationalstaat – nicht zuletzt durch Mitwirkung am Zustandekommen zahlreicher Reichsgesetze. Eine programmatisch ausgeprägte »demokratische Christlichkeit« war damit freilich nicht unbedingt verbunden, zumal die Partei bis zur Jahrhundertwende ein weitgehend konservativ-aristokratisches Gepräge trug, das weniger in deren Reichstagsfraktion, weitaus stärker jedoch in ihren zahlreichen Vorfeldorganisationen zum Ausdruck kam. Seit den 1864 von Papst Pius IX. im »Syllabus errorum« vorgetragenen antimodernistischen Positionen, mit ihrer expliziten Frontstellung gegen den liberalen Freiheitsgedanken und ihrem Beharren auf der Trias von Autorität, Hierarchie und Ordnung als verbindlichen Orientierungsgrößen für jeden gläubigen Katholiken, gerieten alternative politische Handlungsoptionen nur allzu leicht in den Verdacht, die zunächst weithin vorherrschende ultramontan-integrationalistische Kirchlichkeit zu untergraben.[19] Zwar boten mancherlei Formen der »Selbstorganisation des Katholizismus«[20] zunehmend Möglichkeiten für die Entfaltung demokratisch-emanzipatorischer Laienaktivitäten – allen voran der 1890 gegründete »Volksverein für das Katholische Deutschland«, der 1914 mit fast 800.000 eingeschriebenen Mitgliedern neben und nach der Sozialdemokratie immerhin als die erfolgreichste deutsche Massenorganisation firmierte,[21] oder die Vertreter jenes »Reformkatholizismus«, die sich im Umfeld der 1903 von Carl Muth (1867–1944) gegründeten Zeitschrift »Hochland« versammelten.[22] Eine »Versöhnung von Katholizismus und Moderne«[23] vermochten solche Bestrebungen jedoch nur bedingt einzuleiten. Das galt auch mit Blick auf die parteipolitische Vertretung der deutschen Katholiken im Kaiserreich, in deren Reihen eine seit 1903 betont christlich-»demokratisch« agierende, von »den Kräften des agrarischen und kleingewerblichen Populismus«[24] getragene Bewegung um den Volksschullehrer und Publizisten Matthias Erzberger (1875–1921) gegenüber konservativ-»etatistischen« Stimmen einen schweren Stand hatte.

Vergleichbares galt für das freilich weitaus weniger wirkungsmächtige evangelische Pendant zum Zentrum, die 1878 durch den Berliner Hof- und Domprediger Adolf Stoecker gegründete Christlich-Soziale Arbeiterpartei (seit 1881 Christlich-Soziale Partei, nunmehr mit antisemitischer Orientierung), die mittels Forcierung sozialpolitischer Maßnahmen die prekäre Lage der Arbeiterschaft zu verbessern suchte und dem gefürchteten Schreckbild einer sozialen Revolution durch eine Wiederverchristlichung des Vierten Standes entgegenwirken wollte.[25] Derartige Bestrebungen, die den Staat auf seine soziale Verantwortung verpflichteten, entsprachen der traditionell starken Bindung der evangelisch-lutherischen Kirche an die monarchische Obrigkeit, die als überparteiliche Sachwalterin evangelischer Interessen galt. Das Ethos des Gehorsams gegenüber einer derart legitimierten staatlichen Autorität, bei gleichzeitiger Betonung der persönlichen Gewissensfreiheit des Einzelnen, ließ wenig Raum für die Entfaltung bürgerschaftlicher Emanzipationsmodelle. Der 1887 gegründete Evangelische Bund zur Wahrung der deutsch-protestantischen Interessen verfocht als eine der größten Massenorganisationen des Kaiserreichs mit (1914) immerhin 510.000 Mitgliedern strikt nationalistische und antikatholische Positionen, weit entfernt von interkonfessionellen oder gar christlich-demokratischen Überlegungen.

So blieb der Gedanke einer christlichen Demokratie im kaiserlichen Deutschland unausgefaltet. Dass er aber ansatzweise bereits damals artikuliert worden ist, lehrt ein Blick auf die Aktivitäten des Evangelisch-Sozialen Kongresses. Dieser 1890 ins Leben gerufene Verein fokussierte in seinen publizistischen Bekundungen und propagandistischen Aktivitäten auf soziale Missstände und Probleme und entwickelte sich unter dem Einfluss des national-liberalen Politikers und Theologen Friedrich Naumann (1860–1919) zusehends zu einem Diskussionsforum bürgerlich-demokratischer Sozialreformer[26] – wie ja ohnehin die soziale Bewegung des fortgeschrittenen 19. Jahrhunderts mit ihrer Forderung nach einer umfassenden Erneuerung der Gesellschaft die Heraufkunft der christlichen Demokratie von Anfang an begleitet hat. Und auf katholischer Seite vertraten die 1899 zusammengeschlossenen christlichen Gewerkschaften (seit 1901: Gesamtverband der christlichen Gewerkschaften Deutschlands) unter ihrem langjährigen Generalsekretär Adam Stegerwald (1874–1945) erste zaghafte Ansätze jener Prinzipien, die ein halbes Jahrhundert später den Charakter der christlichen Demokratie auszeichnen sollten:[27] Begrenzung der Staatsmacht zugunsten bürgerschaftlicher Selbstorganisation, das Ideal eines am Gemeinwohl ausgerichteten klassenübergreifenden Interessenausgleichs, Mitbestimmung der Arbeitnehmer und Sozialpartnerschaft, Wohlfahrtsfürsorge und Erziehung zu sozialer Verantwortung und Solidarität, Gleichberechtigung und Interkonfessionalität. Die bereits 1890 zu einem »Gesamtverband« vereinigten Evangelischen Arbeitervereine vertraten demgegenüber mit (1914) etwa 150.000 Mitgliedern eine entschieden antikatholische Richtung.

Im Übrigen entstanden in den Jahrzehnten vor Ausbruch des Ersten Weltkriegs auch in anderen kontinentaleuropäischen Ländern christlich-konfessionell gebundene Parteien – so in Belgien 1869 (Katholieke Partij), in der Schweiz 1882 (Katholisch-konservative Partei) und in den Niederlanden 1879 (Anti-Revolutionaire Partij) beziehungsweise 1908 (Christelijk-Historische Unie). Das Bemühen um eine Artikulation christlicher Wertvorgaben und Normsetzungen angesichts des rapide voranschreitenden Prozesses der Fundamentaldemokratisierung stand mithin von Anfang an in gesamteuropäischen Zusammenhängen,[28] die sich später, nach dem Ende des Zweiten Weltkriegs und der Etablierung großer christlicher Parteien vor allem in Deutschland, Frankreich und Italien, erneut manifestierten und in entsprechenden Organisationen ihren Niederschlag finden sollten – allen voran in der 1947 ins Leben getretenen Nouvelles Équipes Internationales (NEI) und ihrer 1965 gegründeten Nachfolgerin, der Europäischen Union Christlicher Demokraten (EUCD). Beiden Einrichtungen ging es um die Zusammenarbeit christlicher Parteien in Europa und um die Formulierung gemeinsamer politischer Programmpunkte im Interesse verstärkter europäischer Gemeinschaftsbildung und Integration.[29] Jedenfalls ist in diesem Zusammenhang mit Recht darauf hingewiesen worden, dass »das Beharren auf gewissen vorstaatlichen, natürlichen Rechten, die aus einer bestimmten Interpretation der Gesellschaft abgeleitet wurden«,[30] nicht nur zu den von Anfang an prägenden Leitmaßstäben christlich-demokratischer Politik zählte, sondern eben auch die Grundlage für eine grenzüberschreitende Kooperation entsprechend orientierter politischer Parteien in der zweiten Hälfte des 20. Jahrhunderts bilden sollte.

4.

Es war durchaus kein Zufall, dass sich in Deutschland nach dem Zusammenbruch des Kaiserreichs im November 1918 zunächst vor allem in Kreisen der christlichen Arbeitnehmerschaft jene Stimmen und Wünsche vermehrt artikulierten, die den engen Grenzen einer konfessionell gebundenen Milieupartei, wie sie dem Zentrum bisher gesetzt waren, durch Etablierung einer »christlichen« *und* »demokratischen« Formation zu entgehen versuchten. Der maßgeblich von Adam Stegerwald an der Jahreswende 1919/20 betriebene Versuch, den Parteinamen des Zentrums in diesem Sinne mit dem Zusatz »Christlich-demokratische Volkspartei« zu versehen, blieb allerdings ebenso erfolglos wie die kurzzeitig verstärkt betriebene Einbindung nicht katholischer Persönlichkeiten in die politisch-administrativen Organisationsstrukturen der Partei.[31]

Das bekenntnistreue protestantische Wählervolk fand seine politische Heimat nach 1918 stattdessen überwiegend in der Deutschnationalen Volkspartei, die zahlreiche prominente Mitglieder der evangelischen Amtskirche – wie beispielsweise Otto Dibelius (1880–1967), den Generalsuperintendenten der Kurmark, späteren Bischof und Ratsvorsitzenden der Evangelischen Kirche in Deutschland – zu ihren Anhängern zählte, doch auch von nicht weniger prominenten konservativen Rechtskatholiken – allen voran von Martin Spahn (1875–1945), Neuzeithistoriker an der Kölner Universität und zuletzt NSDAP-Reichstagsabgeordneter – unterstützt wurde.[32] Die traditionell starke Bindung der evangelisch-lutherischen Kirche an die monarchische Obrigkeit, die als überparteiliche Sachverwalterin evangelischer Interessen galt, hatte ein spezifisch ausgeprägtes Gehorsamsethos gegenüber staatlichen Autoritäten auch nach dem Umbruch von 1918 vorherrschen lassen und bot – bei aller Betonung der persönlichen Gewissensfreiheit des Einzelnen – wenig Raum für die Entfaltung bürgerschaftlicher Emanzipationsmodelle oder christlich-demokratischer Entwicklungsperspektiven. Spezielle evangelisch-konfessionelle Parteigruppierungen entstanden erst in den Krisenjahren der Weimarer Republik, so die Christlich-Nationale Bauern- und Landvolkpartei 1928 und der Christlich-Soziale Volksdienst 1929. Erstere galt als Interessenvertretung der kleinen und mittleren Bauernschaft in Schleswig-Holstein und im fränkischen Raum,[33] Letztere firmierte als politische Organisation des deutschen Pietismus, mit einem stark sozialreformerischen Einschlag.[34] Zur dezidierten Verfechterin des Gedankens einer christlichen Demokratie ist keine dieser beiden Parteien geworden.

Und auch für das Zentrum galt dies in den Jahren der Weimarer Republik nur sehr eingeschränkt. Zwar gelang führenden Vertretern der Partei eine erstaunlich rasche Hinwendung zur parlamentarisch-demokratischen Ordnung von 1919, unter ausdrücklicher Anerkennung der ihr zugrunde liegenden Prinzipien der Volkssouveränität, der freiheitsverbürgenden Grundrechte und der das »Gemeinwohl« in den Mittelpunkt stellenden Bestimmungen der Weimarer Reichsverfassung. Insofern konnten nun eigentlich all jene Hürden als überwunden gelten, die der vollständigen Realisierung des Gedankens einer christlichen Demokratie bisher, im kaiserlichen Deutschland vor 1914, noch entgegengestanden hatten. Das Zentrum hat sich in diesem Sinne durch sein parteipolitisches Wirken aktiv in den neuen republikanischen Staat eingebracht und sich seit Beginn der 1920er-Jahre in zahlreichen öffentlichen Verlautbarungen zugleich dazu bekannt, Staat und Gesellschaft, Wirtschaft und Kultur stärker mit den Grundsätzen des Christentums in Einklang zu bringen. Das hieß damals, nach dem katastrophalen Ausgang des Ersten Weltkriegs und den Verwerfungen der unmittelbaren Nachkriegszeit, erneut einer sozial verantworteten Politik das Wort zu reden, die bewusst auf Solidarität mit den Minderbemittelten setzte, um so den weithin verloren gegangenen gesellschaftlichen Zusammenhalt wiederzugewinnen.

Doch eine christliche Demokratie im vollen Wortsinn konnte aus solchen Ansätzen seinerzeit nicht erwachsen – und das hatte mehrere Gründe. Zum einen war ganz offensichtlich, dass sich die Partei keineswegs geschlossen als eine unbedingt »republikanische« Formation verstand – bei vielen ihrer Wähler und Mitglieder blieb ein entsprechend ausgeprägtes »demokratisches« Selbstverständnis äußerst gering.[35] Zum anderen verführte der für das Zentrum charakteristische Mangel an Herausbildung einer programmatischen Eigenständigkeit »im Sinne der Schaffung eines dezidiert christlichen wirtschafts- und sozialpolitischen Modells«[36] die Partei in der Spätphase der Weimarer Republik zu einer erhöhten Nachgiebigkeit gegenüber autoritären Problemlösungskonzeptionen (»autoritäre Demokratie«), die den Zeitgeist ebenso widerspiegelten, wie sie dem Gedanken einer christlichen Demokratie widersprachen.[37] Und schließlich begegnete die 1920 etablierte süddeutsche Sonderformation des Zentrums, die strikt föderalistisch und landespatriotisch gesinnte Bayerische Volkspartei, der republikanischen Reichsverfassung von Anfang an mit Skepsis und Distanz.[38]

Dass die Zentrumspartei (als einzige) zwischen 1919 und 1932 an allen Koalitionsregierungen des Reichs beteiligt war und in neun (von zwanzig) Kabinetten vier (von neun) Reichskanzler stellte, dass die Partei darüber hinaus in zahlreichen Reichsländern, allen voran in Preußen, Hessen und Baden, in der Regierungsmitverantwortung stand, sollte ihre Mandatsträger im Reichstag zuletzt fatalerweise freilich nicht davon abhalten, in einer präzedenzlosen »historische[n] Fehlentscheidung«[39] Ende März 1933 für die Annahme des von den Nationalsozialisten eingebrachten »Ermächtigungsgesetzes« (»Gesetz zur Behebung der Not von Volk und Reich«) zu votieren, dessen Bestimmungen die Gewaltenteilung und die Verantwortlichkeit der Reichsregierung gegenüber der parlamentarischen Vertretung der Nation beseitigten. Die beiden noch im Reichstag verbliebenen, auf ein Minimum geschrumpften evangelischen Gruppierungen – Christlich-sozialer Volksdienst und Deutschnationale Volkspartei – taten es dem Zentrum gleich. So trugen die berufenen Repräsentanten einer vermeintlich »christlichen« Politik unterschiedslos dazu bei, dass hinfort allen christlich-demokratischen Handlungsoptionen in Deutschland für lange Zeit jeglicher Boden entzogen wurde.

5.

Die Erfahrung der totalitären Tyrannei des Nationalsozialismus, die in Verfolgung und Völkermord, Kriegsniederlage und geistig-materiellem Zusammenbruch mündete, darf mit einigem Recht als der maßgebliche Impuls gelten, dem die christliche Demokratie in den Jahren nach 1945 ihren raschen Aufstieg verdankte – in Westdeutschland ebenso wie in Italien und Frankreich. Im Widerstand gegen das nationalsozialistische Unrechtsregime hatten sich katholische und evangelische Christen, christliche Gewerkschafter und Zentrumspolitiker mit zahlreichen anderen Vertretern aus den unterschiedlichsten politischen Lagern zusammengefunden.[40] Und sie waren sich zumeist darin einig gewesen, dass dem erhofften und erstrebten Ende des »Dritten Reichs« ein

Neuaufbau von Staat und Gesellschaft auf der Grundlage demokratischer *und* christlicher Werte folgen sollte. Christliche Demokratie, bisher ein im deutschen politischen Diskurs selten gebräuchlicher und unbestimmt verwendeter Begriff, wurde nun nicht nur mit festen Inhalten gefüllt, sondern auch zum Markenzeichen jener Partei, die als interkonfessionelle Sammlungsbewegung allen sozialen Schichten offenstehen und sich hinfort für zwei Jahrzehnte zur dominierenden Kraft im politischen Leben der Bundesrepublik Deutschland entwickeln sollte.

Es war bezeichnend für die parteipolitische Formierung einer christlichen Demokratie in den Jahren nach 1945, dass die parallel verlaufende Entfaltung ihrer weltanschaulichen Programmatik nicht in Form einer kohärenten, fest umschriebenen Theoriebildung erfolgte, sondern sich eher als okkasionelle Positionsbestimmung vollzog – orientiert an den konkreten Herausforderungen des Alltagslebens, die es in einer kriegszerstörten und vielfach demontierten Gegenwart zunächst mit gebotener Nüchternheit zu bewältigen galt.[41] Eine eher gering ausgeprägte Prinzipiengebundenheit politischen Handelns hatte vielen Vertretern einer betont »christlichen« Politik bereits in den Jahren der Weimarer Republik entsprochen, und generell ist in diesen Zusammenhängen mehrfach darauf verwiesen worden, »daß politische Programme für sie [das heißt die Repräsentanten einer christlichen Demokratie] immer nur Standortbestimmungen im jeweiligen Augenblick sein können und sich daher auch mit den jeweils wechselnden geschichtlichen Lagen wieder wandeln«.[42] Zudem hätte eine allzu starke Fixierung auf weltanschauliche Grundsatzpositionen dem erklärten Ziel der meisten nach 1945 um einen parteipolitischen Neuanfang bemühten christlichen Demokaten widersprochen. Dieses Ziel hieß: Schaffung einer großen christlichen Volkspartei auf interkonfessioneller Basis, die allen Bevölkerungsschichten offenstehen sollte.

Die allgemein verbindlichen Kriterien für den Erfolg einer solchen »Volkspartei« hatte der 1933 emigrierte Staatsrechtslehrer Otto Kirchheimer (1905–1965), nun schon mit Blick auf die etablierte Parteienlandschaft der Bundesrepublik Deutschland, in einer seiner letzten zu Lebzeiten erschienenen Veröffentlichungen namhaft gemacht.[43] Kirchheimers Kriterien für eine von ihm so genannte »Catch-all-Party« beziehungsweise »Sammlungspartei«[44] waren und sind bis heute maßgeblich: Im Interesse maximalen Stimmengewinns und eindeutiger Wahlerfolge sei jede moderne »Volkspartei« nicht nur auf weltanschaulichen Pluralismus und auf ein hohes Maß an innerparteilicher Toleranz zu verpflichten; die ihr stets gebotene Orientierung am Wählerwillen nötige sie darüber hinaus zur situationsbedingten Anpassung an jeweils vorherrschende Mehrheitsmeinungen und weise der Formulierung ideologisch konsistenter Programme und Grundsatzbekundungen einen deutlich nachgeordneten Stellenwert zu. Für einen »christlichen« Politiker verstand und versteht sich eine derart wandlungsaffine Einstellung beinahe von selbst. Ihm kommt es nicht darauf an, starr gehandhabte religiöse Dogmen zu verkünden, sondern der Selbstbehauptung des Christen in *jeder* historischen Situation zu dienen, christliches Leben in *jedem* geschichtlichen Augenblick zu verwirklichen.[45]

Das Spannungsverhältnis zwischen Programmatik und Pragmatismus, in das die christliche Demokratie nach 1945 eingebunden war, spiegelte sich in der Frühgeschichte der CDU wie in einem Brennglas wider. Der CDU-Gründerkreis in der britischen Besatzungszone, dem für die Weiterentwicklung der Partei insgesamt maßgebliche Bedeutung zukommen sollte – die Bundes-CDU wurde bekanntlich erst

1950 gegründet –, war zunächst stark von christlich-sozialen Impulsen bestimmt.[46] Entsprechende Positionen fanden 1947 im Ahlener Programm ihren Niederschlag. Diese in der westfälischen Stadt verabschiedete Grundsatzbekundung sollte, in teilweise antikapitalistischer Ausrichtung, die frisch etablierte Partei auf einen gemäßigten Sozialisierungskurs verpflichten und sah dabei nicht nur eine Überführung von Schlüsselbetrieben in »Gemeineigentum« vor, sondern antizipierte darüber hinaus auch die staatliche Kontrolle von Banken und Versicherungen und regte eine »Vergesellschaftung« der Montan-, Eisen- und Stahlindustrie an. Solche Postulate waren in der unmittelbaren Nachkriegszeit äußerst populär, und sie besaßen eine lange Tradition, die keineswegs auf genuin sozialistische Denkmodelle marxistischer Provenienz verwies, sondern die Ideen eines »christlichen Sozialismus« artikulierte, der mit seinen am Begriff des »gemeinsamen Wohls« orientierten gesellschafts- und wirtschaftspolitischen Leitbildern[47] an jene Gedankengänge anzuknüpfen versuchte, die, wie anfangs dargelegt, zwischen 1830 und 1848 im Kreis der französischen »catholiques libéraux« um Lamennais und dessen Anhänger vorgetragen worden waren. Katholische Sozialethiker der Nachweltkriegszeit, wie der Dominikanerpater Eberhard Welty (1902–1965)[48] oder der Jesuitenpriester Oswald von Nell-Breuning (1890–1991)[49], griffen damals ebenso auf solche Denkschablonen zurück wie führende christliche Gewerkschafter und Politiker – etwa Johannes Albers (1890–1963) oder Karl Arnold (1901–1958). Sie alle strebten nach einem »Mittelweg«, einer Art »Synthese von christlich [nicht marxistisch]-sozialistischem und privatwirtschaftlichem Gedankengut«.[50]

Derartige Konzeptionen wichen indes rasch, zusätzlich befördert durch die beginnende Ost-West-Konfrontation, einer eher wettbewerblich-individualistischen Vorgabe, wobei allerdings zentrale sozialreformerische Elemente beibehalten wurden, allen voran die Forderung nach Mitbestimmung und Mitverantwortung der Arbeitnehmerschaft in den Betrieben. Die in den Düsseldorfer Leitsätzen unmittelbar vor der Wahl zum ersten Deutschen Bundestag im Juli 1949 verabschiedete Leitlinie der Sozialen Marktwirtschaft bot dann eine vor allem von den Vertretern ordoliberaler Leitbilder um den seit 1946 in Frankfurt lehrenden Ökonomen und Juristen Franz Böhm (1895–1977) durch marktorientierte Gesichtspunkte ergänzte und modifizierte Variante des im Ahlener Programm fixierten Wirtschafts- und Sozialprogramms der CDU.

Bei alledem war es, nicht zuletzt, der auf innerparteiliche Vermittlung und Konsensfindung bedachte Konrad Adenauer (1876–1967), der seit März 1946 als Vorsitzender der CDU in der britischen Besatzungszone im Interesse des Zusammenhalts der frisch etablierten Union auf eine weitmaschige und inhaltlich eher unverbindliche Positionsbestimmung drängte, um möglichst alle divergierenden Auffassungen und Interessen der zum vereinten Handeln entschlossenen christlichen Demokraten einzubeziehen. Eine solche Strategie entsprach dem generellen Habitus des seit September 1949 amtierenden ersten Kanzlers der Bundesrepublik Deutschland, dessen politisches Handeln bekanntermaßen weitaus mehr von taktischen Überlegungen bestimmt war als von abstrakten Theorien oder von programmatischen Grundsätzen. Pragmatismus und eine immer erneut bekundete Konzentration auf das Konkrete, das praktisch Machbare und in der gegebenen Situation jeweils Gebotene wurden in der Folgezeit dann auch zu den prägenden Signaturen seines Regierungsstils.[51] Und sie entsprachen, einmal mehr, den bereits konstatierten generellen Vorgaben »christlichen« Handelns in der Politik, das sich zwar am Wahrheitsgehalt der Lehre Jesu und an den Bot-

schaften des Evangeliums als übergeordneten Handlungsma-
ximen orientiert, jedoch in ständig erneuerter Besinnung und
kritischer Standortbestimmung den jeweils aktuellen Tages-
anforderungen gerecht zu werden versucht. Denn: »Der po-
litisch-parlamentarische Ort der christlich-demokratischen
Parteien wechselt je nach Zeit und Situation.«[52]

So war es wohl kein Zufall, dass sich die Union erst 1953,
drei Jahre nach ihrer bundesweiten Gründung, zur Verabschiedung eines Parteiprogramms entschloss (Hamburger
Programm), welches dann wiederum erst nach weiteren
fünfzehn Jahren 1968 eine neuerliche Fassung erhalten sollte
(Berliner Programm).[53] In der Ära Adenauer, und noch lange
darüber hinaus, rangierte für die CDU die Orientierung an
der politischen Alltagswirklichkeit in der Regel weit vor allen weltanschaulichen Grundsatzbekundungen. Das Bemühen um eine sachgerechte Bewältigung aktueller Gegen-
wartsprobleme war lange Zeit maßgeblich für die Politik der
CDU-geführten Bundesregierung und erklärte »die relative
Belanglosigkeit von Parteiprogrammen«.[54] Diese oftmals beklagte programmatische Profillosigkeit der Partei vor allem
in den 1950er-Jahren – Rüdiger Altmann, ein konservativer Intellektueller und Berater des späteren Bundeskanzlers
Ludwig Erhard (1897–1977), konstatierte in diesem Zusammenhang 1960 lapidar: »Ein eigentliches Programm (…) hat
die CDU kaum«[55] – traf jedoch auf einen in hohem Maße
durchaus programmatischen Charakter der Regierungspolitik, an deren Konzeption die Partei nun allerdings selbst, zumindest in der Ära Adenauer, wiederum kaum beteiligt war.
Regierungspolitik blieb weitgehend eine Angelegenheit des
Kanzlers.

6.

Die allgemeine Leitlinie, der dieses Regierungshandeln der Union in den 1950er-Jahren folgte, wurde markiert durch die Umrisse des christlichen Menschenbildes, wie sie den Vorläufern und Wegbereitern der christlichen Demokratie als Leitbild stets vor Augen standen und nun, beim demokratischen Neubeginn, zwar nicht in Form normativer Handlungsanweisungen für eine »Politik aus dem Glauben« zur Geltung kamen, aber doch im Sinne einer Grundierung prinzipieller Weichenstellungen und Richtungsentscheidungen ihre Wirkungsmacht entfalteten. In ihrer Summe verwiesen sie allesamt auf *ein* unverrückbar feststehendes Fundament: auf die Freiheit des Einzelnen und die Unantastbarkeit seiner personalen und individuellen Existenz. Damit war, zunächst und vor allem, eine klare Gegenposition zum damals noch sehr bedrohlichen kollektivistischen Herrschaftsanspruch bolschewistischer Provenienz bezogen. Die Würde des Individuums wurde naturrechtlich begründet, unter Berufung auf allgemeingültige Satzungen und Normen, die jeder staatlichen Ordnung vorausgehen und allen weltlichen Herrschaftsansprüchen feste Grenzen setzen.[56] Diese naturrechtlich legitimierte Verabsolutierung der Menschenrechte fand ihre Bestätigung und Ergänzung im Prinzip der Subsidiarität, das in seiner Bedeutung für die Gestaltung christlich-demokratischer Politik nicht hoch genug eingeschätzt werden kann und damals von Vertretern der katholischen Moralphilosophie und Sozialethik – etwa durch den Dominikaner Arthur Fridolin Utz (1908–2001) – einer erneuerten theoretischen Fundierung unterzogen worden ist.[57]

»Subsidiarität« setzte nach dieser Interpretation den Aufbau des gesellschaftlichen Lebens und der staatlichen Ordnung aus kleineren Einheiten mit Gewährung größtmöglicher eigener Kompetenzen voraus. Der Einzelne und die ihn umgebenden Sozialformationen – Familie, Kommune, gesellschaftliche Organisationen – sollten das ihnen jeweils Mögliche und Erreichbare selbsttätig, aus eigener Initiative und freier Entscheidung, ohne Einmischung übergeordneter Institutionen leisten. Sie sollten nur dann Unterstützung, Hilfestellung und die damit notwendig verbundene Beschränkung ihrer Handlungsfreiheiten erfahren, wenn sie zur Erfüllung ihrer Aufgaben aus eigener Kraft nicht in der Lage waren. Ein derartiger Appell an die individuelle Eigenverantwortlichkeit richtete sich gegen den links- wie rechtstotalitären Massenkult, doch er galt zugleich allen Tendenzen einer übermäßigen staatlichen Zentralisierung, Bürokratisierung und Nivellierung in der Demokratie. Machtverteilung in Staat, Wirtschaft und Gesellschaft wurde in solcher Sicht zu einer unabdingbaren Voraussetzung für den Erhalt persönlicher Freiheit. Der Wille zu ihrer Verteidigung geriet erneut zum zentralen Anliegen christlich-demokratischen Selbstverständnisses, das kapitalistischer Machtkonzentration ebenso einen Riegel vorzuschieben empfahl wie sozialistischem Verstaatlichungswahn.

Aus solchen Grundsatzpositionen ergaben sich dann mit einer gewissen Folgerichtigkeit jene drei zentralen Programmpunkte, deren Realisierung in den Jahren nach 1949 zum weithin sichtbaren Markenzeichen einer erfolgreich betriebenen christlich-demokratischen Politik werden sollte: Wirtschaftspolitisch war es das auf Leistung, Wettbewerb und sozialen Ausgleich setzende Prinzip der Sozialen Marktwirtschaft; sozialpolitisch war es das Beharren auf einer in Ehe und Familie die Grundlagen und den primären Entfaltungsraum menschlichen Miteinanders erblickenden Familienpolitik; und außenpolitisch war es das vorbehaltlose Bekenntnis zur westlichen Wertegemeinschaft, verbunden mit einer erhöhten Bereitschaft zu Integrationsleistungen und zur Einbindung Westdeutschlands in supranationale Institutionen europäischer Zusammenarbeit. Eine betont christliche, den Topos vom »Abendland« bedienende Europapolitik, wie sie seit 1955 vor allem der bis 1961 amtierende deutsche Außenminister Heinrich von Brentano (1904–1964) forcierte,[58] ist unter dessen Amtsnachfolgern nicht weiter verfolgt worden. Doch der Grundsatz der Subsidiarität blieb mit Blick auf die europäische Einigung weiterhin maßgeblich. Auch auf diesem Feld sollten einem europäischen Über-Staat, falls überhaupt, nur auf jenen Gebieten Handlungsvollmachten zugesprochen werden, auf denen die souveränen Nationalstaaten ihre Ziele aus eigener Kraft nicht ausreichend realisieren konnten.

7.

Mit alledem trug die nach dem Wahlsieg der CDU von 1949 bis 1969 in politischer Verantwortung stehende christliche Demokratie als »Hauptregierungsformation«[59] entscheidend dazu bei, dem parlamentarisch-repräsentativen Regierungssystem jenes Ansehen in weiten Kreisen der Bevölkerung zu verschaffen, das es in Deutschland bisher nicht zu gewinnen vermocht hatte. Wesentliche Elemente und Vorgaben des christlichen Menschenbildes, das, wie beschrieben, dem christdemokratischen Regierungshandeln zugrunde lag, fanden so in der frühen Bundesrepublik ihren unmittelbaren Niederschlag beim Aufbau der westdeutschen Nachkriegsordnung. Und sie fanden eine zeitbedingt günstige Aufnahme in breiten Kreisen der Bevölkerung. Denn während der Osten Deutschlands den – mehrheitlich unerwünschten und nur unter Zwang mitgetragenen – atheistischen Zumutungen realsozialistischer Indoktrination ausgesetzt war, gedieh im Westen, eingehegt durch die aus den USA importierte Ideologie des Konsensliberalismus,[60] ein zunächst weithin ungetrübtes Klima unverbindlicher »Christlichkeit«. Die totalitären Verheerungen der nationalsozialistischen Tyrannei hatten das Verlangen nach einer Rechristianisierung von Staat und Gesellschaft im politischen und intellektuellen Milieu der frühen Bundesrepublik auch jenseits des Umfelds der Union stark befördert;[61] religiöser Rückhalt und Wiederbelebung christlicher Werte waren gefragt, Neuhumanismus und abendländische Ideen standen gleichermaßen hoch im Kurs.[62]

Es entsprach diesem vorherrschenden Zeittrend der 1950er-Jahre, dass damals Fragen nach dem Rang christlicher Werte und nach der Rolle des Christlichen in der Politik auch innerhalb der CDU zunehmend diskutiert wurden.[63] Seit 1952 stand den kirchennahen evangelischen Wählern der auf Initiative von Hermann Ehlers (1904–1954) gegründete »Evangelische Arbeitskreis der CDU« als Artikulations- und Diskussionsforum zur Verfügung,[64] wodurch der interkonfessionelle Charakter der Partei noch einmal ausdrücklich verstärkt wurde. Doch war die damalige CDU, bei aller Betonung des »Christlichen« im Rahmen öffentlicher Selbstverständigung,[65] »kein religiöses Bündnis der beiden Konfessionen, sondern ein politisches Zweckbündnis zur Erringung gemeinsamer Macht gegenüber gemeinsamen politischen Gegnern«,[66] was einer allzu offensiv betriebenen Verfechtung kirchlich-religiöser Interessen seitens der Partei von vornherein feste Grenzen setzte.[67] Die Union bestätigte mit alledem ihren von Otto Kirchheimer diagnostizierten Habitus einer modernen »Catch-all-Party«, sich im Einklang mit den jeweils vorherrschenden Konjunkturen des Zeitgeists wissend. Und sie trug darüber hinaus der Bereitschaft zu ständig neuen »Standortbestimmungen«[68] Rechnung, die als ein Grundmerkmal christlichen Handelns in Politik und Gesellschaft gelten kann.

Der seit Beginn der 1960er-Jahre einsetzende Werte- und Bewusstseinswandel,[69] der von gesteigertem materiellen Wohlstandsdenken, wachsender Konsumfreude und expandierendem Freizeitverhalten ebenso geprägt war,[70] wie er sich in einem rapide voranschreitenden Säkularisierungsprozess manifestierte, stellte die parteipolitischen Repräsentanten der christlichen Demokratie vor neuartige Herausforderungen. Bisher erfolgreich und weithin unbestritten vertretene Deutungsangebote christlich-demokratischer Politik gerieten angesichts einer zunehmenden Lockerung religiöser Bindekräfte und einer unübersehbaren Erosion kirchlich-konservativer Sozialmilieus mehr und mehr außer Kurs.[71] Die gewandelte gesellschaftlich-politische Grundstimmung der 1960er-Jahre[72] weckte Aufbruchshoffnungen und Modernisierungsverlangen, sie generierte aber zugleich auch Besorgnisse und Ängste, die den Verlust tradierter Geborgenheiten betrauerten.[73] Die Union reagierte auf dieses diffuse Mentalitätsamalgam der 1960er- und 1970er-Jahre teils durch eher konventionelle Appelle an eine »Politik aus christlicher Verantwortung«[74], teils durch Versuche, die wachsenden »Identitätszweifel und Existenzprobleme«[75] durch eine begrenzte »Öffnung nach links«[76] zu lösen. Ein solcher Schritt schien nicht zuletzt deshalb geboten, weil sich nun zunehmend auch in anderen Parteien Politiker mit ausgewiesenen christlichen Überzeugungen zu profilieren vermochten, allen voran der nachmalige Bundespräsident Gustav Heinemann (1899–1976) und der später als Bundesminister für wirtschaftliche Zusammenarbeit und Kirchentagspräsident amtierende Erhard Eppler (1926–2019), beide als überzeugte evangelische Christen Mitglieder der SPD. Das 1965 von Bundeskanzler Ludwig Erhard als »Programm für Deutschland« präsentierte und maßgeblich von dessen Berater Rüdiger Altmann entwickelte Konzept einer »Formierten Gesellschaft«[77] verdankte sich nicht zuletzt solchen neuartigen Herausforderungen. Es vermochte jedoch die Ansprüche und Erwartungen, mit denen viele Wähler und Mitglieder einer als »christlich« firmierenden Partei weiterhin begegneten, nicht im Mindesten zu erfüllen.

8.

Einem zunehmend säkularisierten gesellschaftspolitischen Zeitgeist trug das 1978 in Ludwigshafen verabschiedete CDU-Grundsatzprogramm »Freiheit, Solidarität, Gerechtigkeit« Rechnung, das 1984 durch die Stuttgarter Leitsätze für die 1980er-Jahre und 1986 durch das Mainzer Zukunftsmanifest ergänzt und aktualisiert wurde. Zwei weitere Grundsatzprogramme folgten 1994 (»Freiheit in Verantwortung«) und 2007 (»Freiheit und Sicherheit«). Bewährte Leitbegriffe christlich-demokratischen Politikverständnisses – Freiheit der Person, Eigentum und soziale Sicherheit, Rechtsstaatlichkeit und Toleranz – wurden nun stärker mit Positionen zum Umweltschutz, zur Sozialpolitik und zur Gleichstellungsfrage verknüpft. Auf diese Weise zeigte sich die Union darum bemüht, der gesteigerten lebensweltlichen Pluralität im ausgehenden 20. und beginnenden 21. Jahrhundert ebenso Rechnung zu tragen, wie sie einer unverändert vorherrschenden Dominanz des christlichen Menschenbildes innerhalb ihrer Wählerschaft entsprechen wollte. Immerhin bekannten sich im Vorwendejahr 1988 noch 93 Prozent der CDU-Mitglieder zu christlichen Konfessionen, mit einem überproportionalen Anteil der Katholiken (58,8 Prozent) gegenüber den Protestanten (34,2 Prozent).[78]

Ungeachtet zahlreicher hemmender Nachwirkungen und Folgelasten der kommunistisch-atheistischen Indoktrination in den neuen Bundesländern sind die hier dargelegten Grundanliegen der christlichen Demokratie auch in der 1990 ins Leben getretenen Berliner Republik als weithin unbestrittene Fundamente der politisch-gesellschaftlichen Ordnung bestätigt worden. Gegenmodelle kollektivistischer, staatssozialistischer oder totalitärer Prägung sind allesamt restlos und dauerhaft diskreditiert. Wer heute für die Werte und Errungenschaften des freiheitlichen Rechtsstaats eintritt, wem verantwortungsbewusstes Handeln selbstbestimmter Persönlichkeiten als unentbehrliche Voraussetzung für das Funktionieren demokratischer Aushandlungsprozesse gilt, wer Leistung und Wettbewerb nicht als Selbstzweck empfindet, sondern die soziale Verpflichtung des Eigentums betont und eine dosierte Kontrolle wirtschaftlicher Machtballungen als Instrument einer Politik des sozialen Ausgleichs zu schätzen weiß – wer von solchen Errungenschaften profitiert und ihr Vorhandensein nicht missen mag, der ist sich selten genug bewusst, dass er mit alledem auf jene Fundamente vertraut, die ihre Grundlegung dem Wirken engagierter Repräsentanten jenes »politischen Christentums« verdankten, wovon im Vorhergehenden die Rede war.

Heute, angesichts einer rapide voranschreitenden Fragmentierung und Polarisierung der Gesellschaft – bei weiterhin wachsendem Werteverlust, zunehmender Orientierungslosigkeit und unverkennbarer Erosion tradierter parteipolitischer Wählerbindungen –, stehen die Vertreter einer christlichen Demokratie in Deutschland und Europa vor den vielleicht größten Herausforderungen seit dem Ende des Zweiten Weltkriegs. Eine – ohnehin zumeist nur zaghaft bekundete – persönliche Religiosität vermag diesen Herausforderungen ebenso wenig gerecht zu werden wie ein opportunistisches Sichanpassen an aktuelle tagespolitische Gegebenheiten. Christliche Demokratie heute und morgen darf sich nicht bloß als säkularisierte Vollstreckerin der Aufklärung auf der Ebene der Politik verstehen. Und wer in ihr nur noch die »Chiffre einer überwiegend oder ausschließlich pragmatisch-parteipolitischen Interessenvertretung«[79] erblickt, beruft sich auf ein Handlungsmuster, das in einer noch vorwiegend von christlichen Wertvorstellungen geprägten Lebenswelt seine Berechtigung haben mochte. Die Verfechtung einer *bloß* noch »pragmatischen«, den Gegenwartsinteressen folgenden Politik seitens einer christlichen Partei wird jedoch dann zum Problem, wenn sich diese Gegenwartsinteressen mehr und mehr von allen christlich geprägten Leitbildern entfernen. Dann reicht es nicht aus, auf das flexible Zusammenspiel von Programmatik und Pragmatismus, auf einen Ausgleich zwischen weltanschaulichen Überzeugungen und politischen Augenblickserfordernissen zu vertrauen. Dann muss eine christliche Partei von sich aus neue Akzente setzen und darf sich nicht scheuen, wohlfeilen Zeittrends zu widersprechen, wenn diese dem christlichen Selbstverständnis entgegenwirken. Vielleicht vermag der hier im Sinne einer historischen Bestandsaufnahme gebotene Rückblick auf die wechselvolle Geschichte der christlichen Demokratie ja, einige Impulse für eine zukünftige Aktivierung der in ihr noch immer vielfältig vorhandenen Entwicklungsperspektiven zu vermitteln.

---

1 Zur Wortgeschichte im vorliegenden Zusammenhang noch immer knapp und erhellend Hans Maier: Demokratie, in: Historisches Wörterbuch der Philosophie 2. Basel 1972, Sp. 50–55; Ders.: Demokratie, in: Geschichtliche Grundbegriffe. Historisches Lexikon zur politisch-sozialen Sprache in Deutschland 1. Stuttgart 1972, S. 839–848, 854–873; vgl. ferner Ders.: Kirche und Demokratie,

in: Zeitschrift für Politik 10 (1963), S. 329–345; Ders.: Herkunft und Grundlagen der christlichen Demokratie, in: Heinz Hürten (Hg.): Christliche Parteien in Europa. Osnabrück 1964, S. 11–44; zum Grundsätzlichen Ders.: Kirche – Demokratie. Weg und Ziel einer spannungsreichen Partnerschaft. Freiburg i. Br. u.a. 1979; zur ideengeschichtlichen Verortung sehr kenntnisreich Rudolf Uertz: Die Christliche Demokratie im politischen Ideenspektrum, in: Historisch-politische Mitteilungen 9 (2002), S. 31–62; Ders.: Zur Theorie und Programmatik der Christlichen Demokratie, in: Günter Buchstab/Rudolf Uertz (Hg.): Christliche Demokratie im zusammenwachsenden Europa. Entwicklungen, Programmatik, Perspektiven. Freiburg i. Br. 2004, S. 32–63.

2 Vgl. unübertroffen Jakov Leib Talmon: Die Ursprünge der totalitären Demokratie. Köln/Opladen 1961, S. 110–119.

3 Dazu die klassische Analyse von Waldemar Gurian: Die politischen und sozialen Ideen des französischen Katholizismus 1789/1914. Mönchengladbach 1929, bes. S. 57 ff.

4 Vgl. weiterhin unentbehrlich Peter Richard Rohden: Joseph de Maistre als politischer Theoretiker. München 1929.

5 Dazu Robert Spaemann: Der Ursprung der Soziologie aus dem Geist der Restauration. Studien über L. G. A. de Bonald. München 1959, bes. S. 119 ff.

6 So treffend Hans Maier: Revolution und Kirche. Studien zur Frühgeschichte der christlichen Demokratie (1789–1901). 2., erweiterte Auflage Freiburg i. Br. 1965, S. 160.

7 Zum Folgenden weiterhin grundlegend ebd. S. 181 ff., 190 ff.; über Lamennais zuletzt im Zusammenhang Julian Strube: Sozialismus, Katholizismus und Okkultismus im Frankreich des 19. Jahrhunderts. Berlin/Boston 2016, S. 177–211.

8 Dazu erhellend Hans Barth: Die Staats- und Gesellschaftsphilosophie von Félicité de Lamennais (1948), wiederabgedruckt in: Ders.: Die Idee der Ordnung. Beiträge zu einer politischen Philosophie. Erlenbach-Zürich/Stuttgart 1958, S. 96–131.

9 Zur überfälligen Richtigstellung dieses Fehlurteils vgl. prinzipiell Frank-Lothar Kroll: Monarchische Modernisierung. Überlegungen zum Verhältnis von Königsherrschaft und Elitenanpassung im Europa des 19. und frühen 20. Jahrhunderts, in: Ders./Martin Munke (Hg.): Hannover – Coburg-Gotha – Windsor. Probleme und Perspektiven einer vergleichenden deutsch-britischen Dynastiegeschichte vom 18. bis in das 20. Jahrhundert/Problems and perspectives of a comparative German-British dynastic history from the 18th to the 20th century. Berlin 2015, S. 201–242.

10 Zur Korrektur dieses weitverbreiteten Missverständnisses vgl. auch hier jetzt Frank-Lothar Kroll: Die Idee eines sozialen Königtums im 19. Jahrhundert, in: Ders./Dieter J. Weiß (Hg.): Inszenierung oder Legitimation?/Monarchy and the Art of Representation. Die Monarchie in Europa im 19. und 20. Jahrhundert. Ein deutsch-englischer Vergleich. Berlin 2015, S. 111–140; zu Frankreich speziell S. 130–134.

11 Zu diesem Aspekt speziell Hans Maier: Politischer Katholizismus, sozialer Katholizismus, christliche Demokratie, in: Civitas. Jahrbuch für christliche Gesellschaftsordnung 1 (1962), S. 9–27; sowie prinzipiell Rudolf Uertz: Christliche

Sozialethik und Christliche Demokratie. Zur Zukunftsfähigkeit des sozialethischen Dialogs, in: Historisch-politische Mitteilungen 8 (2001), S. 267–290, mit weiterführender Literatur.

12 Maier: Revolution und Kirche, S. 220.

13 Dazu explizit Waldemar Gurian: Lamennais, in: Perspektiven 3 (1953), S. 69–85.

14 So treffend Rudolf Uertz: Die Christliche Demokratie in der historischen und sozialwissenschaftlichen Forschung. Eine Problemskizze, in: Historisch-Politische Mitteilungen 2 (1995), S. 1–24, hier 15. Dort (S. 5 ff.) auch ein vorzüglicher Überblick zum Forschungsstand.

15 Maier: Revolution und Kirche, S. 275.

16 Vgl. z.B. Kurt Jürgensen: Lamennais und die Gestaltung des belgischen Staates. Der liberale Katholizismus in der Verfassungsbewegung des 19. Jahrhunderts. Wiesbaden 1963; William Gordon Roe: Lamennais and England. The Reception of Lamennais's Religious Ideas in England in the Nineteenth Century. Oxford 1966; Gerhard Valerius: Deutscher Katholizismus und Lamennais. Die Auseinandersetzung in der katholischen Publizistik 1817–1854. Mainz 1983.

17 So Ernst Rudolf Huber: Deutsche Verfassungsgeschichte seit 1789. Band II: Der Kampf um Einheit und Freiheit 1830 bis 1850. Zweite, verbesserte Auflage. Stuttgart u.a. 1975, S. 350. Die vor allem in Preußen unter Friedrich Wilhelm IV. von evangelischen Konservativen – allen voran Ernst Ludwig von Gerlach und Friedrich Julius Stahl – verfochtene Idee eines »Christlichen Staates« stand in anderen geistig-politischen Zusammenhängen und bleibt daher hier außer Betracht; vgl. dazu die knappe Skizze von Hans-Joachim Schoeps: Der Christliche Staat im Zeitalter der Restauration (1966), wiederabgedruckt in: Ders.: Ein weites Feld. Gesammelte Aufsätze. Berlin 1980, S. 309–324. Vergleichbares gilt mit Blick auf Otto von Bismarck, der gegenüber einer prononciert »christlichen Politik« sein staatsmännisches Handeln als ein allein seinem Gewissen verpflichteter »christlicher Politiker« betonte; dazu Frank-Lothar Kroll: Der intellektuelle Bismarck, in: Ders.: Das geistige Preußen. Zur Ideengeschichte eines Staates. Paderborn u.a. 2001, S. 169–182, bes.175 ff.

18 Dazu im vorliegenden Zusammenhang als Überblick Winfried Becker: Der lange Anlauf zur Christlichen Demokratie. Joseph Görres und andere Interpreten im 19. Jahrhundert, in: Ders./Rudolf Morsey (Hg.): Christliche Demokratie in Europa. Grundlagen und Entwicklungen seit dem 19. Jahrhundert. Köln/Wien 1988, S. 1–27, bes. 8 ff.

19 Zum Problem noch immer anregend Karl Buchheim: Ultramontanismus und Demokratie. Der Weg der deutschen Katholiken im 19. Jahrhundert. München 1963, bes. S. 131 ff.

20 So Thomas Nipperdey: Religion im Umbruch. Deutschland 1870–1918. München 1988, S. 45.

21 Vgl. Gotthard Klein: Der Volksverein für das katholische Deutschland 1890–1933. Geschichte, Bedeutung, Untergang. Paderborn u.a 1996, bes. S. 67 ff.

22 Vgl. Felix Dirsch: Das »Hochland« – Eine katholisch-konservative Zeitschrift zwischen Literatur und Politik 1903–1941, in: Hans-Christof Kraus (Hg.): Kon-

servative Zeitschriften zwischen Kaiserreich und Diktatur. Fünf Fallstudien. Berlin 2003, S. 45–96.

23 Nipperdey: Religion im Umbruch, S. 38; zur Entstehung des katholischen Milieus im ambivalenten Spannungsfeld von Modernismus und Antimodernismus vgl. speziell Urs Altermatt: Katholizismus – Antimodernismus mit modernen Mitteln, in: Ders./Peter Schulz (Hg.): Moderne als Problem des Katholizismus. Regensburg 1995, S. 33–50.

24 So Wilfried Loth: Katholiken im Kaiserreich. Der politische Katholizismus in der Krise des wilhelminischen Deutschlands. Düsseldorf 1984, S. 94.

25 Vgl. als Überblick weiterhin instruktiv Erkki J. Kouri: Der deutsche Protestantismus und die Soziale Frage 1870–1919. Zur Sozialpolitik im Bildungsbürgertum. Berlin/New York 1984, bes. S. 92 ff.

26 Dazu monografisch Gottfried Kretschmar: Der Evangelisch-Soziale Kongress. Der deutsche Protestantismus und die soziale Frage. Stuttgart 1972, bes. S. 30 ff., 57 ff.

27 Zu ihrer Programmatik vgl. das voluminöse Werk von Michael Schneider: Die christlichen Gewerkschaften 1894–1933. Bonn 1982, S. 253 ff.

28 Vgl. eingehend die Chronologie von Hans August Lücker und Karl Josef Hahn: Christliche Demokraten bauen Europa. Mit einem Geleitwort von Leo Tindemans. Bonn 1987.

29 Dazu direkt Wolfram Kaiser: Deutschland exkulpieren und Europa aufbauen. Parteienkooperation der europäischen Christdemokraten in den Nouvelles Equipes Internationales 1947–1965, in: Michael Gehler/Wolfram Kaiser/Helmut Wohnout (Hg.): Christdemokratie in Europa im 20. Jahrhundert. Wien u.a. 2001, S. 695–719; vgl. ferner sehr instruktiv Michael Gehler: Begegnungsort des Kalten Krieges. Der »Genfer Kreis« und die geheimen Absprachen westeuropäischer Christdemokraten 1947–1955, in: ebd., S. 642–694; sowie Ders./ Wolfram Kaiser: Transnationalism and Early European Integration: The Nouvelles Equipes Internationales and the Geneva Circle 1947–1957, in: The Historical Journal 44 (2001), S. 773–798.

30 So Winfried Becker: Christliche Demokratie, in: Ders. u.a. (Hg.): Lexikon der Christlichen Demokratie in Deutschland. Paderborn u.a. 2002, S. 9–23, hier 13.

31 Dazu speziell Günther Grünthal: »Zusammenschluß« oder »Evangelisches Zentrum«? Ein Beitrag zur Geschichte der Deutschen Zentrumspartei in der Weimarer Republik (1979), wiederabgedruckt in: Ders.: Verfassung und Verfassungswandel. Ausgewählte Abhandlungen. Hg. von Frank-Lothar Kroll, Joachim Stemmler und Hendrik Thoss. Berlin 2003, S. 346–372.

32 Zur evangelischen Ausrichtung der Deutschnationalen Volkspartei als Repräsentantin des »deutschen Nationalprotestantismus« vgl. im vorliegenden Zusammenhang Maik Ohnezeit: Zwischen »schärfster Opposition« und dem »Willen zur Macht«. Die Deutschnationale Volkspartei (DNVP) in der Weimarer Republik 1918–1928. Düsseldorf 2011, S. 117–120, hier 119; zur politischen Haltung der protestantischen Kirchenführung in der Weimarer Republik allgemein Jonathan R. C. Wright: »Above Parties«. The Political Attitudes of the German Protestant Church Leadership 1918–1933. London 1974, bes. S. 49 ff.

33 Dazu Markus Müller: Die Christlich-Nationale Bauern- und Landvolkpartei 1928–1933. Düsseldorf 2001.

34 Dazu Günter Opitz: Der Christlich-soziale Volksdienst. Versuch einer protestantischen Partei in der Weimarer Republik. Düsseldorf 1969, bes. S. 315–325.

35 Das betont z.B. Karsten Ruppert: Im Dienst am Staat von Weimar. Das Zentrum als regierende Partei in der Weimarer Republik 1923–1930. Düsseldorf 1992, bes. S. 195 ff., 227 ff., 409 f.

36 So Jürgen Elvert: Gesellschaftlicher Mikrokosmos oder Mehrheitsbeschaffer im Reichstag? Das Zentrum 1918–1933, in: Gehler/Kaiser/Wohnout (Hg.): Christdemokratie in Europa im 20. Jahrhundert, S. 160–180, hier 173.

37 Dazu noch immer ausgewogen Rudolf Morsey: Der Untergang des politischen Katholizismus. Die Zentrumspartei zwischen christlichem Selbstverständnis und »nationaler Erhebung« 1932/33. Stuttgart/Zürich 1977, bes. 61 ff., 70 ff.

38 Dazu weiterhin grundlegend Klaus Schönhoven: Die Bayerische Volkspartei 1924–1932. Düsseldorf 1972, bes. S. 35 ff., 42 ff., 172 ff.; sowie – als »Fortsetzung« – Ders.: Zwischen Anpassung und Ausschaltung. Die Bayerische Volkspartei in der Endphase der Weimarer Republik 1932/33, in: Historische Zeitschrift 224 (1977), S. 340–378.

39 Rudolf Morsey: 1918–1933, in: Becker u.a. (Hg.): Lexikon der Christlichen Demokratie, S. 35–43, hier 39.

40 Vgl. zum Thema als knappen Überblick Winfried Becker: Politische Neuordnung aus der Erfahrung des Widerstands: Katholizismus und Union, in: Peter Steinbach (Hg.): Widerstand. Ein Problem zwischen Theorie und Geschichte. Köln 1987, S. 261–292; ferner die Biografiensammlung bei Günter Buchstab/Brigitte Kaff/Hans-Otto Kleinmann (Hg.): Christliche Demokraten gegen Hitler. Aus Verfolgung und Widerstand zur Union. Freiburg i. Br. u.a. 2004.

41 Das betont zu Recht Heinz Hürten: Der Beitrag Christlicher Demokraten zum geistigen und politischen Wiederaufbau und zur europäischen Integration nach 1945: Bundesrepublik Deutschland, in: Becker/Morsey (Hg.): Christliche Demokratie in Europa, S. 213–223.

42 Maier: Revolution und Kirche, S. 21; vgl. dazu auch die allerdings äußerst oberflächlichen und daher wenig brauchbaren Ausführungen des britischen liberalen Politikers Michael P. Fogarty: Christliche Demokratie in Westeuropa 1820–1953. Basel u.a. 1959, S. 1–10.

43 Otto Kirchheimer: Der Wandel des westeuropäischen Parteisystems, in: Politische Vierteljahresschrift 6 (1965), S. 20–41; vgl. Ders.: Parteistruktur und Massendemokratie in Europa, in: Archiv des öffentlichen Rechts 79 (1953/54), S. 301–325; Ders.: Der Weg zur Allerweltspartei, in: Kurt Lenk/Franz Neumann (Hg.): Theorie und Soziologie der politischen Parteien. Bd. 2. Darmstadt/Neuwied 1974, S. 113–138; zur Bedeutung von Kirchheimers Parteienlehre maßgeblich Alfons Söllner: Politische Dialektik der Aufklärung – zum Nachkriegswerk von Franz Neumann und Otto Kirchheimer (1982), wiederabgedruckt in: Ders.: Deutsche Politikwissenschaftler in der Emigration. Studien zu ihrer Akkulturation und Wirkungsgeschichte. Mit einer Biographie. Opladen 1996, S. 166–196, hier 177 ff.; monografisch Frank Schale: Zwischen

Engagement und Skepsis. Eine Studie zu den Schriften von Otto Kirchheimer. Baden-Baden 2006.

44 Vgl. explizit Ulrich Lappenküper: Zwischen »Sammlungsbewegung« und »Volkspartei«. Die CDU 1945–1969, in: Gehler/Kaiser/Wohnout (Hg.): Christdemokratie in Europa im 20. Jahrhundert, S. 385–398; generell zeitgenössisch Peter Molt: Wertvorstellungen in der Politik. Zur Frage der Entideologisierung der deutschen Parteien, in: Politische Vierteljahresschrift 4 (1963), S. 354–369.

45 Zu dieser Position grundlegend Maier: Revolution und Kirche, S. 20 ff.

46 Dazu weiterhin maßgeblich Rudolf Uertz: Christentum und Sozialismus in der frühen CDU. Grundlagen und Wirkungen der christlich-sozialen Ideen in der Union 1945–1949. Stuttgart 1981; vgl. ferner Bernd Uhl: Die Idee des christlichen Sozialismus in Deutschland 1945–1947. Mainz 1975; sowie Franz Focke: Sozialismus aus christlicher Verantwortung. Die Idee eines christlichen Sozialismus in der katholisch-sozialen Bewegung und in der CDU. Wuppertal 1978.

47 Darüber zuletzt umfassend und kenntnisreich Rudolf Uertz: Vom Gottesrecht zum Menschenrecht. Das katholische Staatsdenken in Deutschland von der Französischen Revolution bis zum II. Vatikanischen Konzil (1789–1965). Paderborn u.a. 2005, S. 421 ff., 489 ff.

48 Vgl. z.B. Eberhard Welty: Die Entscheidung in die Zukunft. Grundsätze und Hinweise zur Neuordnung im deutschen Lebensraum. Heidelberg 1946, S. 83–116; Ders.: Christlicher Sozialismus, in: Die neue Ordnung 1 (1946/47), S. 39–70, 132–157; Ders.: Soziale Bindung der menschlichen Freiheit, in: Die neue Ordnung 2 (1947), S. 518–539.

49 Vgl. z.B. Oswald von Nell-Breuning: Zur Programmatik politischer Parteien. Köln 1946; Ders.: Kapitalismus und Sozialismus in katholischer Sicht, in: Frankfurter Hefte 2 (1947), S. 665–681; Ders.: Einzelmensch und Gemeinschaft. Heidelberg 1950.

50 Beide Zitate bei Uertz: Christentum und Sozialismus, S. 168 bzw. 166.

51 Dazu im vorgegebenen Zusammenhang summarisch Hans-Peter Schwarz (Hg.): Konrad Adenauers Regierungsstil. Bonn 1991; daneben auch die Detailstudie von Evelyn Schmidtke: Der Bundeskanzler im Spannungsfeld zwischen Kanzlerdemokratie und Parteiendemokratie: Ein Vergleich der Regierungsstile Konrad Adenauers und Helmut Kohls. Marburg 2001, S. 64 ff., 73 f. Dass eine derart pragmatische Haltung durchaus mit dem Beharren auf festen weltanschaulichen Fundamenten vereinbar war, beschreibt beispielhaft Anneliese Poppinga: Konrad Adenauer. Geschichtsverständnis, Weltanschauung und politische Praxis. Stuttgart 1975, bes. S. 171 ff., 191 ff., 204.

52 So Maier: Revolution und Kirche, S. 20.

53 Zum Hamburger Programm vgl. die grundlegende und vorzügliche Studie von Dorothee Buchhaas: Die Volkspartei. Programmatische Entwicklung der CDU 1950–1973. Düsseldorf 1981, S. 221 ff.; zum Berliner Programm ebd., S. 309–316; zu Ahlen dort S. 155–164.

54 So treffend Buchhaas: Die Volkspartei, S. 227.

55 Rüdiger Altmann: Das Erbe Adenauers. Stuttgart 1960, S. 95.

56 Vgl. – neben der einflussreichen Studie des katholischen Sozialethikers Heinrich Rommen: Die ewige Wiederkehr des Naturrechts. Leipzig 1936 – zeitgenössisch vor allem Hans Welzel: Naturrecht und materiale Gerechtigkeit (1951). 4., neu bearbeitete und erweiterte Auflage Göttingen 1962, bes. S. 236–253; sowie Robert Spaemann: Die Aktualität des Naturrechts, in: Franz Böckle/Ernst-Wolfgang Böckenförde (Hg.): Naturrecht in der Kritik. Mainz 1973, S. 262–276.

57 Vgl. zeitgenössisch Arthur Fridolin Utz (Hg.): Das Subsidiaritätsprinzip. Heidelberg 1953; Ders.: Formen und Grenzen des Subsidiaritätsprinzips. Heidelberg 1956; Ders.: Der Mythos des Subsidiaritätsprinzips, in: Die Neue Ordnung 10 (1956), S. 11–21; als Bilanz zuletzt Ders.: Das Subsidiaritätsprinzip eine Zauberformel? (1992), wiederabgedruckt in: Ders.: Ethik des Gemeinwohls. Gesammelte Aufsätze 1983–1997. Hg. von Wolfgang Ockenfels. Paderborn u.a. 1998, S. 179–185; für den Zusammenhang instruktiv Godehard Lindgens: Die politischen Implikationen der katholischen Soziallehre, in: Iring Fetscher/Herfried Münkler (Hg.): Pipers Handbuch der politischen Ideen, Bd. 5. München/Zürich 1987, S. 83–104.

58 Dazu Frank-Lothar Kroll: Epochenbewusstsein, europäisches Einigungsdenken und transnationale Integrationspolitik bei Heinrich von Brentano, in: Volker Depkat/Piero S. Graglia (Hg.): Entscheidung für Europa. Erfahrung, Zeitgeist und politische Herausforderungen am Beginn der europäischen Integration. Berlin/New York 2010, S. 189–204.

59 So Hans-Otto Kleinmann: 1949–1969, in: Becker u.a.: Lexikon der Christlichen Demokratie, S. 65–77, hier 66.

60 Dazu Frank-Lothar Kroll: Die kupierte Alternative. Konservatismus in Deutschland nach 1945, in: Ders. (Hg.): Die kupierte Alternative. Konservatismus in Deutschland nach 1945. Berlin 2005, S. 3–24, bes. 11 f.

61 Vgl. zum Kontext Martin Greschat: »Rechristianisierung« und »Säkularisierung«. Anmerkungen zu einem europäischen interkonfessionellen Interpretationsmodell, in: Jochen-Christoph Kaiser/Anselm Doering-Manteuffel (Hg.): Christentum und politische Verantwortung. Kirchen im Nachkriegsdeutschland. Stuttgart 1990, S. 1–24. Rolle und Bedeutung jener Christlichen Demokraten, die es selbstverständlich auch außerhalb der CDU in anderen politischen Gruppierungen und Parteien gegeben hat, bleiben hier infolge der begrenzten Themenstellung außer Betracht. Gleiches gilt mit Blick auf die zahlreichen Intellektuellen der frühen Bundesrepublik – Schriftsteller und Publizisten zumal –, deren Wertekosmos nachhaltig von den Vorgaben des christlichen Menschenbildes geprägt war; vgl. dazu knapp, mit weiterführender Literatur Frank-Lothar Kroll: Kultur, Bildung und Wissenschaft im 20. Jahrhundert. München 2003, S. 31 ff., 87 ff.; sowie Ders.: Kultur, Bildung und Wissenschaft im geteilten Deutschland 1949–1989, in: Archiv für Kulturgeschichte 85 (2003), S. 119–142, bes. 122–130.

62 Dazu Heinz Hürten: Der Topos vom christlichen Abendland in Literatur und Publizistik nach den beiden Weltkriegen, in: Albrecht Langner (Hg.): Katholizismus, nationaler Gedanke und Europa seit 1880. Paderborn 1985, S. 131–154; Axel Schildt: Zwischen Abendland und Amerika.

Studien zur westdeutschen Ideenlandschaft der Fünfziger Jahre. München 1999, bes. S. 56–82; Felix Dirsch: Individualisierung und Traditionsbewahrung. Das katholische Milieu der 1950er Jahre und die Zeitschrift »Neues Abendland«, in: Kroll (Hg.): Die kupierte Alternative, S. 101–124; sowie in umfassend europäischer Perspektive Vanessa Conze: Das Europa der Deutschen. Ideen von Europa in Deutschland zwischen Reichstradition und Westorientierung (1920–1970). München 2005, S. 27–206.

63 Dazu explizit Buchhaas: Die Volkspartei, S. 205–221; vgl. ferner Martina Steber: Die Hüter der Begriffe. Politische Sprachen des Konservativen in Großbritannien und der Bundesrepublik Deutschland, 1945–1980. Berlin/Boston 2017, S. 173–185.

64 Vgl. Torsten Oppelland: Der Evangelische Arbeitskreis der CDU/CSU, 1952–1969, in: Historisch-politische Mitteilungen 5 (1998), S. 105–144.

65 So verfocht damals der spätere Vorsitzende der CDU/CSU-Fraktion im Deutschen Bundestag Rainer Barzel (1924–2006) sehr pointiert ein Verständnis von »Politik als Bereich der Sendung Gottes in die Zeitlichkeit (…) Wer die praktische Politik allein zum Feld des Pragmatismus macht, ist (…) blind für die Realität des Jenseits und den Anspruch Gottes an den Menschen«. Rainer Barzel: »Mater et Magistra« und praktische Politik. Ein Diskussionsbeitrag aus dem politischen Alltag. Osnabrück 1962, S. 55 f.

66 So treffend Buchhaas: Die Volkspartei, S. 210.

67 Zum Problem vgl. Frank Bösch: »Zu Katholisch«. Die Durchsetzung der CDU und das schwierige Zusammengehen der Konfessionen in der Bundesrepublik Deutschland, in: Tobias Dürr/Franz Walter (Hg.): Solidargemeinschaft und fragmentierte Gesellschaft. Parteien, Milieus und Verbände im Vergleich. Festschrift zum 60. Geburtstag von Peter Lösche. Opladen 1999, S. 395–418.

68 Maier: Revolution und Kirche, S. 21.

69 Dazu Andreas Rödder: Wertewandel und Postmoderne. Gesellschaft und Kultur der Bundesrepublik Deutschland 1965–1990. Stuttgart 2004; vgl. auch Helmut Klages: Traditionsbruch als Herausforderung. Perspektiven der Wertewandelgesellschaft. Frankfurt am Main 1993, bes. S. 9 ff., 23 ff.

70 Dazu maßgeblich Axel Schildt: Moderne Zeiten. Freizeit, Massenmedien und »Zeitgeist« in der Bundesrepublik der 50er Jahre. Hamburg 1995, bes. S. 306–323, 424–437.

71 Dazu Christoph Kleßmann: Kontinuitäten und Veränderungen im protestantischen Milieu, in: Axel Schildt/Arnold Sywottek (Hg.): Modernisierung im Wiederaufbau. Die westdeutsche Gesellschaft der 50er Jahre. Bonn 1998, S. 403–417; sowie Karl Gabriel: Die Katholiken in den 50er Jahren: Restauration, Modernisierung und beginnende Auflösung eines konfessionellen Milieus, in: ebd., S. 418–430.

72 Dazu erneut Axel Schildt: Materieller Wohlstand – pragmatische Politik – kulturelle Umbrüche. Die 60er Jahre in der Bundesrepublik, in: Ders./Detlef Siegfried/Karl Christian Lammers (Hg.): Dynamische Zeiten. Die 60er Jahre in den beiden deutschen Gesellschaften. Hamburg 2000, S. 21–53.

73 Dazu paradigmatisch Frank-Lothar Kroll: Konservatismus in Deutschland nach 1945 – Probleme und Perspektiven, in: Hans Zehetmair (Hg.): Zukunft braucht Konservative. Freiburg i. Br. u.a. 2009, S. 12–38.

74 Zur damaligen Programmdiskussion innerhalb der CDU vgl. Steber: Die Hüter der Begriffe, S. 208 ff., 333 ff.

75 So treffend Hans-Otto Kleinmann: 1969–1982, in: Becker u.a. (Hg.): Lexikon der Christlichen Demokratie, S. 78–85, hier 80.

76 Dazu Wulf Schönbohm: Die CDU wird moderne Volkspartei. Selbstverständnis, Mitglieder, Organisation und Apparat 1950–1980. Stuttgart 1985, S. 138 ff.

77 Dazu Dieter Haselbach: Autoritärer Liberalismus und Soziale Marktwirtschaft. Gesellschaft und Politik im Ordoliberalismus. Baden-Baden 1991, S. 225–230; sowie die vorzügliche Bilanz von Paul Nolte: Die Ordnung der deutschen Gesellschaft. Selbstentwurf und Selbstbeschreibung im 20. Jahrhundert. München 2000, S. 386 ff.

78 Zahlen nach Horst Möller: 1982–1990, in: Becker u.a. (Hg.): Lexikon der Christlichen Demokratie, S. 86–96, hier 88 f.

79 So in treffender Formulierung die Kritik bei Uertz: Die Christliche Demokratie in der Forschung, S. 19.

13 Plakat zu den Bundestagswahlen 1976

Die CDU und die Frauen

Mariam Lau

Inzwischen sieht es nicht mehr so aus, als würde auf eine Frau wieder eine Frau folgen. In keiner deutschen Partei war der Weg zur Macht für Frauen so weit wie in der CDU. Aber in keiner Partei haben Frauen diese Macht dann auch so nachhaltig ergriffen. Dass eine Frau an der Spitze eine Frau ablöst – wie im Herbst 2018 bei der Stabübergabe von Angela Merkel an Annegret Kramp-Karrenbauer geschehen –, das ist nicht nur in Deutschland, sondern auch in Europa einmalig (und weltweit ist es ebenfalls nicht die Regel). Das war der CDU nicht in die Wiege gelegt. Zwar gab es schon bei der Gründung der Partei 1946 in allen vier Besatzungszonen auch Frauen, die Politik machen wollten. Die Rede war sogar von einem »Nachkriegsfeminismus«[1]. Aber bevor von Frauen in der CDU die Machtfrage gestellt wurde, vergingen über fünf Jahrzehnte. Erst 1996 beschloss ein Parteitag in Hannover, dass »Frauen an Parteiämtern in der CDU und an öffentlichen Mandaten zu einem Drittel beteiligt sein sollen«.[2] Fände sich allerdings in einem zweiten Wahlgang kein entsprechendes Quorum, dann eben nicht. Und auch dieser Beschluss verdankte sich nur zu einem Teil dem innerparteilichen Druck.

Mindestens ebenso wichtig dürfte die Tatsache gewesen sein, dass die Grünen – die in den großen Städten immer mehr zur politischen Konkurrenz um die Stimmen speziell der jüngeren Frauen heranwuchsen – schon von ihrem Anfang 1979 an eine 50:50-Quote beschlossen, ein ehernes Gesetz, das im

Gegensatz zu vielen anderen grünen Gründungsregeln bis heute gilt.

Von der Frau als Nur-Mutter über die berufstätige Frau bis hin zur Frau als politischer Konkurrentin oder gar Chefin: Das waren nur oberflächlich gesehen die Metamorphosen, die das Frauenbild der CDU durchlaufen hat. Denn die Lage der Frauen in der Nachkriegszeit und der Adenauer-CDU war nicht einfach nur marginalisiert. Man hatte zwar wenig politische Macht, die demokratischen Frauenorganisationen waren zerschlagen, ein echtes forderndes Selbstbewusstsein war da schwer an den Tag zu legen. Aber die Frauen stellten im zerbombten Deutschland die Mehrheit, es gab fast doppelt so viele von ihnen wie Männer. Der Verlust alter Bindungen war nicht für alle Frauen immer nur ein Trauma; gerade Berlin war voller Singles aus der Provinz, die als Bauhilfsarbeiterinnen ihr Glück zu machen versuchten.[3] Und besonders die CDU stützte sich vornehmlich auf die Stimmen von Frauen, ohne sie hätte die SPD schon in den 1960er-Jahren regiert. Die Frauen waren oft die Stimmen des Zupackens und der Restvernunft. In einem Wahlaufruf für einen Volksentscheid über die hessische Landesverfassung im Dezember 1946 hieß es: »Frauen! Wollt Ihr wieder allein den Männern die Entscheidung überlassen, wollt Ihr ihnen allein die Politik ausliefern, die Euch so viel Unheil gebracht hat? Auf Euch kommt es an! Ihr seid in Wahrheit die stärkste Partei! Steht nicht beiseite!«[4]

Um die Gemütslage zu erfassen, in der nach dem Krieg erste Ansätze einer christlichen Frauenpolitik (wieder-)entstanden, muss man sich klarmachen, wie viel staatliche Gewalt noch kurz zuvor das Thema Frauen/Männer/Familie bestimmt hatte. Bis heute hallt in Debatten über Lebensschutz in der CDU, in Deutschland überhaupt, die Brutalität nach, mit der während der NS-Zeit bis in die privatesten Sphären des Familien- und des Liebeslebens durchgegriffen wurde. »Der Mann ein Soldat, die Frau eine Mutter«, »Fruchtschoß des Dritten Reiches«, »Erhalterin der Rasse«[5] lauten die Parolen, mit denen in NS-Propagandaschriften die Rolle der Frauen beschrieben wird, mit der entsprechenden Drohung an all diejenigen, die aus welchem Grund auch immer den Anforderungen nicht entsprachen. In keiner anderen Partei spürt man den Schrecken dieser Erfahrungen so nach wie in der CDU, wo das Bekenntnis zu einer »Wahlfreiheit« der Frauen zwischen einem Leben als Mutter und/oder als Berufstätige mit großem Ernst, mit der Sorge um Kostbares und Bedrohtes vorgetragen wird. Und es ist dieser Zusammenhang, der CDU-Frauenpolitikerinnen bis heute bei Themen wie Präimplantationsdiagnostik, Abtreibung oder Stammzellenforschung an der Seite ihrer eher konservativen Parteifreunde findet, von denen sich die Wege bei der Quote oder gar Parität dann wieder sehr energisch trennen.

Obwohl sich die CDU der Nachkriegszeit also vor allem auf die Stimmen von Frauen stützte, gab es bis 1967 höchstens 7 Prozent weibliche Abgeordnete, vom Kabinett ganz zu schweigen. Es bedurfte einer veritablen Sitzblockade von Frauen vor dem Kabinettssaal, bis Bundeskanzler Konrad Adenauer sich 1961 bereitfand, die Juristin Elisabeth Schwarzhaupt zur Gesundheitsministerin zu berufen. Als sie einmal dagegen protestierte, dass er die Runde weiterhin mit den Worten »Morjen, meine Herren« begrüßte, versetzte er angeblich: »In diesem Kreis sind Sie auch weiterhin ein Herr!«[6]

Wo Frauen es auf innerparteiliche Führungsposten schafften, wurden oft extra Ämter geschaffen – um keinen männlichen Bewerber zu brüskieren, wie zum Beispiel Schwarzhaupts Gesundheitsministerium. Das dürfte auch der Gemütslage der meisten Wählerinnen entsprochen haben:

»Aus der Schöpfungsordnung heraus ist die Frau dem Manne zu Gehorsam verpflichtet«,[7] lautete 1952 ein machtvolles Argument aus der Frauenvereinigung in der internen Debatte um die Pflichten der verheirateten Frau.

Aber es ist keineswegs so, dass Adenauer die Präsenz von Frauen und ihren Angelegenheiten lästig oder gleichgültig gewesen wäre. Wegen des »Überhangs« alleinstehender Frauen, ihrer erzwungenen Ehelosigkeit forderte er die Schaffung zusätzlicher Wohnungen, Berufe und Ausbildungsmöglichkeiten. Aber man kann nicht behaupten, dass sich die Öffentlichkeit insgesamt in den 1960er-Jahren groß für Frauenfragen interessiert hätte. Auch die Presse nahm die CDU-Bundestagungen der Frauen nur zur Kenntnis, wenn der Kanzler sich dort sehen ließ. »Kiesinger wendet sich an die Araber«, lautete eine Schlagzeile nach einem solchen Gastauftritt 1967, den Bundeskanzler Kiesinger offenbar zu außenpolitischen Erörterungen genutzt hatte.

Was frauenpolitisch in den 1950er- und 1960er-Jahren geschah, spielte sich auch immer vor der Folie des Kalten Krieges ab. Immer wieder hatten CDU-Frauen im Westen während dieser Zeit versucht, den Gedanken der Gleichstellung in Parteiprogrammen und Gesetzesentwürfen zu verankern. Dabei stießen sie aber immer wieder auf den Systemkonflikt. »Wohin eine totale Gleichberechtigung und Gleichsetzung von Mann und Frau in der letzten Konsequenz führen«, so hatte der erste Familienminister Franz-Josef Wuermeling gesagt, »das zeigt uns ein Blick in die Ostzone.«[8]

Dem Blick nach drüben stand der Blick in die Vergangenheit gegenüber, die Angriffe auf das private Lebensglück in der Kleinfamilie durch den NS-Staat. So hatte Helene Weber, die erste Vorsitzende des CDU-Frauenausschusses, noch geschrieben: »Gleichberechtigung ist nicht Gleichschaltung und Gleichsetzung.«[9] Bis zuletzt hatte sich Weber vor diesem Hintergrund im Parlamentarischen Rat gegen die Formulierung »Männer und Frauen sind gleichberechtigt« gewandt, die es ohne die Hartnäckigkeit ihrer SPD-Kollegin Elisabeth Selbert wohl nicht ins Grundgesetz geschafft hätte. Der Spott über die Idee des Schutzes von Ehe und Familie als einem Fundament des christlichen Abendlandes übersieht diesen historischen Kontext oft. Bei allem, was inzwischen über die Interventionen des DDR-Staatssicherheitsdienstes, über Zwangsadoptionen und die gezielte Zerstörung von Ehen und Bindungen bekannt ist, zeigt dies eine erstaunliche Ignoranz. Dass Aussagen wie die Wuermelings – zu denen sich meist korrespondierende Aussagen weiblicher Parteifreundinnen finden lassen – zugleich auch dem Wunsch dienten, die Machtverhältnisse mögen bleiben, wie sie sind, ändert daran nichts.

Aber hinter dieser Bastion konnte man sich nicht vor dem verschanzen, was im Lauf der 1960er-Jahre und dann mit Macht in den 1970er-Jahren zum Durchbruch kam. Aus heutiger Sicht lässt sich schwer ermessen, welche ungeheure Wucht die Antibabypille entfaltete, die zwar schon 1960 entwickelt, aber erst knapp zehn Jahre später in Deutschland massenhaft verschrieben wurde. Dabei ging es zunächst gar nicht um Liberalisierung, Individualisierung und Selbstbefreiung. Im Vordergrund stand für viele die Abwesenheit von Angst vor ungewollter Schwangerschaft, die dann womöglich eine ungewollte, unglückliche Ehe, unglückliche Kinder und eine stigmatisierende Scheidung nach sich zog. Der »Summer of Love« erzeugte einen weltweiten »Klimawandel«, dem die Politik nur staunend hinterherarbeiten konnte. Was genau die neue Freiheit für wen bedeutete, war allerdings auch schnell umstritten. Aus der Hausfrau und Mutter wurde in neuen Zeitschriften wie dem »Playboy« die sexuell interessierte, attraktive Gespielin, die von dem »spielenden Jungen« nichts weiter verlangte als (seinen) Spaß, erst recht keine Familie und keine Heirat. Es gehörte zu den ersten Konflikten der neuen westdeutschen Frauenbewegung, dass diese Form der Kommerzialisierung der neuen »Sexbomben« wie Brigitte Bardot oder der »Barbarella« Jane Fonda auch von linken Zeitschriften wie »Konkret« übernommen wurde.

Während also in der Studentenbewegung 1968 schon vonseiten feministischer Gruppen die Forderung erklang, »befreit die sozialistischen Eminenzen von ihren bürgerlichen Schwänzen«[10], und erste Tomaten gegen männliche Genossen flogen, kümmerte sich die CDU-Frauenvereinigung unter ihrer Vorsitzenden Aenne Brauksiepe um die soziale Sicherung von Frauen: Wohnungsbau, Bildung, Anspruch auf Altersversorgung.[11] Aber das reichte nicht. 1969 verlor die CDU zum ersten Mal in der Geschichte der Bundesrepublik die Macht. Die Ratlosigkeit der Partei gegenüber der neuen Frauenbewegung und all dem, was damit für das Lebensgefühl der Leute, vor allem in den großen Städten, verbunden war, spielte dabei eine Schlüsselrolle. Es sollte Jahre dauern, bis sich die CDU-Frauen offensiv mit dem Thema sexueller Selbstbestimmung beschäftigten. Man hielt Distanz zum Feminismus, das Hantieren mit dem Begriff »Patriarchat« gefiel den Christdemokratinnen nicht, die lieber die Idee von Partnerschaft ins Spiel brachten. Die Frage, ob Frauen den Männern gleichgestellt sein sollten oder etwas ganz anderes repräsentieren, spaltet allerdings den Feminismus bis heute.[12]

Auch in dieser Beziehung war der Einzug der Grünen in den Bundestag ein Katalysator für die Frauenpolitik in der CDU. Veteranen des Bundestags erinnern sich noch an den Kulturschock, der förmlich mit Händen zu greifen war, als die frisch gewählte Grünen-Abgeordnete Waltraud Schoppe mit ihren wallenden Kleidern und ihren flammend roten

Haaren am Rednerpult stand und vor den staunenden Augen der Parlamentarier mitten im Hohen Haus ein Loblied auf den weiblichen Orgasmus sang: »Wir bewegen uns in einer Gesellschaft, die Lebensverhältnisse normiert, auf Einheitsmoden, Einheitswohnungen, Einheitsmeinungen und auch auf eine Einheitsmoral, was dazu geführt hat, dass sich Menschen abends hinlegen und vor dem Einschlafen eine Einheitsübung vollführen, wobei der Mann meist eine fahrlässige Penetration durchführt.« Da saßen die ersten Unionsabgeordneten schon auf den Kanten ihrer Sitze. »Woher wissen Sie das?«, schrie der CDU-Parlamentarier Friedrich Bohl, andere lachten ein wenig zu laut. Es war Schoppes Reaktion auf die Regierungserklärung des Bundeskanzlers Helmut Kohl. Die Herausforderung der grünen Frauenpolitik für die CDU lag eben darin, dass hier nicht einfach »Gleichstellungs-Sozialisten« am Werk waren. Schoppe wehrte sich ja gerade gegen das Einheitliche, Normierte. Sie bestand auf der Differenz weiblichen Empfindens. Als sie sich dann noch gegen den »alltäglichen Sexismus hier im Parlament« und die Vergewaltigung in der Ehe wandte, will ihr Parteifreund Hubert Kleinert das Wort »Hexe« von den Unionsbänken gehört haben.[13]

Wenn es überhaupt so etwas wie einen konservativen Feminismus gibt, ist er in Rheinland-Pfalz geboren. Es gehört zu den Ironien im Erbe der Ära Merkel, dass die Initialzündung für echte strukturelle christdemokratische Frauenemanzipation von einem zornigen jungen Mann aus Oggersheim ausging. Helmut Kohl hatte in den 1960er-Jahren die versteinerten Verhältnisse in der Honoratiorenpartei zum Tanzen gebracht – einer Partei, in der man, so Kohl später, »schon für einen Kommunisten gehalten wurde, wenn man sich bloß zu Wort meldete«.[14] Kohl traf sich mit Heinrich Böll

und Joseph Beuys, erschien im Rollkragenpulli zum Gottes-
dienst, mokierte sich über den Gelsenkirchener Barock im
Wohnzimmer der Sozialdemokraten, kraulte in der Mittags-
zeit durchs Schwimmbecken der Universität und ließ als
Ministerpräsident seinen Sozialminister ein Kindergarten-
gesetz durchfechten, als der Großteil der Union sogar Tages-
mütter noch für »sozialistische Erziehungskollektive« hielt.
Kohl war es, der die Schlüsselfigur der christdemokratischen
Frauenemanzipation erfand – auch wieder ein Mann: Heiner
Geißler, erst Sozialminister in Rheinland-Pfalz, dann 1982
Bundesminister für Jugend, Familie und Gesundheit – ein
Amt, das die Sozialdemokraten immer einer Frau übertragen
hatten. Geißler war es, dem Alice Schwarzer[15] damals wohlwollend auf die Schulter klopfte: Die CDU sei dabei aufzu-
wachen.

Geißler inszenierte das Ereignis, das bis heute als Fanal,
als *great awakening* der christdemokratischen Frauenpolitik gilt: den Essener Parteitag 1985. Ein »Frauenparteitag«.
Und das mitten im Ruhrgebiet. Die Mitglieder der CDA,
der Christlich-Demokratischen-Arbeitnehmerschaft, waren nicht amüsiert. Für sie war der »Emanzenparteitag« ver-
schwendete Zeit; viel wichtiger wäre es gewesen, über Arbeitslosigkeit zu reden. Erstmalig machte sich die gesamte
Partei die Verwirklichung der Gleichberechtigung zu eigen.
»Niemand hat das Recht«, so Geißler in seiner Begründung
des Leitantrags, Millionen von jungen Frauen, die ihren Beruf liebten und ausüben wollten, dieselben Chancen wahrnehmen wollten wie Männer, »überhöht-weltanschaulich
ein schlechtes Gewissen einzureden«.[16] Die Beteiligung der
Frauen an politischen Gremien, hieß es in dem dann zu großen Fanfaren gefassten Beschluss, »muss auf jeden Fall weit
über die Berücksichtigung einer ›Alibifrau‹ hinausgehen«.

»Das war ein Avantgarde-Parteitag«, erinnert sich Rita

Süssmuth, die ebenfalls vom Kohlschen Reformschwung in die Politik geweht wurde, »obwohl Kohl genau wusste, dass die Mehrheit der Partei noch sehr traditionell über Ehe und Familie dachte«.[17] Die neuen Leitsätze »für eine neue Partnerschaft zwischen Mann und Frau« waren Kohls Kompromiss zwischen dem Tempo, das die Grünen vorlegten, und den Beharrungskräften in seinem Rücken.

Es war insgesamt Rita Süssmuths Jahr. Die Professorin aus Wuppertal-Barmen hatte als Romanistin und Erziehungswissenschaftlerin über »Anthropologie des Kindes in der französischen Literatur der Gegenwart« promoviert – nicht gerade die Hausmannskost traditioneller CDU-Granden. Ohne die Frauenvereinigung oder die Gruppe der Frauen in der Fraktion groß davon in Kenntnis zu setzen, platzierte Kohl die Professorin auf dem Sessel der Bundesministerin für Jugend, Familie und Gesundheit. Es half ihr in der Partei, dass sie selbst eine Tochter hatte und Mitglied im Zentralkomitee der deutschen Katholiken war. Kichernd hat die CDU-Politikerin bei einer Jubiläumsfeier zum zwanzigsten Geburtstag des Frauenministeriums, bei der neben ihr auch die Bundeskanzlerin und frühere Frauenministerin Angela Merkel saß, darauf hingewiesen, dass ihre Besetzung eigentlich »das Produkt eines Unglücksfalls war: Tschernobyl hat dafür gesorgt, dass ich das Gesundheitsressort abgeben musste, dafür bekam ich das Frauenministerium. Ich war stolz darauf, die Forderungen der Frauenbewegung in die Mitte der Gesellschaft zu holen.«[18]

Als die Frau mit dem starken Kinn 1986 als Vorsitzende der Frauenvereinigung drohend vom »Ende der Bescheidenheit« redete, versprach die Sache richtig ungemütlich zu werden. Es wurde beschlossen, der Generalsekretär müsse künftig auf jedem Parteitag berichten, welchen Anteil Frauen in allen Gliederungen hätten. »Wer die Quote nicht will, muss die Frauen wollen«, grollte Süssmuth.[19] Frauen sollten mindestens ihrem Mitgliederanteil von damals 22 Prozent entsprechend in den Gremien der Partei repräsentiert sein. Es stellte sich da schnell heraus, dass viele Delegierte es mit dem Beschluss vom »Emanzenparteitag« doch nicht ganz so genau wissen wollten. Süssmuth handelte sich obendrein Ärger mit den katholischen Bischöfen ein, die ihre Kampagne zum Thema Aids viel zu liberal fanden. Und wegen ihres Protests gegen eine Verschärfung des Paragrafen 218 gab es auch Konflikte mit CDU-Frauen – und mit Politikern wie Heiner Geißler oder Norbert Blüm, die sonst die besten Freunde der Frauen waren. Ehe sie sich's versah, war Süssmuth bei der Bevölkerung deutlich beliebter als in ihrer Partei. Sie wurde zur Bundestagspräsidentin befördert und damit politisch quasi entsorgt. Ihr Amt übernahm die deutlich konziliantere Familienministerin Ursula Lehr – wieder übrigens von oben bestellt, ohne Konsultation mit der Frauenvereinigung.

Der Kampf um die Quote, in der CDU seltsamerweise »Quorum« genannt, hatte etwas Trostloses. Wer will schon im Schlafwagen zur Macht fahren – aber andererseits kam man eben mit der Freiwilligkeit auch nicht so richtig vorwärts. Sie hätte als ehemalige Frauenministerin so gern einmal eine Rede gegen die Quote gehalten, erklärte Angela Merkel auf der oben erwähnten Berliner Jubiläumsveranstaltung »20 Jahre Frauenministerium«, auf der ein ganzer Saal mehrmals schallend lachte. Aber »ohne das Quorum hätte ich es nicht geschafft«.[20] Sie habe nach 1989, auf ihrem Weg in das wiedervereinigte Deutschland, als Physikerin mit Hochschulabschluss, »an alles gedacht, aber nicht daran, dass ich eine Frau bin. Je länger ich in der Politik bin, desto mehr wird mir die Bedeutung dieses Themas bewusst.«

Es war die Wiedervereinigung, durch die den CDU-Frauen neuer Wind unter die Flügel kam. Er wehte aus dem Osten. Nahezu die Hälfte der Mitglieder der Ost-CDU waren Frauen gewesen. Sie waren im Durchschnitt sehr viel jünger als ihre westdeutschen Parteischwestern. In keiner Partei war die Differenz zwischen Frauenpolitik Ost und Frauenpolitik West so dramatisch wie in der CDU. Kurz gesagt setzte man im Westen auf Differenz: die Frau als Mutter – im Osten dagegen auf Gleichheit: die Frau als Arbeiterin. In der Adenauer-CDU war Frauenpolitik über lange Strecken Familienpolitik gewesen, während die Ost-CDU, die keinerlei eigenen Handlungsspielraum hatte, nur die SED-Frauenpolitik als Arbeitsmarktpolitik mitvertreten musste. Ostdeutsche CDU-Politikerinnen wie die spätere Bundeskanzlerin staunten nach der Wiedervereinigung über die Heftigkeit frauenpolitischer Auseinandersetzungen im Westen, über die Ideen von »Frauennetzwerken« oder über die Vorstellung, ein Kleinkind leide, wenn die Mutter berufstätig sei. Die Ostfrauen wollten flächendeckende Kinderbetreuung. Mit den Frauenministerinnen Angela Merkel (1990–1994) und Claudia Nolte (1994–1998) versuchte Helmut Kohl, der neuen Lage Rechnung zu tragen.

In ihrem ersten Ministeramt hatte die spätere Kanzlerin einiges auszuhalten. Als sie ein »Gleichberechtigungsgesetz« im Kabinett vorschlug, nahm sie der damalige CSU-Entwicklungshilfeminister Carl-Dieter Spranger beiseite und sagte: »Wissen Sie, Mädel, wenn ich Sie nicht so nett fände, würde ich für diesen Stuss ja gar nicht stimmen.«[21] Nicht nur bei der CSU, überall erntete die Ministerin Häme. »Ganz Bonn spottet über das Emanzipationsgesetz von Frau Merkel«, hatte die »Bild am Sonntag« damals höhnisch getitelt.[22] Merkel wollte, woran sich heute kaum noch jemand erinnert, sexuelle Belästigung am Arbeitsplatz härter bestrafen. Mindestens die Hälfte der Stellen im öffentlichen Dienst sollte von Frauen besetzt werden. Kohl ließ Merkel zunächst gewähren. Allerdings konnte er nicht verhindern, dass der Konflikt der unterschiedlichen Frauenbilder mit voller Heftigkeit an der Auseinandersetzung über die Abtreibung aufbrach. Es dauerte Jahre, bis aus der Indikationslösung West (Abtreibung in bestimmten Notlagen) und der Fristenlösung Ost (frei während der ersten drei Monate) der Kompromiss wurde, mit dem wir heute leben.

Dieser dreißig Jahre alte Kompromiss mag ein wenig faul sein. »Rechtswidrig, aber straffrei«, lautet die Kurzformel. Sie drückt aus, dass es sich immer noch um Tötung eines Lebens handelt, zu dessen Schutz der Staat verpflichtet ist – aber eben auch um Notlagen aller Art, psychische, körperliche, was das Leben einem eben so zuspielt. Solange es die beiden politischen Lager gibt, wird es da auch in absehbarer Zeit keine Eindeutigkeit geben.

Die Debatte über Themen, die direkt oder indirekt mit der Abtreibung zusammenhängen, wie der Paragraf 219 und das Werbeverbot, erreichen schnell Betriebstemperaturen, die sonst Identitätsfragen vorbehalten sind. Das liegt daran, dass man beim Reden über den Paragrafen 219 eigentlich über etwas anderes schweigt: das Unbehagen am dreißig Jahre alten Kompromiss über das Recht auf Abtreibung. Selbstbestimmung versus Lebensschutz – es fehlt nicht viel, und alles fängt wieder von vorne an.

Das hat mehrere Gründe. Zum einen: Es ist nicht leicht, zu sagen, was heute konservativ ist – gerade wenn man keine Ressentiments verbreiten möchte. In ihrer Not greifen viele der Protagonisten da zu Themen, bei denen man tief im Liebesleben anderer Leute herumfuchtelt: die Ehe für alle, das Adoptionsrecht und das Verhältnis zwischen einer Mutter und ihrem Kind.

Zum anderen hat die Gegenseite zwar ihre Maximalpositionen geräumt – aber vergessen, darüber zu sprechen. »Mein

Bauch gehört mir« ist in Zeiten, in denen Väter sich immer liebevoller um ihre Kinder kümmern, eben nicht mehr wirklich die ganze moralische Wahrheit. Wer bei Grünen, Liberalen und Linken herumfragt, findet auch praktisch niemanden mehr, der einfach ein Klima der völligen gesellschaftlichen Indifferenz will: »Sollen sie doch abtreiben« – damit geht niemand auf die Straße. Und niemand will die Internetinserate für Spätabtreibungen »ohne jede Formalität« oder das Angebot, den Eingriff »im luxuriösen Wohlfühlambiente« vornehmen zu lassen.

Frauen können, wenn man ehrlich ist, in den ersten drei Monaten ihrer Schwangerschaft mit dem Ungeborenen machen, was sie wollen. Da von einem *war on women* zu sprechen, wie es Femen vor einem Gießener Gerichtsgebäude im Herbst 2018 tat, ist ebenso unangemessen wie die Rede vom »Babycaust«, die auf den Paraden der sogenannten Lebensschützer zu hören ist.

Im Lauf der 1990er-Jahre versuchte sich die CDU mit mäßigem Erfolg am Quorum. Aber natürlich war es nicht die Quote und auch kein »Quorum«, das im Jahr 2000 plötzlich eine Frau an die Spitze der Partei rückte. Schon ihre Ernennung zur Generalsekretärin zwei Jahre zuvor war ein Meteoriteneinschlag, für den es in der Partei kaum Präzedenzfälle gab. Merkels Aufstieg an die Spitze verdankte sich der tiefen Krise, in der sich die Partei unter Helmut Kohl befand. Ihr öffentlicher Abschiedsbrief vom Patriarchen, veröffentlicht in der FAZ,[23] war der Startschuss eines Abenteuers, dessen Ausgang erst jetzt, am Ende einer Ära, sichtbar wird. Aber gerade weil Merkel als Ostdeutsche, als kinderlose, geschiedene Frau, protestantische Intellektuelle und Naturwissenschaftlerin ohnehin schon ein »Freak« war, eine »Zumutung«, wie sie oft selbst gesagt hat, machte sie weder von ihrem Frausein noch von ihrer ostdeutschen Herkunft großes Aufheben. Im Gegenteil äußerte sie sich gelegentlich abfällig über Quoten, und »Feministin« mochte sie sich auch nicht wirklich nennen. Das überließ sie einer anderen – und schwenkte erst in den letzten Monaten ihrer Amtszeit als Parteivorsitzende auf einen anderen Kurs um.

Die Frauenpolitik der Ära Merkel – der eigentliche Kern ihres Modernisierungsprojekts – begann 2004 auf dem Hannoveraner Parteitag mit den Worten: »Mein Name ist Ursula von der Leyen. Ich bin Sozialministerin in Niedersachsen. Mein Mann und ich haben sieben Kinder.«[24] Damit war biografisch verbürgt, dass es bei dem, was nun in den kommenden Jahren folgen sollte, eben nicht um die »Sozialdemokratisierung« der CDU ging. Sicher: Maßnahmen wie das Elterngeld hatte schon von der Leyens sozialdemokratische Amtsvorgängerin Renate Schmidt angeschoben. Aber der Sound, die Grundphilosophie war doch eine andere. Im SPD-Grundsatzprogramm 2007 steht unter dem Stichwort »Gleichstellung der Geschlechter« (nicht etwa »Familie«): »Gerade für Frauen addieren sich berufliche und familiäre Belastungen im Alltag. Eine partnerschaftliche Teilung der Aufgaben (…) ist noch nicht die Regel. Ein Großteil der Familienarbeit wird auch heute noch von Frauen geleistet, oft zusätzlich zu ihrer Erwerbsarbeit. (…) Wenn wir gleiche Teilhabe für Frauen und Männer wollen, müssen wir alle Lebensbereiche umgestalten: Wer die menschliche Gesellschaft will, muss die männliche überwinden.«[25] Last, Ungerechtigkeit, Notwendigkeit umfassender staatlicher Neuordnung – hier wird aus der Vogelperspektive auf das Familienleben geblickt, das aus diesen Zeilen eher als notwendiges Übel erscheint. Davon, dass sich Menschen, Frauen wie Männer, von diesem Leben Glück versprechen, ist praktisch nicht die Rede.

Bei der CDU, die sich gegenwärtig mitten in der Arbeit an einem neuen Programm befindet, heißt es im entsprechenden Themenmodul: »Familien sind das Fundament unserer Gesellschaft. Familie ist überall dort, wo Eltern für Kinder und Kinder für Eltern dauerhaft Verantwortung übernehmen. In Ehe und Familie suchen viele Menschen Liebe, Geborgenheit und gegenseitige Hilfe. Hier werden Werte gelebt, die sich aus dem christlichen Verständnis vom Menschen ergeben (…). Eltern mit Kindern wollen wir weiter entlasten.«[26] Hier wird verzichtet auf den früheren Bezug zum Staat, stattdessen wird die Tür einen Spaltweit geöffnet in Richtung gleichgeschlechtlicher Paare. Von Liebe ist die Rede, von Verantwortung, also von inneren Beweggründen der Beteiligten, erst ganz zum Schluss von der Rolle des Staats. Von »Sozialdemokratisierung« kann da wohl nicht wirklich die Rede sein. In den Jahren, als aus der Sozialministerin die Frauen- und Familienministerin von der Leyen geworden war, traute das Publikum der CDU zum ersten Mal in ihrer Geschichte mehr frauenpolitische Kompetenz zu als den Sozialdemokraten. Elterngeld, Vätermonate, gegen den heftigen Widerstand der CSU durchgedrückt, Ausbau der Kita-Betreuung, Frauenquote – mit hilfloser Wut musste die SPD zusehen, wie die Christdemokratin ihnen Stück für Stück die berufstätige Frau wegnahm und obendrein, wie die Kollegin Elisabeth Niejahr schrieb, »das Gesicht der Ära der coolen Väter«[27] wurde.

Die Zeiten, in denen die Frauen Union (FU) in der CDU als »Faltenrockgeschwader« verlacht wurde, sind vorbei. Mit inzwischen 155.000 weiblichen Mitgliedern ist die FU eine brummende Hausmacht – die einzige, die Angela Merkel in ihrer Partei je hatte. »Hier fühle ich mich getragen«, hat sie einmal, in ungewohnter Vertrauensseligkeit, auf einer Bundestagung gesagt, wozu die Parteifreundinnen begeistert mit den Füßen trampelten.[28] Die Frauen trugen Buttons, auf denen »Chefin« oder »Frau Kanzler« stand. Merkels Erfolg auf der Weltbühne – das war auch ihr Erfolg.

Auf faszinierende Weise hat sich in der Ära Merkel die CDU-Frauenpolitik immer mehr mit der Integrationspolitik verknüpft. Frauen und Migranten, Frauen und Flüchtlinge – die Koppelung stammt eigentlich noch aus der Denke, dass man für beide eben ein Minderheitenprogramm benötige. Es fing an mit der Galionsfigur Rita Süssmuth, die sich auch in der Integrationspolitik einen Namen machte, und dem bereits erwähnten »Emanzenparteitag« 1985, fand seine Fortsetzung in der Pfälzerin Maria Böhmer, die ebenfalls Integrationsbeauftragte und FU-Vorsitzende zugleich war, und wird heute von Annette Widmann-Mauz in Personalunion fortgeführt. Deshalb fühlen sich viele FU-Frauen auch gleich doppelt für das Erbe der Ära Merkel verantwortlich: Die prinzipielle Offenheit gegenüber Flüchtlingen und die Förderung von Frauen gehören für sie zusammen, im Namen der viel beschworenen Vielfalt.

Aber genau an dieser Stelle scheiden sich auch die Geister. Sylvia Pantel, FU-Vorstand aus Düsseldorf und Sprecherin des konservativen Berliner Kreises, macht kein Hehl daraus, dass ihr die ganze Richtung der Frauen Union nicht passt, so wie ihr auch die Flüchtlings- und Integrationspolitik der Ära Merkel nicht gepasst hat. »Wenn es um Themen wie Burka-Verbot, Beschneidung, Kopftücher oder die Zusammenarbeit mit Islam-Verbänden geht, würde ich mich freuen, wenn der Ansatz von Frau Widmann-Mauz konsequenter wäre. Mädchen, die hier geboren sind, sollen die gleichen Chancen haben wie Jungen – da bin ich Feministin.« In diese Richtung argumentiert auch Julia Klöckner: »Ich vermisse manchmal den Kampf für die Rechte von Frauen mit Migrationshintergrund.« Sie staune manchmal, wie gegen den »alten weißen Mann« zu Felde gezogen werde, wenn der mal ein schlechtes Kompliment mache – aber niemand Kritik übe, wenn Jungs in der Schule das Wort der Lehrerin nicht akzeptierten.[29]

Die massenhafte Ankunft junger männlicher Muslime, vor allem die sexuellen Übergriffe während der Kölner Silvesternacht 2015 und fortfolgende, ließ plötzlich auch Parteifreunde zu Feministinnen werden, die das »F-Wort« sonst ungern angefasst hätten. Feminismus – das klang sonst für Unionsfrauen nach Ideologie, nach Gleichmacherei, nach Staatshoheit über den Kinderbetten. »Danke, emanzipiert sind wir selber«, lautete der Titel eines Buchs der früheren Familienministerin Kristina Schröder. Schröder bildet in der Partei das frauenpolitische Kontra zu Ursula von der Leyen, der sie im Amt als Familienministerin nachfolgte. Schröder sah sich bei Amtsantritt im November 2009 zunächst mit dem Vorwurf konfrontiert, als Kinderlose habe sie doch von dem Metier gar keine Ahnung – um sich dann mit ihrer Verlobung und der Geburt des ersten Kindes den Vorwurf einzuhandeln, das sei doch nicht zu schaffen: Mutter, Ministerin und Abgeordnete. »Nie war die Freiheit der Frauen in Deutschland größer als heute«, schrieb Schröder wütend, »doch in den ideologischen Schützengräben der 70er Jahre sitzen Dogmatiker aller Couleur öffentlich Tribunal über die Ergebnisse dieser Freiheit.«[30] Kristina Schröder hat sich aus der Politik weitgehend zurückgezogen und kümmert sich um ihre drei Kinder. Ursula von der Leyen wurde zuerst Arbeits- und dann Verteidigungsministerin.

Es hat dann eine Weile gedauert, bis frauenpolitisch wieder Bewegung in die Politik kam. Die Kampagne #MeToo gegen sexuelle Übergriffigkeit sah die CDU noch etwas atemlos hinterherstolpern. Trotzdem liegt, wohl auch mit dem Rückenwind dieser Kampagne hinter sich, 2019 ein Hauch von Aufbruch in der Luft. Das Jahr begann mit Feierstunden zum hundertsten Geburtstag des Frauenwahlrechts, bei denen Rednerinnen sich erinnerten, dass ihre Großmütter noch davon ausgeschlossen waren. Bilder von wehenden Fahnen und Röcken aus dem Jahr 1919 beflügelten die Stimmung. Das Land Berlin, sonst nicht dafür bekannt, Reformen zu überstürzen, führte schon zum 8. März desselben Jahres einen Frauenfeiertag ein. Als die Konrad-Adenauer-Stiftung zu einer Debatte über das Thema Frauenpolitik einlud, rechnete sie mit hundertfünfzig Leuten – es kamen aber fast tausend, und man musste umziehen ins Berliner Hotel Esplanade. Frauen über Frauen füllten die Säle, etliche wollten ein Selfie mit der sehr vergnügten Alice Schwarzer. Grüne waren da, SPD-Frauen waren da, Parteilose, Ost und West, die BVG-Chefin Sigrid Nikutta scherzte mit Ursula von der Leyen. Stolz nannte sich die neue CDU-Vorsitzende Annegret Kramp-Karrenbauer »eine Quotenfrau«.[31] Man redete bis kurz vor Mitternacht.

Etwas Neues ist fällig, ein großer Schritt, und die Zeit ist reif – so fühlte es sich in diesen Gesprächen an. »Parität scheint mir logisch«, sagte die scheidende Kanzlerin im »Zeit«-Gespräch.[32] Liberté, Egalité, Parité – die Anklänge an die Französische Revolution sind kein Zufall. Es soll nicht um ein »Frauenthema« gehen, sondern ums Ganze. »Ich spreche nicht von Quote«, sagt Silke Laskowski, Professorin für Öffentliches Recht in Kassel und so etwas wie das Mastermind hinter der aktuellen Kampagne. »Ich spreche von Demokratie.« Wenn die Hälfte der Bevölkerung durch männerdominierte Strukturen (Listenplatz-Hirsche, Hinterzimmer, Sitzungen bis in die Puppen, in denen alles von jedem mindestens einmal gesagt werden muss) quasi ausgeschlossen werde, dann hätten alle ein Problem, nicht nur die Frauen, findet Laskowski.

Wenn es nach ihr ginge, müsste ein Parité-Gesetz zweierlei beinhalten. Zum einen dürften die Parteien nur noch Listen aufstellen, die Männer und Frauen im Reißverschlussverfahren berücksichtigten. Das ist die milde Sorte Parité. Mit dieser Variante werden die Brandenburger nun Pioniere. Grüne und Linke haben schon lange paritätisch besetzte Listen, neuerdings hat sie sogar die CDU Sachsen – aber eben freiwillig. Künftig würde es da in Brandenburg einen Zwang geben: Listen, die nicht quotiert sind oder nur im aussichtslosen unteren Teil des Zettels, werden künftig einfach nicht mehr zugelassen.

Das Problem mit der milden Sorte besteht darin, dass die Listen gerade bei den großen Parteien gar nicht »ziehen«. Die Union beispielsweise generiert ihre Bundestagsmandate zum größten Teil über Direktmandate, weil sie häufig mehr Wahlkreise gewinnt, als ihr nach dem Landeswahlergebnis, dem Zweitstimmenergebnis, zustehen. Der Einzug von Direktkandidaten ist bombensicher, der über die Liste ein Risiko. Frauen werden statistisch deutlich seltener als Direktkandidaten nominiert denn Männer – also gilt: je mehr Direktkandidaten eine Partei im Bundestag hat, desto weniger Frauen. Die Frauenquote im Bundestag wird zudem von FDP und AfD mit ihren besonders niedrigen Frauenanteilen »gedrückt«, von 37 Prozent bei den vorletzten Wahlen auf 31 Prozent jetzt.

Deshalb betrifft die radikale Sorte Parité – die, bei der es verfassungsmäßig ans Eingemachte geht und bei der vor allem die Unionsmänner nervös werden – die Direktmandate. Laskowski und ihre Mitstreiterinnen – darunter sehr viele Frauen bei Union, SPD, Grünen und Linken – wollen, dass künftig die Parteien für jeden Wahlkreis ein Duo aufstellen, ein Tandem aus Mann und Frau. Wähler würden dann automatisch beide wählen. Und da sie dann beide in den Landtag oder womöglich dereinst in den Bundestag einziehen würden, der Bundestag aber schon jetzt mit 709 (statt 598) Abgeordneten aus allen Nähten platzt, soll zugleich die Zahl der Wahlkreise halbiert werden.

Aber dieser Einwand ist nur ein Nebengleis. Schwerer wiegen die verfassungsrechtlichen Bedenken gegen ein Parité-Gesetz, und sie sind Legion.

Ob ein Paritätsgesetz auf Bundesebene in Deutschland eine Chance hat, hängt vor allem von der Union ab. Die neue CDU-Vorsitzende Annegret Kramp-Karrenbauer steht bei der Frauen Union im Wort, deren unermüdlichem Engagement sie ihren Sieg über Friedrich Merz verdankt. Spricht sie vor diesem Publikum, kann sie im Ton recht schneidend gegenüber Unionsleuten werden, die da auf der Bremse stehen: »Wer glaubt, er kann die Debatte in der eigenen Partei abwürgen, der täuscht sich!«[33] Von jedem, der gegenüber Zuwanderern die Rechte von Frauen betone, wünsche sie sich oft, er möge sich auch für gleichen Lohn für gleiche Arbeit engagieren. Frauen bei SPD und Grünen im Bundestag hoffen auf ein überparteiliches Momentum wie seinerzeit beim Elterngeld und den Vätermonaten, in der CSU als »Wickelvolontariat« verschrien, oder bei »Pro Quote«, wo sich Ursula von der Leyen jeweils als Familien- und später als Arbeitsministerin nur mit Unterstützung von Sozialdemokraten und Grünen gegen innerparteilichen Widerstand durchsetzen konnte. Es war Rita Süssmuth, die im Bundestag unüberhörbar auf das knarzige Missvergnügen des Bundestagspräsidenten Wolfgang Schäuble verwies, der auf die Feierstunde zu »100 Jahre Frauenwahlrecht« sehr gern verzichtet hätte und es sich dann nicht nehmen ließ, Angela Merkel als »Frau Bundeskanzler« zu begrüßen.

Deutschland unter Merkel – das war zuletzt frauenpolitisch zunehmend eine Insel. Überall auf der Welt greifen Autoritäre nach der Macht, die sich damit brüsten, Frauen ungestraft gedemütigt zu haben. Und eben dafür gewählt werden. Der türkische Präsident Erdogan möchte sich verbitten, dass Frauen auf der Straße lachen, sein brasilianischer Amtskollege Jair Messias Bolsonaro erklärte einer politischen Gegnerin, sie sei zu hässlich, um sie zu vergewaltigen.

Der amerikanische Präsident berichtete stolz, er dürfe Frauen ungestraft in den Schritt greifen – und löste damit unter seinen Anhängern und Anhängerinnen Begeisterungsstürme aus. Die AfD verdankt ihren Zulauf auch der Polemik gegen »Gender-Wahnsinn«, unter dem Frauenquoten und dergleichen schnell mal summiert werden. Dass die neue Vorsitzende der CDU ein wenig in dieses Fahrwasser eintauchte, indem sie über Männer spottete, die hilflos den neuen Unisex-Toiletten gegenüberstehen, sich aber gleichzeitig offen als »Quotenfrau« bezeichnete und ihren Erfolg eindeutig der Frauen Union verdankt – all das verspricht für die nächsten Jahre eine ganz neue Herausforderung für den »konservativen Feminismus«.

1 Renate Genth: Frauenpolitik und politisches Handeln von Frauen. Frankfurt a. M. 2001, S. 91.

2 Angela Keller-Kühne: 50 Jahre Frauen-Union der CDU. Hg. von der Konrad-Adenauer-Stiftung. Sankt Augustin 1998, S. 118.

3 Harald Jähner: Wolfszeit. Deutschland und die Deutschen 1945–1955. Berlin 2019, S. 39.

4 Archiv für Christlich-Demokratische Politik der Konrad-Adenauer-Stiftung (ACDP), 01-009-012/6.

5 Keller-Kühne: 50 Jahre Frauen-Union der CDU, S. 36.

6 Hessische Landesregierung (Hg.): Elisabeth Schwarzhaupt. Porträt einer streitbaren Politikerin und Christin. Freiburg i.Br. 2001, S. 93.

7 Mariam Lau: Die letzte Volkspartei. Angela Merkel und die Modernisierung der CDU. München 2009, S. 48.

8 Ina vom Hofe: Die Frauenpolitik der CDU. Traditionen – Entwicklungen – Einflüsse. 1945 bis 2013. Sankt Augustin 2017, S. 79.

9 Frank Bösch: Macht und Machtverlust. Die Geschichte der CDU. München 2002, S. 243.

10 »Rechenschaftsbericht des Weiberrats der Gruppe Frankfurt«, Flugblatt 1968.

11 Keller-Kühne: 50 Jahre Frauen-Union der CDU.

12 Bundestagsrede der Abgeordneten Waltraud Schoppe am 5. Mai 1983, (https://www.swr.de/swr2/programm/sendungen/zeitwort/05/-/id=660694/ did=19490454/nid=660694/9eoz2k/index.html, Abruf: 12. Dezember 2019).

13 Mariam Lau: Orgasmus im Bundestag, in: Die Zeit, 27. März 2013.

14 Bösch: Macht und Machtverlust, S. 250.

15 Philipp Wittrock: So wie Heiner kann das keiner, in: Spiegel Online, 15. März 2005 (https://www.spiegel.de/kultur/gesellschaft/frauenfrage-so-wie-keiner-kann-das-keiner-a-346531.htm, Abruf: 12. Dezember 2019).

16 Keller-Kühne: 50 Jahre Frauen-Union der CDU, S. 113.

17 Lau: Die letzte Volkspartei, S. 50.

18 Veranstaltung zu 20 Jahren Bundesfamilienministerium am 2. März 2007, aus den Aufzeichnungen der Autorin.

19 Margit Gerste: Einwände sind abwegig. Interview mit Rita Süssmuth, in: Die Zeit, 28. Januar 1994.

20 Veranstaltung zu 20 Jahren Bundesfamilienministerium am 2. März 2007, aus den Aufzeichnungen der Autorin.

21 Stuß vom Mädel, in: Der Spiegel, 29. November 1993.

22 Ebd.

23 Angela Merkel: »Die von Helmut Kohl eingeräumten Vorgänge haben der Partei Schaden zugefügt«, in: FAZ, 22. Dezember 1999.

24 Aufzeichnungen der Autorin.

25 SPD-Parteivorstand: Hamburger Programm. Grundsatzprogramm der Sozialdemokratischen Partei Deutschlands. Berlin 2007, S. 40.

26 CDU Deutschland: Themen (https://www.cdu/themen, Abruf: 20. April 2019).

27 Peter Dausend/Elisabeth Niejahr: Operation Röschen. Das System von der Leyen. Frankfurt a. M. 2015, S. 54.

28 Aufzeichnungen der Autorin.

29 Aufzeichnungen der Autorin.

30 Kristina Schröder/Caroline Waldeck: Danke, emanzipiert sind wir selber! Abschied vom Diktat der Rollenbilder. München 2012, S. 19.

31 Aufzeichnungen der Autorin.

32 »Parität erscheint mir logisch«. Interview von Jana Hensel mit Bundeskanzlerin Angela Merkel, in: Die Zeit, 24. Januar 2019.

33 Aufzeichnungen der Autorin.

14 Plakat zu den Bundestagswahlen 1949

Das »C« als »Himmelsanker« oder: Warum die CDU der Säkularisierung trotzt

Antonius Liedhegener

1. Ist das »C« zukunftsfähig?[1]

Der Bezug auf das »C«, auf das allgemein Christliche, ist für die CDU wie auch die Schwesterpartei CSU elementar. Beide Parteien entstanden 1945 als bewusste Neugründungen. Ihrem Anspruch nach versammelte die CDU damals die »Christliche[n] Demokraten Deutschlands«[2] zum Neuaufbau einer politischen Ordnung, die die Verirrungen der nationalsozialistischen Terrorherrschaft, deren völkischen Nationalismus und Rassenideologie und die daraus im Namen Deutschlands begangenen millionenfachen Morde ein für alle Mal durch die Rückbesinnung auf das »christliche[n] Menschenbild«[3] überwinden sollte.

Konrad Adenauer, der als langjähriger Vorsitzender der neuen CDU und erster Bundeskanzler der Nachkriegszeit die Partei und die junge Bundesrepublik Deutschland so nachhaltig prägte, neigte nicht dazu, den Bezug zum Christentum in seiner Politik zur Schau zu stellen. Schon eher sah er sich des Öfteren mit dem Vorwurf konfrontiert, er verwässere das »C«. Er selbst hat nie einen Zweifel daran gelassen, dass der Gründungsimpuls aus dem Christentum für die CDU in Programmatik und Politik existenziell ist, die CDU als eine Volkspartei der Mitte ausmacht.[4] In deutlich anderen zeitgeschichtlichen Kontexten haben dies Helmut Kohl vor und nach der deutschen Einheit sowie Angela Merkel und Annegret Kramp-Karrenbauer in der Gegenwart vertreten. Das aktuelle Grundsatzprogramm der Partei von 2007 formuliert: »Die Christlich Demokratische Union Deutschlands ist die Volkspartei der Mitte. Sie wendet sich an alle Menschen in allen Schichten und Gruppen unseres Landes. Unsere Politik beruht auf dem christlichen Verständnis vom Menschen und seiner Verantwortung vor Gott.«[5]

Aktuell befindet sich die CDU in einer ernsten Lage. Das Stimmergebnis der Bundestagswahl 2017 lag mit 33 Prozent nur knapp über dem der ersten im Jahr 1949. Am rechten Rand des Parteiensystems ist der CDU mit der AfD eine ernst zu nehmende Konkurrentin entstanden, die ältere Überfremdungsängste aufgreift und mit pauschalen Vorwürfen gegen »den Islam« und einer diffusen Berufung auf das »christliche Abendland« in der Wählerschaft punktet. Die beiden großen Kirchen, vor allem aber die vom Führungsversagen des Episkopats gebeutelte katholische Kirche, verzeichnen hingegen einen weiteren Ansehens- und Vertrauensverlust. Entsprechend hoch sind ihre Austrittszahlen. Die zunehmende Zersplitterung des deutschen Parteiensystems und der anhaltende Niedergang der SPD haben die beiden ehemals dominanten Volksparteien CDU/CSU und SPD erneut in eine Große Koalition gezwungen. Weitere Niederlagen in Landtags- und Kommunalwahlen folgten. Der Wechsel im Parteivorsitz von Angela Merkel zu Annegret Kramp-Karrenbauer Ende 2018 war eine der Konsequenzen. Die Zeichen in der CDU stehen auf Erneuerung. Die Arbeit an einem neuen Grundsatzprogramm der CDU ist in Angriff genommen worden. Und damit steht auch das »C« wieder auf der Tagesordnung.

Täte die CDU in diesem veränderten Umfeld nicht gut daran, sich vom »C« zu trennen? Erreicht man damit noch die

Wähler? Schon mancher hat der CDU genau diesen Rat gegeben. Die CDU müsse sich vom »C« verabschieden, um ein wachsendes weltanschauliches Hindernis für die Wählerschaft abzubauen und so eine Zukunft als konservativ-bürgerliche Partei in einem zunehmend säkulareren Deutschland zu haben. Zudem würde dadurch die moralische Fallhöhe der Partei reduziert und das Selbstverständnis der CDU als jene Macht- und »Kanzlermaschine«,[6] die sie seit ihren Anfängen nun einmal sei, zum Ausdruck gebracht.

In der Tat überrascht die Zähigkeit, mit der die CDU wie auch die Union insgesamt langfristig an ihrem »C« festgehalten haben.[7] Warum ist das so? Warum trotzt die CDU in ihren programmatischen Grundlagen so dauerhaft der Säkularisierung der Gesellschaft? Was steckt inhaltlich hinter diesem anhaltenden Bezug der CDU auf Religion und Christentum? Was macht das »C« politisch so bedeutsam für sie?[8]

2. Säkularisierung, religiöse Pluralisierung und Identitätspolitik

Säkularisierung in Deutschland – das steht vor allem für eine seit Langem anhaltende Entkirchlichung. Sie setzt keineswegs erst in den Jahren nach 1989/1990 oder mit dem gerne genannten Jahr 1968 ein.[9] Ihre Anfänge reichen vielmehr in die Aufklärung und vor allem das 19. Jahrhundert zurück. Die deutsche Arbeiterbewegung verstand sich vor 1914 großenteils antikirchlich. Bereits die Weimarer Republik wies eine sehr hohe religiöse und weltanschauliche Vielfalt auf.[10] Der Nationalsozialismus übernahm aus Letzterer seine religionsähnlichen Züge, in denen sich älteres völkisches Gedankengut, neogermanische Kulte und Versatzstücke des Christentums vermischten. Die NS-Eliten nutzten sehr gezielt quasireligiöse Symbole, Rituale und Sprache, um ihren Herrschaftsanspruch zu festigen und Krieg und Massenmord zu rechtfertigen – und fanden damit willige Gefolgschaft.

1945 brachte eine Rückkehr des Christentums. Für die spätere Geschichte der Bundesrepublik Deutschland war der kurze, aber nachhaltige religiöse Frühling der Nachkriegszeit eine entscheidende Größe. Die Vertreter der beiden großen Kirchen und ihrer verschiedenen Strömungen und viele Kirchenmitglieder sahen in einer Rückbesinnung auf das Christentum und seine moralischen Standards den Weg in eine bessere Zukunft des durch den Nationalsozialismus materiell und moralisch verwüsteten Deutschlands. Die Rechristianisierung galt vielen als Voraussetzung für einen Neuanfang. Im ältesten Gründungsaufruf der CDU als einer christlichen, überkonfessionellen Volkspartei klingt das so: »Aus dem Chaos von Schuld und Schande, in das uns die Vergottung eines verbrecherischen Abenteurers gestürzt hat, kann eine Ordnung in demokratischer Freiheit nur erstehen, wenn wir uns auf die kulturgestaltenden sittlichen und geistigen Kräfte des Christentums besinnen und diese Kraftquelle unserem Volke immer mehr erschließen.«[11] Der zitierte Berliner Aufruf vom 26. Juni 1945 schließt mit einem Bezug auf Gott und Glaube. »Voll Gottvertrauen«, heißt es, »wollen wir unseren Kindern und Enkeln eine glückliche Zukunft erschließen.«[12] Ähnliche Zitate finden sich auch in anderen Gründungsaufrufen wie den Kölner Leitsätzen oder den Frankfurter Leitsätzen. Zwar werden die Akzente unterschiedlich gesetzt – die Kölner Leitsätze etwa wollten sich bei der Parteigründung nicht allein auf das Christentum stützen[13] –, aber der im Rückblick entscheidende Befund ist der, dass sich an den unterschiedlichsten Orten im Nachkriegsdeutschland ein ganz ähnlicher christlicher Impuls für einen überkonfessionellen parteipolitischen Neuanfang zeigt.

Dieser Ansatz zur Bildung einer neuen demokratischen Partei auf christlicher Basis passte in die Zeit.[14] Die meisten Zeitgenossen betrachteten die Kirchen – anders als in späteren Zeiten – im Kontrast zur tiefen Verstrickung so vieler Deutscher in die Gräueltaten des Nationalsozialismus als weitestgehend unbelastet. So sahen es auch die Besatzungsmächte. Sie griffen vor allem in der Übergangszeit von 1945/46 auf die Kirchen als Organisatoren und Vermittler zur Überwindung der Nachkriegsnot zurück. Schon den Zeitgenossen war klar, dass das neue Interesse vor allem der Westdeutschen an Kirche und Glaube unterschiedlichsten – und bei vielen Mitgliedern der ehemaligen NSDAP auch ganz handgreiflichen – Motiven nach einer Rehabilitierung (»Persilscheine«) entsprang.[15] Und doch schuf dieser kurze religiöse Frühling in den Jahren 1945 bis 1950/51 eine Grundlage für einen Neuanfang in moralischer und weltanschaulicher Hinsicht, der für Westdeutschland und die spätere Bundesrepublik Deutschland mitentscheidend war. Der Anteil der Kirchenbesucher stieg wieder (siehe Abbildung 1). In den frühen 1950er-Jahren besuchten an einem gewöhnlichen Sonntag schließlich rund 50 Prozent der Katholiken einen Gottesdienst. Noch mehr kamen damals ihrer Osterpflicht nach, das heißt, sie beichteten vor Ostern und empfingen dann die Kommunion an Ostern. Auch in den verschiedenen protestantischen Landeskirchen war diese Entwicklung spürbar,[16] wenngleich hier die Teilnahme am gottesdienstlichen Leben schon vor 1945 deutlich niedriger lag und nach 1945 verhaltener blieb. Gute Voraussetzungen für eine »C«-Partei.

Der religiöse Aufschwung wich aber schon vor der Mitte der 1950er-Jahre einem allmählichen Rückgang der Kirchlichkeit (siehe Abbildung 1). Der Kirchenbesuch sackt seitdem in der katholischen Kirche Jahr für Jahr mit kaum veränderter Geschwindigkeit ab. Vergleichbare Statistiken zum

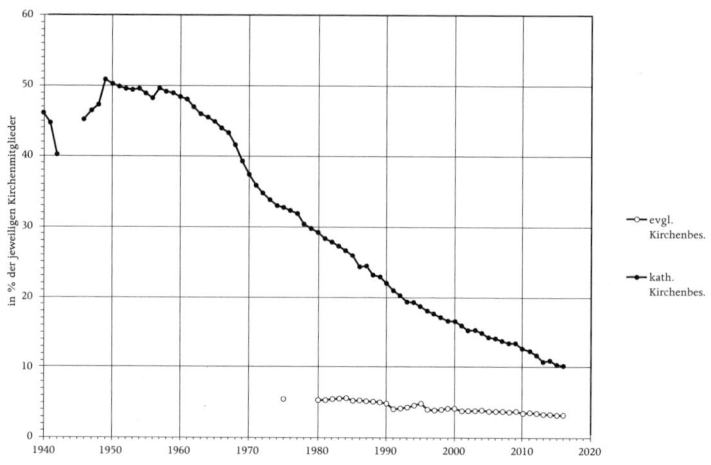

Abbildung 1: Kirchenbesuch in Deutschland 1940–2016

Bemerkung: Anteil der Gottesdienstbesucher an gewöhnlichen Sonntagen in Prozent der jeweiligen Kirchenmitglieder; Deutschland bzw. ab 1949 Bundesrepublik Deutschland in den jeweiligen historischen Grenzen. Quelle: Datensatz A.L. nach div. Jahrgänge des Kirchlichen Jahrbuchs, des Kirchlichen Handbuchs und des Statistischen Jahrbuchs der Bundesrepublik Deutschland.

Kirchenbesuch setzen für die evangelischen Kirchen erst später ein, zeigen aber auf niedrigerem Niveau in der Tendenz denselben Verlauf. Seit Ende der 1960er-Jahre steigen die Zahlen der Kirchenaustritte in wiederholten Wellen um 1970, nach 1990 und ab 2010. Ausbleibende kirchliche Taufen und Trauungen signalisieren einen Abbruch der familiären christlichen Sozialisation. Aktuell liegt der reguläre Kirchenbesuch katholischerseits nur noch bei 10 und evangelischerseits bei 4 Prozent. Sicherlich gab und gibt es in Deutschland beachtliche regionale Unterschiede in der Entkirchlichung. Das ist auch politisch relevant. Die Hochburgen der Union sind weniger beziehungsweise erst später vom Prozess der Entkirchlichung erfasst worden.[17]

Diese Säkularisierung ist ein Kernproblem aller »C«-Debatten, die die CDU intern und in der Öffentlichkeit zu bestreiten hat. Denn bekanntlich sind gerade Katholikinnen und Katholiken und regelmäßige Kirchgänger beider Konfessionen überdurchschnittlich oft treue CDU-Wähler.[18] Mit der deutschen Einheit schrumpfte diese Stammwählerschaft zusätzlich, denn mit dem Beitritt der neuen Bundesländer erhöhte sich die Zahl derer, die in Deutschland keiner Religionsgemeinschaft angehören, sprunghaft. Um das Jahr 2000 lag ihr Anteil gesamtdeutsch bei 26 Prozent, zehn Jahre später bei 33 Prozent[19] – Tendenz weiter steigend.

Die anfänglichen Erwartungen, dass in den neuen Bundesländern nach dem Wegfall der Repressionen des SED-Regimes Glaube und Kirchen einen Aufschwung nehmen würden, haben sich nicht erfüllt. Vielmehr scheint es, dass für viele eine areligiöse, gleichwohl nicht notwendig antikirchliche Haltung Teil ihres Selbstbilds als Ostdeutsche im vereinten Deutschland geworden ist. Helmut Kohl vermerkte schon für 1991 im Hinblick auf das in Arbeit befindliche Grundsatzprogramm 1994: »Insgesamt war die Situation der CDU als christlicher Partei in einer säkularisierten Welt sehr viel schwieriger geworden.«[20] Bernhard Vogel sprach von einer »Wendemarke«[21] mit markanten Folgen für den politischen Katholizismus in den Reihen der CDU.

Selbstverständlich gibt es zahlreiche Umfragedaten und Studien, die die skizzierten Prozesse im Detail und mit Blick auf die Religiosität des Einzelnen untersuchen.[22] Das Institut für Demoskopie diagnostizierte vor Kurzem: Es sind vor allem »die Kernbestände des Christentums« wie der Glaube an Gott, die Sohnschaft Jesu Christi und die Auferstehung der Toten, »die an Bedeutung verlieren«.[23] Es wäre aber ein

427

Missverständnis, aus diesen Befunden auf das Verschwinden von Religion und die gänzliche Bedeutungslosigkeit des Christentums zu schließen. So darf man erstens nicht übersehen, dass der Anteil der Kirchenmitglieder an der deutschen Bevölkerung immer noch deutlich über 50 Prozent liegt und es eine allgemeinere, von vielen als Spiritualität gekennzeichnete Bereitschaft gibt, sich und sein Leben überweltlich zu interpretieren. Und zweitens gibt es eine positive Wertschätzung für das Christentum und vor allem die sozialen Leistungen der Kirchen, die weit über den Kreis der Kernmitglieder der Kirchen hinausgeht.[24]

Hervorzuheben ist schließlich, dass es etwa seit Mitte der 2000er-Jahre eine massive Rückkehr religiöser Streitthemen in die deutsche Innenpolitik gab,[25] die mittlerweile auch den Parteienwettbewerb erreicht hat. Religion spielt in der aktuellen europaweiten Welle von rechtem Populismus und dem Erstarken rechtsradikalen Gedankenguts eine zentrale Rolle. Insbesondere an »dem Islam« und an der wachsenden Zahl der muslimischen Einwohner Deutschlands wird ausgefochten, wie sich Deutschland heute definiert – weltoffen, menschenrechtsorientiert und europäisch oder aber nationalistisch, kulturalistisch und abschottend. In diesem grundlegenden Streit werden »das Christentum« und »das christliche Abendland« bei PEGIDA, AfD und anderen als Chiffre für die deutsche Identität und als Ausgrenzungsmerkmal für Menschen anderer Glaubensbekenntnisse und Herkunft eingesetzt – und, wertend formuliert, missbraucht. Bezeichnenderweise geschieht der Bezug zum Christentum losgelöst von seinen inhaltlichen und institutionellen Grundlagen in der kirchlichen Überlieferung. Diese in der Wählerschaft begrenzte, aber eben politisch doch wirkmächtige rechte Bewegung einer kulturkämpferischen Verwendung der Chiffre »Christentum« trifft auf Kirchen, die sich ihr – etwa beim

Thema Flüchtlingshilfe – engagiert entgegenstemmen,[26] die aber, wie gezeigt, geschwächt sind – und sich im Fall der katholischen Kirche sogar mit einer »Implosionsdynamik an der Basis«[27] konfrontiert sehen.

Kurz: Der religiöse Hintergrund für Programmdebatten der CDU hat sich radikal gewandelt. Die neue Partei von 1945, die im Kontext eines wiedererstarkten, gesellschaftlich kaum bezweifelten christlichen Glaubens begann, steht heute mit ihrem »C« in einem stark säkularen und zudem entlang religiöser und nationaler Identitätskategorien zerstrittenen gesellschaftlichen Umfeld. Diese Gegenwartslage teilt sie mit manch anderer christdemokratischen Partei in Europa. Zusammenfassend betrachtet ist das »C« in der Gesellschaft zunehmend partikulär geworden: Einerseits ist der Kreis der (aktiven) Christen nachhaltig geschrumpft, andererseits ist in jüngster Zeit ein inhaltlich diffuses »Christentum« als sozialer Marker und Mittel politischer Mobilisierung im Streit um Gruppenzugehörigkeiten, soziale Identitäten und gesellschaftliche Integration gesellschaftlich virulent geworden. Vor diesem Hintergrund stellt sich die Frage, wie und warum die CDU bis heute an ihrem Bezug zum »C« festgehalten hat. Im nächsten Abschnitt stehen daher das Wie und damit die programmatischen Inhalte, die sich mit dem »C« im Verlauf der Parteigeschichte verbunden haben, im Mittelpunkt.

3. Programme, Programmatik und Christentum

Die CDU versteht sich von Beginn an als Volkspartei, die unterschiedlichsten Teilen der Gesellschaft ein Programm und eine politische Heimat anbietet. Volksparteien sind aus »praktischen Gründen Parteien der Mitte«.[28] Programme werden gebraucht, um die unterschiedlichen konkurrierenden und oft auch widerstreitenden Traditionen, Strömungen und Flügel der CDU zusammenzuführen und – wenn es gelingt – auf eine Linie festzulegen. Man kann versuchen, die Vielfalt der Interessen durch sachthemenspezifische Wahlprogramme zu bündeln, indem man allen relevanten Gruppen bei einem Wahlerfolg zielgruppenspezifische politische Maßnahmen in Aussicht stellt. Mit dieser Strategie war die Adenauer-CDU der 1950er- und frühen 1960er-Jahre sehr erfolgreich. Je vielfältiger und differenzierter sich freilich eine Gesellschaft darstellt, desto fragmentierter und unattraktiver fallen solche entlang spezifischer Forderungen geschriebenen Programme aus. So lag es nahe, dass sich nach dem Ende der Ära Adenauer die Frage aufdrängte: Was hält diese Partei eigentlich zusammen? Was sind die ideellen Grundlagen ihrer Politik?

Die CDU beantwortete diese Fragen im Verlauf ihrer Geschichte immer wieder etwas anders – und griff doch stets auf ihren oben geschilderten Ursprung im Christentum zurück.[29] Wenn es um Grundsätzliches geht, treten aus der stattlichen Reihe der (Wahl-)Programme die Grundsatzprogramme von 1946, 1978, 1994 und 2007 hervor (siehe Tabelle 1).[30] Das von der Partei immer wieder zitierte und von anderen ebenso oft gescholtene »christliche Menschenbild« steht im Zentrum der Programmatik der CDU.[31] Die von real- beziehungsweise machtpolitisch denkenden Beobachtern oft bemäkelte, »verwaschene[n] Formel vom ›christlichen Menschenbild‹«[32] lohnt die Aufmerksamkeit, denn in ihr kristallisiert sich durch die Jahrzehnte das Selbstverständnis der CDU als christlicher und vor allem demokratischer Partei.

Das Neheim-Hüstener Programm, das am 1. März 1946 im Sauerland in der Stadt Neheim-Hüsten verabschiedet wurde, enthielt bereits die »wichtigsten Grundsätze der Partei für

die folgenden Jahrzehnte«.[33] Die eingangs zitierten Gründungsaufrufe waren größtenteils noch ohne Zutun Konrad
Adenauers entstanden. Recht bald ergriff er die Gelegenheit,
die neue Partei, die sich vor allem gegen die SPD, aber auch
gegen das wiedergegründete, auf alten konfessionell-katho-
lischen Pfaden wandelnde Zentrum durchsetzen musste, zu
prägen.[34] Anders als später unter der Last der Kanzlerschaft
verwendete Adenauer 1946 einiges an Zeit und Energie auf
die Ausformulierung der ideellen programmatischen Grundlinien der CDU.

Das Neheim-Hüstener Programm nimmt die exponierte religiöse Sprache der ersten Gründungsaufrufe zurück. Eine
direkte Anrufung Gottes etwa fehlt. Es findet sich dort nur
einmal ein Rückgriff auf »göttliche[s] Recht«[35], um die Sieger des Krieges an ihre Pflichten gegenüber den Besiegten
zu erinnern – Besiegte, die 1946 um das elementare Überleben kämpften. Wiederholt setzt das Programm die Forderung nach Freiheit und insbesondere nach »politische[r]
und religiöse[r] Freiheit« gegen die entmenschlichende Erfahrung der NS-Diktatur und die »Vergottung des Staates«,
die als schon in der Geschichte des kleindeutschen National-
staats und des materialistischen Denkens im vorhergehenden
Jahrhundert begründet angesehen wird. Darin lag natürlich
auch eine Frontstellung gegenüber dem Kommunismus und
den kommunistischen Machthabern in der Sowjetischen Besatzungszone. Diese Frontstellung wurde in den 1950er- und
1960er-Jahren bekanntlich immer wieder betont.

Was aber konnte das wiedergewonnene Freiheitsethos und
die neu zu errichtende demokratische Ordnung vor einem
abermaligen Absturz in die Tyrannei der Diktatur schützen?
»Die christliche Weltauffassung allein«, stellt das Programm
fest, »gewährleistet Recht, Ordnung und Maß, Würde und
Freiheit der Person und damit eine wahre und echte Demo-

Tabelle 1: Grundsatz- und Wahlprogramme der CDU (1945–2017)

Datum	Dokumentenname
26.06.1945	Gründungsaufruf Berlin 1945
01.07.1945	Kölner Leitsätze 1945
14.10.1945	Frankfurter Leitsätze 1945
01.03.1946	Parteiprogramm von Neheim-Hüsten 1946
03.02.1947	Ahlener Programm 1947
15.07.1949	Düsseldorfer Leitsätze 1949
22.04.1953	Hamburger Programm 1953
15.05.1957	Hamburger Manifest: An das deutsche Volk 1957
27.04.1961	Kölner Manifest CDU 1961
31.03.1965	Düsseldorfer Erklärung 1965
11.07.1968	Berliner Programm (1. Fassung) 1968
1969	Wahlprogramm der Christlich Demokratischen Union Deutschlands 1969–1973
27.01.1971	Berliner Programm (2. Fassung) 1971
25.05.1972	Wiesbadener Wahlprogramm CDU/CSU: Regierungsprogramm: Wir bauen den Fortschritt auf Stabilität 1972
1976	Wahlprogramm CDU/CSU: Freiheit – Sicherheit – Zukunft 1976
25.10.1978	Grundsatzprogramm Ludwigshafen 1978
1980	Wahlprogramm CDU/CSU: Für Frieden und Freiheit 1980
1983	Wahlprogramm CDU/CSU: Arbeit, Frieden, Zukunft – Miteinander schaffen wir's 1983
1987	Wahlprogramm CDU/CSU: Weiter so, Deutschland, für eine gute Zukunft 1987
1990	Wahlprogramm CDU/CSU: Ja zu Deutschland, ja zur Zukunft 1990
23.02.1994	Grundsatzprogramm Hamburg: Freiheit in Verantwortung 1994
16.10.1994	Regierungsprogramm CDU/CSU: Wir sichern Deutschlands Zukunft 1994
1998	Wahlplattform CDU/CSU 1998–2002

2002	Regierungsprogramm: Leistung und Sicherheit. Zeit für Taten 2002–2006
11.07.2005	Regierungsprogramm: Deutschlands Chancen nutzen – Wachstum, Arbeit, Sicherheit 2005–2009
03.12.2007	Freiheit und Sicherheit. Grundsätze für Deutschland. Grundsatzprogramm Hannover 2007
28.07.2009	Regierungsprogramm CDU/CSU: Wir haben die Kraft – Gemeinsam für unser Land 2009–2013
2013	Regierungsprogramm CDU/CSU: Gemeinsam erfolgreich für Deutschland 2013–2017
2017	Regierungsprogramm CDU/CSU: Für ein Deutschland, in dem wir gut und gerne leben 2017

Quelle: Eigene Zusammenstellung nach Winfried Becker u.a. (Hg.): Lexikon der Christlichen Demokratie in Deutschland. Paderborn u.a. 2002, S. 703–707, https://www.kas.de/web/geschichte-der-cdu/ grundsatzprogramme und https://www.kas.de/web/geschichte-der-cdu/ wahlprogramme-und-slogans.

kratie, die sich nicht auf die Form des Staates beschränken darf, sondern das Leben des Einzelnen wie das des Volkes und der Völker tragen und durchdringen soll.« Die neue politische Freiheit und die Freiheit der Menschen in anderen Lebensbereichen, insbesondere auch in der Wirtschaft, wird eng zusammen gesehen. Das Privateigentum als Institution wird verteidigt. Gefordert wird, dass die gut organisierte Wirtschaft der Freiheit des Einzelnen und der Gemeinschaft dienen muss. Auch wenn das nachfolgende Ahlener Programm von 1947 die umstrittene Forderung nach einem »wahren christlichen Sozialismus« enthielt – in Bezug auf das christliche Menschenbild ist die programmatische Linie zur Begründung des späteren, für die CDU bis heute leitenden Konzepts der »Sozialen Marktwirtschaft« 1946 schon vorgezeichnet.

Die nachfolgenden Wahlprogramme der 1950er- und

1960er-Jahre hielten sich mit Rückgriffen auf das »C« zurück (siehe Tabelle 2). Sie sind pragmatisch ausgerichtete Wahlprogramme, die sich auf die Stützung des Kurses der Adenauer-Regierung und eine weitere Stimmenmaximierung richteten – und das bekanntlich mit durchschlagendem Erfolg. In Schwierigkeiten geriet die CDU beziehungsweise die Union erst, als nach der programmatischen Modernisierung der SPD zur Volkspartei im Godesberger Programm 1959, der inhaltlichen Erneuerung der katholischen Kirche im Zweiten Vatikanischen Konzil (1963–1965) und den intellektuellen Aufbrüchen der bundesdeutschen Öffentlichkeit ab Mitte der 1960er-Jahre von den Wählerinnen und Wählern von der CDU nicht nur Brot- und Butterthemen (und Landesverteidigung durch die neue Bundeswehr), sondern auch programmatisch zeitgemäße, das heißt sich intellektuell rechtfertigende politische Kost verlangt wurde. Nicht wenige Intellektuelle machten damals Werbung für die SPD und Willy Brandt.[36] Die Öffentlichkeit realisierte durch die veröffentlichten Meinungsumfragen zudem erstmals den gesellschaftlichen Bedeutungsverlust der Kirchen. Wofür stand die CDU, wofür das »C« in ihrem Namen? Die Nachfolger Adenauers, Ludwig Erhard, Kurt Georg Kiesinger und dann Rainer Barzel, mussten mit dieser Entwicklung ringen. Die alte Kanzlerpartei wollte nun eine moderne CDU, eine moderne Volkspartei sein. Gestritten wurde, ob der Bezug zum Christentum noch dazugehöre oder sich überlebt habe. Das Berliner Programm von 1968 formuliert in seiner Präambel: »Politik aus der gemeinsamen Verantwortung der Christen in der Welt richtet sich auf die Freiheit der Person, die sich der Gemeinschaft verpflichtet weiß, auf die Gerechtigkeit für jedermann und auf die Solidarität, die auf der Eigenverantwortung der Person aufbaut.«[37] Drei Jahre später erfuhr das Berliner Programm eine Überarbeitung. Anders als in der ersten Fassung erschien die explizite Adressierung von »Christen« nunmehr inopportun. Die Präambel lautete zurückhaltender: »Die Christlich-Demokratische Union Deutschlands orientiert ihre Politik an den Grundsätzen christlicher Verantwortung.«[38] Der einsetzenden Kirchenkritik, die vor allem aus den Reihen der FDP stammte und auf den Körperschaftsstatus, die Kirchensteuer und den Religionsunterricht zielte, trat man aber wie schon 1968 entschieden entgegen: »Die Unabhängigkeit der Kirchen und Religionsgemeinschaften muß ungeschmälert und die Freiheit der Verkündigung ihrer Lehren gesichert bleiben.«[39]

1969 fand sich die erfolgsverwöhnte CDU im Bund unvermittelt auf den harten Bänken der Opposition wieder. Nach dem politischen Scheitern Rainer Barzels, der wie viele andere katholische CDU-Politiker für das »C« eintrat, lagen die Geschicke der CDU ab 1973 in der Hand Helmut Kohls. Er war als junger, pragmatischer Erneuerer der Partei angetreten. In erster Linie ihm verdankt die CDU ihr erstes programmatisches Grundsatzprogramm. Es wurde Ende Oktober 1978 vom 26. Bundesparteitag in Ludwigshafen, also jener Stadt, in der die politische Karriere Kohls als rheinland-pfälzischer Ministerpräsident begonnen hatte, verabschiedet. Das Grundsatzprogramm von 1978 beschreibt eine CDU, deren Politik im »christlichen Verständnis vom Menschen und seiner Verantwortung vor Gott«[40] gründet und die für die Würde eines jeden und die Verwirklichung der Menschenrechte eintritt. Für ein Parteiprogramm sehr ausführlich bestimmt es die grundsätzliche Freiheit des Menschen und zeigt auf, dass diese anthropologische Fähigkeit zur Freiheit von den Menschen verstanden, kulturell-religiös und politisch gepflegt und ethisch verantwortet sein will. »Nur wer frei ist, kann Verantwortung tragen, und nur wer verantwort-

Tabelle 2: Programmatische Bezugnahmen auf Christentum und Religion in den Grundsatz- und Wahlprogrammen der CDU 1945–2017 (absolute Häufigkeit der Nennung pro Dokument)

Dokument	Abendland, abendländisch	Christentum	Christliche Demokraten	Christliches Menschenbild	Christliches Verständnis vom Menschen	Demokraten, christliche	Freiheit	Glaube	Gott
1945-1-Gründungsaufruf-Berlin		1					3	1	2
1945-2-Kölner-Leitsätze	3	1	3			3	2	2	2
1945-3-Frankfurter-Leitsätze	1	3		3			4	1	2
1946-Parteiprogramm-von-Neheim	2	1	1			1	8		1
1947-Ahlener-Programm							5		
1949-Düsseldorfer-Leitsätze							2		
1953-Hamburger-Programm		1					6		
1957-Hamburger-Manifest							7		
1961-Kölner-Manifest							3		1
1965-Düsseldorfer-Erklärung							2		1
1968-Berliner-Programm-erste-Fassung							12	1	
1969-Wahlprogramm							7		
1971-Berliner-Programm-zweite-Fassung							17		
1972-Wiesbadener-Wahlprogramm				1			11		1
1976-Wahlprogramm							32		
1978-Grundsatzprogramm-Ludwigshafen				1	2		59	3	3
1980-Wahlprogramm			1			1	41	1	1
1983-Wahlprogramm							15		
1987-Wahlprogramm				1	1		20		2
1990-Wahlprogramm					1		11		
1994-1-Grundsatzprogramm-Hamburg			24	1	7	24	84	1	7
1994-2-Regierungsprogramm							9	1	
1998-Wahlplattform	1				2		4		1
2002-Regierungsprogramm	1		1	2		1	20	2	2
2005-Regierungsprogramm				2			7		1
2007-Grundsatzprogramm-Hannover		1	3	9	1	3	103	3	11
2009-Regierungsprogramm	2			2			28		2
2013-Regierungsprogramm	1			4			17	3	1
2017-Regierungsprogramm				1			8	3	
Summe über alle Programme	*11*	*8*	*33*	*27*	*14*	*33*	*547*	*22*	*41*

Bemerkung: Eigene inhaltsanalytische Auswertung auf der Basis einer halbautomatischen Kodierung mit dem Programmpaket Atlas.ti.

Quelle: Eigene Auswertung auf der Basis der PDF-Versionen der in Tabelle 1 genannten Grundsatz- und Wahlprogramme der CDU.

Islam, islamisch	Islamismus	Juden, jüdisch	Kirche, kirchlich	Kirchensteuer	Menschenrechte	Menschenwürde	Nächstenliebe	Naturrecht	Religionen	Religionsgemeinschaft	Religionsunterricht	Schöpfung	Schwache	Solidarität	Subsidiarität, subsidiär	Verantwortung
						1					1		1			2
						1	2			1	1					
						1					1					3
						5				1						1
						1										
																1
			1		1	1		1								2
																1
					1	1								1		
			2		2	1				1				2	1	3
																1
			1		2	2				1				4		8
					1	1								2		4
			1							1			1	3		4
			3		7	10	3			2			5	26	7	20
			1		6	2	1		2				2	5		17
			1		3		2							3	1	2
			3		7	5	3			1		3	1	5	3	16
			1			1								1		5
		3	11	1	2	22	6			4	1	30	4	33	21	72
			2		2	2						4	1	12	2	16
			4		1	2	2				1	1	1	4		12
1			6	1	2	3			1	2	3	3		8	3	16
1	1		2		1					1	2	1			3	6
5	1	4	11	1	13	26	4		4	3	2	17	6	42	15	83
4	3	2	5		7	4			2	1	2	4	3	4	3	33
5	1	3	14		13	7			1	3	3	2	1	8		39
3	1	2	7		2	3				2		2		3		20
19	7	14	76	3	73	102	21	3	10	24	17	67	26	166	59	387

437

lich handelt, behält die Chance der Freiheit.« Rund sechzig Mal beruft sich das Grundsatzprogramm auf diese Freiheit (siehe Tabelle 2). Politisch erwächst nach dem Verständnis der CDU daraus die Verpflichtung, eine grundwerteorientierte Politik zum Wohle der Menschen zu betreiben. »Die Grundwerte Freiheit, Solidarität und Gerechtigkeit geben unserer Politik die Orientierung und sind Maßstäbe unseres politischen Handelns. (...) Ihre Gewichtung untereinander richtig zu gestalten, ist Kern der politischen Auseinandersetzung.« Gewichtungen aber verlangen nach Sachurteilen und Vorzugsregeln. Für Letzteres bringt das Programm das Subsidiaritätsprinzip ins Spiel und greift damit – ohne dies ausdrücklich zu deklarieren – auf einen Kernbergriff der katholischen Soziallehre zurück, der in der Enzyklika »Quadragesimo anno« 1931 fixiert wurde. Diese Tradition wurde und wird in der CDU besonders in den Reihen der CDA gepflegt. Das Subsidiaritätsprinzip will zunächst die Freiheit des Einzelnen und der kleineren Gemeinschaften wie Familie, Gemeinde, Wohlfahrtsverbände, Kirchen oder Bundesländer vor dem Zugriff des (Gesamt-)Staats bewahren, verlangt aber zugleich nach der Solidarität des Staats oder größerer Einheiten für den Einzelnen oder kleinere gesellschaftliche Einheiten, wo sie mit einer Aufgabe überfordert sind. Das Subsidiaritätsprinzip ist als politisches Argument in der CDU schon älter. Es begleitet die Geschichte der Bundesrepublik seit den frühen Tagen ihrer Sozialpolitik und hat in den 1990er-Jahren über den Vertrag von Maastricht auch Eingang in die Verträge der Europäischen Union gefunden – was natürlich noch nichts über die Wirkung des Prinzips in der Bonner, Berliner oder Brüsseler Politik aussagt.

Auch das Grundsatzprogramm von 1978 war in dieser Hinsicht nicht naiv und hielt den Bezug der Grundsatzebene zu tagespolitischen Sachfragen in der Schwebe. Es war sich auch der Grenze eines Bezugs einer christdemokratischen Partei auf das Christentum bewusst: »Aus christlichem Glauben läßt sich kein bestimmtes politisches Programm ableiten. Aber er gibt uns mit dem Verständnis vom Menschen eine ethische Grundlage für verantwortliche Politik. Auf dieser Grundlage ist gemeinsames Handeln von Christen und Nichtchristen möglich.«[41] Insbesondere der letzte Satz des Zitats liefert den Schlüssel für das Verständnis der Selbstpositionierung der CDU gegenüber der Wählerschaft einer zunehmend säkularen Gesellschaft. Wer das dem Christentum entspringende Verständnis der Freiheit des Menschen in Verantwortung gegenüber den anderen Menschen – und für den gläubigen Menschen: vor Gott – teilt und diese Grundwerte politischen Handelns für gut und richtig hält, ist eingeladen, sich der CDU anzuschließen. Die ausdrückliche Nennung der »Nichtchristen« stellt dies klar. Im aktuellen Grundsatzprogramm von 2007 heißt es: »Das christliche Verständnis vom Menschen gibt uns die ethische Grundlage für verantwortliche Politik. Dennoch wissen wir, dass sich aus christlichem Glauben kein bestimmtes politisches Programm ableiten lässt. Die CDU ist für jeden offen, der Würde, Freiheit und Gleichheit aller Menschen anerkennt und die hieraus folgenden Grundüberzeugungen unserer Politik bejaht. Auf diesem Fundament baut unser gemeinsames Handeln in der CDU auf.«[42] Auf dieser programmatischen Linie, die 1978 eingeschlagen wurde und bis heute reicht, kann die CDU also durchaus offen auf die religiös-weltanschauliche Pluralisierung reagieren. Das Leitbild der CDU kann als Beispiel einer Wertgeneralisierung verstanden werden, durch die wertvolle ältere, aber partikulare Werte und Überzeugungen zu einem neuen, breiteren Konsens zusammengefasst werden.[43] Diese neue übergreifende Übereinstimmung und Unterstützung speist sich aus unterschiedlichen ideellen Quellen und gewinnt dadurch Halt und Legitimation.

Das Grundsatzprogramm von 1978 war ein wichtiger Schritt auf dem Weg zur erneuten Übernahme der Regierungsverantwortung der CDU 1982 im Bund. Innerhalb der Partei galt es als ein bewährtes, alltagstaugliches Programm. Erst zu Beginn der 1990er-Jahre entstand eine wirklich neue Situation. Zum Anlass für eine neuerliche Programmdebatte wurden die deutsche Einheit und ihre gesellschaftlichen Folgen.[44] Mit Blick auf die »C«-Debatte und die vorgestellten programmatischen Grundzüge blieb im Grundsatzprogramm 1994 vieles beim Alten. Die Kontinuität zeigt sich bis in die Formulierungen hinein. Drei Punkte treten aber als Veränderung beziehungsweise Innovation hervor (siehe Tabelle 2). Das zweite CDU-Grundsatzprogramm fokussiert erstens viel stärker als vorher die Umweltproblematik. Die »Bewahrung der Schöpfung« avancierte zu einem Schlüsselbegriff. Diese Wendung ist keine neutrale Beschreibung der Natur oder des Problems des Umweltschutzes und – wie es heute heißt – der Nachhaltigkeit. Vielmehr stellt das Wort »Schöpfung« einen Bezug zur Transzendenz, zu Unverfügbarem, im Sinne der christlichen Überlieferung zum Handeln Gottes an der Welt und den Menschen her. 1994 – und später erneut im Grundsatzprogramm 2007 – formuliert die CDU diesen Zusammenhang explizit: »Die Natur ist nicht nur Voraussetzung und Instrument unseres Lebens, sondern Schöpfung Gottes, der eine Eigenbedeutung zukommt. Es steht uns nicht zu, nach Belieben über die Schöpfung zu verfügen. Sie ist dem Menschen zur Gestaltung und Bewahrung anvertraut.«[45] Hier findet sich also wieder ein ausdrücklicher Gottesbezug, der nun klar in der Tradition der biblischen Schöpfungstexte am Anfang des Buches Genesis wurzelt. Zeithistorisch spiegelt sich darin auch die Geschichte von Teilen der DDR-Opposition wider: Über die vor allem im evangelischen Raum beheimatete »Ökumenische Versammlung für Gerechtigkeit, Frieden und Bewahrung der Schöpfung« von 1988/89 erfolgte schlussendlich eine politische Mobilisierung, die nicht nur zum Fall der Mauer beitrug, sondern auch in die neuen Parteien in den östlichen Bundesländern hineinwirkte. Zweitens findet sich auch ganz allgemein eine stärkere Betonung des Gottesbezugs. So heißt es etwa gleich zu Anfang: »Unsere Politik beruht auf dem christlichen Verständnis vom Menschen und seiner Verantwortung vor Gott.«[46] Und etwas weiter: »Für uns ist der Mensch von Gott nach seinem Bilde geschaffen. Aus dem christlichen Bild vom Menschen folgt, dass wir uns zu seiner unantastbaren Würde bekennen. Die Würde aller Menschen ist gleich, unabhängig von Geschlecht, Hautfarbe, Nationalität, Alter, von religiöser und politischer Überzeugung, von Behinderung, Gesundheit und Leistungskraft, von Erfolg oder Misserfolg und vom Urteil anderer. Wir achten jeden Menschen als einmalige und unverfügbare Person in allen Lebensphasen. Die Würde des Menschen – auch des ungeborenen und des sterbenden – ist unantastbar.« Im Einschub des letzten Satzes wird erkennbar, dass das ältere, in der Regelung des Paragrafen 218 beziehungsweise in der Folge dann des Paragrafen 219 so virulente Thema des Lebensschutzes[47] mit der Alterung der Gesellschaft und dem medizinischen Fortschritt eine weitere politisch relevante Dimension erhalten hatte. Und drittens ist der argumentative, religiös grundierte, aber doch in der Sache zurückhaltende Ton des Grundsatzprogramms 1978 vom Wunsch nach einem auch emotional verbindlichen Selbstverständnis, nach einer gemeinsamen kollektiven Identität, die alle Anhänger der CDU eint – oder doch einen sollte –, bestimmt. Rund zwei Dutzend Mal benutzt das Programm von 1994 die die gemeinsame Identität ausdrückende Formel »wir Christliche Demokraten« (siehe Tabelle 2). Damit greift das Programm die Selbstbezeichnung für die Aktiven der CDU auf, die aus den Gründungstagen der Partei stammt, dann aber über viele Jahre nicht mehr benutzt worden war.

Das Grundsatzprogramm von 1994 ist also im Vergleich zu 1978 expressiver, betont christlich und vielfach bekenntnishaft ausgefallen. Zugleich ist die argumentative Substanz der mit dem christlichen Menschenbild verbundenen Vorstellungen und Überzeugungen mit erkennbaren Erweiterungen für neue politische Themen beibehalten worden.[48]

Dreizehn Jahre und eine kürzere Zeit als Oppositionspartei im Bund später gab sich die CDU ihr derzeitiges Grundsatzprogramm. Wie sein Vorgänger umfasst das Programm von 2007 rund hundertzwanzig Druckseiten. Mit dem Programm von 1994 teilt es den starken, stellenweise bekenntnishaften Bezug auf christliche Traditionen und Glaubensaussagen. Elf Mal – so oft wie in keinem anderen Programm – wird Gott genannt (siehe Tabelle 2). Wichtiger Anlass für das neue Programm dürfte der immer rasantere technologische und gesellschaftliche Wandel gewesen sein, der grundsätzliche Fragen aufwirft und sich daher auch in einem Grundsatzprogramm niederschlagen muss.

Zwei neue Punkte stechen hervor: Einmal hat die Zahl der bioethischen Fragen stark zugenommen. Ihre grundsätzliche Position formuliert die CDU ganz in der Linie ihrer programmatischen Tradition: »Die unantastbare Würde des Menschen als Geschöpf Gottes ist menschlicher Verfügung nicht zugänglich und ist zu schützen. Der Mensch ist immer Subjekt, er darf niemals Objekt sein. Die Würde des Menschen ist auch für die Bewertung bioethischer Herausforderungen Ausgangs- und Orientierungspunkt. Sie erfordert Achtung und Schutz des menschlichen Lebens in allen Phasen.«[49] In der in den Programmen vielfach ausgedrückten Verantwortung aller Politik vor Gott und den Menschen wird die CDU auf eine übergeordnete Orientierung verwiesen, die Halt und Orientierung im Wandel der Zeiten anbietet. In der politischen Alltagssprache ist dann bildlich oft von Kompass, Maßstab, Richtschnur oder Leitfaden die Rede. Mit dieser Orientierung geht die CDU auch neue technologische Herausforderungen an. Aktuell gilt dies etwa für die Digitalisierung.[50]

Zum Zweiten wurden 2007 erstmals Religion und religiöse Vielfalt als gesellschaftliche Tatbestände zum Thema grundsätzlicherer Überlegungen (siehe Tabelle 2). Insbesondere die aufkommende Debatte um die Rolle des Islam und muslimischer Minderheiten in der bundesdeutschen Demokratie bildet sich ab. Deutlich erkennbar ist, dass die CDU einerseits die bedrohliche Seite des Islamismus in den Blick nimmt und vor allem den islamistischen Terrorismus bekämpfen will. Andererseits ist das Bemühen bestimmend, die gesellschaftliche Integration der verschiedenen religiösen Bekenntnisse zu fördern und muslimischen Menschen, Gruppen und Organisationen gesellschaftliche Anerkennung zuteilwerden zu lassen. Dieses Anliegen wird in den nachfolgenden Wahlprogrammen noch verstärkt. Parallel dazu erfuhren die christlichen Kirchen und die jüdischen Gemeinden im Grundsatzprogramm wie in den nachfolgenden Wahlprogrammen große Wertschätzung, auch und gerade als Akteure der Zivilgesellschaft. Eine klare Absage erteilt die CDU allen Plänen, das bewährte Verhältnis von Staat und Kirchen beziehungsweise Religionen in den Grundlagen zu ändern. Das Selbstbestimmungsrecht der Kirchen soll geschützt, die Kirchensteuer beibehalten werden, Religionsgemeinschaft in die Leistungserbringung des Sozialstaats eingebunden bleiben, der Religionsunterricht einen festen Platz haben und die Kooperation in der Entwicklungshilfe fortgeführt werden (siehe Tabelle 2). Diese Eckpunkte zeigen mit Blick auf Christentum und Religion, dass sich das Spektrum der Partei von den bekannten grundsätzlichen Aussagen und deren christlicher Begründung hin zu praktischen politischen Streitthemen rund um Religion erweitert hat. Diese Aussagen spiegeln die gesellschaftliche und verfassungspolitische Wirklichkeit der Gegenwart; anders als in der Zeit von 1949 bis Mitte der 2000er-Jahre betreiben der Bund und die Ländern mittlerweile eine aktive Religionspolitik, das heißt, sie versuchen mit den Mitteln demokratischer Gesetzgebung und Regierung die öffentliche Rolle von Religionen im Rahmen der grundrechtlichen Religionsfreiheit zu regulieren.[51]

Fragt man abschließend nach einem qualitativen Sprung in der Programmatik der CDU und ihrem Verhältnis zur christlichen Überlieferung, so wird man ihn in den 1970er-Jahren festmachen. Die damalige Notwendigkeit, sich als Partei zu modernisieren und als Volkspartei nicht nur organisatorisch, sondern auch programmatisch eine größere Fähigkeit zu gewinnen, die eigenen Fundamente trotz Entkirchlichung und Wertewandel zu gestalten, löste eine nachhaltige Reflexion über die eigenen ideellen Grundlagen aus. Der Bezug zum Christentum wurde durchdacht, die Verbindung des christlichen Menschenbilds zu den Grundwerten Freiheit, Solidarität und Gerechtigkeit dargelegt und damit der Wählerschaft und vor allem den eigenen Mitgliedern verständlich gemacht. Während der Modernisierungsphase der 1970er-Jahre enthielt das »C« also die Möglichkeit, die strukturelle Modernisierung der Partei mit einer Traditionslinie im politischen Leitbild zu verbinden.[52] Die Voraussetzung dafür war eine generalisierende, konfessionelle Unterschiede aufhebende Ausformulierung des christlichen Menschenbilds, die hier als eine Form von Wertgeneralisierung ausgemacht wurde.

Mit Blick auf die voranschreitende Säkularisierung und die interne Mobilisierung der CDU als professioneller Mitgliederpartei bedeutete dies: Die christdemokratische Programmatik der Partei wurde von den schwindenden kirchlichen beziehungsweise milieustrukturellen Voraussetzungen und Denktraditionen,[53] die in den 1950er- und 1960er-Jahren vielfach noch unhinterfragt im Hintergrund der Partei und der Gesellschaft gestanden hatten, entkoppelt. Damit konnte das ältere Leitbild der Partei gegen die allgemeine Säkularisierungstendenz der Gesellschaft teils abgeschirmt, teils aber auch so modernisiert werden, dass es trotz Säkularisierung zukunftsfähig wurde.

Im Folgenden wird aufgezeigt, welche Faktoren für diese damals getroffene und bis heute leitende Kernentscheidung, das »C« als programmatisch bestimmende Größe beizubehalten, verantwortlich sind. Der Schlüssel dazu liegt in den Funktionen, die dem »C« in der Partei für deren Fortbestand und ihren Erfolg zugeschrieben werden.

4. Politiker, Interessen und Macht

In den Gründerkreisen der Unionsparteien taten sich nach 1945 bekanntlich zunächst Christen aus beiden großen Kirchen politisch zusammen. Sie wollten die traditionelle konfessionelle Spaltung im deutschen Parteienwesen überwinden und durch eine Rückbesinnung auf die allgemein christlichen, humanen und demokratischen Traditionen die politischen Grundlagen für ein neues Deutschland legen. Nicht wenige der Gründungsmitglieder hatten diese religiösen und politischen Überzeugungen vor 1945 mit erzwungenem Exil, Gestapo-Schikanen, Folter, Gefängnis oder KZ bezahlt. Die gemeinsame Erfahrung der nationalsozialistischen

Terrorherrschaft half, alte konfessionelle und parteipolitische Vorurteile zu überwinden und Neues zu wagen.[54]

Konrad Adenauer (1876–1967) bündelte als erster Vorsitzender der CDU in der britischen Zone und später erster Bundesvorsitzender diesen Gründungsimpuls. Er verlieh ihm zugleich seine politische Zuspitzung. Adenauer war von Anfang an auch auf die Mehrheits- und Regierungsfähigkeit der Partei bedacht. Und dazu bedurfte es in der Gründungsphase der Programmarbeit.[55] Berühmt sind seine Radioansprache vom 6. März und die Rede am 24. März 1946 in der Kölner Universitätsaula. Hier erklärte er die im Programm von Neheim-Hüsten formulierte Programmatik der breiten Öffentlichkeit und warb für die neuen Ideen. »Unser Programm ist nicht ein aus vielen Steinchen verschiedener Herkunft zusammengesetztes Mosaik. (…) Wir halten es für notwendig, über die konkreten Aufgaben der Notjahre hinausweisende Richtlinien aufzustellen, weil unser Volk politisch umdenken muß. Der grundlegende Satz unseres Programms ist: An die Stelle der materialistischen Weltanschauung muß wieder die christliche treten, an die Stelle der sich aus dem Materialismus ergebenden Grundsätze diejenigen der christlichen Ethik. Sie müssen bestimmend werden für den Wiederaufbau des Staates und die Abgrenzung seiner Macht, für die Rechte und Pflichten der Einzelpersonen, für das wirtschaftliche, soziale und kulturelle Leben, für das Verhältnis der Völker zueinander. Wir betrachten die hohe Auffassung des Christentums von der Menschenwürde, vom Wert jedes einzelnen Menschen, als Grundlage und Richtschnur unserer Arbeit. Die Demokratie erschöpft sich für uns nicht in der parlamentarischen Regierungsform. Sie ist für uns eine Weltanschauung, die ebenfalls wurzelt in der Auffassung von der Würde, dem Werte und den unveräußerlichen Rechten eines jeden einzelnen Menschen, die das Christentum entwickelt hat. Demokratie muß diese unveräußerlichen Rechte achten im staatlichen, im wirtschaftlichen und kulturellen Leben. Wir nennen uns Christlich-Demokratische Union, weil diese Grundsätze, die sich auf dem geistigen Boden des abendländischen Christentums entwickelt haben, das Fundament unserer ganzen Arbeit sind, und weil wir Christen aller Bekenntnisse zu gemeinsamer Arbeit zusammenfassen wollen.«[56] Diese Ansprachen enthielten Adenauers »Grundgedanken, die er in den nächsten Jahren landauf und landab«[57] verkündete. Sie waren nicht nur Ausdruck der gerade gefundenen Parteilinie, sondern wurzelten auch tief in den persönlichen Überzeugungen des kirchenfrommen, aber keineswegs klerushörigen Katholiken und ehemaligen Zentrumspolitikers Adenauer. Mit dieser Verwurzelung der gemeinsamen politischen Leitvorstellungen im persönlichen Glauben war Adenauer in der jungen CDU nicht allein.

Konrad Adenauer war aber auch ein politischer Pragmatiker und Machtmensch, der sich am Erfolg und Machbaren auszurichten wusste. Die katholischen Bischöfe, die sich nach anfänglichem Zögern auf die CDU festgelegt hatten, aber auch die Kirchenleitungen der seit 1945 in der EKD zusammengeschlossenen evangelischen Kirchen mussten bei der Erarbeitung des Grundgesetzes erfahren, dass Adenauer zwar gewillt war, ihnen entgegenzukommen und ihre Anliegen insbesondere in der Frage nach der Einrichtung konfessioneller Schulen im Parlamentarischen Rat zu unterstützen, er aber nicht willens war, das Grundgesetz an der Frage des von den Kirchen so vehement geforderten Elternrechts scheitern zu lassen.[58] Am Primat des Politischen und am politischen Charakter der neuen Partei jenseits partieller kirchlicher Glaubens- und Moralvorstellungen ließ er hier und dann auch später als Bundeskanzler keinen Zweifel. Das unterschied ihn von Katholiken vom Schlage eines Adolf Süsterhenns, die der neuthomistischen Naturrechtslehre der katholischen Kirche näherstanden und ihr politisch zum Durchbruch verhelfen wollten.[59]

Als Bundeskanzler führte Adenauer die CDU ab 1949 zu historischen Wahlerfolgen. Er dehnte dabei die Wählerschaft der CDU so weit aus, dass die christlichen und vor allem die katholischen Gründerkreise der CDU um die klare Abgrenzung der Partei nach rechts fürchteten.[60] Die Bischöfe, die sich öffentlich in ihren Wahlhirtenbriefen in den 1950er-Jahren wiederholt für die CDU aussprachen, bemängelten recht bald eine Verwässerung des »C«, blieben doch viele ihrer Wünsche unerfüllt. Diese Sorge teilten beachtliche Teile des politischen und sozialen Katholizismus.[61] Adenauer wusste darum, dass Programmarbeit unter diesen Umständen schwierig war. Auf den vorpolitischen Raum der CDU und speziell auf die beiden Kirchen und ihre Basis hatte er nur bedingt Einfluss, zudem strebte der wirtschaftsliberale und bürgerlich-konservative Flügel der Union vom »C« weg. Ein eigenes »Grundsatzprogramm, in dem vor allem die theoretischen und historischen Fundamente und die ethisch-kulturellen Grundsätze christlich-demokratischer Politik eingehender beschrieben werden, hielten Adenauer und die CDU-Führung offenbar für inopportun«.[62] Nach Adenauers bundespolitischem Rückzug 1963 brachen diese Fragen in den Reihen der CDU aber vehementer auf denn je. In der unter Erhard sich aufschaukelnden innerparteilichen Debatte, ob und wie die CDU sich weiterhin auf das »C« berufen sollte, optierte »der Alte« dann zwar noch einmal gegen die säkularisierenden Tendenzen im liberalen und national-konservativen Flügel der Partei klar für das »C« und damit für die Gründungsideen von 1945/46. Aber Mitte der 1960er-Jahre lag die Entscheidung darüber bereits in anderen Händen.[63]

In den anhaltenden innerparteilichen Flügelkämpfen setzte sich 1973 schließlich Helmut Kohl (1930–2017) als neuer Vorsitzender und später auch Fraktionschef durch. Er sollte die Geschicke der CDU für die nächsten fünfundzwanzig Jahre maßgeblich bestimmen. Helmut Kohls Beitrag zur programmatischen Weiterentwicklung des »C« wurde in der Analyse der Grundsatzprogramme schon gewürdigt. Seine politische Sozialisation war mit der katholischen Kirche und dem politischen Katholizismus eng verbunden. Nach dem Krieg hatte er als junger Mann Anschluss an den Diskussions- und Schulungskreis des Dekans Johannes Finck, eines politisch denkenden Geistlichen seiner Heimat, gefunden.[64] »Über Finck«, so Kohl, »bin ich in die Politik geraten.«[65] In der Auseinandersetzung mit den Prinzipien der katholischen Soziallehre und ihrem Vergleich mit den anderen politischen Strömungen des 20. Jahrhunderts bildete sich sein Politikverständnis. Die Personalität und Würde des Menschen, seine Verantwortung vor Gott und den Menschen, die Verpflichtung zur Solidarität in einem Gemeinwesen und die Subsidiarität als Handlungs- und Entscheidungsmaxime in Konfliktsituationen leuchteten ihm ein. Abstand hielt Kohl dagegen zu einer weltanschaulich-ideologisch verengten katholischen Naturrechtslehre, die in den 1950er-Jahren aus göttlichem Recht teilweise sehr konkrete Gesetzesforderungen etwa zur rechtlichen Stellung der Frau ableiten wollte. Offener zeigte er sich für die sozialen Belange, die in der CDU von der CDA vertreten wurden, sowie für die Positionen evangelischer Christen, die seit 1952 im Evangelischen Arbeitskreis (EAK) organisiert waren. Genau wie andere katholische beziehungsweise christliche Reformer in der Partei – zu nennen sind hier etwa Rainer Barzel, Richard von Weizsäcker, Bernhard Vogel oder Heinrich Köppler – durfte er sich durch das Zweite Vatikanische Konzil bestätigt sehen, denn mit dem Konzil fand die »bis dahin bestimmende neuscholastische Naturrechtsinterpretation ein abruptes Ende«.[66] Zugleich erfuhr die Demokratie als Regierungsform in diesem Konzil weltkirchlich erstmals eine theologische Legitimation und Unterstützung. Im Gegensatz zur Frontstellung im 19. und frühen 20. Jahrhundert anerkennt die katholische Kirche seitdem die liberale Demokratie als eine gute, der Freiheit des Menschen gemäße und anderen Regierungsformen vorzuziehende Herrschaftsform und fördert sie.

Als sich der wirtschaftsliberale Flügel der CDU um 1970 anschickte, das »C« zu verabschieden – Kurt Biedenkopf als Generalsekretär brachte öffentlich als Argument vor: »Die christlichen Bekenntnisse sind keine wirksame Grundlage politischer Integration mehr«[67] –, war es Kohl, der dies verhinderte. Mit einem Wechsel im Amt des Generalsekretärs zu Heiner Geißler, der zum christlich-sozialen, in der CDA organisierten linken Flügel der CDU zählte, sorgte Kohl dafür, dass die Ausrichtung des christdemokratischen Gedankenguts am »C« neu erfolgte und damit in Geltung blieb. Es zeigte sich damals, dass vor allem Politiker des politischen Mehrheitskatholizismus, aber auch überzeugte evangelische Politiker und Mitglieder der CDU auf einer christlichen Grundlage beharrten.

Kohl selbst hatte sehr gute Kontakte zur katholischen Kirche; anfangs zu Joseph Kardinal Höffner, dem politischen Kopf des deutschen Episkopats bis in die 1980er-Jahre, vor allem dann aber zu dessen Nachfolger im Amt des Vorsitzenden der Deutschen Bischofskonferenz, dem Mainzer Bischof und späteren Kardinal Karl Lehmann.[68] Eine gewisse Scharnierfunktion zwischen Partei und vorpolitischem Raum kam unter Kohl auch dem Zentralkomitee der deutschen Katholiken zu.[69] Die Beziehungen zur EKD waren dagegen bestenfalls formal freundlich und in politisch kritischen Situationen frostig – etwa als es um den NATO-Doppelbeschluss ging.[70]

Als nach der Abwahl Kohls 1998 und seinem anschließenden unrühmlichen innerparteilichen Abgang im Gefolge der Spendenaffäre[71] die ostdeutsche, protestantische »Pastorentochter« Angela Merkel im Jahr 2000 beherzt nach dem Parteivorsitz greift, sind viele in der Union überrascht, wenn nicht gar verstört. Die 2005 wiedergewonnene Regierungsverantwortung versöhnt freilich viele zunächst. Ihr unaufgeregter Politikstil gefällt, insbesondere im Kontrast zum Machtgehabe des sozialdemokratischen Vorgängers Gerhard Schröder. Innerparteilich fremdeln aber wichtige Teile der Partei.[72] Insbesondere der schwindende Einfluss »des Katholischen« ist in der Partei und auch in der Presse wiederholt thematisiert worden. Der Kölner Kardinal Joachim Meisner, der wie eine Reihe katholischer Konservativer mit dem im Bundestag nach der deutschen Einheit nur mühsam gefundenen Kompromiss zur Neuregelung des Paragrafen 218 hadert, empfiehlt der CDU 2002, das »C« zu streichen, um moralisch ehrlicher zu werden.[73] Zudem protestieren konservative Katholiken im Wahlkampf 2009 lautstark gegen den auch von ihnen diagnostizierten Verlust des »C« in der Partei und gegen den gesellschaftspolitischen Modernisierungskurs,[74] auf den Angela Merkel die CDU geführt hat. Die Streitthemen der Zeit sind zahlreich und rühren wie insbesondere beim Lebensschutz oder im Familienrecht in der Tat ans Grundsätzliche.[75]

Je länger die Kanzlerschaft Angela Merkels dauert, desto mehr wird gleichwohl sichtbar, dass auch Angela Merkel, die wie schon Adenauer und Kohl als gekonnte Pragmatikerin der Macht zu agieren weiß, einem inneren christlichen Kompass folgt, der ihr politisches Handeln mit der christlichen Überlieferung und dem persönlichen Glauben in Beziehung setzt. Auf die Interviewfrage, ob sie noch dazu stehe, dass Christen von ihrem Glauben reden müssten, damit ein Fundament in der Gesellschaft entstehe, antwortet sie 2013: »Ja, dazu stehe ich, man sollte mit einer gewissen Fröhlichkeit seinen Glauben bekennen, allerdings in der Politik nicht jede Stunde und jeden Tag.«[76] Die Aufnahme der vielen Flüchtlinge 2015/16 steht auch für einen Akt christlich gebotener Solidarität mit den Armen und Schwachen. Schon 2014 hatte die Bundeskanzlerin vor der aufkommenden Welle populistischer beziehungsweise nationalistischer Stimmungsmache der PEGIDA-Demonstrationen eindrücklich gewarnt. In der Neujahrsansprache Ende 2014 sagte sie: »Heute rufen manche montags wieder ›Wir sind das Volk‹. Aber tatsächlich meinen sie: Ihr gehört nicht dazu – wegen Eurer Hautfarbe oder Eurer Religion. Deshalb sage ich allen, die auf solche Demonstrationen gehen: Folgen Sie denen nicht, die dazu aufrufen! Denn zu oft sind Vorurteile, ist Kälte, ja sogar Hass in deren Herzen!«[77] Der politische Mord an Walter Lübcke im Sommer 2019, der sich als christdemokratischer Regierungspräsident hinter die Flüchtlingspolitik der Bundesregierung gestellt hatte, und die anschließende hasserfüllte Häme im Internet[78] unterstreichen die Berechtigung dieser Einschätzung und Warnung.

Klar ist Merkels Haltung auch zur »C«-Frage. Sie wurde ihr 2013 in einem Interview so gestellt: »Kann eine Volkspartei in der Moderne noch dezidiert christlich geprägt sein?« Merkels Antwort: »Das kann sie. Das Menschenbild, das unserer Politik zugrunde liegt, ist das christliche. Das prägt die Wurzeln unserer Überzeugungen, zu denen ich mich bekenne. Das hindert die CDU nicht daran, selbstverständlich auch offen für Menschen anderer Religionen zu sein, und ich freue mich über unsere muslimischen Mitglieder. (…) [D]as

C gehört zur CDU, es drückt den Kern aus, von dem wir uns nicht trennen werden.«[79] Damit steht Merkel in der Linie von Adenauer und Kohl.

Offenkundig spielt der persönliche Faktor für die Konstanz in der »C«-Frage eine wichtige Rolle. Der Einfluss der Parteivorsitzenden und ihres Umfelds auf die programmatische Konstanz des »C« ist in den bisherigen Ausführungen sichtbar geworden. Es wäre aber, obschon das oft so vorgebracht wird, doch allzu einfach, die aufgezeigten, erstaunlich konstanten Bezüge der CDU auf das »C« als bloße Sonntagsreden und Lippenbekenntnisse einer Partei und ihrer Protagonisten abzutun.

Dem spezifischen programmatischen Bezug der CDU als Partei auf das Christentum und das »C« kommt vielmehr eine eigenständige, wichtige Bedeutung für die Partei als solche zu. Adenauer, Kohl wie Merkel und wohl auch Annegret Kramp-Karrenbauer waren beziehungsweise sind sich dessen bewusst. Jenseits des persönlichen Bekenntnisses von Spitzenpolitikern zum Christentum, deren Reihe sich für die CDU,[80] aber auch für Politiker anderer Parteien problemlos erweitern ließe,[81] muss man die christliche Programmatik der CDU mit Blick auf deren Funktionsbedingungen anschauen. Parteien sind komplexe Gebilde, deren Fortbestand und Erfolg von vielen Faktoren abhängen. Zu den anspruchsvollen Aufgaben einer Volkspartei, die sich wie die CDU seit Jahrzehnten Wahlen stellt und Regierungsverantwortung übernimmt, gehört es, die stets nötige politische Anpassung an die veränderten Zeitumstände mit der eigenen politischen Geschichte und den eigenen Zielvorstellungen in ein ausgewogenes Verhältnis zu bringen. Hier geht es um die Identität der Partei. Die erfolgreiche Vermittlung zwischen dem politisch Gebotenen und den längerfristigen programmatischen Leitvorstellungen ist eine Voraussetzung dafür, dass Volksparteien nicht zu bloßen »Allerweltsparteien«[82] werden, denen zur Stimmenmaximierung jedes Mittel recht ist. Diskussionen um die Kernelemente der CDU in Wahlprogrammen und vor allem Grundsatzprogrammen sind also ein Mittel, diese Selbstvergewisserung und Verankerung in der eigenen Geschichte und den leitenden Grundsätzen zu leisten. Im Kern geht es dabei um eine Konsensfindung, die die widerstreitenden Interessen innerhalb der Volkspartei CDU auf eine gemeinsame Richtung und Zukunft festlegt und Identität stiftet. Mit erstaunlich offenen Worten beschreibt Kohl in seinen »Erinnerungen« genau dies. Am Beispiel des Grundsatzprogramms von 1994 benennt er die bleibende Notwendigkeit, innerparteiliche Gräben zu überwinden, und schildert die Herausforderung, dafür tragfähige Kompromisse zu schließen.[83] In der Fähigkeit zum Kompromiss sieht er eine zentrale Leistung der CDU beziehungsweise von Volksparteien, denn über die Mechanismen der Demokratie wirken diese Kompromisse auch in die Gesellschaft hinein und können dort für das gesellschaftliche Miteinander förderlich sein.

Kohl klammert aber auch die pragmatisch-taktische Dimension der Programmarbeit nicht aus. Es geht darum, wer die Grundlinien bestimmen kann und damit die Macht hat, die Richtung der Partei festzulegen. Kohl selbst beschrieb dies so: »Als Parteivorsitzender und Bundeskanzler spielte ich (…) im Arbeitsprozess des Grundsatzprogramms von 1994 eine dominante Rolle. Ich gebe gerne zu, dass ich nach dem innerparteilichen Widerstand und dem missglückten Sturzversuch auf dem Bremer Parteitag 1989 nichts dem Zufall überlassen wollte; ein Rest von Misstrauen gegen die CDU-Parteizentrale war mir geblieben. Über ein engmaschiges Netz von Vertrauten hielt ich in jeder Phase der Diskussion aus dem Kanzleramt heraus die Fäden in der Hand. Dabei griff ich nie aktiv in die Programmdebatte ein, sondern verhielt mich lediglich als Moderator. Mir kam es darauf an, alle Flügel der Partei einzubinden und auch die innerparteilichen Konkurrenten und Kritiker mit in die Verantwortung einzubeziehen.«[84]

Wie gut der CDU die innerparteiliche Integration durch ihre Grundsatzprogramme und ihre Orientierung am christlichen Menschenbild tatsächlich gelungen ist, ist insgesamt schwer zu sagen, denn wir wissen nicht, wie die Geschicke der Partei ohne diese Arbeit verlaufen wären. Auffallend ist, dass Phasen, in denen wirtschaftsliberale Positionen in den Vordergrund geschoben wurden, für den Erfolg der Partei eher problematisch gewesen sind. Dies war in den 1960er-Jahren unter Erhard und nach dem sehr wirtschaftsliberalen Leipziger Parteitag 2003 jedenfalls der Fall.

Damit sind wir an einem letzten, zentralen Punkt der analytischen Einordnung angelangt. Programmdebatten, Programme und damit auch der »C«-Bezug sind kein bloßer Selbstzweck innerparteilicher Kommunikation. Es geht immer auch um Wahlen, Mehrheiten und damit politische Macht. Noch einmal Helmut Kohl: »Im Wahljahr 1994 ging es mir natürlich auch um ein profiliertes Programm, mit dem Wahlen zu gewinnen waren. Was nutzten uns die schönsten, intelligentesten und fortschrittlichsten Programmgrundsätze, wenn sie weitab von jeder politischen Wirklichkeit blieben und die Bürger, die uns wählen sollten, nicht erreichten.«[85]

Bislang hat die CDU die Kräfteverhältnisse in der Wählerschaft so eingeschätzt, dass die Selbstbindung der Partei an das »C« für viele ein Grund ist, die Partei zu wählen. Auf die entsprechenden Segmente der am Wahlerfolg stets überproportional beteiligten Katholiken sowie Kirchgänger beider Konfessionen wurde oben hingewiesen. Zugleich steht das »C« für viele in der Wählerschaft für einen Wertbezug in der Politik, den sie – oft unabhängig von ihrer persönlichen Religiosität – bejahen und teilen oder doch zumindest nicht schädlich finden.[86] Die Glaubwürdigkeit der Partei und ihrer Inanspruchnahme des christlichen Ethos der persönlichen Verantwortung für Demokratie, Freiheit und Frieden in der Öffentlichkeit dürfte nicht unwesentlich davon beeinflusst werden, wie viele ihrer Politiker und Mandatsträger authentisch für diesen Anspruch stehen.

Der durchgehaltene Bezug als Partei auf das »C« dient im Kontext des Machtgewinns und Machterhalts auch als ein Alleinstellungsmerkmal der CDU (beziehungsweise CDU/CSU) im deutschen Parteiensystem. Wiederholt diente das »C« in der Parteigeschichte etwa als Abgrenzungskriterium gegen Nationalismus und Rechtsextremismus, so gegenüber der NPD in den 1960er-Jahren, dem kurzzeitigen Phänomen der Republikaner Anfang der 1990er-Jahre oder aktuell der AfD. So erklärte 2016 der damalige CDU-Generalsekretär Peter Tauber angesichts der für die CDU unerfreulichen AfD-Landtagswahlergebnisse in Baden-Württemberg, Rheinland-Pfalz und Sachsen-Anhalt in der »Berliner Runde« des ZDF: »Durch das ›C‹ gibt es eine ganz klare Grenze nach rechts.«[87]

Der allgemeine Bezug auf das Christentum wurde beziehungsweise wird schließlich oftmals als Ausdruck eines tragenden Ethos in der deutschen Gesellschaft angesehen. In Meinungsumfragen wird dies etwa sichtbar, wenn man nach den Eigenschaften fragt, die die Bevölkerung einem fiktiven Politiker zuschreibt, der von sich selbst sagt, er vertrete christliche Werte oder dass er konservativ sei. Unter den meistgenannten Eigenschaften eines christlichen Politikers findet sich der »Einsatz für sozial Schwache und die Dritte Welt. Auch das Eintreten für einen umfassenden Sozialstaat gehört für einen großen Teil der Bevölkerung zu christlicher, weit weniger aber zu konservativer Politik.«[88] Die Anforderung, dass sich »eine Partei auch an christlichen Grundsätzen orientiert«, hielten in derselben Umfrage immerhin 53 Prozent für wichtig oder sehr wichtig.[89]

5. Fazit: Das »C« als »Himmelsanker« im Machtgeschehen der Politik

Vielleicht mehr als andere Religionen hat das Christentum ein ambivalentes und zugleich reflektiertes Verhältnis zur politischen Macht. Im Idealfall stützt es heute politische Macht, wenn sie im Sinne der Menschen und ihrer grundlegenden Freiheiten und Rechte gut gebraucht wird; und es hat zugleich ein machtbegrenzendes, ja machtkritisches Potenzial, wo dieser Anspruch unterlaufen und missachtet wird. Sich auf das »C« politisch eingelassen zu haben und es jenseits reiner Opportunitäten über Höhen und Tiefen durchzutragen macht die politische Identität der CDU als christdemokratische Volkspartei aus. Eine CDU ohne ihr »C« wäre eine substanziell andere, für Christen wie viele Nichtchristen weniger attraktive Partei – und sie wäre aktuell im politischen Wettbewerb gegen rechten Populismus und aufkeimenden Nationalismus wohl rasch in der Gefahr, bei Wahlen an den Rand der Bedeutungslosigkeit gedrängt zu werden.

Mit dem »C« und dem christlichen Menschenbild besitzt die CDU einen programmatischen Kern. Sie hat daran entgegen aller Säkularisierungstendenzen und anders lautender Vorschläge und Forderungen unbeirrt festgehalten. Mehrere Faktoren sind entscheidend, wenn man diese hohe Kontinuität der christdemokratischen Programmatik und ihrer Verankerung im christlichen Menschenbild verstehen und erklären will.

Die Kontinuität des »C« in der CDU gründet zunächst stark in den persönlichen Überzeugungen ihrer Spitzenpolitiker sowie ihres politischen Umfelds. Eine entscheidende Größe sind bislang die Vorsitzenden der Partei auf Bundesebene gewesen. Alle langfristig erfolgreichen Vorsitzenden haben sich sehr bewusst mit dem »C« beschäftigt. Sie haben sich für eine programmatische Kontinuität und damit für eine klare christdemokratische Handschrift in den Programmen der CDU eingesetzt. Konrad Adenauer, Helmut Kohl und Angela Merkel stehen für diesen Kurs. Ihr Einsatz für die aus der christlichen Tradition stammende ethische Grundlegung entspringt sowohl den tiefsten eigenen politischen Überzeugungen als auch der klaren politischen Einschätzung der innerparteilichen Interessenlagen und Wettbewerbssituation. Nach wie vor unterstützen sehr viele Anhänger und Mandatsträger der Union diesen Rückbezug auf das allgemeinchristliche Ethos der Freiheit des Menschen in Verantwortung. Die Parteivorsitzenden und die Spitzenpolitiker der CDU haben eine Leit- und Vorbildfunktion inne, die für die Orientierung der Partei am christlichen Menschenbild nicht zu unterschätzen ist.

Das »C« spielt sodann für die interne Integration der CDU als einer durchaus heterogenen Volkspartei eine wichtige Rolle. Als Volkspartei kennt die CDU in ihren Reihen unterschiedliche Richtungen und Interessen, die integriert sein wollen. Historisch-systematisch betrachtet, hat die CDU mit ihrem »C«-Bezug eine Wertgeneralisierung hervorgebracht. Sie ist in der Sache von Anfang an vorhanden, der entscheidende Schritt, dies programmatisch auszubuchstabieren, erfolgte freilich erst mit dem Grundsatzprogramm 1978. Diese Wertgeneralisierung greift die religiösen Glaubensvorstellungen ihrer Gründergeneration aus der katholischen Kirche und den evangelischen Kirchen auf und wird zugleich der Tatsache gerecht, dass die speziellen Glaubens- und Moralvorstellungen der beiden großen Kirchen wie auch jeder anderen Religionsgemeinschaft unter den Bedingungen einer demokratischen, pluralistischen Gesellschaft als solche nicht mehr unhinterfragt per Mehrheitsbeschluss gesamtgesellschaftlich verbindlich gemacht werden können beziehungsweise dürfen. Dahinter stand die klare Einsicht, dass das »C« und die mit ihm formulierten überkonfessionellen Wertbezüge zur Freiheit und Würde des Menschen eine integrierende Funktion für die CDU als Partei haben und eine Quelle der Motivation für sie als politische Kraft in der Regierung sind.

Und schließlich steht das »C« unübersehbar in einem Bezug zum Erfolg der Partei im politischen Wettbewerb. Auch wenn dieser Bezug in seiner Wirkung bislang kaum exakt zu bestimmen ist, kann man festhalten, dass der Bezug auf das Christentum und sein Ethos zum langfristigen Wahlerfolg der CDU und zu ihren Erfolgen in der politischen Gestaltung Deutschlands und Europas beigetragen hat. Über den kleiner werdenden Kreis der Kirchenmitglieder hinaus ist das am christlichen Verständnis des Menschen ausgerichtete Leitbild bis heute attraktiv für all jene, die über die Rolle des Menschen und seine Verantwortung für sein Tun und Lassen in der Welt ähnlich denken – sei es aus weltanschaulichen oder religiösen Gründen. In letzter Konsequenz steht die CDU mit ihrer Orientierung am christlichen Menschenbild für die unbedingte Geltung eines ethischen Universalismus in der Politik ein, der weltliche Macht und politische Ideologien als das begrenzt, was sie sind: menschliche Schöpfungen, die zum Guten wie Bösen gebraucht beziehungsweise missbraucht werden können und daher als solche ethisch verantwortet sein wollen. Demokratische Politik und verantwortete Freiheit gehören zusammen.

Die glückliche Wendung von der »Verantwortung vor Gott und den Menschen«, wie sie sich in der Präambel des deutschen Grundgesetzes und in vielen Programmen der CDU findet, umschließt dieses Politikverständnis. Bildlich gesprochen, ist der von der CDU seit ihren Anfängen als Partei lebendig gehaltene Gottesbezug jener »Himmelsanker, der damals ausgeworfen wurde und an dem alles Glück des Menschen festgemacht werden sollte, seine Würde, seine Freiheit, seine Hoffnung, sein Schutz vor sich selbst«.[90]

1 Für wertvolle Hinweise zu dieser Studie danke ich Karlies Abmeier (Berlin), Christoph Kösters (Bonn), Laura Lots (Luzern) und Susanna Schmidt (Berlin). Alle verbliebenen Mängel gehen natürlich zu meinen Lasten.

2 Kölner Leitsätze 1945, S. 1; hier und im Folgenden zitiert nach https://www.kas.de/web/geschichte-der-cdu/grundsatzprogramme (Abruf: 11. Dezember 2019). Vgl. weiter unten die Zusammenstellung aller berücksichtigten Gründungs-, Grundsatz- und Wahlprogramme und Quellenangaben in Tabelle 1.

3 Frankfurter Leitsätze 1945, S. 3.

4 Vgl. Otto B. Roegele: Adenauer und das Christentum, in: Die politische Meinung Nr. 373 (2000), S. 79–88.

5 Grundsatzprogramm Hannover 2007, S. 4.

6 Volker Resing: Die Kanzlermaschine. Wie die CDU funktioniert. Freiburg i.Br. u.a. 2013.

7 Die folgende Darstellung konzentriert sich auf die CDU. Die Verhältnisse in der bayerischen Schwesterpartei CSU sind zwar in manchem ähnlich, bedürften aber doch einer eigenen Darstellung, um den Besonderheiten dieses Bundeslands gerecht zu werden. Einführend zu deren Programmatik vgl. Winfried Becker: Programme der CSU, in: Ders. u.a. (Hg.): Lexikon der Christlichen Demokratie in Deutschland. Paderborn u.a. 2002, S. 624–626. Dementsprechend bleibt auch das Mit- und Gegeneinander der beiden Parteien ausgeblendet. Regionale Unterschiede mit Blick auf Programmatik und christliches Menschenbild bedürften einer weiter gehenden Würdigung, die hier nicht geleistet werden kann.

8 Den politikwissenschaftlichen und zeitgeschichtlichen Forschungsstand zur CDU und zur CSU spiegeln die einführenden Überblicksdarstellungen von Frank Bösch: Christlich Demokratische Union (CDU), I. Geschichtlich, und Volker Kronenberg: Christlich Demokratische Union (CDU), II. Politikwissenschaftlich, beide in: Staatslexikon. Recht – Wirtschaft – Gesellschaft (https://www.

staatslexikon-online.de/Lexikon/Christlich_Demokratische_Union_(CDU), Abruf: 2. Januar 2019). Wichtig weiterhin: Becker u.a. (Hg.): Lexikon der Christlichen Demokratie in Deutschland. Zur Programmdebatte der CDU und ihrem Bezug zum »C« grundlegend Alois Baumgartner: Christliches Menschenbild, in: Becker u.a. (Hg.): Lexikon der Christlichen Demokratie in Deutschland, S. 478 f.; Jörg-Dieter Gauger/Hanns Jürgen Küsters/Rudolf Uertz (Hg.): Das Christliche Menschenbild. Zur Geschichte, Theorie und Programmatik der CDU. Freiburg i.Br. u.a. 2013; Udo Zolleis: Die CDU. Das politische Leitbild im Wandel der Zeit. Wiesbaden 2008. Wertvolle Informationen und Anregungen zur inhaltsanalytischen Untersuchung der CDU-Programmatik liefert Petra Hemmelmann: Der Kompass der CDU: Analyse der Grundsatz- und Wahlprogramme von Adenauer bis Merkel. Wiesbaden 2017.

9 Vgl. Antonius Liedhegener: Säkularisierung als Entkirchlichung. Trends und Konjunkturen in Deutschland von der Mitte des 19. Jahrhunderts bis zur Gegenwart, in: Karl Gabriel/Christel Gärtner/Detlef Pollack (Hg.): Umstrittene Säkularisierung. Soziologische und historische Analysen zur Differenzierung von Religion und Politik. Berlin 2014, S. 481–531.

10 Vgl. Kurt Sontheimer: Antidemokratisches Denken in der Weimarer Republik. München 1983 (erstmals München 1968).

11 Gründungsaufruf Berlin 1945, S. 3.

12 Ebd., S. 6.

13 »Helft mit, ein neues und schöneres Deutschland aufzubauen auf dem unerschütterlichen Fundament des Christentums und der abendländischen Kultur«, Kölner Leitsätze 1945, Ziffer 20.

14 Vgl. Antonius Liedhegener: Nachkriegszeit (1945–1960), in: Lucian Hölscher/Volkhard Krech (Hg.): Handbuch der Religionsgeschichte im deutschsprachigen Raum, Bd. 6, 1: 20. Jahrhundert – Epochen und Themen. Paderborn 2015, S. 135–174, 449–455 und 554–559, hier 138–142.

15 Vgl. die schöne Anekdote, nach der Konrad Adenauer den über das Wiedererwachen des religiösen Lebens beglückten Kölner Kardinal Joseph Frings mit einem Tünnes-und-Schäl-Witz vor übertriebenen Erwartungen an die neue Kirchlichkeit warnt, in: Hans-Peter Schwarz: Adenauer. Der Aufstieg: 1876–1952. Stuttgart 1986, S. 485.

16 Vgl. Martin Greschat: Protestantismus im Kalten Krieg. Kirche, Politik und Gesellschaft im geteilten Deutschland 1945–1963. Paderborn u.a. 2010, S. 315–337.

17 Vgl. Frank Bösch: Die Adenauer-CDU: Gründung, Aufstieg und Krise einer Erfolgspartei 1945–1969. Stuttgart 2001, S. 21–72; Frank Wackers: Ländlich-katholisch. Gesellschaftliche und politische Veränderungsprozesse. Kevelaer 2008.

18 Vgl. Frank Bösch: Christlich Demokratische Union Deutschlands (CDU), in: Frank Decker/Viola Neu (Hg.): Handbuch der deutschen Parteien. Wiesbaden 2018, S. 242–261, hier 246–251.

19 Vgl. die SMRE-Länderdaten zu Deutschland (www.smre-data.ch, Abruf: 20. August 2019).

20 Helmut Kohl: Erinnerungen 1990–1994. München 2007, S. 328.

21 Bernhard Vogel: Der deutsche Katholizismus im 20. Jahrhundert, in: Archiv für mittelrheinische Kirchengeschichte 42 (1990), S. 494–505.

22 Vgl. statt vieler Karl Gabriel: Christentum zwischen Tradition und Postmoderne. Freiburg i. Br. 1992, S. 27–68; Gert Pickel: Die Situation der Religion in Deutschland – Rückkehr des Religiösen oder voranschreitende Säkularisierung?, in: Ders./Oliver Hidalgo (Hg.): Religion und Politik im vereinigten Deutschland. Was bleibt von der Rückkehr des Religiösen? Wiesbaden 2013, S. 65–101; Detlef Pollack/Gergely Rosta: Religion in der Moderne. Ein internationaler Vergleich. Frankfurt a. M./New York 2015, S. 98–174.

23 Thomas Petersen: Der lange Abschied vom Christentum, in: FAZ, 20. Dezember 2017.

24 Vgl. etwa Viola Neu: Religion, Kirchen und Gesellschaft. Ergebnisse einer Umfrage der Konrad-Adenauer-Stiftung. St. Augustin/Berlin 2012, S. 18–23, 35.

25 Vgl. Antonius Liedhegener/Gert Pickel (Hg.): Religionspolitik und Politik der Religionen in Deutschland. Fallstudien und Vergleiche. Wiesbaden 2016.

26 Vgl. Deutsche Bischofskonferenz/Rat der EKD: Vertrauen in die Demokratie stärken. Ein Gemeinsames Wort der Deutschen Bischofskonferenz und des Rates der Evangelischen Kirchen in Deutschland. Bonn/Hannover 2019. Zu beachten ist in diesem Zusammenhang der Streit der katholischen Orden und vieler Kirchengemeinden mit der CSU über die Asyl- und Flüchtlingspolitik im Vorfeld des Landtagswahlkampfs 2018.

27 Daniel Deckers: Ran!, in: FAZ, 18. März 2019.

28 So schon Kurt Biedenkopf 1973 in seiner Eigenschaft als Generalsekretär in seinem programmatischen »Zeit«-Aufsatz zur Modernisierung der CDU, hier zitiert nach Hans-Peter Schwarz: Helmut Kohl. Eine politische Biographie. München 2012, S. 172.

29 Vgl. zum Befund der Kontinuität von Leitbild und Werten auch Hemmelmann: Kompass, S. 428.

30 Das Neheim-Hüstener Programm von 1946 trug diesen Namen nicht, war de facto aber für die kommenden Jahre Ausdruck der Grundlagen der Programmatik der CDU. Vgl. für die vollständigen Titel und Datierungen die Auflistung aller einschlägigen Programme in Tabelle 1. Die Programme werden im Folgenden nach ihrem Erscheinungsjahr mit den Kürzeln WP (Wahlprogramm) und GP (Grundsatzprogramm) zitiert. Zu Letzteren zählen die Grundsatzprogramme 1978, 1994 und 2007 und die frühen programmatischen Schriften bis einschließlich des Ahlener Programms. Vgl. zur Auswahl auch Hemmelmann: Kompass, S. 170–171 und 174–176.

31 Vgl. pointiert und mit weiterer Literatur Rudolf Uertz: Das christliche Menschenbild in der Programmatik der CDU (1945–2010), in: Gauger/Küsters/Uertz (Hg.): Das Christliche Menschenbild, S. 149–187; sowie Volker Ladenthin: Inhalt und Bedeutung des christlichen Menschenbildes, in: ebd., S. 120–148.

32 Schwarz: Kohl, S. 173.

33 Uertz: Menschenbild, S. 158.

34 Vgl. die ausführliche Darstellung in Schwarz: Adenauer, S. 487–518.

35 Alle Zitate in diesem und im folgenden Absatz Neheim-Hüstener Programm 1946.

36 Vgl. zum Zeitenwandel der 1960er-Jahre etwa Thomas Brechenmacher: Die Bonner Republik. Politisches System und innere Entwicklung der Bundesrepublik. Berlin 2011, S. 96–115.

37 Berliner Programm 1968, Präambel.

38 Berliner Programm 1971, Präambel.

39 Ebd., Ziffer 108.

40 GP 1978, Präambel.

41 Ebd., Ziffer 5.

42 GP 2007, Ziffer 2.

43 Vgl. Hans Joas: Die Sakralität der Person. Eine neue Genealogie der Menschenrechte. Frankfurt a. M. 2011, S. 251–281.

44 Vgl. oben Abschnitt 2.

45 GP 1994, Ziffer 11. Die Wortstatistik ergibt, dass der Begriff »Schöpfung« nicht weniger als dreißig Mal im Programm erscheint. Vgl. Tabelle 2.

46 GP 1994, Ziffer 1. Das nachfolgende Zitat ebd., Ziffer 5.

47 Zum hochkontroversen Thema vgl. auf der Linie Kardinal Meisners Manfred Spieker: Kirche und Abtreibung in Deutschland. Ursachen und Verlauf eines Konfliktes. Paderborn 2001; anders Rudolf Uertz: Das weltliche Recht und der kirchliche Gehorsam. Zum Konflikt um Donum vitae, in: Die politische Meinung 46 (2001), S. 81–84.

48 Allenfalls an einer Stelle wurde eine mögliche Erweiterung der ideengeschichtlichen Grundlagen angesprochen. Die »liberalen Traditionen der europäischen Aufklärung« werden in GP 1994, Ziffer 3 positiv gewürdigt.

49 GP 2017, Ziffer 231.

50 Vgl. Norbert Lammert: Die künstliche und die menschliche Intelligenz, in: FAZ, 3. Dezember 2018.

51 Vgl. Literatur Antonius Liedhegener: Religionspolitik in Deutschland nach 1989/90 aus politikwissenschaftlicher Sicht, in: Ansgar Hense/Thomas Raab (Hg.): Staat und Religion (Bitburger Gespräche, Jahrbuch 2017). München 2018, S. 21–41; Ders./Laura Lots: Religionspolitik zwischen Konflikt und Integration. Politikwissenschaftliche und sozialethische Positionen zur Religionspolitik in Deutschland, in: Jahrbuch für Christliche Sozialwissenschaften 58 (2017), S. 211–248.

52 Vgl. Zolleis: Die CDU, S. 180, 267–269.

53 Vgl. Wilhelm Damberg: Abschied vom Milieu? Katholizismus im Bistum Münster und in den Niederlanden 1945–1980. Paderborn u.a. 1997.

54 Vgl. etwa Günter Buchstab/Brigitte Kaff/Hans-Otto Kleinmann (Hg.): Christliche Demokraten gegen Hitler. Aus Verfolgung und Widerstand zur Union. Freiburg u.a. 2004; Traugott Zähnichen: Das Ideal eines »starken Staates« zur Sicherung von Freiheit und sozialem Ausgleich. Beiträge des politischen Protestantismus zur christlich-demokratischen Programmatik, in: Gauger/Küsters/Uertz (Hg.): Das Christliche Menschenbild, S. 86–119.

55 »Ich bin der Auffassung, dass wir als neue Partei so schnell wie möglich ein Programm haben müssen, aus dem die Leute sehen, was wir wollen.« Adenauer im Februar 1946 in einem Brief an den Münchner Oberbürgermeister Scharnagl, hier zitiert nach Schwarz: Adenauer, S. 507.

56 Konrad Adenauer, Grundsatzrede im Nordwestdeutschen Rundfunk über das Programm der CDU, 6. März 1946, in: Konrad Adenauer: »Die Demokratie ist für uns eine Weltanschauung«. Reden und Gespräche (1946–1967). Hg. im Auftrag der Konrad-Adenauer-Stiftung e. V. von Felix Becker. Köln u.a. 1998, S. 3 f.

57 Schwarz: Adenauer, S. 513.

58 Vgl. Reiner Anselm: Verchristlichung der Gesellschaft? Zur Rolle des Protestantismus in den Verfassungsdiskussionen beider deutschen Staaten, in: Jochen-Christoph Kaiser/Anselm Doering-Manteuffel (Hg.): Christentum und politische Verantwortung. Kirchen im Nachkriegsdeutschland. Stuttgart 1990, S. 63–87; Werner Sörgel: Konsensus und Interesse. Eine Studie zur Entstehung des Grundgesetzes für die Bundesrepublik Deutschland. Opladen 1985; Burckhard van Schewick: Katholische Kirche und die Entstehung der Verfassungen in Westdeutschland 1945–1950. Mainz 1980; zu den Folgen für den politischen Katholizismus vgl. Karl-Egon Lönne: Katholizismus 1945: Zwischen gequälter Selbstbehauptung gegenüber dem Nationalsozialismus und Öffnung zur pluralistischen Gesellschaft, in: Hans-Erich Volkmann (Hg.): Ende des Dritten Reiches – Ende des Zweiten Weltkrieges. Eine perspektivische Rückschau. München/Zürich 1995, S. 745–769, hier 765–766.

59 Vgl. Christoph von Hehl: Adolf Süsterhenn (1905–1974). Verfassungsvater, Weltanschauungspolitiker, Föderalist. Düsseldorf 2012. Zu den Vorstellungen und Wegen der politischen Einflussnahme des kirchennahen Katholizismus mit weiterer Literatur jetzt Christoph Kösters: Demokratische Kultur und katholische Kirche in der frühen Bonner Republik. Beobachtungen am Beispiel der Geschichte des Katholischen Büros 1948–1965, in: Hermann-Josef Große Kracht/Gerhard Schreiber (Hg.): Wechselseitige Erwartungslosigkeit? Die Kirche und der Staat des Grundgesetzes – gestern, heute, morgen. Berlin 2019, S. 79–112.

60 Vgl. Frank Bösch: »Zu katholisch«: Die Durchsetzung der CDU und das schwierige Zusammengehen der Konfessionen in der Bundesrepublik Deutschland, in: Tobias Dürr/Franz Walter (Hg.): Solidargemeinschaft und fragmentierte Gesellschaft. Parteien, Milieus und Verbände im Vergleich. Festschrift zum 60. Geburtstag von Peter Lösche. Opladen 1999, S. 395–418.

61 Vgl. Thomas M. Gauly: Katholiken. Machtanspruch und Machtverlust. Bonn/Berlin 1991, S. 145–148.

62 Uertz: Menschenbild, S. 160.

63 Vgl. die Schilderung der mit der Nachfolgefrage verwobenen Konflikte in Dorothee Buchhaas: Die Volkspartei. Programmatische Entwicklung der CDU 1950–1973. Düsseldorf 1981, S. 298–316; Wulf Schönbohm: Die CDU wird moderne Volkspartei. Selbstverständnis, Mitglieder, Organisation und Apparat 1950–1980. Stuttgart 1985, S. 71–75.

64 Vgl. Schwarz: Kohl, S. 55–56.

65 Helmut Kohl: Erinnerungen 1930–1982, München 2004, S. 49.

66 Uertz: Menschenbild, 167.

67 Biedenkopf, hier zitiert nach Schwarz: Kohl, S. 172–173.

68 Vgl. Daniel Deckers: Der Kardinal. Karl Lehmann. Eine Biographie. München 2002. Zur weitgehenden Personalisierung der Beziehungen der CDU zur Kirche während der Kanzlerschaft Kohls vgl. Antonius Liedhegener: Macht, Moral und Mehrheiten. Der politische Katholizismus in der Bundesrepublik Deutschland und den USA seit 1960. Baden-Baden 2006, S. 266–280 und 325–333.

69 Vgl. ebd.; ausführlich zum ZdK in neuerer Zeit vgl. Claudio Kullmann: »Gott braucht uns in der Politik!« Die Deutschen Katholikentage in Zivilgesellschaft und Politik 1978–2008. Wiesbaden 2016.

70 Vgl. Kohl: Erinnerungen 1930–1983, S. 563; Kohl: Erinnerungen 1990–1994, S. 326–327. Vgl. die empirische Vermessung der politischen Positionierung der EKD und die ermittelte große Nähe zu SPD und Grünen in Daniel Thieme/Antonius Liedhegener: »Linksaußen«, politische Mitte oder doch ganz anders? Die Positionierung der Evangelischen Kirche in Deutschland (EKD) im parteipolitischen Spektrum der postsäkularen Gesellschaft, in: Politische Vierteljahresschrift 56 (2015), S. 240–277. Eine Vergleichsstudie zur katholischen Kirche fehlt.

71 Vgl. Bösch: Christlich Demokratische Union, S. 244.

72 Vgl. Volker Resing: Angela Merkel – die Protestantin. Leipzig o. J. (2009). Das Buch erlebte mit immer neuen Titeln und Ergänzungen in den Folgejahren mehrere Auflagen.

73 Vgl. Joachim Kardinal Meisner: Ist die CDU noch christlich? Für Gläubige ist alarmierend, dass die Christdemokraten keine klare Meinung zu ihrem Menschenbild herausgebildet haben – Gastkommentar, in: Die Welt, 19. Januar 2002.

74 Vgl. Wolfgang Ockenfels: Das hohe C: Wohin steuert die CDU? Augsburg 2009, bes. S. 13 (zur Wirkung des Signals von Kardinal Meisner). Zu den Hintergründen der Entwicklung vgl. Resing: Merkel, bes. S. 124–149; Mariam Lau: Die letzte Volkspartei. Angela Merkel und die Modernisierung der CDU. München 2009, S. 133–178.

75 Vgl. Stephan Eisel: Zur Politikfähigkeit des »C«, in: Stimmen der Zeit 137 (2012), S. 333–341. Der Beitrag zeigt exemplarisch, wie schwer es ist, aus den programmatischen Grundlagen Positionen in politischen Streit- und Sachthemen zu begründen. Dies empirisch und normativ für die CDU detailliert zu untersuchen wäre eine mehr als lohnenswerte Aufgabe für eine größere Studie.

76 Angela Merkel: »Mein Glaube sagt mir, dass ich fehlerhaft sein darf.« Angela Merkel im Interview mit Peter Seebald und Markus Günther, in: Credo 1 (2013), S. 25–27, hier 27.

77 Angela Merkel, Neujahrsansprache vom 31. Dezember 2014, hier zitiert nach der Wiedergabe in Spiegel Online (https://www.spiegel.de/politik/deutschland/neujahrsansprache-angela-merkel-2014-im-wortlaut-a-1010884.html, Abruf: 26. August 2019).

78 Marlene Grunert/Julian Staib: Jubel über einen Tod, in: FAZ, 5. Juni 2019.

79 Angel Merkel: »Mein Glaube sagt mir, dass ich fehlerhaft sein darf«, S. 27.

80 Vgl. etwa das eindrückliche persönliche Zeugnis in Jens Spahn: Christ und Demokrat in Union. Glaube und Moral in der Politik. Ein Gastbeitrag, in: Kursbuch 196 (2018) S. 74–82.

81 Vgl. Daniel Thieme: Religion im Zentrum der Macht. Öffentliche Religiosität deutscher Spitzenpolitiker. Wiesbaden 2018.

82 Die Debatte um die typologische Zuordnung der CDU als Volkspartei oder Catch-all-Partei geht bis in die 1960er-Jahre zurück. Begriffsprägend damals: Otto Kirchheimer: Der Wandel des westeuropäischen Parteiensystems, in: Politische Vierteljahresschrift 6 (1965), S. 20–41.

83 Kohl: Erinnerungen 1990–1994, S. 660.

84 Ebd.

85 Ebd., S. 660 f.

86 Peter Tauber: Das C grenzt nicht aus – es ist eine Einladung!, in: Schwarzer Peter. Der Blog des Bundestagsabgeordneten Dr. Peter Tauber, 22. Mai 2014 (http://blog.petertauber.de/?p=2120, Abruf: 26. Januar 2019).

87 Peter Tauber in der »Berliner Runde« im ZDF am 13. März 2016 um 20:04 Uhr.

88 Thomas Petersen: Christliche Werte haben Bestand, in: FAZ, 26. September 2012.

89 Ebd.

90 Roegele: Adenauer, S. 88.

15   Plakat zu den Landtagswahlen in Württemberg-Baden 1946

Die Union aus CDU und CSU – zum Verhältnis der Schwesterparteien

Horst Möller

Ohne die CSU könnte die CDU kaum einen Bundeskanzler stellen. Ohne die CDU besäße die CSU deutlich geringere bundespolitische Bedeutung und wäre auch in Bayern schwächer. »Nur gemeinsam sind wir stark!« So lautete die Parole des CSU-Vorsitzenden Markus Söder am 27. April 2019 auf der gemeinsamen Wahlkampfveranstaltung zur Europawahl mit der CDU-Vorsitzenden Annegret Kramp-Karrenbauer und dem Spitzenkandidaten Manfred Weber in Münster.[1] Alle demoskopischen Befunde bestätigen seit Jahrzehnten diese Einschätzung: Zerstrittene Parteien vermindern selbst ihre Wahlchancen. Trotzdem bricht immer wieder Streit zwischen den Schwesterparteien auf. Warum bieten sie häufig dieses die Medien faszinierende wohlfeile Spektakel, das stets gegen die Unionsparteien instrumentalisiert wird? Warum folgen die Handelnden nicht rationaler Einsicht? Liegt es an der ironischen Erkenntnis des Philosophen Max Scheler, dass der Wegweiser eben nicht dorthin gehe, wohin er zeige – Menschen also keineswegs immer ihrer Einsicht folgen? Liegt es daran, dass Politiker ständig im Sturm stehen, stets in Macht- und Konkurrenzkategorien denken?

Zwar »menschelt« es – wie in allen Sozialgruppen – auch zwischen Politikern einer Partei, das ist nicht nur innerhalb der beiden Schwesterparteien so, sondern auch zahlreiche andere Exempel demonstrieren dies, man denke nur an den großen Verschleiß an Vorsitzenden in der SPD. Doch ist die Reduktion auf individuelle Motive zu schlicht. Tatsächlich bestehen neben persönlichen Gründen, die Politiker aneinandergeraten lassen, historische, strukturelle und inhaltliche Ursachen für einen Dissens. Differenzen über die beste Strategie und Taktik aufgrund aktueller politischer Entwicklungen und Ereignisse kommen hinzu. Im Übrigen sind Kontroversen in einer Demokratie normal – oder sollten es sein. Für zahlreiche Probleme der modernen hochkomplexen, globalisierten Industriegesellschaften gibt es keine einfachen Lösungen, die Debatte über Alternativen ist nicht allein legitim, sondern notwendig. Und schließlich: CDU und CSU sind zwei Parteien und nicht eine. Keineswegs alle Aktionsfelder sind identisch, ihre Organisations- und Mitgliederstrukturen sind autonom und differieren. Der gemeinsame Aktionsraum sind nicht die Parteien, sondern die CDU/CSU-Bundestagsfraktion, in gewissen Grenzen auch der Bundesrat durch die Koordination unionsgeführter Regierungen.

1. Gemeinsame Werte und Ursprünge

Gemeinsam ist beiden Parteien die fundamentale Wertorientierung der Politik auf christlicher Grundlage. Menschen- und grundrechtliche Postulate gehören ebenso zu dieser Programmatik wie eine konservativ akzentuierte Traditionswahrung und liberale marktwirtschaftliche Prinzipien, die aber mit einer sozialen Komponente verbunden sind. Schließlich haben sich beide Parteien seit ihren Anfängen als westlich-proeuropäische, antitotalitäre Akteure erwiesen, die zugleich eine patriotische, bis 1990 auf die Wiedervereinigung zielende Grundorientierung nie aufgegeben haben. Schon diese Verbindung unterschiedlicher Komponenten erfordert bei beiden Parteien die Integration divergenter Strömungen und einen antiideologischen Pragmatismus. Im Grunde sei die Bundesrepublik immer von Pragmatikern regiert worden, hat Franz Josef Strauß einmal bemerkt, für die jeweiligen Unionsführungen galt und gilt es bis heute.

Nicht allein diese grundlegenden Wertorientierungen haben die Schwesterparteien gemeinsam, auch in ihrer Entstehungsgeschichte nach 1945 finden sich konstitutive Analogien. Tatsächlich handelt es sich bei beiden Parteien um die einzigen echten Neugründungen, die das Parteiensystem der Weimarer Republik revolutionierten. Sie waren keineswegs restaurative Parteien. Zwar wurden sie weitgehend von Politikern der ersten Stunde geprägt, die aus der katholischen Zentrumspartei beziehungsweise der ebenfalls katholischen Bayerischen Volkspartei (BVP) stammten. Sie hatten zum erheblichen Teil den Nationalsozialismus abgelehnt und nun Konsequenzen aus ihrer politischen Erfahrung gezogen. Doch nahmen CDU und CSU Überlegungen wieder auf, die schon zu Beginn der Weimarer Republik vor allem durch Adam Stegerwald und Konrad Adenauer propagiert worden waren. Beide befürworteten schon fünfundzwanzig Jahre früher eine überkonfessionelle christliche Sammlungspartei. Der konfessionelle Unionsgedanke, der sich auf einen sozialen Unionsgedanken ausdehnte, wurde für den Charakter von CDU und CSU entscheidend. Sie überwanden damit sowohl die konfessionelle Beschränkung und Ausgrenzung wie auch das Klassenkampfdenken der Weimarer Republik und unterschieden sich damit grundsätzlich von der zunächst im Rheinland wiedergegründeten Zentrumspartei und in Bayern von der ebenfalls in der Tradition der Bayerischen Volkspartei neu gegründeten Bayernpartei, die bis in die 1950er-Jahre hinein eine starke Konkurrenz für die CSU bildete.

Doch war die Bayernpartei nicht nur konfessionell begrenzter, vielmehr war sie eine dezidiert partikularistische Partei. Demgegenüber war und ist die CSU föderalistisch orientiert und erstreckte ihre Politik schon früh nicht allein auf Bayern, sondern zugleich auf die zonale beziehungsweise bundespolitische Ebene. Auf diese Weise überwand sie die für die Weimarer Demokratie ebenfalls belastende Abspaltung der BVP vom Zentrum und weitete den Unionsgedanken mit der CDU auf ein bundespolitisches Aktionsbündnis aus.[2]

Gemeinsam wurden CDU/CSU zur erfolgreichsten »Partei« und prägten die Bundesrepublik für Jahrzehnte, insbesondere während der grundlegenden Weichenstellungen in den 1950er-Jahren. Die Westintegration der Bundesrepublik Deutschland nach außen, ein stabiler demokratischer Parlamentarismus, Soziale Marktwirtschaft und Sozialstaatlichkeit im Inneren wurden die tragenden Säulen des neuen Staats.

Allerdings verliefen die parteipolitischen Anfänge keineswegs so reibungslos, wie es angesichts dieser gemeinsamen Ausgangsbasis erscheinen könnte. Von Beginn an gab es innerhalb der Parteien heftigen Streit über Sachfragen, aber auch über Personalentscheidungen. Im Rückblick wirkt es besonders grotesk, wie heftig sich CSU-Gründer wie Josef Müller, Fritz Schäffer und Alois Hundhammer geradezu bekriegten und selbst wechselseitige Diffamierungen nicht scheuten. Alle drei waren Gegner der NS-Diktatur gewesen, der eigentliche CSU-Gründer Josef Müller, genannt »Ochsensepp«, gehörte sogar zum Widerstand und saß etwa zwei Jahre in Gestapo-Haft. Doch nun ging es um den künftigen Weg, bei dem der erste Parteivorsitzende Müller eine zwar bayerische, doch bundespolitisch offene, in Grundzügen auch liberalere moderne Volkspartei wollte, Hundhammer aber eine strikt konservativ-traditionalistische, klerikal-katholisch dominierte Partei. Schäffer stand auf dem konservativen Flügel, wenngleich er keineswegs in allem mit Hund-hammer übereinstimmte. Die Gründerjahre der CSU waren, was den rauen innerparteilichen Umgangston angeht, ausgesprochene »Flegeljahre«.[3] Zwar setzte sich der moderne Flügel, tatkräftig unterstützt von dem – im Unterschied zu diesem verfeindeten Trio – jungen Generalsekretär Franz Josef Strauß, durch, doch musste die innerparteiliche Balance immer wieder neu justiert werden. Sie bezog sich aber keineswegs allein auf diese politische Flügelbildung, sondern zugleich auf die »bayerischen Stämme« – die Altbayern, die Oberpfälzer, die Franken und die Schwaben, schließlich den »fünften Stamm«, die Vertriebenen. Und früh zeigte sich: Innerparteiliche Integrationsprobleme wirkten sich oft auf die Kooperation mit der CDU aus. So standen in Konflikten mit der Schwesterpartei – beispielsweise im Fall des Trennungsbeschlusses von Wildbad Kreuth 1976 – die CSU-Bezirke Schwaben und Franken der CDU näher als der oberbayerischen Führung.

2. Strukturelle Unterschiede, inhaltliche Divergenzen

Wenngleich auch der CDU mit ihren Landesverbänden und konfessionellen Integrationsproblemen Spannungen nicht erspart blieben, zumal es die Bundes-CDU erst ab 1950 gab, so wurden die Kontroversen dort doch ziviler ausgetragen – jedenfalls in den Umgangsformen. Doch gab es innerhalb der CDU ebenfalls gravierende innerparteiliche Differenzen und Personalquerelen. So stand der linke Flügel der Partei, geführt vom nordrhein-westfälischen Ministerpräsidenten Karl Arnold, der sich im Ahlener Programm 1947 für Sozialisierungen einsetzte, keineswegs auf dem Boden der liberalen Marktwirtschaft. Und nicht zu vergessen: Im Frankfurter Wirtschaftsrat wurde der damals parteilose Ludwig Erhard von den Liberalen und nicht von der CDU als Direktor für Wirtschaft vorgeschlagen. Und auch in der Deutschland- und Westpolitik existierten zwischen dem schon in den 1920er-Jahren dezidiert westorientierten Konrad Adenauer und dem auf einen neutralistischen »dritten« Weg setzenden Jakob Kaiser grundsätzliche Gegenpositionen.

In diesen politischen Kämpfen unterstützte die CSU in Frankfurt Ludwig Erhard und in den 1950er-Jahren in Bonn Konrad Adenauer. Die inhaltlichen Kontroversen und Fronten liefen also in wesentlichen Politikfeldern quer durch beide Parteien.

Ein entscheidender politischer Unterschied erwuchs aus der spezifisch bayerischen Herkunft der CSU. Das galt für das sozialkulturelle Milieu, in dem die Partei verwurzelt war, und für die längerfristigen historischen Voraussetzungen einer achthundertjährigen eigenstaatlichen Tradition. Nur Bayern hatte sie 1945 in den neu beziehungsweise wieder entstehenden Ländern aufzuweisen; vor 1933 selbstständig waren in den Westzonen außerdem nur die beiden Hansestädte Hamburg und Bremen. Nach 1945 wurde die Staatlichkeit durch die Alliierten »von unten«, also föderativ, wieder aufgebaut, die späteren Bundesländer existierten also vier bis fünf Jahre vor Gründung der Bundesrepublik.

Aus allen konstitutiven Voraussetzungen für Gründung und Entwicklung der CSU folgte zwangsläufig, dass sie eine föderalistische Politik betrieb, in der die Vertretung bayerischer Interessen unverzichtbar war. Aus diesem Grund kam es zum ersten Konflikt mit der CDU beziehungsweise Konrad Adenauer als Vorsitzendem des Parlamentarischen Rats in Bonn. Adenauer selbst dachte nicht föderalistisch, sondern zentralistisch. Er wollte deshalb auch keinen starken Bundesrat, der in der Tradition des Kaiserreichs und der Weimarer Republik als gemeinsame Ländervertretung aus Regierungsvertretern gebildet wurde. Gegen seine Idee eines sehr viel schwächeren Senats setzte der Bayerische Ministerpräsident und CSU-Vorsitzende Hans Ehard den Bundesrat durch, nachdem er sich vorher die Unterstützung der SPD im Parlamentarischen Rat erhandelt hatte.[4]

In dieser für das politische Selbstverständnis der CSU zentralen Zielsetzung errang sie gegen die CDU ihren ersten, für die Verfassungsordnung der Bundesrepublik Deutschland wesentlichen bundespolitischen Erfolg. Aus bayerischem Interesse betrieb sie Bundespolitik, in dieser singulären Doppelrolle als dialektisch verschränkte Landes- und Bundespartei entwickelte sich jeweils ihre Dynamik.

Die Landesverbände der CDU, die auch vor Gründung der Bundesrepublik mit der CSU Arbeitsgemeinschaften[5] gebildet hatten, spielten keine vergleichbar autonome Rolle. Sie stellten nach 1949 – wie die Landesverbände der SPD – keine eigenständigen Parteien dar. In Bayern selbst konnte sich die CSU den Wählern als einzige Partei präsentieren, die die Landesinteressen im Bund mit Erfolg vertreten konnte. Doch griffe es zu kurz, die CSU nur als bayerische Interessenpartei zu definieren. Sobald die Alliierten eine über Landes- und Zonengrenzen hinausgehende, parteipolitische deutsche Mitwirkung zuließen, erhob die CSU in den Westzonen den Anspruch, die politische Entwicklung auch außerhalb Bayerns mitzugestalten.

Diese Doppelrolle trennte die CSU von Beginn an nicht nur von ihrer Vorgängerin, der Bayerischen Volkspartei, sondern ebenso von ihrer anfänglichen Konkurrenzpartei, der Bayernpartei, deren Selbstverständnis, Zielsetzung und Gestaltungsmöglichkeiten wenig beziehungsweise gar nicht gesamtdeutsch waren. Die CSU setzte deshalb schon im Frankfurter Wirtschaftsrat auf Kooperation mit der CDU, wo es, von einigen Personalfragen abgesehen, eine ungetrübte Zusammenarbeit gab.[6] So unterstützten die CSU und ihr Abgeordneter Franz Josef Strauß dort die auch von der CDU mehrheitlich gewünschte Einführung der Sozialen Marktwirtschaft durch Ludwig Erhard. Im Parlamentarischen Rat in Bonn bildeten beide Parteien ebenfalls eine Fraktionsgemeinschaft, wobei die CSU mit Billigung Konrad Adenauers sogar den Fraktionsvorsitzenden, Anton Pfeiffer, stellte. Das schloss wie im Fall der Frage des Bundesrats zwar den Dissens nicht aus, führte aber immer wieder zum Kompromiss. Dabei taktierte die CSU unter Führung Hans Ehards, der der Fraktion gar nicht angehörte, bei der Abstimmung über das Grundgesetz: Die Mehrheit der CSU-Abgeordneten stimmte dagegen, weil sie ihre föderalistische Zielsetzung nicht weit genug durchsetzen konnte, akzeptierte aber von vornherein die Mehrheitsentscheidung des Parlamentarischen Rats und der Länder – wohl wissend, dass diese eindeutige Mehrheit nicht zweifelhaft war. So trug das Grundgesetz schließlich die Unterschrift aller westdeutschen Ministerpräsidenten, darunter die des bayerischen.

3. Fraktionsgemeinschaft von CDU/CSU[7]

Diese Vorgeschichte wurde zum Ausgangspunkt für den längerfristig entscheidenden Akt, der jeweils für eine Wahlperiode geschlossenen Fraktionsgemeinschaft von CDU und CSU im Deutschen Bundestag. Wiederum handelte es sich um einen Doppelcharakter, entschieden die 1949 gewählten CSU-Bundestagsabgeordneten doch auf Vorschlag von Franz Josef Strauß in ihrer ersten Sitzung am 19. August 1949, eine eigene Landesgruppe zu bilden, die wie eine eigenständige Fraktion organisiert sein sollte. Die damalige Begründung von Strauß bildet bis heute den Schlüssel zu dieser ambivalenten Konstruktion, zu der es in der bundesdeutschen Geschichte keine Parallele gibt: »Die Frage ist also: machen wir immer das mit, was die CDU macht, was größtenteils ja auch unser aller Wunsch ist, oder behalten wir uns die Möglichkeit offen, auch einmal anders zu handeln, um der Bayernpartei nicht ständig neue Angriffsflächen zu bieten. (…) Für Bonn müssen wir nun einen geschickten Mittelweg finden, etwa die Bildung einer ›Bayerischen Gruppe‹. Diese Gruppe soll ihre Meinung für sich separat bilden, an den großen Fraktionssitzungen der CDU aber teilnehmen und für sich selbst einen oder mehrere Sprecher wählen; also: Separate Meinungsbildung, Ausdruck dieser Meinung durch Sprecher (…) einerseits, andererseits eine gemeinsame Fraktion mit der CDU. Wir haben dann ein Zweifaches erreicht: Wir können hier unten in Bayern bestehen bleiben und wir können dort oben in Bonn unser gesamtes Gewicht in die Waagschale werfen.«[8] Fritz Schäffer nahm den Gedanken in der ersten gemeinsamen Sitzung von CDU- und CSU-Abgeordneten im Bundestag auf und sagte: »Die Abgeordneten, die auf den Namen der bayerischen Landespartei CSU gewählt sind, haben in einer Vorbesprechung sich darauf geeinigt, Ihnen vorzuschlagen, dass sie als Mitglieder der vereinigten Fraktion CDU/CSU von Ihnen anerkannt werden und an Ihren Beratungen in dieser Eigenschaft teilnehmen wollen, damit wir auch in der Lage sind, dem Büro des Bundestages mitzuteilen, dass die CDU/CSU mit 139 Mitgliedern die stärkste Fraktion dieses Hauses ist. (…) Wir stellen uns (…) vor, dass wir auch in die Fraktion ein Stück föderativer Gedanken hineintragen dürfen. Wir haben uns deshalb entschlossen, Sie zu bitten, dass wir eine bayerische Landesgruppe in Ihrem Kreis bilden, wir aber als Mitglieder der Fraktion gelten sollen.«[9] Aus diesem Ansatz resultierte die sogenannte Föderalismusklausel, die bis heute eine der Voraussetzungen der gemeinsamen Fraktionsbildung ist. Ihr zufolge darf die CDU/CSU-Fraktion keiner Grundgesetzänderung zustimmen, »der die Landesgruppe aus Gründen der Wahrung des föderativen Staatsaufbaus widerspricht«. Nach der 1949 beschlossenen grundgesetzlichen Regelung ging es jedoch für die nächsten Jahrzehnte nicht um heute wieder aktuelle Fragen der Verfassungsänderung zum Verhältnis von Bund und Ländern, sondern zunächst um die Verfassungspraxis im föderativen Staat.

Was konnte das Interesse der CDU und Konrad Adenauers an solcher Kooperationsform sein, autonom und doch integriert? Er reagierte sofort positiv und verwies darauf, dass Kurt Schumachers Feststellung, CDU und CSU seien zwei Fraktionen und folglich habe die SPD als stärkste Fraktion Anspruch auf das Amt des Bundestagspräsidenten, nun gegenstandslos sei. Tatsächlich gab es eine solche Bandbreite an Übereinstimmung, dass ein Zusammengehen sehr nahelag und der inhaltlichen und quantitativen Verstärkung der Fraktion insgesamt zugutekam, andererseits hatte sich eine solche Kooperation trotz mancher Reibungen und Differenzen in einzelnen Fragen bereits im Wirtschaftsrat und im Parlamentarischen Rat bewährt. Für den Pragmatiker Adenauer aber reichte allein ein Blick auf das Wahlergebnis von 1949: Die CDU hatte 25,2 Prozent erreicht, die SPD aber 29,2 Prozent. Also waren die von der CSU eingebrachten zusätzlichen 5,8 Prozent für die Wahl eines Bundestagspräsidenten sowie die Regierungsbildung hochwillkommen. Im Fall einer unionsgeführten Koalition konnte diese auch eine Mehrheit für die Wahl des Bundespräsidenten erreichen. Für Adenauer bedeutete die Stärkung durch die CSU zugleich eine innerparteiliche Stärkung für die Regierungsbildung, zumal es in der CDU einen Dissens darüber gab, ob eine »bürgerliche« Koalition oder eine mit der SPD gebildet werden sollte. Für die »bürgerliche« Regierungsbildung hatte Adenauer die Unterstützung der CSU gewonnen, die er sich schon vor dem berühmten Rhöndorfer Treffen vom 20. August 1949 durch Ministerpräsident Ehard hatte zusichern lassen. Die CSU-Abgeordneten, darunter Strauß, waren ebenso entschieden wie Konrad Adenauer gegen eine Regierungsbeteiligung der SPD.

In den 1950er-Jahren wären mit der damaligen SPD weder die marktwirtschaftliche Politik Ludwig Erhards noch die außen- und sicherheitspolitischen Fundamentalentscheidungen zur Westintegration realisierbar gewesen. Die SPD schwenkte tatsächlich erst 1959 gesellschafts- und wirtschaftspolitisch mit dem Godesberger Programm auf die Unionslinie ein. Erst in seiner berühmten Rede im Deutschen Bundestag bekannte sich Herbert Wehner für die SPD am 30. Juni 1960 zur Westintegration und zum NATO-Bündnis. Die erste Koalitionsbildung mit dem CDU-Kanzler Adenauer beruhte auf der Voraussetzung der gemeinsamen Fraktion und wurde zum Vorbild für die nächsten eineinhalb Jahrzehnte, also die eigentlich formative und konsolidierende Phase der Bundesrepublik. Dieses Modell wiederholte sich ab 1982/83 beziehungsweise 2005.

Angesichts dieser grundlegenden Weichenstellungen und der herausragenden Leistungen für die Gestaltung der parlamentarischen Demokratie, des Rechtsstaats und der Sozialen Marktwirtschaft sowie der wertorientierten, politischen, ökonomischen und sicherheitspolitischen Westintegration verblassen die häufigen Querelen zwischen den Schwesterparteien, bei denen es meist um sachlich begründbare Alternativen ging. Im historischen Rückblick werden sie trotz aller zuweilen heftigen Zuspitzungen und allen medialen Unterhaltungswerts mehr oder weniger unwichtig.

4. Streit als Normalfall?

Ein Blick auf die bekanntesten Fälle der öffentlichkeitswirksamen Kontroversen zeigt zweierlei: Kaum je waren sie personenunabhängig, nie aber entwickelten sie sich ohne argumentative Begründungen. Insofern ist es auch falsch, die Auseinandersetzungen in erster Linie auf Persönlichkeiten wie den bekanntermaßen streitfreudigen Franz Josef Strauß oder in jüngster Zeit auf den trickreichen Horst Seehofer zu reduzieren. Und ebenso falsch ist es, den Streit zwischen Personen als Normalfall anzusehen. So kamen beispielsweise die beiden Parteivorsitzenden Helmut Kohl und Theo Waigel in der christlich-liberalen Regierungskoalition gut miteinander aus. Und Ähnliches galt später für die beiden Parteivorsitzenden Angela Merkel und Edmund Stoiber. Nach dem aktuellen Erscheinungsbild zu urteilen, gilt dies Einvernehmen ebenfalls für die Parteivorsitzenden Kramp-Karrenbauer und Söder.

Wenngleich in der öffentlichen Wahrnehmung das Verhältnis der Parteivorsitzenden zueinander im Mittelpunkt steht, verzerrt der ausschließliche Blick auf ihre Beziehungen doch die Realität, da über Jahrzehnte hinweg im täglichen Parlamentsbetrieb der größte Teil der Abgeordneten in der gemeinsamen Fraktion normal zusammengearbeitet hat. Dazu gehört, dass – von Ausnahmen abgesehen – bei zahlreichen Grundsatzfragen weder die CDU- noch die CSU-Abgeordneten homogene Gruppen bilden, sondern Meinungsunterschiede und gemeinsame Positionen quer durch beide Teile der Fraktion gehen. Daraus folgt nicht zuletzt, dass die Meinung der Parteivorsitzenden zwar die gewichtigste ist, aber keineswegs jeden Abgeordneten der eigenen Partei überzeugen muss. Die Vorsitzenden sind keine absoluten Herrscher.

Heftige Kontroversen von CDU und CSU bis hin zur Überlegung in der CSU, die Fraktionsgemeinschaft im Bundestag

aufzukündigen, besaßen Vorläufer bis in die 1950er-Jahre –
und zwar mit unterschiedlichen Protagonisten. Die beiden
Hauptgründe waren zum einen wahltaktische Überlegungen, zum anderen aber auch die Verärgerung in der CSU über
manche Entscheidungen oder Handlungsstile der jeweiligen
Bundeskanzler ihr gegenüber.

Darin zeigte sich ein Grundmuster von Konrad Adenauer
über Helmut Kohl bis zu Angela Merkel, zumindest aber
eine spezifische Perzeption der CSU über ihr Verhalten. So
regten sich schon in den 1950er-Jahren CSU-Politiker darüber auf, dass Bundeskanzler Adenauer manche wichtigen
Probleme erst mit anderen Koalitionsparteien klärte, bevor
die CSU davon erfuhr. Besonders gravierend erschien es der
CSU, dass er beispielsweise dem Vertriebenenminister Oberländer und dem Block der Heimatvertriebenen und Entrechteten (BHE) Zugeständnisse machte, die er der CSU versagt
hatte, sodass Oberländer sie im Wahlkampf nutzen konnte,
nicht aber die CSU selbst. So hatte der Bundeskanzler mit
Unterstützung seines Staatssekretärs Hans Globke gegen das
Votum von Bundesinnenminister Schröder, Justizminister
Dehler und Strauß am 18. Dezember 1953 die Verlagerung
der Zuständigkeit für das Gebiet »Kriegssachgeschädigte« in
Oberländers Ressort durchgesetzt. Nach Einschätzung der
CSU erhielt der Vertriebenenminister dadurch die Möglichkeit, »Wahlgeschenke« zu vergeben. Konrad Adenauer berief sich auf die Koalitionsvereinbarungen mit dem BHE, von
denen Strauß sagte, sie seien hinter dem Rücken der CSU abgeschlossen worden.[10]

Ähnlich verhielt es sich seit 1982, als Bundeskanzler
Kohl – nach dem Eindruck von Strauß – in einigen Fragen
erst enger mit der FDP und Hans-Dietrich Genscher koope-
rierte, bevor die CSU einbezogen wurde.[11] Und bei Angela
Merkel wiederholten sich solche Situationen, insbesondere

als die CSU seit Herbst 2015 den Eindruck gewann, ihr sei in der Zuwanderungsfrage mehr am Einvernehmen mit der SPD als mit der CSU gelegen.

Zumindest bei Adenauer ist der Fall ziemlich klar: Der versierte Machttaktiker wusste, dass die CSU kaum von Bord gehen könnte, die anderen kleineren Koalitionspartner aber schon – also musste er, aus seiner Perspektive verständlich, diese stärker binden, als es bei der CSU nötig erschien. Und viel spricht dafür, dass dies auch bei späteren Bundeskanzlern ein Motiv gewesen ist.

Schon in den 1950er-Jahren kam es immer wieder zu Auseinandersetzungen, beispielsweise zwischen dem auf strenge Haushaltsdisziplin achtenden, etatistisch denkenden Bundesfinanzminister Fritz Schäffer und Bundeskanzler Adenauer, der in Wahlkampfzeiten popularitätsorientierte Ausgabenfreude an den Tag legte. Strauß übernahm öfter die Rolle des Vermittlers, die CSU-Vorstandsmitglieder unterstützten in der Regel Schäffer.[12] Adenauer selbst suchte des Öfteren die Unterstützung des Bayerischen Ministerpräsidenten und CSU-Vorsitzenden Hanns Seidel (bis 1961), den er sehr schätzte.

Zu heftigen Debatten kam es mit dem Bundeskanzler, als Strauß ihm – nicht in seiner Eigenschaft als Bundesminister, sondern für die Landesgruppe – am 8. Oktober 1954 einen geharnischten Brief schrieb, in dem er alle Monita der CSU aufführte und zu der Schlussfolgerung gelangte: Er habe den Eindruck, »daß wir keine Koalition mehr sind. (...) Es ist mir auch nicht möglich, mit Ihnen in ein produktives Gespräch zu kommen über eine echte Arbeitsverteilung und über die Erfüllung der Versprechungen, die Sie bei der Regierungsbildung auch der CSU und nicht nur der FDP und dem BHE gemacht haben. Die Einseitigkeit der um Sie herum herrschenden Verhältnisse wird allmählich unerträglich.«[13]

Auf den sechsseitigen Brief von Strauß antwortete der gekränkte Adenauer, der solche Töne aus der CDU nicht gewohnt war, mit einem sechszeiligen drohenden Telegramm: »Ihr Brief vom 8. Oktober wird Grundlage einer sehr ernsten Aussprache sein müssen. Ich erlaube mir darauf hinzuweisen, dass ein etwaiges Lautwerden der in diesem Brief zutage getretenen Tendenzen in Nürnberg zu einer öffentlichen Auseinandersetzung führen wird. Eine solche scheint mir höchst inopportun für Ihre Wahl. gez. Adenauer.«[14] Allerdings wäre es verfehlt, diesen Zwist als Alleingang von Strauß anzusehen, da er hier zumindest für den größten Teil der CSU-Führung sprach.

Erste Trennungsgerüchte tauchten schon zweieinhalb Jahre später auf, nachdem der CSU-Landesausschuss bei einer Tagung in Bayreuth am 23./24. Juni 1956 – an der Strauß nicht teilgenommen hatte – die Konflikte mit der CDU beziehungsweise dem Bundeskanzler debattiert hatte und Informationen an die Öffentlichkeit gelangt waren. Zwar dementierte sie Richard Stücklen schon einen Tag später in der gemeinsamen Fraktionssitzung, doch zeigen diese zwanzig Jahre vor Wildbad Kreuth beginnenden Gedankenspiele sowie die wiederholten Appelle zu besserer Zusammenarbeit, dass innerhalb der Fraktion ein ständiger, gelegentlich virulent werdender Integrationsbedarf bestand. Das war schon so, als Richard Stücklen erklärte: »Die CSU denke nicht im entferntesten daran, von der Politik des Kanzlers und der CDU abzurücken.« Doch verband er diese beruhigende Feststellung »ausdrücklich« mit der »Forderung, daß in Zukunft das Kabinett wiederum geschlossener Auffassung sein müsse und die personelle Besetzung des Kabinetts nach sachlichen Gesichtspunkten konzentriert sein müsse«. Das bezog sich genau auf die Punkte, die zwischen beiden Partnern strittig waren, unter anderem die von Adenauer offenbar anvisierte Auswechslung Schäffers als Finanzminister, die dann tatsächlich 1957 erfolgte. Nach der Erklärung Stücklens wurde in Gegenwart des Bundeskanzlers über die Folgen des Streits für das Erscheinungsbild diskutiert: Er könne »eine stetige Vertrauensminderung der Öffentlichkeit in die Person des Kanzlers und damit auch die Politik der gesamten CDU/CSU zur Folge haben«. In Bezug auf »ähnliche Vorkommnisse in der Vergangenheit wird betont, daß die enge Gemeinschaft zwischen CDU und CSU in erster Linie klärende Aussprachen vor allem im Fraktionsvorstand zwischen CSU und CDU bedingen«.[15] Konstellationen und gute Vorsätze ähnlicher Art wiederholten sich in den nächsten Jahrzehnten immer wieder.

Trotzdem kam es zwanzig Jahre nach dieser Kontroverse zwischen Adenauer und der CSU zur sensationellen Aufkündigung der Fraktionsgemeinschaft durch den Beschluss der CSU-Landesgruppe in Wildbad Kreuth am 19. November 1976, bei dem in geheimer Abstimmung dreißig Abgeordnete dafür, aber immerhin achtzehn dagegen stimmten. In der anschließenden innerparteilichen Zerreißprobe konnte sich selbst ein so starker Vorsitzender wie Franz Josef Strauß nicht durchsetzen und musste schließlich zurückrudern, nachdem zahlreiche CSU-Landtagsabgeordnete, mehrere Bezirksverbände und die Jugendorganisation lautstark Strauß persönlich und die Mehrheit der Landesgruppe attackiert hatten. Helmut Kohl reagierte souverän und kündigte die Bildung eines bayerischen Landesverbands der CDU an, was die internen Auseinandersetzungen der CSU befeuerte, in der man nicht allein den Verlust der absoluten Mehrheit in Bayern, sondern auch den vieler Landtagsmandate an die dann kandidierende CDU befürchtete.

Dieser wohl heftigste und bekannteste Streit in der Geschichte der Schwesterparteien, der von der Rivalität zwischen Strauß und Kohl[16] nicht zu trennen ist, begann paradoxerweise, nachdem die Union mit dem Kanzlerkandidaten Kohl 1976 mit 48,6 Prozent eines der besten Wahlergebnisse ihrer Geschichte erreicht hatte und dicht an die absolute Mehrheit herangekommen war. Dass die Union trotzdem nicht die Regierung übernehmen konnte, weil die FDP in der Koalition mit der deutlich unterlegenen SPD blieb, wurde zum Auslöser heftiger Attacken von Strauß gegenüber der CDU-Führung, vor allem aber Kohl persönlich. In der Sache ging es um gegensätzliche Einschätzungen der FDP und die optimale Wahlstrategie.

Der absolute Tiefpunkt der Beziehungen wurde kurz darauf durch die berüchtigte Rede von Strauß vor Vertretern der Jungen Union im Münchner Restaurant Wienerwald erreicht, bei der Strauß weit über das übliche Maß hinausschoss und in sichtlich erregtem und alkoholisiertem Zustand viele seiner Parteifreunde als »Pygmäen« beschimpfte und ganz besonders Helmut Kohl diffamierte. Man hätte meinen können, dass eine solche Schimpfkanonade nun das Ende der Fraktionsgemeinschaft besiegelt hätte. Wie zu erwarten, gelangte die mitgeschnittene improvisierte Strauß-Rede durch eine Indiskretion an den »Spiegel« und wurde dort freudig veröffentlicht. Doch nachdem der Rauch sich verzogen hatte und beide Vorsitzende gemeinsam mit der Führungsriege über den Trennungsbeschluss verhandelten, reagierte Strauß nüchtern-rational, als wenn nichts gewesen wäre, und der in diesen Wochen mehrfach düpierte Kohl blieb wiederum ausgesprochen souverän. Man verständigte sich – mit einigen Verbesserungen für die CSU-Landesgruppe – auf eine Erneuerung der Fraktionsgemeinschaft. Wenn sie solche Stürme überlebte, dann musste das wohl auch 2018 so sein, als es keinen Trennungsbeschluss, sondern »nur« wechselseitig Drohungen zwischen den beiden Parteivorsitzenden gab. In der Sache konzentrierte sich der

Streit scheinbar auf nur eine einzige Verfahrensregel für die Aufnahme beziehungsweise Abschiebung von Migranten, doch war er Ausdruck einer viel tiefer gehenden Verstimmung zwischen Bundeskanzlerin Merkel und ihrem Innenminister Seehofer – Strauß hätte diese Kontroverse, so stürmisch ihre mediale Wirkung auch erschien, als »laues Lüftchen« bezeichnet.

Ging es in diesem Fall trotz persönlicher Komponenten primär um eine prinzipielle Auseinandersetzung über die im Herbst 2015 betriebene Migrationspolitik, so handelte es sich bei der Bestellung der Spitzenkandidaten für die Bundestagswahlen um Personalfragen. Sie waren in mehreren Fällen zwischen beiden Parteien unstrittig, beispielsweise bei der Wahl Adenauers seit 1949, Erhards 1963 und Angela Merkels 2005. Die Wahl Kurt Georg Kiesingers verlief in normaler Form zwischen vier CDU-Kandidaten, wenngleich Strauß in diesem Fall vielen Beteiligten als der »Kanzlermacher« gilt. Auch bei der Kanzlerkandidatur des Bayerischen Ministerpräsidenten Edmund Stoiber 2002 handelte es sich bei den vorangegangenen innerparteilichen Debatten nicht um Streit zwischen den beiden Parteien, sondern um einen solchen innerhalb der CDU-Führung, der Angela Merkel zum Rückzug und so zum Angebot an den CSU-Vorsitzenden brachte.

Heftige Auseinandersetzungen zwischen den beiden Schwesterparteien gingen lediglich ein einziges Mal der Wahl des Kanzlerkandidaten voraus, im Fall von Franz Josef Strauß 1979/80. Der Grund lag darin, dass die CDU – beziehungsweise ihr Vorsitzender Kohl – in den Augen der CSU-Führung handstreichartig ohne Absprache den niedersächsischen Ministerpräsidenten Ernst Albrecht nominierte, nachdem Kohl selbst verzichtet hatte. Die Empörung der CSU-Führung, die das zufällig bei einem Empfang für den gerade gewählten Bundespräsidenten Karl Carstens erfuhr, war durchaus berechtigt. Sie setzte zum Gegenschlag an, und nach etlichen Querelen setzte sie in einer Abstimmung in der Unionsfraktion des Bundestags Strauß mit hundertfünfunddreißig gegen hundertzwei Stimmen durch (fünfzehn Abgeordnete fehlten entschuldigt). Für Strauß hatten sich mehr als achtzig Abgeordnete der CDU, etwa 40 Prozent, entschieden.[17] Im Wahlkampf wurde er dann sowohl von Helmut Kohl als auch der Bundesgeschäftsführung der CDU nachdrücklich unterstützt.

5. Getrennt marschieren, vereint schlagen?

Ein Unterschied der beiden Parteien in der Fraktionsgemeinschaft besteht unter anderem darin, dass die ungleich größere CDU, die sich auf alle Bundesländer außer Bayern erstreckt, naturgemäß erheblich heterogener ist als die im Streit meist geschlossener auftretende CSU-Landesgruppe.[18] Infolgedessen muss die CDU in sehr viel stärkerem Maße innerparteiliche Kompromisse schließen, denen es öfter an Eindeutigkeit mangelt. Bei starken Führungspersönlichkeiten wie beispielsweise Konrad Adenauer und Helmut Kohl fiel das zwar weniger ins Gewicht, zumal sie sich in den fundamentalen Fragen in der Regel durchsetzten, doch insgesamt und bei sekundären Fragen wurde diese Differenz zwischen relativer Homogenität und relativer Heterogenität offensichtlich.

Während die CSU-Landesgruppe besonders in den Anfangsjahren in der Regel gut vorbereitet in geschlossener Formation auftrat, erschien ihr die Schwesterpartei oftmals weniger eindeutig positioniert. So erklärte Strauß in der Sitzung des CSU-Landesvorstands am 7. April 1961, es liege »in der Härte der CSU, insbesondere im geschlossenen Block der CSU und in der manchmal amorphen, weichen CDU eine der elementaren Voraussetzungen dafür, dass eine gute Politik fortgesetzt werden kann«.[19] Diese Befürchtung bezog sich besonders auf die Zeit nach Adenauer: Wenn der Glanz der unter ihm geführten Politik einmal als »selbstverständliche Tagesangelegenheit« angesehen werde und die Opposition aus ihren Illusionen und Widersprüchlichkeiten herauskomme, dann werde es für die Union schwer.

Dieser Fall trat tatsächlich bald ein, nachdem sich unter der Kanzlerschaft Ludwig Erhards alle Befürchtungen seines Vorgängers Adenauer zu bestätigen schienen. Von diesem Zeitpunkt an verfolgte auch die CDU/CSU-Fraktion nicht mehr wie zu Adenauers Zeiten eine in der CDU selbst unumstrittene Außenpolitik. Die CSU und ihre Außenpolitiker Strauß und Karl Theodor zu Guttenberg standen in der Kontroverse der sogenannten Gaullisten und Atlantiker aufseiten Adenauers gegen Erhard und seinen Außenminister Gerhard Schröder. Im Streit um die Ost- und Deutschlandpolitik verfocht die CSU unter Führung von Strauß eine sehr viel härtere Gegenposition als die CDU-Mehrheit unter ihrem damaligen Vorsitzenden Rainer Barzel. Während der 1980er-Jahre kritisierte Strauß immer wieder die Außenpolitik und die Konferenzdiplomatie des Koalitionspartners und Außenministers Genscher. Im deutschlandpolitischen Kernstreit um den Grundlagenvertrag mit der DDR setzte Strauß schließlich fast im Alleingang – nur unterstützt von der Mehrheit der CSU-Landesgruppe – gegen die Mehrheit der CDU-Abgeordneten, aber auch der CSU-geführten Bayerischen Staatsregierung, 1973 die Klage vor dem Bundesverfassungsgericht durch. Strauß wählte den Weg über die zwar widerstrebende, dabei aber seinem Druck schließlich nachgebende Bayerische Staatsregierung.

Unabhängig von solchen aufsehenerregenden öffentlichen Auseinandersetzungen ergibt sich allein schon aus der Tatsache, dass CDU und CSU zwei selbstständige Parteien mit eigenen Programmen, eigenen Vorständen und eigener Organisationsstruktur sind, ein unterschiedliches Profil. Beide müssen nicht allein in ihren gemeinsamen Zielen, sondern ebenso in ihren Unterschieden erkennbar bleiben. Das hat unmittelbare Auswirkungen auf die Wahlkämpfe zu Bundestagswahlen. Wenngleich es im Einzelnen schwer verifizierbar ist, so unterliegt es doch keinem Zweifel, dass es Wählergruppen gibt, die außerhalb Bayerns die CDU nur deshalb wählen, weil die CSU nicht kandidiert, aber in der Fraktionsgemeinschaft ihre Positionen zur Geltung bringen kann. Und ebenso gilt der umgekehrte Befund, dass Wähler in Bayern CSU wählen, weil dort die CDU nicht zur Wahl steht. In welchem Maße sich dieses Wahlverhalten ausgleicht, in welchem Maße es Wählerschichten anspricht, die man anders nicht erreichen könnte, oder ob für die Union eine optimale Ausgangsposition darin läge, dass beide Parteien gesamtdeutsch anträten, ist empirisch kaum zu beantworten.

Bei den sporadisch auftretenden Trennungsüberlegungen spielen solche Fragen eine Rolle, so spekulativ sie sind. Viel spricht indes dafür, dass ein getrenntes Auftreten auf Bundesebene lediglich den Wahlkampfaufwand erhöhen und ständig zwei christlich-demokratische Organisationsstrukturen nebeneinander erfordern würde – in einem solchen Fall stünden beide Parteien zwangsläufig nicht bloß neben-, sondern auch gegeneinander. Hinzu käme: Zwei bundesweit getrennt auftretende Parteien könnten laut Geschäftsordnung des Deutschen Bundestags (Paragraf 10) keine gemeinsame Fraktion bilden, eine durchaus mögliche technische Arbeitsgemeinschaft zwischen zwei Fraktionen bedeutet rechtlich keine gemeinsame Fraktion.[20] In Wahlperioden, in denen die SPD oder derzeit möglicherweise sogar die Grünen ein besseres Wahlergebnis erzielen als die CDU, würde sie allein nicht mehr die größte Fraktion bilden, also auch nicht den Bundestagspräsidenten stellen, der protokollarisch das zweithöchste Amt im Staate innehat und eine zentrale Rolle für die Funktionstüchtigkeit des Parlamentarismus und seines öffentlichen Erscheinungsbilds spielt.

Die Wiedervereinigung bewirkte im Übrigen für die CSU einen quantitativen Bedeutungsverlust, da der Anteil Bayerns – und damit auch der CSU-Abgeordneten – sich relativ gesehen erheblich verringert hat. Lag der Anteil der CSU bei Bundestagswahlen seit den beginnenden großen Wahlerfolgen 1957 bis zur letzten Bundestagswahl der »alten« Bundesrepublik 1987 zwischen 9,8 und 10,6 Prozent, so sank er im vereinigten Deutschland 1990 auf 7,1 beziehungsweise 1994 auf 7,3 Prozent. Das bedeutet auch bei erfolgreichen Bundestagswahlen gegenüber der Zeit vor 1989 im Schnitt eine Schwächung von durchschnittlich 30 Prozent. Mit anderen Worten: Die CSU bleibt nicht weniger auf die CDU angewiesen als die CDU auf die CSU. Hinzu kommt, dass sich in der CDU selbst infolge der Fusion mit der ehemaligen Ost-CDU die westdeutschen Parteitraditionen abgeschwächt haben.

Bei aller Notwendigkeit, ein jeweils eigenes Profil zu demonstrieren, sind einer zu scharfen Profilierung Grenzen gesetzt, weil ein Glaubwürdigkeitsdefizit entsteht, wenn die gemeinsame Fraktion nicht mehr überzeugend erscheint. Dies war beispielsweise der Fall, als der Antagonismus zwischen CDU und CSU in der Einwanderungspolitik 2015 bis 2018 lautstark artikuliert, kurz vor der Bundestagswahl 2017 aber eitel Harmonie demonstriert wurde. Entscheidend war nicht die sachlich durchaus begründbare Kontroverse selbst, sondern das zerstrittene Erscheinungsbild und der anschließende scheinbare Kurswechsel vor der Wahl. Beides trug neben anderen Gründen dazu bei, dass die CSU sogar in ihrer Domäne Bayern Federn lassen musste. Darin liegt insofern ein Dilemma, als das bundespolitische Gewicht der CSU ganz wesentlich von ihrer sechzig Jahre lang überragenden Stärke in Bayern abhing. Und umgekehrt gilt: Gleichen die CSU-Wahlerfolge bei Bundestagswahlen ein Schwächeln der CDU nicht aus, gefährdet das die Führungsstellung der Union insgesamt.

6. Schluss: Die Rolle der Persönlichkeit

Wie berechtigt und notwendig das argumentative Ringen um sachlich begründete Alternativen auch sein mag, wie solide die Arbeit in der Fraktionsgemeinschaft auch ausfällt, für die öffentliche Wirkung sind die Persönlichkeiten ausschlaggebender. Insofern spielt für das Erscheinungsbild der Schwesterparteien das Auftreten der Spitzenpolitiker eine wesentliche Rolle. Bei beiden Parteien gibt es verglichen mit anderen über die Jahrzehnte hinweg eine erstaunliche Kontinuität. Das Verhältnis von Franz Josef Strauß zu Konrad Adenauer sowie später zu Helmut Kohl bildet das bekannteste Exempel. Dabei ging es im Fall Adenauers gewiss nicht um grundsätzliche Gegensätze, tatsächlich stimmten sie in allen entscheidenden Grundfragen überein. Doch so dominant Adenauer auch war, ohne die Unterstützung der CSU und insbesondere von Strauß hätte er seine Politik kaum durchsetzen können. Gewiss aber war trotz vieler Reibereien die Hochachtung von Strauß für Adenauer größer als umgekehrt. Zwar kannte der Bundeskanzler die großen Qualitäten des CSU-Vorsitzenden gut genug, doch erschienen ihm der Machtwille und die Durchsetzungskraft, auch das unbändige rhetorische Temperament etwas bedrohlich. Strauß hingegen bewunderte Adenauer zutiefst, noch in seinen »Erinnerungen« bekannte er: »Erst bei der Rhöndorfer Konferenz habe ich gemerkt, dass die anderen im Vergleich zu ihm unterschiedlich kleine Zwerge waren.« Doch hinderte diese Hochachtung Strauß nicht, für seine Ansichten und CSU-Interessen mit Verve zu kämpfen. Der CSU-Vorsitzende achtete sowohl Kurt Georg Kiesinger als auch Ludwig Erhard, bis er, wie die meisten CDU-Spitzenpolitiker auch, zu der Einschätzung kam, dass Erhard als Bundeskanzler und für Außenpolitik ungeeignet sei.

Das Verhältnis zu Helmut Kohl war ungleich komplizierter, für Strauß war Kohl zunächst ein Neuling, hatte Strauß doch bereits mehr als fünfundzwanzig Jahre die Geschicke der Bundesrepublik maßgeblich mitgeprägt, als der Pfälzer auf dem Bonner Parkett auftauchte. Es war für ihn schwer zu akzeptieren, dass nun Kohl und nicht er selbst der Spitzenmann der Union sein sollte. Dass Kohl eher taktisch, Strauß eher strategisch dachte, Kohl auf die Kooperation mit der FDP setzte, Strauß aber durch ihr Verhalten in der »Spiegel«-Affäre buchstäblich traumatisiert war, verschärfte ebenso das Problem wie der Gegensatz des leidenschaftlichen, weltweit agierenden und anerkannten Außenpolitikers zum Koalitionspartner und Außenminister Genscher. Und doch verband die beiden historisch hochgebildeten, lebensfreudigen Genuss- und Machtmenschen Kohl und Strauß über die starken gemeinsamen Grundüberzeugungen hinaus vieles. In der öffentlichen Wahrnehmung aber dominierte das Trennende der Vorsitzenden der beiden Schwesterparteien. Und tragischerweise hat Strauß die Wiedervereinigung nicht mehr erlebt, also auch nicht die herausragende europäische und weltpolitische Leistung Helmut Kohls.

Die Jahre der aufeinanderfolgenden Parteivorsitzenden Theo Waigel und Edmund Stoiber sowie Wolfgang Schäuble und Angela Merkel kannten durchaus unterschiedliche Interessen, doch wurden Kontroversen bei grundsätzlichem Einvernehmen rational kalkuliert ausgetragen und gewannen keinen öffentlichen Sensationswert. Das änderte sich allerdings schon vor dem öffentlichen Eklat 2015 und war unter anderem Folge der Veränderungen im Parteiensystem. In der Großen Koalition näherte sich die CDU stärker an die SPD an, als es der CSU geheuer war: Sie wollte nicht allein ihre soziale Kompetenz bewahren, sondern auch ihre wirtschaftsliberalen und traditionellen Wertorientierungen. Immer wieder wurde Strauß zitiert, demzufolge rechts von der Union keine demokratisch legitimierte Partei entstehen dürfe. Gleich, ob man die Veränderungen positiv als Modernisierung der CDU ansieht oder kritisch als Verlust ihrer traditionellen Programmatik beurteilt, ändert diese Entwicklung das Verhältnis der Schwesterparteien, weil damit ihre gemeinsame Wertorientierung zur Diskussion steht – es sei denn, die CSU ginge einen ähnlichen Weg, wofür seit der Wahl Markus Söders zum Parteivorsitzenden der CSU einiges spricht.

Für die Jahrzehnte bis 2015 trifft es jedenfalls zu, das Verhältnis der Schwesterparteien als »konkurrierende Kooperation« zu charakterisieren.[21]

1 Vgl. den Bericht in der FAZ vom 29. April 2019. Markus Söder wiederholte diese Aussage des Öfteren, z.B. beim Parteitag der CDU in Leipzig (22. bis 24. November 2019).

2 Vgl. allgemein Winfried Becker: CDU und CSU 1945–1950. Mainz 1987; Alf Mintzel: Geschichte der CSU. Opladen 1977; Hans-Otto Kleinmann: Geschichte der CDU. Stuttgart 1993; Geschichte einer Volkspartei. 50 Jahre CSU. Hg. von der Hanns-Seidel-Stiftung. München 1995; Winfried Becker u.a. (Hg.): Lexikon der Christlichen Demokratie in Deutschland. Paderborn 2002.

3 Jaromir Balcar/Thomas Schlemmer (Hg.): An der Spitze der CSU. Die Führungsgremien der Christlich-Sozialen Union 1946 bis 1955. München 2007; Thomas

Schlemmer: Aufbruch, Krise und Erneuerung. Die Christlich-Soziale Union 1945 bis 1955. München 1998.

4 Vgl. insges.: Die CDU/CSU im Parlamentarischen Rat. Sitzungsprotokolle der Unionsfraktion. Eingel. u. bearb. von Rainer Salzmann. Stuttgart 1981.

5 Die Unionsparteien 1946–1950. Protokolle der Arbeitsgemeinschaft der CDU/CSU Deutschlands und der Konferenzen der Landesvorsitzenden. Bearb. von Brigitte Kaff. Düsseldorf 1991.

6 Die CDU/CSU im Frankfurter Wirtschaftsrat. Protokolle der Unionsfraktion 1947–1949. Bearb. von Rainer Salzmann. Düsseldorf 1988, S. 24 (Einleitung).

7 Vgl. generell Günter Müchler: CDU/CSU. Das schwierige Bündnis. München 1976; Alf Mintzel: Die Rolle der CSU-Landesgruppe im politischen Kräftespiel der Bundesrepublik Deutschland, in: Politische Studien, Sonderheft 1/1989, S. 113–134; Günter Buchstab: Ein parlamentarisches Unikum: die CDU/CSU-Fraktionsgemeinschaft, in: Hans-Peter Schwarz (Hg.): Die Fraktion als Machtfaktor. CDU/CSU im Deutschen Bundestag 1949 bis heute. München 2009, S. 255–274.

8 Die CSU-Landesgruppe im Deutschen Bundestag. Sitzungsprotokolle 1949–1972. Bearb. von Andreas Zellhuber und Tim Peters. Düsseldorf 2011, S. 9.

9 Auftakt zur Ära Adenauer. Koalitionsverhandlungen und Regierungsbildung 1949. Bearb. von Udo Wengst. Düsseldorf 1985, S. 140 (Sitzung der CDU/CSU-Bundestagsfraktion vom 1. September 1949). Vgl. auch: Die CDU/CSU-Fraktion im Deutschen Bundestag. Sitzungsprotokolle 1949–1953. Bearb. von Helge Heidemeyer. Düsseldorf 1998, S. 8 (Sitzung vom 21. September 1949). Auch die weiteren Bände der Sitzungsprotokolle der Unionsfraktion bis 1972, die die Kommission für Geschichte des Parlamentarismus und der Politischen Parteien bisher publiziert hat, bieten eine Fundgrube, die hier nicht erschöpfend genutzt werden kann.

10 Siehe FN 14 sowie: Die Kabinettsprotokolle der Bundesregierung, Bd. 6: 1953. Bearb. von Ulrich Enders und Konrad Reiser. Boppard 1989, S. 574–576; Protokoll der Sitzung des Landesvorstands der CSU in Nürnberg, 8. Oktober 1954, in: An der Spitze der CSU, S. 464. Vgl. zum Hintergrund: Horst Möller: Franz Josef Strauß. Herrscher und Rebell. 3. Aufl. München 2016, S. 108–111.

11 Ebd., S. 621, 685 u.ö. Vgl. etwa den Brief von Franz Josef Strauß an Helmut Kohl vom 15. Mai 1984, in: Sammlung Bundeskanzler a. D. Dr. Helmut Kohl, Bk Persönlicher Ordner St 1982–1986.

12 Vgl. etwa Möller: Strauß, S. 108 ff., 125 ff. u.ö.

13 Archiv für Christlich-soziale Politik der Hanns-Seidel-Stiftung, NL Strauß, BMVg Ministerbüro Nr. 211.

14 Adenauer: Briefe 1953–1955. Bearb. von Hans Peter Mensing. Berlin 1995, S. 167. Dort auch ein Faksimile des Strauß-Briefs mit Marginalien Adenauers (S. 168–173). Mit »Nürnberg« ist der Parteitag der CSU gemeint, »Ihre Wahl« kann sich sowohl auf die Bayernwahl als auch auf die Kandidatur von Strauß als Parteivorsitzender im Januar 1955 beziehen, bei der er mit 329 Stimmen gegen Hanns Seidel mit 380 Stimmen unterlag. Generell siehe die große Biografie von Hans-Peter Schwarz: Adenauer, 2 Bde. Stuttgart 1986/1991.

15 Die CDU/CSU-Fraktion im Deutschen Bundestag. Sitzungsprotokolle 1953–1957. Bearb. von Helge Heidemeyer. Zweiter Halbband 1956–1957. Düsseldorf 2003, S. 1123 f.

16 Vgl. insgesamt: Hans-Peter Schwarz: Helmut Kohl: Eine politische Biographie. München 2012.

17 Möller: Strauß, S. 555.

18 Eine Fülle von unentbehrlichen Informationen bieten die im Auftrag der Konrad-Adenauer-Stiftung herausgegebenen Protokolle des CDU-Bundesvorstands, die, bearbeitet von Günter Buchstab, für die Vorsitzenden Adenauer, Kiesinger und Kohl (bis 1983) vorliegen, zusätzlich für Helmut Kohl: Berichte zur Lage (1982–1998), ebenfalls bearb. von Günter Buchstab mit Hans-Otto Kleinmann. Hinzu kommt eine Fülle autobiografischer und biografischer Quellen, u.a. in der von Rudolf Morsey u. Hans-Peter Schwarz herausgegebenen Rhöndorfer Ausgabe Adenauers.

19 Zitiert bei Mintzel: Geschichte der CSU, S. 380.

20 Vgl. Hans Trossmann: Parlamentsrecht des Deutschen Bundestages. München 1977, S. 65–70: GO des Deutschen Bundestages § 10 Abs. 5 sowie Kommentar dazu.

21 Heinrich Oberreuter, in: Geschichte einer Volkspartei, S. 319–332.

800 neue Polizisten!

300.000 Straftaten!
Sicherheit: Keine halben Sachen mehr!

Mit ganzem Herzen Rheinland-Pfalz!

CDU RHEINLAND-PFALZ

www.cdu-rlp.de

16   Plakat zu den Landtagswahlen in Rheinland-Pfalz 2006

»Ohne Sicherheit ist keine Freiheit« – die CDU und die Innere Sicherheit

Peter Müller

Die Gewährleistung der Inneren Sicherheit ist unverzichtbare Legitimationsgrundlage der Ausübung staatlicher Gewalt. Diesem Ziel sieht sich die CDU in besonderer Weise verpflichtet; nach ihrer Selbstwahrnehmung leben die Menschen dort, wo die Union regiert, nicht nur besser, sondern auch sicherer.[1] Politik für die Innere Sicherheit wird von der Union als eine ihrer Kernkompetenzen und wichtiger Teil ihrer Identität bewertet.[2]

Dabei kommt dem Feld der Inneren Sicherheit angesichts steigender Kriminalitätsfurcht und ausgeprägter Sicherheitserwartungen der Bürgerinnen und Bürger zunehmende Bedeutung zu. So hat jeder Dritte den Eindruck, dass sich die Sicherheitslage in seinem näheren Umfeld seit 2012 verschlechtert hat. 68 Prozent der Bevölkerung machen sich große Sorgen, dass Gewalt und Kriminalität in Deutschland weiter zunehmen werden, und mehr als die Hälfte rechnet damit, dass es zu Terroranschlägen kommen könnte.[3] Die Politik im Bereich der Inneren Sicherheit ist daher für das Verhalten der Wählerinnen und Wähler von hoher Relevanz. Handlungsleitend ist dabei weniger die objektive Kriminalitätsbelastung als vielmehr das subjektive Sicherheitsgefühl.

Vor diesem Hintergrund ist der Kompetenzvorsprung, der der Union traditionell in Fragen der Inneren Sicherheit zugewiesen wird, von nicht zu unterschätzender strategischer Bedeutung. Lediglich während einer kurzen Phase um die Jahrhundertwende, in der das Ansehen der CDU aufgrund der Parteispendenaffäre auf einen Tiefpunkt gesunken war und der sozialdemokratische Innenminister Otto Schily seine Wandlung zu einem überzeugten »Law-and-Order«-Politiker in beeindruckender Weise zu vermitteln vermochte, gelang es der SPD, in der Kompetenzzuweisung für die Innere Sicherheit mit der Union gleichzuziehen. Abgesehen von dieser Ausnahmesituation wurde und wird die Union aber durchgängig als diejenige Partei betrachtet, von der stärker als von allen anderen die effektive Gewährleistung der Inneren Sicherheit zu erwarten ist. Dabei liegt der zugebilligte Kompetenzvorsprung regelmäßig bei etwa 30 Prozentpunkten[4] und damit in einer komfortablen Größenordnung, die die Union ansonsten nur noch im Bereich der Förderung der Wirtschaft erreicht.

Die selbstbewussten Behauptungen der Union, die personellen, technischen und rechtlichen Rahmenbedingungen im Bereich der Inneren Sicherheit konsequent verbessert und erfolgreiche Sicherheitspolitik zu ihrem Markenzeichen gemacht zu haben,[5] treffen daher auf einen entsprechend disponierten gesellschaftlichen Resonanzboden. Die Zustimmungswerte zur CDU insgesamt waren in der Vergangenheit hiervon nicht unbeeinflusst und werden auch in der Zukunft in erheblichem Umfang von ihrer Wahrnehmung als »Partei der Inneren Sicherheit« abhängig sein. Umso erstaunlicher ist, dass diesem Themenfeld keineswegs durchgängig der herausgehobene Stellenwert zugeordnet wurde, der auf der Basis der aktuellen Selbsteinschätzung eigentlich zu erwarten gewesen wäre.

1. Vom Randthema zum Markenkern

Auffällig ist in diesem Zusammenhang bereits, dass die CDU in erheblichem Maße bereit war, in den von ihr geführten Bundesregierungen das Amt des Bundesministers des Innern der christsozialen Schwesterpartei zu überlassen, sodass diese in den bisher fünfzig Jahren christdemokratischer Regierungsverantwortung auf Bundesebene in rund einem Drittel der Zeit den Bundesinnenminister stellte. Vor allem aber ist der ursprünglich geringe, in der Tendenz dann jedoch zunehmende Stellenwert der Inneren Sicherheit in der Programmatik der Partei nachvollziehbar. So fehlt in den Gründungsdokumenten der Union noch jeglicher Hinweis auf das Thema. Weder im Gründungsaufruf der CDU vom 26. Juni 1945 noch in dem etwa zeitgleich in Köln beschlossenen vorläufigen Entwurf eines Programms der Christlich Demokratischen Union Deutschlands, dem Ahlener Programm vom 3. Februar 1947 oder den Düsseldorfer Leitsätzen vom 15. Juli 1949 finden die Begriffe der Inneren Sicherheit oder des Inneren Friedens auch nur Erwähnung. Auch in den Programmen der CDU zur Bundestagswahl bleibt die Suche nach dezidierten Aussagen zur Kriminalitätsbekämpfung oder zur Sicherung des Inneren Friedens zunächst ohne Ergebnis.

Dies ändert sich erst Ende der 1960er-Jahre – nicht zuletzt unter dem Eindruck des RAF-Terrors. In ihrem Wahlprogramm zur Bundestagswahl 1969 fordert die CDU erstmals ausdrücklich die entschiedene Bekämpfung des Verbrechens, die zeitgemäße Ausrüstung der Polizei und den gezielten Einsatz staatlicher Mittel gegen gewalttätige Ausschreitungen. Weiter heißt es, bei der Durchsetzung von Recht und Gesetz gegen Terror und Gewalt hätten die Justiz und die Polizei die volle Unterstützung der Union.[6] Hiervon ausgehend

499

nimmt die Frage der Inneren Sicherheit in den nachfolgenden Programmen einen immer breiteren Raum ein. Mittlerweile sind ihr in den Programmen zur Bundestagswahl regelmäßig eigene Kapitel vorbehalten.[7] Selbst das Programm zur Europawahl 2019 unter dem Titel »Unser Europa stark machen – für Sicherheit, Frieden und Wohlstand« widmet sich in einem Schwerpunkt nicht nur der Thematik des äußeren, sondern auch derjenigen des inneren Friedens.[8]

Insbesondere die Betrachtung der CDU-Grundsatzprogramme bestätigt den Befund zunehmend stärkerer Gewichtung des Themas Innere Sicherheit. Während die erste Fassung aus dem Jahr 1978 sich auf ein Bekenntnis zu wehrhafter Demokratie, der Herrschaft des Rechts und der Solidarität mit den Sicherheitsorganen beschränkte,[9] setzt sich die zweite Fassung aus dem Jahr 1994 über mehrere Seiten ausführlich mit der Wahrung der Inneren Sicherheit auseinander.[10] Eine weitere Aufwertung erfährt das Thema in dem gegenwärtig gültigen Grundsatzprogramm vom 3./4. Dezember 2007. Bereits der Titel »Freiheit und Sicherheit« spricht für sich. Ausgehend von der These, dass ein neues, mehrdimensionales Verständnis von Sicherheit notwendig sei, wird die Gewährleistung der Inneren Sicherheit als Kernaufgabe des Staates qualifiziert und zu einer Vielzahl von Einzelthemen dezidiert Stellung bezogen.[11] Dabei wird von der Gleichwertigkeit und wechselseitigen Bedingtheit von Freiheit und Sicherheit ausgegangen.

2. Zum Verhältnis von Freiheit und Sicherheit: Sicherheit als Garant der Freiheit

Die für die Entwicklung sicherheitspolitischer Positionierungen entscheidende Ausgangsfrage des Verhältnisses von Freiheit und Sicherheit wird von der Union einseitig harmonisierend beantwortet. Freiheit und Sicherheit seien die höchsten Werte, die das Grundgesetz prägten.[12] Als elementare Grundbedürfnisse des Menschen stünden sie nicht im Gegensatz zueinander, sondern bedingten sich gegenseitig. Sicherheit sei Voraussetzung für Freiheit[13] und grundrechtlich gewährleistet. Nur wer sicher sei und keine Angst habe, könne in Freiheit leben. Daher sei es oberste Pflicht des Staates, die Menschen in Deutschland zu schützen und Sicherheit in Freiheit zu gewährleisten. In dieser Verpflichtung finde das Gewaltmonopol des Staates seine Rechtfertigung.[14]

Zusammengefasst findet sich die Position der CDU zur Bestimmung des Verhältnisses von Freiheit und Sicherheit in einer Rede des damaligen Bundesinnenministers Manfred Kanther auf einer Fachtagung der CDU/CSU-Bundestagsfraktion zur Inneren Sicherheit am 19. August 1993 in Bonn. Dort führte er aus: »Freiheitlichkeit und Autorität des Staates sind keine Gegensätze. Sie ergänzen einander. Der freiheitliche Staat, der sich nicht gegen seine Feinde verteidigt, verspielt die Freiheit seiner Bürger. (…) Mit gutem Grund beansprucht unser demokratischer Staat für sich das ausschließliche Gewaltmonopol. Aus diesem hoheitlichen Anspruch resultiert jedoch zugleich seine Pflicht, die Bürger vor den verschiedenen Formen der Kriminalität zu schützen und Straftaten entschieden zu bekämpfen. (…) Es geht nicht um ›Freiheit oder Sicherheit‹ – es geht um beides! (…) Nur wer in Sicherheit lebt, lebt auch in Freiheit.«[15]

Diese unionsspezifische Betrachtung des Verhältnisses von Freiheit und Sicherheit ist geprägt durch eine – nahezu ausschließliche – Fokussierung auf die freiheitsschützende Funktion der Sicherheit. Nicht zufällig wird von christdemokratischen Innenpolitikern der bereits 1792 von Wilhelm von Humboldt geprägte Satz »Denn ohne Sicherheit ist keine Freiheit«[16] zitiert.[17] Wenig Raum im Denken der Union nimmt demgegenüber das aus der gleichen Zeit stammende nachdenkliche Zitat Benjamin Franklins ein, der formulierte: »Wer wesentliche Freiheit aufgeben kann, um eine geringfügige, bloß jeweilige Sicherheit zu bewirken, verdient weder Freiheit noch Sicherheit.«[18] Der darin enthaltene Hinweis auf die freiheitsgefährdende Dimension der Sicherheit wird in der Union weitgehend außer Acht gelassen und teilweise sogar geleugnet. So führt Manfred Kanther in seiner vorstehend in Bezug genommenen Rede aus: »Die zuweilen vertretene Auffassung, Freiheit und Sicherheit würden sich widersprechen, mehr innere Sicherheit bedeute weniger Bürgerfreiheit, ist Ausdruck eines Staatsverständnisses, das den Staat vor allem als eine Macht ansieht, die den Einzelnen in seiner Freiheit beschränkt. (…) Freiheit und Sicherheit sind nur in totalitären Staaten Gegensätze. Im Rechtsstaat besteht dieser Gegensatz nicht.«[19]

Letzteres trägt der Ambivalenz des Verhältnisses von Freiheit und Sicherheit nur unzureichend Rechnung. Ausgeblendet bleibt, dass Sicherheit nicht nur Garant, sondern auch Gefahr für die Freiheit ist. Maßnahmen des präventiven oder repressiven Rechtsgüterschutzes dienen der Ermöglichung des friedlichen Zusammenlebens in der Gemeinschaft, greifen zugleich aber in die freie Entfaltung der Persönlichkeit der von diesen Maßnahmen Betroffenen ein.

Für einen unbedingten Vorrang von Sicherheitsinteressen (der Allgemeinheit) gegenüber Freiheitsbelangen (des Einzelnen) ist jedenfalls unter der Geltung des Grundgesetzes kein Raum. Auch gibt es kein »Supergrundrecht auf Sicherheit«, wie es etwa der frühere CSU-Bundesinnenminister Hans-Peter Friedrich proklamierte.[20] Im Gegenteil: Im Unterschied zu Artikel 6 der EU-Grundrechtecharta und Artikel 5 der Europäischen Menschenrechtskonvention schweigt das Grundgesetz in den Artikeln 1 bis 19 zum »Grundrecht auf Sicherheit«. Der bei der Beratung des Grundgesetzes in den Parlamentarischen Rat eingebrachte Vorschlag, Artikel 2 GG durch ein »Recht auf Sicherheit der Person« zu ergänzen, wurde nicht aufgegriffen. Folglich handelt es sich bei der Gewährleistung der Inneren Sicherheit jedenfalls nicht um eine übergeordnete grundrechtliche Garantie. Vielmehr bedarf es der Abwägung im konkreten Einzelfall unter Berücksichtigung nicht nur der freiheitsgarantierenden, sondern auch der freiheitsgefährdenden Wirkungen sicherheitspolitischer Maßnahmen mit dem Ziel, im Wege praktischer Konkordanz einen angemessenen Ausgleich zwischen Freiheit und Sicherheit herzustellen.

Dem trägt die Union in ihrer sicherheitspolitischen Konzeption zumindest dergestalt Rechnung, dass sie sich grundsätzlich zu der Gleichwertigkeit beider Prinzipien bekennt, die »Balance von Freiheit und Ordnung« betont und die Sicherheit im Unterschied zur Freiheit nicht in den Katalog ihrer Grundwerte aufnimmt.[21] Dies hindert sie jedoch nicht daran, bei der gebotenen Abwägung im Einzelfall sicherheitspolitische Belange tendenziell stärker zu gewichten, damit verbundene Freiheitsbeschränkungen eher nachrangig zu behandeln und regelmäßig dem sicherheitspolitisch Wünschbaren den Vorrang einzuräumen.

3. Grundthese: »Im Zweifel für die Sicherheit«

Konsequenz des – die freiheitsschützenden Effekte staatlichen Handelns in den Vordergrund rückenden – Ansatzes der Union ist ein innenpolitisches Konzept, das sich stark am Grundsatz »Sicherheit zuerst« orientiert. Demgemäß tritt sie für einen starken, durchsetzungsfähigen Staat und eine – umfassend verstandene – wehrhafte Demokratie ein, in der personell und technisch gut ausgestattete Sicherheitskräfte über ausreichende rechtliche Handlungsmöglichkeiten verfügen, um der Bindung an Recht und Gesetz ausnahmslos und konsequent Geltung zu verschaffen. Rechtsfreie Räume werden nicht akzeptiert, Entkriminalisierungskonzepte skeptisch bewertet. Grundrechtliche Gewährleistungen haben aus Sicht der Union im Zweifel hinter dem sicherheitspolitisch Notwendigen zurückzustehen. Demgegenüber besteht eine grundsätzliche Offenheit für Vorschläge zur Ausweitung des staatlichen Handlungsinstrumentariums.

Angesichts zunehmender Distanz- und Respektlosigkeit gegenüber staatlichen Organen betont die Union immer wieder ihre Solidarität mit den Sicherheitskräften. So heißt es in der Karlsruher Erklärung vom Dezember 2015: »Wir stehen daher seit jeher an der Seite der Polizisten, Soldaten und anderer Sicherheitsbehörden, die tagtäglich mit großem persönlichen Einsatz unsere Demokratie, unseren Rechtsstaat und unsere Sicherheit schützen. Ihre verantwortungsvolle Arbeit verdient unseren hohen Respekt. Wir sind ihnen dankbar und werden ihre Arbeit auch weiterhin politisch-rechtlich, praktisch und finanziell nachdrücklich unterstützen und sie gegen unberechtigte Vorwürfe in Schutz nehmen.«[22]

Vor diesem Hintergrund spricht die CDU sich regelmäßig für eine quantitative Aufstockung und eine bessere, aufgabenadäquate Qualifizierung und Ausstattung der Einsatzkräfte aus. Die von ihren Innenministern erhobene Forderung nach 15.000 zusätzlichen Polizeistellen zwischen 2015 und 2020 hat Eingang in die aktuelle Koalitionsvereinbarung von CDU, CSU und SPD vom 7. Februar 2018 gefunden.[23] Darüber hinaus tritt die CDU für die Ausweitung des Einsatzes von Body-Cams ein, da dieser geeignet sei, Widerstandshandlungen signifikant zu reduzieren. Hinzukommen müsse aufgrund der gesunkenen Hemmschwelle für Gewalt in Teilen der Bevölkerung eine Ausweitung der Strafbarkeit bei Widerstandshandlungen und tätlichen Angriffen auf Polizei-, Feuerwehr- und Rettungskräfte sowie sonstige Amtsträgerinnen und Amtsträger der Justiz.[24]

Aufgabe der Sicherheitskräfte und der Justizbehörden ist aus Sicht der Union die ausnahmslos Durchsetzung des Rechtsstaats. Ausdrücklich stellt sie fest, dass Demokratie ohne funktionierenden Rechtsstaat nicht möglich sei. Schon vor mehr als dreißig Jahren erteilte sie damit der Idee einer »illiberalen Demokratie«, wie sie mittlerweile nicht nur von populistischen Bewegungen in Osteuropa vertreten wird, eine klare Absage.[25] Dass die Demokratie, wenn sie nicht zur Tyrannei der Mehrheit verkommen soll, rechtsstaatlicher Bindung bedarf, steht für die Union außer Zweifel.

Notwendig sei ein starker Staat, der die Freiheit und Sicherheit seiner Bürgerinnen und Bürger gewährleiste und die Verbindlichkeit der Rechtsordnung für jedermann durchsetze. Grundlage hierfür sei das staatliche Gewaltmonopol, das nicht staatliche Allmacht bedeute, sondern gerade die Schwächeren in der Gesellschaft schütze.[26] In der parlamentarischen Demokratie des Grundgesetzes dürfe es keine rechtsfreien, sondern nur angstfreie Räume geben. Die Bagatellisierung von Kriminalität sei der falsche Weg, da dadurch Hemmschwellen gesenkt, Rechtsbrecher ermutigt und kriminelle Karrieren begünstigt würden. Wer Recht breche und sich damit gegen die Werteordnung unserer Gesellschaft stelle, sei konsequent zu verfolgen und zügig zu bestrafen.[27]

Die Vorstellung eines starken, durchsetzungsfähigen Staates, der auch aus Opportunitätsgründen nicht bereit ist, Verletzungen des geltenden Rechts hinzunehmen oder rechtsfreie Räume zu dulden, zählt zu den identitätsprägenden Überzeugungen der CDU im Bereich der Inneren Sicherheit. Relativierungen dieser Position sind allenfalls im Zusammenhang mit der Debatte um das sogenannte Kirchenasyl festzustellen.[28] Ansonsten versteht die CDU sich als eine Partei, die sich zur ausnahmslosen Durchsetzung von Recht und Gesetz und zu »null Toleranz« gegenüber Rechtsbruch und Kriminalität bekennt. Dabei legt sie einen im Vergleich zur juristischen Fachdiskussion[29] weiten Begriff der »wehrhaften Demokratie« zugrunde, der über extremistische Bestrebungen hinaus sowohl die Abwehr von Bedrohungen des inneren Friedens als auch die konsequente Bestrafung von Rechtsbrechern beinhaltet.[30] Gerechtfertigt werden die durchgängige Forderung nach einem starken Staat und die Ablehnung rechtsfreier Räume insbesondere mit dem zutreffenden Hinweis, dass sich mit Blick auf die Gewährleistung der persönlichen Sicherheit und der Durchsetzung der Gleichheit vor dem Gesetz nur Wohlhabende einen schwachen Staat leisten können.

Das Bekenntnis der CDU zum ausnahmslosen Geltungsanspruch von Recht und Gesetz hebt sich deutlich von – das staatliche Gewaltmonopol letztlich infrage stellenden – Überlegungen zur Legitimität zivilen Ungehorsams ab. Zeitgeistkonform ist dies eher nicht – umso mehr ist zu hoffen, dass die CDU an dieser im Rechtsstaatsdiskurs wichtigen Position festhält.

Die Erwartung, dass der Staat nicht vor Rechtsbrüchen kapituliert, sondern diese sanktioniert, hat zur Folge, dass die CDU Entkriminalisierungsvorstellungen grundsätzlich skeptisch gegenübersteht. Aus ihrer Sicht garantiert eine wirkungsvolle und schnelle Durchsetzung des staatlichen Strafanspruchs am ehesten die Einheit der Rechtsordnung. Delikte nur deshalb hinzunehmen, weil sie massenhaft begangen würden, sei nicht akzeptabel.[31] Hiervon ausgehend kommt eine Abstufung bisheriger Straftatbestände zu Ordnungswidrigkeiten etwa im Bereich der Leistungserschleichung oder der generelle Verzicht auf die strafrechtliche Verfolgung geringfügiger Eigentumsdelikte nicht in Betracht; diese in der rechtspolitischen Debatte regelmäßig wiederkehrenden Vorschläge kommen aus Sicht der CDU einer (Teil-)Kapitulation des Rechtsstaats gleich.

Besonders deutlich wird die Skepsis der Union gegenüber Entkriminalisierungsvorschlägen im Bereich des Rauschmittelkonsums. Die Freigabe »weicher Drogen« wird konsequent abgelehnt. Ziel einer verantwortlichen Drogenpolitik müsse es sein, die Anzahl der Drogenkonsumenten möglichst gering zu halten. Dazu bedürfe es eines ganzheitlichen Politikansatzes, der auf den Säulen Prävention, Repression und Therapie beruhe. Die Strafvorschriften des Betäubungsmittelrechts dienten der Reduktion der Verfügbarkeit von Drogen und trügen hierdurch zur Prävention gegen die Ausbreitung von Sucht bei.[32]

Parallel zu der kritischen Einstellung der CDU gegenüber der Beseitigung oder Entschärfung von Straftatbeständen werden Diversionsmodelle und Sanktionsalternativen zurückhaltend bewertet. Statt der Maxime »Hilfe statt Strafe« scheint die Union sich eher dem Grundsatz »Strafe hilft« verpflichtet zu fühlen. So erteilt sie etwa Bestrebungen, die Strafaussetzung zur Bewährung auszuweiten, »eine klare Absage«.[33] Stattdessen tritt sie für rasche und empfindliche Sanktionen als regelmäßige Folge strafbaren Verhaltens ein. Erweiterungen des Instrumentariums auf der Rechtsfolgenseite (Warnschussarrest, Schadenswiedergutmachung, Täter-Opfer-Ausgleich) werden stärker unter dem Gesichtspunkt gesteigerter Spürbarkeit als demjenigen des Wegfalls wenig effizienter Sanktionsmöglichkeiten diskutiert.

Zentrale Bedeutung misst die CDU dem Grundsatz »Opferschutz vor Täterschutz« bei.[34] Sie leitet daraus ab, dass individuelle Grundrechtsgewährleistungen auf Täterseite regelmäßig hinter den Sicherheitsinteressen der Allgemeinheit zurückzustehen haben. Folge ist eine erhebliche Dynamik in Richtung auf Strafverschärfungen sowie auf die Erweiterung der Eingriffs- und Ermittlungsbefugnisse der Sicherheitsbehörden.

Die Liste der aus Sicht der Union erforderlichen Ausweitungen des materiellen Strafrechts ist lang. Sie reicht von der Abschaffung des minderschweren Falls bei Wohnungseinbrüchen über Strafschärfungen bei kinderbezogenen Straftaten, im Bereich der Cyberkriminalität und bei Beleidigungen oder Verletzungen öffentlich Bediensteter bis zur Strafbarkeit der Zwangsheirat.[35] Selbst der Forderung nach Einführung eines neuen Straftatbestands »Einbruch in Tierställe« hat die Union nicht widerstanden, sondern sie zum Gegenstand der Koalitionsvereinbarung für die 19. Legislaturperiode des Deutschen Bundestags gemacht.[36] Insgesamt begibt sich die Union damit in die Rolle eines Vorreiters bei der seit Längerem feststellbaren Expansion des Strafrechts und der zunehmenden Schaffung sektorspezifischer Straftatbestände.[37] Sosehr dies im Einzelfall der gebotenen Schließung vorhandener oder neu entstandener Strafbarkeitslücken gedient haben mag oder künftig dienen kann, sollte nicht aus dem Blick geraten, dass zusätzliche strafrechtliche Sanktionen dem Ultima-Ratio-Grundsatz Rechnung tragen müssen sowie dass die Akzeptanz des Strafrechts auch von seiner Überschaubarkeit und Prägnanz abhängt.

Parallel zu den Vorschlägen zur Weiterentwicklung des materiellen Strafrechts spricht die CDU sich für eine erhebliche Ausweitung der Eingriffs- und Ermittlungsbefugnisse der Sicherheitsbehörden aus. Beispielsweise tritt sie für die Ausweitung des Einsatzes von DNA-Tests, der Schleierfahndung und der Videoüberwachung in öffentlichen Räumen ein. Auch soll die Anordnung von Untersuchungshaft und Ingewahrsamnahmen erleichtert werden. Bei spezifischen Gefährdungslagen soll zudem der Einsatz elektronischer Fußfesseln zu einem Mehr an Sicherheit beitragen. Außerdem bewertet die Union den Datenschutz als »überzogen«.[38] Da »Datenschutz nicht zum Täterschutz« werden dürfe, bekennt sie sich zu einem ganzen Katalog an Forderungen, um staatlichen Behörden in höherem Maße den Zugriff auf persönliche Daten zu ermöglichen. Dazu zählen unter anderem eine »praxisgerechte« Ausgestaltung der Vorratsdatenspeicherung, die Befugnis sämtlicher Sicherheitsbehörden von Bund und Ländern zur Online-Durchsuchung sowie die Erweiterung des Einsatzspektrums und die Verpflichtung der Netzbetreiber zur Mitwirkung bei der Quellen-Telekommunikationsüberwachung.[39]

So nachvollziehbar diese Vorschläge aus Sicht der Sicherheitsbehörden sein mögen, ergibt sich doch die Frage, ob jede einzelne dieser Maßnahmen und insbesondere ihre Gesamtheit der verfassungsrechtlich gebotenen Balance zwischen Freiheit und Sicherheit Rechnung tragen. Das Grundgesetz unterwirft auch die Verfolgung des Ziels, die nach den tatsächlichen Umständen größtmögliche Sicherheit herzustellen, dem Verbot unverhältnismäßiger Eingriffe in die Grundrechte.[40] Die von der Union vorgeschlagenen Erweiterungen staatlicher Handlungsmöglichkeiten beinhalten aber jeweils erhebliche Eingriffe insbesondere in das Grundrecht auf informationelle Selbstbestimmung. Rechtsstaatlich geboten ist dabei nicht nur, dass diese Maßnahmen/einem legitimen Zweck dienen, sondern dass sie auch zu dessen Erreichung geeignet, erforderlich und angemessen sind.[41] Für die Überzeugungskraft der von der Union vertretenen Vorschläge ist daher nicht allein ihre sicherheitspolitische Wünschbarkeit, sondern auch ihre Vereinbarkeit mit den verfassungsrechtlichen Freiheitsgewährleistungen von entscheidender Bedeutung. Auch im Bereich des präventiven und repressiven Rechtsgüterschutzes heiligt der Zweck nicht die Mittel. Daher ist die Union gefordert, darauf zu achten, dass bei allem verständlichen Bemühen um eine Optimierung des Instrumentariums der Sicherheitsbehörden die gebotene Beachtung der grundgesetzlichen Freiheitsgarantien nicht in den Hintergrund gedrängt wird.

Schließlich liegt nach Auffassung der CDU die Verantwortung für die Gewährleistung der Inneren Sicherheit nicht ausschließlich in den Händen der Polizei und der Sicherheitsbehörden. Vielmehr handele es sich um eine gesamtgesellschaftliche Aufgabe.[42] Eingefordert wird in diesem Zusammenhang ein breites Bündnis aller gesellschaftlichen Gruppen und staatlichen Institutionen. Sicherheit setze Bürgerverantwortung voraus. Die Unkultur des Wegschauens müsse durch eine Kultur der Aufmerksamkeit ersetzt werden.

Besondere Bedeutung misst die CDU dem Zusammenwirken der gesellschaftlichen Institutionen im Bereich der Prävention zu. Sie tritt für eine bestmögliche Vernetzung von Familien, Vorschuleinrichtungen, Schulen, sonstigen staatlichen Stellen sowie Vereinen und Verbänden ein, um den Weg in die »Reparaturstätten« der Gesellschaft möglichst zu vermeiden. Ehrenamtliches Engagement sei zu stärken und insbesondere im Bereich des Zivilschutzes unverzichtbar. Die CDU strebt daher an, mehr junge Menschen für die Tätigkeit in Feuerwehren, dem Technischen Hilfswerk und sonstigen Hilfsorganisationen zu gewinnen.[43] Dagegen ist sicherlich nichts einzuwenden, wenngleich der Weg zur Erreichung dieses Ziels in einer sich zunehmend individualisierenden Gesellschaft unklar bleibt.

4. Klassische Handlungsfelder

Die vorstehend dargelegten Grundlinien christdemokratischer Politik für die Innere Sicherheit lassen sich in den spezifischen Handlungskonzepten der Union für einzelne Bereiche der Kriminalitätsbekämpfung und Sicherheitsgewährleistung ohne Weiteres nachvollziehen:

4.1 Alltagskriminalität

Der »Null Toleranz«-Ansatz wird im Bereich der Alltagskriminalität besonders deutlich. Da Vandalismus, Verwahrlosung, verschmutzte Grünanlagen oder Fassadenschmierereien das Sicherheitsgefühl der Menschen beeinträchtigten, sei dem entschlossen entgegenzutreten. Neben verstärkter Videoüberwachung und Beleuchtungskonzepten für besonders betroffene Örtlichkeiten bedürfe es vor allem sichtbarer Polizeipräsenz vor Ort.[44] Der dafür notwendigen personellen Aufstockung entspricht die bereits erwähnte Forderung nach 15.000 zusätzlichen Stellen im Sicherheitsbereich.[45] Wichtig sei außerdem die beschleunigte Bearbeitung von Strafverfahren und die Erhöhung der Sanktionsquote im Bereich der Kleinkriminalität.[46] Im Gegensatz dazu ist die tatsächliche Entwicklung allerdings durch eine Erhöhung der Einstellungsquoten bei Strafverfahren geprägt.[47] Dies will die Union erkennbar nicht hinnehmen. Dem steht aus ihrer Sicht auch der Rückgang der statistisch erfassten Kriminalität in Deutschland[48] nicht entgegen, da primär nicht auf die objektive Sicherheitslage, sondern das subjektive Sicherheitsempfinden abgestellt werden müsse.

Auffällig ist, wie stark die Union im Bereich der Alltagskriminalität auf die Ergänzung polizeilichen Handelns durch bürgerschaftliches Engagement setzt. Freiwillige Polizeihelfer könnten zwar hauptberufliche Polizeikräfte nicht ersetzen. Freiwilliger Polizeidienst und Sicherheitspartnerschaften könnten aber zu einer Stärkung der Inneren Sicherheit insbesondere im Umfeld von Kinderspielplätzen, Schulen und Kindergärten sowie an Orten, an denen Menschen häufig Angst empfinden, wie etwa in Parkhäusern oder öffentlichen Anlagen, beitragen.[49] Dieser von der Union seit Jahren proklamierte Ansatz scheint in der Realität bisher allerdings nur wenig erfolgreich zu sein. Es ist nicht erkennbar, dass auf diesem Wege relevante Sicherheitsgewinne erzielt werden konnten. Hinzu kommt, dass ehrenamtliche Sicherheitspartnerschaften als Hinweis auf die unzureichende Wahrnehmung der dem Staat zugewiesenen Aufgabe der Gewährleistung der Inneren Sicherheit diskreditiert werden können und eine Übertragung von Eingriffsbefugnissen auf freiwillige Polizeihelfer aus rechtsstaatlichen Gründen nicht in Betracht kommt. Dem sollte durch eine nüchterne Bewertung der Rolle des Ehrenamts im Bereich der Kriminalitätsverhütung und -bekämpfung Rechnung getragen werden.

4.2 Jugendkriminalität

Die Priorisierung der Durchsetzung des staatlichen Strafanspruchs prägt wesentlich die Vorstellungen der CDU zur Jugendkriminalität. Zwar verweist sie auf die Notwendigkeit frühzeitiger Prävention und der Hinführung zu rechtstreuem Verhalten in Familie, Schule und Gesellschaft. Gleichzeitig betont sie aber, dass geeignete Präventionsmaßnahmen mit der staatlichen Verfolgung von Straftaten verbunden werden müssen. Besonders durch eine schnelle Reaktion des Staates könnten Grenzen aufgezeigt und potenzielle Opfer geschützt werden. Die Strafe müsse der Tat auf dem Fuße folgen.

Dabei setzt sie insbesondere auf den Einsatz des von ihr durchgesetzten »Warnschussarrests«, die Möglichkeit der Anordnung von Fahrverboten oder der Verhinderung des Führerscheinerwerbs als eigenständige Strafen und die verstärkte Verpflichtung Jugendlicher zur Wiedergutmachung. Außerdem fordert sie die gesetzliche Festschreibung der regelmäßigen Anwendung des Erwachsenenstrafrechts für volljährige Täter unter einundzwanzig Jahren. Insgesamt ist – auch wenn die CDU sich in allgemeiner Form für die Nutzung und den Ausbau von Diversionsmodellen ausspricht – unübersehbar, dass nach ihrer Auffassung die notwendige erzieherische Wirkung auf Kinder und Jugendliche ohne repressive Maßnahmen nicht erreichbar ist.[50]

4.3 Organisierte Kriminalität

Zur Bekämpfung der Organisierten Kriminalität setzt die Union neben der Erweiterung der Eingriffs- und Überwachungsbefugnisse der zuständigen Behörden vor allem auf die Abschöpfung illegal erlangter Gewinne. Notwendig sei es, die Sicherheits- und Justizbehörden in die Lage zu versetzen, durch kriminelle Machenschaften erlangte Gelder frühzeitig beschlagnahmen zu können. Die Union spricht sich vor diesem Hintergrund für die Erweiterung des Geldwäsche-Tatbestands sowie für Beweiserleichterungen und Fristverlängerungen bei der Sicherstellung illegal erlangten Vermögens aus. Richtig daran ist, dass der effektive Zugriff auf illegal erlangtes Vermögen unverzichtbares Element wirksamer Bekämpfung beispielsweise der Clankriminalität in deutschen Großstädten ist.

Darüber hinaus tritt die Union für eine klare und praxisnahe Rechtsgrundlage für den Einsatz verdeckter Ermittler und die erweiterte Möglichkeit der Milderung beziehungsweise des Absehens von Strafe für Kronzeugen bei allen Straftaten ein, die dem Kernbereich Organisierter Kriminalität zurechenbar sind.[51] Außerdem hält sie es für geboten, als Reaktion auf das Zusammenwachsen von Organisierter Kriminalität und internationalem Terrorismus den Verfassungsschutz in Bekämpfungsstrategien einzubeziehen. Dieser müsse in die Lage versetzt werden, Vorfeldermittlungen durchzuführen und die gewonnenen Erkenntnisse an die Justizbehörden weiterzuleiten.[52] Probleme unter dem Gesichtspunkt des Trennungsgebots scheint sie dabei nicht zu sehen.

4.4 Extremismus

Die Herausforderung der freiheitlichen demokratischen Grundordnung durch extremistische Bestrebungen nimmt in der christdemokratischen Sicherheitsdiskussion breiten Raum ein. Nach ihrer Auffassung kommt deren Bekämpfung in der wehrhaften Demokratie des Grundgesetzes oberste Priorität zu – unabhängig davon, ob es sich um Rechts-, Links- oder islamistischen Extremismus handelt.[53] Für jeden dieser Bereiche legt sie jeweils eigenständige Handlungskonzepte vor[54] und begegnet damit dem Vorwurf, »auf dem rechten Auge blind« zu sein.

Zur effektiven Bekämpfung des Extremismus sei die Verzahnung nachrichtendienstlicher Erkenntnisse mit Maßnahmen der Gefahrenabwehr und der Strafverfolgung geboten. Dafür sei ein handlungsfähiger, strikt nach seinem gesetzlichen Auftrag und nicht nach politischer Opportunität handelnder Verfassungsschutz unverzichtbar. Die Einschränkung oder gar Abschaffung des Verfassungsschutzes sei gleichbedeutend mit der Beseitigung eines wesentlichen Elements der Verteidigungsfähigkeit des Staates.[55] Damit grenzt sich die CDU deutlich von allen Versuchen grundlegender Neuorientierung oder wesentlicher Reduzierung der Befugnisse des Verfassungsschutzes ab. Vielmehr tendiert sie in Richtung auf eine Erweiterung seines Aufgabenbereichs (etwa zur Vorfeldbeobachtung im Bereich der Organisierten Kriminalität und des internationalen Terrorismus).

Angesichts spektakulärer Datenpannen[56] fordert die Union die Erweiterung und Automatisierung des Datenaustausches zwischen den Sicherheitsbehörden des Bundes und der Länder sowie die Stärkung des Gemeinsamen Terrorabwehrzentrums (GTAZ). Auch auf europäischer Ebene bedürfe es der Verbindung der getrennten Datentöpfe und einer Effektivierung des Europäischen Antiterrorzentrums.[57]

Neben der konsequenten Verfolgung politisch motivierter Rechtsbrüche auf der Basis eines erweiterten Straftatenkatalogs[58] und spezifischen Maßnahmen gegen Hassprediger und gewaltbereite Islamisten[59] sieht die Union Partei- und Vereinsverbote und die in der Praxis bisher völlig irrelevante Grundrechtsverwirkung gemäß Artikel 18 GG als geeignete Instrumente im Kampf gegen den politischen Extremismus an.[60] Demgegenüber ist die in der Vergangenheit mit Verve geführte Debatte um die Beschäftigung von Verfassungsfeinden im öffentlichen Dienst[61] in den Hintergrund getreten, ohne dass die CDU ihre diesbezügliche Position geändert hätte.[62] Außerdem spricht sie sich für Aussteigerprogramme und die präventive Stärkung des antitotalitären Konsenses in der Gesellschaft durch Bildungs- und Erziehungsmaßnahmen aus.[63] Insgesamt positioniert sie sich als konsequente Verfechterin einer wehrhaften Demokratie, die nicht nur auf die Kraft der geistigen Auseinandersetzung setzt, sondern auch bereit ist, mit rechtsstaatlichen Mitteln gegen diejenigen vorzugehen, die die grundgesetzlichen Freiheitsgewährleistungen zum Kampf gegen die Freiheit missbrauchen.

5. Neue Herausforderungen

Die vorstehend dargestellten sicherheitspolitischen Konzepte orientieren sich vor allem an nationalen Handlungsmöglichkeiten und der Trennung von Äußerer und Innerer Sicherheit. Dieser traditionelle Ansatz wird jedoch durch typischerweise mit den gesellschaftlichen Megatrends der Globalisierung und Digitalisierung verbundene Entwicklungen zunehmend infrage gestellt. Dem versucht die Union durch eine ihren Grundüberzeugungen entsprechende Fortentwicklung ihrer Programmatik Rechnung zu tragen, ohne dass dieser Prozess gegenwärtig bereits als abgeschlossen angesehen werden kann.

5.1 Zusammenwachsen von Äußerer und Innerer Sicherheit

Vor dem Hintergrund asymmetrischer Bedrohungslagen und nicht zuletzt angesichts der Anschläge auf das World Trade Center in New York und das Pentagon in Washington am 11. September 2001 können nach Auffassung der CDU Äußere und Innere Sicherheit nicht mehr voneinander getrennt werden. Die Zuordnung von Gefahren müsse nach der Qualität des Angriffs und nicht nach den Kriterien »innen« und »außen« erfolgen.[64]

Hiervon ausgehend spricht sich die CDU für den Einsatz der Bundeswehr im Innern sowohl zum Katastrophenschutz als auch zur Bewältigung terroristischer Gefahren im

Rahmen klar festgelegter Grenzen aus. Dies gelte insbesondere für Bereiche, in denen nur die Bundeswehr über ausreichende Kapazitäten und Fähigkeiten zur Gefahrenabwehr verfüge, wie dies insbesondere bei der ABC-Abwehr, der Sicherung des Luftraums, Marineeinsätzen oder speziellen Pionierleistungen der Fall sei. Der Einsatz der Bundeswehr habe zwar dem Subsidiaritätsgrundsatz sowie der strikten Trennung von Militär und Polizei Rechnung zu tragen. Im Rahmen einer neuen Sicherheitsarchitektur, die sich vorrangig am optimalen Schutz der Bürger orientiere, sei es jedoch notwendig, der Bundeswehr neue Aufgaben im Bereich des Heimatschutzes zuzuweisen.[65]

Auch insoweit orientiert die Union sich also erkennbar am Prinzip »Sicherheit zuerst«. Dem Bedenken, dass damit die aus historischen Gründen bewusst getroffene Entscheidung einer Beschränkung der Bundeswehr auf die Sicherung des äußeren Friedens konterkariert werde, begegnet die Union mit dem Hinweis, dass die Bundesrepublik sich als gereifte Demokratie darstelle und die Bundeswehr bewiesen habe, dass sie in dieser Demokratie fest verankert sei und den Primat der Politik akzeptiere.[66]

Den engen Spielraum für einen Einsatz militärischer Ressourcen der Bundeswehr im Innern nach der gegenwärtigen Verfassungslage verkennt die CDU nicht. Das Grundgesetz schließt zwar solche Einsätze nicht grundsätzlich aus, beschränkt sie aber auf äußerste Ausnahmefälle des unmittelbar bevorstehenden Eintritts katastrophaler Schäden, die nicht auf andere Weise abgewendet werden können.[67] Außerdem erfordert ein Einsatz der Streitkräfte gemäß Artikel 35 GG selbst bei Gefahr im Verzug einen Beschluss des Bundeskabinetts.[68] Dass ein solcher Beschluss in einer konkreten Bedrohungssituation noch herbeigeführt werden kann, erscheint wenig realistisch. Vor diesem Hintergrund plädiert die CDU auch im Interesse der gebotenen Rechtssicherheit für die zum Einsatz kommenden Soldaten für eine Anpassung des Grundgesetzes.[69] Allerdings fehlt es bisher an der zu einer Grundgesetzänderung erforderlichen Unterstützung anderer Parteien. Konsequenz ist der Fortbestand einer Rechtslage, die gegebenenfalls den Verantwortlichen die Entscheidung über die Rettung des Lebens oder der Gesundheit einer Vielzahl von Menschen auch um den Preis bewusster Inkaufnahme eines Verfassungsbruchs abverlangt. Dies möchte die CDU nicht länger hinnehmen.

5.2 Gemeinsamer Raum der Freiheit, der Sicherheit und des Rechts

Spätestens mit der Proklamation der Europäischen Union als »Raum der Freiheit, der Sicherheit und des Rechts« in Artikel 67 AEUV kann die Gewährleistung der Inneren Sicherheit nicht mehr als eine rein nationale Aufgabe angesehen werden. Dem trägt die Union Rechnung, wenn sie feststellt, dass der Schutz der Bürger vor Kriminalität und Terror zentrale Aufgabe sowohl der nationalen als auch der europäischen Politik sei.[70] Die europäische Einigung habe ein Mehr an Freiheit gebracht. Dem dürfe aber nicht ein Weniger an Sicherheit gegenüberstehen.[71]

Gleichwohl scheint die Union sich mit der naheliegenden Konsequenz schwerzutun, zumindest im Bereich grenzüberschreitender Kriminalität europäische Sicherheitsbehörden mit originären Eingriffsbefugnissen auszustatten. Stattdessen präferiert sie Kooperations- und Datenaustauschkonzepte bei gleichzeitigem Verbleiben der operativen polizeilichen Befugnisse in den Mitgliedsstaaten. Die auf europäischer Ebene verfügbaren Datentöpfe müssten so verknüpft werden, dass alle verfügbaren Informationen von den nationalen Polizei-

und Sicherheitsbehörden zusammen abgefragt werden könnten. EUROPOL müsse ein europäisches FBI werden; die Austausch- und Partnerschaftsprogramme der Sicherheitsorgane seien auszubauen. Außerdem müsse das beschlossene europäische Ein- und Ausreiseregister schnellstmöglich umgesetzt werden.[72]

Raum für direkte Eingriffsbefugnisse europäischer Sicherheitsorgane sieht die CDU allenfalls im Bereich des Außengrenzenschutzes. Die Grenzagentur Frontex ist aus ihrer Sicht schnellstmöglich zu einer operativen Grenzpolizei auszubauen und auf eine Personalstärke von mindestens 10.000 Grenzschützern aufzustocken.[73] Dass es sich dabei jedoch allenfalls um einen ersten Schritt zur Übernahme der Sicherung der europäischen Außengrenzen durch europäische Organe handeln kann, dokumentiert bereits der Umstand, dass die Zahl der nationalen Grenzschützer europaweit auf mindestens 100.000 geschätzt wird. Auch mit 10.000 Frontex-Bediensteten wird ein effektiver Schutz der EU-Außengrenzen nicht leistbar sein. Hinzu kommt, dass diese ursprünglich bis 2020 angestrebte Personalaufstockung voraussichtlich bis ins Jahr 2027 gestreckt wird.[74] Vor diesem Hintergrund verwundert es nicht, dass die Union bis zum Aufbau eines funktionierenden Außengrenzenschutzes an Binnengrenzkontrollen festhalten will, damit insbesondere migrationsbedingten Sicherheitsproblemen Rechnung getragen werden kann.[75]

5.3 Migration und Sicherheit

Zwar wird von der Union ausdrücklich anerkannt, dass die kontrollierte Zuwanderung leistungsbereiter und integrationswilliger Menschen einen »Gewinn für unser Land« darstellen kann, soweit es gelingt, ein unverbundenes Nebeneinander in Parallelgesellschaften zu vermeiden.[76] Zugleich verweist sie allerdings darauf, dass der Ausländeranteil am Kriminalitätsgeschehen auch nach Abzug ausländerspezifischer Delikte ihren Bevölkerungsanteil signifikant übersteigt, was auf die besondere Zusammensetzung der ausländischen Wohnbevölkerung (überproportional viele junge Männer), die schwierige soziale Situation und den hohen Anteil illegal Auffälliger zurückzuführen sei.[77] Damit Migration bereichernd sei und die damit verbundenen Risiken kontrollierbar blieben, bedürfe es einer Drei-Säulen-Strategie, welche die Begrenzung des Zuzugs, die Integration der Bleibeberechtigten und die konsequente Rückführung bei fehlender Bleibeberechtigung umfasse.

a) Hinsichtlich der Begrenzung des Zuzugs setzt die Union auf die Beseitigung von Fluchtursachen, die Bekämpfung der Schleuserkriminalität, die solidarische Verteilung der Flüchtlinge in Europa und den verstärkten Schutz der europäischen Außengrenzen. Hinzukommen soll die Vereinheitlichung der Asylverfahren, die Erweiterung der Liste der sicheren Herkunftsstaaten und die Abwicklung der Verfahren in europäischen Transit- und außereuropäischen Aufnahmezentren.[78] Dabei wird die konzeptionelle Ausgestaltung der Bekämpfung der Fluchtursachen einschließlich der insoweit feststellbaren Nichteinhaltung gegebener finanzieller Zusagen der Bundesrepublik zur Höhe der Entwicklungshilfe in den sicherheitspolitischen Konzepten der Union nicht weiter erörtert. Auch erscheint die Umsetzung der Forderungen nach außereuropäischen Aufnahmezentren und der europaweiten Verteilung von Migranten gegenwärtig wenig realistisch, da es an der hierfür erforderlichen Bereitschaft in den betroffenen Drittstaaten fehlt.

Eine geradezu traumatische Erfahrung für die CDU stellte die Zuwanderung von mehr als einer Million Schutzsuchender im Gefolge der sogenannten Grenzöffnung im September 2015 dar. Zwar wurde die Ermöglichung der Weiterreise von rund 8.000 in Ungarn festsitzenden Flüchtlingen weithin als humanitär geboten akzeptiert. Auch stieß – ungeachtet aller Differenzen in der juristischen Bewertung[79] – die unangemessene Qualifizierung des nachfolgenden Zuzugs von Schutzsuchenden als »Herrschaft des Unrechts« innerhalb und außerhalb der CDU auf entschiedenen Widerstand.[80] Gleichzeitig bestand in der Union aber Konsens, dass es politischer Handlungskonzepte zur Vermeidung einer vergleichbaren Situation bedürfe. Strittig war dabei vor allem, inwieweit die Durchführung von Grenzkontrollen und die Zurückweisung von Migranten an der deutschen Grenze Teil eines solchen Konzepts sein müssten. Aufgrund juristischer Bedenken angesichts der Überformung des nationalen durch europäisches Recht präferierte die Bundeskanzlerin und damalige CDU-Vorsitzende Angela Merkel freiwillige Abkommen zur Rücknahme von Asylbewerbern mit den Ersteinreisestaaten. Dieser Ansatz erwies sich jedoch als wenig effizient. Selbst in diejenigen Länder, mit denen solche Abkommen vereinbart wurden, konnte nur eine sehr geringe Zahl an Asylbewerbern zurückgeführt werden.[81] Vor diesem Hintergrund verständigte sich die CDU unter Führung der neu gewählten Vorsitzenden Annegret Kramp-Karrenbauer nach einem zweitägigen Werkstattgespräch im Februar 2019 auf den Vorschlag einer »intelligenten Grenzüberwachung bis hin zu Zurückweisungen, die die nötige Flexibilität hat, um anlassbezogen auf die Entwicklung von Brennpunkten zu reagieren«.[82] Im Programm zur Europawahl 2019 findet dies in der Forderung nach temporären Binnengrenzkontrollen seinen Niederschlag.[83]

b) Für die Gewährung von Bleiberechten sind aus der Sicht der CDU die von dem einzelnen Migranten ausgehenden

Gefährdungen der Inneren Sicherheit von entscheidender Bedeutung. Im Grundsatz vertritt die Union die Auffassung, dass »wer in Deutschland leben möchte, (...) die zentralen Werte und Normen unserer freiheitlich-demokratischen Grundordnung akzeptieren und annehmen« muss.[84] Fehle diese Bereitschaft, sei das Aufenthaltsrecht verwirkt. Bereits eine Verurteilung zu einer Freiheitsstrafe deutlich unter drei Jahren müsse zu einem Verlust des Aufenthaltsstatus führen. Gleiches gelte für jugendliche Intensivtäter.[85]

Besonderen Raum in der Debatte um die Verwirkung von Bleiberechten nimmt die Auseinandersetzung mit dem politischen Islamismus ein. Die radikale Interpretation des Islam stelle nicht zuletzt für die verfassungstreue Mehrheit der Muslime in Deutschland ein besondere Gefahr dar.[86] Hassprediger und Gefährder seien daher schnellstmöglich auszuweisen. Bei Beteiligung an gewalttätigen extremistischen Ausschreitungen solle schon vor Abschluss des Strafverfahrens abgeschoben werden können. Einbürgerungen von Extremisten seien zu verhindern, Doppelstaatlern müsse künftig die deutsche Staatsangehörigkeit entzogen werden können. Präventiv müssten die elektronische Aufenthaltsüberwachung von Gefährdern und die Erfassung Minderjähriger durch die Verfassungsschutzbehörden ermöglicht werden.[87] Angesichts der mit dem islamistischen Terrorismus verbundenen Gefahren erscheinen diese Forderungen naheliegend. Dass aber insbesondere die beabsichtigten präventiven Grundrechtseingriffe die gebotene Balance von Freiheit und Sicherheit wahren, ist nicht ohne Weiteres ersichtlich. Auch erscheint zweifelhaft, ob die vorgeschlagenen Maßnahmen in Gänze den völkerrechtlichen Vorgaben, insbesondere der Genfer Flüchtlingskonvention, entsprechen.

Außerdem erscheinen die Vorschläge nicht zuletzt angesichts des Umstands, dass die Probleme der Aufenthaltsbeendigung von Migranten weniger auf der Regelungs- denn auf der Vollzugsebene liegen, nur begrenzt zielführend. Tatsächlich gelingt es trotz rechtskräftiger Feststellung fehlender Bleibeberechtigung häufig nicht, den Aufenthalt des Betroffenen in der Bundesrepublik Deutschland zu beenden. Daher setzt die Union sich für erweiterte Möglichkeiten der Anordnung von Ausreisegewahrsam und Abschiebehaft, Leistungseinschränkungen bei der Verletzung von Mitwirkungspflichten, Wiedereinreisesperren und den Abschluss von Rückübernahmeabkommen ein. Außerdem soll bei Verweigerung der Rücknahme von Ausreisepflichtigen den entsprechenden Staaten die Entwicklungshilfe gekürzt oder gestrichen werden.[88]

c) Schließlich bekennt die Union sich zur Integration von Zuwanderern als politischer Schlüsselaufgabe. Integration sei ein fortschreitender positiver Prozess in der Verantwortung der Migranten, der Politik und der Gesellschaft. Sie könne nur bei ausreichenden Sprachkenntnissen gelingen. »Multikulti« sei gescheitert, Parallelgesellschaften müssten verhindert werden. Die Scharia könne in der deutschen Rechtsordnung keine Geltung beanspruchen. Der gebotene Respekt vor den Werten der freiheitlich-demokratischen Grundordnung umfasse insbesondere die Gleichberechtigung von Mann und Frau. Zwangsverheiratungen dürfe es daher nicht geben, Scheinehen seien zu bekämpfen. Vollverschleierungen in der Öffentlichkeit widersprächen der Offenheit unserer Gesellschaftsordnung und seien daher abzulehnen.[89]

d) Nicht nur in der CDU prägen Migrations- und Integrationsfragen die innenpolitische Debatte in starkem Maße. Die Diskussion ist in vollem Gange und ein Ende nicht in Sicht. Die Union ist dabei erkennbar um ein Konzept bemüht, in dem das vorhandene Instrumentarium nachgebessert und ausgebaut, humanitären Verpflichtungen Rechnung getragen, die Chancen kontrollierter Zuwanderung genutzt und die Entstehung unvertretbarer Sicherheitsdefizite verhindert werden. Sie widersteht damit der Versuchung, politische Vorteile aus dem Schüren dumpfer Fremdenfeindlichkeit oder dem blauäugigen Verdrängen der mit den Migrationsprozessen verbundenen Probleme zu ziehen.

5.4 Cyberkriminalität

Die Entwicklung überzeugender Konzepte in diesem vergleichsweise neuen Kriminalitätsfeld stellt sich bereits deshalb als besonders schwierig dar, weil nationale Handlungsspielräume nur in einem relativ geringen Umfang vorhanden sind. Nach Auffassung der Union darf das Internet nicht zu einem Schutzraum für Kriminelle werden. Dies gelte sowohl für neue Kriminalitätsformen als auch für traditionelle Kriminalitätstatbestände, soweit sie mithilfe des Internets verwirklicht würden. Insbesondere müsse verhindert werden, dass die Anonymität des Netzes zur Begehung von Straftaten oder zur Verbreitung von Hass und Hetze ausgenutzt werde.

Anzustreben sei eine internationale Harmonisierung der Regelungen zur Bekämpfung der Netzkriminalität. Zugleich bedürfe es auf nationaler Ebene widerstandsfähiger IT-Strukturen sowie einer engen Verzahnung der Akteure in Staat, Wirtschaft und Gesellschaft. Der Staat müsse innovativer Treiber der Cybersicherheit werden, da diese ein entscheidender Standortfaktor der Zukunft sei. Dazu seien eine Bündelung der technischen Fähigkeiten und eine ausreichende sachliche und personelle Ausstattung der zuständigen Behörden notwendig. Zur Gewährleistung effektiver Strafverfolgung bedürfe es des Zugriffs auf die bei Providern anfallenden Verbindungsdaten, der durch angemessene

Speicherfristen und Kooperationsgebote offengehalten werden müsse.[90]

Ein geschlossenes Konzept zu den sicherheitsrelevanten Aspekten des Internets lässt sich diesen Ansätzen noch nicht entnehmen. Als »Partei der Inneren Sicherheit« ist die CDU gehalten, ihre Überlegungen zu intensivieren und plausible Strategien etwa zur Kontrolle des Darknets, zur Verhinderung der Verbreitung von Hassbotschaften und Terrorwerbung oder zur Einführung eines »digitalen Vermummungsverbots« zu entwickeln.

6. Fazit

Der hohe Stellenwert, den die CDU der Inneren Sicherheit einräumt, resultiert aus der Überzeugung, dass deren Gewährleistung Voraussetzung für ein freies und selbstbestimmtes Leben in der staatlichen Gemeinschaft ist. Freiheit und Sicherheit stehen für die Union gleichberechtigt nebeneinander. Sicherheit garantiere Freiheit. Nur wer keine Angst empfinde, sei frei. Die Gewährleistung der Inneren Sicherheit als staatliche Aufgabe oberster Priorität erfordere einen starken, durchsetzungsfähigen Staat, der über alle notwendigen Mittel verfüge, um der Bindung an Recht und Gesetz ausnahmslos Geltung zu verschaffen. Einen schwachen Staat könnten sich nur Wohlhabende leisten.

Davon ausgehend setzt die CDU ihren Anspruch, »Partei der Inneren Sicherheit« zu sein, konsequent um. Dabei hat sie sich auf diesem Politikfeld einen beachtlichen Kompetenzvorsprung erarbeitet, dessen Verteidigung im politischen Wettbewerb für die CDU von nicht zu unterschätzender Bedeutung ist. Sie verfügt über klare Vorstellungen und weitreichende Handlungskonzepte. Auf deren Grundlage grenzt sie sich deutlich von allen Vorstellungen zur Eröffnung oder Duldung rechtsfreier Räume ab. Neuen Herausforderungen für die Innere Sicherheit stellt sie sich und versucht auch insoweit, glaubwürdiger Sachwalter der Sicherheitsinteressen der Allgemeinheit zu sein.

Die Fokussierung auf die freiheitsschützende Funktion der Inneren Sicherheit steht allerdings in der Gefahr, die freiheitsbeschränkenden Wirkungen sicherheitspolitischen Handelns unberücksichtigt zu lassen. »Safety first« kann nicht die oberste Maxime eines freiheitlich-demokratischen Gemeinwesens sein; vielmehr ist stets eine angemessene Balance zwischen Freiheit und Sicherheit herzustellen. Der CDU ist zu wünschen, dass sie dieses Prinzip, zu dem sie sich ausdrücklich bekennt, auch bei ihrem konkreten politischen Handeln beherzigt. Bei allem verständlichen und begrüßenswerten sicherheitspolitischen Eifer darf die freiheitspolitische Sensibilität nicht verloren gehen.

1 Vgl. »Engagierter Bürger, Starker Staat, Weltoffenes Land«, Beschluss des CDU-Bundesfachausschusses Innenpolitik und Integration, 18. März 2009, S. 5.

2 Vgl. etwa »Karlsruher Erklärung zu Terror und Sicherheit, Flucht und Integration«, Beschluss des 28. Parteitags der CDU Deutschlands, 14./15. Dezember 2015, S. 3; »Orientierung in schwierigen Zeiten – für ein erfolgreiches Deutschland und Europa«, S. 11; »Sicher und frei leben in Deutschland«, Beschluss des Bundesfachausschusses Innenpolitik der CDU Deutschlands, 15. Februar 2015, S. 2.

3 Vgl. Allensbacher Archiv, Sicherheitsreport 2019, IfD-Umfrage 11087, Januar 2019, Schaubilder 5 und 7.

4 Vgl. etwa Infratest dimap, ARD-Deutschlandtrend, September 2018, S. 11.

5 Vgl. »Engagierter Bürger«, S. 5; »In Freiheit und Sicherheit leben«, Beschluss des CDU-Bundesfachausschusses Innenpolitik und Integration, 12. April 2013, S. 1.

6 Vgl. Wahlprogramm der Christlich Demokratischen Union 1969–1973, Ziff. 29.

7 Vgl. etwa »Gemeinsam für Deutschland«, Regierungsprogramm 2013–2017, Kap. 6.1; »Für ein Deutschland, in dem wir gut und gerne leben«, Regierungsprogramm 2017–2021, Kap. »Sicherheit im Inneren und nach außen«, S. 59 ff.

8 Vgl. »Unser Europa macht stark. Für Sicherheit, Frieden und Wohlstand«, Gemeinsames Europawahlprogramm von CDU und CSU, 2019, Kap. 2.2., S. 14 ff.

9 Vgl. »Freiheit, Solidarität, Gerechtigkeit«, Grundsatzprogramm der Christlich Demokratischen Union Deutschlands, Oktober 1978, Ziff. 20, 124.

10 Vgl. »Freiheit in Verantwortung«, Grundsatzprogramm der Christlich Demokratischen Union Deutschlands, Februar 1994, S. 78 ff., Ziff. 111 ff.

11 Vgl. »Freiheit und Sicherheit«, Grundsatzprogramm der Christlich Demokratischen Union Deutschlands, Dezember 2007, S. 3, 8, 17 f., 21, 87, 89 ff., 103.

12 Vgl. »Wir haben die Kraft – gemeinsam für unser Land«, Regierungsprogramm 2009–2013, Juni 2009, S. 78.

13 Vgl. »Freiheit und Sicherheit«, S. 89; »Karlsruher Erklärung«, S. 3.

14 Vgl. »Sicher und frei leben in Deutschland«, S. 2; Grundsatzprogramm 2007, S. 89.

15 Vgl. Manfred Kanther, in: CDU-Dokumentation 25/1993, S. 2 ff.

16 Vgl. Wilhelm von Humboldt: »Ideen zu einem Versuch, die Grenzen der Wirksamkeit des Staates zu bestimmen«, 1792. Stuttgart 1967, S. 58.

17 Vgl. »Berliner Erklärung der Innenminister und -senatoren von CDU/CSU zu Sicherheit und Zusammenhalt in Deutschland«, 19. August 2016, S. 1.

18 Vgl. Benjamin Franklin: »Bemerkungen über die Vorschläge (zum ›Entwurf, wie eine dauernde Vereinigung zwischen England und seinen Pflanzungen bewirkt werden könnte‹)«, Januar 1775, in: Dr. Benjamin Franklin's nachgelassene Schriften und Correspondenz, Bd. III. Weimar 1818, S. 442.

19 Vgl. Manfred Kanther, in: CDU-Dokumentation 25/1993, S. 4.

20 Hans-Peter Friedrich erklärt Sicherheit zum Supergrundrecht (https://www.welt.de, 16. Juli 2013, Abruf: 20. April 2019).

21 Vgl. Grundsatzprogramm 2007, S. 12, Ziff. 29; S. 6 ff., Ziff. 10 ff.

22 Vgl. »Karlsruher Erklärung«, S. 3.

23 Vgl. »Berliner Erklärung«, S. 3; »Ein neuer Aufbruch für Europa, eine neue Dynamik für Deutschland, ein neuer Zusammenhalt für unser Land«, Koalitionsvertrag zwischen CDU, CSU und SPD, 7. Februar 2018, S. 123, Zeile 5763.

24 Vgl. »Schutz von Einsatzkräften verbessern«, Beschluss des Bundesfachausschusses Innenpolitik der CDU, 1. Oktober 2015, S. 1 ff.

25 Vgl. »Weiter so, Deutschland«, Das Wahlprogramm von CDU und CSU für die Bundestagswahl 1987, S. 16; Grundsatzprogramm 2007, S. 93.

26 Vgl. »Kriminalität entschlossen bekämpfen – Innere Sicherheit stärken«, Beschluss des 4. Parteitags der CDU Deutschlands, 12.–14. September 1993, CDU-Dokumentation 27/1993, S. 2.

27 Vgl. »In Freiheit und Sicherheit leben«, S. 2.

28 Vgl. etwa: NRW-Justizminister verteidigt Kirchenasyl, Domradio.de, 13. März 2018.

29 Dazu statt vieler: Utz Schliesky: Die wehrhafte Demokratie des Grundgesetzes, in: Josef Isensee/Paul Kirchhof (Hg.): Handbuch des Staatsrechts, Bd. XII. Heidelberg 2014, S. 847 ff.

30 Vgl. »Kriminalität entschlossen bekämpfen«, S. 2.

31 Vgl. »Leitlinien zur Inneren Sicherheit«, Diskussionspapier des CDU-Bundesvorstandes, 25. Juni 2001, S. 3; »Engagierter Bürger«, S. 8.

32 Vgl. »Leitlinien zur Inneren Sicherheit«, S. 12.

33 Vgl. ebd., S. 4, 10; »Engagierter Bürger«, S. 12.

34 Vgl. »In Freiheit und Sicherheit leben«, S. 4; »Sicher und frei leben in Deutschland«, S. 6.

35 Vgl. »Berliner Erklärung«, S. 4; »Orientierung in schwierigen Zeiten«, S. 11; »Leitlinien zur Inneren Sicherheit«, S. 26; »Extremismus bekämpfen: Islamismus und Salafismus«, Beschluss des Bundesfachausschusses Innenpolitik, 13. April 2016, S. 5; »Schutz von Einsatzkräften verbessern«, S. 4; »Mit einem starken Staat für Freiheit und Sicherheit«, Beschluss des 27. Parteitags der CDU Deutschlands, 8.–10. Dezember 2014, S. 6; »Sicher und frei leben in Deutschland«, S. 2.

36 Vgl. »Ein neuer Aufbruch für Europa«, S. 86, Zeile 4014.

37 Vgl. dazu Michael Kubiciel: Was wird aus dem Strafrecht?, in: FAZ, 15. Februar 2018.

38 Vgl. »Sicher und frei leben in Deutschland«, S. 4, 6; »Leitlinien zur Inneren Sicherheit«, S. 24; »Engagierter Bürger«, S. 9; »Orientierung in schwierigen Zeiten«, S. 12; »Berliner Erklärung«, S. 3 f., 9; »Kriminalität entschlossen bekämpfen«, S. 17; »Karlsruher Erklärung«, S. 7.

39 Vgl. »Berliner Erklärung«, S. 2; »Engagierter Bürger«, S. 7.

40 Vgl. Entscheidungen des Bundesverfassungsgerichts (BVerfGE) 115, 320 <358>.

41 Vgl. BVerfGE 141, 220 <265 Rn. 93>; stRspr.

42 Vgl. Grundsatzprogramm 2007, S. 90.

43 Vgl. zum Ganzen: »Leitlinien zur Inneren Sicherheit«, S. 6, 8; »Engagierter Bürger«, S. 10 f., 16 ff.; »Sicher und frei leben in Deutschland«, S. 7, 11 f.

44 Vgl. »Leitlinien zur Inneren Sicherheit«, S. 7; »Engagierter Bürger«, S. 8; »In Freiheit und Sicherheit leben«, S. 1 f.

45 Vgl. »Leitlinien zur Inneren Sicherheit«, S. 6.

46 Vgl. »Ein neuer Aufbruch für Europa«, S. 123, Zeile 5763.

47 Vgl. Herbert Landau, in: Deutsche Richterzeitung 95 (2017), S. 18.

48 Vgl. »In Freiheit und Sicherheit leben«, S. 3; »Engagierter Bürger«, S. 6; »Berliner Erklärung«, S. 4; »Sicher und frei leben in Deutschland«, S. 3.

49 Vgl. »Leitlinien zur Inneren Sicherheit«, S. 9; »Engagierter Bürger«, S. 17; »Sicher und frei leben in Deutschland«, S. 4.

50 Vgl. zum Ganzen »Leitlinien zur Inneren Sicherheit«, S. 8 ff.; »Sicher und frei leben in Deutschland«, S. 4 ff.

51 Vgl. »Leitlinien zur Inneren Sicherheit«, S. 14 ff.; »Engagierter Bürger«, S. 6; »Mit einem starken Staat für Freiheit und Sicherheit«, S. 7.

52 Vgl. »Leitlinien zur Inneren Sicherheit«, S. 15; »Berliner Erklärung«, S. 4.

53 Vgl. »Engagierter Bürger«, S. 19; »Sicher und frei leben in Deutschland«, S. 9.

54 Vgl. Beschlüsse des Bundesfachausschusses Innenpolitik und Integration der CDU Deutschlands: »10-Punkte-Plan gegen gewaltbereiten Rechtsextremismus«, 1. Dezember 2011; »Linksextremistische Gewalt nachhaltig bekämpfen«, 1. Dezember 2011; »Salafistischen Extremismus bekämpfen«, 26. Juni 2012.

55 Vgl. »Leitlinien zur Inneren Sicherheit«, S. 19.

56 Vgl. Philipp Neumann: Fall Amri zeigt, wie verhängnisvoll Datenpannen sein können, in: WAZ, 1. September 2017.

57 Vgl. »Berliner Erklärung«, S. 5; »Sicher und frei leben in Deutschland«, S. 9 f.; »Für eine wehrhafte Demokratie – Extremismus und Gewalt konsequent bekämpfen«, Beschluss des Bundesfachausschusses Innenpolitik und Integration, 28. November 2012, S. 2 f.

58 Siehe oben 4.4.

59 Siehe unten 5.3.

60 Vgl. »Für eine wehrhafte Demokratie«, S. 3.

61 Vgl. etwa »Konzept der CDU für die innere Sicherheit der Bundesrepublik Deutschland«, Oktober 1974, S. 15 f.

62 Vgl. »Sicher und frei leben in Deutschland«, S. 9.

63 Vgl. »In Freiheit und Sicherheit leben«, S. 6 f.; »Sicher und frei leben in Deutschland«, S. 12.

64 Vgl. »Engagierter Bürger«, S. 7; »Orientierung in schwierigen Zeiten«, S. 13.

65 Vgl. »Gesamtsicherheitskonzept zur Verzahnung der inneren und äußeren Sicherheit«, Beschluss des CDU-Bundesfachausschusses Sicherheitspolitik vom 28. Juni 2004, S. 9 ff.; »Berliner Erklärung«, S. 2; »Orientierung in schwierigen Zeiten«, S. 13.

66 Vgl. »Gesamtsicherheitskonzept«, S. 9.

67 Vgl. dazu BVerfGE 132, 1, 16 ff Rn. 40 ff.

68 Vgl. BVerfGE 132, 1, 21 Rn. 53.

69 Vgl. »Gesamtsicherheitskonzept«, S. 12.

70 Vgl. »Unser Europa macht stark«, S. 14.

71 Vgl. »Engagierter Bürger«, S. 6; »In Freiheit und Sicherheit leben«, S. 12.

72 Vgl. »Karlsruher Erklärung«, S. 5; »Sicher und frei leben in Deutschland«, S. 10; »Unser Europa macht stark«, S. 15 f.

73 Vgl. »Karlsruher Erklärung«, S. 13; »Unser Europa macht stark«, S. 15.

74 Vgl. Armin Käfer: Anhaltender Personalmangel beim Grenzschutz, in: Stuttgarter Zeitung, 20. Februar 2019.

75 Vgl. »Für ein Deutschland, in dem wir gut und gerne leben«, S. 56.

76 Vgl. Grundsatzprogramm 2007, S. 95.

77 Vgl. »Leitlinien zur Inneren Sicherheit«, S. 13.

78 Vgl. »Karlsruher Erklärung«, S. 11, 13; »Orientierung in schwierigen Zeiten«, S. 16 f.; »Sicher und frei leben in Deutschland «, S. 17; »Unser Europa macht stark«, S. 14 f.

79 Vgl. statt vieler: Wissenschaftliche Dienste des Deutschen Bundestages, »Rechtsauffassungen zur Einreiseverweigerung und Einreisegestattung im Zusammenhang mit der sog. Grenzöffnung«, Az: WD 3-3000-139/18 vom 8. Mai 2018 m.w.N.; Markus Möstl: Verfassungsfragen der Flüchtlingskrise 2015/2016, in: Archiv des öffentlichen Rechts 142 (2017), S. 175 ff.; Daniel Thym: Der Rechtsbruch-Mythos und wie man ihn widerlegt, in: Verfassungsblog.de, 2. Mai 2018.

80 Vgl. Herrschaft des Unrechts: De Maizière erzürnt über Seehofers Spruch, in: Hannoversche Allgemeine, 9. Februar 2019; Karina Mössbauer/Florian Kain: Watschen für Seehofers Merkel-Bashing, in: Bild, 10. Februar 2016; Ferdos

Forudastan/Wolfgang Janisch: Voßkuhle rügt Asyl-Rhetorik der CSU, in: Süd-deutsche Zeitung, 28. Juni 2018.

81 Vgl. Marcel Leubecher: Nur 11 illegale Migranten zurückgewiesen, in: Welt am Sonntag, 3. März 2019.

82 Vgl. CDU Deutschlands: Werkstattgespräch Migration, Sicherheit, Integration, 11. Februar 2019, S. 3; siehe auch: Eckhardt Lohse: Nach außen ganz friedlich, in: FAZ, 12. Februar 2019; Jan Bielicke: Über die Grenze, in: Süddeutsche Zeitung, 13. Februar 2019.

83 Vgl. »Unser Europa macht stark«, S. 15.

84 Vgl. Grundsatzprogramm 2007, S. 95.

85 Vgl. »Karlsruher Erklärung«, S. 15; »In Freiheit und Sicherheit leben«, S. 9.

86 Vgl. Grundsatzprogramm 2007, S. 90.

87 Vgl. »Leitlinien für die Innere Sicherheit«, S. 14 f.; »Karlsruher Erklärung«, S. 7; »Sicher und frei leben in Deutschland«, S. 9 ff.

88 Vgl. »Orientierung in schwierigen Zeiten«, S. 16 f.; »Sicher und frei leben in Deutschland «, S. 15 f.; Bundesminister des Innern, für Bau und Heimat: Entwurf eines Zweiten Gesetzes zur besseren Durchsetzung der Ausreisepflicht (»Geordnete-Rückkehr-Gesetz«) vom 11. April 2019.

89 Vgl. Grundsatzprogramm 2007, S. 94 f.; »Engagierter Bürger«, S. 29 ff.; »Karlsruher Erklärung«, S. 17 ff., 22.

90 Vgl. »Engagierter Bürger«, S. 13 f.; »In Freiheit und Sicherheit leben«, S. 10 f.; »Abwehrfähigkeit gegen Cybergefahren stärken«, Beschluss des Bundesfachausschusses Innenpolitik, 8. September 2016; »Sicher und frei leben in Deutschland «, S. 13 ff.

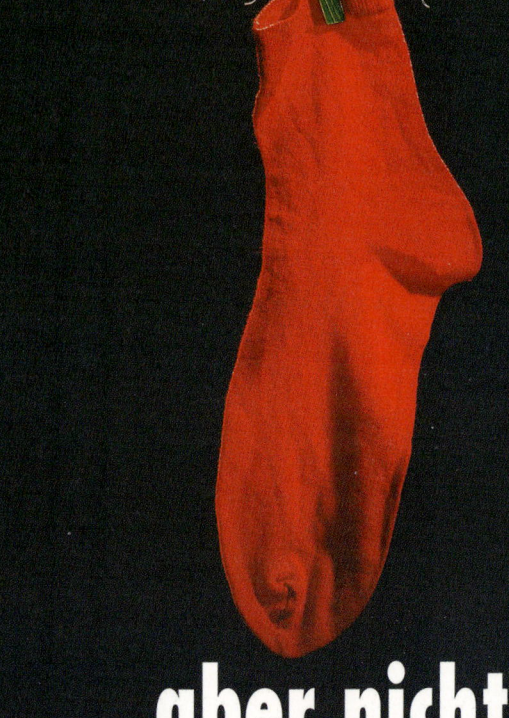

Auf in die Zukunft ...

**aber nicht
auf roten Socken!**

17 Plakat zu den Bundestagswahlen 1994

Erosion der demokratischen Mitte? Herausforderungen der Unionsparteien in den Zeiten postpandemischer Krisenbewältigung

Ursula Münch

An grundsätzlichen wie aktuellen Herausforderungen für die Unionsparteien hätte es Anfang des Jahres 2020 auch so nicht gemangelt: Vertrauenskrise der Volksparteien, Wahlniederlagen der CDU in den Ländern, erstarkender und zum Teil gewalttätiger Rechtsextremismus, vom Spitzenpersonal in die Öffentlichkeit getragene Zweifel an der Führungsstärke und dem Verbleib der Bundeskanzlerin im Amt, angekündigter Rücktritt der amtierenden Parteivorsitzenden und Sorge vor einer unüberwindbaren Kluft zwischen west- und ostdeutschen Landesverbänden angesichts des Debakels um die Ministerpräsidentenwahl in Thüringen, Konfrontationen der Kandidaten für den Parteivorsitz, die Zweifel an der künftigen Geschlossenheit der Partei entstehen ließen, und zu allem Überfluss noch die Auseinandersetzung mit der Schwesterpartei CSU über die Vorgehensweise bei der Kür des gemeinsamen Kanzlerkandidaten.

Und fast wie aus dem Nichts kam zu alldem etwas hinzu, das so bedrohlich erschien und wohl auch war, dass es im Frühjahr die öffentliche, ökonomische, politische und private Themensetzung mindestens für das Jahr 2020 völlig umwarf: Eine Pandemie, also eine sich weltweit und enorm schnell ausbreitende Epidemie, stellte Staaten, Gesellschaften, die Wirtschaft und Individuen vor Entscheidungen, die zumindest »der Westen« seit dem Ende des Zweiten Weltkriegs nicht kannte. Und damit verbanden sich von Beginn der Krise an mehrere nicht mehr nur rhetorische Fragen: Werden erstens unsere demokratische Ordnung und ihre verschiedenen Teilsysteme, zweitens das politische Führungspersonal und drittens die Europäische Union dieser massiven (gesundheits-)politischen und ökonomischen Krise gewachsen sein? Angesichts der politischen Bedeutung der CDU/CSU als insgesamt erfolgreichster Partei Deutschlands und als »letzter verbliebener Volkspartei« liegt es nahe, diese neu auf die Tagesordnung gefluteten großen Fragen mit dem Nachdenken über die zentralen Herausforderungen der Unionsparteien zu verbinden: Wie kann die Union in einer Zeit, in der die Bewältigung der ökonomischen und gesellschaftlichen Folgen der Pandemie im Vordergrund stehen muss, angemessen auf die Veränderungen im Parteiensystem und vor allem deren Ursachen und Auswirkungen reagieren? Anders gefragt: Wie kann es der Volkspartei CDU gelingen, ihr liberales, konservatives und christlich-soziales Profil in einer Epoche zum Tragen zu bringen, die einerseits weiterhin von grundlegenden Veränderungen durch die Digitalisierung, die Globalisierung und die Erderwärmung geprägt sein wird, in der andererseits aber autoritären Verlockungen und Erwartungen ebenso zu widerstehen ist wie einer dauerhaften Absage an marktwirtschaftliche Grundsätze?

Der Vertrauensverlust und seine Ursachen

Es wäre fahrlässig, aus dem sich in Meinungsumfragen im Frühjahr 2020 abzeichnenden Aufwärtstrend für die Große Koalition und vor allem die Unionsparteien, dessen Beständigkeit jedoch ungewiss ist,[1] die Schlussfolgerung zu ziehen, der Vertrauensverlust in die Politik und vor allem in die Volksparteien sei lediglich ein vorübergehendes Phänomen.[2] Es trifft zwar grundsätzlich zu, dass Krisenzeiten die Regierenden stärken,[3] aber es ist offensichtlich, dass gerade die Coronakrise und die gesundheits-, wirtschafts-, finanz- und sozialpolitische Eindämmung ihrer katastrophalen Folgen reichlich Potenzial für populistische Agitation bieten. Am Zustand der Volksparteien wird sich also voraussichtlich ebenso wenig etwas ändern wie an der Zersplitterung der deutschen Parlamente angesichts des Einzugs von derzeit regelmäßig fünf bis sechs Fraktionen. Seit der Finanz- und Bankenrettung und vor allem der sogenannten Flüchtlingskrise sanken das Vertrauen in die »politische Elite« ebenso wie die Stimmenanteile der beiden Volksparteien bei den verschiedenen Wahlen. Diese Vertrauenskrise, die sich seit 2008 in demoskopischen Befragungen, in den digitalen Netzwerken und vor allem in Wahlergebnissen zeigte, hat unterschiedliche Ursachen und stellt auch keineswegs nur ein bundesdeutsches Phänomen dar.[4] In Teilen der Bevölkerung hatte sich der durch die Rhetorik von Populisten zusätzlich geschürte Eindruck verbreitet, dass »die« Politik bei Weitem nicht so handlungsfähig sei, wie gerade die Volksparteien das gern für sich in Anspruch nehmen. Die durch den Schwesternstreit von CDU und CSU verstärkt in den öffentlichen Fokus gehobenen Defizite der deutschen und europäischen Flüchtlingspolitik nährten die ohnehin bestehende Sorge, die deutsche Politik vernachlässige die Interessen eines relevanten Teils der Bürgerschaft.[5] Nicht minder schwer wog die Wahrnehmung, dass die von der Modernisierung und Globalisierung begünstigten (großstädtischen) Eliten und deren Sicht auf das staatliche Handeln einseitig die bundesdeutsche Parteien- und Medienlandschaft dominierten. Dass gleichzeitig ein anderer Teil der Bevölkerung den Vorwurf erhob, Politik und Wirtschaft hätten weltweit die Anzeichen des Klimawandels ausgeblendet und seien unfähig, sich auch international auf wirksame (also einschneidende) Maßnahmen zu verständigen, begünstigte zusätzlich die Wahrnehmung einer Spaltung der Gesellschaft.[6]

In der Bundesrepublik hat man diese Unzufriedenheit eines Teils der Bevölkerung mit den Erscheinungsformen und Ergebnissen politischen Handelns über Jahre hinweg schon deshalb kaum wahrgenommen, weil sie vor allem durch Nichtwählen artikuliert wurde. Beachtung fand das Phänomen jedoch, als es der AfD zumindest vorübergehend gelang,[7] einen Teil der Nichtwähler zu mobilisieren.[8] Der erste Anlass für diese Mobilisierung der Unzufriedenen war die Bankenrettung im Jahr 2008, die das Vorurteil bestärkte, wirtschafts- und finanzpolitische Entscheidungen und Maßnahmen würden zulasten der einfachen Leute beschlossen werden.[9] Ungeachtet dieser Kritik besaßen Themen wie die Eurorettung oder die Verschuldungskrise jedoch offenbar nicht genügend Durchschlagskraft, Anschaulichkeit und vor allem Emotionalität, um tatsächlich eine Mobilisierung der Politikabgewandten und Unzufriedenen zu erreichen. Die Flüchtlingspolitik besitzt sie dagegen schon, und zwar auch deshalb, weil es im Streit darüber um Identität und Gefühle geht.[10]

Die »Mittelklasse« und die politische Mitte

Die »nivellierte Mittelstandsgesellschaft«, wie Helmut Schelsky sie Anfang der 1950er-Jahre beschrieben und analysiert hat, ist als Folge langfristiger Prozesse und diverser Umbrüche – und nicht zuletzt der kulturellen und ökonomischen Spaltung zwischen den großen Städten und den ländlichen Regionen – in eine Art »Drei-Klassen-Gesellschaft« zerfallen.[11] In ihr stehen sich eine liberale, kosmopolitisch ausgerichtete neue Mittelschicht, eine verunsicherte traditionelle Mittelschicht und die prekäre »Unterklasse« eines neuen Dienstleistungsproletariats in scharfem kulturellen Gegensatz gegenüber.[12] Das Problematische an der gegensätzlichen Positionierung von Parteien und ihren Anhängern ist, dass sie sich nicht auf extreme Pole beschränkt, sondern auch in »normalen« Milieus Einzug gehalten hat.[13] Die damit verbundene Polarisierung wird durch die Aufmerksamkeitsregeln der Medien gestärkt, vor allem aber durch das Geschäftsmodell und die Funktionsweise der digitalen Netzwerke. Mit den digitalisierungsbedingten Veränderungen in der Medienlandschaft und dem Bedeutungsverlust der klassischen Medien geht bekanntlich die sogenannte Gatekeeper-Funktion des Qualitätsjournalismus verloren[14] und damit eine an der Wahrheit orientierte Filterung und Platzierung von Themen, die den redaktionellen Prinzipien Relevanz und Proportionalität gerecht werden.[15]

Der internationale Vergleich macht deutlich, warum gerade die Angehörigen der in sich sehr heterogenen Gruppen der »alten Mittelklasse« sowie der »prekären Unterklasse« Vertrauen in »die« Politik verloren haben: Selbst in den Kernsektoren der industriellen Arbeit war das Potenzial an tatsächlich auskömmlicher und dauerhaft gesicherter Arbeit bereits vor dem ökonomischen Schock durch die

Pandemie rückläufig. Die damit verbundenen Unsicherheiten treffen vor allem den eher materialistisch eingestellten, ortsgebundenen und sicherheitsorientierten Teil der Bevölkerung. Die auch als »somewheres« bezeichneten Angehörigen dieser Schicht[16] befürchten, die eigene Qualifikation werde mit den neuen Anforderungen, die sich aus Europäisierung, Globalisierung und Digitalisierung ergeben, ebenso wenig mithalten können wie ihr Einkommen mit der Entwicklung der städtischen Mieten. Sie eint die Sorge, durch die großen Transformationen wie Globalisierung, Migration und Digitalisierung ohnmächtig an den Rand der Gesellschaft gedrängt zu werden.[17] Dieser Teil der Bevölkerung ist für die Forderung nach mehr kultureller Homogenität und dem Fernhalten »der anderen« leichter empfänglich als die Modernisierungsbegünstigten, die sich von der Globalisierung oder auch der Digitalisierung persönliche Vorteile erhoffen können. Als sogenannte »anywheres« fällt es Letzteren schon deshalb leichter, sich offen gegenüber Migration zu geben, weil sie die Konkurrenz durch Migranten weder auf dem Arbeits- noch auf dem Wohnungsmarkt fürchten müssen.[18] Und während dem einen Teil der Bevölkerung zentrale Ausprägungen der gesellschaftlichen Modernisierung, also Antidiskriminierung, Diversität, Gleichstellung, Inklusion und der Versuch, einen möglichst klimaneutralen Lebensstil zu pflegen, als unverzichtbar gelten, stößt die entsprechende Prioritätensetzung beim anderen Teil nicht nur auf Unverständnis, sondern auf völlige Ablehnung. Diese Ausdifferenzierung der ursprünglichen Mittelschicht und die (scheinbare) Unversöhnlichkeit ihrer Lebensstile wirken sich zunächst auf die Verfasstheit der öffentlichen Meinung, auf das Wahlverhalten und schließlich auch auf das bundesdeutsche Parteiensystem aus. Die sehr unterschiedliche Weltsicht und Prioritätensetzung beider Bevölkerungsgruppen können sich dann zu einem grundsätzlichen Problem für die demokratische Ordnung entwickeln, wenn weite Teile der Gruppe der »somewheres« zu der Einschätzung gelangen würden, ihre Anliegen fänden weder parlamentarisch noch medial ausreichend Beachtung. Dass es sich dabei nicht nur um eine wahrgenommene Unterrepräsentation handelt,[19] bestätigen einzelne Studien, denen zufolge sich ein Repräsentationsdefizit auch tatsächlich belegen lässt.[20] Die Notwendigkeit, diesem Repräsentationsdefizit aktiv und glaubwürdig zu begegnen, ist offenkundig. Das Phänomen scheint in den ostdeutschen Ländern weiter verbreitet zu sein als im Rest der Republik, und es findet dort bereits jetzt einen Niederschlag im Parteiensystem, von dem wir nicht wissen, ob er auf die westdeutschen Länder überschwappen wird. Gerade in postkommunistischen Gesellschaften ist zu beobachten, dass die von der Bevölkerung in einzelnen ökonomisch und demografisch besonders geforderten Regionen empfundene Perspektivlosigkeit, die sich auch in einer Unzufriedenheit mit dem »liberalen Paradigma« äußert,[21] von Populisten aufgegriffen und thematisiert wird.[22]

Erfurt ist nicht Weimar

Unmittelbar nach der Landtagswahl in Thüringen vom 27. Oktober 2019, bei der die Partei Die Linke 31 Prozent der Wählerstimmen erhalten hatte und die CDU hinter der AfD (23,4 Prozent) mit 21,7 Prozent der Stimmen nur drittstärkste Kraft geworden war, zeichnete sich ab, wie schwierig eine Regierungsbildung werden würde: Weder die bisherige rot-rot-grüne Landesregierung unter der Führung von Bodo Ramelow (Die Linke) noch ein anderes Bündnis hatte eine parlamentarische Mehrheit. Da die CDU als drittstärkste Kraft weder mit der Linken noch mit der AfD koalieren wollte, die Tolerierung einer rot-rot-grünen Minderheitsregierung ablehnte und auch nicht bereit sein konnte, auf den Vorschlag der AfD einzugehen, eine parteilose »Expertenregierung« zu bilden, schien die politische Lage im Land völlig verfahren. Endgültig krisenhaft spitzte sie sich dann durch die missglückte Ministerpräsidentenwahl am 5. Februar 2020 zu, als es der AfD mit einer Finte gelang, durch das eigene taktische Abstimmungsverhalten den FDP-Abgeordneten Thomas Kemmerich (kurzfristig) zum Ministerpräsidenten zu machen. Dass sich die CDU- und die FDP-Fraktion in Thüringen zu den willfährigen Gehilfen dieser Aktion hatten machen lassen, entwickelte sich zu einem politischen Skandal, an dessen vergeblicher Eindämmung schließlich auch die Parteivorsitzende Kramp-Karrenbauer scheiterte. Die Beurteilungen des Wahlakts gingen weit auseinander:[23] Kommentatoren unter anderem aus der »Werteunion« rechtfertigten den Wahlvorgang und die Annahme der Wahl damit, dass es sich bei der Wahl des FDP-Kandidaten mit den Stimmen der CDU, der FPD und der AfD im dritten Wahlgang um einen »normalen« Vorgang gehandelt habe, dessen Ziel es gewesen sei, den Kandidaten des rot-rot-grünen Bündnisses zu verhindern und einen »bürgerlichen« Ministerpräsidenten ins Amt zu bringen. Andere, wie etwa den früheren Bundesinnenminister Gerhart Baum (FDP), schauderte es hingegen angesichts des »Hauchs von Weimar«.[24]

Hinweise auf den Niedergang der Weimarer Demokratie und dessen Ursachen legen es nahe, in Erinnerung zu rufen, dass sich die internationale, innenpolitische, ökonomische und gesellschaftliche Lage des Jahres 2020 – zumindest bis zum Ausbruch der Pandemie – in jeder Hinsicht positiv von jener der 1920er-Jahre abhob. Dennoch wäre es angesichts der Veränderungen im bundesdeutschen Parteiensystem ein Fehler, zu verkennen, dass die Weimarer

Demokratie nicht an ihren extremen Polen scheiterte, sondern am mangelnden Rückhalt der ursprünglichen politischen Mitte sowie der Eliten. So verdankte die NSDAP ihren Zulauf bei den Reichstagswahlen zwischen 1928 und 1933 gerade auch dem Zuspruch des bürgerlich-protestantischen Lagers, der erwerbstätigen Arbeiter und Angehörigen der »Neuen Mittelschicht« sowie der erfolgreichen massiven Mobilisierung bisheriger Nichtwähler, die die Einstufung der Nationalsozialisten als »Volkspartei des Protests« rechtfertigen.[25] Während diese historischen Sachverhalte empirisch inzwischen recht gut belegbar sind,[26] ist die zeitgenössische Uneinigkeit über den Begriff des politischen Extremismus einerseits[27] und das Konzept der politischen Mitte andererseits[28] groß. Die Einschätzung des Bundesamts für Verfassungsschutz, »dass Rechtsextremismus und Rechtsterrorismus ... aktuell die größte Gefahr für die Demokratie in Deutschland« seien, wird zwar von niemand Seriösem angezweifelt.[29] Überdies lassen sich täglich Beispiele dafür finden, dass sich die »Grenzen des Sagbaren« vor allem in den digitalen Netzwerken verschoben haben.[30] Das Netz ist der Ort, wo sich vor allem Rechtsextremisten die Leichtgläubigkeit und Verführbarkeit verunsicherter Menschen zum Beispiel mithilfe populärer »Memes« versteckt zunutze machen, Labile radikalisieren und für die eigenen politischen Zwecke manipulieren. Die Erkenntnis, dass grundsätzlich jeder für Extremismen anfällig werden kann,[31] gewinnt vor diesem Hintergrund eine für die rechtsstaatliche Demokratie potenziell bedrohliche Dimension. Uneinigkeit besteht jedoch darüber, wie valide vorliegende Befunde über extremistische Einstellungen in Deutschland sind und welche Dimension die wahrgenommene »Erosion der Mitte« angesichts grundsätzlicher Erhebungsschwierigkeiten der Extremismusforschung tatsächlich hat.[32]

Wenn Hufeisen weder Glück noch Regierungsstabilität bringen

Die missglückte Ministerpräsidentenwahl von Thüringen zeigte, dass die strategische Ausrichtung der CDU an einem Hufeisen nicht geeignet ist, die Partei aus der Falle herausführen, die sich in absehbarer Zeit auch andernorts immer wieder auftun kann. Das auf ein durchaus umstrittenes sozialwissenschaftliches Extremismuskonzept zurückgehende sogenannte Hufeisenmodell[33] sieht die demokratische Mitte als von den extremistischen Rändern gleichermaßen gefährdet. Dieses binäre Modell schließt zum einen den »Extremismus der Mitte« (Seymour M. Lipset) definitorisch aus und setzt zum anderen die beiden politischen Pole faktisch gleich.[34] Das Festhalten der CDU an ihrem auf dem Hufeisenmodell beruhenden Parteitagsbeschluss vom Dezember 2018 hat die Partei – auch wenn ausdrücklich darauf verwiesen wird, dass die AfD und die Linkspartei dadurch nicht »gleichgesetzt« würden[35] – angesichts zum Teil zersplitterter ostdeutscher Landtage in die Handlungsunfähigkeit manövriert. Und so steht die künftige Parteiführung vor der fast unlösbaren Aufgabe, mit den 17 Landesverbänden der Partei, vor allem aber mit den fünf ostdeutschen, ein neues Verhältnis zur Partei Die Linke auszuhandeln, ohne gleichzeitig von der klaren Abgrenzung zur AfD abzurücken. Die Argumente, die gegen jede Form eines auch nur projektbezogenen Zusammenwirkens mit der Linken sprechen, sind bekannt. Weniger bekannt ist hingegen, dass die Vehemenz der Ablehnung seitens der ostdeutschen CDU womöglich auch auf deren eigene, wenig rühmliche DDR-Vergangenheit zurückzuführen ist.

Unabhängig von den Motiven der Ablehnung ist festzustellen, dass diese Positionierung der CDU den Verschiebungen im bundesdeutschen Parteiensystem nicht mehr gerecht wird: Zumindest im Osten der Republik entspricht die programmatische Ausrichtung der Linken kaum mehr dem Parteinamen. Gleichzeitig tritt Führungspersonal der AfD gerade dort rechtsextrem und rassistisch auf. Damit nimmt diese Partei der CDU auf absehbare Zeit jedes Nachdenken über eine wie auch immer geartete Zusammenarbeit ab.

Insgesamt kann man der Partei Die Linke im Unterschied zur AfD zubilligen, dass sie inzwischen auf dem Boden des Grundgesetzes steht – eine Einstufung, an der auch völlig verfehlte Einlassungen einzelner Vertreter der Linken grundsätzlich nichts ändern.[36] Diese veränderte Wahrnehmung gerade der ostdeutschen Linken wird der CDU anstrengende interne und öffentliche Debatten abverlangen und vielleicht sogar einzelne Mandatsträger zum Fraktionswechsel veranlassen. Dennoch erscheint eine derartige Neufestlegung erforderlich – nicht nur, um eine Wiederholung der Thüringer Regierungskrise zu verhindern. Zugleich würde sie reflektieren, dass verstanden wird, wo die Kräfte politisch zu verorten sind, die die rechtsstaatlichen und demokratischen Institutionen und Verfahren unterlaufen wollen und für die Durchsetzung eines »anderen« politischen Systems eintreten.[37] Damit die CDU aus ihrer eigenen Führungskrise einerseits und den Folgen schwieriger Mehrheitsverhältnisse andererseits herausfinden kann, ist jedoch mehr als eine Strategiedebatte erforderlich: Notwendig ist die intensive politische Auseinandersetzung mit den Ursachen der Ohnmachtsgefühle der Mittelschicht und damit weiter Teile der »demokratischen Mitte«. Von Letzterer hängt schließlich ab, ob unsere rechtsstaatliche Demokratie auch in Zukunft den politischen Rückhalt erhält, ohne den ihr Bestand gefährdet wäre.

Die CDU in Zeiten unklarer Mehrheitsverhältnisse

Selbst für die CDU als ursprünglicher Sammlungspartei, die seit ihrer Gründung kontinuierlich unterschiedliche Strömungen integrierte, birgt die Kombination aus schwierigen Mehrheitsverhältnissen und großen inhaltlichen Aufgaben gefährliche Fallstricke. Die Debatte über den Umgang der CDU und ihrer Landesverbände mit den demokratischen Teilen der AfD birgt Spaltpotenzial, daran ändern auch die Festlegungen des Parteivorstands nichts. Nicht nur dieser Konflikt bedarf einer gesprächs- und kompromissfähigen, aber eben auch durchsetzungsstarken politischen Führungspersönlichkeit, die in der Lage ist, auch innerhalb der Partei Zuversicht zu vermitteln. Dasselbe gilt für die Notwendigkeit, angesichts der globalen Umbrüche infolge der Krise eine wertebasierte Politik zu entwickeln, die den Anforderungen unserer heterogener werdenden und ohnehin zu Ängsten neigenden Gesellschaft gerecht wird. Eine Volkspartei zeichnet aus, sowohl die potenziellen Gewinner als auch die möglichen Verlierer globaler Veränderungsprozesse anzusprechen und einzubinden. Auch Gerechtigkeitsdebatten folgen angesichts veränderter Kommunikationsformen neuen Gesetzmäßigkeiten – es fällt mithin zunehmend schwer, dieser Anforderung tatsächlich gerecht zu werden. Wenn die inhaltlichen Konflikte die zentrifugalen Tendenzen stärken, liegt es gerade in einer digitalisierten Mediendemokratie nahe, auf die integrative Wirkung von Persönlichkeiten zu setzen. Umso mehr fällt auf, dass selbst die – gemessen an ihren Wahlergebnissen – erfolgreichste Partei der bundesdeutschen Geschichte nicht mit allzu vielen Persönlichkeiten gesegnet ist, die zugleich politisch fähig, durchsetzungsstark und populär sind.

Angesichts unübersehbarer zentrifugaler Tendenzen in der Gesellschaft, die sich durch die Auswirkungen der Pandemie verstärken werden, dürfte den Exekutiven demnach mehr denn je die Aufgabe zukommen, »Problemlöser« zu sein und auch entsprechend wahrgenommen zu werden. Neben der politischen und gegebenenfalls auch rechtlichen Auseinandersetzung mit populistischen und extremistischen Kräften ist die besonnene Handlungsfähigkeit des freiheitlichen und demokratischen politischen Systems die zentrale Voraussetzung, um populistischer oder gar extremistischer Argumentation den Nährboden zu entziehen. Dieses generelle Erfordernis wirkt sich zwangsläufig auch auf die beiden wichtigsten Personalentscheidungen der CDU aus. Schließlich steht, wenn die erfolgreichste Partei Deutschlands das Erbe ihrer früheren Vorsitzenden Angela Merkel zu klären hat, ein zentrales Ziel der (Neu-)Ausrichtung fest: Gerade die CDU/CSU hat die Aufgabe, auf die demokratische Mitte in ihrer ganzen Bandbreite und Heterogenität zu achten.[38] Welcher Kompass soll eine bürgerliche Volkspartei leiten, die zur Selbstbeschreibung auf ihre liberalen, konservativen und christlich-sozialen Wurzeln verweist, und wo findet diese Partei in einer an Umbrüchen überreichen Zeit auch dann noch ihre Wählerschaft, wenn die akute Gesundheitskrise überstanden ist? Zum Profil der Union gehört, dass sie, anders als die Sozialdemokratie, nie eine ideologisch ausgerichtete Programmpartei war. Standpunkte muss aber natürlich auch eine Partei einnehmen, der lange Zeit das Etikett des »Kanzlerwahlvereins« anhaftete.[39] Über Jahrzehnte hinweg waren das die von Konrad Adenauer etablierte Westbindung, die soziale Marktwirtschaft, eine konservative Familien- und Frauenpolitik, eine restriktive Zuwanderungspolitik, die scharfe Abgrenzung vom Sozialismus und das dezidierte Eintreten für die innere und äußere Sicherheit. Kritiker warfen Angela Merkel vor, sie habe als Parteivorsitzende und Bundeskanzlerin Glaubenssätze der Partei vermeintlich ohne Not über Bord geworfen. Diese – vor der Pandemie artikulierte – Kritik übersah oftmals, dass die Volkspartei auf den gesellschaftlichen und demografischen Wandel und die Veränderungen in der Welt nach dem Ende des Ost-West-Konflikts ebenso reagieren musste wie auf die des Parteiensystems durch die deutsche Vereinigung.

Der Wunsch nach Führung in Zeiten der Krise

Personaldebatten sind unterhaltsam. Auch wenn alle gern beteuern, dass es eigentlich um Inhalte gehen muss – sich über Eignung oder Nichteignung von Kandidaten und Kandidatinnen Gedanken zu machen ist interessanter und hat sogar eine integrierende Wirkung: Beim Personal kann schließlich jeder mitreden. Es erscheint sinnbildlich, dass der innerparteiliche Willensbildungsprozess – um nicht zu sagen die Entscheidung im Kampf um Vorsitz und Kanzlerkandidatur – durch die Coronakrise abrupt abgebremst wurde. In der Folge geriet nicht nur die Vorsitzende Kramp-Karrenbauer, über deren Nachfolge hätte entschieden werden sollen, zeitweise aus dem Blick der Öffentlichkeit; zusätzlich positionierten sich die Bewerber unter den Bedingungen des Katastrophenmanagements neu. Bei Redaktionsschluss (Ende März 2020) war weder das Ende der Coronakrise noch der Termin für den CDU-Parteitag absehbar. Was aber bereits zu erkennen war, sind die großen und zum Teil widersprüchlichen Aufgaben, denen der künftige Vorsitzende der CDU gerecht werden muss. Die Bekämpfung der Folgen der Pandemie weckt in weiten Teilen von Wirtschaft und Bevölkerung den Ruf nach mehr staatlicher Intervention.[40] Während es in Zeiten des akuten Krisenmanagements für erforderlich gehalten wurde, sogar durch Staatsbeteiligungen das Überleben von ausgewählten Unternehmen zu sichern,[41] wird vom künftigen CDU-Vorsitzenden nach der Überwindung der akuten Krise erwartet werden, so früh wie möglich Vorschläge vorzulegen, wie dieses in weiten Teilen der Bevölkerung populäre staatliche Engagement zurückzufahren ist, ohne gleichzeitig (wieder) in das andere Extrem eines dem Gemeinwohl unzuträglichen Neoliberalismus zu verfallen. Die Krise wird vermutlich das Bewusstsein dafür fördern, dass Globalisierungsprozesse mehr Regeln benötigen und eine Gesellschaft auf die staatliche Regulierung angewiesen ist, die man in den letzten Jahrzehnten vor allem im öffentlichen Gesundheitswesen vernachlässigt hat.

Auch in anderen Politikfeldern wird es erforderlich sein, eine kluge Balance zu finden: Zum Beispiel mit Blick auf einen künftigen Seuchenschutz, der im Pandemiefall sogar Weisungsrechte erlaubt, ohne die Vorzüge der föderalen Organisation auszuhebeln. Vor allem aber wird von der letzten verbliebenen Volkspartei ein durchsetzbares Konzept erwartet werden, wie es in Zukunft gelingen soll, für eine demografisch herausgeforderte Gesellschaft sicherzustellen, dass die personellen, finanziellen und sachlichen Ressourcen vorgehalten werden, um sowohl die Sicherheit als auch die Daseinsvorsorge zu gewährleisten. Während die akute Krise den Wunsch nach führungsstarken und charakterfesten Persönlichkeiten fördert, ist davon auszugehen, dass sich in der Folgezeit innerhalb der Gesellschaft eine weitere Konfliktlinie auftun wird: Die einen werden zwar nicht die Ausgangsbeschränkungen, aber die Schnelligkeit der politischen Entscheidungsfindung auch nach der akuten Krise beibehalten wollen und den gewaltenteilenden Mechanismen unserer freiheitlichen Demokratie noch skeptischer gegenüberstehen, als dies schon bislang der Fall war. Und die anderen werden sich entschieden gegen ebendiese Verlockungen des

Autoritären zur Wehr setzen und als Reaktion auf die Exekutivlastigkeit während der Krise und die massiven Grundrechtsbeschränkungen die Ausweitung von Beteiligungsrechten der Bürger einfordern.

Die Debatte um das Führungspersonal und die Rolle der CSU

Der Geist ist aus der Flasche: Die gesellschaftlichen, ökonomischen, politischen und technischen Umbrüche durch die großen Transformationen einerseits und die Folgen der Pandemie andererseits produzieren in Kombination mit dem Rückgang der Parteibindungen prekäre parlamentarische Mehrheitsverhältnisse. Die bereits unter »normalen« Bedingungen oft genug mühsame Entscheidungsfindung im sich polarisierenden »Parteienbundesstaat« erschwert es, zukunftsfähige politische Konzepte zu entwickeln und durchzusetzen.[42] In der Folge nimmt die Unzufriedenheit in Teilen der Wählerschaft schon deshalb zu, weil sie von den Kräften an beiden politischen Rändern durch moralisierende Anti-Eliten-Polemik geradezu aufgehetzt werden.[43]

Entgegen der ursprünglichen (Zeit-)Planung der Vorsitzenden Kramp-Karrenbauer wird die CDU die Frage, wer in der Lage ist, der Partei bei der Lösung dieser extrem schwierig auszubalancierenden Probleme vorzusitzen, nicht allein entscheiden können; dazu ist der Zusammenhang zwischen den Positionen des Parteivorsitzenden und des Kanzlerkandidaten der CDU zu eng verkoppelt. Sollte die CDU einen Parteivorsitzenden bestimmen, dem die CSU – allen voran der CSU-Vorsitzende Markus Söder – nicht zutraut, bei der nächsten Bundestagswahl ein gutes Wahlergebnis für die Union einzufahren, dann ist der Konflikt der Schwesterparteien über den nächsten Kanzlerkandidaten vorprogrammiert. Die

»institutionelle(n) und politische(n) Doppelrolle als autonome Landespartei mit besonderem Bundes-Charakter«[44] eröffnete der CSU in der Geschichte der Bundesrepublik einerseits einen Wettbewerbsvorteil bei den bayerischen Landtagswahlen und veranlasste die Partei andererseits, die inhaltliche und personelle Ausrichtung der CDU immer genau im Blick zu behalten. Anders als andere (bayerische) Landesparteien[45] muss die CSU zwar selbst keine Rücksicht auf die Positionierung einer übergeordneten Bundespartei nehmen, aber sie benötigt Wahlerfolge auf beiden Ebenen: in Bayern, um ihren bundespolitischen Gestaltungsanspruch rechtfertigen zu können, und im Bund, um ihre Stellung als (alleinige) Vertreterin bayerischer Belange weiterhin zu legitimieren.[46] Auch wenn der Normalfall darin besteht, dass die CDU bei Bundestagswahlen von den höheren Ergebnissen der CSU in Bayern profitiert, gingen Dankbarkeitsadressen auch schon in die umgekehrte Richtung: Die bayerische Landtagswahl 2013, die nur eine Woche vor der Bundestagswahl 2013 stattfand, brachte ein Novum: »Eine CDU-Kanzlerin verhalf einem CSU-Ministerpräsidenten zur Wiederwahl.«[47] Auch wenn die bayerische Landtagswahl und die Bundestagswahl voraussichtlich auf längere Zeit nicht in direkter zeitlicher Nähe stattfinden werden (ohne vorzeitige Neuwahlen wäre dies erst im Jahr 2033 wieder der Fall), steht das Abschneiden der CSU bei der Wählerschaft immer in einem gewissen Zusammenhang mit dem Ansehen der CDU.

Ob die CSU nach den gescheiterten Kanzlerkandidaturen von Franz Josef Strauß (1980) und Edmund Stoiber (2002) nochmals einen eigenen Kanzlerkandidaten stellen will und wird, ist im Augenblick nicht absehbar. Die während der Coronakrise nochmals gestiegenen Beliebtheitswerte des bayerischen Ministerpräsidenten und CSU-Vorsitzenden Markus Söder sprechen zwar ebenso dafür wie der Wunsch eines großen Teils der Bevölkerung nach führungsstarken Politikern. Gleichzeitig mahnen nicht nur die früheren Erfahrungen der CSU und ihrer ehrgeizigen Vorsitzenden, sondern auch die Wechsel anderer Landespolitiker in die Bundespolitik sehr zur Vorsicht.

Es wäre nicht nur zynisch, sondern auch sachlich falsch, darauf zu setzen, dass eine hoffentlich insgesamt erfolgreiche Bekämpfung der Corona-Epidemie einen politischen Zustand herstellen könnte, wie ihn so mancher durchaus melancholisch mit der »alten« Bundesrepublik verbindet. Weder sollten wir die gesellschaftliche Modernisierung zurückdrehen wollen noch erscheint es – angesichts der von Nationalismus ausgehenden Gefahren – vernünftig, auf die von Links- und Rechtspopulisten geforderte Entglobalisierung zu setzen, die vor allem angesichts von Lieferengpässen bei Medikamenten und Schutzvorkehrungen breite Zustimmung findet. Aber die Pandemie selbst und vor allem die Krisen, die mit ihrer Bewältigung einhergehen, zeigen auf, wie wichtig es ist, die zentralen Grundsätze, auf die sich die CDU beruft, in ein zeitgemäßes Verhältnis zueinander zu bringen: Nicht nur der neue Parteivorsitzende, sondern die Partei insgesamt werden daran gemessen werden, ob es ihnen gelingt, in der Nach-Corona-Zeit die liberale, die konservative und die soziale Ausrichtung der Partei mit einem sowohl führungsstarken und föderalen als auch partizipativen Führungsstil zu vereinbaren. Eine immense Aufgabe.

1 Renate Köcher: Erdrutschartiger Absturz. Covid-19 lässt die Deutschen so pessimistisch werden wie keine andere Krise seit 1949, in: FAZ, 25. März 2020.

2 Institut für Demoskopie Allensbach: Erosion des Vertrauens. Eine Dokumentation des Beitrags von Prof. Dr. Renate Köcher, in: FAZ, 20. November 2019 (https://www.ifd-allensbach.de/fileadmin/IfD/sonstige_pdfs/FAZ_November2019_Vertrauen.pdf, Abruf: 20. März 2020).

3 Karl-Rudolf Korte: Der Sog der Mitte: Die Repolitisierung der Wähler im Wahljahr 2017, in: Zeitschrift für Politikwissenschaft 27 (2017), S. 221–231, hier 227.

4 Vgl. Edelman (Hg.): 2019 Edelman Trust Barometer. Annual global study. Executive Summary, Januar 2020 (https://www.edelman.com/trustbarometer, Abruf: 24. März 2020).

5 Vgl. die verschiedenen Beiträge in Wolfgang Merkel (Hg.): Demokratie und Krise. Zum schwierigen Verhältnis von Theorie und Empirie. Wiesbaden 2015.

6 Vgl. Christian Franz/Marcel Fratzscher/Alexander S. Kritikos: Grüne und AfD als neue Gegenpole der gesellschaftlichen Spaltung in Deutschland, in: DIW Wochenbericht, 34/2019. Berlin 2019, S. 601 f.

7 Vgl. Stefan Haußner/Arndt Leininger: Die Erfolge der AfD und die Wahlbeteiligung: Gibt es einen Zusammenhang?, in: Zeitschrift für Parlamentsfragen 49 (2018), S. 69–90.

8 Vgl. Armin Schäfer: »Ich sehe eine Gefahr für die Demokratie«. Interview mit Jürgen Zurheide, in: Max-Planck-Gesellschaft, Newsroom, 20. Februar 2020 (https://www.mpg.de/14471859/demokratie-interview-schaefer, Abruf: 20. März 2020).

9 Vgl. Reimut Zohlnhöfer/Fabian Engler: Politik nach Stimmungslage? Der Parteienwettbewerb und seine Policy-Implikationen in der 17. Wahlperiode, in: Reimut Zohlnhöfer/Thomas Saalfeld (Hg.): Politik im Schatten der Krise. Eine Bilanz der Regierung Merkel 2009–2013. Wiesbaden 2015, S. 136–167, hier 161 ff.

10 Vgl. Harald Schoen/Konstantin Gavras: Eher anhaltende Polarisierung als vorübergehende Verstimmung. Die Flüchtlingskrise und die Bürgerurteile über die Große Koalition zwischen 2013 und 2017, in: Reimut Zohlnhöfer/Thomas Saalfeld (Hg.): Zwischen Stillstand, Politikwandel und Krisenmanagement. Wiesbaden 2019, S. 17–37.

11 Vgl. Andreas Reckwitz: Das Ende der Illusionen. Politik, Ökonomie und Kultur in der Spätmoderne. Berlin 2019, S. 77.

12 Vgl. Reckwitz: Ende der Illusionen, S. 85–107.

13 Vgl. Franz/Fratzscher/Kritikos: Grüne und AfD, S. 602.

14 Vgl. Claudia Ritzi: Politische Öffentlichkeit zwischen Vielfalt und Fragmentierung, in: Jeanette Hofmann u. a.: Politik in der digitalen Gesellschaft. Zentrale Probleme und Forschungsperspektiven. Bielefeld 2019, S. 61–82.

15 Vgl. Bernhard Pörksen: Die große Gereiztheit. Wege aus der kollektiven Erregung. München 2018, S. 196 f.

16 Die plakative Unterscheidung in »somewheres« und »anywheres« geht auf das Buch des britischen Journalisten David Goodhart zurück, vgl. ders.: The Road to Somewhere: The Populist Revolt and the Future of Politics. London 2017.

17 Vgl. Reckwitz: Ende der Illusionen, S. 97–107.

18 Ursula Münch: Fremd in der Karibik, in: Das Parlament, Nr. 44/45, 30. Oktober 2017 (https://www.das-parlament.de/2017/44_45/titelseite/530860-530860, Abruf: 20. März 2020).

19 Vgl. Werner J. Patzelt: Mängel in der Responsivität oder Störungen in der Kommunikation? Deutschlands Repräsentationslücke und die AfD, in: Zeitschrift für Parlamentsfragen 49 (2018), S. 885–895.

20 Vgl. Lea Elsässer/Svenja Hense/Armin Schäfer: »Dem Deutschen Volke«? Die ungleiche Responsivität des Bundestags, in: Zeitschrift für Politikwissenschaft 27 (2017), S. 161–180.

21 Reckwitz: Ende der Illusionen, S. 162 ff.

22 Vgl. Ivan Krastev/Stephen Holmes: Das Licht, das erlosch. Eine Abrechnung. Berlin 2019, S. 94 ff.

23 Vgl. Deutschlandfunk: Nach der Thüringen-Wahl: Standpunkte der Parteien und Einschätzungen von Experten (https://www.deutschlandfunk.de/nach-der-thueringen-wahl-standpunkte-der-parteien-und.2897.de.html?dram:article_id=469796, Abruf: 28. März 2020).

24 Vgl. Deutschlandfunk: Gerhart Rudolf Baum im Gespräch mit Christiane Kaess: Früherer Bundesinnenminister Baum (FDP). »Ein Hauch von Weimar liegt über der Republik« (https://www.deutschlandfunk.de/frueherer-bundesinnenminister-baum-fdp-ein-hauch-von-weimar.694.de.html?dram:article_id=469641, Abruf: 28. März 2020).

25 Jürgen W. Falter: Hitlers Wähler. München 1991, S. 364 ff.

26 Vgl. Peter Borowsky: Wer wählte Hitler und warum? Ein Bericht über neuere Analysen der Wahlergebnisse zwischen 1928 bis 1933, in: Ders.: Schlaglichter historischer Forschung. Studien zur deutschen Geschichte im 19. und 20. Jahrhundert. Hg. aus dem Nachlass von Rainer Hering und Rainer Nicolaysen. Hamburg 2005, S. 235–253.

27 Jürgen W. Falter: Zum Begriff des »Politischen Extremismus« – Kritik und Kritik der Kritik, in: Karl Marker/Annette Schmitt/Jürgen Sirsch (Hg.): Demokratie und Entscheidung: Beiträge zur Analytischen Politischen Theorie. Wiesbaden 2019, S. 41–57, hier 41–46.

28 Zur Schwierigkeit der Begriffsdefinition vgl. Viola Neu/Sabine Pokorny: Ist »die Mitte« (rechts-)extremistisch?, in: Aus Politik und Zeitgeschichte 40/2015, Jg. 65, S. 3–8, hier 6.

29 Thomas Haldenwang: BfV-Pressekonferenz, 12.3.2020, zum Stand der Bekämpfung des Rechtsextremismus (https://www.verfassungsschutz.de/de/oeffentlichkeitsarbeit/vortraege/eingangsstatement-p-20200312-pressekonferenz-zum-stand-der-bekaempfung-des-rechtsextremismus, Abruf: 20. März 2020).

30 Dietmar Neuerer: Regierungsbeauftragter empört über AfD-Hetze gegen Merkel. Im Netz machen sich AfD-Abgeordnete über die Quarantäne für Bundeskanzlerin Merkel lustig. Das sorgt für großen Unmut, in: Handelsblatt, 2. März 2020 (https://www.handelsblatt.com/politik/deutschland/kanzlerin-in-quarantaene-regierungsbeauftragter-empoert-ueber-afd-hetze-gegen-merkel/25671172.html?ticket=ST-189742-HXnTencqsaGniTazeSbA-ap, Abruf: 20. März 2020).

31 Vgl. Neu/Pokorny: Ist »die Mitte« (rechts)extremistisch?, S. 8.

32 Vgl. Kai Arzheimer: Extremismus, in: Thorsten Faas/Oscar W. Gabriel/Jürgen Maier (Hg.): Politikwissenschaftliche Einstellungs- und Verhaltensforschung. Handbuch für Wissenschaft und Studium. Baden-Baden 2020, S. 296–308, hier 305 f.

33 Vgl. Falter: Zum Begriff des »Politischen Extremismus«, S. 41–57.

34 Vgl. Arzheimer: Extremismus, S. 297.

35 CDU: Unsere Haltung zu Linkspartei und AfD (https://www.cdu.de/system/tdf/media/dokumente/cdu_deutschlands_unsere_haltung_zu_linkspartei_und_afd_0.pdf?file=1, Abruf: 20. März 2020).

36 Vgl. Alan Posener: Die Linke ist ihr eigener ärgster Feind, in: Die Welt, 12. März 2020.

37 Vgl. Wolfgang Schroeder/Bernhard Weßels (Hg.): Smarte Spalter. Die AfD zwischen Bewegung und Parlament. Bonn 2019, S. 122 ff.

38 Vgl. Karl-Rudolf Korte: Bürgerliche Mitte. Wie die etablierten Parteien sie neu erkämpfen können, in: Die politische Meinung, Nr. 540 (2016), S. 14–21.

39 Udo Zolleis/Josef Schmid: Die CDU unter Angela Merkel – der neue Kanzlerwahlverein?, in: Oskar Niedermayer (Hg.): Die Parteien nach der Bundestagswahl 2013. Wiesbaden 2015, S. 25–48.

40 Vgl. Joseph Fischer: Der Staat wird zum Vorsorgestaat, in: FAZ, 31. März 2020.

41 Vgl. Sachverständigenrat zur Begutachtung der gesamtwirtschaftlichen Entwicklung: Sondergutachten 2020. Die gesamtwirtschaftliche Lage angesichts der Corona-Pandemie. Wiesbaden, 22. März 2020 (https://www.sachverstaendigenrat-wirtschaft.de/sondergutachten-2020.html?returnUrl=%2F&cHash=4c131d4abb9c2cb8e7e2e4521d551aec, Abruf: 29. März 2020).

42 Vgl. Frank Decker: Über Jamaika zur Fortsetzung der Großen Koalition. Die Entwicklung des Parteiensystems vor und nach der Bundestagswahl 2017, in: Karl-Rudolf Korte/Jan Schoofs (Hg.): Die Bundestagswahl 2017. Analysen der Wahl-, Parteien-, Kommunikations- und Regierungsforschung. Wiesbaden 2019, S. 201–224.

43 Vgl. Susanne Pickel: Die Wahl der AfD. Frustration, Deprivation, Angst oder Wertekonflikt?, in: ebd., S. 145–175.

44 Alf Mintzel: Die CSU-Hegemonie in Bayern. Strategie und Erfolg. Gewinner und Verlierer. Passau 1998, S. 92.

45 Vgl. Jörg Siegmund/Ursula Münch: Das bayerische Parteiensystem: Strukturen, Zäsuren, Tendenzen, in: Bayerische Landeszentrale für politische Bildungsarbeit (Hg.): Parteien und Landtagswahlen in Bayern. Die Landtagswahl 2013 in der Analyse. München 2018, S. 20–63.

46 Vgl. Ursula Münch: Freistaat im Bundesstaat. Bayerns Politik in 50 Jahren Bundesrepublik Deutschland. München 1999, S. 40–47.

47 Ulrich Berls: Vom Merkel-Bonus zum Merkel-Malus – Die CSU vor der Landtagswahl, in: Akademie für Politische Bildung (Hg.): Akademie Kurzanalyse 1/2018. Tutzing 2018, S. 3 (https://www.apb-tutzing.de/download/publikationen/kurzanalysen/Akademie-Kurzanalyse_2018_01.pdf, Abruf: 28. März 2020).

18 Plakat zum Verteidigungsbeitrag der Bundesrepublik 1953

Die CDU im Kreuzfeuer von Oppositionsbewegungen: Wiederbewaffnung, Friedensbewegung und AfD

Herfried Münkler

Ein Vergleich und was man aus ihm lernen kann

Politische Parteien haben in funktionierenden Demokratien grundsätzlich mit konkurrierenden Parteien zu tun. Wenn nachfolgend von Oppositionsbewegungen – und nicht von Oppositionsparteien – die Rede ist, so darum, weil es sich hier um einen besonderen Typus von Opposition handelt, einen, der nicht ausschließlich in das parlamentarische System eingebunden ist, sondern seine politische Kraft – zumindest auch – aus außerparlamentarischen Bewegungen bezieht. Letztere können Bündnisse mit im Parlament vertretenen Parteien eingehen, sodass die Bewegung einen inner- und einen außerparlamentarischen Arm hat, aber von einer Oppositions*bewegung* kann nur so lange die Rede sein, wie sie nicht wesentlich parlamentarisiert ist und solange ihre Kraftquellen zu einem guten Teil außerhalb des Parlaments liegen. Oppositionsbewegungen fordern die bestehende Parteienlandschaft vor allem durch ihren starken Zukunftsbezug heraus: die Drohung, dass sich alles ändern wird, wenn die im Parlament vertretenen Parteien, unter ihnen vor allem die dominierende(n) Volkspartei(en), ihren Forderungen nicht nachkommen. Die derart attackierte Partei wiederum kann sich dessen erwehren, indem sie ihrerseits eine außerparlamentarische Präsenz entwickelt, zu Kundgebungen aufruft und Demonstrationen organisiert. Das ist jedoch mit erheblichen Risiken versehen, weil es Kraft und Energie absorbiert, die dann andernorts fehlen, und weil außerparlamentarische Bewegungen eine Eigendynamik entwickeln, die von der Partei nicht ohne Weiteres kontrolliert werden kann. In funktionierenden parlamentarischen Systemen scheuen Parteien zumeist davor zurück und setzen darauf, dass die gegen sie gerichtete außerparlamentarische Bewegung sich nach einiger Zeit wieder verläuft.

Die CDU hat sich seit ihrem Bestehen drei Mal einer solchen Herausforderung durch Oppositionsbewegungen gegenübergesehen: der des Widerstands gegen die Wiederbewaffnung, das heißt einer gegen die Aufstellung eigener westdeutscher Streitkräfte gerichteten Bewegung zu Beginn der 1950er-Jahre; der des Widerstands gegen die Umsetzung des NATO-Doppelbeschlusses, also des Widerstands gegen die Aufstellung von US-Mittelstreckenraketen zu Beginn der 1980er-Jahre; und schließlich einer anfänglich eher diffusen Stimmung in Teilen der Bevölkerung zunächst gegen den weiteren Verbleib Griechenlands im Euroraum, der auf die Übernahme finanzieller Garantien für das wirtschaftlich schwer angeschlagene Land hinauslief, und sodann gegen die Aufnahme von Migranten aus dem Nahen Osten und dem nördlichen Afrika. Aus dieser Stimmungslage ist die AfD entstanden, die 2017 in den Bundestag einzog.

Der Vergleich dieser drei Herausforderungen für die CDU (wobei die Entstehung der AfD nicht nur die CDU betraf, in parteitaktischer Hinsicht aber vor allem deren Problem ist) ist nicht zuletzt deswegen aufschlussreich, weil er Hinweise für eine erfolgreiche Auseinandersetzung von Volksparteien mit Oppositionsbewegungen geben und verdeutlichen kann, auf welchen Politikfeldern und unter welchen Rahmenbedingungen sie sich gewinnen lassen – und wann nicht. Aus der Kontroverse um die Wiederbewaffnung ist die CDU nämlich, nimmt man die Aufstellung eigener Streitkräfte und den Beitritt der Bundesrepublik zur NATO als Maßstab, nicht nur als politischer Sieger hervorgegangen, sondern sie ist danach und dadurch auch zu der großen Volkspartei des Landes geworden. Sie hat also von der Auseinandersetzung parteipolitisch stark profitiert. Auch aus dem Konflikt um die Aufstellung amerikanischer Mittelstreckenraketen auf bundesdeutschem Territorium ist die Union als politischer Sieger hervorgegangen, wenn man die entsprechenden Parlamentsbeschlüsse und die tatsächliche Aufstellung der Raketen als Maßstab nimmt. Noch stärker als dieser politische Erfolg fiel dabei ins Gewicht, dass die SPD, die in der Frage der Raketenaufstellung politisch gespalten war, in der Folge als Anwärter auf die Übernahme der Regierungsverantwortung so stark geschwächt war, dass die CDU, ähnlich übrigens wie nach der Entscheidung über die Wiederbewaffnung, für mehr als eineinhalb Jahrzehnte die Führungsposition bei den Regierungsbildungen einnahm. Um einiges anders verliefen dagegen die Auseinandersetzungen um die Eurorettung und die Aufnahme von Flüchtlingen, in deren Verlauf die CDU zwar ihre strategische Dominanz im deutschen Parteienspektrum zunächst verteidigen konnte, insofern auch nach der Bundestagswahl von 2017 keine Regierungsbildung gegen sie oder an ihr vorbei möglich war, während deren sie aber zeitweilig an den Rand der Spaltung geriet, schwere Konflikte mit der bayerischen Schwester CSU auszuhalten hatte und mit dem Einzug der AfD in den Bundestag ihren Anspruch als Alleinvertreterin der »rechten Mitte« im deutschen Parteienspektrum verlor.

Man kann diese jeweils durch drei Jahrzehnte voneinander getrennten Auseinandersetzungen der CDU mit Oppositionsbewegungen auch als Etappen eines parteigeschichtlichen Zyklus betrachten. Dabei war die Auseinandersetzung um die Wiederbewaffnung der entscheidende Schritt auf dem Weg zur Konsolidierung als Volkspartei der rechten Mitte. Der Konflikt über die Aufstellung amerikanischer Mittelstreckenraketen stand für die Aufrechterhaltung und die Erneuerung ihres Anspruchs, die Regierung zu bilden, während die Auseinandersetzungen um die Eurorettung und den Umgang mit den Migranten für die Erosion des Volksparteianspruchs stehen und zu einem womöglich dauerhaften Rückfall der Union auf etwa 30 Prozent Wählerstimmen bei Bundestagswahlen geführt haben. Dabei kann den unterschiedlichen Folgen der genannten Auseinandersetzungen der Charakter des Ursächlichen oder der des Indikativen zugeschrieben werden. Ersteres findet sich zumeist in Darstellungen aus journalistischer Perspektive, die den Blick allein auf die Partei und ihre Spitzenpolitiker pflegt; Letzteres ist dagegen für die Herangehensweise komparativ arbeitender Wissenschaftler typisch, die die Geschichte der Volksparteien in ganz Europa im Auge haben, dies miteinander vergleichen und sie dabei als einen von allgemeinen Rahmenbedingungen bestimmten Zyklus von Aufstieg, Höhepunkt und Niedergang beschreiben, bei dem den drei Ereignissen eine den Gesamtverlauf bestärkende und beschleunigende, aber keine ihn in Gang setzende oder die Richtung verändernde Rolle zukommt. Insgesamt ist nämlich festzuhalten, dass in Westeuropa im Verlauf der letzten Jahrzehnte überall die Volksparteien an Gewicht verloren haben oder gänzlich verschwunden sind, wobei in der Einzelbetrachtung recht unterschiedliche Ereignisse und Herausforderungen eine Rolle spielten. Aber das Spezielle der Einzelbetrachtung verblasst vor der Beobachtung, dass sie allesamt eine ähnliche Entwicklung durchgemacht haben. Die Beurteilung von Adenauer, Kohl und Merkel als den entscheidenden Akteuren in den hier eigens behandelten Herausforderungen und Krisen fällt dementsprechend unterschiedlich aus. Im einen Fall sind sie die großen Entscheider, die Entwicklungen in Gang setzen, im anderen die Profiteure, die durch kluges Agieren auf diese Entwicklungen Einfluss nehmen. Bevor auf diese evaluativen Fragen eingegangen werden kann, ist indes ein genauerer Blick auf den Verlauf der jeweiligen Auseinandersetzungen vonnöten.

Wiederbewaffnung, Westintegration und Rückgewinnung der Souveränitätsrechte

Von seiner inneren Einstellung her hatte Konrad Adenauer zum Militär kein besonderes Verhältnis, ja, man darf davon ausgehen, dass seine preußenkritische Grundhaltung auch einen antimilitaristischen Affekt einschloss.[1] Dementsprechend war ihm die Wiederbewaffnung, das heißt die Aufstellung westdeutscher Streitkräfte, keine Herzensangelegenheit, sondern ein Mittel, mit dem er ein ganz anderes Ziel verfolgte: die Westintegration der Bundesrepublik und die Rückgewinnung deutscher Souveränitätsrechte.[2] In Anbetracht der geopolitischen Konstellationen im Nachkriegseuropa hatte Adenauer die Westintegration der Bundesrepublik vor die Wiedervereinigung Deutschlands gestellt. Er ging davon aus, dass ein vereintes Deutschland unter den damaligen Bedingungen nicht in den Verband der westeuropäischen Demokratien zu integrieren war, zunächst, weil die Sowjetunion dem nicht zustimmen würde, sodann aber auch, weil die Westeuropäer gegenüber einem solchen Deutschland misstrauisch sein und auf Distanz bleiben würden. Die Sozialdemokratie unter ihrem Vorsitzenden Kurt Schumacher hatte sich hingegen für die umgekehrte Reihenfolge entschieden: zunächst Wiederherstellung der Einheit Deutschlands, dann Westintegration, weswegen sie forderte, alles zu unterlassen, was die Vereinigung Deutschlands gefährden würde. Das war nicht unbedingt die Aufstellung eigener Streitkräfte, aber auf jeden Fall deren Integration in ein westliches Bündnis. Da Ersteres aber nicht ohne Letzteres zu haben war, positionierte sie sich gegen die Wiederbewaffnung. Damit waren die politischen Fronten klar.

Adenauers Präferenzbildung war, wie sich herausstellen sollte, die politisch realistischere; aber sie war nicht ohne politische Risiken, da sie mit deutschen Vorleistungen verbunden war, bei denen sich nicht mit Sicherheit voraussagen ließ, ob sie mit entsprechenden Gegenleistungen, insbesondere solchen der USA und Frankreichs, honoriert werden würden. Und außerdem war die bedingungslose Präferenz für die Westintegration innerhalb der CDU nicht unumstritten, wie sich anlässlich Stalins diplomatischer Offensive vom Frühjahr 1952 zeigte, als der Sowjetführer die Wiedervereinigung Deutschlands in Aussicht stellte, wenn es sich dabei um ein bündnispolitisch neutrales Deutschland handeln würde. Ob dieses Angebot ernst gemeint war, ist in der Forschung bis heute umstritten. Es genügte damals jedenfalls, um Adenauer erheblich unter Druck zu setzen. Der ließ sich jedoch nicht beirren, sondern setzte die begonnene Politik durch, ohne sich auf eine innerparteiliche Debatte einzulassen, wie sie einige führende Politiker in der CDU anregten. Adenauer hatte das Glück, dass ihm die anschließende politische Entwicklung in die Karten spielte: der Tod Stalins bald darauf; die Machtkämpfe innerhalb der sowjetischen Führung, in deren Folge unklar war, ob das Angebot noch galt; und schließlich der Volksaufstand in der DDR vom 17. Juni

1953 mitsamt dessen Niederschlagung durch sowjetische Panzer, nach der klar war, dass eine Wiedervereinigung vorerst nicht mehr auf der politischen Tagesordnung stand. Stattdessen stieg das Bedrohungsgefühl im Westen deutlich an, was die Stimmungslage zugunsten eines westdeutschen Verteidigungsbeitrags umschlagen ließ. Bei der Bundestagswahl vom September 1953 gewann die Union 45,2 Prozent der Stimmen, was ihr fast die Hälfte der Bundestagsmandate einbrachte. Sie war der große politische Gewinner.

Adenauers Handeln beruhte auf zwei Prämissen: der Überzeugung, dass die Teilung des Kontinents von längerer Dauer sein werde, wobei die UdSSR eine Bedrohung des freien Westens darstelle, und der daraus gezogenen Konsequenz, dass der Westen nur verteidigt werden könnte, wenn sich die USA zu dessen Schutz bereitfänden. Dazu waren die USA auch bereit, machten aber zur Bedingung, dass Westdeutschland einen namhaften Wehrbeitrag zu leisten hatte. Seit Beginn des Koreakriegs stand das Thema eines Wehrbeitrags der Bundesrepublik auf der politischen Tagesordnung, und Adenauer hatte sehr früh begriffen, dass dies der am besten geeignete Hebel zur Rückgewinnung deutscher Souveränitätsrechte war. Aber nach dem verlorenen Krieg, der langen Gefangenschaft vieler Soldaten und den Kriegsverbrecherprozessen war die Stimmung in der deutschen Bevölkerung eher dagegen. Dabei mischte sich eine (eher linke) Ablehnung aus pazifistischen Motiven mit der (eher rechten) Forderung, vor einem deutschen Wehrbeitrag müssten zunächst die Soldaten der Wehrmacht rehabilitiert werden. Adenauers Taktik lief darauf hinaus, Letztere für seine Politik zu gewinnen und gegen Erstere Front zu machen. Die westlichen Siegermächte wollten etwas von (West-)Deutschland, wozu die Deutschen Nein sagen konnten, ohne dass ihnen dies moralisch zu verdenken war; um deutsche Soldaten zu bekommen, brauchte man in Bonn eine Regierung, die die Wiederbewaffnung durchsetzte, was für sie nicht ohne politisches Risiko war. Also konnte sie dafür ein Entgegenkommen in der Frage der Souveränitätsrechte erwarten, und durch die Haftentlassung verurteilter Wehrmachtsgeneräle konnte der Westen Adenauer einen politischen Erfolg im Innern sichern. Je bedrohlicher die Weltlage wurde, desto besser wurden Adenauers Karten.[3]

Als Adenauer dieses Tauschgeschäft zum Schlüsselprojekt seiner Politik der Westintegration machte, ging er ein dreifaches Risiko ein: das eines parteiinternen Widerstands, wie er dann durch Stalins diplomatische Offensive im Frühjahr 1952 geweckt wurde; das einer missmutigen Ablehnung der Wiederbewaffnung durch die deutsche Bevölkerung, wie sie in der »Ohne-mich-Kampagne« und der Bewegung »Gegen den Atomtod« zum Ausdruck kam; und schließlich das der zeitlichen Verzahnung zwischen deutscher Vorleistung und westalliierten Gegenleistungen. Diese mussten so vertaktet sein, dass die Deutschen als der Profiteur des Projekts dastanden. Auf allen drei Ebenen war Adenauer erfolgreich: Seine parteiinternen Gegner machten Bedenken geltend, formulierten aber keinen eigenen Politikentwurf, und so bereitete es Adenauer keine Mühe, sich gegen sie, namentlich gegen Jakob Kaiser und Heinrich von Brentano, durchzusetzen.[4] Der parlamentarische Widerstand der SPD gegen die Wiederbewaffnung war zwar heftig, aber je entschlossener er vorgetragen wurde, desto tiefer geriet die SPD in eine politische Sackgasse, denn so musste sie auch gegen die Westintegration kämpfen, die von ihrer Anhängerschaft mehr und mehr als politisch und ökonomisch attraktiv angesehen wurde. Und der außerparlamentarische Widerstand, der von Teilen der Gewerkschaften, der evangelischen Kirche und engagierten Intellektuellen getragen wurde, war zu einer dauerhaften

Massenmobilisierung nicht in der Lage.[5] Je länger sich die Auseinandersetzung hinzog, desto mehr verlor die außerparlamentarische Bewegung an Kraft, zumal es Adenauer gelang, aus dem anfänglichen Kreuzfeuer einen ausschließlich von links kommenden Beschuss zu machen beziehungsweise den Widerstand gegen die Wiederbewaffnung dementsprechend darzustellen. Die Auseinandersetzung um die Wiederbewaffnung wurde dadurch zu einem wesentlichen Element in Adenauers Strategie, die CDU zur Sammlungspartei für Wähler rechts der Mitte zu machen und dabei die dort aufgestellten Kleinparteien für die CDU zu vereinnahmen oder politisch zu marginalisieren. Bis auf die FDP ist ihm das bis Anfang der 1960er-Jahre restlos gelungen.

Friedensbewegung und neuer Kalter Krieg

Die Umsetzung des noch von der sozialliberalen Koalition getroffenen NATO-Doppelbeschlusses in Gestalt der Aufstellung US-amerikanischer Mittelstreckenraketen in Deutschland hatte auf den ersten Blick zumindest für die Anfänge der Kanzlerschaft Helmut Kohls keine politikstrategisch vergleichbare Bedeutung, wie sie dem Wiederaufrüstungsprojekt Adenauers zugefallen war. Eine solche Bedeutung wurde ihr erst im Nachhinein zugesprochen, als sich herausgestellt hatte, dass die Sowjetunion einer neuen Runde im Wettrüsten mit USA und NATO nicht gewachsen war, und der neue KPdSU-Generalsekretär Michail Gorbatschow in der zweiten Hälfte der 1980er-Jahre auf eine Politik der Abrüstungsvereinbarungen einschwenkte, mit der die Zeit eines neuen Kalten Kriegs zu Ende ging. Ob Gorbatschow unter dem Eindruck der ökonomischen Stagnation des Sowjetsystems und der politischen Risse im Ostblock auch ohne

NATO-Doppelbeschluss diesen Weg eingeschlagen hätte, lässt sich im Nachhinein kaum entscheiden.[6] Es entstand jedenfalls ein politisches Narrativ, in dem Helmut Kohls Festhalten an der Raketenstationierung zur Mitursache für den sowjetischen Kurswechsel erklärt wurde, womit ihm dann auch der Fall der Berliner Mauer und die deutsche Wiedervereinigung, das Zerbrechen des Ostblocks und der Zerfall der Sowjetunion als Ergebnis zugerechnet werden konnten. Die unmittelbaren politischen Folgen des Festhaltens am NATO-Doppelbeschluss und der Konfrontation mit der Friedensbewegung in Deutschland waren jedoch andere: Sie ermöglichten der FDP-Führung, den im Herbst 1982 vor allem aus wirtschaftspolitischen Motiven vollzogenen Koalitionsbruch mit der SPD, der die FDP tief gespalten und sie auf einen Tiefststand in der Wählergunst gebracht hatte, als Festhalten an den Traditionen deutscher Sicherheitspolitik gegen eine schwankende SPD darzustellen, was der FDP vermutlich das politische Überleben sicherte.[7] Und sie verschafften der zunächst durch eine Reihe von Affären gebeutelten Kanzlerschaft Kohls ein Politikfeld, auf dem der Kanzler Kraft und Entschlossenheit demonstrieren und dies als Gegengewicht zum medialen Interesse an Enthüllungen über die Flickaffäre nutzen konnte. So entstand eine außen- und sicherheitspolitische Konfliktlinie, die von den inneren Problemen Kohls ablenkte und sie schließlich überdeckte.

Auch wenn seit 1977 bereits über die sicherheitspolitische Herausforderung diskutiert wurde, die aus der Aufstellung sowjetischer Mittelstreckenraketen mit Zielen in Westeuropa erwuchs, so stellte doch das Jahr 1979 die große Wende in der Wahrnehmung der von diesen Raketen ausgehenden Bedrohung dar: Es war dies das Jahr, in dem der Iran für den Westen verloren ging, in dem sowjetische Truppen in Afghanistan einmarschierten und sich in Polen eine Widerstandsbewegung formierte, die den Fortbestand des Ostblocks infrage stellte.[8] Abermals schien die Welt an einem Wendepunkt zu stehen, und erneut ging es um die Frage, ob das Verhältnis zwischen Ost und West auf eine weitere Konfrontation, einen neuen Kalten Krieg, zulaufen würde oder weiterhin nach den Vorgaben der Entspannung organisiert werden konnte. Für die sich formierende Friedensbewegung, deren parlamentarischer Arm später die Grünen im Bundestag wurden und mit der große Teile der SPD spätestens seit dem Verlust der Regierungsverantwortung sympathisierten, verlangte das Festhalten an der Entspannung den Verzicht auf die Nachrüstung und die Verhinderung amerikanischer Mittelstreckenraketen in Deutschland, während Helmut Kohl die Stationierung der Raketen durchsetzte und *gleichzeitig* an einer Politik der Entspannung durch den Ausbau der wirtschaftlichen Beziehung zu Ost-Berlin und Moskau festhielt.[9] Das war ein geschickter Schachzug, durch den sich der Kanzler mehrere Optionen sicherte, wohingegen seinen Kontrahenten in dieser Frage nur eine einzige zur Verfügung stand. Sicherheitspolitisch stellte Kohl sich eng an die Seite der USA, wirtschaftspolitisch verfolgte er dagegen einen eigenen Kurs und entzog sich den amerikanischen Sanktionsaufforderungen gegen die UdSSR, wo er nur konnte. Das war zweifellos die aussichtsreichere Politik, denn sie konnte die Sicherheitsinteressen der Deutschen mit deren wirtschaftlichen Interessen verbinden, während sich die Friedensbewegung letzten Endes vom *good will* der Sowjetführung abhängig gemacht hatte.

Wie Adenauer dreißig Jahre zuvor hatte Helmut Kohl das Glück, dass es nicht zu einer Konfrontationseskalation in Europa kam, das von den USA zeitweilig verfolgte Programm zur Abwehr interkontinentaler Raketen angesichts technischer Probleme und ausufernder Kosten nicht weiterverfolgt wurde und mit der Wahl Gorbatschows an die Spitze der KPdSU eine Politik der Annäherung begann, auf die sich auch US-Präsident Reagan einließ. Unter dem Eindruck dieser Entwicklung zerfiel die Friedensbewegung schnell wieder, nachdem ihr auf dem Höhepunkt der Auseinandersetzung die größte Massenmobilisierung in der Geschichte der Bundesrepublik gelungen war. Das Vertrauen, das Kohl in der Auseinandersetzung über die Raketenaufstellung in den USA gewonnen hatte, sollte sich 1989/90 auf dem Weg zur Wiedervereinigung Deutschlands politisch auszahlen.[10] Zusammenfassend lässt sich sagen, dass Kohls unmittelbares Agieren gegenüber der Friedensbewegung vor allem taktisch geprägt war, während sich dessen strategische Bedeutung erst später herausstellte. Außerdem waren im Vergleich zu Adenauers Wiederbewaffnungsentscheidung die von Kohl eingegangenen politischen Risiken leichter kalkulierbar, insofern seine Politik auf eine doppelte Kontinuität der deutschen Politik setzen konnte: Aufrechterhaltung der Westbindung und Fortsetzung der Entspannungspolitik gegenüber dem Osten. Mit einer innerparteilichen Opposition musste Kohl in dieser Frage nicht rechnen. Zwar war die Friedensbewegung der frühen 1980er-Jahre größer als die »Ohne-mich-Kampagne« und die Bewegung gegen den Atomtod in den 1950er-Jahren, aber dafür konnte Kohl davon ausgehen, dass die CDU geschlossen hinter ihm stand.

Griechenlandrettung, Migrationskrise und Aufstieg der AfD

Aus dem zwischenzeitlich entstandenen Abstand betrachtet, haben das deutsche Agieren in der von der Überschuldung Griechenlands ausgelösten Eurokrise und die Entscheidung, die über die Ägäis kommenden und sich auf der Balkanroute nach Nordwesten bewegenden Flüchtlinge in Deutschland aufzunehmen, das heißt: die Grenzen nicht zu schließen, einiges miteinander zu tun: In beiden Fällen ging es darum, die südöstliche Flanke Europas vor einem drohenden wirtschaftlichen und politischen Zusammenbruch zu retten. Ging es im Fall Griechenlands um die Verhinderung des Staatsbankrotts und des Absturzes des Landes in eine lange während Wirtschaftskrise, die mit dem Zusammenbruch seiner politischen Ordnung verbunden sein würde, sowie ein im Gefolge des griechischen Zusammenbruchs mögliches Auseinanderbrechen der Europäischen Währungsunion mit katastrophalen Folgen für den Fortbestand der EU, so sorgte die Aufnahme und Unterbringung der über die Balkanroute kommenden Flüchtlinge in Deutschland dafür, dass diese sich nicht südöstlich von Ungarn auf dem Balkan stauten, was mit großer Wahrscheinlichkeit zum Zusammenbruch der dortigen Verwaltungen und mit einiger Wahrscheinlichkeit zum Wiederaufflammen des Bürgerkriegs geführt hätte, eines Bürgerkriegs, der dort ein gutes Jahrzehnt zuvor mit erheblichen Anstrengungen und Aufwendungen der Europäer beendet worden war.

Im Unterschied zur Politik Adenauers im Wiederbewaffnungskonflikt und auch der Kohls in der Nachrüstungsdebatte handelte Angela Merkel bei der Griechenlandrettung und in der Migrationskrise weitgehend reaktiv, und es gelang ihr zu keinem Zeitpunkt, ihr politisches Agieren mit für alle erkennbaren grundlegenden deutschen Interessen zu verbinden – was freilich kommunikationsstrategisch durchaus möglich gewesen wäre. So entstand der Eindruck, die Bundeskanzlerin betreibe keine Politik »aus einem Stück«, sondern werde von den Entwicklungen getrieben, leiste erst Widerstand und lenke dann ein oder gebe nach, und dabei opfere sie ein ums andere Mal deutsche Interessen einem ohnehin prekären Projekt (dem Zusammenhalt der Euro-zone) oder einem Gestus der Humanität (bei der Aufnah-me von Flüchtlingen). Bei der Aufnahme von Flüchtlingen stand Merkels Politik obendrein gegen die zum politischen Mantra gewordene Lebenslüge der Bundesrepublik, wonach Deutschland kein Einwanderungsland sei. Das war es in Wahrheit seit der Industrialisierung, nachdem es zuvor, im 18. und noch die längste Zeit im 19. Jahrhundert, ein Bevöl-kerungsexportland gewesen war.[11] An einem entschlossenen Umgang mit dem Anstieg der Migrationsbewegungen, der seit Anfang 2015 unschwer zu erkennen war, hinderte oben-drein die Erinnerung an die Flüchtlingskrise der 1990er-Jahre, zu der es nach Ausbruch der jugoslawischen Zerfalls-kriege gekommen war, als in Deutschland schwere Übergriffe gegen Flüchtlingseinrichtungen stattgefunden hatten. Da-mals hatte die CDU-geführte Regierung mit Verschärfungen der Asylgesetzgebung versucht, den Zustrom von Flüchtlin-gen aus dem Balkan zu begrenzen.[12] Außerdem glaubte man, sich auf die rechtlichen Regelungen der Dublin-Abkom-men verlassen zu können, bei deren Einhaltung eigentlich gar keine Flüchtlinge bis nach Deutschland gelangen konn-ten. Und schließlich war man noch gänzlich mit der Euro-rettung beschäftigt und wollte sich die bei einer aktiven Mi-grationspolitik unvermeidliche erneute Flüchtlingsdebatte in Deutschland ersparen. Also hielt man auch still, als im Ver-lauf des Jahres 2015 immer mehr Flüchtlinge nach Deutsch-land kamen, weil in den Ländern an den EU-Außengrenzen die Dublin-Regeln nicht eingehalten wurden, und hoffte da-rauf, dass sich die Entwicklung von selbst wieder beruhi-gen würde.

Doch dann überschlugen sich die Ereignisse, und die Poli-tik der systematischen Dethematisierung konnte nicht mehr durchgehalten werden – aus medialen Gründen nicht, weil immer mehr Bilder von im Mittelmeer Ertrunkenen um die Welt gingen, die zu einer großen Anklage europäischer Untätigkeit und Ignoranz wurden, aber auch aus politischen Gründen nicht, als die ungarische und die österreichische Regierung mit Blick auf die in ihren Ländern »gestrandeten« Flüchtlinge unmittelbaren Druck auf Berlin ausübten.[13] Ende August/Anfang September 2015 kam es zum Umschlag. Infolge der Politik des Zu- und Abwartens war ein Zeitdruck entstanden, der zu schnellem, mit den europäischen Partnern zwangsläufig nur unzureichend abgestimmtem Handeln zwang. Im Nachhinein ist der Bundesregierung – und insbesondere Kanzlerin Merkel – die am 5. September getroffene Entscheidung zum Offenhalten der deutschen Grenzen und damit zur Aufnahme der über die Balkanroute kommenden Migranten in Deutschland zum Vorwurf gemacht worden; zu diesem Zeitpunkt war jedoch keine andere Entscheidung mehr möglich. Eine Blockierung der Flüchtlinge an der deutschen Grenze hätte für das Ansehen des Landes verheerende Bilder um die Welt gesandt. Was Berlin danach von einigen osteuropäischen Ländern zum Vorwurf gemacht wurde, nämlich durch das Offenhalten der Grenzen einen Pull-Effekt bewirkt zu haben, wäre dem Land bei einer Schließung der Grenzen und deren entschiedener Sicherung gegen »illegale Migration« erst recht zum Vorwurf gemacht worden – vermutlich von denselben Ländern und ihren Politikern, die das Offenhalten der Grenzen als Ursache allen Übels ausgemacht haben. Eine Alternative dazu hätte es vielleicht im Frühjahr und Frühsommer 2015 gegeben; Anfang September gab es sie jedenfalls nicht mehr.

Auf die deutsche Innenpolitik bezogen, wurden der bis 2016 andauernde Zustrom von Flüchtlingen und die damit verbundenen Herausforderungen, von der Unterbringung der Geflüchteten in Erstunterkünften bis zur Verfügbarkeit von Integrationsprogrammen und Deutschkursen, zu einer Aufgabe, von der die damit befassten Verwaltungen und die zu deren Unterstützung aufgerufene Zivilgesellschaft an die Grenze ihrer Möglichkeiten gebracht wurden. Was dabei geleistet wurde, hätte sich durchaus als eine Geschichte von Leistungsfähigkeit und Hilfsbereitschaft erzählen lassen. Ein solches Narrativ auszuarbeiten und im öffentlichen Diskurs durchzusetzen – und zwar als eines, in dem sich Weltoffenheit mit nationalem Stolz und Selbstbewusstsein verband – wurde ebenso verabsäumt, wie es unterlassen wurde, eine *policy* zu entwickeln, in der die Aufgaben und Ziele einer längerfristig angelegten Integrationspolitik formuliert worden wären. Stattdessen wurde die Bewältigung der Migrationskrise als eine der administrativen Bewältigung von Asylverfahren dargestellt, wobei sehr bald die Diskrepanz zwischen Asylanspruch, intermediärem Schutz und den tatsächlichen Rückführungsmöglichkeiten sichtbar wurde. So entstand der (falsche) Eindruck, die deutsche Politik habe sich hier ein Problem aufgehalst, mit dem sie nicht fertigwerde, und dieser Eindruck wurde zur Wiederbelebungsmaßnahme für die zu diesem Zeitpunkt durch innerparteiliche Kämpfe eigentlich bereits paralysierte AfD.

Durch die Etablierung einer Partei rechts der CDU unter Druck geraten, zeigten die Christdemokraten ein Bild der Uneinigkeit. Insbesondere die zwischen CDU und CSU öffentlich ausgetragenen Meinungsverschiedenheiten über die richtige Politik bei Migration und Integration schufen ein Bild der inneren Zerrissenheit, das man gerade von der CDU nicht kannte und das den Eindruck ihrer politischen Schwäche verstärkte. Mehr als die Unentschlossenheit vor dem Höhepunkt der Flüchtlingskrise und die unzureichende Koordination der Maßnahmen auf deren Höhepunkt haben diese parteiinternen Auseinandersetzungen über die richtige politische Linie, nachdem die eigentliche Krise durch das EU-Türkei-Abkommen bereits überwunden war, dem Ansehen der Partei geschadet und die Vorstellung befördert, die Kanzlerin habe im September 2015 tatsächlich eine politische Alternative zu den von ihr getroffenen Entscheidungen gehabt. All dies kam der AfD zugute, die sich als politische Alternative zur CDU darstellen und tief in deren Wählerklientele einbrechen konnte.

Einige Überlegungen zum unterschiedlichen Krisenverlauf und den daraus zu ziehenden Schlussfolgerungen

1. Im Fall der Wiederbewaffnung und der NATO-Nachrüstung agierte die CDU als eine Kraft, von der die Geschlossenheit des politischen Lagers rechts der Mitte hergestellt und abgesichert wurde. Die Oppositionsbewegung kam von links oder ließ sich doch als solche darstellen. Infolgedessen wurde in der politischen Auseinandersetzung der Anspruch der CDU gestärkt, die alleinige Partei der rechten Mitte zu sein. Da es um Fragen der äußeren Sicherheit und einer verlässlichen Bindung an den Westen ging, konnte mit der kommunistischen Bedrohung ein äußeres Feindbild ins Spiel gebracht werden, das zur Integrationsklammer für die rechte Mitte in der Bundesrepublik wurde. Das war sowohl in der Euro- als auch der Migrationskrise nicht der Fall, als heftige Dissense zwischen der rechten und der mittigen Mitte auftraten, die durch kein Feindbild abgemildert wurden. Hatten die Oppositionsbewegungen gegen die Wiederbewaffnung wie gegen die Raketenaufstellung einen für die CDU integrierenden Effekt, so zeitigte die Etablierung der AfD desintegrierende Folgen.

2. Bei der Wiederbewaffnung wie bei der Durchsetzung des NATO-Nachrüstungsbeschlusses in Deutschland stand die CDU zunächst gegen eine latent dominante Stimmungslage in der Bevölkerung; in der Flüchtlingskrise (nicht unbedingt in der Eurokrise) schmiegte sie sich dagegen kommunikativ an eine zeitweilig vorherrschende Stimmung an und verzichtete auf eine langfristig angelegte strategische Begründung der von ihr verfolgten Politik. Diese strategische Einbettung der Entscheidungen ist in den beiden vorangegangenen Fällen erfolgt, was dazu führte, dass die CDU von einer sich unter dem Eindruck der Entwicklung verändernden Stimmung profitierte. Im Umgang mit der Migrationskrise war das Gegenteil der Fall, als unter dem Eindruck der Kölner Silvesternacht die Stimmung in Deutschland gegen die Flüchtlinge umschlug. Durch die fehlende strategische Begründung hatte man sich von wechselnden Stimmungslagen in der Bevölkerung abhängig gemacht.

3. In den Auseinandersetzungen um die Wiederbewaffnung und die Aufstellung von US-Mittelstreckenraketen stand die CDU geschlossen hinter dem politischen Kurs der Parteispitze. Das war weder in der Euro- noch in der Migrationsfrage der Fall. Es kam hinzu, dass in den beiden erstgenannten Fällen die CDU im Widerspruch zur SPD als der führenden parlamentarischen Opposition handelte, während der Euro- und Migrationskrise hingegen nicht. Sowohl bei der Wiederbewaffnung als auch bei der Raketenaufstellung sackte der Widerstand nach der Parlamentsentscheidung in sich zusammen, was weder in der Euro- noch in der Flüchtlingsfrage der Fall war (wobei in der Flüchtlingsfrage freilich auch keine Parlamentsentscheidung gesucht worden war). Hier zog sich die Auseinandersetzung hin, sowohl als Auseinan-

dersetzung innerhalb der CDU als auch als eine, bei der die mehrfach in der Woche ausgestrahlten Talkshows zu einer kontinuierlichen Oppositionsinstanz zwischen Parlament und Straße wurden.

4. Die Aporien und Paradoxien der Politik schlugen während Euro- und Migrationskrise sehr viel stärker durch als in den Auseinandersetzungen um die Wiederbewaffnung und die Nachrüstungsdebatte, weil Deutschland inzwischen als europäische Führungsmacht agierte und – im Prinzip zumindest – sehr viel größere Entscheidungsspielräume hatte als bei den vorangegangenen militärpolitischen Entscheidungen, als eine andere als die getroffene Entscheidung zur politischen Isolierung beziehungsweise zur Fortdauer politischer Bedeutungslosigkeit geführt hätte. Bei Wiederbewaffnung und Nachrüstung setzte die CDU dementsprechend auf Realpolitik und kommunizierte dies auch so, während die Euro- und die Flüchtlingsentscheidung durchaus einen realpolitischen, wenn nicht gar geostrategischen Kern hatten, der aber moralpolitisch kommuniziert wurde.

5. Während die CDU bei den Entscheidungen über Wiederbewaffnung und Nachrüstung als Partei der rechten Mitte agierte, deren parteipolitisches Kalkül auf das Assimilieren der dort als Konkurrenten vorhandenen Kleinparteien beziehungsweise die Verhinderung von deren Neuaufkommen konzentriert war, hatte eine zwischenzeitlich weiter in die Mitte gerückte Union nicht nur auf Abbrüche am rechten Flügel, sondern ebenso auf Erosionsrisiken in der Mitte zu achten. In der Folge war die parteipolitische Herausforderung sehr viel komplexer als in den früheren Fällen. Die Folgen sind bekannt: Sind die beiden erstgenannten Herausforderungen eng mit dem Aufstieg der CDU zur Volkspartei beziehungsweise

ihrer Selbstbehauptung in dieser Position verbunden, so ist dies bei Euro- und Flüchtlingskrise umgekehrt. Heben die ersten drei der hier angestellten Überlegungen auf die Identifizierung von Fehlern und Fehleinschätzungen der Parteiführung ab oder aber auf deren geschicktes Agieren, so stellen die letzten beiden die jüngsten Krisen in den Kontext eines strukturellen Wandels der Parteienlandschaft, in dessen Folge absolute Mehrheiten einer Partei unmöglich geworden sind und selbst sehr gute Wahlergebnisse der Union inzwischen 15 bis 20 Prozent unterhalb des Niveaus liegen, das unter den Bedingungen des Ost-West-Konflikts in der alten Bundesrepublik möglich war. Sie heben auf die grundlegende Veränderung der Rahmenbedingungen ab, unter denen die CDU agierte.

1 Anhaltspunkte dafür bei Hans-Peter Schwarz: Adenauer. Bd. 1: Der Aufstieg 1876–1952. 3. Aufl. München 1991, S. 144 ff.
2 Die nachfolgende Darstellung orientiert sich an Edgar Wolfrum: Die geglückte Demokratie. Geschichte der Bundesrepublik Deutschland von ihren Anfängen bis zur Gegenwart. Stuttgart 2006, S. 96–133; Ulrich Herbert: Geschichte Deutschlands im 20. Jahrhundert. München 2014, S. 629–651; Frank Bieß: Republik der Angst. Eine andere Geschichte der Bundesrepublik. Reinbek bei Hamburg 2019, S. 117–153.
3 Dazu Schwarz: Adenauer: Bd. 1, S. 906 ff.
4 Zu Adenauers Geschick im Umgang mit parteiinternen Opponenten vgl. Frank Bösch: Macht und Machtverlust. Die Geschichte der CDU. München 2002, S. 73 ff.
5 Vgl. Herbert: Geschichte Deutschlands, S. 649–651.
6 Abwägende Überlegungen dazu ebd., S. 1023–1034.
7 Helmut Kohl war im Unterschied zu seinem Konkurrenten Franz Josef Strauß davon überzeugt, dass die CDU zur Absicherung ihres Regierungsanspruchs auch in Zukunft auf die FDP angewiesen sein werde, zumal mit dem Einzug einer vierten Partei in den Bundestag, der Grünen, zu rechnen war. Strauß, dessen bundespolitische Karriere mehrfach an der FDP gescheitert war, präferierte

dagegen ein System mit zwei Parteien. Die damit verbundene politische Polarisierung wäre ihm als Konkurrenten Kohls zugutegekommen.

8 Dazu jetzt Frank Bösch: Zeitenwende 1979. Als die Welt von heute begann. München 2019, S. 18 ff., 61 ff., 229 ff.

9 Vgl. Wolfrum: Die geglückte Demokratie, S. 382–390; Herbert: Geschichte Deutschlands, S. 947–959, 1022–1023; Bieß: Republik der Angst, S. 392–411; Heinrich August Winkler: Geschichte des Westens. Vom Kalten Krieg zum Mauerfall. München 2014, S. 855–869.

10 Dazu Herbert: Geschichte Deutschlands, S. 1121 ff.

11 Dazu Jochen Oltmer: Migration. Geschichte und Zukunft der Gegenwart. Darmstadt 2017, S. 53–106.

12 Vgl. Herbert: Geschichte Deutschlands, S. 1171–1180.

13 Dazu Robin Alexander: Die Getriebenen, Merkel und die Flüchtlingspolitik. München 2017, passim.

19 Plakat zu den Bundestagswahlen 1953

Die CDU zwischen transatlantischer Bündnistreue und Ausgleich mit dem Osten

Klaus Naumann

Die CDU blickt auf fünfundsiebzig Jahre Parteigeschichte zurück, doch in einem außen- und sicherheitspolitischen Rückblick können nur die Jahre ab 1949, genauer ab 1950 – dem Zusammenschluss der Parteigruppierungen in den drei westlichen Besatzungszonen nach Gründung der Bundesrepublik Deutschland – näher betrachtet werden. Auch die Entwicklungen in der CDUD in der Sowjetischen Besatzungszone, später bis 1990 Ost-CDU genannt, bleiben unberücksichtigt.

Jahre der Weichenstellungen

Außenpolitisch war das zerschlagene Deutsche Reich Spielball der Politik der Siegermächte, deren Harmonie allerdings schon bald den Anfängen des Ost-West-Antagonismus wich, der dann Europa bis 1990 in zwei erstarrte Hälften spalten sollte. Deutlichen Ausdruck findet dies in der Einschätzung Adenauers aus dem Jahr 1945: »Russland hat in seinen Händen: die östliche Hälfte Deutschlands, Polen, den Balkan, anscheinend Ungarn, einen Teil Österreichs. Russland entzieht sich immer mehr der Zusammenarbeit mit den anderen Großmächten und schaltet in den von ihm besetzten Gebieten völlig nach eigenem Gutdünken (...) [dort] herrschen schon jetzt ganz andere wirtschaftliche und politische Grundsätze als in dem übrigen Teil Europas. Damit ist die Trennung in Osteuropa, das russische Gebiet, und Westeuropa eine Tatsache.«[1] Europa wie Deutschland waren schutzlos. Wie schutzlos, wird deutlich, wenn man erinnert, wie man sich in den USA noch vor Gründung der NATO 1949 die Verteidigung Europas vorstellte. Die USA wollten als nuklear bewaffnete, global aktionsfähige Seemacht auf der äußeren Linie agierend den Angriff der auf der inneren Linie operierenden Kontinentalmacht Sowjetunion abwehren, sie vernichten und besiegen. Die Entscheidung suchten die USA im Nordatlantik, nicht in Mitteleuropa. Dem militärischen Kräfteverhältnis mit seiner dramatischen Unterlegenheit der westlichen Besatzungstruppen entsprachen die ersten, heute weitgehend vergessenen Operationspläne der USA, »Halfmoon« und später »Off Tackle«. Sie sahen den Rückzug auf die europäischen Schlüsselzonen Großbritannien, Spanien und das westliche Mittelmeer vor. Aus ihnen heraus sowie von weiteren Stützpunkten an der indisch-asiatischen Peripherie sollten in der ersten Abwehrphase Luftangriffe mit Atomwaffen gegen die Sowjetunion geflogen werden. Für den Aufbau einer Streitmacht, die dann anschließend den Gegenangriff bis hin zum Sieg über die Sowjetunion zu führen hatte, rechneten die USA mit etwa zwei Jahren. Diese für deren europäische Partner unannehmbaren Planungen führten zur Forderung nach stärkerem Engagement der USA. Washington verlangte zusätzliche Anstrengungen der Europäer. Erst nach dem Entstehen des Brüsseler Pakts 1948 wurde der »Wiesbaden-Plan« entwickelt.[2] Er sah die gemeinsame Verteidigung am Rhein und weiter entlang der Rhone bis zum Mittelmeer vor. Doch die USA zweifelten, ob dieser Plan ohne zusätzliche europäische Land- und Luftstreitkräfte Erfolg haben könnte, und hielten bis zur Gründung der NATO 1949 an ihrer ursprünglichen Konzeption fest. Es ist nicht sicher belegt, ob Adenauer und seine schon vor 1949 berufenen militärischen Berater Kenntnis dieser Pläne hatten, aber das Ringen um die Verteidigung Westdeutschlands nahe der innerdeutschen Grenze begann schon bei Geburt der Bundesrepublik.

Viele der Vorstellungen, die zumindest bis zur deutschen Einheit das Denken der Deutschen, nicht nur der CDU, bestimmen sollten, entstanden in dieser Zeit. So sagte Konrad Adenauer am 6. März 1946 im Nordwestdeutschen Rundfunk: »Außenpolitik wird Deutschland auf lange Zeit nur in sehr beschränktem Ausmaß treiben können, ihr Ziel muss sein, an der friedlichen Zusammenarbeit der Völker in der Vereinigung der Nationen gleichberechtigt teilzunehmen.«[3]

Er sagte das vor dem Hintergrund seiner damaligen Einschätzung der Lage Europas. Sie blieb über lange Jahre die Grundlage der Ostpolitik der CDU. Adenauer zog daraus aber auch die seine Außenpolitik bis zum Ende seiner Amtszeit bestimmende Schlussfolgerung: Er wollte Souveränitätsgewinn durch Verzicht auf Teile voller Souveränität. Es entstanden aber auch die beiden noch immer bestimmenden Pole im außenpolitischen Denken der CDU: Westbindung und Suche nach einem Ausgleich mit dem Osten. Exponent letzterer Idee war vor allem Jakob Kaiser, der Mitbegründer der CDU in der Sowjetischen Besatzungszone, der schon 1947 von den Sowjets abgesetzt wurde und nach West-Berlin ging. Er hatte anders als der Bundeskanzler die Schrecken des Ersten Weltkriegs als Soldat erlebt. Das mag erklären, warum er im Gegensatz zu Adenauer dem Ausgleich mit der Sowjetunion Vorrang geben wollte und dafür sogar bereit war, die Neutralität eines künftigen deutschen Staats in Kauf zu nehmen.

Mit seiner Absetzung war aber auch Kaisers Brückenkonzept gescheitert – die Vorstellung, ein blockfreies Deutschland könne Brücke sein zwischen den Staaten unterschiedlicher Gesellschaftsordnung in Ost und West und zwischen ihnen Ausgleich und Annäherung bewirken. Der Gedanke aber blieb erhalten. Man kann in ihm eine Wurzel des außenpolitischen Denkens – sehr viel später und im anderen politischen Lager, dann aber bis hin zur Neutralität – Egon Bahrs sehen.

Konrad Adenauers bleibende Leistung: Deutschlands Westbindung

Adenauers Denken war nüchterner, aber auch globaler. Er erkannte, dass nur ein Staat, der auf ähnlichen Werten beruhte wie der von ihm erhoffte neue demokratische deutsche Staat und der die Macht hatte, Deutschland vor möglichen sowjetischen Expansionsgelüsten zu schützen, den Wiederaufbau in Sicherheit gewährleisten könne. Deshalb gab es für ihn keine Alternative zur Bindung an die USA. Aber er sah auch die Gefahr, dass Europa in der Bedeutungslosigkeit verschwinden könnte, würde es in dem heraufziehenden Konflikt der Supermächte nicht mit einer Stimme sprechen. Das aber setzte die Versöhnung Deutschlands mit Frankreich voraus. So entstanden die beiden Pole seiner Westpolitik: Verbindung mit den USA und Bindung an Frankreich.[4] Ersteres würde Deutschlands Wiederbewaffnung verlangen, die aber Letzterem im Wege stehen würde. Adenauer hatte keinerlei Affinität zu militärischer Macht, sah aber pragmatisch, dass Politik nur zu gestalten ist, wenn die Menschen sich sicher fühlen. Nur in Sicherheit würden sie bereit sein, die Opfer des Wiederaufbaus auf sich zu nehmen. Er wusste auch, dass es Souveränität für einen künftigen deutschen Staat nur geben könnte, wenn dieser auch über Militär verfügte. Deshalb hatte er schon vor 1949 militärischen Rat gesucht und als Bundeskanzler 1950 eine Expertengruppe eingesetzt, die im Eifel-Kloster Himmerod eine Denkschrift über die Grundzüge einer deutschen Beteiligung an der Verteidigung Westeuropas erarbeiten sollte. Diese »Himmeroder Denkschrift«[5] ist als die Blaupause der Wiederbewaffnung und des Aufbaus der Bundeswehr anzusehen.

Adenauers Außenpolitik wollte durch Wiederbewaffnung Souveränität erreichen und durch die Westbindung, die zugleich der Bremsklotz für jede Form von Alleingängen und Schaukelpolitik war, den Deutschen »Freiheit, Frieden und Einheit« bringen. So sollte ein westdeutscher Staat entstehen, der für die rund achtzehn Millionen Deutschen unter sowjetischer Herrschaft wie ein Magnet unwiderstehliche Anziehungskraft entwickeln würde. Jeder Versuch der Sowjetunion, ihren Machtbereich auszudehnen, würde so auch an der Ablehnung durch die Menschen scheitern. Die Einheit Deutschlands hat Adenauer nie aufgegeben, aber sie blieb für ihn ein Fernziel, denn er hielt sie nur im europäischen Rahmen für erreichbar. Er verknüpfte also deutsche Anliegen und europäische Interessen und stellte sie unter den Schutzschirm der USA. So konnte er seine Zielsetzung mit dem Wunsch Frankreichs verbinden, deutsche Machtmittel zu kontrollieren. Die USA schufen so die Voraussetzung für die deutsch-französische Aussöhnung und zugleich für die Europäische Union. Wie kühn dieses Konzept der Adenauerschen Westbindung des Jahres 1949 ist, wird deutlich, wenn man erinnert, dass noch im Frühjahr 1948 bei Unterzeichnung des Brüsseler Vertrags die Angst vor der deutschen Gefahr im Vordergrund gestanden hatte und es keineswegs als Scherz zu sehen ist, dass der erste Generalsekretär der NATO, Lord Ismay, als deren Zweck nannte: »Keep the Americans in, the Russians out and the Germans down.«[6]

Die Angst vor der Bundesrepublik schwand erst, als mit dem Koreakrieg ab Juli 1950 kommunistisches Expansionsbestreben dem Westen noch mehr Sorgen bereitete. Von da an wurde das Verlangen, den freien Teil Deutschlands in westliche Sicherheitssysteme einzubinden, immer stärker. Adenauer verknüpfte diese Forderung mit seiner Bedingung, das Besatzungsstatut aufzuheben, obwohl der Gedanke der Wiederbewaffnung heftigste innenpolitische Debatten auslöste und selbst in der Regierung keineswegs unumstritten war. Er erreichte sein erstes Teilziel mit dem Deutschlandvertrag von 1952. Damit wurde der Bundesrepublik zumindest eingeschränkte Souveränität zugestanden. Im Gegenzug begannen die Verhandlungen über die Errichtung einer Europäischen Verteidigungsgemeinschaft (EVG) zwischen Belgien, Deutschland, Frankreich, Italien, Luxemburg und den Niederlanden ab Mai 1952. Es sollte ein supranationales Bündnis werden, in dem allerdings nur das gesamte westdeutsche Militär integriertem Kommando unterstanden hätte. Die Sowjetunion versuchte mit den Stalin-Noten von 1952[7] und ihrem Angebot einer deutschen Vereinigung bei Neutralität Deutschlands, die sich abzeichnende Westbindung zu verhindern. Doch Adenauer ließ sich nicht beirren, auch nicht durch die erneut vorgeschlagene Idee Jakob Kaisers einer Ost-Orientierung der deutschen Politik.[8] Er lehnte trotz heftiger innenpolitischer Kritik den sowjetischen Vorschlag ab. Der EVG-Vertrag wurde 1954 von der französischen Nationalversammlung nicht ratifiziert, damit waren die Türen der NATO für Deutschland offen. Es gibt Hinweise, dass der Bundeskanzler über das Scheitern der EVG nicht allzu betrübt war, weil er sich wirksamen Schutz vor sowjetischer Expansion nur von einer engen vertraglichen Bindung an die USA versprach.[9] Noch 1954 wurde die Bundesrepublik eingeladen, NATO-Mitglied zu werden. Am 5. Mai 1955 trat sie der NATO und der Westeuropäischen Union (WEU) bei, verzichtete allerdings auf die Herstellung und den Besitz von ABC-Waffen. Im Gegenzug wurde das Besatzungsstatut aufgehoben und – trotz gewisser Vorbehaltsrechte der drei Westmächte – die nahezu vollständige Souveränität der Bundesrepublik erreicht. Adenauers Konzept »Souveränitätsgewinn durch Souveränitätsverzicht« erzielte somit nur zehn Jahre nach Kriegsende den erstrebten Erfolg: Deutschland war endlich im Westen angekommen. Die bis dahin Dienststelle Blank genannte Organisation wurde zum Bundesministerium der Verteidigung, und im November 1955 begann die Aufstellung der Bundeswehr.

Die feste Verbindung mit den USA gab Adenauer nun die Chance, die europäische Integration voranzutreiben: Aufbauen konnte er auf der bereits 1952 in Kraft getretenen Montan-Union zwischen den Beneluxstaaten, Frankreich, Deutschland und Italien. Er nutzte diese Plattform, um einen gemeinsamen Markt zu etablieren und die gemeinsame Nutzung der Atomenergie zu ermöglichen. Diese Bemühungen führten 1957 zu den Römischen Verträgen und nachfolgend zur Gründung der Europäischen Atomgemeinschaft (EURATOM) und der Europäischen Wirtschaftsgemeinschaft (EWG). Man kann damit den 1. Januar 1958, an dem die Verträge in Kraft traten, als den Schlusspunkt der vertraglichen Einbindung der Bundesrepublik Deutschland in den Westen ansehen.

Doch damit kam es natürlich auch zu Diskussionen, ob das dritte Element Adenauerscher Politik, die Einheit, aufgegeben sei. Die im Oktober 1949 gegründete DDR war seit 1955 Mitglied des Warschauer Pakts und gehörte danach auch dem Rat für Gegenseitige Wirtschaftshilfe (RGW) an. Die beiden deutschen Teilstaaten waren in ihre Blöcke regelrecht eingemauert. Die CDU blieb ihrer Linie treu, bei fester Einbindung in den Westen auch Möglichkeiten im Osten auszuloten. Sichtbarsten Ausdruck fand dies im Besuch des Bundeskanzlers in Moskau 1955. Er erreichte im Gegenzug für die Aufnahme diplomatischer Beziehungen die Rückführung der letzten 10.000 Kriegsgefangenen sowie von rund 20.000 Verschleppten. Aber die Ost-West-Situation blieb eingefroren, auch weil die DDR zunehmend selbstbewusster und abgrenzender auftrat. Demgegenüber musste der Alleinvertretungsanspruch der Bundesrepublik unterstrichen werden. Er fand in der sogenannten Hallstein-Doktrin von 1955 Ausdruck, die allen Staaten außer der Sowjetunion, die die DDR anerkannten, mit Sanktionen bis hin zum Abbruch der diplomatischen Beziehungen drohte.[10] Damit war die CDU in ihrer Außenpolitik bis zur Aufhebung der Doktrin im Jahr 1969 einseitig auf den Pol transatlantische Bündnistreue festgelegt. Das Scheitern der Genfer Viermächtekonferenz von 1955 machte Bonn allerdings klar, dass die deutsche Frage für die drei Westmächte nicht im Vordergrund stand. Für sie hatte Konfliktverhinderung in Europa Vorrang. Die zweite Berlin-Krise 1958, dann vor allem die Errichtung der Berliner Mauer im Jahr 1961 und schließlich die Kuba-Krise 1962 beseitigten bei Adenauer die letzte Hoffnung, dass die USA bereit sein könnten, Deutschland mit all ihrem Gewicht bei der Lösung der deutschen Frage zu unterstützen. Er sah, dass es wenig Spielraum für eine eigenständige deutsche Ostpolitik gab, und folgerte, dass die Festigung und der behutsame Ausbau der Souveränität sowie weiterer wirtschaftlicher Erfolg das Fundament sein würden, um in einer ferneren Zukunft sein drittes Ziel, die Einheit, zu erreichen. Er erkannte aber auch, dass ein alleiniges Abstützen auf die USA nicht ausreichen könnte, Deutschlands Verankerung im Westen unumkehrbar zu machen. Deshalb trieb er die Aussöhnung mit Frankreich voran und fand darin ein weiteres Widerlager der Verankerung im Westen. Mit dem französischen Staatspräsidenten Charles de Gaulle hatte er einen Partner, der in der Lage war, die Widerstände in Frankreich aufzufangen. Damit konnte Adenauer im Januar 1963, kurz vor Ende seiner Amtszeit, seine Kanzlerschaft mit dem Élysée-Vertrag krönen, dem Vertrag über die deutsch-französische Zusammenarbeit. Er verlangte enge Abstimmung der beiden Staaten in Fragen der Außen- und Sicherheitspolitik und strebte Zusammenarbeit in Jugend- und Kulturfragen an. Er wurde von der Bevölkerung beider Länder überwiegend äußerst zustimmend aufgenommen.[11] In Großbritannien wie in den USA stand hinter der vordergründigen Zustimmung aber auch Misstrauen, ob diese enge Partnerschaft nicht zulasten der übrigen Westeuropäer, vor allem aber der transatlantischen Beziehungen gehen würde. Solche Strömungen gibt es zum Teil noch heute, vor allem in den englischsprachigen Ländern, vielleicht ausgelöst durch die fehlende Erwähnung der NATO im Vertrag. Möglich wurde der Vertrag letztlich aber nur, weil Frankreich in der andauernden Stationierung amerikanischer Truppen in Deutschland die Versicherung sah, dass Deutschland Partner bleiben würde. Es bleibt das historische Verdienst Adenauers und damit auch der von ihm geführten Partei, der CDU, die Westbindung Deutschlands erreicht und die Aussöhnung mit Frankreich bewirkt zu haben. Diese Grundlage sollte seinen Nachfolgern die Handlungsfreiheit geben, die bei seinem Rücktritt 1963 noch ausstehende Aussöhnung mit dem Osten zu erreichen.

Ein weiteres Element Adenauerscher Politik galt der Atomfrage. Er ahnte oder erkannte, dass allein der Besitz von Atomwaffen einem Staat das Höchstmaß an Sicherheit gibt. Deutlich machte dies seine Bemerkung vom 14. Januar 1963: »Wenn wir bei den Atomwaffen (…) kein Mitspracherecht bekommen, werden wir zwangsläufig und unaufholbar eine Macht dritten Ranges werden.«[12] Er duldete deshalb, dass sein Verteidigungsminister Strauß 1957 eine trilaterale Vereinbarung über die gemeinsame Entwicklung einer Atomwaffe mit Italien und Frankreich unterzeichnete, und er billigte die Ausrüstung der Bundeswehr mit Atomwaffenträgern im Rahmen der sogenannten nuklearen Teilhabe. An ihr hält die CDU bis heute fest.

Das Intermezzo

In den nachfolgenden Kanzlerschaften von Ludwig Erhard und Kurt Georg Kiesinger gab es niemals Zweifel an der transatlantischen Bündnistreue der CDU, aber eben auch vorsichtige Versuche, Öffnungen im Osten zu erreichen. Die sicherheitspolitische Landschaft dieses Intermezzos ist wie folgt zu beschreiben:

Als Deutschland 1955 der NATO beitrat, galt die Schwert-Schild-Konzeption: Ein Angriff der Sowjetunion sollte so grenznah wie möglich ohne Atomwaffen aufgefangen werden, um Zeit für das Nachführen von Reserven zu gewinnen und dann den Krieg unter Einsatz nuklearer Waffen zu beenden. Diese Konzeption war für Deutschland unannehmbar, denn sie bedeutete erhebliche Zerstörungen schon vor dem Einsatz von Atomwaffen und dann vor allem Atomwaffeneinsatz auf deutschem Boden. Sie zu verändern war von da an das Ziel westdeutscher Sicherheitspolitik. Daraus entstand die Grundlinie deutscher NATO-Politik bis zum Ende des Kalten Krieges: Übergeordnetes Ziel war Kriegsverhinderung durch glaubhafte Abschreckung, bei deren Scheitern konventionelle Verteidigung so nahe an der innerdeutschen Grenze wie möglich und, wenn unabwendbar, Einsatz von Atomwaffen möglichst auf dem Gebiet des Kriegsverursachers Sowjetunion. Daraus folgte für die Verteidigungspolitik und den Aufbau der Bundeswehr: Aufbau starker und einsatzbereiter konventioneller Streitkräfte und nukleare Mitwirkung durch Teilhabe.[13] Das blieb eine parteiübergreifende Konstante deutscher Verteidigungspolitik, bis über der Nachrüstungsdebatte der 1980er-Jahre der Konsens der Parteien im Bundestag zerbrach.

Die Außenpolitik Ludwig Erhards beschreibt vielleicht die Phase in der Geschichte der CDU, in der die Bandbreite zwischen transatlantischer Bündnistreue und Ausgleich mit dem Osten am deutlichsten Ausdruck fand. Es gab einerseits Ludwig Erhards Linie des absoluten Vorrangs der transatlantischen Bindung unter Hintanstellen der deutsch-französischen Beziehungen und andererseits die Außenpolitik seines Außenministers Gerhard Schröder, der Wege suchte, einen Ausgleich mit dem Osten zu erreichen.

Erhard sah immer mehr Vorzeichen des beginnenden Rückzugs Frankreichs, seit 1960 Atommacht, aus der militärischen Integration der NATO. Das machte für ihn den Schutz durch die USA alternativlos. Darüber begann die Übereinstimmung zwischen Paris und Bonn zu bröckeln, hinzu kamen Unstimmigkeiten in der EWG sowie Frankreichs Konsultationen mit Polen und der Sowjetunion.[14] Das gab den transatlantischen Beziehungen noch mehr Bedeutung. Erhard hoffte, damit die einseitige Anerkennung der Oder-Neiße-Linie als deutsche Ostgrenze durch Frankreich verhindern zu können, sah allerdings, dass Präsident Johnson nach der Kuba-Krise von 1962 und der zunehmenden Verstrickung der USA in Vietnam Europa und Deutschland nur wenig Aufmerksamkeit schenkte. Der Schwerpunkt der amerikanischen Politik galt fortan dem Versuch einer Verständigung mit der Sowjetunion. Selbst de Gaulles Entscheidung, 1966 die militärische Integration der NATO zu verlassen, änderte das nicht.

Die eindeutige Bindung an die USA war für Erhard der Anker, um eine vorsichtige Öffnung nach Osten einzuleiten, sozusagen eine Verbindung der Entspannungsbemühungen der Administration Johnson mit den deutschen Interessen in Osteuropa. Zudem lockerte Erhard, ohne die Haltung gegenüber der DDR zu ändern, doch graduell die Hallstein-Doktrin. Außenminister Schröder suchte durch die Eröffnung von Handelsvertretungen in Polen, Ungarn und Rumänien in den Jahren 1963/64 eine gewisse Isolierung der DDR im eigenen Lager zu erreichen, scheiterte damit aber letztlich, denn die Sowjetunion ließ ihren Verbündeten keinen Spielraum. Auf diesen Schröderschen Ansatz griff Helmut Kohl wohl zurück, als er später als Bundeskanzler erfolgreich Wege suchte, die Zustimmung zur deutschen Einheit nicht nur der Sowjetunion, sondern auch der europäischen Warschauer-Pakt-Staaten zu gewinnen.

Im Grunde genommen ging mit Erhards Kanzlerschaft 1966 die Ära der Adenauerschen Außen- und Sicherheitspolitik zu Ende, die erfolgreich als Voraussetzung deutscher Souveränität und des Wiederaufbaus Sicherheit durch die Westbindung der Bundesrepublik gesucht und gewonnen hatte. Es war eine Politik, die geschickt den USA das Territorium der Bundesrepublik als das für ihre Verteidigung notwendige Glacis bot; die bereit war, die Wiederbewaffnung durchzusetzen, um damit die Souveränität des neuen deutschen Staats und die Aussöhnung mit den Staaten des freien Europa zu erreichen; und die diese Westbindung durch die beiden Säulen USA und Frankreich letztlich unwiderruflich machte. Mit der Verankerung im Westen schuf die CDU die Voraussetzung, um Spielräume im Osten auszuloten.

Erkennbar wurde dies schon in der Regierungserklärung Bundeskanzler Kiesingers, in der er die Erhaltung des Friedens in den Vordergrund stellte. »Wiedervereinigung durch

Entspannung« war nun die Leitlinie, und sie blieb es bis zur deutschen Einheit 1990.[15] Die damit verbundene Aufweichung des Alleinvertretungsanspruchs der Bundesrepublik (Hallstein-Doktrin) erwies sich allerdings als Scheinerfolg, denn auf Druck Moskaus antworteten die Staaten des Warschauer Pakts im Februar 1967 mit der Ulbricht-Doktrin: Danach durfte kein Staat des Ostblocks Botschafter mit der Bundesrepublik austauschen, solange diese nicht zuvor die DDR anerkannt hatte. Dennoch öffnete die CDU damit die Tür, durch die dann später Willy Brandt gehen konnte, um die historische Leistung seiner Ostpolitik zu gestalten.

Zugleich endete 1966 aber der Abschnitt in der Geschichte der Bundesrepublik, in der die Außenpolitik Markenzeichen und Domäne der CDU war. Mit der Kanzlerschaft Kiesingers musste die CDU in allen nachfolgenden Koalitionen auf das Außenministerium verzichten. Damit ging auch ein bis heute spürbarer Verlust an außenpolitischem Sachverstand einher, und es begann das in Koalitionsregierungen wohl unvermeidliche, niemals spannungsfreie Verhältnis zwischen Außen- und Verteidigungsministerium. Es führte immer wieder dazu, nahezu bis in die Gegenwart, dass im Verteidigungsministerium unter der Überschrift Sicherheitspolitik auch alternative Ideen zur Außenpolitik entwickelt wurden. Erstmals ist dies in der Amtszeit Gerhard Schröders als Verteidigungsminister unter Bundeskanzler Kiesinger in der ersten Großen Koalition von 1966 bis 1969 zu erkennen. Schröders Linie war gekennzeichnet von unbedingter atlantischer Loyalität, die er durch enge Verbindung zu Großbritannien stützte. Damit stand er im Gegensatz zu maßgeblichen Kräften in der Regierung wie in der CDU, die in Fortsetzung der Linie Adenauers den Schwerpunkt im Ausbau der deutsch-französischen Zusammenarbeit sahen. Die Sonderrolle Frankreichs in der NATO half

Schröder jedoch, seine Großbritannien zugewandte Politik durchzusetzen, denn sie stärkte Deutschlands Position im Ringen um die neue NATO-Strategie. Die im Dezember 1967 beschlossene NATO-Strategie der »Flexible Response« bot der Bundesrepublik Grundlage und Spielraum, ihre Ziele der grenznahen Verteidigung und Kriegsbeendigung durch vorbedachte Eskalation mit Nuklearwaffen umzusetzen. Dabei blieb allerdings stets offen, wann und wie Atomwaffen eingesetzt würden. Alle nachfolgenden Bundesregierungen bis 1990 entschieden sich für diese Ungewissheit als Element der Abschreckung. Sie sind damit gut gefahren, denn es blieb für die Sowjetunion unmöglich, ihr Risiko so zu kalkulieren, dass die Nutzung ihrer konventionellen Überlegenheit zur strategischen Option wurde. Gleichzeitig wurde im Dezember 1967 auch die auf dem Harmel-Bericht[16], dem vom belgischen Außenminister Pierre Harmel angeregten Bericht zur Lage der NATO, fußende politische Zielsetzung des Bündnisses verabschiedet: Bemühung um Entspannung auf der Basis gesicherter Verteidigungsfähigkeit. Diese Doppelstrategie bestimmte bis 1990 das politische Handeln der NATO. Mit Erfolg, wie später der Helsinki-Prozess bewies, der den Weg für die deutsche Vereinigung und den Zusammenbruch des Warschauer Pakts ebnete.

Im Mittelpunkt der ab 1967 von der SPD gelenkten Außenpolitik stand die Öffnung der Bundesrepublik nach Osten. In der CDU lösten die Akzentuierungen des Außenministers Brandt und seines Vordenkers Egon Bahr heftige Spannungen aus. Sie hielten bis weit in die Zeit der späteren sozialliberalen Koalition an, weil sie als Abkehr von der Grundorientierung der Außenpolitik Adenauers und ihres Schwerpunkts Westbindung gesehen wurden, obwohl zu erkennen war, dass die westlichen Alliierten die später von der Regierung Brandt/Scheel verfolgte Linie, pragmatische

Schritte Richtung Osten einzuleiten, durchaus begrüßten. In diesen Diskussionen ging allerdings nahezu unter, dass Kiesinger die Westbindung festigte. Es gelang 1967, die Europäische Gemeinschaft zu bilden, und 1968, die Zollunion innerhalb der EWG zu vollenden. Kiesingers Zustimmung zur Harmel-Doktrin der NATO mit ihrer Dialogbereitschaft und die von ihm erreichte Festigung der Europäischen Gemeinschaft schufen die doppelte Verankerung im Westen für die Ostpolitik des neuen Bundeskanzlers Brandt. Doch die CDU war damit nicht zu befrieden. Kiesingers Bereitschaft, nach langen kontroversen Diskussionen in seiner Partei dem Drängen seines Außenministers Brandt und der USA zu folgen und den Atomwaffensperrvertrag von 1968 zu unterzeichnen, wurde von vielen in der CDU als Schwächung der Westbindung abgelehnt. Letztlich wurde aber nur deutlich, dass für die USA der Ausgleich mit der Sowjetunion nun Priorität hatte. Die deutsche Frage trat damit in den Hintergrund. Das Bekenntnis zur deutschen Einheit wurde zur Floskel.

Das Überwintern in der Opposition 1969 bis 1982

Dem Sturz in die ungewohnte Rolle der Opposition – trotz der in der Wahl 1969 gewonnenen Position als größte Partei – folgte eine relativ lange Phase, in der die CDU glaubte, noch immer die richtigen Lösungen in der Außenpolitik zu haben. Der Dynamik der Regierung Brandt/Scheel und den rasch folgenden Schritten Moskauer Vertrag, Warschauer Vertrag, Transitabkommen der vier Mächte für Berlin setzte die CDU hauptsächlich Verweigerung entgegen. Lockerung trat erst nach dem Scheitern des Misstrauensvotums gegen Bundeskanzler Willy Brandt vom Frühjahr 1972 ein, denn bei der Ratifizierung der Ostverträge enthielt sich die Mehrheit der Unionsabgeordneten der Stimme. Trotz fehlender Mehrheit von SPD und FDP konnten die Verträge so am 3. Juni 1972 in Kraft treten.

Unter dem neuen Oppositionsführer Rainer Barzel ab 1971 waren machtpolitisches Kalkül, angestrengte Ambition und Zögern gegenüber der Entspannungspolitik der USA wie der Bundesregierung vorrangig.[17] Die Folge war Fundamentalopposition, also ein Abrücken von der flexibleren Haltung Kiesingers und die Nichtbeachtung der eleganteren Haltung, die Walther Leisler Kiep und Johann Baptist Gradl vorgeschlagen hatten. Diese anfängliche Unbeweglichkeit der CDU trug keineswegs zur Festigung der transatlantischen Beziehungen bei. Henry Kissinger, gewiss kein Freund sozialliberaler Ideen, deutete das in seinen Memoiren an: »Ihr an Besessenheit grenzender Eifer, die einmal eingeschlagene Richtung beizubehalten, erregte die Ungeduld einer amerikanischen Regierung, die neue Perspektiven eröffnen wollte und die von der Richtigkeit ihrer Perspektiven überzeugt, besser mit linken oder wenigstens reformistischen Gruppen umgehen konnte als mit den konservativen christlichen Demokraten (…).«[18]

Fehlender Rückhalt im Westen führte stets in der Geschichte der Bundesrepublik zu mangelndem Spielraum im Osten. Die CDU musste deshalb einen Neubeginn ihrer Außenpolitik suchen. Sie begann damit langsam und zögerlich. Erst die verlorene Wahl 1972 und das Scheitern der Verfassungsklage gegen den mit der DDR 1973 abgeschlossenen Grundlagenvertrag sowie die Übernahme des Parteivorsitzes 1973 durch Helmut Kohl machten die Suche nach einer Anpassung der Außenpolitik der CDU an die durch die Verträge geschaffenen Realitäten unabweisbar. Die nachfolgenden Schritte der sozialliberalen Regierung, Aufnahme beider deutscher Staaten in die Vereinten Nationen, gleichberechtigte Teilnahme an den KSZE-Verhandlungen und dann auch

den Verhandlungen über Truppenreduzierungen in Mitteleuropa (MBFR) ab 1973, unterstrichen die Linie der Kanzlerschaft Brandt: zwei Staaten in Deutschland, aber keine
völkerrechtliche Anerkennung der DDR. Die CDU sah zunehmend ein, dass sie bei Regierungsübernahme diese Realitäten
nicht würde ändern können. Der neue Parteivorsitzende Helmut Kohl und sein für Flexibilität eintretender Generalsekretär Kurt Biedenkopf begannen, die Partei auf die Übernahme
der Regierungsverantwortung vorzubereiten. Sie machten
deutlich, dass die Verankerung im Westen für sie Vorrang haben würde, um so zu versuchen, Spielräume im Osten auszuloten.[19] Dieser Linie entsprechend unterstützte die CDU die
erfolgreichen Bemühungen Bundeskanzler Schmidts, trotz
politischer Stagnation der Integration Europas wenigstens
die wirtschaftlich-finanzielle Zusammenarbeit der EG zu festigen und mit den Grundlagen für die später G7 genannte Erweiterung des Rahmens sogar auszudehnen.

In dieser Phase der Abstinenz von der Macht hat die CDU
eine offene Flanke der Sozialdemokraten zwar erkannt, aber
doch nicht offensiv genug genutzt, mit Blick auf die Gegenwart kann man sagen, eine traditionell offene Flanke: Die
SPD verschloss in den 1970er- und 1980er-Jahren die Augen
vor einer Vorrüstung der Sowjetunion, die jedes Maß vermissen ließ und die letztlich wegen der fallenden Ölpreise
in den 1980er-Jahren zum Ruin der Sowjetunion führte.
Die SPD sah durch den Harmel-Ansatz von Sicherheit und
Entspannung Sicherheit als nahezu garantiert an. Die CDU
warnte vor diesem Leichtsinn, konnte aber das vom linken
Flügel der SPD geförderte Entstehen einer den Osten ver-
harmlosenden und den Westen diffamierenden Friedensbewegung nicht verhindern.

Bundeskanzler Schmidt durchbrach das Schweigen seiner
Partei zur sowjetischen Rüstung, als er 1977 mit seiner Lon-

doner Rede auf die nur auf Europa gerichteten SS-20 Raketen hinwies. Er leitete so einen Prozess ein, an dessen Ende der 2019 gekündigte INF-Vertrag von 1987 stand. Schmidt forderte in dieser Rede die Nachrüstung des Westens mit Mittelstreckenwaffen, verband diese Forderung aber mit dem Vorschlag gleichzeitiger Abrüstungsverhandlungen. Die CDU unterstützte Schmidt und seine bahnbrechende Idee des NATO-Doppelbeschlusses. Diese Idee stärkte Deutschlands Verankerung im Westen und half, die nach der sowjetischen Invasion in Afghanistan 1979 eingetretene Verschlechterung des Ost-West-Verhältnisses ein wenig zu lockern. Diese Haltung sollte zum Kennzeichen der Politik des 1982 nach einem erfolgreichen Misstrauensvotum gegen Helmut Schmidt zum Kanzler gewählten CDU-Vorsitzenden Helmut Kohl werden.

Die Ära Kohl: Deutschland vereint, Europa geeint und die Welt verändert

Helmut Kohl wird in den Geschichtsbüchern als Kanzler der Einheit und als Gestalter eines geeinten Europa verankert bleiben. Er ist es, dem die Deutschen verdanken, dass sie seit nunmehr drei Jahrzehnten vereint und, trotz derzeitiger Turbulenzen, in mehr Sicherheit leben als je zuvor seit Ende des Zweiten Weltkriegs. Weil Sicherheit zu schaffen die vornehmste Pflicht eines jeden Staats ist, muss dieser Aspekt der Leistung der von Kohl geführten CDU an die Spitze der Betrachtung seiner mehr als zwei Jahrzehnte dauernden Führung der CDU gestellt werden.

Was erreicht wurde, erkennt man erst, wenn man sich noch einmal vor Augen führt, wie es bei Amtsantritt Helmut Kohls als Vorsitzender der CDU in Europa aussah. Viele erinnern sich heute allenfalls noch an die Berliner Mauer.

Nur noch wenige wissen um die Wirklichkeit des Kalten Krieges in Deutschland: Durch Deutschland lief ein mehr als 1.200 Kilometer langer Zaun, bestückt mit Sprengfallen, Tag und Nacht von den Grenztruppen der DDR überwacht, dahinter lagen fünf Kilometer tiefe Sperranlagen. Berlin, geteilt durch eine unmenschliche Mauer, lag als Leuchtturm des Westens im sozialistischen Meer. Die alliierten Pläne zum Schutz Berlins, durchaus unter Mitwirkung der Bundeswehr, waren ein sorgsam geschütztes Geheimnis. Auf westlicher Seite fuhren alliierte Truppen Patrouillen, der Bundesgrenzschutz lief Streife an der innerdeutschen und tschechoslowakischen Grenze, uniformierte Soldaten der Bundeswehr durften nicht näher als einen Kilometer an die Grenze heran. Der Luftraum wurde lückenlos durch die NATO überwacht. In der Ostsee und an ihren Ausgängen waren gefechtsbereite NATO-See- und Seeluftstreitkräfte rund um die Uhr im Einsatz, und im Atlantik wie im Mittelmeer hielten NATO-Seestreitkräfte die überlebenswichtigen Seeverbindungslinien offen. Zu Lande standen im Westen neun Armeekorps aus sieben NATO-Staaten, darunter die drei Armeekorps des bundesdeutschen Heers, zur grenznahen Vorneverteidigung bereit. Eine zum Teil in Deutschland stationierte französische Armee war Heeresgruppenreserve, zwei alliierte Luftflotten waren zur Unterstützung der Abwehr bereit, und die geballte Seemacht der NATO sollte im Nordatlantik die Seeverbindungen nach Nordamerika offen halten, über die im Kriegsfall Hunderttausende nordamerikanische Truppen zur Verstärkung nach Europa gebracht werden konnten. Mehr als 10.000 Atomwaffen[20] waren in der alten Bundesrepublik Deutschland gelagert, dazu Tausende Tonnen chemischer Munition der USA. In der DDR gab es ähnliche Lager, die gelagerten Mengen waren vermutlich ähnlich oder größer. Dort standen fast 500.000 Mann sowjetische Streitkräfte, die sogenannte Westgruppe der Truppen, und im Frieden etwa 160.000 Mann der Nationalen Volksarmee der DDR mit ihren sechs aktiven und fünf zusätzlichen binnen achtundvierzig Stunden einsatzbereiten Reserve-Divisionen. In der ČSSR waren zwei tschechische Armeen zum Angriff bereit, dahinter standen sowjetische Truppen. In Polen hatten polnische Truppen den Auftrag, in einer amphibischen Operation Schleswig-Holstein einzunehmen, und an die Beachtung der Neutralität Österreichs durch den Warschauer Pakt glaubten nur die notorischen Gutmenschen, die auch nach 1991 – nach Bekanntwerden der 1986 zwar geänderten, aber bis 1988 bestehenden, auch einen umfangreichen atomaren Ersteinsatz vorsehenden sowjetischen Angriffspläne – alle Angriffsabsichten des Warschauer Pakts in Abrede stellten.

Als Kohl 1982 Kanzler wurde, schien die Welt des Kalten Krieges unverrückbar eingefroren zu sein. Das Scheitern der sowjetisch-amerikanischen Abrüstungsverhandlungen in Genf, die amerikanische Strategic Defense Initiative (SDI) und die ab November 1983 beginnende Stationierung amerikanischer Mittelstreckenwaffen waren weitere Zeichen der Konfrontation. Kohl hatte parteiintern deutlich gemacht, dass er an allen Ostverträgen festhalten werde, aber eine aktive Friedenspolitik betreiben und das Ziel »Einheit in Freiheit« wieder stärker in den Vordergrund stellen wolle. Er sah als Bundeskanzler die Chancen, die der KSZE-Prozess und die mit der Stationierung der Mittelstreckenwaffen bewiesene Bündnistreue der CDU-geführten Bundesregierung boten. Damit konnte er, anders als zuvor Erhard, durchaus die Beziehungen zu den nicht-sowjetischen Warschauer-Pakt-Staaten behutsam ausbauen und gleichzeitig durch verstärkte Wirtschaftskontakte sowjetische Einsprüche vorbeugend auffangen. Die Jahre 1982 bis 1989 waren wohl die

Jahre in der Geschichte der CDU, in denen die feste Bindung an den Westen am erfolgreichsten genutzt wurde, um Lockerungen im Osten zum Nutzen Deutschlands zu erreichen. Sicher haben dabei von Deutschland nicht zu beeinflussende Faktoren wie der amerikanische Ansatz, die Sowjetunion totzurüsten, die sinkenden Ölpreise und die aus beidem resultierende Einsicht Gorbatschows, dass eine Fortsetzung des Rüstungswettlaufs technisch von der Sowjetunion nicht zu gewinnen sei und deshalb nur ein neuer politischer Ansatz die Sowjetunion erhalten könne, dazu beigetragen, die Chance auf die Einheit Deutschlands im Jahr 1989 erkennbar werden zu lassen. Gorbatschows Reformpolitik verlangte Öffnung nach Westen, sie traf sich mit Präsident Bushs Ziel, die Spannungen in Europa zur Entlastung der USA zu beenden. Kohl erkannte die nur kurze Gelegenheit, die er nutzen konnte, weil Bush wie Gorbatschow ihm vertrauten und er Mitterrands Abneigung gegen ein vereintes Deutschland durch intensive Zusammenarbeit mit Frankreich zu überwinden verstand. Den kühnen Sprung wagte Helmut Kohl am 28. November 1989 mit seinem »Zehn-Punkte-Programm« vor dem Deutschen Bundestag. Zwanzig Tage nach dem überraschenden und von Gorbatschow weder gewollten noch gebilligten, aber eben auch nicht verhinderten Fall der Berliner Mauer bestand plötzlich die Chance auf die Einheit Deutschlands. Dies geschah in einem aufgewühlten Europa, denn die Entscheidung der sowjetischen Regierung vom Oktober 1989, nach der die »Bruderstaaten« frei waren, ihren Weg zu gehen, brachte die Regime in Ost-Berlin, Budapest, Prag und Warschau und später auch in Bukarest unter Druck. Vor diesem Hintergrund musste Kohl behutsam vorgehen. Deshalb nannte er in seinen »Zehn Punkten« als Ziel konföderative Strukturen in einer bundesstaatlichen Ordnung, eingebettet in den gesamteuropäischen Prozess und die KSZE.[21] Damit berief sich Kohl auf das in Helsinki anerkannte Selbstbestimmungsrecht der Völker. Unterstützung fand er anfänglich jedoch nur in den USA, in Spanien und der Türkei.[22] Die engsten europäischen Verbündeten, vor allem Großbritannien und Frankreich, standen der von der Bevölkerung der DDR nun immer deutlicher geforderten Einheit eher ablehnend gegenüber. Doch die Veränderung in Europa ließ eine Umkehr nicht mehr zu, und so begann, vor allem von den USA gestützt, am 5. Mai 1990 der »Zwei-plus-vier-Prozess«, in dem schwierige Fragen wie die Anerkennung der Oder-Neiße-Linie als endgültige Ostgrenze Deutschlands, die Wirtschaftshilfe für die Sowjetunion im Gegenzug für den Abzug der sowjetischen Truppen und der Verbleib des vereinten Deutschlands in der NATO zu regeln waren. Der am 12. September 1990 in Moskau unterzeichnete »Vertrag über die abschließende Regelung in Bezug auf Deutschland« klärte diese Fragen, auch die Reduzierung der Bundeswehr auf 370.000 Soldaten und den endgültigen Verzicht Deutschlands auf ABC-Waffen, vor allem aber erhielt er das vereinte Deutschland als ein Gebiet mit einheitlichem sicherheitspolitischen Status. Letzteres ist vor allem Gerhard Stoltenberg zu verdanken. Er hatte bei der Erarbeitung der Verhandlungsposition des Bundeskanzlers für das entscheidende Gespräch mit Gorbatschow im Kaukasus darauf bestanden, dass das vereinte Deutschland ohne Sonderstatus Mitglied der NATO sein würde, und hatte gegen Außenminister Genscher durchgesetzt, dass auf dem Territorium der DDR Truppenteile der Bundeswehr des vereinten Deutschlands im Rahmen der Vereinbarungen zur Truppenstärke Deutschlands nach von der Bundesrepublik festgelegten Bestimmungen stationiert werden würden. Stoltenberg schuf damit die Grundlage für Volker Rühes historisches Verdienst, die Armee der Einheit aufgebaut zu haben.

Als am 3. Oktober 1990 der Beitritt der DDR zur Bundesrepublik Deutschland nach Artikel 23 GG erfolgte, hatten Helmut Kohl und die CDU erreicht, was Konrad Adenauer 1949 seiner Partei als Ziele vorgegeben hatte: »Freiheit, Frieden, Einheit«. Die staatliche Einheit Deutschlands in einem freien, demokratischen Rechtsstaat war im Einvernehmen mit den vier Siegermächten und mit Zustimmung aller europäischen Nachbarn erzielt worden. Den 3. Oktober 1990 kann man den glücklichsten Tag der Deutschen in dem tragischen 20. Jahrhundert nennen, ein Ergebnis, das die CDU zu Recht vor allem als ihre Leistung werten kann und als Lohn ihres Festhaltens an der Westbindung Deutschlands.

In den folgenden Jahren der Ära Kohl wurde diese Westbindung mehrfach auf den Prüfstand gestellt, denn die Erwartung der Verbündeten war, dass Deutschland nun auch seine volle Souveränität durch Solidarität in Krisen in und um Europa zeigen würde. So erstmals, als Saddam Hussein Kuwait besetzte und Präsident Bush forderte, dass sich Deutschland an der von den Vereinten Nationen autorisierten Befreiung mit Truppen beteiligte. Die guten Gründe, warum dies innenpolitisch nicht machbar war, fanden wenig Verständnis, die gefundene Lösung, Solidarität durch Geld zu erweisen, auch nicht. Die so entstandene Enttäuschung griff dann auch auf die europäischen Verbündeten über, als der Zerfall Jugoslawiens in Slowenien begann, sich im zuerst von Deutschland anerkannten selbstständigen Kroatien fortsetzte und schließlich zu den Tragödien in Bosnien-Herzegowina führte. Kohls Diktum »Kein Einsatz deutscher Soldaten, wo die Wehrmacht gekämpft hatte« war für den serbischen Machthaber Milošević Versicherung,[23] ungestraft handeln zu können, und für die Verbündeten ein Zeichen deutscher Drückebergerei. Die von Außenminister Genscher seit 1982 propagierte Formel, das Grundgesetz lasse Einsätze der Bundeswehr nur zur Verteidigung Deutschlands zu, war für ausländische Juristen nie stichhaltig. Sie wurde aber erst 1994 durch die Entscheidung des Bundesverfassungsgerichts (BVG) nach der absurden Klage der FDP gegen einen von ihren eigenen Ministern gebilligten Kabinettsbeschluss zum Einsatz von Bundeswehrkräften vor und über Jugoslawien wirkungslos.[24] Kohls Zurückhaltung gegenüber Einsätzen der Bundeswehr blieb aber trotz der Reihe von Auslandseinsätzen in Kambodscha, Somalia und schließlich auch Bosnien bis zum Ende seiner Amtszeit bestehen, vor allem wegen des sich in der einstmals militarisierten DDR plötzlich verstärkenden Pazifismus und der damit verbundenen Gefahr eines Verlusts der politischen Mehrheit. Es blieb somit der rotgrünen Regierung ab 1998 vorbehalten, die Schwelle zum Kampfeinsatz im Kosovo 1999 zu überschreiten. Aus dieser damals noch begründbaren deutschen Zurückhaltung entstand die bis heute anhaltende, oftmals illusionäre und von keinem der Verbündeten geteilte Hoffnung, alle Konflikte gewaltfrei lösen zu können. Diese illusionäre Haltung der Deutschen führte nicht zur Lockerung der Westbindung, aber sie hinterließ bis heute fortbestehende Zweifel an Deutschlands Verlässlichkeit in Krisen.

Doch diese Schatten verblassen gegenüber der Leistung Kohls in der Einigung Europas. Damit verankerten Kohl und die CDU das vereinte Deutschland unwiderruflich im Westen und schufen die solide Basis, die es erlaubte, die EU und die NATO behutsam und unter sorgsamer Beachtung russischer Interessen – und das war Kohls Ausgleichsschritt nach Osten – nach Osten auszudehnen. Zudem wurde mit der amerikanischen Idee der »Partnerschaft für den Frieden«, verstärkt durch die NATO-Russland-Vereinbarung, ein Instrument gemeinsamer Krisenbewältigung geschaffen. Ähnlich wie einst Adenauer nutzte Kohl die Festigung der Bindung an Frankreich als Motor und zugleich Anker der europäischen Einigung. Dazu brachte er die von den Deutschen in Ost wie West als Symbol des deutschen Erfolgs gesehene, nahezu identitätsstiftende D-Mark in die ab 2002 geltende Einheitswährung Euro ein. Seine Hoffnung, damit die Einheit Europas hin zu einer politischen Union zu vertiefen, ging trotz der von der CDU geförderten und perspektivisch mit Ideen wie dem »Schäuble-Lamers-Konzept«, dem Vorschlag eines Kerneuropas, angestoßenen Entwicklung der EU nicht im angestrebten Maße in Erfüllung. Dennoch ist es verdiente Würdigung von Kohls Lebensleistung, dass er Ehrenbürger Europas wurde und analog zu Ciceros Ehrentitel als »Pater Patriae« bei seiner Trauerfeier 2017 als »Pater Europae«, als Vater Europas, geehrt wurde. Seine andere große Hoffnung war es, im Osten eine Verbindung Russlands mit Europa zu schaffen, mit der die gewohnte Formel »Sicherheit vor Russland« durch »Sicherheit mit Russland« ersetzt werden sollte.[25] Kohl wollte so aus Sicherheit Stabilität machen. Das Scheitern dieses Wegs zeichnete sich ab, als Jelzin seine schützende Hand zu lange über Milošević hielt und die dann folgende NATO-Intervention im Kosovo als Demütigung Russlands missverstand. Zum Bruch mit Russland kam es aber erst 2014, als Putin dem russischen Nationalismus Vorrang einräumte und damit die vielleicht zukunftsweisendste Leistung Helmut Kohls, die von Deutschland in der KSZE vorangetriebene, 1990 abgeschlossene Charta von Paris – eine Friedensordnung von Vancouver bis Wladiwostok –, brach und rechtswidrig die Krim annektierte. In dieser Vereinbarung von Paris wird deutlich, was Kohl und seine CDU in ihren sechzehn Jahren in Verantwortung bis zum Regierungswechsel 1998 für Frieden und Sicherheit erreicht hatten: Im Vergleich zur geschilderten Lage 1982 war die militärische Konfrontation abgebaut, die Grenzen waren sicher, und es galt ein genereller Verzicht auf Gewalt als Mittel der Politik.

Die Ära Merkel: Zögernde Zurückhaltung bei wachsender Verantwortung

Die rot-grüne Bundesregierung von 1998 bis 2005 gab der CDU durch die schwere Beschädigung des deutsch-amerikanischen Verhältnisses durch Bundeskanzler Schröder in der Irak-Krise 2003, durch Deutschlands erstmaliges Suchen und Gestalten einer Mehrheit mit Frankreich und Russland gegen die USA im Weltsicherheitsrat und durch die von Schröders Freundschaft zu Putin geprägte Ostpolitik reichlich Gelegenheit, eine klare Oppositionshaltung zu formulieren. Im Weltsicherheitsrat hat Deutschland bei den Beratungen über eine Resolution zum Einsatz einer internationalen Koalition im Irak erstmals aktiv gemeinsam mit Frankreich und Russland eine Mehrheit gegen die USA und Großbritannien herbeigeführt. Die anfängliche Linie der Schröderschen Regierung, Bündnistreue in der NATO auch um den Preis schwerer innenpolitischer Krisen unter Beweis zu stellen, wurde von der CDU durchaus wohlwollend begleitet. Das galt für den in der CDU/CSU umstrittenen Kosovo-Einsatz[26] der Bundeswehr 1999, vor allem aber uneingeschränkt für die erstmalige Erklärung des Bündnisfalls nach Artikel V NATO-Vertrag nach dem Terroranschlag vom 11. September 2001, weniger allerdings für den Afghanistan-Einsatz, der nicht zuletzt auf deutsches Betreiben zum NATO-Einsatz unter deutscher Beteiligung wurde. Auch die erneute Erweiterung der NATO um sieben Mitglieder beim Gipfel in Prag 2002, darunter mit Estland, Lettland und Litauen erstmals Staaten auf ehemals sowjetischem Gebiet, trug die

CDU zustimmend mit, obwohl damit die bislang von der Partei beachtete Balance zwischen Bündnistreue und Ausgleich mit dem Osten eindeutig zugunsten des Westens verschoben wurde. Erleichtert wurde dies allerdings durch Putins Bereitschaft, diese Erweiterung des NATO-Gebiets zu ertragen, um die Allianz gegen den Terror nicht zu schwächen. Deutliche Kritik an der Bundesregierung kam von der Opposition jedoch, als Schröder, im Wahlkampf beinahe schon geschlagen, sich 2003 in der Irak-Krise abweichend von seinen früheren Zusicherungen plötzlich gegen die USA stellte, obwohl auch die CDU Zweifel an der Rechtmäßigkeit eines Krieges ohne Mandat der Vereinten Nationen hatte. Die CDU fand unter ihrer seit 2000 amtierenden Vorsitzenden Angela Merkel in der Irak-Krise wieder zu ihrer tradierten Linie zurück, die transatlantische Bindung zu erhalten und zu festigen und dennoch den Ausgleich mit dem Osten, sprich Russland, zu suchen. Als Kanzlerin ab 2005 betonte sie die Westbindung und nahm umgehend die außenpolitische Reparaturarbeit auf. Merkels Amtsvorgänger im Parteivorsitz von 1998 bis 2000, Wolfgang Schäuble, dem vermutlich fähigsten Außen- und Europapolitiker der CDU seit Kohls Amtsantritt als Parteivorsitzender, blieb keine Chance, sein Talent zu nutzen. Er musste wegen seiner Verstrickung in die CDU-Spendenaffäre als Parteivorsitzender zurücktreten.

Zusätzlich musste Merkel Misstrauen in Polen beseitigen, denn die Zusammenarbeit Deutschlands, Frankreichs und Russlands hatte dort alte Einkreisungsängste geweckt.

Die Vernachlässigung der Bundeswehr durch die rot-grüne Koalition wurde von der CDU durchaus, aber sehr verhalten kritisiert, wissend, dass mit der Forderung, mehr Geld für Verteidigung auszugeben, in einer Gesellschaft, die mehrheitlich – auch unter CDU-Anhängern – glaubte, der ewige

Frieden sei erreicht, Mehrheiten nicht zu gewinnen sein würden. Deutschland hatte somit bei Amtsantritt von Bundeskanzlerin Merkel 2005 nicht allzu viel in die Waagschale transatlantischer Beziehungen zu werfen: Das Vertrauen in die deutsche Regierung war in den USA ramponiert und auch bei vielen Bündnispartnern schwer beschädigt, das deutsch-polnische Vertrauen war geschwunden, die Bundeswehr war nicht mehr das Schwergewicht der 1990er-Jahre, und die Bedeutung Deutschlands als geostrategisches Vorfeld der Verteidigung der USA fiel fast nicht mehr ins Gewicht. Folgerichtig entschied sich die Kanzlerin, die Reparatur des deutsch-amerikanischen Verhältnisses, vorrangig vor dem Verhältnis zu Russland und keineswegs der deutschen Mehrheitsmeinung entsprechend, zum Schwerpunkt zu machen. Damit führte sie ihre Partei zurück auf die Linie Adenauers und Kohls: Festigkeit im Westen schafft Spielraum im Osten. Nutzen konnte sie dabei die von Schröder erreichten Fortschritte in der Festigung der EU, wenngleich die seitdem eingeschlagene Linie, der Erweiterung Vorrang vor der Vertiefung zu geben, bis heute umstritten bleibt. Bundeskanzlerin Merkel gelang es schnell, das Verhältnis zu den USA zu reparieren, ihre Kritik an Schröders Schwenk in der Irak-Krise half ihr dabei und erlaubte es sogar, Präsident Bush deutlich zu machen, dass die von ihm verfolgte Nahostpolitik doch viele Fragezeichen aufwerfe. Es war ihr so auch möglich, ohne neue Verhärtungen beim NATO-Gipfel in Bukarest 2008 gemeinsam mit Präsident Sarkozy einen amerikanischen Vorstoß zu stoppen, Georgien und die Ukraine umgehend und abweichend von bisherigen Verfahren in die NATO aufzunehmen. Sie versuchte damit, einen Ausgleich mit Russland zu finden, obwohl Präsident Putin im Grunde genommen bereits in seiner Münchner Rede 2007 die Partnerschaft mit dem Westen gekündigt hatte. Ihre Politik der festen Bindung an die USA und damit an die NATO als Garanten europäischer Sicherheit behielt sie auch in der Amtszeit Präsident Obamas bei. Es gelang ihr, die von Schröder geschlagenen Scharten auszubessern und das Misstrauen in der NATO abzubauen, auch durch die ab 2010 erfolgende Teilnahme der Bundeswehr an Kampfeinsätzen in Afghanistan. Dieser Eindruck ergibt sich eindeutig aus den Berichten der in der NATO eingesetzten Diplomaten und Soldaten. Doch dann traf sie in der irrigen Annahme, ein Ja würde Deutschland zu militärischer Teilnahme verpflichten, eine falsche Entscheidung, als Deutschland sich bei der Abstimmung im Weltsicherheitsrat über die erstmals auf dem von Deutschland begrüßten Konzept der Schutzverantwortung beruhenden Resolution 1973 der UN zu Libyen, gemeinsam mit Russland und China sowie Indien und Brasilien, der Stimme enthielt.[27]

Damit waren die Schröderschen Wunden wieder aufgerissen. Deutschland wurde erneut zum unsicheren Kantonisten des Westens. Es gelang Merkel zwar, das Verhältnis zu Obama wieder zu verbessern, aber gewisse Zweifel an Deutschlands Berechenbarkeit und Zuverlässigkeit sind unter der Oberfläche sowohl in der NATO wie auch in der EU noch immer erkennbar. Der gegenwärtige Streit um die Zwei-Prozent-Formel belebt sie erneut. Die unter Schröder begonnene, aber von Merkel erst nach Putins Annexion der Krim 2014 revidierte Vernachlässigung der Bundeswehr ist ein weiteres Element des Zweifels an Deutschland. Die Verankerung im Westen wurde damit ausgerechnet dann brüchig, als Obama die Schwerpunktverlagerung der USA nach Asien ankündigte und mit seiner hohlen Drohung roter Linien in Syrien erst den Nahen Osten preisgab, aber letztlich auch den Rückzug der USA aus der Rolle des entscheidenden Ordnungsfaktors der Welt einleitete. Von diesem Zeitpunkt an wurde der Ruf nach deutscher Führung in Europa immer lauter, doch die Antworten aus Deutschland blieben aus innenpolitischen Gründen zögerlich. Am deutlichsten artikulierte der polnische Außenminister Sikorski 2011 das Unbehagen der europäischen Nachbarn: »Deutsche Macht fürchte ich heute weniger als deutsche Untätigkeit.«[28]

Nicht im Westen, sondern im Osten wuchs Merkel in der Ukraine-Krise jedoch die dann auch nach Westen, sogar bis in die USA ausstrahlende Führungsrolle zu. Ihre Rede bei der Münchner Sicherheitskonferenz 2019, dann schon nicht mehr CDU-Vorsitzende, unterstrich diese Rolle eindrucksvoll. Ihre klare Ablehnung der Rechts- und Vertragsbrüche Putins gegenüber der Ukraine machte die Bundeskanzlerin ab 2014 letztlich zur entscheidenden Politikerin des Westens. Sie gewann die feste Verankerung im Westen durch Härte gegenüber Russland zurück. Erstmals in der Geschichte der CDU suchte eine Vorsitzende nicht den Ausgleich mit Russland, sondern verdeutlichte ihm, dass es bei weiterem Fehlverhalten mit der geschlossenen Abwehr des Westens rechnen müsse. Die deutsche militärische Beteiligung an der vorbeugenden NATO-Reaktion im Baltikum und die deutliche Erhöhung des Verteidigungshaushalts unterstrichen ihre Entschlossenheit. Festigkeit gegenüber Russland half Merkel somit, ihre Stellung im Westen zu festigen, und machte sie zur Wortführerin Europas, als Präsident Trump begann, hinter die Rolle der USA in Europa und die multilateralen Bindungen Fragezeichen zu setzen. Die Kanzlerin ließ in den fünf Jahren der Ukraine-Krise keine Zweifel zu, dass eine CDU unter ihrer Führung der Westbindung, und das heißt eben auch dem Ziel, Deutschland an den Westen und seine Werte zu binden, stets Vorrang geben würde. Diese erneute Verankerung im Westen verschaffte nun der Kanzlerin, aber auch der CDU unter neuer Führung Optionen zur Festigung Europas und dann Wege zu erneutem Dialog mit einem autoritären, erneut Rüstung übertreibenden, aber doch strategisch schwächer werdenden Russland zu suchen.

Ausblick

In einer Zeitenwende wie derzeit darf bei einem Rückblick auf fünfundsiebzig Jahre erfolgreicher Außen- und Sicherheitspolitik der CDU für Deutschland und Europa ein Ausblick auf die vor der Partei liegenden Jahre schwieriger Herausforderung nicht fehlen.

Auf dem Spiel stehen die Werteordnung des Westens und damit auch Demokratie und Rechtsstaatlichkeit sowie die auf vereinbarten Regeln beruhende multilaterale Werteordnung.

Die CDU darf auch künftig keinen Zweifel lassen, dass sie für diese Ordnung eintritt und bereit ist, die Regierung anzuregen, dafür Verantwortung zu übernehmen, notfalls auch durch legitimierte Anwendung von Gewalt.

Gelingen wird dies nur, wenn der transatlantische Verbund erhalten bleibt, auch weil Deutschland nuklearen Schutz nur durch die USA erhalten kann. Die Westbindung bleibt also auch künftig das vorrangige Element deutscher Politik, auch in einer Zeit, in der Nationalismus in den USA Vorrang zu haben scheint, in der die Vereinigten Staaten viel von ihrer moralischen Glaubwürdigkeit verloren haben und die Deutschen nach Meinungsumfragen Autokraten mehr vertrauen als dem Präsidenten der USA.

Das zweite Ziel muss der Erhalt und die Festigung der Europäischen Union sein. Sie muss in allen Feldern der Politik und mit allen Mitteln zum globalen Akteur werden. Das ist das wichtigste Instrument, um Nordamerika an Europa gebunden zu halten.

Das bedeutet, dass Deutschland in diesem Prozess Führungsverantwortung übernehmen muss. Europa muss endlich seine Sicherheit ein Stück weit in die eigenen Hände nehmen. Nur dann kann es gelingen, die USA an der Seite Europas und als Führer des Westens zu halten, nur dann kann aus Sicherheit vor Russland Sicherheit mit Russland entstehen, und nur dann wird es gelingen, gemeinsam mit den USA statt Konfrontation in Asien Kooperation zu erreichen.

Doch die wichtigste Aufgabe liegt im Inneren. Die Menschen müssen gewonnen werden und einsehen, dass Sicherheit und Freiheit keine Selbstverständlichkeit sind. Sie müssen geschützt werden, und das ist die Verantwortung freier Bürger. Schutz bleibt die erste und wichtigste Pflicht aller Staaten dieser Welt, denn es gilt wie eh und je, auf das Unerwartete vorbereitet zu sein. Es ist nun gefordert, eine überindividualisierte Gesellschaft dazu zu bringen, für das große Glück, in einem freien und demokratischen Rechtsstaat zu leben, auch Pflichten zu übernehmen und dafür zu arbeiten, bewährte Bindungen zu erhalten. Die Deutschen sollten das große Glück der deutschen Einheit als Verpflichtung begreifen, ein ganzes und freies Europa zu gestalten, in dem der Traum des Westens verwirklicht wird: Seine freien Bürger werden durch die Macht des Rechts in seinen demokratischen Staaten geschützt und durch eine nach vereinbarten Regeln handelnde internationale Ordnung vor äußeren Gefahren bewahrt. Das ist die beste Ordnung, die Menschen je für ihr Zusammenleben in Staaten gefunden haben. Für ganz Deutschland wurde sie mit der deutschen Einheit Wirklichkeit. Sie zu schützen ist Verpflichtung, für sie einzutreten und sie zu verbreiten ist das Vermächtnis der deutschen Einheit, auch für die Partei der Einheit, die CDU.

1 Zit. nach Konrad Adenauer: Erinnerungen 1945–1953. Stuttgart 1965, S. 49.

2 Unveröffentlichte Studie des Präsidenten der Bundesakademie für Sicherheitspolitik, Vizeadmiral a. D. Hans Frank.

3 Rede im NWDR am 6. März 1946, in: Konrad Adenauer:»Die Demokratie ist für uns eine Weltanschauung«. Reden und Gespräche 1946–1967. Hg. von Felix Becker. Köln u.a. 1998, S. 1–9.

4 Diese Gedankenführung Adenauers ist am besten belegt in Adenauer: Erinnerungen 1945–1953, S. 534–539.

5 Hans-Jürgen Rautenberg/Norbert Wiggershaus: Die Himmeroder Denkschrift vom Oktober 1950. Politische und militärische Überlegungen für einen Beitrag der Bundesrepublik Deutschland zur westeuropäischen Verteidigung. Karlsruhe 1977.

6 Erwähnt in Joseph S. Nye: Das Paradox der amerikanischen Macht. Warum die einzige Supermacht der Welt Verbündete braucht. Hamburg 2003, S. 33.

7 Rolf Steininger: Eine Chance zur Wiedervereinigung? Die Stalin-Note vom 10. März 1952. Darstellung und Dokumentation auf der Grundlage unveröffentlichter britischer und amerikanischer Akten. Bonn 1985.

8 Kaisers Denken ist am besten belegt in seinen Reden, herausgegeben von Christian Hacke unter dem Titel:»Wir haben Brücke zu sein«. Reden, Äußerungen und Aufsätze zur Deutschlandpolitik. Köln 1988.

9 Siehe dazu Hans-Peter Schwarz: Adenauer. Bd. 2: Der Staatsmann 1952–1967. Stuttgart 1991, S. 375 ff.

10 Werner Kilian: Die Hallstein-Doktrin. Der diplomatische Krieg zwischen der BRD und der DDR 1955–1973. Aus den Akten der beiden deutschen Außenministerien. Berlin 2001.

11 Deutlicher als in Meinungsumfragen beschrieben in Schwarz: Adenauer, S. 853 ff.

12 Ebd., S. 813.

13 Florian Reichenberger: Die »Teufelsspirale« zur Apokalypse. Die Bundeswehrführung im Bann des Atomkriegs, in: Militärgeschichte. Zeitschrift für historische Bildung 4 (2018), S. 4–9.

14 Heinrich August Winkler: Geschichte des Westens. Bd. 3: Vom Kalten Krieg zum Mauerfall. München 2016, S. 471.

15 Volker Kronenberg: Grundzüge deutscher Außenpolitik 1949–1990, in: Bundeszentrale für politische Bildung (Hg.): Informationen zur politischen Bildung, Bd. 308. Bonn 2009, S. 14–32.

16 Helga Haftendorn: Entstehung und Bedeutung des Harmel-Berichtes der NATO von 1967, in: Vierteljahrshefte für Zeitgeschichte 40 (1992), S. 169–221.

17 Ebd.

18 Henry Kissinger: Memoiren 1968–1973. München 1979, S. 109.

19 Gespräch des Verfassers mit dem damaligen außenpolitischen Berater des Parteivorsitzenden, Horst Teltschik.

20 Diese ungefähre, aber jährlich schwankende Gesamtzahl ergibt sich aus den jährlichen Meldungen der Alliierten an den Bundeskanzler, zu denen der Verfasser als Stabsabteilungsleiter FüSIII im BMVg Zugang hatte.

609

21 »Zehn-Punkte-Programm« Bundeskanzler Kohls in seiner Rede vor dem Deutschen Bundestag am 28. November 1989, Punkte 5, 6 und 8, in: Bulletin des Presse- und Informationsamtes der Bundesregierung Nr. 134, 29. November 1989.

22 Beim NATO-Gipfel am 4. Dezember 1989 in Brüssel wurden die Staaten von Generalsekretär Wörner aufgefordert, zu den Vorstellungen Kohls (»Zehn Punkte«) Stellung zu nehmen. Nach Erinnerung des dabei anwesenden Verfassers haben nur Spanien (Ministerpräsident González), die Türkei (Präsident Demirel) und die USA (Präsident Bush) Deutschland unterstützt.

23 Dies entspricht einer Bemerkung Präsident Miloševićs bei den Verhandlungen über den Abzug serbischer Truppen aus dem Kosovo, die der Verfasser im Auftrag des NATO-Rats am 18. Oktober 1998 in Belgrad zu führen hatte.

24 Das Urteil des Bundesverfassungsgerichts am 12. Juli 1994 stellte fest, dass Einsätze der Bundeswehr außerhalb Deutschlands eingeordnet in internationale Organisationen zulässig sind. Damit wurde die bis dahin erhobene Behauptung, das Grundgesetz lasse sie nicht zu, wirkungslos. Siehe BVerfGE 90 286, Out-of-area-Einsätze.

25 Kohls Vision ist in der Charta von Paris ausgedrückt: Er wollte eine Partnerschaft von Vancouver bis Wladiwostok.

26 Bei meinem Abschiedsbesuch bei Bundeskanzler a. D. Kohl in seinem Berliner Büro sagte er mir: »Ich hätte dem Kosovo-Einsatz nicht zugestimmt, und große Teile meiner Partei auch nicht.«

27 VN-Resolution 1973 vom 17. März 2011 zur Einrichtung einer Flugverbotszone über Libyen (United Nations, Security Council, S/RES/1973 [2011], Distr. General 17 March 2011).

28 Vortrag des polnischen Außenministers Radek Sikorski bei der Deutschen Gesellschaft für Auswärtige Politik am 28. November 2011 in Berlin.

20 Plakat zu den Land- und Kreistagswahlen in der
Sowjetischen Besatzungszone 1946

Recht und Geld – Parteienrecht und Parteienfinanzierung

Heinrich Oberreuter

»Dat muß ein janz weltfremder Herr sein, der mir jesetzlich festlejen will, dat die Parteien ihre Jeldquellen bekanntjeben und ihre Finanzierung offenlejen.«[1] So drastisch soll Konrad Adenauer den ersten Referentenentwurf zu einem Parteiengesetz von 1950 kommentiert haben, wohl mitveranlasst durch die Intervention des Hamburger CDU-Vorsitzenden Scharnberg, der – nicht allein – durch eine allzu transparente Gestaltung der vom Grundgesetz geforderten Rechenschaftslegung die Finanzierung der Partei gefährdet sah und sich noch öfter[2] für staatliche Parteienfinanzierung aussprach. Die Suche nach einer angemessenen Regelung der Parteienfinanzierung ist jedenfalls die Ursache dafür, dass das vom Grundgesetz in Artikel 21 angemahnte Gesetz erst 1967, nach achtzehn Jahren, verabschiedet werden konnte. Einzelne Regelungen und Urteile des Bundesverfassungsgerichts dazu hatte es zwischenzeitlich schon gegeben. Dabei ging es weniger um so oft unterstellte Privilegierungen als um die materiellen Grundlagen einer verfassungsgemäßen Aufgabenerfüllung in einem sich neu etablierenden Parteiensystem, das zudem vor großen Herausforderungen politischer und demokratischer Gestaltung in der Gründungsphase der Republik stand.

Zu Beginn der Bundesrepublik ist die SPD in ihrer Tradition als Mitgliederpartei (und im Besitz einiger Medienunternehmen) die einzige gewesen, die den herausfordernden politischen Aufgaben finanziell weitgehend aus eigener Kraft begegnen konnte. Ihre bürgerlichen Konkurrenten auf dem politischen Markt mussten dagegen um eine funktionsfähige Parteiorganisation und einen angemessenen Mitgliederstamm – eigentlich um Parteiwerdung – erst ringen.[3] Im Zentrum der Macht wurde damals erstaunlich intensiv über das für Kanzler und Fraktion dysfunktionale Defizit einer funktionsfähigen Parteibasis gesprochen, ohne die man »irgendwie im luftleeren Raum« lebe.[4] Die Abhängigkeit selbst rudimentärer Parteiarbeit von halblegalen Fördergesellschaften hielt zum Beispiel Konrad Adenauer für unwürdig und suchte ihr durch den Ausbau des Mitgliederstamms zu begegnen,[5] dem Helmut Kohl ein Jahrzehnt später auch einen angemessenen Beitrag zuzumuten verlangte, weil »eine Partei in sich schon abgedankt hat, die nicht mehr in der Lage ist, sich zu einem Teil selber zu finanzieren, die also ausschließlich auf Spenden und öffentliche Kassen angewiesen ist«.[6] Dieses Plädoyer war notwendig, hatte doch Karlsruhe 1958 die Steuerabzugsfähigkeit von Spenden drastisch eingeschränkt, konnten die 1959 eingeführten Haushaltstitel zur »Förderung staatspolitischer Bildung« den Bedarf nicht decken und durften die nach deren verfassungsgerichtlicher Verwerfung nach neuer Rechtsprechung im neuen Parteiengesetz (1966) zugebilligten Mittel zur Erstattung der Wahlkampfkosten nicht für die laufenden Ausgaben des Parteiapparats genutzt werden. Jedenfalls hat sich die Trias Mitgliedsbeiträge, Staatszuwendungen und Spenden als materielles Fundament der Parteien sukzessive etabliert – auch unter Zustimmung der SPD, die das angesichts ihrer finanziellen Position zu dieser Zeit nicht nötig gehabt hätte, die aber speziell in der gesicherteren Entfaltungsfreiheit der bürgerlichen Kleinparteien nicht nur einen Dienst am Parteiensystem, sondern auch eine Chance für andere Koalitionsbildungen unter ihrer eigenen Führung sah.[7] Eine solche Machtwechselchance charakterisiert ein parlamentarisches System in der Tat ebenso sehr, wie funktionsfähige Parteien es tun.

Die Irrlehre vom Parteienstaat

Hinter der unumstrittenen Akzeptanz einer parlamentarischen Demokratie steht ein gewandeltes Verständnis des Gestaltungs- und Verantwortungswillens der Institution Partei. Parteienprüderie fand im neuen Staat keine blinde Unterstützung mehr, ohne dass die überkommenen Ansichten eines über den Parteien schwebenden Staats gar keinen Ausdruck mehr gefunden hätten. Doch aus dem Versagen der Parteien war die Diktatur gefolgt. Die politische Antwort waren nun die Parteiendemokratie sowie die Inkorporation der Parteien in die Verfassung und den Staat. Wie den daraus entspringenden Aufgaben konkret und materiell zu begegnen sei, war der Hintergrund der Finanzierungsdebatte. Wie tief die Integration in die staatliche Sphäre sein sollte, war Gegenstand der wissenschaftlichen Diskussion. Eine politische Debatte fand kaum statt. In der Praxis waren die Parteien samt ihren Führungsfiguren Schumacher und Adenauer einigende Klammern über die Grenzen der Besatzungszonen hinweg. Die entscheidende Veränderung zu früheren Auffassungen ist das Verständnis der Parteien als Ausdruck des gesellschaftlichen Pluralismus und ihres legitimen, ja funktionalen Anspruchs, diesen in der Staatsleitung zum Ausdruck zu bringen – und zwar mehr oder auch weniger begrenzt.

Alles andere als begrenzend war die einflussreiche – weil ihr Autor dem Verfassungsgericht angehörte – Doktrin von Gerhard Leibholz, der den modernen »Parteienstaat« als »rationalisierte Erscheinungsform der plebiszitären Demokratie«[8]

begriff, in dem die Parteien exklusiv den Volkswillen bilden und nicht nur »das Volk sind«, weil dieses als unterscheidbare Größe nicht mehr in Erscheinung tritt, sondern zugleich auch der Staat, weil der Mehrheitswille »mit der volonté générale gleichgesetzt« wird.[9] Die Grenzen, die hier fallen, von der Entmächtigung anderer Faktoren der politischen Willensbildung bis zur ausbalancierenden Gewaltenteilung, sind evident.

Karlsruhe hat diese Lehre früh tendenziell und begrifflich, aber nicht in ihrer potenziell rollendefinierenden Intention übernommen: Heute »sei jede Demokratie zwangsläufig ein Parteienstaat«, und es sei auch nicht ausgeschlossen, dass Parteien Staatsorgane sein könnten, ohne freilich dabei mit den obersten Staatsorganen Parlament und Regierung gleichgestellt zu sein. Diese Unbestimmtheit wurde einige Sätze später aufgelöst: Parteien müssten »als Faktoren des Verfassungslebens anerkannt werden, da sie in dessen innerem Bereich stehen«.[10] Wenig später, 1954, setzte sich das Gericht davon aber ein Stück weit ab und bezeichnete Parteien in Abgrenzung von den Staatsorganen als Verfassungsorgane,[11] was gleichwohl als ihre Verstaatlichung interpretiert worden ist, während das Gericht das Gegenteil intendierte. Das Parteienfinanzierungsurteil von 1966 trennt – realitätsfern – die Willensbildung des Volkes von der des Staats, ordnet die Parteien der gesellschaftlichen Sphäre zu und definiert sie, mit Ausnahme des Wahlvorgangs, aus der staatlichen geradezu hinaus.[12] Im Urteil zur Öffentlichkeitsarbeit der Regierung im Wahlkampf 1977, das eine Klage der CDU herbeigeführt hatte, werden sie wieder hereingeholt. Sie gelten nun als Zusammenschlüsse von Bürgern mit dem Ziel der Beteiligung an der Willensbildung in den »Staatsorganen«.[13] Zugleich erinnert das Gericht mit großer Deutlichkeit an den Amtsgedanken, also daran, dass der Staat, ungeachtet parteipolitischer Besetzung seiner Regierungsämter, Staat des ganzen Volkes bleibt, Herrschaft gemeinwohlorientiert auszuüben ist sowie Staat und regierende Mehrheit nicht miteinander identisch sind. Die sozialliberale Bundesregierung hatte in großem Stil Steuergelder im Wahlkampf eingesetzt, um ihre Wiederwahl zu sichern: nicht nur ein Verstoß gegen die Neutralität des Amtes, sondern auch gegen die Chancengleichheit der Parteien.

Schritt für Schritt erfolgten die Distanzierung von der (nie gänzlich adaptierten) Parteienstaatsthese und die Erkenntnis der Legitimationsdoktrin des Grundgesetzes: Herrschaft ist eine Auftragsangelegenheit des Volkes, eingebunden in einen Kreislauf politischer Kommunikation, in dem Parteien initiierende, responsive und rechtfertigende Funktionen ausüben sowie Ämter wahrnehmen. Der Staat sind sie nicht und auch nicht nur Gesellschaft. Konrad Hesse definierte ihnen in jener Prägezeit einen »Status der Öffentlichkeit« zu,[14] um ihre Ausgrenzung aus dem Staat ebenso zu vermeiden wie umgekehrt dessen parteiliche Inbesitznahme. Parteien dürfen nicht so weit in den Bereich institutioneller Staatlichkeit entrückt werden, dass sie ihre gesellschaftliche Verwurzelung verlieren, ihre Führungen Unabhängigkeit von den Mitgliedern gewinnen und sich die dauerhafte Rückbindung an die Vielfalt gesellschaftlicher Meinungen und Interessen auflöst. Auch deswegen unterliegt ihre innere Ordnung dem Demokratiegebot. Andererseits wirken sie auch zwangsläufig in den Staatsorganen, da sie als institutionalisierte vermittelnde Instanzen das Volk befähigen, Herrschaft im Staat zu beeinflussen und durch Wahl zu bestimmen. Volks- und Staatswillensbildung sind eigenständige, jedoch miteinander verknüpfte Sphären.

Einbettung in die demokratische Ordnung

In Adenauers Regierungszeit hat es seit 1950 vielfältige Entwürfe gegeben, die zwar im Sande verliefen, inhaltlich aber prägten, wie besonders der Vorstoß des Bundesinnenministers Gerhard Schröder (CDU), der eine wissenschaftlich hochkarätige Parteienrechtskommission berief,[15] die auch den Kontakt zur praktischen Politik suchte und letztlich mit ihren Vorschlägen zur Definition des Parteibegriffs, zu Rechtsstellung, innerer Ordnung und Parteiverbot den Diskurs wie die künftige Gesetzgebung erheblich präformierte.[16] Sie wischte mit Blick auf die Freiheit der Gründung jegliche Registrierungspflicht vom Tisch, grenzte Parteien von kommunalen Vereinigungen und Verbänden ab und setzte Programm, Wahlbeteiligung und Orientierung an der Mitgestaltung politischer Willensbildung sowie ein Mindestmaß an organisatorischer Dauer und Festigkeit voraus. Partei galt nicht mehr als Verein, sondern als Einrichtung des Verfassungslebens, weswegen strukturelle Homogenität mit der demokratischen Grundordnung – auch in der innerparteilichen Willensbildung – verlangt wurde. Die legislatorische Umsetzung dieser Wegweisung verhinderten erneut Bedenken gegen die Vorschläge zur finanziellen Rechenschaftslegung vornehmlich aufseiten von CDU/CSU und FDP.

Daneben hatte auch Karlsruhe – vom Gesetzgeber alleingelassen – im KPD-Verbotsurteil eine Legaldefinition der Parteien als Vereinigungen von Staatsbürgern geliefert, die mithilfe von Mitgliedern, Organisation, Satzung und Programm in den Vertretungskörperschaften von Bund, Land und Kommune die politische Willensbildung im Staat beeinflussen wollen.[17]

Folglich hat im Lauf langer Jahre nicht das ausgebliebene Parteiengesetz »das Nähere« geregelt, sondern mit Karlsruhe ein anderes Verfassungsorgan oder auch andere Gesetzgebungsakte wie zum Beispiel die Wahlgesetze der 1950er-Jahre, die entlang verfassungsrichterlicher Anmahnungen etwa angemessene Verfahrensregelungen der Kandidatenaufstellung schufen. Erst recht gilt diese Inspiration von außen geradezu kontinuierlich und bestimmend für die Parteienfinanzierung, die in der Praxis der Verabschiedung eines Parteiengesetzes im Wege stand. Letztlich ist es dann doch durch den Finanzbedarf erzwungen worden, wobei dessen Regelungen immer wieder verfassungsgerichtlichen Einsprüchen unterlagen. Bei aller Kritik daran verbot sich aber auch nach Einschätzung in der CDU/CSU-Fraktion[18] ein reputationsschädlicher Konflikt mit der rechtsprechenden Gewalt.

»Das Nähere« des Artikels 21 war in hohem Maß also vor 1967 »geregelt« und inhaltlich konkretisiert worden. Das gilt für die Freiheit der Gründung, der Ziele und der Betätigung, für Chancengleichheit und öffentliche Verantwortung. Allerdings sind all diese Gewährleistungen und Zuschreibungen in ihrer Bindung an die freiheitlich-demokratische Grundordnung zu verstehen. Im Rahmen dieser Ordnung ist zum Beispiel die Verpflichtung auf innerparteiliche Demokratie keine Einschränkung, sondern ein Dienst an der Parteifreiheit.[19] Wenn Demokratie und Legitimität im Wesentlichen durch die Parteien vermittelt werden, hängen sie nicht zuletzt von deren adäquater innerer Ordnung ab. Diese herausgehobene Rolle verlangt »strukturelle Homogenität zwischen Staat und Parteien«.[20]

Gegen Infragestellung dieser Homogenität – nichts anderes ist Verfassungswidrigkeit – richtet sich die Sanktion des Parteiverbots nach Artikel 21,2 GG, auch wenn dessen Text diesen Begriff meidet. Diese Norm ist dem breiten Konsens der verfassungspolitischen und -rechtlichen »Sattelzeit« zu Beginn der Republik zuzuordnen, eine wehrhafte Demokratie zu errichten, um Weimarer Verfallstendenzen entgegenzutreten: Freiheit darf in einer Freiheitsordnung nicht in Anspruch genommen werden, um sie aufzuheben. Dass das Bundesverfassungsgericht urteilende Instanz ist statt der parteibeherrschten Exekutive und mit ihr der parteipolitischen Konkurrenz, bricht kritischen Bedenken bezüglich der Chancengleichheit die Spitze. »Parteienprivileg« nennt man das Recht, nur vom Bundesverfassungsgericht verboten werden zu dürfen. In den Verfahren gegen die (neonazistische) SRP 1952 und die (kommunistische) KPD 1956 hatte Karlsruhe selbst erst die Substanz jener freiheitlich-demokratischen Grundordnung zu definieren, die angegriffen sein sollte. Die beiden NPD-Verfahren späterer Jahrzehnte wurden maßgeblich von den »C«-Parteien initiiert. Im ersten, das 2003 mit einer Zurückweisung endete, musste das Gericht selbst gegen die Antragsteller das Recht verteidigen und auf deren rechtskonformer Erhebung der Antragsgründe bestehen. Im zweiten NPD-Verfahren[21] trug das Gericht dem Gebot klarer Eingriffsvoraussetzungen Rechnung, indem es sich auf Menschenwürde, Demokratieprinzip und Rechtstaatlichkeit als Kernprinzipien der Grundordnung stützte. Nicht eines dieser Prinzipien darf zur Disposition gestellt, die Grundordnung, die sie schaffen, darf nicht mit hinreichender Intensität gefährdet werden – weder nach den programmatischen Zielen noch durch das Verhalten der Anhänger. Entscheidende Voraussetzung für ein Verbot ist, wenn »konkrete Inhaltspunkte von Gewicht dafür vorliegen, die es zumindest möglich erscheinen lassen, dass das gegen die Schutzgüter des Art. 21 Abs. 2 GG gerichtete Handeln einer Partei erfolgreich sein kann«.[22] Im Vergleich zu früheren Urteilen wirkt diese Potenzialität einschränkend.

Andererseits schuf das gleiche Urteil abgestufte Sanktionsmöglichkeiten und erweiterte dadurch das Instrumentarium. Den verfassungsändernden Gesetzgeber ermächtigte es nämlich zur »Schaffung der Möglichkeit gesonderter Sanktionierung im Fall der Erfüllung nur einzelner Tatbestandsmerkmale des Art. 21 Abs.2 GG unterhalb der Schwelle des Parteiverbots«. Der Gesetzgeber machte von dieser Möglichkeit unverzüglich Gebrauch und änderte noch 2017 das Gesetz. Dass dazu der Ausschluss von der Parteienfinanzierung gehören kann, erwähnte der Präsident des Gerichts bei der Urteilsverkündung eher beiläufig. Darin ist gewiss ein nicht zu unterschätzendes Instrument für eine anhaltende Erfolglosigkeit entsprechender Parteien zu sehen. Erfolgsaussichten wären ja ein unmittelbarer Verbotsgrund.

Aber indem über den zutreffenden Tatbestand und den Ausschluss von der staatlichen Finanzierung das Bundesverfassungsgericht entscheiden muss, eröffnet sich auch hier kein Tor parteipolitischer Willkür. Im Übrigen gebietet es auch die Logik, Parteien, die den Staat bekämpfen, nicht durch diesen alimentieren zu lassen, wie es beim ersten Anwendungsfall der Abgeordnete Harbarth (CDU/CSU) zum Ausdruck brachte: »Mit Blick auf eine verfassungsfeindliche Partei kann es für uns als wehrhafte Demokraten nicht hinnehmbar sein, dass wir sie auch nur mit einem einzigen Euro oder einem einzigen Cent in ihrem Kampf gegen unseren Staat unterstützen. Für die NPD ist jeder Cent ein Cent zu viel.«[23] Bundesrat, Bundestag und Bundesregierung haben am 19. Juli 2019 dem Bundesverfassungsgericht demgemäß einen ausführlich begründeten und belegten Antrag auf Ausschluss der NPD von der staatlichen Parteienfinanzierung vorgelegt.

Parteienfinanzierung als dominante Motivation

Wie sehr Rechts- und Finanzfragen korrespondieren, zeigt sich daran, dass ausgerechnet die durch dieses Urteil veranlasste Ergänzung des Artikels 21 im Jahr 2017 die staatliche Parteienfinanzierung ins Grundgesetz gehoben hat mit dem Ziel, sie Verfassungswidrigen gänzlich verweigern zu können. Im Umkehrschluss kann – und wird – sie Verfassungskonformen grundsätzlich gewährt werden.[24] Im Übrigen gilt sie inzwischen weithin als angemessener als das korruptionsanfällige Spendenwesen.

Seit Mitte der 1960er-Jahre ist von einem Konsens der etablierten Parteien zugunsten staatlicher Finanzierung und der grundsätzlichen, wenn auch nuancierten Zustimmung des Bundesverfassungsgerichts zu ihr auszugehen.[25] Die Begründung liegt in der Schlüsselstellung der Parteien im zentralen politischen Entscheidungssystem und in ihrer Funktion als Legitimität gewährleistende Kommunikationsbrücke zwischen Bürgern und Staat. Die ehedem grundsätzlich und heftig diskutierte Frage, ob sie der staatlichen oder der gesellschaftlichen Sphäre zugehörten, war immer irrig, weil »Staatsparteien« einer Demokratie fremd sind. Als gesellschaftliche Organisationen wirken Parteien kraft verfassungsrechtlicher Aufgabenzuschreibung verantwortlich und gestaltend in den Staat hinein, und sie verbinden beide Bereiche. Ihre zentrale Position ist unübersehbar, ihre direkte Legitimation durch die Wähler, die sie vor allen anderen politischen Akteuren auszeichnet, allerdings auch. Das Parteiengesetz schreibt ihnen acht Funktionen zu: Einflussnahme auf die Gestaltung der öffentlichen Meinung, Mitwirkung an der politischen Bildung, Förderung der politischen Beteiligung der Bürger, Heranbildung von politischem Führungspersonal, Rekrutierung von Kandidaten, Einflussnahme auf

Parlament und Regierung, Implementierung politischer Zielvorstellungen in die staatliche Willensbildung, Sorge für die »ständige lebendige Verbindung zwischen Volk und Staatsorganen«. Auch wenn das Bundesverfassungsgericht einen Teil dieser Aufgaben als solche sieht, die von den Parteien zwar wahrgenommen werden können, »aber nicht müssen«,[26] herrscht im politischen Kernbereich erheblicher Leistungsdruck. Durch die mehr politisch-kulturellen Funktionen in dieser Aufzählung des Gesetzes erfährt dieser Druck aktuell und langfristig allerdings deutliche Unterstützung im Sinne des oben charakterisierten Homogenitätsgebots.

Dem Leistungsdruck folgt der Finanzierungsdruck, den zunehmend auch die SPD wahrnahm. In der CDU hatten die ursprünglich restriktiven Karlsruher Urteile erhebliche negative Folgen bei ihrem organisatorischen Modernisierungsprozess, dem Aufbau und den laufenden Kosten einer funktionsfähigen und auf Bundesebene führungsfähigen Geschäftsstelle, der Etablierung von Kommunikationsstrukturen und -medien nach innen wie nach außen sowie für den Aufbau von Reserven für Wahlkämpfe.[27] Karlsruhe hatte 1958 die steuerliche Absetzbarkeit von Spenden und speziell 1966 eine teilweise Staatsfinanzierung, damals als Mittel für politische Bildungsarbeit ausgewiesen, wegen der Überantwortung der Parteien an die staatliche Vorsorge für grundgesetzwidrig erklärt. Für zulässig und mit der Staatsfreiheit vereinbar erklärt wurde die Erstattung der Kosten eines angemessenen Wahlkampfs, weil die Parteien im Wesentlichen Wahlvorbereitungsorganisationen seien und die Durchführung von Wahlen eine öffentliche Aufgabe darstelle.[28] 1992 distanzierte sich das Gericht ausdrücklich von seiner bisherigen Auffassung in der Erkenntnis, dass die Aufgabe, an der politischen Willensbildung des Volkes mitzuwirken, Wahlkampf und Wahlen weit übersteigt.[29] Die staatliche Teilfi-

nanzierung allgemeiner Aufgaben wurde zwar als Pflicht abgelehnt, aber nun als Möglichkeit neben anderen Quellen
zugelassen. Diese anderen Quellen sind Beiträge und Spenden. Die Höhe der staatlichen Mittel richtet sich nach dem
Erfolg bei den Wahlen in Bund und Europa (Mindeststimmen 0,5 Prozent) sowie in den Ländern (Mindeststimmen
1,0 Prozent), nach der Summe der Mitglieder- und Mandats-
trägerbeiträge sowie nach den eingeworbenen Spenden.[30]
Verfassungspolitisch interessant wegen des Postulats der Eigenständigkeit ist eine relative Obergrenze, nach der die zu-
stehenden öffentlichen Mittel nicht höher sein dürfen als die
von der Partei selbst erwirtschafteten Einnahmen. Aufgrund
dieser Deckelung erhalten die Parteien regelmäßig weniger
Mittel, als ihnen nach ihren Stimm- und Zuwendungsantei-
len eigentlich zustünden.

Einschränkend wirkt zudem eine absolute Obergrenze,
deren Gestaltung den Parteien entzogen ist.[31] Gemäß Parteiengesetz erhöht sie sich jedes Jahr nach einem Index, der
sich an der Steigerung der für eine Partei typischen Ausgaben im Vorjahr orientieren soll, sich aber zu 70 Prozent
aus dem allgemeinen Verbraucherindex und zu 30 Prozent
aus dem Index der tariflichen Monatsgehälter der Arbeiter
und Angestellten bei Gebietskörperschaften zusammensetzt
und vom Statistischen Bundesamt ermittelt wird. Welcher
Spielraum bleibt hier für den parteitypischen Anteil? Aus-
führungsorgan der Zuweisungen ist der Bundestagspräsident auf der Basis der jeweiligen Rechenschaftsberichte. Im
Kontext mit den korrespondierenden Quellen des Finanzie-
rungsverbundes hat dieses Indexmodell den Vorteil, nicht
regelmäßig grundsätzliche und polemische öffentliche Diskussionen über die Legitimität der Materie hervorzurufen.
Andererseits enthebt es, ja verbietet im Grunde, den Bedarf
der Parteien nach sich neu und wohl auch tiefgreifender stel-

lenden Aufgaben im sozialen Wandel festzustellen: zum Beispiel steigenden Diskussions- und Partizipationsbedarf der Basis, aufwendigere Nominierungsprozesse für Führungsämter, Revolutionierung der Kommunikations- und Medienwelt, Digitalisierung. Indexierung und Automatisierung entlasten, können zugleich aber auch zur Unterlassung zeit- und funktionsgerechter Anpassungen führen mit der Folge neuer Herausforderungen und Krisen – und neuer Affären wegen fehlender Mittel. Wäre es nicht vorzuziehen, öffentliche Auseinandersetzungen unter den Auspizien sachrationaler Anpassung an neue Realitäten zu führen statt üblicherweise als Konsequenz aus missbräuchlichen Regelverletzungen?

Skandale haben vornehmlich zu Klärungen, Präzisierung und Verbesserungen geführt, aber in nicht unerheblichem Ausmaß auch zum Rückgang der Spendenbereitschaft, zu Kritik und Vertrauensentzug. Die Reformen, die sie nach sich zogen, waren auch nicht unbedingt Prozesse der Selbstreinigung. Expertenkommissionen und das Bundesverfassungsgericht assistierten wiederum nicht unwesentlich. Die »Flick-Affäre«, in die mehr oder weniger alle verstrickt waren, veranlasste Bundespräsident Carstens, 1982 eine Expertenkommission einzusetzen. Umfassende Änderungen von Grund-, Parteien- und Steuergesetzen nach deren Vorschlägen[32] hielten vor Gericht dennoch nicht alle stand. Der Karlsruher Richterspruch führte zu weiterer Novellierung des Parteiengesetzes, mit einer realistischen Einschätzung der demokratiestützenden Funktion der Parteien und der geschilderten Akzeptanz öffentlicher Subventionierung.[33] Ihr ist offenbar nun heilsamere Wirkung zugeschrieben worden als dem Wildwuchs und den Verführungskräften der Privaten. Die von Adenauer vormals problematisierte transparente und generelle Rechenschaftslegung wurde nun erstmals bei Großspenden über 20.000 DM festgelegt, aber in der Praxis von den Parteien nicht stringent eingehalten. Verpflichtende jährliche Rechenschaftsberichte offenbaren seither die Entwicklung der Finanzquellen aus Beiträgen, Spenden, Staatsmitteln und aus Vermögen, Veranstaltungen, Veröffentlichungen und Ähnlichem.

Noch intensivere Folgen, politisch wie für das Parteienrecht, zeitigte der Skandal um nicht deklarierte Spenden und »schwarze Kassen« der CDU 1999/2000 mit Konsequenzen für das innere Gefüge der Partei und für prominente Inhaber von Führungsämtern, vor allem aber auch hinsichtlich erheblicher Finanz- und Imageschäden: eine tiefe Krise mit erheblichen Wirkungen nach innen wie nach außen. Kurz vor den Landtagswahlen in Schleswig-Holstein und Nordrhein-Westfalen brach die Wählerschaft dramatisch ein – vorübergehend. Zeitgeschichtliche Analysen[34] wie literarische Selbstzeugnisse[35] und Pressemeldungen[36] dokumentieren tiefe Verwerfungen im engsten Führungskreis bis zum Zusammenbruch jahrzehntelanger Wertschätzungen. Ebenso zeigte sich im Machtspiel seitens der politischen Konkurrenz eine hohe Bereitschaft zur Skandalisierung und Demontage von Reputation, was bei derartigen Steilvorlagen nicht verwunderlich ist. Eher schon, dass der von Amts wegen mit der Affäre befasste damalige Bundestagspräsident Wolfgang Thierse sich zu Beginn des Verfahrens – und ohne bereits in Besitz und Kenntnis von Unterlagen zu sein – im »Spiegel« spekulativ öffentlich äußerte und »finstere Drohungen«[37] artikulierte. Staatsanwaltschaftliche Ermittlungen wegen Korruptionsvorwürfen – am Ende gegenstandslos – traten hinzu.

Die Spendenaffäre ist ein Musterbeispiel für die moralisch aufgeladenen Sensibilitäten in diesem Bereich. Hier ist nicht der Ort, sie wertend in die Politikgeschichte der Bundesrepublik einzuordnen. So verwerflich das Fehlverhalten auch gewesen sei, so wenig dürfe sie nach dem Urteil des der SPD zuneigenden Politikwissenschaftlers Kurt Sontheimer zu einer Katastrophe des politischen Systems verfälscht werden. Vielmehr ließen sich nach den Maßstäben politischer Vernunft Impulse für die künftige Parteiarbeit aus ihr gewinnen.[38] Welche Konsequenzen hatte sie für Parteienrecht und Parteienfinanzierung?

Erneut wurde, diesmal von Bundespräsident Rau, im Februar 2000 eine Expertenkommission eingesetzt, deren umfassender Abschlussbericht[39] Grundlage für eine neuerliche Änderung des Parteiengesetzes bildete, die am 1. Juli 2002 in Kraft trat. Transparenz- und Rechenschaftspflichten wurden verschärft, nicht zuletzt durch die Veröffentlichungspflicht von Großspenden. Eine unmittelbare und tief greifende Antwort auf die Affäre ist die Verschärfung der finanziellen und strafrechtlichen Sanktionen. Nun droht bei Umgehungen der Transparenz- und Rechenschaftspflicht eine Freiheitsstrafe von bis zu drei Jahren, während zuvor lediglich eine finanzielle Sanktionierung der Partei vorgesehen war: Hierin liegt eine erhebliche Verstärkung persönlicher Verantwortung. Weiterhin dürfen Spenden nicht mehr gestückelt werden, um die Anzeigepflicht bei 10.000 Euro zu umgehen. Anonyme Spenden über 500 Euro bleiben verboten, Barspenden dürfen 10.000 Euro nicht überschreiten. Diese Strafbewehrung richtet sich gegen eine gewisse Lässigkeit im Umgang mit der Materie, weil sie die tatsächlich Handelnden in die Pflicht nimmt und nicht nur die Institution, hatte sich doch angedeutet, dass die institutionelle Verantwortung durchaus auch als eine gewisse persönliche Entlastung verstanden werden konnte. Persönliche Straffreiheit linderte gleichsam die wahre Dimension des Vergehens. Jetzt steht sie außer Zweifel. Weitere Missbrauchsfälle werden dadurch nicht verhindert werden, wie sich an den AfD-Affären

2017–2019 zeigt, in denen es im Wesentlichen um unzulässige Leistungen aus dem Ausland geht.

Geld und Wandel

Erfährt die generelle Wirksamkeit der Zuweisung von Staatsmitteln auf das Parteiensystem in ihrer Abhängigkeit von Eigenleistung und Wahlerfolg eine neue Dynamik? Verlust oder Zuwachs von Mitgliedern, Zugewinne oder Verluste an der Wahlurne drücken sich eben auch in finanziellen Gewinnen oder Einbußen aus; die Mitgliederbewegung wirkt dabei in doppelter Hinsicht, nämlich in der Eigenleistung und zugleich in der mit ihr korrespondierenden staatlichen Zuwendung. Evident sind die Folgen bei der Pro-Kopf-Prämierung nach dem Wahlergebnis. Das Modell funktioniert so, wie es soll. Es tangiert bei Verlusten die Funktionsfähigkeit, bei Gewinnen eröffnet es neue Möglichkeiten. Die Wahlentwicklung in den letzten Jahrzehnten schwächt die klassischen Großparteien sozusagen auf beiden Märkten – dem politischen wie dem finanziellen. Umgekehrt stärkt es die aufsteigenden kleineren Parteien mit einer eher unerwarteten Finanzausstattung. Die Bundestagswahl 2017 hat beide »Lager«, Union und SPD hier und den bunten Strauß der anderen dort, in fast gleicher Stärke zurückgelassen. Dass die »Kleineren« die mit gewachsenen öffentlichen Mitteln gestützte Chance nützen wollen und werden, sich in der Konkurrenz stärker zu etablieren, lässt sich vermuten. Sie gewinnen oder verstärken Fundamente der Organisation und der Professionalisierung. Auch hierin bewähren sich Freiheit und Chancengleichheit. Lange gewohnte Übersichtlichkeit, prognostizierbare Verlässlichkeit und nutzbringende Stabilität könnten allerdings erodieren, primär natürlich aus individualisierungs- und differenzierungsbedingten Gründen gesellschaftlichen Wandels, dessen Segmente sich politisch artikuliert und organisiert sehen wollen. Daraus folgt die Pluralisierung des Parteienspektrums. Gleichwohl stützt die »alte« Regelung der Finanzen potenziell die Etablierung und Verstetigung einer neuen Struktur, während die »Paten« der traditionellen alten schwächeln. Im Vergleich zu diesem Entwicklungsprozess werden verfassungspolitische Fragen kaum größere neue Bedeutung gewinnen. Auf sie gibt es ohnehin seit der Suche nach Gewissheit in der Anfangszeit der Republik inzwischen nachhaltige Antworten.

1 Neue Ruhrzeitung vom 4. November 1955.
2 Marie-Luise Recker: Parlamentarismus in der Bundesrepublik Deutschland. Der Deutsche Bundestag 1949–1969. Düsseldorf 2018, S. 559 f.; Günter Buchstab (Bearb.): Adenauer: »Wir haben wirklich etwas geschaffen.« Die Protokolle des CDU-Bundesvorstands 1953–1957. Düsseldorf 1990, S. 479; Frank Bösch: Die Adenauer-CDU 1945–1969. Stuttgart/München 2001, S. 199 ff., 369 ff.; Michael Koß: Staatliche Parteienfinanzierung und politischer Wettbewerb. Wiesbaden 2008.
3 Dazu z.B. Wulf Schönbohm: Die CDU wird moderne Volkspartei. Selbstverständnis, Mitglieder, Organisation und Apparat 1950–1980. Stuttgart 1985.
4 Siehe Arnulf Baring (Hg.): Sehr verehrter Herr Bundeskanzler! Heinrich von Brentano im Briefwechsel mit Konrad Adenauer 1949–1964. Hamburg 1974, S. 65 f.
5 Wulf Schönbohm: Die CDU wird moderne Volkspartei, S. 52 f.
6 In der Sitzung des Bundesvorstands vom 13. Februar 1967, zitiert nach Schönbohm: Die CDU wird moderne Volkspartei, S. 92.
7 Koß: Staatliche Parteienfinanzierung, S. 173 ff.
8 Gerhard Leibholz: Der Strukturwandel der modernen Demokratie, in: Ders.: Strukturprobleme der modernen Demokratie. Karlsruhe 1967, S. 93 ff.
9 Ders.: Verfassungsrechtliche Stellung und innere Ordnung der Parteien, in: Verhandlungen des 38. Juristentages 1950. München 1950, S. C9 und C10.
10 BVerfGE 1, 32, 224 f.
11 BVerfGE 4, 27, 30. Dagegen Konrad Hesse: Die verfassungsrechtliche Stellung der politischen Parteien im modernen Staat, in: Veröffentlichungen der Vereini-

gung der Deutschen Staatsrechtslehrer 17 (1959), S. 11–47, hier 40: Die Verfassung könne keine Organe haben.

12 BVerfGE 20, 56, 98ff.

13 BVerfGE 44, 125, 145.

14 Hesse: Die verfassungsrechtliche Stellung der politischen Parteien, S. 40 ff. Zur aktuellen Interpretation siehe Paul Kunig: Parteien, in: Handbuch des Staatsrechts Bd. 3. Heidelberg 2005, S. 297–356; Hans-Hugo Klein: Art. 21 GG, in: Theodor Maunz/Günter Dürig/Roman Herzog (Hg.): Kommentar zum Grundgesetz, 73. Erg. Lfg. München 2014, S. 126–2011; Martin Morlok: Art. 21 GG, in: Horst Dreier (Hg.): Grundgesetz, Kommentar, Bd. 2. Tübingen 2015, S. 346–419. Siehe auch Foroud Shirvani: Das Parteienrecht und der Strukturwandel im Parteiensystem. Tübingen 2010.

15 Recker: Parlamentarismus in der Bundesrepublik Deutschland, S. 561 ff.

16 Staatliche Ordnung des Parteiwesens. Probleme eines Parteiengesetzes. Bericht der vom Bundesministerium des Innern eingesetzten Parteienrechtskommission. 2. Aufl. Frankfurt a. M./Berlin 1958.

17 S. BVerfGE 5,85, 238–247, in Verbindung mit BverfGE 2,1, 31.

18 Fritz Kempfler (CSU) in der Fraktionssitzung vom 10. Juni 1967, nach Recker: Parlamentarismus in der Bundesrepublik Deutschland, S. 573.

19 Hesse: Die verfassungsrechtliche Stellung der politischen Parteien, S. 30.

20 Dieter Grimm: Politische Parteien, in: Ernst Benda/Werner Maihofer/Hans-Jochen Vogel (Hg.): Handbuch des Verfassungsrechts der Bundesrepublik Deutschland, Teil 1. Berlin/New York 1984, S. 339.

21 Dazu Heike Merten: Rechtliche Grundlagen der Parteiendemokratie, in: Frank Decker/Viola Neu (Hg.): Handbuch der deutschen Parteien. Wiesbaden 2018, S. 57–96, hier 84 f.

22 BVerfG vom 17. Januar 2017 – 2 BvB 1/13, Rn 585.

23 Deutscher Bundestag 19. Wahlperiode, 29. Sitzung am 26. April 2018, S. 2763. Ausdrücklich der CDU-Position zustimmend z. B. Abgeordnete Högl (SPD), ebd., S. 2756.

24 Ramin Nikkho: Staatliche Parteienfinanzierung als verfassungsrechtliches Institut – der freie Wettbewerb als Schutz der freiheitlichen demokratischen Grundordnung, in: Deutsches Verwaltungsblatt 6/2018, S. 337–342, hier 339 f.

25 Koß: Staatliche Parteienfinanzierung, bes. S. 162.

26 BVerfGE 73, 1, 34. Zu diesem Komplex Heinrich Oberreuter: Politische Parteien: Stellung und Funktion im Verfassungssystem der Bundesrepublik, in: Alf Mintzel/Heinrich Oberreuter (Hg.): Parteien in der Bundesrepublik Deutschland. Bonn 1992, S. 15–40.

27 Schönbohm: Die CDU wird moderne Volkspartei, S. 91 f. und 266 ff.

28 BVerfGE 8, 51, 63.

29 BuVGE 85, 264, 285.

30 Zu den Verteilungskriterien siehe Merten: Rechtliche Grundlagen, S. 67–80; sowie Ulrich von Allemann/Philipp Erbentraut/Jens Walther: Das Parteiensystem der Bundesrepublik Deutschland. Wiesbaden 2018, S. 129–138.

31 BVerfGE 85, 264, 288 ff.; Ramin Nikkho: Staatliche Parteienfinanzierung, S. 341 f.

32 Bericht zur Neuordnung der Parteienfinanzierung. Vorschläge der vom Bundespräsidenten berufenen Sachverständigenkommission. Köln 1983.

33 S. Anm. 30.

34 Hans-Peter Schwarz: Helmut Kohl. Eine politische Biographie. Stuttgart 2012,
S. 870–896.

35 Helmut Kohl: Mein Tagebuch 1998–2000. München 2000; Wolfgang Schäuble:
Mitten im Leben. München 2000.

36 Merkel wirft Alt-Kanzler Kohl Erpressung vor, in: Welt am Sonntag, 6. Februar
2000. Siehe auch Jürgen Maier: Der CDU-Parteispendenskandal im Spiegel der
Massenmedien. Bamberg 2003.

37 »Ich fordere radikale Aufklärung.« Interview mit Bundestagspräsident Wolfgang Thierse, in: Der Spiegel, 27. Dezember 1999; Hans-Peter Schwarz: Helmut
Kohl, S. 878.

38 Kurt Sontheimer: Von Unheil und Segen einer Affäre, in: Aus Politik und Zeitgeschichte, B 16/2000, S. 3–5.

39 Bericht der Kommission unabhängiger Sachverständiger. Berlin 2001. Weiterführend, Verstöße gegen das Demokratiegebot einbeziehend: Martin Morlok:
Parteienfinanzierung im demokratischen Rechtsstaat. Berlin 2009.

21 Plakat zu den Bundestagswahlen 1949

Die Rolle der CDU in der deutschen Geschichte

Andreas Rödder

Als die Bundesrepublik siebzig Jahre alt wurde, hatte die CDU das Land fünfzig Jahre lang regiert. Allein aus zeitlichen Gründen liegt es daher nahe, die CDU als die »Staatspartei« der Bundesrepublik zu bezeichnen. Die Bezeichnung hat aber auch eine inhaltliche Dimension. Denn diese Regierungen waren an wesentlichen Richtungsentscheidungen in der Geschichte der Bundesrepublik beteiligt: Die Soziale Marktwirtschaft stellte nach dem Zweiten Weltkrieg eine eigene Verbindung von Marktwirtschaft und Sozialstaat her. Mit der Westbindung vollzog die Bundesrepublik unter den Bedingungen des Kalten Krieges eine grundlegende Abkehr von der Außenpolitik der freien Hand. Dabei waren sowohl Konrad Adenauer als auch Helmut Kohl bereit, das historische Novum der europäischen Integration bis hin zu einem europäischen Bundesstaat zu betreiben. In der Deutschlandpolitik scheiterte Adenauers Hoffnung, dass einem Zusammenbruch der DDR die Wiedervereinigung folgen werde, bevor sie 1989/90 unverhofft Realität wurde. Als Kanzler der deutschen Einheit trieb Kohl mit dem Integrationsschub von Maastricht und der Einführung der Europäischen Währungsunion zugleich die europäische Einigung voran. Und Angela Merkel traf mit der »Energiewende« und ihrer Politik in der Migrationskrise von 2015/16 Richtungsentscheidungen des frühen 21. Jahrhunderts.

Weichenstellende Entscheidungen waren das eine. Darüber hinaus wirkte die CDU als demokratische Sammlungsbewegung, die zusammen mit der SPD (und einer zunächst abnehmenden, seit den 1980er-Jahren wieder zunehmenden Zahl von kleineren Parteien) einen wesentlichen Beitrag zur politischen Integration der bundesdeutschen Gesellschaft und damit zu jener Stabilität leistete, mit der sich die zweite parlamentarische Republik der deutschen Geschichte grundlegend von der ersten unterschied.

Schon die Zentrumspartei war eine Sammlungsbewegung gewesen, insofern sie eine soziale Spannweite vom Adeligen bis zum Arbeiter umfasste. Doch sie war weitestgehend auf den katholischen Bevölkerungsteil beschränkt geblieben. Eine überkonfessionelle Union hingegen konnte nicht nur eine größere politische Reichweite entfalten als eine katholische Partei. Sie konnte auch dazu beitragen, die Fragmentierungen der deutschen Gesellschaft zu überwinden, die seit dem Kaiserreich in sozialmoralische Milieus gespalten gewesen war und deren parteipolitische Organisationen in der parlamentarischen Demokratie von Weimar nicht nachhaltig zueinandergefunden hatten.

Als einigende Klammer diente der Union von Anfang an das »C«. Konrad Adenauer sprach 1946 von der christlichen Demokratie, »die in der christlich-abendländischen Weltanschauung, in dem christlichen Naturrecht, in den Grundsätzen der christlichen Ethik wurzelt, die große erzieherische Aufgabe am deutschen Volke erfüllen und seinen Wiederaufstieg herbeiführen kann«.[1] Das war noch stark in katholischen Traditionen gedacht. Vor allem aber markierte es den fundamentalen Gegensatz zum Nationalsozialismus, der zum Gründungsmythos der Union wurde.[2] Dass Annegret Kramp-Karrenbauer in ihrer Bewerbungsrede um den Parteivorsitz im Dezember 2018 besonders starken Applaus erhielt, als sie auf das »C« als Kern der Parteiidentität verwies,[3] deutet darauf hin, dass solche Narrative wie auch die Erfolgsgeschichte von Wiederaufbau und Wohlstand, Stabilität und Sicherheit für das Selbstverständnis der Union bedeutsamer waren als scharfkantige Programmatik. Denn das »C« führte die CDU in einer zunehmend pluralistischen und entkirchlichten Gesellschaft in ein Paradox: Um die Partei auch für die wachsende Zahl von Nichtchristen zu öffnen, wurde das christliche Vokabular enttheologisiert und säkularisiert. Damit blieb das »C« integrativ, es war aber nicht mehr spezifisch christlich.

Dieses Paradox war Teil eines pragmatischen Realismus, der die Union vor allem als Regierungspartei auszeichnete. Der viel beschworene Pragmatismus bedeutete jedoch nicht, dass die Union keinen inhaltlichen Kern besessen hätte. Es war sogar ein dreifacher: Erstens nahm sie mit einem konstitutiven Antisozialismus und Antikommunismus insbesondere in Zeiten des Kalten Krieges eine starke Tradition des deutschen Bürgertums auf. Zweitens resultierte aus dem christdemokratischen Bild der in ihrer Würde gleichwertigen, aber verschiedenartigen und zugleich unvollkommenen und fehlbaren Menschen eine Skepsis gegenüber Theorien, Modellen und Utopien einer neuen Welt, die im »Zeitalter der Ideologien« (Karl Dietrich Bracher) ihrerseits programmatische Qualität besaß. Und drittens stellte das Prinzip der Subsidiarität die Grundlage des gesellschaftspolitischen Denkens dar. Demzufolge sind die Einzelnen grundsätzlich zur Selbstverantwortung verpflichtet; wenn sie dies nicht leisten können, dann (aber erst dann) haben sie das Recht auf die Solidarität der Gemeinschaft – kurz: privat vor Staat und klein vor groß. Diese Vorstellungen waren von katholischen Arbeitnehmern bis zu bürgerlichen Wirtschaftskapitänen zustimmungsfähig. Und so definierte sich die CDU in ihrem Ludwigshafener Programm von 1978 als (christlich-) sozial, liberal und konservativ.[4]

Diese programmatische Breite und den christdemokratischen Kern auszubalancieren war die Voraussetzung für die Integrationsfähigkeit der Union in der »mittelschichtdominante[n] Wohlstandsgesellschaft«[5] der alten Bundesrepublik. Zwischen der gesellschaftlichen Fragmentierung des Kaiserreichs und postmoderner Heterogenität erlebten die Volksparteien von den 1960er- bis zu den 1980er-Jahren ihre hohe Zeit, was Wähleranteile und Mitgliederzahlen betraf. Dass beide seitdem zurückgingen, lag in einem gesamteuropäischen Trend. Im historischen wie im internationalen Vergleich war eher die Hyperstabilität die Ausnahme als eine Fluidität, die je länger, desto mehr zur Normalität auch in Deutschland wurde.

1.

Als Konrad Adenauer 1949 zum ersten und bis heute ältesten Bundeskanzler gewählt wurde, stand der als Provisorium neu gegründete Staat vor Richtungsentscheidungen der zweiten europäischen Nachkriegsordnung des 20. Jahrhunderts. Die Frage der Verfassungsordnung war durch das Grundgesetz geregelt; völlig offen aber war, ob die zweite Republik stabiler werden würde als die erste. Die Wirtschafts- und Sozialordnung stand vor dem Problem, wie das Verhältnis zwischen Staat und Markt ausgestaltet werden sollte, nachdem das 19. Jahrhundert den Märkten freie Hand gelassen, die Weimarer Republik den korporatistischen Sozialstaat angelegt und der Nationalsozialismus eine eigene, kriegsorientierte Mischung aus Staatslenkung und Privatwirtschaft praktiziert hatte. Schließlich stellte sich die Frage nach der außenpolitischen Orientierung der Bundesrepublik zwischen der Tradition der europäischen Mächtepolitik und der Gegenwart des Ost-West-Konflikts.

Vor diesem Hintergrund waren die 1950er-Jahre von fundamentalen Neuerungen in einer durch Nationalsozialismus und Weltkrieg traumatisierten Gesellschaft geprägt, die vor allem Ruhe und Ordnung suchte. Auch das viel beschworene »Wirtschaftswunder« war weit mehr als ein ökonomisch erfolgreicher Wiederaufbau, denn es fiel mit dem historischen Durchbruch der modernen Konsumgesellschaft und dem Aufbau der west- und nordeuropäischen Sozial- und Wohlfahrtsstaaten zusammen. Für die in der Bundesrepublik etablierte Ordnung bürgerte sich bald der Begriff der »Sozialen Marktwirtschaft« ein, die eine freie Wettbewerbswirtschaft mit sozialem Ausgleich verbinden sollte. Damit stellte sich von Anfang an eine Frage der Balance, zumal innerhalb der Union mit der nach 1945 zunächst besonders starken katholischen Arbeitnehmerbewegung, die ursprünglich einen christlichen Sozialismus anstrebte, und den Ordoliberalen um Wirtschaftsminister Ludwig Erhard sehr unterschiedliche Vorstellungen aufeinandertrafen. Die pragmatische Fähigkeit zum Ausgleich stellte Adenauer insbesondere mit der Rentenreform von 1957 unter Beweis. Sie war zugleich ein Systembruch in der Geschichte des Sozialstaats, der vom Bismarck'schen Prinzip der elementaren Risikoabsicherung zur Maxime der Statussicherung überging, indem die Renten an die Entwicklung der Löhne und Gehälter gekoppelt und auf ein Niveau angehoben wurden, das den erworbenen sozialen Status sichern sollte.[6]

Außenpolitisch stellte die Westorientierung der Bundesrepublik eine historische Neuausrichtung dar. Verständigung und Aussöhnung mit Frankreich bedeuteten eine Abkehr von der gegenseitigen Perzeption als »Erbfeinde«, die im 19. Jahrhundert aufgebaut worden war und die europäische Politik spätestens seit 1870 dominiert hatte. Die europäische Integration ersetzte das Konzert der europäischen Großmächte, das zwar nach dem Wiener Kongress eine über ein Jahrhundert bestehende Friedensordnung etabliert hatte, zugleich aber anfällig für Kriege war, die im Zeitalter moderner technologischer Industrialisierung und totalitärer Ideologien eine nie gekannte Zerstörungskraft entfalteten. Was die Reichweite der europäischen Einigung betraf, so changierte Adenauer zwischen Vorstellungen der »Vereinigten Staaten von Europa« und dem Wiederaufstieg Deutschlands zur europäischen Großmacht,[7] wobei die europäische Integration über Jahrzehnte davon lebte, sich auf keine klare Finalität festzulegen.

Entscheidend war nach 1945 in erster Linie ohnehin die weltpolitische Entwicklung zwischen den neuen Supermächten, sprich: der Übergang von der Kriegskoalition zum Kalten Krieg 1946/47. Dieser Paradigmenwechsel bedeutete für Westdeutschland einen Glücksfall, denn er machte es vom Kriegsverlierer zum Bündnispartner und ermöglichte den Wiederaufstieg. Dafür war ein doppelter Preis zu entrichten: erstens, die Politik der freien Hand und außenpolitische Souveränität (die der jungen Bundesrepublik unter Besatzungsstatut ohnehin abging) zugunsten der Anpassung an die NATO aufzugeben. Und zweitens rückte mit der Westbindung eine deutsche Wiedervereinigung in weite Ferne.

Adenauer legte die Priorität auf die Westbindung, um für die verletzliche Bundesrepublik Sicherheit vor der als übermächtig empfundenen kommunistischen Bedrohung zu gewinnen. Eine Wiedervereinigung war demgegenüber nachgeordnet und nur mit einem Deutschland denkbar, wie es im Deutschlandvertrag von 1955 hieß, »das eine freiheitlich-demokratische Verfassung, ähnlich wie die Bundesrepublik, besitzt und das in die europäische Gemeinschaft integriert ist«.[8] Ideen eines »dritten Weges« oder Deutschlands als einer »Brücke« zwischen West und Ost, wie sie auch innerhalb der frühen CDU vertreten wurden, ließ der Kanzler nicht zum Zuge kommen. Er baute stattdessen auf die »Magnettheorie«, der zufolge die DDR zusammenbrechen und sich dann der Bundesrepublik anschließen würde. Es war eine historische Ironie, dass die Wiedervereinigung 1989/90 auf ebenjene Weise zustande kam, die am Ende der Ära Adenauer in weite Ferne gerückt war, weil die westdeutsche Politik in Widerspruch zur beginnenden internationalen Entspannungspolitik geriet. Schonungslos analysierte Karl Carstens, Staatssekretär im Auswärtigen Amt, im Oktober 1966: »Anstatt einer Zurückdrängung des Kommunismus in Europa fordern die führenden Staatsmänner des Westens jetzt: Entspannung – Verständigung – Zusammenarbeit – Versöhnung zwischen der Sowjetunion und den anderen osteuropäischen Staaten einerseits und den Ländern der freien Welt andererseits. (...) Unsere Deutschland-Politik führt uns in eine zunehmende Isolierung.«[9]

Hinzu kam die Protestbewegung, die unter der Chiffre »68« bekannt wurde, mit ihrer tief greifenden Gesellschaftskritik und ihren weitreichenden Reformforderungen. Sie traf die CDU der Wiederaufbaujahrzehnte auf dem falschen Fuß und erzwang nach dem Machtwechsel von 1969, mit dem sich die Union erstmals in der bundespolitischen Opposition wiederfand, zugleich eine programmatische Neuaufstellung in den 1970er-Jahren. Ihr folgte die Rückeroberung der Regierungsmacht 1982, die der Bewegung von 1968 die Werte von 1948, die christdemokratische Begründung der Bundesrepublik, entgegensetzte.[10]

2.

Überhaupt stellten sich der von Helmut Kohl geführten Regierung nach 1982 zunächst Folgefragen innerhalb des Ordnungsrahmens, der in den 1950er-Jahren gezogen worden war. 1973 war nicht nur der lange Nachkriegsboom zu Ende gegangen, der das deutsche »Wirtschaftswunder« getragen hatte, sondern mit ihm auch ein technokratisch-fortschrittsoptimistisches politisches Denken, das sich in Konzepten wie der autogerechten Innenstadt, funktionalistischen Hochhaussiedlungen oder der Globalsteuerung niederschlug.[11] Die Vorstellung, dass sich ökonomische Abläufe durch staatliche Politik steuern ließen, erwies sich in der Krise von 1973 jedoch als illusorisch, und so folgte dem Kollaps des Keynesianismus ein marktorientierter Umschwung der politischen Ökonomie zugunsten von Deregulierungen und Privatisierungen.[12] Parallel dazu übten die neuen sozialen Bewegungen Fundamentalkritik an den modernen westlichen Industriegesellschaften, die sich im Protest gegen nukleare Technologien verdichtete, und zwar sowohl gegen die zivile Nutzung der Kernenergie als auch gegen atomare Bewaffnung. Diese aber war ein wesentlicher Bestandteil der westlichen Strategie im »zweiten Kalten Krieg«, dem Wettersturz der Ost-West-Beziehungen in den späten 1970er- und der ersten Hälfte der 1980er-Jahre. Niemand hätte in diesen konfliktgeladenen Jahren erwartet, dass nur wenige Jahre später das sowjetische Imperium zusammenbrechen, die deutsche Wiedervereinigung möglich und eine dritte europäische Nachkriegsordnung für ein Europa nach dem Kalten Krieg nötig werden würde.

Helmut Kohl begann die zweite christdemokratische Regierungszeit 1982 im Zeichen einer ökonomisch-politischen Doppelkrise. Außen- und sicherheitspolitisch stand die Realisierung des NATO-Doppelbeschlusses an, der 1979 nicht zuletzt auf Drängen Helmut Schmidts gefasst worden war und die Stationierung atomarer Mittelstreckenraketen in Europa mit einem Angebot zu Verhandlungen an die Sowjetunion verband.[13] In der vierjährigen Frist zwischen Beschlussfassung und Stationierung geriet die NATO-Strategie unterdessen zunehmend ins Kreuzfeuer der wachsenden Friedensbewegung und spaltete zugleich die Bundesregierung aus SPD und FDP. Vor diesem Hintergrund wurde der Vollzug der Stationierung zunehmend zu einem Lackmustest für die deutsche Verlässlichkeit innerhalb der NATO: »Steht Ihr, oder steht Ihr nicht?«[14] Für Kohl und die CDU diente die seit Ende 1983 tatsächlich vollzogene Stationierung als politischer Beitrag zur Geschlossenheit des westlichen Bündnisses und als Nachweis bundesdeutscher Bündnistreue, deren Dividende die Bundesrepublik wenige Jahre später im Zusammenhang der Wiedervereinigung einfuhr.

Ökonomisch folgte dem Ende des Nachkriegsbooms von 1973 nach kurzen Jahren der Erholung seit 1979 ein weiterer konjunktureller Einbruch, mit dem Staatsverschuldung und Arbeitslosigkeit nach oben schnellten. Großbritannien und die USA setzten in den Regierungszeiten Margaret Thatchers und Ronald Reagans auf weitreichende Marktreformen. Die Blaupause dafür lieferte Milton Friedmans Chicago School, die an Ordnung *durch* den Markt glaubte, während der deutsche Ordoliberalismus stets auf Ordnung *für* den Markt gesetzt hatte. Weniger radikal als die britische und die amerikanische Politik baute die Regierung Kohl zunächst auf Haushaltskonsolidierung und moderate sozialpolitische Einschnitte. Zugleich setzte sie in der Familienpolitik neue sozialpolitische Akzente, wobei Finanzminister Gerhard Stoltenberg für den ordnungspolitischen, Arbeitsminister Blüm und Familienminister Geißler für den sozialpolitischen Flügel standen. Diese Kombination entsprach sowohl der bundesdeutschen Tradition eines mittleren Weges als auch der christdemokratischen Tradition des Ausgleichs zwischen den Flügeln. In den 1980er-Jahren erlebte das »Modell Deutschland«, von dem viel die Rede war, einen lang anhaltenden Wohlstandsschub und begann zugleich angesichts von Digitalisierung und beginnender Globalisierung neuerlichen Reformbedarf anzustauen; die im Gefolge der Wiedervereinigung noch viel drängenderen sozialpolitischen Reformen setzte dann seit 2003 die rot-grüne Regierung mit der Agenda 2010 um.

Die spannungsvolle Breite zwischen den Flügelpositionen in der CDU machte sich auch in der Europapolitik bemerkbar, wobei auf diesem Feld härter entschieden wurde. Die Konsolidierungspolitik von Finanzminister Stoltenberg wurde seitens der Bundesbank von einer stabilitätsorientierten Hochzinspolitik begleitet, die wiederum in anderen westeuropäischen Staaten, vor allem in Frankreich, als drückend empfunden wurde. Der wirtschaftliche Erfolg der Bundesrepublik offenbare, so erkannte Kohl, eine »gewaltige Kehrseite«, nämlich »erhebliche, ganz erhebliche psychologische Verwerfungen«.[15] Die Bundesrepublik erschien ihren Partnern zunehmend bedrohlich. Demgegenüber waren Kohl und Außenminister Genscher aus europapolitischen Zielsetzungen heraus bereit, dem französischen Streben zur Einhegung Deutschlands und zur Vergemeinschaftung seiner Machtmittel entgegenzukommen und sich auf die Ende 1987 lancierte Initiative zugunsten einer europäischen Währungsunion einzulassen.[16] Als Kohl dafür sorgte, dass auf dem EG-Gipfel von Hannover Ende Juni 1988 eine Kommission eingesetzt wurde, die nicht, wie zuvor ventiliert, von Bundesbankpräsident Pöhl, sondern, wie vorab arrangiert, von EG-Kommissionspräsident Delors geleitet wurde, um zu erarbeiten, nicht *ob*, sondern *wie* eine Währungsunion funktionieren könne – da war eine Vorentscheidung über die Währungsunion insofern gefallen, als der Einfluss der Deutschen Bundesbank und der Ordnungspolitiker zurückgedrängt und der Primat der Europapolitik etabliert wurde.

Die Rolle der Politik kam auch in der deutschen Frage unerwartet zum Tragen. Kohls Regierung hatte seit 1982 betont, dass die deutsche Frage offen sei, und zugleich eine pragmatische Zusammenarbeit mit der SED-Regierung in der DDR betrieben. Was 1989/90 geschah, hatte niemand erwartet. Es ging von Michail Gorbatschows Reformpolitik in der Sowjetunion aus, über der das sowjetische Imperium und schließlich auch die Sowjetunion zusammenbrachen. In dieser Situation wirkten in der DDR eine schon länger existierende und 1989 anschwellende Oppositionsbewegung und eine Massenbewegung zusammen, die im Herbst 1989 Mut fasste, auf die Straßen zu gehen. Da sich die SED in dieser Situation nicht mehr in der Lage zeigte, ihre Herrschaft zu behaupten, implodierte die DDR innerhalb weniger Wochen, wobei die Öffnung der innerdeutschen Grenzen am 9. November 1989 zum Wendepunkt wurde. Denn nun stand nicht nur die Berliner Mauer offen, sondern auch die deutsche Frage im Raum – und spaltete die Bürgerbewegung. Denn die Oppositionsbewegung wollte eine reformierte DDR erhalten, während die Massenbewegung auf den Straßen für eine deutsche Einheit demonstrierte, aber keine politische Stimme in der Politik der zerfallenden DDR besaß. Daher bildete sie eine informelle Allianz mit Kohl, die am 19. Dezember 1989 in Dresden symbolisch vollzogen wurde. Er übernahm die vereinigungspolitische Initiative und wurde auf innerdeutscher und internationaler Ebene zum entscheidenden Spieler. Nach außen übertraf die schließlich vereinbarte gesamtdeutsche NATO-Mitgliedschaft alle früheren westlichen Szenarien einer Wiedervereinigung. Und nach innen wurde die westdeutsche Ordnung in der Erwartung auf die neuen Länder übertragen, dass Währungsreform und Marktwirtschaft, wie nach 1948, ein neues »Wirtschaftswunder« freisetzen würden. Der »Aufbau Ost« brachte in den neuen Ländern einen Wohlstandsschub und die erwarteten »blühenden Landschaften« hervor, allerdings unter weit größerem Aufwand und in längerer Frist als 1990 erwartet, wobei die Übertragung der westdeutschen Ordnung insbesondere sozialkulturelle Folgewirkungen hinterließ.

Die Ordnung von 1990 beruhte nicht nur im Fall der deutschen Wiedervereinigung auf den westlichen Grundlagen. Die politische, wirtschaftliche, gesellschaftliche und kulturelle Ordnung des Westens war auch die Maßgabe für die postkommunistischen Staaten, um Mitglieder der Europäischen Union zu werden. Die EU ebenso wie die NATO als westliche Organisationen aus der Zeit des Kalten Krieges blieben nicht nur bestehen, sondern wurden überdies nach Osten, auf das ehemalige Gebiet des Warschauer Paktes und teils sogar der Sowjetunion ausgedehnt und bestimmten die Ordnung Europas nach dem Ende des Kalten Krieges.

3.

Neben den Feldern der großen Entscheidungen taten sich im Lauf der Zeit zugleich Bereiche auf, in denen die Union wenig inhaltliche Offenheit und Dynamik entwickelte. In den 1970er-Jahren war es eine spezifisch deutsche Ideologisierung der Energiefrage, die ihr einen nachhaltigen Zugang zur neu aufkommenden Umweltbewegung versperrte. Die Kernenergie war in den 1950er-Jahren mit großen Hoffnungen auf das Perpetuum mobile einer sauberen Energie begrüßt worden. Zugleich wurde sie zum Inbegriff eines technokratischen Konservatismus, den Franz Josef Strauß mit dem Diktum verkörperte, es sei konservativ, an der Spitze des Fortschritts zu marschieren.[17] Dem gegenüber formierte sich in den 1970er-Jahren die Anti-Atomkraft-Bewegung, die den Konflikt aus einer grundlegenden Kritik an der modernen Industriegesellschaft heraus ihrerseits ideologisierte. Die Auseinandersetzungen um Kernenergie und Nuklearwaffen wurden somit zu einem veritablen Kulturkampf, der aus Sicht der Union die Grundlagen von Wohlstand und Sicherheit und somit der (christdemokratisch geprägten) Nachkriegsdemokratie gefährdete. Darüber gerieten genuin konservative Elemente des Umwelt- und Naturschutzes an den Rand ihrer Aufmerksamkeit und verließen in Person von etwa Herbert Gruhl die Partei. Es war zwar Helmut Kohl, der nach der Reaktorkatastrophe im ukrainischen Tschernobyl 1987 ein eigenes Ministerium für Umwelt, Naturschutz und Reaktorsicherheit einrichtete. Da aber war der Anschluss an einen Strang der Umweltbewegung bereits verloren, wie ihn später beispielsweise Winfried Kretschmann als ökologischen, grünen Konservatismus verkörperte.[18] Dies wurde auch unter Angela Merkel sichtbar, die sich zu Beginn ihrer Kanzlerschaft als Klima-Kanzlerin präsentierte,[19] diese Ambitionen aber zugunsten des 2011 forcierten Ausstiegs aus der Kernenergie zurückstellte. Die Attacken des YouTube-Bloggers Rezo im Mai 2019[20] trafen auf eine umweltpolitisch wenig sprechfähige Union.

In der Migrations- und Integrationspolitik markierte das Ende des Nachkriegsbooms im Jahr 1973 eine Zäsur, indem die seit den späten 1950er-Jahren betriebene Anwerbung von Arbeitskräften vor allem aus der Türkei beendet wurde. Vor die Wahl gestellt, zu gehen oder zu bleiben, entschieden sich die meisten der in der Bundesrepublik befindlichen

»Gastarbeiter« für das Bleiben und holten ihre Familien nach Deutschland. Die darauf reagierende normative Aussage, Deutschland sei »kein Einwanderungsland«[21], stand damit der Realität gegenüber, dass eine ursprünglich befristet geplante Anwerbung von Arbeitskräften in eine ungeplante Einwanderung von über vier Millionen Ausländern übergegangen war. Während die Regierung Kohl vergeblich versuchte, die Rückkehr türkischer Arbeitskräfte zu fördern, entwickelte sie keine Perspektive für eine gestaltende Integrations- oder Zuwanderungspolitik. Stattdessen blockierten sich in den 1980er-Jahren eine linke Asylpolitik, die sich gegen Beschränkungen der Asylzuwanderung wandte, und die christdemokratische Förderung der Zuwanderung deutschstämmiger »Spätaussiedler« aus Osteuropa. Integrationspolitisch reagierte die Union, nachdem die rot-grüne Regierung das Staatsbürgerschaftsrecht reformiert hatte, mit der Einrichtung der Islamkonferenz in der Regierungszeit Angela Merkels.

Währenddessen blieb die Bundesrepublik durch den deutschen »Asylkompromiss« von 1993 und die europäischen Regelungen von Schengen und Dublin von zunehmenden Migrationsbewegungen weitgehend unberührt, da Asylbewerber auf dem Landweg nicht rechtens nach Deutschland gelangen konnten – bis die Regelungen 2015 unter einer akuten Überlast an Migranten über die Westbalkanroute faktisch zusammenbrachen. Dass die Bundesregierung 2015/16 die Masseneinreise von Asylbewerbern zuließ, rief erhebliche Kontroversen in der Gesellschaft und innerhalb der Unionsparteien hervor. Nachdem diese Politik 2015/16 gegen alle Widerstände durchgesetzt worden war, versuchte die Union unter dem Vorsitz Annegret Kramp-Karrenbauers 2019, mit der Devise »Humanität und Härte«[22] die Balance der Positionen wiederherzustellen.

Schließlich offenbarten schon das Verhalten der Regierung Adenauer in der »Spiegel-Affäre« von 1962 oder Ludwigs Erhards Wort von Intellektuellen als »Pinscher«[23], dass die Union sich auf dem Gebiet der Gesellschafts- und Kulturpolitik schwertat. Eine charakteristische Ausnahme stellten die 1970er-Jahre dar, bezeichnenderweise die Zeit der bundespolitischen Opposition. Politische Philosophen wie Hermann Lübbe, Odo Marquard oder Robert Spaemann formulierten in Reaktion auf die Erfahrungen von und mit »68« einen liberalen Konservatismus, und der Politikwissenschaftler und bayerische Kultusminister Hans Maier diente als Scharnier zur Parteipolitik. Zugleich nahm die CDU unter ihren Generalsekretären Bruno Heck, Kurt Biedenkopf und Heiner Geißler eine programmatische Neuaufstellung vor. Das Ludwigshafener Parteiprogramm von 1978 wurde unter den Leitbegriffen »Freiheit, Solidarität, Gerechtigkeit« zum vielleicht anspruchsvollsten Programm der CDU und legte die Grundlage für die »Wende« von 1982. Danach freilich verzehrte die Union ihre programmatische Substanz in der Regierungsverantwortung; und dass nur ein gutes Jahr nach dem zweiten Verlust der Regierungsmacht im September 1998 die Parteispendenaffäre hereinbrach und die Union personell durcheinanderwirbelte, verhinderte eine programmatische Rekreation in der Opposition nach dem Muster der 1970er-Jahre.

Seit den 1980er-Jahren waren aber grundlegende politisch-intellektuelle Verschiebungen im Gange, indem der postmoderne Dekonstruktivismus klassische Ordnungsvorstellungen der bürgerlichen Moderne infrage stellte: die Beziehungen der Geschlechter und überhaupt die Kategorie von Mann und Frau, das Konzept von Nationen und Grenzen oder die Vorstellung vom Westen. Zugleich begründete er eine neue Leitkultur im Zeichen von Diversität, Antidiskriminierung, Gender-Mainstreaming, Gleichstellung und Inklusion, die nach der Jahrtausendwende die Hegemonie im öffentlichen Diskurs gewann.[24] Dieser grün inspirierten Kultur des Regenbogens, in der sich Emanzipation und Pluralismus mit Gesellschaftssteuerung und repressiver Toleranz, liberale Weltoffenheit und illiberale Ideologie mischten, hatte die Union keine eigenständig begründete gesellschaftspolitische Vorstellung und keine eigene Sprache entgegenzusetzen. Stattdessen vollzog sie in der dritten langen Regierungsperiode seit 2005 in den Bereichen der Familienpolitik, der Gleichstellung oder der Homosexuellenehe eine Anpassung, die von den einen als »Modernisierung« in der Tradition des klassisch christdemokratischen Pragmatismus begrüßt, von anderen als Aufgabe christdemokratischer Grundlagen und als Verengung der programmatischen Breite kritisiert wurde.

4.

Nur sieben Jahre nach dem Machtverlust von 1998 war die Union zurück an der bundespolitischen Regierungsspitze, wobei sie in der Ära Merkel nicht nur als einmalige Ausnahme (wie 1966–1969), sondern zu drei Vierteln ihrer Amtszeit in einer Großen Koalition mit der SPD regierte. Diese war, trotz des Einbruchs der Weltfinanzkrise 2008, von einem langjährigen ökonomischen Aufschwung geprägt, der von einer abermaligen haushaltspolitischen Konsolidierung angesichts der im Gefolge der Wiedervereinigung und der Finanzkrise von 2008 stark angestiegenen Staatsschulden begleitet wurde. Dass diese Konsolidierung durch die Niedrigzinspolitik der Europäischen Zentralbank erleichtert wurde, verweist auf die fundamentalen Krisen, die die Ära Merkel seit 2008 prägten. Sie waren mit einer Erosion der Ordnung von 1990 verbunden, die auf internationaler Ebene von Wladimir Putins Russland ausging, der den Untergang des sowjetischen Imperiums schon 2005 als »größte geopolitische Katastrophe des 20. Jahrhunderts«[25] bezeichnet hatte und auf die Wiederherstellung russischer Größe und Weltmacht zielte. Dafür setzte er vor allem auf den Einsatz von klassischer *hard power*, politischem Druck und militärischer Gewalt, bereits 2008 gegenüber Georgien und dann 2014 gegenüber der Ukraine. Gemeinsam mit dem französischen Präsidenten François Hollande vermochte Angela Merkel in diesem Konflikt zu vermitteln, ohne dass insgesamt eine strategische Richtung Deutschlands in Europa und in der internationalen Politik sichtbar geworden wäre.[26]

Parallel dazu brach 2010 die Euro-Schuldenkrise aus, mit der sich die Frage stellte, ob beziehungsweise inwiefern die Staaten der Währungsunion die Krisenländer unterstützen und damit den Verträgen über die Währungsunion zuwiderhandeln sollten, wo es hieß: »Ein Mitgliedstaat haftet nicht für die Verbindlichkeiten (...) eines anderen Mitgliedstaats und tritt nicht für derartige Verbindlichkeiten ein.«[27] Angesichts des Dilemmas, dass sich die Einhaltung der Verträge und die Funktionsfähigkeit der Währungsunion rebus sic stantibus nicht miteinander vereinbaren ließen, setzte Merkels Politik darauf, in der Hoffnung auf Besserung durch konditionierte Hilfsmaßnahmen Zeit zu gewinnen, um harte Entscheidungen wie den Austritt Griechenlands und einen Zusammenbruch der institutionellen Ordnung zu vermeiden: »Scheitert der Euro, dann scheitert Europa«,[28] gab sie als Devise aus.

Auch ihre kontrovers diskutierte Politik in der Flüchtlingskrise 2015/16 – das Gewährenlassen monatelanger Massenzuwanderung von Asylbewerbern bis zu einem Abkommen zwischen der EU und der Türkei[29] – lässt sich als Versuch lesen, angesichts einer dysfunktionalen Überlagerung von deutschem Asylrecht, europäischem Recht und humanitärem Völkerrecht den offenen Zusammenbruch des europäischen Systems von Schengen und Dublin zu verhindern. Dieser Versuch, die Ordnung zu bewahren, führte indessen zugleich zu Spaltungen: zwischen Nord- und Südeuropa in der Euro-Schuldenkrise, zwischen West- und Osteuropa, zeitweise zwischen Deutschland und fast allen anderen Regierungen in der Migrationspolitik. Zusammen kamen die wesentlichen Charakteristika der Kanzlerschaft Merkels – Krisen, Anpassung und Komplexität – in der Energiepolitik: Mit dem Reaktorunglück im japanischen Fukushima im März 2011 brach eine äußere Krise herein, mit dem beschleunigten Ausstieg aus der Kernenergie entsprach Merkel (nach ursprünglich gegenteiligen Beschlüssen) rot-grünen Erwartungen, und zugleich erwies sich die Komplexität von Politik im frühen 21. Jahrhundert, indem der Ausstieg aus der Kernenergie den selbst gesetzten klimapolitischen Zielsetzungen entgegenwirkte.[30]

5.

Die CDU hat als inoffizielle bundesdeutsche »Staatspartei« in drei langen Regierungszeiten wesentliche Weichen gestellt und mit Westbindung, Wiedervereinigung und europäischer Integration die Gestalt der Bundesrepublik geprägt. Zugleich hat sie durch die Integration von christlich-sozialen, liberalen und konservativen Wählerschichten und Positionen substanziell zur Stabilität der zweiten deutschen Republik beigetragen.

Nach ihrer hohen Zeit in den 1960er- und 1970er-Jahren traten die Volksparteien seit den 1980er-Jahren unterdessen in einen Prozess der schleichenden Erosion ein, der die SPD im zweiten Jahrzehnt des 21. Jahrhunderts in ihrer Existenz als Volkspartei bedrohte. Das Phänomen war nicht auf Deutschland beschränkt; europaweit wurden sozialdemokratische und Mitte-rechts-Parteien wie die italienische Democrazia Cristiana oder die französischen Sozialisten regelrecht pulverisiert. Im Vergleich dazu hat sich die CDU bislang gut gehalten. Aber auch sie ist dem Trend nicht entgangen und hat zwischen 1983 und 2017 ein Drittel der Wähleranteile verloren. Die zunehmende Komplexität politischer Entscheidungen in einer immer vernetzteren Welt, die Auflösung klassischer sozialer Milieus und die zunehmende Heterogenität der Gesellschaft, eine wachsende grüne Konkurrenz in der bürgerlichen Mitte sowie ein Strukturwandel der Öffentlichkeit, in der soziale Medien die klassischen Mechanismen der massenmedialen Vermittlung aushebeln und neben direkten Kommunikationsmöglichkeiten zugleich neue Echokammern ausprägen – all dies hat stetes und konsistentes Regieren zunehmend schwierig gemacht. Hinzu kommt das doppelte Dilemma von Volksparteien: Sie sind zur permanenten Anpassung an gewandelte Rahmenbedingungen und Wählerbedürfnisse gezwungen, die zugleich die Stammwählerschaft zu verprellen droht; zudem wird ein klares Profil erwartet, das zugleich den Ausschlag dafür geben kann, die Partei nicht zu wählen. Obendrein sind die Volksparteien mit Wählerschaften und Mitgliederschaften konfrontiert, deren Präferenzen keineswegs übereinstimmen müssen.[31]

Auf diese Herausforderungen reagierte Angela Merkel, indem sie ihre Politik an den Erwartungen einer demoskopisch erhobenen und massenmedial vermittelten »Mitte« ausrichtete, in der eine ursprünglich grün inspirierte Leitkultur des Regenbogens die politisch-diskursive Hegemonie gewonnen hatte.[32] Die gesellschaftliche Integration nach links sicherte der Union die Regierungsfähigkeit, zumal angesichts der Schwäche der SPD keine realistische Regierungsbildung gegen die CDU möglich war. Zugleich verlor sie an Integrationsfähigkeit nach rechts und eröffnete damit, was als »Repräsentationslücke« bezeichnet wird.[33] 2013 brach mit der AfD eine zunächst liberal-konservative Strömung ab, die sich in den folgenden Jahren nationalistisch radikalisierte. Aber auch innerhalb der Union machte die erste Kampfkandidatur um den Parteivorsitz seit 1971 im Dezember 2018 sichtbar, dass die Partei in sich gespalten war, während sie Wähler an die AfD und an die Grünen zugleich verlor.

Die Gesamtentwicklung scheint den klassischen Volks- oder Großparteien zuwiderzulaufen, und die historische Erfahrung zeigt, dass Geschichte nicht für die Ewigkeit baut, auch keine Parteien. Zugleich wurde der CDU schon in den 1960er-Jahren der Niedergang prophezeit, weil sie gegen alle gesamtgesellschaftlichen Trends stehe.[34] Und auch trotz der Erosion der Volksparteien haben sich einstweilen keine erkennbar tragfähigen Alternativen politischer Repräsentation herausgebildet. Auch wenn sie wohl nicht mehr die Wähleranteile und die Mitgliederzahlen ihrer Hochzeit erreichen werden, so gilt auch siebzig Jahre nach Gründung der Bundesrepublik: »Ohne starke Parteien funktionieren repräsentative Demokratien nicht.«[35]

Ob die CDU eine starke Partei bleiben wird, die als integrative Kraft zur Stabilität der Bundesrepublik beiträgt und über ihre Richtung bestimmt, ist daher eine offene Frage. Wie sie beantwortet wird, hängt zum einen von äußeren Bedingungen, dem weiteren Strukturwandel der Öffentlichkeit und der Entwicklung eines zunehmend volatilen Wahlverhaltens ab. Zum anderen kommt es darauf an, ob es der Union gelingt, eine dynamische Balance zwischen programmatischer Breite, christdemokratischer Identität und realistischem Pragmatismus zu finden, um eigene Antworten auf die Fragen des 21. Jahrhunderts zu geben und eine bürgerliche Mitte in ihren unterschiedlichen Facetten zu repräsentieren. Hier liegt, fünfundsiebzig Jahre nach ihrer Gründung, die zentrale politische Herausforderung der CDU – und ihre Verantwortung für die Demokratie.

1 Rede Konrad Adenauers in der Aula der Universität zu Köln, 24. März 1946, in: Hans-Peter Schwarz (Hg.): Konrad Adenauer, Reden. Eine Auswahl. Stuttgart 1975, S. 82–106, hier 87.

2 Vgl. dazu und zum Folgenden auch Franz Walter/Christian Werwath/Oliver D'Antonio: Die CDU. Entstehung und Verfall christdemokratischer Geschlossenheit. Baden-Baden 2011, S. 15–33.

3 Annegret Kramp-Karrenbauer: Rede auf dem Hamburger Parteitag, 8. Dezember 2018 (https://www.youtube.com/watch?v=lQAasI1uNDY, Min. 17:45-17:59, Abruf: 13. August 2019).

4 »Freiheit, Solidarität, Gerechtigkeit«. Grundsatzprogramm der Christlich Demokratischen Union Deutschlands. Beschlossen vom 26. Bundesparteitag in Ludwigshafen, 23.–25. Oktober 1978. [Bonn] 1978, S. 5.

5 Stefan Hradil/Karl Martin Bolte: Soziale Ungleichheit in der Bundesrepublik Deutschland. Opladen 1988, S. 359.

6 Vgl. dazu Winfried Schmähl: Sicherung bei Alter, Invalidität und für Hinterbliebene, in: Günther Schulz (Hg.): Geschichte der Sozialpolitik in Deutschland seit 1945. Bd. 3: 1949–1957. Baden-Baden 2005, S. 383–426; Hans Günter Hockerts: Wie die Rente steigen lernte: Die Rentenreform 1957, in: Ders.: Der deutsche Sozialstaat. Entfaltung und Gefährdung seit 1945. Göttingen 2011, S. 71–85.

7 Vgl. Hans-Peter Schwarz: Anmerkungen zu Adenauer. München 2007, S. 104–113.

8 Artikel 7 (2) des Vertrages über die Beziehungen zwischen der Bundesrepublik Deutschland und den Drei Mächten (Deutschlandvertrag) in der geänderten Verfassung vom 23. Oktober 1954, in: Bundesgesetzblatt 1955, II, S. 306–309, hier 309.

9 Aufzeichnung des Staatssekretärs Carstens, 17. Oktober 1966, in: Akten zur Auswärtigen Politik der Bundesrepublik Deutschland 1966, Dok. 333, S. 1379–1381.

10 Vgl. dazu Thomas Biebricher: Geistig-moralische Wende. Die Erschöpfung des deutschen Konservatismus. Berlin 2019, S. 74–85.

11 Vgl. dazu Anselm Doering-Manteuffel/Lutz Raphael: Nach dem Boom. Perspektiven auf die Zeitgeschichte seit 1970. 3. Aufl. Göttingen 2012; Andreas Rödder: 21.0. Eine kurze Geschichte der Gegenwart. [5. Aufl./1. Aufl. edition C.H. Beck paperback] München 2017, S. 96–100.

12 Vgl. ebd., S. 47–55.

13 Vgl. Andreas Lutsch: Die Bundesrepublik Deutschland als »nicht-nukleare Mittelmacht« und der NATO-Doppelbeschluss (1978/1979), in: Peter Hoeres/Anuschka Tischer (Hg.): Medien der Außenbeziehungen von der Antike bis zur Gegenwart. Köln u.a. 2017, S. 389–412; zum größeren Zusammenhang Ders.: Westbindung oder Gleichgewicht? Die nukleare Sicherheitspolitik der Bundesrepublik Deutschland zwischen Atomwaffensperrvertrag und NATO-Doppelbeschluss (1961–1979). München 2019.

14 Helmut Kohl vor der CDU/CSU-Fraktion im Deutschen Bundestag am 27. September 1983, in: ACDP 08-001-1071/1, S. 18; zum Folgenden vgl. auch Kohl in der Fraktionssitzung vom 11. Dezember 1984, in: ACDP 08-001-1073/1, S. 8. Vgl. auch Andreas Rödder: Bündnissolidarität und Rüstungskontrollpolitik. Die Regierung Kohl/Genscher, der NATO-Doppelbeschluss und die Innenseite der Außenpolitik, in: Philipp Gassert/Tim Geiger/Hermann Wentker (Hg.): Zweiter Kalter Krieg und Friedensbewegung. Der NATO-Doppelbeschluss in deutsch-deutscher und internationaler Perspektive. München 2011, S. 123–136.

15 Helmut Kohl vor der Bundestagsfraktion der CDU/CSU am 24. Oktober 1989, zitiert nach Andreas Wirsching: Abschied vom Provisorium. Geschichte der Bundesrepublik Deutschland 1982–1990. München 2006, S. 532; vgl. auch Harold James: Making the European Monetary Union. The Role of the Committee of Central Bank Governors and the Origins of the European Central Bank. Cambridge/Mass. 2012, S. 207 f.

16 Vgl. dazu mit Verweisen auf die Spezialliteratur Rödder: 21.0, S. 283–299.

17 Vgl. Martina Steber: Die Hüter der Begriffe. Politische Sprachen des Konservativen in Großbritannien und der Bundesrepublik Deutschland 1945–1980. Berlin 2017, S. 214–220, das Zitat 216.

18 Vgl. Winfried Kretschmann: Worauf wir uns verlassen wollen. Für eine neue Idee des Konservativen. Frankfurt a. M. 2018.

19 Vgl. Berliner Erklärung. Unsere Perspektiven 2010 bis 2013. Beschluss des Bundesvorstands der CDU Deutschlands.

20 https://www.youtube.com/watch?v=4Y1lZQsyuSQ (Abruf: 16. August 2019).

21 Koalitionsvereinbarung 1982 zwischen den Bundestagsfraktionen der CDU/CSU und FDP für die 9. Wahlperiode des Deutschen Bundestages, in: Neue Bonner Depesche Nr. 10/1982, S. 6.

22 https://www.cdu.de/artikel/werkstattgespraech-migration-sicherheit-und-integration; vgl. auch https://www.cdu.de/artikel/cduwerkstatt-vorschlaege-von-experten-und-praktikern (Abruf: 16. August 2019).

23 Zitiert nach: Der Spiegel, 21. Juli 1965, S. 17.

24 Vgl. dazu Rödder: 21.0, S. 116–126.

25 Wladimir Putin: Annual Address to the Federal Assembly of the Russian Federation, 25. April 2005 (http://en.kremlin.ru/events/president/transcripts/22931, Abruf: 15. August 2019).

26 Vgl. James D. Bindenagel/Roderich Kiesewetter: Deutschland darf nicht Zaungast bleiben, in: FAZ, 8. August 2019.

27 Vertrag über die Arbeitsweise der Europäischen Union in der Fassung vom 1. Dezember 2009, Art. 125, in: Vertrag von Lissabon. Konsolidierte Fassung (Schriftenreihe Bd. 709). Bonn 2008, S. 112.

28 Angela Merkel: Regierungserklärung vor dem Deutschen Bundestag, 19. Mai 2010, in: Verhandlungen des Deutschen Bundestags, Stenografische Berichte, 17. Wahlperiode, 42. Sitzung, S. 4126.

29 Zu den Abläufen vgl. Robin Alexander: Die Getriebenen. Merkel und die Flüchtlingspolitik: Report aus dem Innern der Macht. München 2017.

30 Vgl. dazu Reiner Burger: Klimapolitische Pyrrhussiege, in: FAZ, 31. Juli 2019; Marc Bettzüge: Das Energiekonzept der Bundesregierung. Einige Betrachtungen aus langfristiger Perspektive, in: Tilman Mayer/Karl-Heinz Paqué/Andreas Apelt (Hg.): Modell Deutschland. Berlin 2013, S. 61–74.

31 Vgl. dazu und zum Folgenden Walter/Werwath/D'Antonio: Die CDU, S. 208–217.

32 Vgl. Hans Mathias Kepplinger: Die Mediatisierung der Migrationspolitik und Angela Merkels Entscheidungspraxis, in: Reimut Zohlnhöfer/Thomas Saalfeld (Hg.): Zwischen Stillstand, Politikwandel und Krisenmanagement. Eine Bilanz der Regierung Merkel 2013–2017. Wiesbaden 2018, S. 195–217, bes. 212–214; vgl. auch Manuela Glaab: Politische Führung und Koalitionsmanagement Angela Merkels – eine Zwischenbilanz zu den Regierungen Merkel I, II und III, in: Philipp Gassert/Hans Jörg Hennecke (Hg.): Koalitionen in der Bundesrepublik Deutschland. Bildung, Management und Krisen von Adenauer bis Merkel. Paderborn 2017, S. 247–286, bes. 285 f.

33 Vgl. dazu Rödder: Konservativ 21.0. S. 17–21.

34 Vgl. Walter/Werwath/D'Antonio: Die CDU, S. 11.

35 Wolfgang Merkel: Der Niedergang der Volksparteien, in: FAZ, 23. Oktober 2017.

22 Plakat zu den Landtagswahlen in Nordrhein-Westfalen 1947

Die Sozialpolitik der Union: Christdemokratische Sozialpolitik im Wandel der Zeit

Wolfgang Schroeder

1. Einleitung

Es ist unbestritten, dass für die DNA des deutschen Wohlfahrtsstaats die ordnungspolitischen Vorstellungen der Union eine maßgebliche Quelle bilden. Vor allem durch ihr Engagement für einen erwerbsbezogenen, subsidiären, insgesamt konservativen Sozialstaat[1] prägte sie das spezifische Profil von exportorientierter Arbeitsgesellschaft und nachgelagerter sozialer Kompensation. Mit dem Sozialstaatsgebot in Artikel 20 Absatz 1 und Artikel 28 Absatz 1 GG definiert sich die Bundesrepublik als »sozialer Bundes-« beziehungsweise als »sozialer Rechtsstaat«. Diese Formulierungen sind durchaus offen für konkurrierende Interpretation, was für die bundesrepublikanische Geschichte bedeutete, dass sich über lange Jahre ein emanzipatorisches sozialdemokratisches Sozialstaatsmodell und ein subsidiäres Modell des sozialen Kapitalismus christdemokratischer Art[2] gegenüberstanden. Auch wenn diese Polarität im Lauf der Zeit an Strukturierungskraft verloren hat, so gilt dies nicht für die Bedeutung der Sozialpolitik für den Parteienwettbewerb. Denn da der Sozialstaat für die Legitimität des politischen Systems der Bundesrepublik maßgeblich ist, kommt der Sozialpolitik auch eine wichtige Rolle zu, um Macht zu gewinnen beziehungsweise zu erhalten. Dies bezieht sich allerdings nicht nur auf eine Politik für soziale Problemgruppen, sondern gilt noch stärker im Hinblick auf die politisch relevanten Wählergruppen der Mitte.[3]

Für die Union ist der deutsche Sozialstaat in sozialstruktureller Perspektive ein Sozialstaat der Mittelschichten, die ihn primär finanzieren und in reziproker Weise auch durch ihn gefördert werden sollen. Daraus folgt erstens, dass eine handlungsfähige Sozialstaatlichkeit eine leistungsfähige Wirtschaft voraussetzt. Zweitens sollen die Mittelschichten, die den Sozialstaat maßgeblich finanzieren, nicht überfordert werden. Insofern besteht seitens der Union eine klare Präferenz dafür, die unternehmerischen Handlungsbedingungen so zu verbessern, dass die wirtschaftliche Wettbewerbsfähigkeit gefördert wird. Auch in der Union ist häufig umstritten, wie stark dies die sozialen Rechte, die Einkommens- und Arbeitsbedingungen der Beschäftigten einschränken kann. Im Verständnis der CDU sind Sozialstaat und Sozialpartnerschaft wesentliche Grundlagen von »Sozialer Marktwirtschaft«, die jedoch in Abhängigkeit von unternehmerischer Handlungsfähigkeit und politischer Akzeptanz der Mittelschichten stehen.

Programmatisch orientiert sich die Union meist an einer auf Ausgleich und Integration orientierten Sozialstaatskonzeption, in der die Familie im Sinne des Subsidiaritätsprinzips im Zentrum steht. Mit diesen Grundpositionen knüpfte die CDU 1945 an die programmatischen Ideen und die Praxis der Zentrumspartei an, die als erste klassenübergreifende Volkspartei in Deutschland bereits im Kaiserreich und in der Weimarer Republik den Ausgleich zwischen den Klassen und Gruppen zum Programm erhoben hatte.

Mit der Gründung der CDU wurde die klassen- und schichtenübergreifende Sozialstruktur durch einen konfessionsübergreifenden Ansatz erweitert. Fortan zählten neben sozial-katholischen auch besitzbürgerliche evangelische Sozi-allehren[4] zum programmatischen Arsenal der Union, wenn-gleich Letztere sich seit Ende der 1950er-Jahre in der sozial-politischen Grundorientierung zunehmend marginalisierten.[5] Die Union versteht sich damit als ein interkonfessionelles Bündnis, manche sprechen auch von einem »bunten ideolo-gischen Flickenteppich«,[6] aus drei Richtungen: einem kon-servativen, einem wirtschaftsliberalen und einem christlich-sozialen Flügel. Aus dieser Struktur der Partei ergibt sich ein Antrieb für sozial- und gesellschaftspolitische Aktivitäten. Wichtige sozialpolitische Reformen sind von der CDU/CSU ausgegangen oder von ihr mitgetragen worden. Die Markt-wirtschaft – so das christdemokratische Credo – muss sozi-alstaatlich abgefedert werden. Gute Sozialpolitik ist zugleich zentral, um Wahlen gewinnen zu können. Auch wenn sich die Union im engeren Sinne nie als programmatische Partei ver-stand, agierte sie in der Sozialpolitik lange Zeit entlang des ideengeschichtlichen Kompasses der konfessionellen Sozial-lehren, mit einem ausgeprägten Sinn für pragmatische Lösun-gen, deren konkrete Ausgestaltung von den jeweiligen inner- und außerparteilichen Kräfteverhältnissen abhing. Seit dem Ende der Ära Kohl ist diese Orientierung in aktiver und mi-lieubasierter Form nur noch für einen kleineren Kreis in der CDU von größerer Relevanz. Am deutlichsten ist dies beim Parteinachwuchs, organisiert in der Jungen Union, nachzu-vollziehen. Einstmals stärker mit den Sozialausschüssen und der Frauen Union verbunden, steht die Junge Union mittler-weile eng an der Seite von Mittelstands- sowie Wirtschafts-vereinigung und versteht sich weniger konservativ-sozial als vielmehr liberal-konservativ, was sich auch in der Kontro-verse um die CDU-Führungsspitze im Herbst 2018 zeigte.

Wie keine zweite Partei hat die Union den konservativen Sozialstaat, der auf erwerbsbezogenen und statuserhaltenden Regeln sowie einer ausgeprägten asymmetrischen Arbeitsteilung zwischen den Geschlechtern aufbaut, geprägt, verteidigt und weiterentwickelt. Von den 1950er-Jahren bis Ende der 1970er-Jahre dominierte zugleich der Auf- und Ausbau sozialstaatlicher Leistungen, eng gruppiert um das klassische, auf den *strong male breadwinner* bezogene Erwerbs- und Familienverständnis. Seither nehmen sozialstaatliche Aktivitäten zu, die auch andere Erwerbs-, Familien- und Geschlechterverhältnisse akzeptieren und zum Teil auch fördern, mithin auch andere Adressaten berücksichtigen. Es wird hier die These vertreten, dass die Union auf den Wandel gesellschaftlicher Einstellungen und institutioneller Arrangements reagiert, wodurch sich die Differenzen zur Sozialdemokratie, dem zweiten Hauptträger sozialer Politik in Deutschland, oberflächlich betrachtet verwischten, jenseits der Führungsspitzen jedoch deutlicher bestehen, als es die vorhandenen programmatischen Grundpositionen vermuten lassen. Im Folgenden werden die wichtigsten Grundlagen, Etappen, Positionen sowie der Wandel christdemokratischer Sozialpolitik in der Bundesrepublik skizziert. Dazu gehört nicht zuletzt das Verständnis dafür, inwiefern sich die Motive christdemokratischer Politik verändern und damit auch die deutsche Sozialpolitik insgesamt eine andere Richtung erfährt und sich so von den konservativen, aber auch den ausgleichenden Sozialstaatsmustern entfernt. Im Vordergrund stehen die Arbeitsmarkt-, Familien- und Rentenpolitik. Das große Feld der Gesundheitspolitik, das die Union nicht als so bedeutend erachtet wie die anderen Felder, bleibt unberücksichtigt.

2. Programmatische Grundlagen der sozialpolitischen Ausrichtung der CDU

Die politische Tiefenprägung der Bundesrepublik ist aufs Ganze betrachtet in ihrer Entstehungskonstellation durch eine doppelte ordnungspolitische Grundstruktur geprägt. Einerseits durch den Konflikt zwischen Kapital und Arbeit; andererseits durch den Konflikt zwischen Staat und Kirche, der sich in den divergierenden ordnungspolitischen Vorstellungen von Protestantismus und Katholizismus niederschlug. Im Gegensatz zur Kapital/Arbeit-Konfliktstruktur reduziert sich der konfessionelle Gegensatz seit den 60er-Jahren des 20. Jahrhunderts in Deutschland zu einer Randgröße. In der Arena von Arbeit und Kapital dominierten lange Zeit Konzepte einer antagonistischen und auf Klassenmacht aufbauenden Konfliktstruktur. Aufgelöst wurde die antagonistische Konfliktperspektive im Lauf der bundesrepublikanischen Geschichte durch die Meisternarrative der Sozialen Marktwirtschaft[7] und der Sozialpartnerschaft, welche in der Zentrumspartei sowie in der Union durch die besondere Relevanz der katholischen Soziallehre schon frühzeitig präsent waren. Dazu gehört, dass Christdemokraten zwar das Privateigentum bejahen, aber sehr wohl, wie auch Gewerkschaften, dessen soziale Bindung, einen gerechten Lohn, Mitbestimmung und das Miteigentum von Beschäftigten begrüßen. Dabei ist allerdings auch zu berücksichtigen, dass die positive Rolle, die der Sozialpolitik für die Entwicklung der CDU als sozialer Volkspartei zukommt, keinesfalls so zwangsläufig verlief, wie dies rückblickend erscheint. Auf jeden Fall hat die Sozialpolitik dazu einen wesentlichen Beitrag geleistet, indem sie für die Union bis in die 1960er-Jahre eine dreifache integrationspolitische Stoßrichtung ermöglichte: erstens im Hinblick auf die Vertriebenen des Zweiten Weltkriegs, zweitens im Hinblick auf eine Sozialdemokratie, die bis zum Godes-berger Programm auf eine Alternative zur Marktwirtschaft setzte, und drittens auch gegenüber den sozialstaatsskepti-schen Kräften in der Union, insbesondere im Protestantismus und in der CSU.

Für die Aneignung der Meisternarrative der Sozialen Marktwirtschaft waren Wirtschafts- und Sozialwissenschaft-ler, auch aus dem kirchlichen Umfeld, bedeutsam, die sich auf Basis eigener Motivationen, Begründungen, Erfahrungen um die Gestaltung der sozialen Zusammenhänge kümmerten. Für die Idee des sozialen Kapitalismus, wie sie sich in der CDU als Konzept der Sozialen Marktwirtschaft verankerte, kommt dem Subsidiaritätsprinzip eine wichtige Rolle zu.[8] Damit wird die Autonomie der gesellschaftlichen Bereiche, des Individuums, der Familie, aber auch des Markts heraus-gehoben. Diese Autonomie ist eine gegenüber dem Staat und der Politik, womit das Eigene vom sozialdemokratischen So-zialstaatsverständnis abgegrenzt wird: »Das Subsidiaritäts-verständnis schützt uns vor der Gefahr, dass das soziale Netz zur sozialen Hängematte wird. Der einzelne Bürger kann sich in der Not auf die Solidarität der Gemeinschaft verlassen. Aber die Gemeinschaft fordert von ihm zu Recht, dass er sich auf seine eigenen Kräfte besinnt, bevor er fremde Hilfe in Anspruch nimmt. Eigene Anstrengung setzt Motivation voraus. Diese entsteht in unserer Gesellschaft nur dort, wo sich Leistung lohnt.«[9] Mit der stärkeren Konzentration auf »Eigenvorsorge« und »Eigenverantwortung« entwickelte sich insbesondere mit Blick auf die Sozialversicherungen ein Verständnis von Lebensstandardsicherung, das eher skep-tisch gegenüber interpersonalen Umverteilungen ist.

In den sozialpolitischen Debatten von Gegenwart und Zukunft haben sich konfessionell verankerte Argumenta-tionsfiguren erhalten, die auch weiterhin die Entwicklung der Sozialpolitik begleiten. Dabei sind zwei Besonderheiten festzuhalten: Erstens sind die Einflüsse des Katholizismus stärker in der sozialstaatlichen Struktur zu identifizieren, während jene des Protestantismus sich vor allem in der marktwirtschaftlichen Ordnungsstruktur des Ordoliberalismus niederschlugen und -schlagen. Zweitens sind die expliziten konfessionellen Einflüsse im Zeitverlauf verblasst und nicht nur beim Gang durch die Oberflächenstruktur von Kapitalismus und Sozialstaat heute meist kaum noch erkennbar (wenngleich vorhanden, wie zum Beispiel beim Subsidiaritätsprinzip oder beim Tendenzschutz im Arbeitsrecht), sondern auch in der Union sind die sozial-katholischen Einflüsse stark zurückgegangen. Und die protestantische positive Anerkennung von »Leistung« wurde in eine Zustimmung zu einem möglichst freien Marktwettbewerb transformiert.

Der Einfluss beider großer Konfessionen auf die Sozialstaatsetablierung nach 1945 ist in der Forschung weitgehend aufgearbeitet worden.[10] Worüber wir weitaus weniger wissen, ist die Frage, wie diese DNA über die Jahrzehnte, die man heute als konfessionelle Hochzeit bezeichnet, also die 1950er- und frühen 1960er-Jahre, hinaus gewirkt hat. Folgt man der Modernisierungstheorie, die das beherrschende Paradigma der 1960er- und 1970er-Jahre darstellte, so wird darin angenommen, dass mit fortschreitender Säkularisierung nicht nur der kirchliche Einfluss auf die Sozialpolitik sinkt, sondern auch die Existenz von konkurrierenden, eigenständigen, normativ begründeten Projekt- und Deutungsangeboten.

In den 1980er- und 1990er-Jahren konnte im Zuge von Umstrukturierungsversuchen festgestellt werden, dass die christlichen Ideen, die im deutschen Wohlfahrtsstaat auch institutionell eingebettet sind, sich als weitaus resistenter erwiesen als vermutet. Besonders widerstandsfähig zeigten sich die christlich geprägten Akteure in der Familienpolitik.[11] Seit den 1980er-Jahren kam es zu mehreren Versuchen, die deutsche Familienpolitik zu reformieren, die als regierungstechnisches Stückwerk sukzessive verändernd wirkten. Erst 2006, also fünfzig Jahre später, kam es durch eine umfassende Reform zur Pfadabkehr von der in den 1950er- und 1960er-Jahren unter christdemokratischer Führung und starker Beihilfe der Kirchen errichteten Familienpolitik, die auf das »Männliche-Brotverdiener-Modell« setzte.[12] Andere Aspekte des vor allem katholisch inspirierten Familienmodells, das die Grundlage des deutschen Wohlfahrtsregimes bildete, wie das Ehegattensplitting, bestehen bis heute fort.[13] Diese pfadabhängige Positionierung divergiert immer stärker mit der Tatsache, dass Deutschland durch einen rasanten Anstieg der Frauenerwerbsquote seit den 1970er-Jahren von den hintersten Rängen zur zweithöchsten Frauenerwerbsquote in der Europäischen Union gefunden hat. Außerdem wurden konservativ-katholische Elemente wie das Betreuungsgeld (»Herdprämie«), das auf die Initiative der CSU zurückgeht und in der CDU zumindest partiell kritisch gesehen wurde, nach der Reform sozusagen durch die Hintertür wieder eingeführt.[14]

3. Die sozialpolitische Akteurskonstellation in der Union

Als klassen- und gruppenübergreifende Partei standen sich in der Union Kräfte gegenüber, die eher für einen erweiterten, vertieften und umverteilenden Sozialstaat warben, wozu meist die Sozialausschüsse und die Frauen Union zählten, während sich die Mittelstandsvereinigung und der Wirtschaftsausschuss eher für weniger Sozialpolitik und mehr Markt aussprachen. Meist bestand eine Arbeitsteilung: Die Sozialausschüsse waren zuständig für die sozialen Fragen, während Mittelstandsvereinigung und Wirtschaftsausschuss die Deutungshoheit für wirtschaftliche Fragen besaßen. Vielfach existierten jedoch weitreichende innerparteiliche Konflikte, die nicht selten auch die Positionierung der Union als Ganze erheblich belasteten. Gleichwohl war auch der Wirtschaftsflügel der Union durchaus offen für wachstumsorientierte Innovationen in der Sozialpolitik, wie das Arbeitsförderungsgesetz (AFG)[15] oder bestimmte Formen der verbesserten Infrastruktur für Kinder und Frauen beweisen; vorausgesetzt, dass dies die Unternehmen nicht zusätzlich belastete.[16] Manche Vertreter der marktfreundlichen Richtung, wie Eugen Gerstenmaier, warben dafür, dass »Sozialpolitik nicht mehr als eine grundlegende Existenzsicherung bereitstellen«[17] solle.

Die Verfechter von mehr Markt in der Union »betonten Eigenverantwortlichkeit und Subsidiarität als fortgeltende Leitideen christdemokratischer Sozialpolitik, da sie das erreichte Niveau der sozialen Sicherung im Wesentlichen für ausreichend und weitere Belastungen von Wirtschaft und Haushalt durch Sozialausgaben für ökonomisch bedenklich hielt[en]. [Sie] unterstützten (...) sozialpolitische Ausbauvorhaben nur punktuell und standen redistributiven Programmen reserviert gegenüber.«[18] Dagegen warben die Christlich-Sozialen »für einen weitreichenden Ausbau des Sozialleistungssystems (...) und unterstützten Programme, die gezielt in Gesellschaftsverhältnisse intervenierten«.[19] Hauptvertreter dieser Linie waren die in der Christlich-Demokratischen Arbeitnehmerschaft (CDA) organisierten Christdemokraten, die auf ein enges Bündnis mit den Gewerkschaften setzten. Die wichtigsten Köpfe des christlich-sozialen Flügels in der CDU in der Bonner Republik waren Johannes Albers, Karl Arnold, Norbert Blüm, Jakob Kaiser, Heiner Geißler, Hans Katzer und

Zeitraum	Arbeit und Soziales	Gesundheit	Familie
1949–1953	Anton Storch		
1953–1957	Anton Storch		Franz-Josef Wuermeling
1957–1961	Theodor Blank		Franz-Josef Wuermeling
1961–1962	Theodor Blank	Elisabeth Schwarzhaupt	Franz-Josef Wuermeling
1962–1963	Theodor Blank	Elisabeth Schwarzhaupt	Bruno Heck
1963–1965	Theodor Blank	Elisabeth Schwarzhaupt	Bruno Heck
1965–1966	Hans Katzer	Elisabeth Schwarzhaupt	Bruno Heck
1966–1968	Hans Katzer		Bruno Heck
1968–1969	Hans Katzer		Aenne Brauksiepe
1982–1983	Norbert Blüm	Heiner Geißler	Heiner Geißler
1983–1985	Norbert Blüm	Heiner Geißler	Heiner Geißler
1985–1986	Norbert Blüm	Rita Süssmuth	Rita Süssmuth
1986–1988	Norbert Blüm	Rita Süssmuth	Rita Süssmuth
1988–1990	Norbert Blüm	Ursula Lehr	Ursula Lehr
1990–1994	Norbert Blüm		Hannelore Rönsch
1994–1998	Norbert Blüm		Claudia Nolte
2005–2009			Ursula von der Leyen
2009 (33 Tage)	Franz Josef Jung		
2009–2013	Ursula von der Leyen		Kristina Schröder
2013–2017		Hermann Gröhe	
Summe	43 Jahre von 69	20 Jahre von 57	44 Jahre von 65
	62,3 Prozent	35,1 Prozent	67,7 Prozent

Tabelle 1: Christdemokratische Minister und Ministerinnen in den Ministerien für Arbeit, Soziales, Gesundheit und Familie

Quelle: Eigene Darstellung auf Basis der Daten des BMAS, BMG und BMFSFJ.

Anton Storch. In der Bundesrepublik lagen die Ministerien für Arbeit, Soziales, Gesundheit und Familie meist in der Hand christdemokratischer Minister und Ministerinnen. Besonders prägend wirkten in diesen Positionen Anton Storch, Franz-Josef Wuermeling, Bruno Heck, Hans Katzer, Norbert Blüm, Ursula Lehr, Rita Süssmuth und Ursula von der Leyen. Auffallend ist die unterschiedliche Häufigkeit, mit der die Union die verschiedenen Ministerien besetzte. Da es sich um Koalitionsregierungen handelte, meist mit der FDP, wurden die Ministerien nicht nur nach inhaltlichen Präferenzen, sondern auch nach Kräfteverhältnissen und zuweilen auch aufgrund besonderer personeller Umstände vergeben. Augenscheinlich waren das Familien- und das Arbeitsministerium besonders wichtig für die Union, während dem Gesundheitsministerium keine vergleichbare Bedeutung zugewiesen wurde. Das Familienministerium wurde vermutlich bis in die 1990er-Jahre präferiert, weil damit der Kernbereich der eigenen gesellschaftspolitischen Vorstellungen abgedeckt werden konnte. Die Arbeits- und Sozialpolitik war nicht zuletzt wegen der Ausgaben- und Gestaltungsmöglichkeiten und potenziellen Wahlerfolgen maßgeblich. Zudem wurden die entscheidenden Sozialversicherungsfragen, auch solche, die die Gesundheitspolitik betrafen, lange Zeit im BMA verhandelt und entschieden. Mit Norbert Blüm stellte die CDU den Minister, der mit sechzehn Jahren Amtszeit so lange wie kein Zweiter das sozialpolitische Gesicht der Union prägte.

4. Entwicklungsphasen christdemokratischer Sozialpolitik

Im Folgenden geht es um den Wandel der Sozialpolitik in der Bundesrepublik als Ergebnis veränderter sozioökonomischer Herausforderungen, Ansprüche und eines sich sukzessive transformierenden Parteienwettbewerbs. Die Darstellung orientiert sich an drei divergenten Phasen. In der ersten Phase, die von 1945 bis etwa Mitte der 1960er-Jahre reichte, also nahezu identisch mit der Adenauer-Ära ist, standen der Aufbau und die Konsolidierung des Sozialstaats im Vordergrund. Diese Phase ist allerdings keineswegs eindimensional und ruhig verlaufen. Vielmehr sind bereits in dieser Periode Pfadwechsel (Rente 1957, Bundessozialhilfegesetz 1961) implementiert worden, die das sozialstaatliche Fundament stärkten. Die zweite Phase seit Ende der 1960er- bis Mitte der 1970er-Jahre war die stärkste Expansionsstufe des bundesdeutschen Sozialstaats. In ihr stieg die Sozialstaatsquote von 20,2 auf 26,3 Prozent, ein Anstieg, wie er selbst in der Phase der Wiedervereinigung bei Weitem nicht erreicht wurde.[20]

Wenngleich die Entwicklung in diesem Zeitraum finanziell sehr expansiv war, verblieben die vielfältigen Reformen im Rahmen der erwerbszentrierten Sozialversicherungslogik, plus durchaus üppiger Transferzahlungen sowie einer nach wie vor schwachen Orientierung an einer serviceorientierten Infrastruktur. In der dritten Phase, die seit Ende der 1970er-Jahre andauert, lässt sich ein Nebeneinander von dem Abbau bestimmter Leistungen, dem Umbau von sozialen Sicherungssystemen und einem partiellen Neubau beobachten. Da sich in dieser Zeit weitreichende unternehmens-, arbeitsmarktbezogene und gesellschaftliche Umbrüche ereigneten, gab es neben dem Abbau sozialer Leistungen aber auch zögerliche Aktivitäten des Um- und Ausbaus sozialstaatlicher Angebote. Dazu gehörten vor allem Felder, die bisher kaum oder nur schwach entwickelt waren, wie dies beispielsweise in den Bereichen der Pflege, der frühkindlichen Betreuung oder der Weiterbildung der Fall war. Zugleich kam es auch zu einem Umbau der Arbeitsverhältnisse, mit einem starken

Wachstum atypischer Beschäftigungsverhältnisse und einem deutlichen Anstieg der im Niedriglohnsektor Beschäftigten. Entscheidend für das Selbstverständnis der Union war, dass in dieser Zeit das traditionelle »Männliche-Brotverdiener-Modell« hinterfragt und sukzessive relativiert wurde, ohne es wirklich aufzulösen.

4.1 Aufbau und Konsolidierung des Sozialstaats in der Adenauer-Ära 1945–1965

In den ersten Jahrzehnten nach 1945 standen die materiellen und ordnungspolitischen Problemlagen der Kriegsfolgenbewältigung im Vordergrund. Dazu gehörten die konjunkturellen und strukturellen Mängel in der sozialen Sicherung, um die sogenannten Standardrisiken des sozialen Lebens zu bewältigen. In diesem Sinne waren auch große Teile der Union bis zum Ahlener Programm des Jahres 1947 davon überzeugt, dass die zukünftige Organisation von Wirtschaft und sozialer Sicherheit von einer marktkritischen Haltung geprägt sein sollte. Der Christliche Sozialismus, wie er insbesondere von einem Teil der katholischen Arbeiterschaft, vertreten unter anderen durch Jakob Kaiser, verfochten wurde, gibt Zeugnis von diesen Debattenlagen. Zugleich entwickelte sich im Zuge des sich seit 1947 zuspitzenden Kalten Krieges eine bipolare Konstellation zwischen CDU und SPD heraus. In diesem Wettbewerb ging es der Union darum, die marktwirtschaftliche Orientierung, die seit den Düsseldorfer Leitsätzen im Zentrum der christdemokratischen Programmatik stand, gegen den gewerkschaftlich-sozialdemokratischen Oppositionsblock durchzusetzen.[21] Denn während SPD und DGB-Gewerkschaften sich – ähnlich wie die Union in den ersten beiden Nachkriegsjahren – an einer gemischtwirtschaftlichen Konzeption mit einer kritischen Haltung zur

Marktwirtschaft und einem starken Staat orientierten, favorisierte die unionsgeführte Bundesregierung eine ordoliberale Marktwirtschaftspolitik.[22]

Die wichtigste ordnungspolitische Entscheidung in der Sozialpolitik der Nachkriegszeit fokussierte die Frage, ob das Bismarck'sche Modell des Sozialstaats, so, wie es seit dem Kaiserreich existiert hatte und durch den NS-Staat verändert worden war, wieder revitalisiert oder ob stattdessen eine Einheitsversicherung eingeführt werden sollte. Ersteres bedeutete, die statusbezogenen Unterschiede zwischen Arbeitern, Angestellten und Beamten, die die Sozialversicherungssysteme kennzeichneten, fortzuschreiben. Letzteres meinte den Versuch, ein egalitäres System zu etablieren, das diese Unterschiede zwischen den Gruppen überwand. SPD und Gewerkschaften forderten, wie bereits in der Weimarer Republik, das Modell der Einheitsversicherung. Mit dieser Position standen sie nicht nur mit der CDU im Konflikt, sondern auch mit Interessenorganisationen wie denen der Landwirtschaft, des selbstständigen Mittelstands, der Angestellten, der Beamten, der Versicherungswirtschaft sowie der industriellen Arbeitgeber. Die Union setzte dagegen auf das bewährte System der statusbezogenen Sozialversicherung.

Sozialpolitische Fragen waren in der Konstellation eines bipolaren Parteiensystems aber auch aufgrund der Blockkonfrontation im geteilten Deutschland elektoral und legitimationspolitisch von zentraler Bedeutung. Dies spiegelte sich nicht zuletzt im programmatischen Selbstfindungsprozess der CDU wider. So bestanden zwischen den innerparteilichen Gruppen und Flügeln der Union in sozialpolitischen Fragen zuweilen heftige Spannungen, die durch die Konstellation des Kalten Krieges abgeschwächt und externalisiert werden konnten. Denn gemeinsam war allen innerparteilichen Kräften die Abwehr sozialdemokratischer Politikziele und eine fundierte antikommunistische Haltung. Schwieriger war der Umgang mit der Einheitsgewerkschaft, weil diese auch von einem erheblichen Teil der Unionswähler begrüßt und unterstützt wurde.

In der Regierung wurden die Weichen für die vertiefte Absicherung des konservativen Sozialstaats gestellt. Dabei wirkte das Bundesarbeitsministerium als sozialpolitisches Schlüsselressort; daneben sind außerdem das Vertriebenen-, Wohnungsbau-, Innen- und Finanzministerium zu berücksichtigen.[23] Nicht zu vergessen ist, dass im Bundeskanzleramt ein spezielles Referat für »Grundsatzfragen, Koordinierung und Kabinettssachen« bestand, das die Interventionschancen des Kanzlers erhöhte; vor allem dann, wenn das BMAS einen Mangel an Führungsstärke zeigte, wie zum Beispiel bei der Rentenreform.[24]

Die Bekämpfung von Kriegsfolgen stand zunächst im Vordergrund. So konnte mit dem Bundesversorgungsgesetz von 1950 die Grundversorgung von Kriegsopfern, das heißt von Wehrmachtsangehörigen, aber auch Zivilpersonen, die durch den Krieg versehrt wurden, in geregelte Bahnen gelenkt und gesichert werden. Dazu zählten Rentenzahlungen, medizinische Versorgung, berufliche Unterstützung, Hilfen bei der Erziehung von Kindern, Erholungs- und Wohnfürsorge sowie Sonderleistungen für schwere Fälle.[25] Mit dem 1950 einstimmig verabschiedeten Wohnungsbaugesetz konnte durch massiven Einsatz öffentlicher Mittel bis 1956 der Bau von zwei Millionen Sozialwohnungen ermöglicht werden.[26] Eine besondere Bedeutung für die Befriedung der Verhältnisse, welche durch die Folgen des Krieges entstanden waren, kommt dem 1952 erfolgten Lastenausgleichsgesetz zu. Diejenigen, denen erhebliches Vermögen durch ihren intakten Immobilienbesitz verblieben war, zahlten eine Abgabe zugunsten derjenigen, die durch Kriegseinwirkungen, Flucht und Vertreibung ihre materielle Basis verloren oder minimiert sahen. Diese Eingriffe in das Vermögen, um unterschiedliche kriegsbedingte Soziallagen auszugleichen, war eine der größten Umverteilungsmaßnahmen in marktwirtschaftlichen Gesellschaften. Dass diese Maßnahmen akzeptiert wurden, hängt mit den Notlagen der Zusammenbruchsgesellschaft zusammen. Auf jeden Fall trug es dazu bei, dass die Integration der Gesellschaft befördert wurde und die Akzeptanz der neuen Demokratie wuchs.[27]

Angesichts der Währungsreform von 1948, die nicht nur den Weg in eine neue Marktwirtschaft ebnete, sondern auch die besitzbürgerlichen Verhältnisse zementierte, entwickelte sich zugleich eine sehr ungleiche Eigentums- und Vermögensordnung, durch die sich der christlich-soziale Flügel der Union herausgefordert sah. Die Sozialausschüsse reagierten in den 1950er-Jahren mit Forderungen nach breiterer Einkommensstreuung, in erster Linie, um Wohneigentum, Kleinaktienbesitz und Familien zu fördern.

Die Familienförderung entwickelte sich zu einem Markenzeichen christdemokratischer Sozialpolitik. Ein besonderer institutioneller Ausdruck dieser Orientierung bestand in der Errichtung eines eigenen Bundesfamilienministeriums 1953. Damit setzte die Regierung Adenauer in ihrer zweiten Legislaturperiode ein Zeichen, um die Konzentration auf die besondere Rolle der Familie ideell herauszuheben und materiell zu fördern. SPD und FDP reagierten hinsichtlich eines eigenen Ministeriums, das für ein so allgemeines Anliegen stehe, skeptisch.[28] Positiver waren die Reaktionen, als 1961 erstmals ein eigenständiges Gesundheitsministerium etabliert wurde. Von entscheidender Bedeutung für die deutsche Familienpolitik war ein umfängliches System von Kindergeldzahlungen, das 1954 mit der Kindergeldgesetzgebung eingeläutet wurde,[29] anders als beispielsweise für Frankreich oder die nordischen Staaten, die frühzeitiger auf eine gute Infrastruktur setzten. Auch wenn das deutsche Kindergeld anfangs auf einem geringen Niveau startete, führte dies vor allem für kinderreiche Familien über einige Novellierungsetappen zu einer spürbaren Entlastung.[30]

Ein großes sozialpolitisches Problem waren in den 1950er-Jahren die geringen Altersrenten, die häufig zu Altersarmut führten und zudem nicht an der allgemeinen Wohlstandsmehrung dieser Zeit partizipierten. Auf diese Situation reagierten beide großen Volksparteien. Es war schließlich der Wirtschaftswissenschaftler Wilfrid Schreiber, der dem Bund Katholischer Unternehmer verbunden war, der im Auftrag Adenauers die Blaupause für die Rentenreform von 1957 schuf, die schließlich zu einem zentralen Meilenstein der sozialpolitischen Entwicklungen der ersten zwei Nachkriegsjahrzehnte wurde. Hans Günter Hockerts bezeichnet dies als »herausragend[stes] sozialpolitische[s] Ergebnis (...) der gesamten Nachkriegspolitik auf dem Gebiet der Sozialversicherung«.[31] Infolgedessen wurde das Rentenniveau um durchschnittlich mehr als 60 Prozent angehoben.[32] Doch durch diese Reform wurde die Rentenversicherung nicht nur auf das Umlagesystem umgestellt und das Leistungsniveau kräftig angehoben, sondern zugleich die Altersarmut erfolgreich bekämpft und die Erhöhung der Renten an die Tariflohnentwicklung gebunden. Die vier zentralen Faktoren, die die neue Rentenpolitik fortan bestimmen sollten, sind: die Zahl der Versicherungsjahre, die durchschnittliche relative Höhe des individuellen Bruttoarbeitsentgelts, der Steigerungssatz und die allgemeine Bemessungsgrundlage (Mittelwert durchschnittlicher Bruttoarbeitsentgelte aller Versicherten).[33]

Neben der Rentenreform war die sogenannte Fürsorgereform sicherlich die zweite große gesetzliche Innovation, die die Sozialpolitik der Adenauer-Ära prägte. Mit dem Bundessozialhilfegesetz von 1962 wurde der Rechtsanspruch auf ein individuelles, bedürftigkeitsgeprüftes Existenzminium garantiert. Das Bundessozialhilfegesetz ordnete das unterste Netz des Sozialstaats, die traditionelle Armenfürsorge, so gründlich neu, dass man darin eines der wichtigsten sozialpolitischen Reformwerke der Ära Adenauer sehen kann. Besonders hervorzuheben ist, dass »die Grundsicherung über das physische Existenzminimum« hinausgeht und partiell auch »vorbeugend und fördernd konzipiert« ist.[34] Damit wurde das System der sozialen Rechte ausgebaut, und so konnte neben den starken Sozialversicherungssäulen die eigenständige Rolle des Staats auf der Basis individueller sozialer Rechte erweitert werden. Peter Trenk-Hinterberger umschreibt die Ziele dieser Reform: »So sollten die elementaren Grundsätze des Fürsorgerechts nicht angetastet werden; die individuelle Hilfe sollte betont und konkretisiert werden; bei den Individualhilfen (z.B. bei den Hilfen zu Rehabilitation) sollte es nicht nur auf die Hilfsbedürftigen im traditionellen Sinne ankommen.«[35]

Die Bilanz der Sozialpolitik der Adenauer-Ära kann wie folgt zusammengefasst werden: Im Kontext einer nahezu ständigen Prosperität entwickelte sich die Bundesrepublik Deutschland zu einer exportorientierten Wirtschaftsmacht, die durch die Prinzipien der Sozialen Marktwirtschaft, des Sozialstaats und der Sozialpartnerschaft gerahmt und strukturiert wurde. Neben den unmittelbaren Kriegsfolgen war auch die Arbeitslosigkeit bis Mitte der 1950er-Jahre eine starke Herausforderung (Arbeitslosenquote 1950: 11,0 Prozent, 1955: 5,6 Prozent); seit Mitte der 1950er-Jahre bis fast Ende der 1960er-Jahre bestand Vollbeschäftigung (1966: 0,7 Prozent).[36] Es ist vor allem der positiven Lage auf dem Arbeitsmarkt zuzuschreiben, dass der Sozialstaat sich seit Mitte der 1950er-Jahre auf einen expansiven Pfad begeben konnte. Durch die Revitalisierung der Sozialversicherungen, nicht nur institutionell, sondern ebenso durch deren Reform sowie durch das Bundessozialhilfegesetz, wurde das Sozialstaatsprinzip im Sinne von Artikel 20 Absatz 1 GG formell abgesichert. Die Sozialleistungsquote lag, wie die Werte für 1960 (18,3 Prozent des BIP) und 1966 (20,2 Prozent des BIP)[37] zeigen, zwar auf einem niedrigen Niveau, nicht zuletzt durch die Kriegsfolgelasten jedoch höher als in fast allen anderen europäischen Staaten mit Ausnahme der nordischen Länder. Gemessen an der wirtschaftlichen Leistungsfähigkeit und den Herausforderungen der Kriegsfolgenbewältigung sowie der neuen marktwirtschaftlichen Risiken blieb das materielle Niveau der sozialen Sicherung gleichwohl hinter den damals schon gegebenen Möglichkeiten zurück.

Die christdemokratischen Akzente in der Familienpolitik konzentrierten sich auf eine Politik der monetären Kompensation; infrastrukturelle Maßnahmen wurden bewusst auf einem niedrigen Niveau gehalten. Günther Schulz bewertet die christdemokratische Sozialpolitik der 1950er-Jahre wie folgt: »Die sozialpolitischen Aktivitäten sollten dazu beitragen, die Kriegsfolgen schnell zu beseitigen, den Arbeitnehmerflügel der Union fest in die Politik der Regierungskoalition einzubinden und ein Pendant zum marktwirtschaftlichen Kurs zu schaffen.«[38] »Am Ende der zweiten Legislaturperiode war der Wiederaufbau des Sozialstaates zu einem vorläufigen Abschluss gekommen. Insbesondere galt dies für die sozialpolitische Bewältigung der Kriegsfolgen.«[39] In der Auseinandersetzung mit Sozialdemokratie und Gewerkschaften ging es der Union »um die Grenzziehung zwischen einem ›Sozialstaat‹ (…) und einem ›Versorgungsstaat‹«.[40] Indem der Blick aber zu sehr auf die klassischen Risiken und deren kompensatorische Nachsorge gerichtet wurde, blieben weitergehende Korrekturen und Reformen aus. Dies betraf auch die Aktivitäten des christlich-sozialen Flügels, um eine gerechtere Eigentums- beziehungsweise Vermögensverteilung zu ermöglichen. Dazu zählten die diversen Vermögensbildungsgesetze, die seit 1961 verabschiedet wurden, die zwar individuell nützlich waren, aber strukturell nahezu keinen Einfluss auf eine ausgeglichene Vermögensspreizung ausübten.

4.2 Expansion von Sozialstaat und Krisenpolitik

In der sogenannten Expansionsphase der deutschen Sozialpolitik wurden bestehende Leistungen erhöht und neue Leistungen gewährt; zudem bezog man immer mehr Gruppen in die bestehenden sozialen Sicherungssysteme ein. Mit dieser generösen Erweiterung der Sozialpolitik, die in der Großen Koalition seit 1966 dynamisiert und in der sozialliberalen Koalition fortgesetzt wurde, lockerte sich die Fixierung von der sogenannten Arbeiterfrage hin zur stärkeren Integration weiterer Gruppen in die sozialen Sicherungssysteme, womit die Sozialpolitik sukzessive die gesamte Gesellschaft zum Adressaten ihrer Aktivitäten machte. Zugleich lassen sich Bemühungen einer stärker evidenzbasierten und vorsorgenden Sozialpolitik erkennen. Anders als in der Adenauer-Ära, wo auch das Kanzleramt sich massiv in die Sozialpolitik einschaltete, gab es kaum sozialpolitische Initiativen vom Kanzleramt unter Kiesinger und Brandt, sodass das Bundesministerium für Arbeit zwischen 1966 und 1974 »das entscheidende Kraftzentrum für weite Bereiche der Sozialpolitik« war.[41] Für die Union war der damalige Arbeitsminister Hans Katzer (1966–1969) in diesem Zeitraum sowohl in der Regierungs- wie auch in der Oppositionsphase die treibende Kraft, der zugleich auch an der Spitze der Sozialausschüsse stand.

Ein wichtiger Ausgangspunkt, der die aktive Rolle des Staats beflügelte, war die Rezession 1966/67.[42] Obwohl diese rückblickend kaum mehr als eine Delle abbildete, gingen von ihr doch viele Impulse aus, wozu vor allem das Stabilitäts- und Wachstumsgesetz und die »Konzertierte Aktion« gehörten, welche zwar maßgeblich mit Karl Schiller in Verbindung standen, die aber durchaus auch das christdemokratische Verständnis von Ausgleich durch Verhandlungen widerspiegelten. In der Sozial- und Arbeitsmarktpolitik war dies insbesondere die Reform des Arbeitsförderungsgesetzes aus dem Jahr 1969. Hintergründe dafür waren der große Bedarf an qualifizierten Arbeitskräften, regionale Ungleichgewichte, akute Inflationsgefahr[43] und nicht zuletzt eine »beschleunigte Entwicklung von Technik, Wissenschaft und Gesellschaft«[44]. Dass auch in einer Großen Koalition die Union das Arbeitsministerium beanspruchte, zeigt, dass diesem Feld in dieser Phase eine enorme Bedeutung für die gesellschaftliche Entwicklung beigemessen wurde.

Mit der 1969 von Hans Katzer verantworteten Reform des AFG legte man die gesetzliche Basis für eine aktive und präventive Arbeitsmarktpolitik, womit eine umfassende Reform des im Kern 1927 und 1956 neu kodifizierten Gesetzes über Arbeitsvermittlung und Arbeitslosenversicherung (AVAVG) vorlag.[45] Für die Wende von der »reaktiven« zur »aktiven« Arbeitsmarktpolitik spielte auch die Organisation für wirtschaftliche Zusammenarbeit und Entwicklung (OECD) eine Rolle,[46] was es vermutlich auch in der Union leichter machte, diese Entwicklung positiv abzusichern. Im Mittelpunkt der Reform standen bildungs- und mobilitätsfördernde Ziele, die einen hohen Beschäftigungsstand, eine verbesserte Beschäftigtenstruktur und Wirtschaftswachstum fördern sollten.[47] Der präventive Charakter des Gesetzes zeigte sich auch darin, dass das Verhindern von Arbeitslosigkeit, unterwertiger Beschäftigung oder Mangel an Arbeitskräften als wesentliches Ziel deklariert wurde. Es ging also um die Sicherung der beruflichen Beweglichkeit von Erwerbstätigen, die Vermeidung nachteiliger Folgen der technischen Entwicklung für die Erwerbstätigen, die Förderung beruflicher Inklusion, die verbesserte Eingliederung von Frauen, die zum Beispiel durch »häusliche Pflichten« eingebunden waren sowie die Integration von älteren Erwerbstätigen. Im AFG verkörperte sich aber nicht einfach die Idee der »aktiven« Arbeitsmarktpolitik, sondern vor allem das Ziel, die Koordination zwischen ökonomischer Globalsteuerung, regionaler und sektoraler Strukturpolitik sowie Arbeitsmarktpolitik herzustellen. Dabei ging es auch darum, die Konkurrenzsituation zwischen wirtschaftlicher und sozialstaatlicher Entwicklung zukunftsbezogen aufzulösen.[48] Zudem spiegelte sich in den Motivationen und Strukturen der Arbeitsmarktreformen auch die Notwendigkeit eines modernen Bildungssystems wider, die mit der von Georg Picht (1964) ausgelösten Debatte über die »deutsche Bildungskatastrophe«[49] zutage getreten war.

Damit wurden in der zweiten Hälfte der 1960er-Jahre bereits die wesentlichen Themen erkannt, die auch in den folgenden Jahrzehnten die arbeitsmarktpolitische Agenda bestimmen sollten. Dies vor allem, weil immer mehr Menschen in den Arbeitsmarkt integriert wurden, was sich im Umfeld der Arbeitsmarktreformen besonders eindrucksvoll nachvollziehen ließ: So stieg die Zahl der Erwerbstätigen zwischen 1967 und 1974 bei den fünfzehn- bis fünfundzwanzigjährigen Frauen um 17,2 Prozent, bei den Männern im gleichen Alter um 18,4 Prozent, aber auch die Zahl der Arbeitslosen erhöhte sich um 26,8 Prozent.[50] Das AFG bildete aber nicht nur eine moderne Konzeption präventiver Arbeitsmarktpolitik ab, sondern sollte auch die Bedingungen für Chancengleichheit verbessern. In dieser Richtung sind auch das Berufsbildungs- und das Ausbildungsförderungsgesetz von 1969 angelegt: »Alle drei Gesetze hatten die Verwirklichung der Chancengleichheit auf den Gebieten der Bildung und des Berufs zum Ziel. Sie verdeutlichen den engen Zusammenhang zwischen Arbeitsmarkt-, Beschäftigungs- und Bildungspolitik, und sie kennzeichneten den bildungspolitischen Akzent der damaligen Sozialpolitik.«[51]

Mit der Gleichstellung von Arbeitern und Angestellten und erst recht mit dem reformierten AFG entwickelte sich »das neue Leitbild einer einheitlichen Arbeitnehmerkategorie, für dessen Durchsetzung sich besonders Hans Katzer engagierte. Es trat in der Großen Koalition als Referenzgröße zunehmend an die Stelle des Bürgertums, das bisher den Orientierungspunkt christdemokratisch-liberaler Sozialpolitik gebildet hatte.«[52] Eine größere Rolle spielte auch für die Sozialpolitik der Begriff der »Rationalität« und damit einhergehend »Zeitbezug, Zielrichtung und Reichweite sozialpolitischer Interventionen«. So wurde unterstrichen, dass es nicht nur um reaktives, sondern auch um präventives Handeln ging.[53] Im Parteienwettbewerb rückte die Union die ökonomisch stabilisierende Funktion sozialpolitischer Interventionen ins Zentrum.[54]

In dieser neuen Etappe der Arbeitnehmergesellschaft entwickelten sich zum Teil massive Konflikte, verwiesen sei beispielsweise auf die wilden Streiks des Jahres 1969, die sich nicht nur in und zwischen den Gewerkschaften, den Arbeitgebern und dem Staat niederschlugen, sondern auch in der Union selbst. So warben die Sozialausschüsse für die Gleichberechtigung von Kapital und Arbeit, auch bei der Lenkung der Unternehmen, und forderten gegen den massiven Widerstand des Wirtschaftsflügels die paritätische Mitbestimmung auf Unternehmensebene.[55] Der Arbeitgeberflügel befürchtete die Aufhebung der Eigentumsordnung und infolgedessen eine tief greifende Veränderung der Wirtschaftsordnung.[56] Letztlich setzte sich in der Union der Arbeitgeberflügel durch, als es um das Mitbestimmungsgesetz von 1976 ging.

4.3 Umbau-, Abbau- und Krisenpolitik

Mitte der 1970er-Jahre kam der Pfad sozialstaatlicher Leistungsexpansion zum Stillstand und der Traum der »immerwährenden Prosperität«[57] an sein zumindest vorläufiges Ende. Seit dem Zeitalter der Massenarbeitslosigkeit, das ab Mitte der 1970er-Jahre auch die Sozialpolitik prägte, bestimmt ein je spezifisches Nebeneinander von Leistungskürzungen, Umbauten und speziellen Aufbauaktivitäten die sozialpolitische Arena. Denn das Dilemma eines primär auf Erwerbsarbeit basierenden Systems der sozialen Sicherung besteht darin, dass es bei hoher Arbeitslosigkeit erhöhte Ausgaben bei zugleich zurückgehenden Einnahmen verursacht.[58]

Wesentliche strukturelle Herausforderungen, die auf die christdemokratische Präferenzordnung Einfluss nehmen, sind seit den 1970er-Jahren Globalisierung, demografischer Wandel, Strukturveränderungen der Arbeitsgesellschaft, die neue Rolle der Bildung, Migrationsfragen, aber vor allem veränderte Familienstrukturen mit ihren weitreichenden Auswirkungen auf das Verhältnis von Arbeitsmarkt und Sozialstaat. Politisch getrieben wird der damit einhergehende Wandel sozialstaatlicher Politik durch zuweilen enger gewordene sozialstaatliche Budgets, neue sozioökonomische wie auch soziokulturelle Anforderungen, aber auch durch Versuche einer veränderten politischen Agenda (Mannheimer Parteitag 1975, Leipziger Parteitag 2003). Auch wenn die Sozialversicherungslogik nach wie vor die sozialstaatliche Präferenzordnung der Union dominiert, so gab es doch auch einzelne Initiativen, um aus dieser Logik auszusteigen. Extern an die Union herangetragen wurde dies durch die Verfechter eines bedingungslosen

Grundeinkommens, intern durch die im Kontext des Leipziger Parteitags 2003 geführte Debatte über eine stärkere Kapital- und Eigenvorsorge der sozialen Sicherungssysteme.

In den 1970er-Jahren musste sich die CDU in die für sie ungewohnte Rolle als Oppositionspartei einfühlen und zugleich auf das »Ende des Booms« reagieren. In diesem Kontext diskutierte sie ihre sozialpolitische Grundorientierung in neuen Perspektiven, wobei der 23. Bundesparteitag der CDU vom 23. bis 25. Juni 1975 in Mannheim eine erste zentrale Bühne war. Dort verabschiedete sie nämlich die sogenannte Mannheimer Erklärung, in der sie eine »Neue Soziale Frage« postulierte: »Die Nichtorganisierten, alte Menschen, Mütter mit Kindern oder die nicht mehr Arbeitsfähigen, sind den organisierten Verbänden in aller Regel unterlegen. Hier stellt sich die Neue Soziale Frage.«[59] Diese »Neue Soziale Frage«, maßgeblich durch Kurt Biedenkopf und Heiner Geißler formuliert, um den Einfluss von SPD und Gewerkschaften zu begrenzen, eröffnete aber auch neue Begründungsmuster, um das strikte Äquivalenzprinzip zu durchbrechen und die soziale Sicherung von Frauen, deren Leistungen sich nicht unmittelbar aus einem Arbeitsverhältnis ableiten lassen, besser abzusichern. Mit der »Neuen Sozialen Frage« konnte die Rolle der Frau in der Union in einer neuen Perspektive verhandelt werden.[60]

Eine gewichtige Bedeutung für die Neujustierung sozialer Leistungen und damit für das Verhältnis von Individuum und Sozialstaat kommt der Neuentdeckung des Leitbegriffs der Subsidiariät zu, womit die Selbstverantwortung des Einzelnen stärker in den Vordergrund gerückt werden sollte.[61] Während in der frühen Bundesrepublik meist von organisationaler Subsidiarität gesprochen wurde, kam es seit dem Ende der Vollbeschäftigung zu einer Verschiebung, wonach die Subsidiarität fortan stärker reindividualisiert wurde. Im 1978

erstmals verabschiedeten CDU-Grundsatzprogramm strukturierten die Grundwerte »Freiheit, Solidarität und Gerechtigkeit« den Text. Die »Neue Soziale Frage« spielte eine geringere Rolle; sogar eine eigene Überschrift fehlte.[62] Gleichwohl
wurde diese Idee auch in diesem Text wieder positioniert:
»Die CDU hat als erste politische Kraft erkannt: Zu dem Konflikt zwischen Kapital und Arbeit sind Konflikte zwischen organisierten und nichtorganisierten Interessen, Erwerbstätigen und nicht im Berufsleben Stehenden, Mehrheiten und
Minderheiten getreten. Die Nichtorganisierten, alte Menschen, Mütter mit Kindern, Behinderte, nicht mehr Arbeitsfä-
hige, sind den organisierten Verbänden im Verteilungskampf
um das Bruttosozialprodukt in der Regel unterlegen. Arbeitgeber, Arbeitnehmer und andere Gruppen sind heute in
mächtigen Verbänden organisiert. Sie treten nicht nur gegeneinander an, sondern behaupten ebenso wirkungsvoll ihre
Sonderinteressen gegenüber anderen Bevölkerungsgruppen.
Der demokratische Staat läuft Gefahr, sich nur nach organisierten Mehrheiten zu richten. Der Staat als Anwalt des Gemeinwohls hat aber die Aufgabe, die Machtlosen und Minderheiten in der Gesellschaft im Wettstreit um die materiellen
und immateriellen Güter zu schützen. Hier stellt sich die
Neue Soziale Frage.«

Im Zuge der Debatten um den demografischen Wandel,
der sich im Zusammenhang mit dem »Pillenknick« abzeichnete, setzte sich insbesondere Geißler für die Emanzipation
der Frau in den Bereichen Wirtschaft und Gesellschaft ein,
womit sich auch das Bündnis zwischen den Sozialausschüssen und der Frauen Union stabilisierte.[63]

Die Sozialpolitik der Ära Kohl führte zunächst die 1975
begonnene Konsolidierung der sozialen Sicherungssysteme
(zwischen 1975 und 1982 zwölf Gesetze, um soziale Ausgaben zu kürzen) fort. Damit sollte verhindert werden, dass

sich die wachsenden Sozialausgaben angesichts der Beschäftigungskrise vom Sozialprodukt entkoppelten.[64] Nur in Irland und den Niederlanden wurde die Sozialleistungsquote zwischen 1982 und 1990 stärker vermindert als in Deutschland.[65] Während in der Sozialversicherungspolitik die Kontinuität dominierte, wurde in der Arbeitsmarktpolitik eine durchaus brisante Teilvermarktlichung eingeleitet, die vor allem auf den Widerstand der Gewerkschaften stieß. Der Abbau der Arbeitslosigkeit wurde durch Kürzungen des Arbeitslosengeldes und der Arbeitslosenhilfe sowie Maßnahmen der Flexibilisierung des Arbeitsmarkts, insbesondere durch die sachgrundlose Befristung, Förderung von Teilzeit und befristeten Arbeitsverhältnissen, verfolgt. Am teuersten und problematischsten waren schließlich umfassende Programme der Frühverrentung, die gleichwohl zu einer deutlichen Entlastung der Arbeitsmarktbilanz beitragen konnten.[66] Insgesamt fiel der Bruch nach 1982 nicht härter aus, trotz vergleichsweise guter Bedingungen für einen Kurswechsel der CDU (Krisensituation, Bundesratsmehrheiten), weil der gesellschaftliche, vor allem der gewerkschaftliche Widerstand stark ausgeprägt war.

Neben leistungskürzenden Maßnahmen, der Flexibilisierung und Verschiebung von der Arbeitsmarkt- in die Rentenversicherung standen Reformen in der Familienförderung sowie die langsame und zögerliche Öffnung hin zu einer frauenfreundlicheren Sozialpolitik. Auf ihrem Essener Parteitag 1985 verabschiedete die Union »Leitsätze für eine neue Partnerschaft zwischen Mann und Frau«. In diesem Sinne wurde die lohnarbeitszentrierte Fixierung der sozialen Sicherung relativiert, womit in der Rentenversicherung auch Kindererziehungs- und Pflegezeiten als rentenbegründende Leistungen erstmals anerkannt wurden. Der Wechsel vom Familienlasten- zum Familienleistungsausgleich ist hier ebenso zu nennen wie die 1985 erfolgte Einführung des Erziehungsgeldes sowie des Erziehungsurlaubs. Familien- und Erwerbsarbeit sollten mithin als gleichberechtigt gelten, um zwischen beiden Ebenen mehr Wahlfreiheit zu ermöglichen.

Neben Heiner Geißler und Rita Süssmuth, die die frauen- und familienpolitischen Akzente verantworteten, war Norbert Blüm die überragende Persönlichkeit der christdemokratischen Sozialpolitik der Ära Kohl. Blüms sozialpolitische Auffassungen wurzelten in der katholischen Soziallehre; praktisch geprägt worden waren sie zudem durch eigene betriebliche und gewerkschaftliche Erfahrungen. Für ihn war Sozialpolitik ein Ausdruck gesamtgesellschaftlicher Solidarität, um sozialen Ausgleich und sozialen Frieden und damit den Zusammenhalt einer Gesellschaft zu sichern.[67] Unter seiner Federführung erfolgten nicht nur die ersten maßgeblichen Schritte zu einer stärkeren Flexibilisierung des Arbeitsmarkts (Beschäftigungsförderungsgesetz 1985), die auf den Widerstand der Gewerkschaften stießen, sondern auch die Wende in der Rentenpolitik mit der 1989 verabschiedeten und 1992 in Kraft getretenen Rentenreform, die den Wechsel von der ausgaben- zur einnahmenorientierten Rentenpolitik besiegelte und damit das Vorspiel für den 2001 finalisierten Umbau der Lebensstandardsicherung von einem primär einsäuligen hin zu einem dreisäuligen System darstellte.[68] Letzteres erschien dringend geboten, nachdem in den 1980er-Jahren verschiedene Modellrechnungen zu dem Ergebnis gekommen waren, dass der Beitragssatz der Rentenversicherung bis zum Jahr 2030 auf bis zu 37 oder gar 41 Prozent ansteigen könne, wenn keine strukturellen politischen Veränderungen herbeigeführt würden.[69] Die Rentenreform 1992 war die erste, bei der ausdrücklich demografische Argumente gezielt eingesetzt wurden, um Leistungskürzungen zu begründen.[70] Um den Anstieg des

Beitragssatzes zu bremsen, wurde von der bruttolohn- zur nettolohnorientierten Rentenanpassung umgestellt sowie schrittweise die Altersgrenzen heraufgesetzt.[71] Die traditionellen Prinzipien der Lebensstandardsicherung und der gleichgewichtigen Entwicklung von Renten und Löhnen blieben zunächst formal unangetastet.[72] Dass mit diesem Gesetz »Leistungseinschnitte sprachpolitisch kaschiert« wurden, hebt der Münchner Zeithistoriker Hans Günter Hockerts deutlich hervor: »Denn vor der Reform hatte ein Durchschnittsverdiener mit 40 Jahren als ›Eckrentner‹ gegolten. Um den Wert der ›Eckrente‹ höher erscheinen zu lassen, addierte die neue Definition nun einfach fünf weitere Versicherungsjahre hinzu.«[73] Die 1989 eingeschlagene Richtung wurde schließlich unter Rot-Grün weiter vorangetrieben und zugespitzt. Zugleich wurde aber auch die Verknüpfung von Familienpolitik und Alterssicherung fortgesetzt, indem die 1985 erstmals in das Rentenrecht inkludierten Kindererziehungszeiten weiter ausgebaut wurden.[74]

Bei der Rentenreform 1999, die in 1997 verabschiedet worden war, war der Konsens mit der SPD dahin, denn die rentenpolitische Stimmung war robuster, polarisierter und stärker von alternativen Modellen zur Finanzierung der Rentenversicherung geprägt, die auf mehr Eigenvorsorge und eine stärkere Kapitaldeckung in der Rentenpolitik pochten. So wurde »erstmals ein ›demographischer Faktor‹ in die Rentenformel eingefügt. Der Grundgedanke lag darin, dass die steigende Lebenserwartung die Rentenlaufzeit sehr erheblich verlängert und der damit verbundene Kostenzuwachs etwa gleichmäßig auf die Rentner und die Beitragszahler verteilt werden solle.«[75] Die SPD hatte versprochen, den demografischen Faktor nach der Wahl 1998 außer Kraft zu setzen; was sie auch tat, um später selbst mit vergleichbar tief greifenden Maßnahmen den Umbau der Rentenversicherung voranzutreiben.[76]

Der politische Druck auf die Sozialpolitik, der sich innerhalb der Union deutlich bemerkbar machte, verstärkte sich in den folgenden Jahren durch Vorgaben der Europäischen Union, die seit den Konvergenzkriterien des Maastrichter Vertrags stärker als zuvor auch die Ausgabegewohnheiten in den Strukturen der nationalen Sozialstaatlichkeit berührten.[77] Hinzu kamen zu diesem Zeitpunkt noch unklare finanzielle Folgen im Rahmen der deutschen Einheit, womit sich die Spielräume nationalstaatlicher Sozialpolitik unter dem Druck der gesamtdeutschen Krise von 1993–1996 weiter verringerten.[78] Das war die Konstellation, in der sich die durch Norbert Blüm verantwortete Arbeitsmarkt- und Sozialpolitik damals zu bewähren hatte. Vor diesem Hintergrund erfolgten die Organisation des deutschen Einigungsprozesses durch die Sozialversicherungen und vor allem die 1995 eingeführte Pflegeversicherung als fünfte Säule des Sozialversicherungsstaats. Bei der Durchsetzung der Pflegeversicherung musste Blüm seinen politischen Einfluss bis zum Äußersten ausreizen, so urteilt der Historiker Gerhard A. Ritter.[79]

Anfang der 1990er-Jahre nahm der neoliberale Druck in der Union beträchtlich zu, womit der Spagat zwischen den stärker am Markt orientierten Kräften, vor allem vom Mittelstandsflügel und dem Wirtschaftsrat der Partei repräsentiert, und den besonders von den Sozialausschüssen vertretenen Arbeitnehmerinteressen schwieriger wurde.[80] Im zweiten Grundsatzprogramm der CDU, verabschiedet im Februar 1994, setzte sie auf »die Entwicklung zu einer ökologischen und Sozialen Marktwirtschaft, u. a. durch die höhere steuerliche Belastung des Energieverbrauchs, die verstärkte Anerkennung der Familienarbeit und den Ausbau des Familienlastenausgleichs zu einem Familienleistungsausgleich«.[81]

Die in der Mitte der 1980er-Jahre herausgestellte »Neue Soziale Frage« wurde auch in diesem Programm wieder aufgenommen.[82] Trotz mittlerweile stärker gewordener Kräfte, die in der Union an den Grundsätzen der Sozialpartnerschaft, der Mitbestimmung und der Tarifautonomie rüttelten, hielt die CDU zwar weiter daran fest, engagierte sich aber zugleich für eine weitere Verbesserung der Angebotsbedingungen im Gleichklang mit den Verbänden der Unternehmen und gegen die Interessen der Gewerkschaften: »In der Tarifpolitik trat die CDU für größere Flexibilität und Differenzierung und die stärkere Berücksichtigung der Bedürfnisse der einzelnen Betriebe bei den Vereinbarungen ein. Auch sollte der Übergang in den ersten Arbeitsmarkt durch die niedrigere Entlohnung der Teilnehmer an Arbeitsbeschaffungsmaßnahmen erleichtert und die Chance zur Eingliederung von Langzeitarbeitslosen in den Arbeitsprozess durch die Ermöglichung einer untertariflichen Bezahlung und die Gewährung von Lohnkostenzuschüssen an die Betriebe erhöht werden.«[83] Insgesamt kann man wohl feststellen, dass durch die schwächer gewordenen Kräfte des sozialen Katholizismus und den Wegfall der Systemkonkurrenz die marktaffinen Bestrebungen in der CDU gestärkt wurden.

Nachdem die Union 1998 das zweite Mal nach 1969 von der Regierung in die Opposition gewechselt hatte, fand auch eine Neusortierung der Sozialpolitik statt, die zwischenzeitlich so aussah, als verabschiedete sich die CDU vom Kurs der maßvollen und ausgleichenden Mitte und schwenkte auf den Weg einer eher angelsächsischen Sozialpolitik ein. Die Suche nach einem offensiven Oppositionskurs angesichts der Parteispendenaffäre, dem Abtritt der alten sozialpolitischen Garde und nicht zuletzt einer verunsicherten Führung unter Angela Merkel, die wiederum stark herausgefordert und getrieben wurde durch die Initiativen des Wirtschaftsflügels unter Führung von Friedrich Merz, führte zum Leipziger Parteitag 2003, der eine polarisierte Debatte über den zukünftigen sozialpolitischen Kurs der Union beförderte. Auf der Basis der sogenannten Herzog-Kommission, die in den hohen Sozialversicherungsbeiträgen eine maßgebliche Ursache für die deutsche Wachstumsschwäche identifizierte, optierte die CDU in Leipzig mehrheitlich gegen harte innerparteiliche Widerstände für ein Prämiensystem in der Gesundheitsversicherung, um damit die unternehmerischen Wachstumskräfte zu stärken. Merkel postulierte damals in Leipzig den Abschied von der beitrags- und leistungsbezogenen Solidarversicherung als einen »Systemwechsel«, der eine Win-win-Situation für alle ermögliche: »Was wir vorhaben, ist ein Befreiungsschlag zur Senkung der Arbeitskosten.« Dieser Befreiungsschlag wurde vor allem von den Vertretern des christlich-sozialen Flügels, allen voran Norbert Blüm, als Verabschiedung aus der Solidarität begriffen: »Wandel muss sein, aber Wandel besteht nicht nur aus Veränderung. Wandel besteht auch aus Erhaltung und Bewahren. Gerechtigkeit und Freiheit, Gerechtigkeit und Solidarität – das sind drei große Begriffe. Gerechtigkeit bedeutet, Gleiches gleich und Ungleiches ungleich zu behandeln. Solidarität bedeutet seit Tausenden von Jahren: Die Stärkeren helfen den Schwächeren.«[84] Die sogenannte Gesundheitsprämie, die unabhängig vom Einkommen alle gleich belaste, wurde als »eine auf den Kopf gestellte, nivellierte Solidarität« begriffen.[85] Gegen dieses Argument insistierte die damalige Parteiführung darauf, dass Solidarität in den Sozialversicherungen kaum funktioniere und stattdessen ein anderer Ausgleichsmechanismus herangezogen werden müsse: »Es ist das Steuersystem, in das jeder nach seiner Leistungsfähigkeit und seinem Familienstand einzahlt. Deshalb ist der Ausgleich über das Steuersystem eindeutig der sozialere und gerechtere.«[86] Da in Leipzig primär auf die weitere Flexibilisierung der Arbeitsmarkt- und Tarifpolitik gesetzt wurde, um Wachstum zu fördern und Arbeitslosigkeit abzubauen, sprachen viele von der Freidemokratisierung der Union. Auch hierzu Norbert Blüm: »Es gibt etwas zu erhalten, und ich glaube, dass eine christlich-demokratische Partei in dieser wild gewordenen Welt die Aufgabe hat, zu erhalten: den Menschen gegen Genmanipulation, die Familie gegen Beliebigkeit und die Gesellschaft gegen eine Flexibilisierung, die alles überschwemmt, die alles verwirtschaftet und auch den Sonntag platt macht.«[87]

Die rot-grünen Reformen in der Renten-, Gesundheits- und Arbeitsmarktpolitik wurden im Kern auch von der Union begrüßt; zugleich versuchte die CDU, diese Reformen noch weiter zu verschärfen, indem sie über den Vermittlungsausschuss Leistungsansprüche minimierte, Zugänge zu Leistungen erschwerte und die sanktionierenden Auflagen erhöhte. Zeitverzögert setzte mit dem Dresdner CDU-Parteitag 2006, auf dem der nordrhein-westfälische Ministerpräsident Jürgen Rüttgers forderte, die Leistungen der sogenannten Hartz-Gesetze zugunsten der Betroffenen zu verbessern, eine Debatte in der Union ein, die deutlich machte, dass auch die CDU auf die kritischen gesellschaftlichen Haltungen zu den Hartz-Gesetzen reagieren musste.[88]

Als sich 2005 der erwartete haushohe Sieg bei den Bundestagswahlen gegen die SPD in einen hauchdünnen verwandelte und statt einer Kleinen Koalition mit der FDP eine Große Koalition mit den Sozialdemokraten für die Union anstand, wurden die Ergebnisse des Leipziger Parteitags für die einen ein schnell zu vergessender historischer Irrtum und für die anderen, die allerdings in der Minderheit waren, eine weitere Enttäuschung über die Entwicklung ihrer CDU. Jedenfalls führte das Wahlergebnis 2005 dazu, dass die

CDU fortan marktradikalen Reformen in der Sozial- und Arbeitsmarktpolitik eher skeptisch bis ablehnend gegenüberstand. Stattdessen setzte sie nunmehr wieder auf Reformen innerhalb des Systems, wozu auch die mittlerweile gewachsene Wertschätzung des Sozialstaats seit der Lehmann-Krise (2008–2010) beitrug.[89] Dazu gehörte auch, dass sich in der Ära Merkel nach dem Leipziger Parteitag sukzessive ein konstruktives Verhältnis zu den Gewerkschaften entwickelte, womit auch deren Anliegen ernsthafter in die eigene Positionsbildung aufgenommen wurden. Neben der Kanzlerin, der CDA und der Frauen Union war es vor allem Ursula von der Leyen, die, zunächst als Familienministerin und dann als Arbeitsministerin, darauf hinwirkte, dass die Reformen in der Familien- und Arbeitsmarktpolitik so angelegt waren, dass sie im Konsens mit den anderen Parteien entwickelt werden konnten. Besonders schwer tat sich die Union mit der Akzeptanz eines Mindestlohns, der in Deutschland, auch aufgrund der anfänglich ablehnenden Haltung der Gewerkschaften, nur zögerlich in der politischen Agenda verankert werden konnte. Doch aufgrund der abnehmenden Tarifbindung sowie des expansiven Niedriglohnsektors wuchs in allen Parteien die Einsicht, so auch in der Union, dass ein neues und zusätzliches Instrument notwendig sei, um die negativen Wirkungen des tariffreien Niedriglohnsektors einzudämmen.[90] Während die SPD seit 2006 auf einen Mindestlohn drängte, war die CDU in der Großen Koalition seit 2005 höchstens zu einer Ausweitung des Arbeitnehmer-Entsendegesetzes bereit. So verstrichen die Jahre 2005 bis 2009 ohne Durchbruch in diesem Bereich. Noch im Koalitionsvertrag 2009 stand: »Einen einheitlichen gesetzlichen Mindestlohn lehnen wir ab.«[91] Angesichts des Drucks einzelner CDU-Landesverbände und durch die CDA fand langsam ein innerparteiliches Umdenken statt. So wich die anfängliche harte Ablehnung einer größer werdenden Öffnung.[92] Einerseits akzeptierte die CDU immer mehr Branchenmindestlöhne im Rahmen des Entsendegesetzes, obwohl sie im Koalitionsvertrag 2005 eine Aufhebung der bereits beschlossenen Branchenmindestlöhne erwogen hatte.[93] Andererseits beförderten veränderte Einstellungen in der Gesellschaft auch ein Umdenken in dieser Frage. In den regelmäßig von Infratest dimap durchgeführten Umfragen zur Akzeptanz eines Mindestlohns stieg dieser in der CDU-Wählerschaft von 46 Prozent 2006 auf 79 Prozent im Jahr 2015.[94] Schließlich wurde im Koalitionsvertrag der Großen Koalition von 2013 die Einführung eines gesetzlichen Mindestlohns festgeschrieben.

Eine besondere Herausforderung lag für die Union im Parteienwettbewerb bei den Frauen. Denn in der Sozial- und Arbeitsmarktpolitik wirkte die christdemokratische Orientierung an einem konservativen Gesellschafts- und Sozialstaatsmodell, selbst noch nach den Initiativen, die Geißler und Süssmuth seit den 1980er-Jahren vorangetrieben hatten, als Hindernis angesichts des demografischen, gesellschaftlichen (Patchwork-Familien) und arbeitsmarktbezogenen Wandels. Vor allem die veränderte Rolle von Frauen im Arbeitsmarkt und in der Familie und die daraus resultierenden Rufe nach besseren Regelungen zur Vereinbarkeit von Familie und Beruf verlangten nach einem veränderten Forderungskatalog. Es war vor allem Ursula von der Leyen, die mit dem Bundeselterngeld- und Elternzeitgesetz von 2007 Akzente setzte, die einerseits die familienpolitischen Initiativen aus der rot-grünen Zeit fortsetzten und andererseits eine neue Richtung in der christdemokratischen Familienpolitik einschlugen.[95]

Das Elterngeldgesetz sollte dazu beitragen, die Beteiligung der Väter an der Betreuung und Erziehung der Kinder zu stärken und die Gleichberechtigung von Mann und Frau zu fördern.[96] Mit dem Kinderförderungsgesetz vom 16. Dezember 2008 wurde ab dem 1. August 2013 ein Rechtsanspruch auf einen Betreuungsplatz in einer Kindertageseinrichtung gewährt.[97] Damit wurde das Ziel, Mütter und Kinder möglichst lange gemeinsam zu Hause zu halten, aufgegeben und durch das Ziel ersetzt, »Kinder in Tageseinrichtungen und der Kindertagespflege von Anfang an optimal in ihrer individuellen und sozialen Entwicklung zu fördern und zu bilden und damit Chancengerechtigkeit zu schaffen«.[98] Mit der neuen christdemokratischen Familienpolitik war der rechtliche und formale Rahmen für partnerschaftliche Familien, eine bessere Vereinbarkeit von Beruf und Familie sowie eine stärkere Orientierung an einer qualitativ höherwertigen Infrastruktur auch auf der christdemokratischen Agenda der Sozialpolitik verankert. Treibende Kraft für diese nachholenden Akzentverschiebungen in der Union waren die Entwicklungen im Parteienwettbewerb und auf dem Arbeitsmarkt.

5. Fazit: Vom konservativen Sozialversicherungsstaat zum serviceorientierten Sozialstaat mit Sozialversicherung

Auch wenn in den letzten Jahren die grundlegenden Fragen der sozialstaatlichen Orientierung scheinbar an Bedeutung verloren haben beziehungsweise im Parteienwettbewerb nicht so sichtbar zum Tragen kamen, ändert dies nichts daran, dass der Sozialstaat nicht nur für die Akzeptanz des politischen Systems, sondern auch für die elektorale Performanz der Union von maßgeblicher Bedeutung ist. Fragen des Sozialstaats sind in aller Regel verteilungsrelevant, sie beeinflussen die Entwicklung individueller Lebenschancen. In der Ära Adenauer vollzogen sich die Umverteilungsströme anfangs durchaus zwischen ungleichen Eigentumsverhältnissen, administriert durch den Lastenausgleich, später eher zwischen den Generationen, allerdings weniger zwischen unterschiedlichen Einkommen (Formel der 1957er-Rente), seit den 1980er-Jahren kommt es auch punktuell zu Umverteilungen zwischen unterschiedlichen Soziallagen (Frauen, Familien mit Kindern). Es geht also mithin darum, wer was unter welchen Bedingungen erhält. Dies bedeutet angesichts knapper Mittel und umfassender Interessen, an Ressourcen und Teilhabe durch Zugänge beteiligt zu werden, sodass die Spielregeln immer wieder neu justiert werden müssen. Wie weitreichend dies geschieht, differiert von Phase zu Phase. In der Union als einer tragenden Sozialstaatspartei, die als Volkspartei funktioniert, bedeutet dies immer auch ein internes Ringen zwischen den Befürwortern von mehr und weniger Sozialstaat.

Wofür steht die Union? Die CDU hat in den Nachkriegsjahren maßgeblich dafür gekämpft, das statusbezogene, erwerbsarbeitszentrierte Sozialversicherungssystem gegenüber der Idee einer Einheitsversicherung zu verteidigen. Sie sieht in den Sozialversicherungen die angemessene Basis, um Erwerbsarbeit und soziale Sicherung zu versöhnen. Vor dem Hintergrund veränderter innerparteilicher Kräfteverhältnisse ließ sie sich für einen Augenblick auf die Verheißungen eines marktadäquateren Systems ein und setzte mit ihrem Leipziger Parteitag 2003 auf die Kopfprämie in der Gesundheitspolitik und eine forcierte Flexibilisierung der Arbeitsmarkt- und Tarifpolitik. Dass diese Phase nur eine Episode blieb, rettete ihren Charakter als Volkspartei.

Als Sozialstaatspartei revitalisierte sie in den Nachkriegsjahren das System des Sozialversicherungsstaats, verteidigte in den 1950er-Jahren die Einheitsgewerkschaft gegenüber ihren Kritikern, generierte 1957 mit der bruttolohnbezogenen, dynamischen Rente, die sich im Gleichklang mit der Lohnentwicklung bewegt, ein inklusives System der Sicherheit.

Mit dem Bundessozialhilfegesetz von 1961 wurde das Tor zu einem modernen Sozialstaat, der auf sozialen Rechten aufbaut, durchschritten. Die Reform des Arbeitsförderungsgesetzes von 1969 setzte Maßstäbe für eine präventive und aktive Arbeitsmarktpolitik, die in der Folge eher unzureichend eingelöst wurden. Mit der »Neuen Sozialen Frage« wurde unterstrichen, dass auch jenseits der lohnarbeitszentrierten Sicherung sozialstaatliche Herausforderungen warteten, die einen aktiven Staat und eine ebenso aktive Zivilgesellschaft erforderten. Die dafür notwendigen Befähigungs- und Infrastrukturinitiativen ließen jedoch lange auf sich warten. Mit der Pflegeversicherung setzte die Union schließlich – trotz starker Widerstände – auf eine Weiterentwicklung des Sozialversicherungsstaats.

Die stärkste Veränderung vollzog die Union im Bereich der Frauen- und Familienpolitik. Während sie jahrzehntelang als Garant konservativer Sozialstaatlichkeit wirkte, die auf einer scheinbar zementierten geschlechtlichen Arbeitsteilung aufbaute, gab sie diese Positionen seit den 1980er-Jahren zögerlich und langsam zugunsten einer partnerschaftlichen Arbeitsteilung auf. Auch dafür waren letztlich der Arbeitsmarkt und seine veränderte Struktur verantwortlich. In diesem Bereich war die sozialpolitische Programmatik der Union über lange Jahre moderner als die Überzeugungen ihrer Anhänger, vor allem jene der Stamm- und Kernwähler. Diese Ungleichzeitigkeit ist aber in den letzten Jahren nahezu irrelevant geworden, weil sich die Arbeits- und Lebenslagen der Mehrheitsgesellschaft deutlich verändert haben.

Christdemokratische Arbeitsmarkt- und Sozialpolitik hat maßgeblich die Strukturen des deutschen Sozialstaats geprägt, und dort, wo diese durch den gesellschaftlichen und wirtschaftlichen Wandel überholt wurden, hat die Union phasenverzögert nachjustiert und ihre Positionen verändert, etwa in der Mindestlohnfrage. Dass dies so funktioniert, spiegelt allerdings nicht unbedingt die innerparteilichen Präferenzhaltungen wider, sondern ist eher dem Druck des Parteienwettbewerbs geschuldet. Im Ringen zwischen markt- und sozialstaatsorientierten Kräften haben sich die Gewichte innerhalb der Partei deutlich verschoben. Marktliche und auf Eigenvorsorge setzende Positionen sind stärker geworden. Ursächlich dafür ist auch, dass gewerkschaftliche und aus dem Umfeld der sozial-katholischen Bewegungen kommende Einflüsse in der Union deutlich zurückgegangen sind. Da der christlich-soziale Flügel innerhalb der Partei seit den 1980er-Jahren sukzessive an Einfluss verloren hat, liegt es nunmehr an den Wählerinnen und Wählern, darauf hinzuwirken, dass die sozialstaatlichen Interessen in der Union gewahrt bleiben.

1 Vgl. Gøsta Esping-Andersen: The three worlds of welfare capitalism. Princeton 1990.

2 Vgl. Kees van Kersbergen: Social Capitalism. A Study of Christian Democracy and the Welfare State. London 1995.

3 Vgl. Josef Schmid: Mehrfache Desillusionierung und Ambivalenz. Eine sozialpolitische Bilanz, in: Göttrik Wewer/Nils Bandelow/Hans-Hermann Hartwich (Hg.): Bilanz der Ära Kohl. Festschrift für H. H. Hartwich. Opladen 1998, S. 89–111.

4 Vgl. Christiane Kuller: Der Protestantismus und die Debatten um den deutschen Sozialstaat, in: Christian Albrecht/Reiner Anselm: Teilnehmende Zeitgenossenschaft. Studien zum Protestantismus in den ethischen Debatten der Bundesrepublik Deutschland 1949–1989. Tübingen 2015, S. 53–64.

5 Ein wichtiger Markstein war die sogenannte Gerstenmaier-Kontroverse: Vgl. Marcel Boldorf: Sozialpolitische Denk- und Handlungsfelder, in: Ders./Michael Ruck: Bundesrepublik Deutschland 1957–1966. Sozialpolitik im Zeichen des erreichten Wohlstandes (Geschichte der Sozialpolitik in Deutschland seit 1945, Bd. 4). Baden-Baden 2007, S. 85–150.

6 Peter Lösche: Kanzlerwahlverein? Zur Organisationskultur der CDU, in: Tobias Dürr/Rüdiger Sold (Hg.): Die CDU nach Kohl. Frankfurt a. M. 1998, S. 68–84, hier 70.

7   Vgl. Joachim Scholtyseck: Ludwig Erhards Soziale Marktwirtschaft als radikale
    Ordnungsinnovation und die Realität des bundesrepublikanischen »Wirtschafts-
    wunders«, in: Ders./Werner Plumpe: Der Staat und die Ordnung der Wirtschaft.
    Vom Kaiserreich bis zur Berliner Republik. Stuttgart 2012, S. 101–118; Martin
    Wengeler: »Der alte Streit ›hier Marktwirtschaft, dort Planwirtschaft‹ ist vor-
    bei«. Ein Rückblick auf die sprachlichen Aspekte wirtschaftspolitischer Diskus-
    sionen, in: Ders./Georg Stötzel: Kontroverse Begriffe. Geschichte des öffentlichen
    Sprachgebrauchs in der Bundesrepublik Deutschland. Berlin 1995, S. 35–92.
8   Vgl. Schmid: Mehrfache Desillusionierung und Ambivalenz, S. 89–111.
9   Helmut Kohl: 40 Jahre Sozialstaatsgebot – Christlich-demokratische Politik für
    soziale Sicherung und gesellschaftlichen Ausgleich, in: Norbert Blüm/Hans Za-
    chert (Hg.): 40 Jahre Sozialstaat Bundesrepublik Deutschland. Baden-Baden
    1989, S. 141.
10 Vgl. Josef Hien: Konfessionelle Konfliktlinien in der Eurokrise. Wie protestan-
    tische, orthodoxe und katholische Solidarität die Krise verschärfen, in: Sozia-
    ler Fortschritt 67 (2018), S. 477–500; Wolfgang Schroeder: Katholizismus und
    Einheitsgewerkschaft. Der Streit um den DGB und der Niedergang des Sozial-
    katholizismus in der Bundesrepublik bis 1960. Bonn 1992; Ders.: Konfessionelle
    Wohlfahrtsverbände unter Druck – Fortführung des deutschen Sonderwegs?,
    in: Sozialer Fortschritt 67 (2018), S. 501–523.
11 Vgl. Christiane Kuller: Familienpolitik im föderativen Sozialstaat. Die Formie-
    rung eines Politikfeldes in der Bundesrepublik 1949–1975. München 2004;
    Winfried Süß: Umbau am »Modell Deutschland«. Sozialer Wandel, ökono-
    mische Krise und wohlfahrtsstaatliche Reformpolitik in der Bundesrepublik
    Deutschland »nach dem Boom«, in: Journal of Modern European History 9
    (2011), S. 215–240, hier 225–227.
12 Vgl. Agnes Blome: Von Kinder, Küche, Kirche zu Kinder, Karriere, KiTa? Ge-
    schlechterrollen, Familienpolitik und Religion im Wandel der Zeit, in: Sozialer
    Fortschritt 67 (2018), S. 453–475.
13 Vgl. Christiane Kuller: Soziale Sicherung von Frauen – ein ungelöstes Struktur-
    problem im männlichen Wohlfahrtsstaat. Die Bundesrepublik im internationa-
    len Vergleich, in: Archiv für Sozialgeschichte 47 (2007), S. 199–236.
14 Vgl. Blome: Von Kinder, Küche, Kirche zu Kinder, Karriere, KiTa?
15 Vgl. Georg Altmann: Aktive Arbeitsmarktpolitik. Entstehung und Wirkung
    eines Reformkonzepts in der Bundesrepublik Deutschland (Vierteljahresschrift
    für Sozial- und Wirtschaftsgeschichte Beiheft 176). Stuttgart 2004.
16 Vgl. Winfried Süß: Sozialpolitische Denk- und Handlungsfelder in der Reform-
    arena, in: Hans Günter Hockerts: Bundesrepublik Deutschland 1966–1974. Eine
    Zeit vielfältigen Aufbruchs (Geschichte der Sozialpolitik in Deutschland seit
    1945, Bd. 5). Baden-Baden 2006, S. 157–222, hier 185.
17 Boldorf: Sozialpolitische Denk- und Handlungsfelder, S. 85–150, hier 100.
18 Süß: Sozialpolitische Denk- und Handlungsfelder, S. 186.
19 Ebd.
20 Vgl. Bundesministerium für Arbeit und Soziales: Sozialbudget 2017. Bonn 2018,
    S. 8; Hans Günter Hockerts/Winfried Süß: Der Wohlfahrtsstaat in einer Zeit

vielfältigen Aufbruchs. Zur sozialpolitischen Bilanz der Reformära, in: Hockerts: Bundesrepublik Deutschland 1966–1974, S. 943–962.

21 Vgl. Hans Günter Hockerts: Der deutsche Sozialstaat. Entfaltung und Gefährdung seit 1945. Bonn 2012, S. 23.

22 Vgl. ebd., S. 27.

23 Vgl. Günther Schulz: Sozialpolitische Denk- und Handlungsfelder, in: Ders.: Bundesrepublik Deutschland 1949–1957. Bewältigung der Kriegsfolgen, Rückkehr zur sozialpolitischen Normalität (Geschichte der Sozialpolitik in Deutschland seit 1945, Bd. 3). Baden-Baden 2005, S. 73–176, hier 115.

24 Vgl. ebd., S. 117.

25 Vgl. Hockerts: Der deutsche Sozialstaat, S. 30.

26 Vgl. ebd., S. 34.

27 Vgl. Paul Erker: Rechnung für Hitlers Krieg. Aspekte und Probleme des Lastenausgleichs. Heidelberg 2004; interessant auch Richard Hauser: Zwei deutsche Lastenausgleiche – Eine kritische Würdigung, in: Vierteljahreshefte zur Wirtschaftsforschung 80 (2011), S. 103–122.

28 Vgl. Boldorf: Sozialpolitische Denk- und Handlungsfelder, S. 97.

29 Vgl. Kuller: Familienpolitik im föderativen Sozialstaat.

30 Vgl. Hockerts: Der deutsche Sozialstaat, S. 37.

31 Hans Günter Hockerts: Sozialpolitische Entscheidungen im Nachkriegsdeutschland. Alliierte und deutsche Sozialversicherungspolitik 1945 bis 1957. Stuttgart 1980, S. 434.

32 Vgl. Schulz: Sozialpolitische Denk- und Handlungsfelder, S. 154.

33 Vgl. Winfried Schmähl: Sicherung bei Alter, Invalidität und für Hinterbliebene, in: Boldorf/Ruck: Bundesrepublik Deutschland 1957–1966, S. 297–372, hier 302.

34 Hockerts: Der deutsche Sozialstaat, S. 37; Cornelius Torp: Gerechtigkeit im Wohlfahrtsstaat. Alter und Alterssicherung in Deutschland und Großbritannien von 1945 bis heute. Göttingen 2015.

35 Peter Trenk-Hinterberger: Sozialhilfe, in: Boldorf/Ruck: Bundesrepublik Deutschland 1957–1966, S. 503–548, hier 517; Friederike Föcking: Fürsorge im Wirtschaftsboom. Die Entstehung des Bundessozialhilfegesetzes von 1961. München 2007.

36 Vgl. Bundesagentur für Arbeit: Arbeitslosigkeit im Zeitverlauf (Arbeitsmarkt in Zahlen). Nürnberg 2018.

37 Vgl. Bundesministerium für Arbeit und Soziales: Sozialbudget 2017. Bonn 2018 (https://www.bmas.de/SharedDocs/Downloads/DE/PDF-Publikationen/a230-17-sozialbudget-2017.pdf?__blob=publicationFile&v=2, Abruf: 26. März 2019).

38 Schulz: Sozialpolitische Denk- und Handlungsfelder, S. 116.

39 Boldorf: Sozialpolitische Denk- und Handlungsfelder, S. 87.

40 Hockerts: Der deutsche Sozialstaat, S. 36. Dieser Konflikt wird auch innerhalb der Union geführt: Adenauer war dabei ein eher sozialstaatsfreundlicher Zentrist, der den Ausbau des Sozialstaats aus Gründen der Wahltaktik und der Systemkonkurrenz im Kalten Krieg förderte, während sich Ludwig Ehrhard dazu deutlich skeptischer verhielt.

41 Süß: Sozialpolitische Denk- und Handlungsfelder, S. 176.

42 Vgl. ebd., S. 221.

43 Günther Schmid/Frank Oschmiansky: Arbeitsmarktpolitik und Arbeitslosenversicherung, in: Hockerts: Bundesrepublik Deutschland 1966–1974, S. 331–380, hier 334 f.

44 Süß: Sozialpolitische Denk- und Handlungsfelder, S. 220.

45 Vgl. Schmid/Oschmiansky: Arbeitsmarktpolitik und Arbeitslosenversicherung, S. 342.

46 Vgl. ebd., S. 336.

47 Vgl. ebd., S. 344.

48 Vgl. ebd., S. 337.

49 Vgl. Georg Picht: Die deutsche Bildungskatastrophe. Analyse und Dokumentation. Freiburg i. Br. 1964.

50 Vgl. ebd., S. 339.

51 Ebd., S. 344.

52 Süß: Sozialpolitische Denk- und Handlungsfelder, S. 206.

53 Vgl. ebd., S. 208.

54 Vgl. ebd., S. 209.

55 Vgl. ebd., S. 187.

56 Vgl. ebd.

57 Burkhart Lutz: Der kurze Traum der immerwährenden Prosperität. Eine Neuinterpretation der industriell-kapitalistischen Entwicklung im Europa des 20. Jahrhunderts. Frankfurt a. M. 1984.

58 Vgl. zum Umbau des Sozialstaats: Winfried Süß: Soziale Sicherheit und soziale Ungleichheit in wohlfahrtsstaatlich formierten Gesellschaften, in: Frank Bösch (Hg.): Geteilte Geschichte Ost- und Westdeutschland 1970–2000. Göttingen 2015, S. 153–193.

59 Martin H. Geyer: Rahmenbedingungen: Unsicherheit als Normalität, in: Ders.: Bundesrepublik Deutschland 1974–1982. Neue Herausforderungen, wachsende Unsicherheiten (Geschichte der Sozialpolitik in Deutschland seit 1945, Bd. 6). Baden-Baden 2008, S. 1–110, hier 31.

60 Vgl. ebd., S. 31 f.

61 Ebd., S. 33.

62 Vgl. ebd., S. 36.

63 Martin H. Geyer: Sozialpolitische Denk- und Handlungsfelder. Der Umgang mit Sicherheit und Unsicherheit, in: Ders.: Bundesrepublik Deutschland 1974–1982, S. 111–232, hier 227.

64 Vgl. Manfred G. Schmidt: Sozialpolitik in Deutschland. Historische Entwicklung und internationaler Vergleich. Wiesbaden 2005, S. 99.

65 Vgl. ebd., S. 101.

66 Vgl. Hans Günter Hockerts: Vom Wohlfahrtsstaat zum Wohlfahrtsmarkt? Privatisierungstendenzen im deutschen Sozialstaat, in: Norbert Frei/Dietmar Süß (Hg.): Privatisierung. Idee und Praxis seit den 1970er Jahren. Göttingen 2012, S. 70–87; Andreas Wirsching: Abschied vom Provisorium. Geschichte der Bundesrepublik Deutschland 1982–1990. München 2006.

67 Vgl. Gerhard A. Ritter: Sozialpolitische Denk- und Handlungsfelder im Einigungsprozess, in: Ders.: Bundesrepublik Deutschland 1989–1994. Sozialpolitik im Zeichen der Vereinigung (Geschichte der Sozialpolitik in Deutschland seit 1945, Bd. 11). Baden-Baden 2007, S. 107–340, hier 305.

68 Vgl. Winfried Schmähl: Alterssicherungspolitik in Deutschland. Vorgeschichte und Entwicklung von 1945 bis 1998. Tübingen 2018, S. 729 ff.

69 Vgl. Hockerts: Der deutsche Sozialstaat, S. 303.

70 Vgl. ebd.

71 Vgl. ebd., S. 303 f.

72 Vgl. ebd., S. 305.

73 Ebd.

74 Vgl. ebd., S. 304.

75 Ebd., S. 316.

76 Vgl. ebd.

77 Vgl. ebd., S. 347.

78 Vgl. ebd., S. 348.

79 Vgl. Ritter: Sozialpolitische Denk- und Handlungsfelder, S. 306.

80 Vgl. ebd., S. 312.

81 Ebd., S. 313.

82 Vgl. ebd.

83 Ebd., S. 314.

84 Redebeitrag Norbert Blüm auf dem 17. Parteitag der CDU Deutschlands, 1.–2. Dezember 2003 in Leipzig. Protokoll. Hg. von CDU-Bundestagsgeschäftsstelle. Berlin 2003, hier S. 116 (https://www.kas.de/c/document_library/get_file?uuid=27a0f352-6bd6-4095-9c70-dd684970121a&groupId=252038, Abruf: 26. März 2019).

85 Ebd.

86 Laurenz Meyer: Bericht des Generalsekretärs der CDU Deutschlands, zugleich Einführung in den Antrag des Bundesvorstandes der CDU Deutschlands »Deutschland fair ändern. Ein neuer Generationenvertrag für unser Land« auf dem 17. Parteitag der CDU Deutschlands, 1.–2. Dezember 2003 in Leipzig. Protokoll. Berlin 2003, hier S. 95 (https://www.kas.de/c/document_library/get_file?uuid=27a0f352-6bd6-4095-9c70-dd684970121a&groupId=252038, Abruf: 26. März 2019).

87 Redebeitrag Blüm auf dem 17. CDU-Parteitag, S. 120.

88 Vgl. Katharina Schuller: CDU-Parteitag. Merkels kleiner Sieg (https://www.zeit.de/online/2006/48/Merkel-Wahl2, Abruf: 26. März 2019).

89 Vgl. Frank Nullmeier: Die Sozialstaatsentwicklung im vereinten Deutschland. Sozialpolitik der Jahre 1990 bis 2014, in: Peter Masuch u.a. (Hg.): Grundlagen und Herausforderungen des Sozialstaats. Denkschrift 60 Jahre Bundessozialgericht. Berlin 2014, S. 181–203.

90 Vgl. Wolfgang Schroeder/Samuel Greef: Stabilisierung der Sozialpartnerschaft in der dritten Großen Koalition, in: Reimut Zohlnhöfer/ Thomas Saalfeld: Zwischen Stillstand, Politikwandel und Krisenmanagement. Eine Bilanz der Regierung Merkel 2013–2017. Wiesbaden 2019, S. 291–316, hier 292.

91 CDU/CSU/FDP: Wachstum. Bildung. Zusammenhalt. Koalitionsvertrag zwischen CDU, CSU und FDP. 17. Legislaturperiode. Berlin 2009, S. 21 (https://www.kas.de/c/document_library/get_file?uuid=83dbb842-b2f7-bf99-6180-e65b2de7b4d4&groupId=252038, Abruf: 26. März 2019).

92 Vgl. Reimut Zohlnhöfer: Durchsetzung des schwarz-gelben Projektes oder Regieren im Schatten der Krise? Eine Bilanz der christlich-liberalen Reformpolitik 2009–2013, in: Ders./Thomas Saalfeld: Politik im Schatten der Krise. Eine Bilanz der Regierung Merkel 2009–2013. Wiesbaden 2015, S. 625–644, hier 630.

93 Vgl. CDU/CSU/FDP: Koalitionsvertrag 2009, S. 21.

94 Vgl. Infratest dimap: Bewertung des gesetzlichen Mindestlohns. Eine Studie von Infratest dimap im Auftrag des DGB. Berlin 2015.

95 Vgl. Bundesministerium für Arbeit und Soziales: Sozialbericht 2013. Berlin 2013, S. 210.

96 Vgl. Jörg Althammer/Heinz Lampert: Lehrbuch der Sozialpolitik. Berlin 2014, S. 108.

97 Ebd.

98 Vgl. Bundesministerium für Arbeit und Soziales: Sozialbericht 2009. Berlin 2009, S. 70.

23   Plakat zu den Landtagswahlen in Nordrhein-Westfalen 1947

Von der Integration der Vertriebenen zum »Integrationsland Deutschland« – die Migrationspolitik der CDU im Wandel

Matthias Stickler

Die Frage, ob die Bundesrepublik Deutschland ein Einwanderungsland sei, wurde noch bis ins frühe 21. Jahrhundert nicht selten kontrovers diskutiert. Aus der Perspektive der unmittelbaren Gegenwart muten diese Auseinandersetzungen vor allem deshalb aus der Zeit gefallen an, weil bei näherem Hinsehen die bundesdeutsche Innenpolitik seit ihren Anfängen gekennzeichnet war durch die Notwendigkeit, Menschen, die – freiwillig oder unfreiwillig – ins Land kamen, aufzunehmen und zu integrieren. Dies begann mit den Flüchtlingen und Vertriebenen aus den deutschen Ostgebieten und den sonstigen deutschen Siedlungsgebieten in Ostmittel- und Südosteuropa, es setzte sich fort mit den sogenannten Gastarbeitern aus Südeuropa, Marokko, Tunesien und der Türkei, von denen – anders, als dies anfangs erwartet wurde – viele dauerhaft blieben, mit den deutschstämmigen (Spät-)Aussiedlern, die seit den 1950er-Jahren in mehreren Wellen einwanderten, den vietnamesischen Flüchtlingen, die nach dem Ende des Vietnamkriegs aufgenommen wurden, und mit den Kriegsflüchtlingen, Kontingentflüchtlingen, Asylbewerbern und Armutsmigranten, die ihre Heimat verließen und immer noch verlassen wegen Kriegen, Bürgerkriegen, politischer Verfolgung oder aus wirtschaftlicher Not. Dass es vielen Deutschen schwerfiel, die Bundesrepublik als Einwanderungsland zu begreifen, hängt vermutlich vor allem damit zusammen, dass in der Zeit des Kalten Krieges das Einströmen mehrheitlich deutsch sprechender Flüchtlinge und Vertriebener sowie aus den ostmitteleuropäischen Nachbarstaaten stammender Asylbewerber gar nicht als Einwanderung wahrgenommen wurde, beziehungsweise damit, dass die sonstige Migration als vorübergehender Vorgang begriffen wurde, der für das Land keine Folgen haben werde. In der Programmatik der CDU wurde denn auch, wie noch ausführlicher zu zeigen sein wird, lange Zeit deutlich unterschieden zwischen einer von Anfang an inklusiven Vertriebenen- beziehungsweise Aussiedlerpolitik, die vor allem deutsche Staatsbürger oder Volkszugehörige gemäß Artikel 116 des Grundgesetzes im Blick hatte, und einer tendenziell exklusiven Ausländerpolitik, in der mehr das Trennende beziehungsweise die Abgrenzung betont wurde. Wirklich geändert hat sich dies erst allmählich seit den 1990er-Jahren. Dass im Grundsatzprogramm der CDU von 2007 schließlich vom »Integrationsland Deutschland« die Rede war und unter diesem Begriff sowohl die Zuwanderung und Integration von Ausländern als auch deutschstämmiger Aussiedler subsummiert wurde,[1] stellt insofern eine deutliche Zäsur für die Geschichte der CDU dar.

1. Die Integration deutscher und deutschstämmiger Flüchtlinge und Vertriebener

Die Frage, was mit den Millionen deutscher und deutschstämmiger Menschen, die nach dem Zweiten Weltkrieg als Folge von Flucht und Vertreibung[2] in die vier Besatzungszonen

(Rest-)Deutschlands strömten, geschehen solle, stellte eine der existenziellen Fragen der entstehenden neuen politischen und gesellschaftlichen Ordnung dar. Angesichts des weitgehenden Zusammenbruchs der bisherigen staatlichen und wirtschaftlichen Ordnung, der erheblichen territorialen Verluste und der immensen Zerstörungen als Folge des verlorenen Krieges nimmt es nicht wunder, dass in den ersten Jahren bei vielen Deutschen, auch bei Politikern, der Eindruck verbreitet war, dass diese Herausforderung, nüchtern betrachtet, eigentlich gar nicht zu schaffen sei: Mehr als zwölf Millionen Deutsche waren aus dem immer mehr Gestalt gewinnenden Machtbereich der Sowjetunion geflohen oder nach dem Abebben der Kampfhandlungen von dort vertrieben worden. 1950, im Jahr der Gründung der Bundes-CDU, lebten im damaligen Bundesgebiet circa acht Millionen Vertriebene, das entsprach etwa 16,1 Prozent der Bevölkerung.[3] Diese Anzahl vergrößerte sich noch, weil aus der SBZ/DDR, die mit gut vier Millionen Menschen (circa 25 Prozent der dortigen Bevölkerung) im Verhältnis mehr Flüchtlinge und Vertriebene aufgenommen hatte als die Westzonen, bis 1961 etwa 900.000 »Umsiedler«, wie sie im zweiten deutschen Staat verharmlosend genannt wurden, diesem den Rücken kehrten.[4] Die daraus resultierenden Veränderungen der Sozialstruktur wie auch der politischen Kultur Westdeutschlands können kaum überschätzt werden. Zudem überforderten die Ereignisse die meisten Einheimischen und sorgten in der »kalten Heimat« (Andreas Kossert) für ein Klima gesellschaftlicher Polarisierung: Die Einheimischen empfanden die Zuwanderung vielfach als massive Überfremdung, weshalb die Neuankömmlinge meist wenig willkommen waren und sich massiver politischer und sozialer Sprengstoff anzusammeln drohte.

Da sich rasch zeigte, dass mangels realistischer Alternativen (zeitnahe Rückkehr in die Heimat oder Auswanderung nach Übersee) an einer konsequenten Integration der Flüchtlinge und Vertriebenen kein Weg vorbeiführte, und die Betroffenen zudem ja das Wahlrecht besaßen, war es im ureigenen Interesse der CDU, dieses Wählerreservoir an sich zu binden, galt für Flüchtlinge und Vertriebene doch anfangs ein alliiertes Koalitionsverbot, welches die Gründung einer eigenen Vertriebenenpartei unmöglich machte.[5] Bereits ab Mitte 1946 entstanden deshalb spezielle Flüchtlingsausschüsse in den einzelnen CDU-Landesverbänden, welche 1948 eine Arbeitsgemeinschaft gründeten und in Frankfurt am Main ein Flüchtlingssekretariat unterhielten. Nach Gründung der CDU als Bundespartei 1950 wurde schließlich ein »Landesverband für die Gebiete östlich der Oder/Neiße« (LVON)[6] ins Leben gerufen, der bis 1969 bestand. Der LVON war in gewisser Weise eine Parallel- und damit faktisch Konkurrenzorganisation zum Bundesvertriebenenausschuss, dem Dachverband der Landesvertriebenenausschüsse der CDU. Dieser konnte als beratendes Gremium gegenüber dem CDU-Bundesvorstand Empfehlungen aussprechen und besaß insbesondere in den frühen 1950er-Jahren einigen Einfluss. Erst 1968 beschloss der Berliner CDU-Bundesparteitag schließlich in Umsetzung des 1967 in Kraft getretenen Parteiengesetzes, welches die Doppelrepräsentation der Vertriebenen unmöglich machte, die Verschmelzung von Bundesvertriebenenausschuss und LVON zur »Union der Vertriebenen und Flüchtlinge/Vereinigung der Ost- und Mitteldeutschen in CDU und CSU« (UdVF), die 1969 in Kraft trat. Diese entfaltete als Pressure Group der Vertriebenen innerhalb der CDU/CSU während der Auseinandersetzungen um die Ostverträge eine nicht unbeträchtliche Wirksamkeit und hatte Mitte der 1970er-Jahre mehr als 30.000 Mitglieder.[7] 1981 benannte sich die UdVF um in »Ost- und Mitteldeutsche Vereinigung« (OMV).[8]

Was den Stellenwert der CDU für die Flüchtlinge und Vertriebenen anbelangt, so gilt, dass deren Einfluss vor allem in der Anfangszeit weniger stark war, als dies meist angenommen wurde beziehungsweise wird. Es gelang der CDU in den ersten Jahren zwar vor allem in den evangelischen Gebieten der Westzonen, wo das Zentrum vor 1933 praktisch nicht existiert hatte, in erheblichem Umfang Vertriebene als Mitglieder und Wähler zu gewinnen, doch verlor sie dieses Potenzial teilweise wieder, als 1950 mit der Gründung des Blocks der Heimatvertriebenen und Entrechteten (BHE)[9] eine eigene Vertriebenenpartei entstand.[10] Auffällig ist für diese frühen Jahre, dass die Vertriebenen in der Bundestagsfraktion, aber auch unter den Parteimitgliedern insgesamt unterrepräsentiert waren und es in der CDU nur relativ wenige Vertriebene bis in die Spitzenpositionen des Bundes und der Länder schafften. Dies hängt vor allem damit zusammen, dass in den katholischen Hochburgen der CDU wegen der intakten Strukturen des katholischen Milieus Aufstiegsmöglichkeiten für Vertriebene, auch wenn sie vor 1933 dem Zentrum angehört hatten, begrenzt waren. Lediglich in den evangelischen Gebieten, deren Wählerpotenzial die Union ja neu erschließen musste, war das Organisationsgefüge durchlässiger. Bei einem Protestantenanteil unter den Vertriebenen von etwa 60 Prozent bedeutete dies eine erhebliche Einschränkung der Karrieremöglichkeiten für evangelische Vertriebene. Es gab denn auch praktisch keine prominenten evangelischen Vertriebenen in den obersten Rängen der Union, sieht man von Männern wie Bundesvertriebenenminister Theodor Oberländer[11], Niedersachsens Ministerpräsident Erich Schellhaus[12] oder Bundesverkehrsminister Hans-Christoph Seebohm[13] ab, die vom BHE beziehungsweise der rechtskonservativen Deutschen Partei (DP) kamen, oder Vertriebenenpolitikern wie Hans Krüger[14] oder Walter von Keudell, die eigentlich dem zweiten Glied angehörten und nie einen wirklich bestimmenden Einfluss auf die Bundes-CDU gewannen. Der in Ostpreußen geborene CDU-Vorsitzende (1971–1973) Rainer Barzel[15], der erste Bundesvertriebenenminister Hans Lukaschek[16] oder Vertriebenenpolitiker wie Linus Kather[17], Clemens Riedel[18], Josef Stingl[19] oder Herbert Czaja[20] stammten dagegen aus dem alten Zentrums- beziehungsweise christlich-sozialen Milieu des Deutschen Reichs, Polens oder der Tschechoslowakei der Zwischenkriegszeit. Ein Sonderfall war Herbert Hupka[21], der ursprünglich der SPD angehörte und erst 1972 im Zuge des Ringens um die neue Ostpolitik zur CDU wechselte.

In der Retrospektive verwundert es, dass die Bundes-CDU die Vertriebenen eigentlich erstmals im Vorfeld der Bundestagswahlen von 1953 in größerem Maße als wichtige, anzusprechende Klientel entdeckte. Dies hing vor allem mit der schwierigen innenpolitischen Situation zusammen: Der BHE erreichte in Ländern mit hohem Vertriebenenanteil beeindruckende Wahlerfolge, auch und vor allem zulasten der CDU. Hinzu kamen umstrittene Gesetzgebungsvorhaben wie das Betriebsverfassungsgesetz, die Ratifizierung der Westverträge und die Nachwirkungen des Streits um das Lastenausgleichsgesetz vom 14. August 1952 und das Bundesvertriebenengesetz vom 19. Mai 1953. Die Lastenausgleichsgesetzgebung war eine der größten sozialpolitischen Herausforderungen der frühen Bundesrepublik gewesen; Bundeskanzler Konrad Adenauer war es nur mühsam gelungen, die unterschiedlichen Interessen innerhalb der CDU zu einer gemeinsamen Linie zu bündeln.[22] Völlig konträr standen sich hier die Ansprüche der Einheimischen und der Vertriebenen gegenüber, der Riss ging mitten durch die Parteien, besonders betroffen war davon die CDU. Die Vertriebenen waren gerade wegen ihrer schlechten sozialen Lage ein enorm flexibler und damit wirtschaftlich innovativer Bevölkerungszweig, der entscheidend zum Wirtschaftsaufschwung beitrug. Daraus resultierten natürlich drängende Forderungen im Hinblick auf eine gerechte Verteilung der Kriegsfolgenlasten mit dem Ziel eines Vermögensausgleichs zwischen Einheimischen und Vertriebenen. Erst nach langem Ringen wurde ein Kompromiss in dieser die innenpolitische Stabilität der Bundesrepublik in erheblichem Umfang tangierenden Frage gefunden. Über das Bundesvertriebenengesetz[23] gab es zwar weniger Streit, allerdings waren auch hier erhebliche Probleme zu bewältigen. Dessen Bedeutung liegt aus heutiger Sicht vor allem darin, dass sieben Jahre nach Kriegsende eine bundesrechtliche Grundlage für den Status der Flüchtlinge und Vertriebenen und deren Eingliederung geschaffen wurde, dessen symbolischer Ausdruck die Einführung des sogenannten Vertriebenenausweises in den Kategorien A (Heimatvertriebene), B (Vertriebene) und C (DDR-Flüchtlinge) war. Das Bundesvertriebenengesetz schrieb für Bund und Länder Beiräte, die mit Vertretern der Vertriebenenverbände zu besetzen waren, gesetzlich vor. Es wurden Regelungen geschaffen für die Eingliederung bestimmter Berufsgruppen, vor allem der heimatvertriebenen Bauern, für die drängende Frage der Umsiedlung von Vertriebenen innerhalb des Bundesgebiets, für sozialrechtliche Angelegenheiten und die Anerkennung von Prüfungen beziehungsweise den Ersatz verloren gegangener Zeugnisse und Urkunden. Ferner wurde mit Paragraf 96 eine im Kern bis heute gültige gesetzliche Grundlage begründet für die Erforschung und Präsentation der deutschen Geschichte und Kultur in Mittelost-, Ost- und Südosteuropa. Mit der Verabschiedung des Bundesvertriebenengesetzes brachten Bundestag und Bundesrat zudem ihren Willen zum Ausdruck, die Eingliederung der Vertriebenen als gesamtgesellschaftliche Aufgabe umfassend ins Werk zu setzen. Nach und nach gelöst werden konnte auch das drängende Problem des fehlenden Wohnraums: Nachdem die Vertriebenen zunächst vor allem in Flüchtlingslagern untergebracht worden waren und dann versucht wurde, diese im Zuge der Zwangsbewirtschaftung von Wohnraum immer mehr in regulären Wohnungen unterzubringen, wurden schließlich umfangreiche Bauprogramme in Gang gesetzt, deren Träger zumeist der Staat, die Kommunen, aber auch neu gegründete Wohnungsbaugenossenschaften und -gesellschaften waren. Neubausiedlungen wurden vor allem an den Rändern der Städte und Dörfer errichtet, neu angelegte Straßen erhielten vielfach Namen, die an die verlorenen Heimatgebiete erinnerten.

Die vertriebenenpolitische Bilanz der ersten Regierung Adenauer konnte sich insofern durchaus sehen lassen. Dies und die besondere Förderung von Vertriebenen bei der Kandidatenaufstellung für die Bundestagswahl 1953 zahlten sich aus: Adenauer konnte mit FDP, BHE und DP eine Koalition eingehen, die ihm die Zweidrittelmehrheit sicherte; mit sechsundzwanzig heimatvertriebenen Abgeordneten übertraf die Union zahlenmäßig die SPD- und sogar die BHE-Fraktion, die nur dreiundzwanzig beziehungsweise vierundzwanzig Heimatvertriebene aufweisen konnten. Ziel der Politik Adenauers gegenüber den Vertriebenen war es in den nächsten Jahren, den BHE zu spalten und sein Wählerpotenzial durch die CDU aufzusaugen, eine Strategie, die im Ergebnis erfolgreich war. Als Folge der Bundestagswahlen vom 15. September 1957 schied der BHE aus dem Bundestag aus, mehr als 50 Prozent der Vertriebenen wählten die Unionsparteien.[24] Dies war vor allem deshalb bemerkenswert, weil gerade auch die SPD versucht hatte, das Vertriebenenklientel für sich zu gewinnen, und damit durchaus erfolgreich gewesen war. Im dritten Deutschen Bundestag verfügte die

SPD-Fraktion sowohl in absoluten Zahlen als auch prozentual (zweiundzwanzig Mandate beziehungsweise 12,2 Prozent) über den größten Anteil an heimatvertriebenen Abgeordneten; bei der Unionsfraktion waren es einundzwanzig beziehungsweise 7,6 Prozent.

Die auf diese Weise begründete Konkurrenz zwischen CDU und SPD um das heimatvertriebene Wählerklientel war kennzeichnend für die 1960er-Jahre. Dieses Ringen spielte sich nun aber weniger auf dem Feld klassischer Eingliederungspolitik als vielmehr im Bereich der Deutschland- und Ostpolitik ab.[25] Hoffnungen auf eine Rückkehr in die alte Heimat und eine Revision der »Potsdamer Grenzen« Deutschlands hatten im Zuge des eskalierenden Ost-West-Konflikts vor allem die USA genährt, weil sie in den Vertriebenen partiell nützliche Verbündete sahen, deren Zustimmung zur Politik der Westbindung der Bundesrepublik leichter erreichbar schien, wenn man bei ihnen entsprechende Erwartungen weckte. Die demokratischen Parteien, auch die CDU, waren dieser Richtung mehr oder weniger gefolgt. In dem Maße allerdings, wie sich seit Anfang der 1960er-Jahre die internationale Großwetterlage änderte, wurde immer deutlicher, dass die weit gesteckten heimatpolitischen Zielsetzungen der Vertriebenenverbände keine Chance mehr auf Verwirklichung hatten. Der gesellschaftliche Einfluss der organisierten Vertriebenen und vor allem ihr Wählerpotenzial waren aber immer noch so groß, dass die Parteien es vermieden, öffentlich auf Konfrontationskurs zum 1958/59 gegründeten Bund der Vertriebenen (BdV) zu gehen.[26] Die SPD hatte hierbei den entscheidenden Vorteil, dass sie als Oppositionspartei im Bund stets mehr fordern konnte als die Regierungspartei CDU. Nicht zuletzt aus diesem Grund bedienten sich viele CDU-Politiker bei Reden vor den Vertriebenenverbänden immer häufiger verschleiernder Sprachregelungen.

Die daraus resultierende partielle Entfremdung, die man seit Mitte der 1960er-Jahre im Verhältnis von CDU und Vertriebenenverbänden beobachten konnte, fand dadurch ein Ende, dass die seit 1969 oppositionelle CDU sich zum parteipolitischen Sprachrohr der heimatpolitischen Interessen des BdV machte. Die neue Ostpolitik wurde von den Vertriebenenverbänden erbittert, aber letztlich vergeblich bekämpft. Dieser verbandspolitische Misserfolg erklärt sich auch aus den Erfolgen der Eingliederungspolitik: Der Rückkehrwille der Masse der Vertriebenen erlahmte trotz eindrucksvoller Großkundgebungen immer mehr, und damit nahm langsam, aber sicher auch der »Marktwert« der Vertriebenen für die politischen Parteien ab. Gleichwohl blieben die organisierten Vertriebenen für die CDU auch nach 1969 eine wichtige Klientel, weil der BdV und seine Mitgliedsorganisationen angesichts des vollzogenen weitgehenden Bruchs mit der SPD immer mehr zu einer Art Nebenorganisation der CDU wurden. Nach dem Regierungswechsel von 1982 zeigte sich allerdings rasch, dass Bundeskanzler Helmut Kohl[27] nicht bereit war, als Erfüllungsgehilfe der weiterhin hochgesteckten heimatpolitischen Ziele der Vertriebenenverbände zu fungieren.[28] Diesen Kurs setzte er auch 1989/90 fort, als sich im Zuge des Zusammenbruchs des sowjetischen Hegemonialsystems die Chance zur Vereinigung beider deutscher Staaten bot. Gegen erbitterte Widerstände aus dem BdV setzte Kohl im Zwei-plus-vier-Vertrag (12. September 1990) und dem sich anschließenden Grenzbestätigungsvertrag mit Polen (14. November 1990) die völkerrechtliche Anerkennung der Oder-Neiße-Linie durch das wiedervereinigte Deutschland durch. Dass dieser realpolitische Schritt ausgerechnet durch eine unionsgeführte Bundesregierung vollzogen wurde, war für viele organisierte Vertriebene eine traumatische Erfahrung. Andererseits eröffnete der Umbruch von 1989/90 dem

BdV auch die Möglichkeit, sich – wie in den 1950er-Jahren – nochmals als Sachwalter für die sozialen und wirtschaftlichen Belange seiner Klientel zu profilieren. Die Nähe zur Regierungspartei CDU ermöglichte auf diesem Feld einige Erfolge, etwa beim Ringen um Zahlungen für Vertriebene in der DDR, die keine Lastenausgleichszahlungen erhalten hatten. Gelöst wurde diese Frage im Vertriebenenzuwendungsgesetz vom 27. September 1994, das eine Einmalzahlung von 4.000 DM für die Betroffenen vorsah. Nicht immer konfliktfrei, im Kern aber erfolgreich regelte die Regierung Kohl nach 1990 die Revision des Bundesvertriebenengesetzes: Dieses wurde mit dem »Kriegsfolgenbereinigungsgesetz« vom 21. Dezember 1992 der neuen politischen Situation angepasst,[29] das heißt, die inzwischen nicht mehr anwendbaren Bestimmungen, die sich auf die Verhältnisse des Kalten Krieges bezogen, wurden geändert beziehungsweise förmlich aufgehoben. In diesem Zusammenhang wurden insbesondere der Vertriebenenausweis und damit der quasi erbliche Vertriebenenstatus abgeschafft. Neu eingefügt in das Bundesvertriebenengesetz wurden dagegen detaillierte Regelungen betreffend die Spätaussiedler. Insgesamt wanderten zwischen 1990 und 2010 etwa 2,5 Millionen Spätaussiedler in die Bundesrepublik ein. Auch wenn viele dieser Menschen als Folge der Diskriminierung der deutschen Minderheiten in der Sowjetunion und deren Satellitenstaaten kein oder nur wenig Deutsch sprachen, so handelte es sich hierbei dennoch um eine privilegierte Form der Einwanderung, weil die Aussiedler deutsche Staatsbürger waren.[30] Ausgebaut wurde zwischen 1990 und 1998 auch die Kulturförderung auf der Basis von Paragraf 96 des Bundesvertriebenengesetzes.

2. Von der Ausländer- zur Einwanderungspolitik: Arbeitsmigranten, Flüchtlinge, Asylbewerber

Die Politik der CDU gegenüber Einwanderern nicht-deutscher Abstammung[31] ist, anders als bei der Vertriebenenintegration, von einer auffälligen Ambivalenz gekennzeichnet: Einerseits erkannte die CDU bereits sehr frühzeitig, dass die sogenannte Ausländerproblematik Fragen aufwarf, die gelöst werden mussten, andererseits betrachtete sie mehrheitlich die Arbeitsmigration sowie die Ankunft von Asylbewerbern und Flüchtlingen aus Kriegs- und Bürgerkriegsgebieten als vorübergehendes Phänomen, das keine weiter reichenden Auswirkungen auf die bundesdeutsche Gesellschaft haben würde beziehungsweise durfte. In den 1950er- und 1960er-Jahren und auch noch in den frühen 1970er-Jahren war diese Sichtweise insofern naheliegend, als die Bundesrepublik zwischen 1955 und 1973 eine Politik der gezielten Anwerbung von ausländischen Arbeitskräften betrieb, um auf diese Weise den Bedarf der prosperierenden westdeutschen Wirtschaft zu decken. Entsprechende Abkommen wurden mit Italien (1955), Spanien und Griechenland (1960), der Türkei (1961), Marokko und Südkorea (1963), Portugal (1964), Tunesien (1965) und Jugoslawien (1968) geschlossen. Erst vor dem Hintergrund der Verschlechterung der wirtschaftlichen Lage seit den späten 1960er-Jahren und der Ölkrise von 1973 wurde diese Politik zugunsten eines völligen Anwerbestopps für »Gastarbeiter«, so der bezeichnende Terminus für die Arbeitsmigranten, aufgegeben. Insgesamt nahm die Bundesrepublik zwischen 1955 und 1973 circa vierzehn Millionen ausländische Arbeitskräfte auf, von denen etwa elf Millionen wieder in ihre Heimat zurückkehrten. Die übrigen circa drei Millionen »Gastarbeiter« blieben jedoch im Lande und holten auch Angehörige nach, was seither die

Frage aufwarf, wie mit dieser heterogenen Minderheit umzugehen sei.[32]

Ein wichtiger Schlüsselbegriff für die Ausländerpolitik
der CDU war von Anfang an das Identitätsprinzip, also die
Forderung, die kulturelle Identität Deutschlands, aber auch
jene der in Deutschland lebenden Ausländer, deren Aufenthalt eben als zeitlich begrenzt angesehen wurde, zu bewahren. In ihrem Berliner Programm von 1971 formulierte die
CDU erstmals systematisch Thesen zur Ausländerpolitik und
stellte entsprechende Forderungen.[33] Diese fanden Eingang
in den »Antrag der CDU/CSU-Fraktion im Deutschen Bundestag zur Beschäftigung ausländischer Arbeitnehmer« vom
13. August 1974, in dem es hieß: »Den bereits bei uns lebenden ausländischen Arbeitnehmern ist – sofern und soweit
sie es wünschen – die Eingliederung in die deutsche Gesellschaft zu ermöglichen und zu erleichtern.« Konkret gefordert
wurden unter anderem die aufenthaltsrechtliche Sicherung
dieser Ausländer, ein wohlwollender und für die Betroffenen
durchschaubarer Verwaltungsvollzug, die Gewährleistung
von Familiennachzug, angemessener Wohnraum, Bildungs-
maßnahmen für Kinder, Jugendliche und Erwachsene sowie
berufliche Förderung.[34] Ausgegangen wurde hierbei implizit
davon, dass diese Maßnahmen zur Eingliederung dem mittel-
fristigen Ziel einer Rückkehr der »Gastarbeiter« in ihre Heimat nicht im Wege stehen sollten, weshalb etwa beim Thema
Bildung und beruflicher Qualifikation ausdrücklich betont
wurde, dass dieses mit den Herkunftsländern abgestimmt beziehungsweise mit Blick auf die wirtschaftliche Entwicklung
der Herkunftsländer erfolgen solle. Insofern bedeutete Eingliederung oder Integration für die CDU damals keinesfalls
Assimilation im Sinne eines Aufgehens der ausländischen
Bevölkerung in der deutschen Mehrheitsgesellschaft oder
auch nur die Entwicklung von Perspektiven für eine dauer-

hafte Anwesenheit. Überhaupt ging man davon aus, dass Arbeitsmigration in einem gewissen Umfang weiter nötig sein werde, weshalb die CDU in den frühen 1970er-Jahren gegen den völligen Anwerbestopp war.[35] Bemerkenswert ist, dass die Sozialausschüsse der CDU, abweichend von der offiziellen Linie der Partei, bereits im Juli 1971 feststellten, dass die Bundesrepublik faktisch ein Einwanderungsland sei und daraus die entsprechenden Schlüsse ziehen müsse, etwa im Hinblick auf Einbürgerungsmaßnahmen.[36] Mehrheitsfähig in der Gesamtpartei war dieser Standpunkt nicht, doch bildeten sich dennoch in der Folgezeit in der CDU zwei Richtungen im Hinblick auf die Ausländerpolitik heraus: zum einen ein eher liberaler Ansatz, der die faktisch bereits laufenden Einwanderungsprozesse akzeptieren und Angebote für einen dauerhaften Aufenthalt der Arbeitsmigranten in der Bundesrepublik machen wollte, zum anderen eine eher konservative Richtung, die das Identitätsprinzip in den Vordergrund stellte und dieses zunehmend in dem Sinne interpretierte, dass es darum gehen müsse, vorrangig die Identität der Bundesrepublik als deutschem Staat zu bewahren. Daraus wurde die Schlussfolgerung gezogen, die Bundesrepublik sei kein Einwanderungsland und dürfe dies auch nicht werden. Diese auf Abgrenzung bedachte, vorrangig identitätspolitische Richtung dominierte in der CDU, vor allem aber auch in der Schwesterpartei CSU, bis weit in die 1990er-Jahre. Diese Entwicklung hing auch damit zusammen, dass sich als Folge der Ölkrise die wirtschaftliche Lage in der Bundesrepublik weiter verschlechterte, dadurch die Ausländerarbeitslosigkeit stieg und damit Überlegungen zu einer Begrenzung von Einwanderung beziehungsweise einer Verringerung der Zahl ausländischer Arbeitskräfte immer mehr Zuspruch fanden.[37]

Im Grundsatzprogramm der CDU von 1978 schlug sich der Wandel bereits nieder, indem zum einen die soziale Integration der ausländischen Arbeitnehmer und ihrer Familien gefordert, zum anderen aber gepocht wurde auf die Erhaltung ihrer kulturellen Eigenständigkeit und die Förderung ihrer Kontakte zu den jeweiligen Heimatländern mit dem Ziel, eine Rückkehr dorthin zu ermöglichen.[38] Im Entschließungsantrag der CDU/CSU-Fraktion im Deutschen Bundestag zur Ausländerpolitik vom 18. Januar 1982 hieß es denn auch, die Bundesrepublik Deutschland sei kein Einwanderungsland und dürfe auch keines werden, weshalb ein weiterer Zuzug von Ausländern, vor allem auch von »Scheinasylanten und Wirtschaftsflüchtlingen« begrenzt werden müsse. Die Verantwortung der Bundesrepublik für die Arbeitsmigranten wurde anerkannt, aber gleichzeitig betont, dass die Eingliederung aller Ausländer und die Wahrung ihrer vollen nationalen und kulturellen Eigenständigkeit weder möglich noch in beiderseitigem Interesse wünschenswert seien. Ein kommunales Wahlrecht für Ausländer wurde abgelehnt, eine Einbürgerung nach den bestehenden Regeln dürfe nicht Mittel zur Integration oder Assimilation sein, sondern nur deren Ergebnis. Die Rückkehrfähigkeit der Ausländer müsse erhalten, die Rückkehrbereitschaft gestärkt werden, Familienzusammenführung solle in erster Linie in der Heimat erfolgen. Kriminalität und politischer Extremismus von Ausländern müsse nachhaltig bekämpft werden.[39] Man erkennt hier sehr deutlich, dass in der Programmatik der Bundestagsfraktion identitätspolitische Zielsetzungen im Vordergrund standen. Integrationspolitik sollte in erster Linie der Stärkung der Identität der deutschen Gesellschaft dienen. In der Frage konkreter Einbürgerungspolitik überwog Skepsis, wobei von einer Hierarchie der Ausländer im Hinblick auf ihre Integrationsfähigkeit ausgegangen wurde.[40]

Dieser Kurs setzte sich auch nach dem Regierungswechsel von 1982 fort, der Helmut Kohl ins Kanzleramt brachte.

In seiner Regierungserklärung vom 13. Oktober 1982 sprach Kohl von drei Grundsätzen in der Ausländerpolitik: erstens Integration im Sinne eines möglichst spannungsfreien Zusammenlebens von Ausländern und Deutschen, weshalb zweitens der Zuzug begrenzt werden sollte. Drittens Förderung der Rückkehr von Ausländern in ihre Heimat.[41] Dieser Kurs wurde auch deswegen forciert, weil mit Friedrich Zimmermann[42] von 1982 bis 1989 ein CSU-Politiker das Bundesinnenministerium innehatte, der sich in Übereinstimmung mit dem CSU-Vorsitzenden und bayerischen Ministerpräsidenten Franz Josef Strauß[43] als »Law and Order«-Politiker profilierte. Innerhalb der CDU wurde dieser Kurs vor allem unterstützt vom Vorsitzenden der Bundestagsfraktion von CDU und CSU zwischen 1982 und 1991, Alfred Dregger.[44]

Demgegenüber mehrten sich innerhalb der Partei Stimmen, die forderten, Rückführung und Begrenzung nicht als Ziel, sondern als Mittel der Ausländerpolitik zu betrachten; Ziel solle die Integration der Ausländer sein, die dauerhaft in der Bundesrepublik bleiben würden.[45] Entsprechende Forderungen erhoben 1983 und 1984 die niedersächsische beziehungsweise die Hamburgische CDU. 1987 schlug der aus Rheinland-Pfalz stammende Innenpolitiker Johannes Gerster ein Integrationsgesetz vor, der Stuttgarter Oberbürgermeister Manfred Rommel sprach sich für die Einführung der doppelten Staatsbürgerschaft aus. Der streitbare CDU-Generalsekretär Heiner Geißler plädierte am 28. Oktober 1988 – nur wenige Wochen nach dem Tod von Franz Josef Strauß – in der Wochenzeitung »Die Zeit« schließlich für eine grundsätzliche Neuausrichtung der Ausländerpolitik der CDU: »Ich kann nicht einsehen, warum Ausländer, die in der Bundesrepublik wohnen, arbeiten und sich integrieren wollen – Portugiesen, Griechen oder Menschen aus anderen Kulturen –, eine Gefahr für uns bedeuten sollen. Es bedeutet im Gegenteil eine Chance, solche Menschen bei uns zu haben. Außerdem muss derjenige, der an den europäischen Binnenmarkt denkt, eine republikanische Öffnung für richtig halten und eine nationale Abschottung für falsch. Das hat etwas mit dem, wie ich es nenne, anthropologischen Optimismus zu tun. Für ein Land in der Mitte Europas ist die Vision einer multikulturellen Gesellschaft eine große Chance. Deshalb müssen wir das Land offenhalten für Ausländer und Aussiedler. Das sind zumeist mutige, dynamische Menschen, die Risiken auf sich nehmen und anpassungsbereit sind. Dies alles darf nicht heißen, dass zum Beispiel ausländische Drogenhändler unter Missbrauch des Asylrechts bei uns Unterschlupf finden. Und, lassen Sie mich das auch sagen, das Kommunalwahlrecht kann es nur für Ausländer geben, wenn sie die deutsche Staatsbürgerschaft besitzen.«[46] Ganz offensichtlich versuchte Geißler, das Machtvakuum in der CSU nach Strauß' Tod für eine Neuausrichtung der Ausländerpolitik der gesamten Union zu nutzen. Friedrich Zimmermann hatte noch im April 1988 einen sehr restriktiven Entwurf eines Ausländergesetzes vorgelegt, welches das auf Abgrenzung zielende Identitätsprinzip stark in den Vordergrund stellte.[47] Die Hervorkehrung des Ideals einer multikulturellen Gesellschaft stand dem diametral gegenüber, wie auch Geißlers Versuch, die Vorstellung von der Bundesrepublik als einem Einwanderungsland, ohne diesen Begriff direkt zu verwenden, positiv zu besetzen. Die Anspielung auf das Asylrecht beziehungsweise die Gefahr von dessen Missbrauch muss vor dem Hintergrund kontroverser innenpolitischer Diskussionen angesichts schnell wachsender Asylbewerberzahlen seit den 1980er-Jahren gesehen werden. Hier war seit den 1970er-Jahren ein deutlicher Wandel eingetreten. Die Aufnahme von Flüchtlingen aus Vietnam und die Gewährung von Asyl für diesen Personenkreis waren aufgrund der Tatsache, dass diese sich dem Zugriff eines kommunistischen Regimes entzogen, unumstritten gewesen, zumal sich die Vietnamesen als sehr integrationswillig zeigten. Dies änderte sich, als nach dem Militärputsch im NATO-Mitgliedsstaat Türkei am 12. September 1980 und der damit verbundenen innenpolitischen Repression – vor allem auch gegenüber den Kurden – Asylbewerber von dort die ohnehin in der Bundesrepublik vorhandenen türkischen beziehungsweise kurdischen Gemeinden verstärkten. Vor diesem Hintergrund wurde innerhalb von CDU und CSU die Einschränkung des grundgesetzlich garantierten individuellen Grundrechts auf Asyl gefordert, was gegen den Koalitionspartner FDP und die Opposition aus SPD und Grünen im Bundestag allerdings nicht durchsetzbar war. Dies gelang erst auf dem Umweg über neue europäische Übereinkommen, nämlich durch das Dubliner Übereinkommen vom 15. Juni 1990 und das Schengener Durchführungsabkommen vom 19. Juni 1990 (»Schengen II«)[48], die eine Änderung des Grundgesetzes zwingend notwendig machten. Diese wurde schließlich 1993 durch CDU, CSU, FDP und SPD beschlossen, wobei es der Union allerdings nicht gelang, eine nur institutionelle Garantie des Asylrechts durchzusetzen. Für die Bundesrepublik hatte die neue Gesetzeslage den Vorteil, dass es nach dem Ende des Ost-West-Konflikts und der Integration der vormaligen Satellitenstaaten der Sowjetunion in die EU kaum noch legale Asylbewerber in der Bundesrepublik geben konnte, weil die sogenannte Drittstaatenregelung dieses Problem den Ländern aufbürdete, die eine EU-Außengrenze hatten.[49]

Die Wende für die CDU-Ausländerpolitik brachte der Bremer Parteitag der CDU vom September 1989. Hier erfolgte eine, wie sich im Rückblick zeigt, dauerhafte Abwendung von der bisherigen Fokussierung auf Zuzugsbegrenzung und Forcierung der Rückkehr von in der Bundesrepublik lebenden Ausländern und eine Hinwendung zu einer Politik, die grundsätzlich einen Rechtsanspruch auf dauerhaften Aufenthalt und Einbürgerung zu verwirklichen suchte. Umgesetzt wurde diese veränderte Programmatik durch den neuen Bundesinnenminister Wolfgang Schäuble, der im April 1989 Friedrich Zimmermann abgelöst hatte. Rhetorisch wurde allerdings, nicht zuletzt aus Rücksicht auf die CSU, weiterhin an dem Grundsatz festgehalten, Deutschland sei kein Einwanderungsland.[50] Abgeschlossen wurde dieser programmatische Wandel durch das Grundsatzprogramm von 1994, das der Hamburger Parteitag der CDU verabschiedete. Von besonderer Bedeutung war hier vor allem eine neue Definition von deutscher Kultur: »Wir Deutschen haben auf der Grundlage der europäischen Zivilisation im Laufe der Geschichte unsere nationale Identität und Kultur entwickelt, die sich in unserer Sprache und den Künsten, in unseren Sitten und Gebräuchen, in unserem Verständnis von Recht und Demokratie, von Freiheit und Bürgerpflicht niederschlägt. Die Kultur des deutschen Ostens und der aus ihrer Heimat vertriebenen Deutschen ist ein Bestandteil des Erbes der ganzen deutschen Nation, das wir pflegen und erhalten wollen. Deutschland gehört zur Wertegemeinschaft des christlichen Abendlandes. Wir sind Teil der europäischen Kulturgemeinschaft. Die Völker Europas haben in der Offenheit füreinander und in wechselseitigem Austausch untereinander ihre jeweiligen kulturellen Eigenarten entwickelt.«[51] Indem auf diese Weise der Kulturbegriff zum einen europäisiert und zum anderen Wechselwirkungen von deutscher und nicht deutscher Kultur festgestellt wurden, ermöglichte dies, europäische Einwanderung als Teil eines europäischen Integrationsprozesses positiv zu besetzen und so Einwanderung mit dem bisher praktizierten Identitäts- und Integrationsprinzip zu versöhnen. In gewisser Weise kehrte die CDU damit zurück zu einer Programmatik, die an die frühen 1970er-Jahre erinnerte. Nicht ausdrücklich thematisiert wurden außereuropäische Kultureinflüsse, doch wurde auch diese Frage etwas verklausuliert angesprochen, indem die eben zitierten Ausführungen wie folgt fortgesetzt wurden: »In unserer Kultur werden vielfältige Einflüsse anderer Kulturen sichtbar. Wir wollen das friedliche Miteinander der unterschiedlichen Kulturen Europas und der Welt erhalten und fördern.«[52] Integration wurde so definiert: »Integration heißt für uns, dass Menschen anderer Herkunft die Erfordernisse des Zusammenlebens, -wohnens und -arbeitens in unserer Gesellschaft erfüllen, und dass der Wunsch, die eigene Identität in Kultur, Sprache und Lebensform zu bewahren, als ein menschliches Grundanliegen geachtet wird. Alle müssen zu Integration und Toleranz bereit sein.«[53] Man merkt dieser Formulierung an, dass die Kompromissfindung offenbar nicht ganz einfach war, allerdings war damit ein entscheidender Schritt hin zur inneren Anerkennung der Bundesrepublik als Einwanderungsland vollzogen, auch wenn diese Begrifflichkeit nach wie vor parteiintern nicht mehrheitsfähig war.[54]

Dass sich die Haltung der CDU zum Thema Einwanderung grundsätzlich gewandelt hatte, zeigt auch der Fall der mehr als 200.000 sogenannten jüdischen Kontingentflüchtlinge aus der Sowjetunion und deren Nachfolgestaaten, die die Bundesrepublik zwischen 1991 und 2004 mehr oder weniger ohne größeres Aufsehen aufnahm. Letztlich geschah dies vor dem Hintergrund des Bewusstseins einer besonderen Verantwortung Deutschlands für das Lebensrecht des Judentums angesichts der Verbrechen des Nationalsozialismus und war Ausdruck des Willens der Bundesrepublik, das jüdische Gemeindeleben in Deutschland durch Einwanderung von Juden zu stärken.[55] Da klar war, dass die jüdischen Kontingentflüchtlinge mit großer Wahrscheinlichkeit in Deutschland bleiben würden, und sehr viele von ihnen dann auch die deutsche Staatsbürgerschaft erwarben, war die Aufnahme dieser Menschen im Grunde der erste Fall staatlich geförderter, erwünschter Einwanderung in der Geschichte der Bundesrepublik. Ansonsten tat sich, gemessen an der geleisteten programmatischen Arbeit, in den 1990er-Jahren ausländerpolitisch wenig. Dies hing nicht zuletzt damit zusammen, dass die schwarz-gelbe Koalition, aber auch die beiden Unionsparteien selbst sich hinsichtlich des einzuschlagenden Wegs nicht einig waren. Armin Laschet, heute Ministerpräsident von Nordrhein-Westfalen, hat in diesem Zusammenhang sogar einmal von einer »bleiernen Zeit« gesprochen.[56]

Nach dem Regierungswechsel von 1998, durch den die CDU zur Oppositionspartei wurde, verhärtete sich deren Ausländerpolitik wieder, weil sie auf Abgrenzung von der Einbürgerungspolitik der Regierung Schröder/Fischer bedacht war. Innerparteilich gingen zudem die Diskussionen darüber weiter, ob Deutschland ein Einwanderungsland sei.[57] Als Kompromissformel begann sich – unter Rückgriff auf einen Präsidiumsbeschluss von 1979[58] – die Sprachregelung durchzusetzen, Deutschland sei kein »klassisches Einwanderungsland«. So hieß es im Beschluss des Bundesausschusses der CDU vom 7. Juni 2001 »Zuwanderung steuern und begrenzen. Integration fördern«: »Deutschland ist ein weltoffenes Land, das im Laufe seiner Geschichte immer wieder Zuwanderer aufgenommen und nach Kräften integriert hat, obwohl Deutschland kein klassisches Einwanderungsland ist und es aufgrund seiner historischen, geographischen und gesellschaftlichen Gegebenheiten auch nicht werden kann.«[59] Trotz des Grundsatzprogramms von 1994 setze die CDU also rhetorisch immer noch (oder wieder) auf Abgrenzung.[60] Dies zeigt den nach wie vor vorhandenen innerparteilichen Zwiespalt bei diesem polarisierenden Thema, hinzu kamen die Handlungslogiken, die sich seit 1998 aus der Oppositionsrolle der CDU im Bund ergaben, und Rücksichtnahmen auf die CSU. Die einwanderungs- und integrationsfreundliche Politik der rot-grünen Bundesregierung führte jedoch keineswegs dazu, dass die CDU beziehungsweise die Union insgesamt unter dem Banner einer erneuerten Identitätspolitik die Reihen schloss. So ging zwar einerseits der hessische Spitzenkandidat für die Landtagswahlen des Jahres 1999, Roland Koch, mit einer Unterschriftenaktion gegen eine Reform des deutschen Staatsangehörigkeitsrechts sehr erfolgreich auf Konfrontationskurs zur Bundesregierung.[61] Andererseits beauftragte das CDU-Präsidium den saarländischen Ministerpräsidenten Peter Müller[62] im Juni 2000 damit, ein Zuwanderungskonzept zu erarbeiten. Die Ergebnisse der sogenannten Müller-Kommission gingen ein in den bereits erwähnten Beschluss des Bundesausschusses der CDU vom 7. Juni 2001 »Zuwanderung steuern und begrenzen. Integration fördern«.[63] In diesem wurde erstmals die Steuerung von Zuwanderungsprozessen gefordert und als deren Ziel festgelegt, »das bisher unverbundene Nebeneinander unterschiedlicher Zuwanderungtatbestände zu beenden und stattdessen ein Gesamtkonzept zu entwickeln, das sowohl dem internationalen und europäischen Rechtsrahmen, den humanitären Verpflichtungen, aber auch den nationalen Interessen der Bundesrepublik Deutschland angemessen Rechnung trägt«.[64] Für die künftige Zuwanderungspolitik sollte gelten, dass diese begrenzt und im nationalen Interesse gesteuert werden müsse, ohne dadurch die Wahrnehmung humanitärer Pflichten infrage zu stellen. Asylmissbrauch sollte bekämpft, die Verfahren beschleunigt und Abschiebungen konsequent umgesetzt werden. Die Aufnahme von Kriegs- und Bürgerkriegsflüchtlingen dürfe grundsätzlich nur zeitlich begrenzt erfolgen, wobei eine europäische Lastenverteilung anzustreben sei. Die Aufnahme von Wirtschaftsflüchtlingen und Armutswanderern wurde abgelehnt. Der Familiennachzug sollte sich, unter Beachtung verfassungsrechtlicher Vorgaben, an der Erreichung des Integrationsziels orientieren. Die Zuwanderung qualifizierter Arbeitskräfte sollte nach Bedarf und bestimmten Kriterien erfolgen: »Im Bereich geringqualifizierter Tätigkeiten kommen gegenwärtig allenfalls zeitlich befristete Arbeitserlaubnisse in Betracht. Im Bereich qualifizierter Fachkräfte sind unter Berücksichtigung des Vorrangs von Qualifikation und Ausbildung flexible, bedarfsorientierte Kontingente zuzulassen. Für Höchstqualifizierte müssen Sonderkontingente und attraktive Aufnahmebedingungen geschaffen werden.«[65] Gefordert wurde zudem die Schaffung eines Bundesamts für Zuwanderung und Integration. Ferner enthielt der Beschluss ein Integrationskonzept. Integration wurde verstanden als »gleichberechtigte Möglichkeit der Teilhabe am gesellschaftlichen, sozialen, ökonomischen, politischen und kulturellen Leben in Deutschland«, die »Gesetzestreue, Sprachkompetenz und das Respektieren der Grundlagen des Zusammenlebens in der Aufnahmegesellschaft« voraussetze. Integration bedeute nicht Assimilation. Ihr Ziel sei »nicht die vollständige Anpassung der Zuwanderer an die Kultur und die Lebensformen des Aufnahmestaates«.[66]

Die wesentlichen Inhalte dieses Konzepts wurden im Juli 2001 in einen Antrag der CDU/CSU-Bundestagsfraktion übernommen, wobei es rhetorisch einige Zugeständnisse an den rechten Flügel der CDU und die CSU gab.[67] Der Entwurf von Bundesinnenminister Otto Schily für ein Zuwanderungsgesetz wurde von CDU und CSU abgelehnt. Auf dem Umweg über den Bundesrat konnten die Unionsparteien allerdings Einfluss auf den weiteren Gesetzgebungsprozess nehmen. Schließlich stimmten im Juli 2004 CDU und CSU dem Zuwanderungsgesetz in Bundestag und Bundesrat zu.[68]

Die CDU (und eigentlich auch die CSU) war damit an einem Punkt angekommen, an dem sie faktisch akzeptiert hatte, dass die Bundesrepublik ein Einwanderungsland geworden war. Gleichwohl blieben Einwanderung und Integration Fragen, die innerparteilich umstritten waren, weshalb immer wieder alte rhetorische Muster Verwendung fanden beziehungsweise neue aufgegriffen wurden. Dies auch deshalb, weil innerparteilich die Frage muslimischer Einwanderung und damit nach der Integrationsfähigkeit des Islam unterschiedlich beantwortet wurde. So hieß es im Antrag des Bundesvorstands auf dem Düsseldorfer Parteitag 2004 »Im deutschen Interesse: Integration fördern und fordern, Islamismus bekämpfen!«: »Integration bedeutet für uns die Akzeptanz allgemein geteilter Grundwerte und -normen. Integration bedeutet zugleich die Akzeptanz kultureller Verschiedenheit auf der Basis dieser allgemein geteilten Grundwerte. (...) Die Regeln unseres Zusammenlebens stehen im Grundgesetz und sind damit für alle Bürgerinnen und Bürger verbindlich. Wer unsere Wertordnung – unsere freiheitliche demokratische Leitkultur – ablehnt oder sie gar verhöhnt und bekämpft, für den ist in unserem Land kein Platz.«[69] Dem auf den aus Syrien stammenden Göttinger Politologen Bassam Tibi zurückgehenden Begriff »Leitkultur«[70] kam hierbei eine offenkundige Signalwirkung hinsichtlich des rechten Flügels der CDU zu, war er doch mit großem medialen Echo 1998 zunächst von dem CDU-Innenpolitiker Jörg Schönbohm und dann im Jahr 2000 vom damaligen Vorsitzenden der Unions-Bundestagsfraktion, Friedrich Merz, aufgegriffen und als Gegenbegriff zu Multikulturalismus und

Parallelgesellschaft in die einwanderungspolitische Debatte eingeführt worden.[71] Andererseits setzte die CDU deutliche integrationspolitische Zeichen: 2005 wurde in Nordrhein-Westfalen Armin Laschet[72] vom neu gewählten Ministerpräsidenten Jürgen Rüttgers zum ersten Minister für Generationen, Familie, Frauen und Integration ernannt, nach Bildung der Großen Koalition 2005 im Bund wertete Angela Merkel das Amt der Integrationsbeauftragten der Bundesregierung auf, indem Maria Böhmer[73] Staatsministerin im Bundeskanzleramt wurde. 2010 ernannte schließlich der niedersächsische Ministerpräsident Christian Wulff Aygül Özkan zur ersten Landesministerin mit (türkischem) Migrationshintergrund.[74]

Wie sehr sich inzwischen der veränderte migrationspolitische Kurs verfestigt hatte, ist nicht zuletzt daran zu erkennen, dass das Grundsatzprogramm der CDU vom 3. Dezember 2007, welches jenes von 1994 ablöste, ausdrücklich von einem »Integrationsland Deutschland« spricht: »Für die CDU ist die Integration von Zuwanderern, insbesondere von Kindern und Jugendlichen der zweiten und dritten Generation, in unsere Gesellschaft eine politische Schlüsselaufgabe. Wir verstehen Integration als einen fortschreitenden positiven Prozess in der Verantwortung der Migranten, der Politik und der gesamten Gesellschaft. (…) Wir brauchen eine kontrollierte Zuwanderung von gut ausgebildeten, leistungsbereiten und integrationswilligen Menschen, die bei uns leben, arbeiten, unsere Werte und unser Land als ihre Heimat annehmen wollen. Für diese Menschen muss Deutschland attraktiv sein. Sie sind ein Gewinn für unser Land. (…) Wir halten in historischer Verantwortung an unserer Politik der Aufnahme deutscher Spätaussiedler bei gleichzeitiger Verbesserung der Lebensgrundlagen in den Herkunftsgebieten fest. (…) Deutschland ist Integrationsland. Integration bedeutet die Einbindung in das gesellschaftliche Gefüge sowie die Akzeptanz kultureller Vielfalt auf der Grundlage allgemein geteilter und gelebter Grundwerte.«[75] Die Anerkennung Deutschlands als Einwanderungsland, auch wenn der Begriff nach wie vor vermieden wurde, sowie die Bewertung von Migration als einer grundsätzlich positiven Erscheinung waren damit unumkehrbar geworden. Zentral blieb für die CDU allerdings auch künftig ein gleichwohl verändertes Identitätsprinzip: Gieler und Bhattacharya haben die Migrationspolitik der CDU nicht ganz zu Unrecht mit »Eigenverantwortung der Bürger entlang der Leitkultur« beschrieben.[76] Im Mittelpunkt steht zum einen die Vorstellung von mündigen Staatsbürgern, zum anderen die Überzeugung, dass die Gesellschaft zusammengehalten wird durch gemeinsame Werte, Normen, Traditionen, Geschichte und Sprache. Auf dieser Basis entsteht ein im Kern patriotisches Zusammengehörigkeitsgefühl, das allerdings nicht ethnisch exklusiv ist, sondern offen für Zuwanderer, die bereit sind, diese Werte zu teilen.[77]

Für die Einbeziehung der Migrationspolitik der CDU in den letzten zehn Jahren[78] in diesen Beitrag fehlt meines Erachtens der dafür notwendige zeitliche Abstand zum historischen Ereignis. Zusammenfassend kann man festhalten, dass es zwischen der Vertriebenenpolitik und der Ausländer- beziehungsweise Migrationspolitik der CDU, bei aller Unterschiedlichkeit beider Politikfelder, zwei charakteristische Gemeinsamkeiten gibt: Im Kern handelte es sich bei der Verweigerung der Anerkennung Deutschlands als Einwanderungsland in ähnlicher Weise um eine Lebenslüge wie bei der Aufrechterhaltung der Illusion gegenüber den Heimatvertriebenen, dass eine Änderung der »Potsdamer Grenzen« Deutschlands und damit eine Rückkehr in die alte Heimat noch einmal möglich sein würde. In beiden Fällen war der Grund für das Zögern, geänderte Realitäten anzuerkennen, darin begründet, dass einerseits das überkommene Leitbild der eigenen Politik auf traditionell nationalstaatlichem Denken beruhte und man andererseits befürchtete, dass maßgebliche Teile der eigenen Wähler eine Änderung der bisher aufrechterhaltenen Linie nicht akzeptieren würden. Hinzu kam die Notwendigkeit, Rücksicht auf die Schwesterpartei CSU nehmen zu müssen. Insofern waren die innere Anerkennung der veränderten Situation und die Bereitschaft, daraus Konsequenzen zu ziehen, ein langwieriger und auch schmerzhafter Prozess. Dass die damit verbundenen Konflikte immer noch nachwirken, kann man nicht zuletzt an den partei- beziehungsweise unionsinternen Auseinandersetzungen um die Flüchtlingspolitik Angela Merkels erkennen: Im Herbst 2015 brachen als Folge der Entscheidung der Bundeskanzlerin, Hunderttausende von Flüchtlingen in Deutschland aufzunehmen, die mehrheitlich über den Balkan nach Mitteleuropa gekommen waren,[79] letztlich die alten innerparteilichen Konflikte in neuem Gewande wieder auf. Der alte Gegensatz zwischen den Konzepten Einwanderungsland versus Zuzugsbegrenzung realisierte sich nun in Gestalt der Antithese Willkommenskultur versus Abschottung. Die damit verbundenen innerparteilichen Konflikte waren vor allem aus zwei Gründen so erbittert: zum einen, weil die Schwesterpartei CSU – auch vor dem Hintergrund der Tatsache, dass Bayern am Anfang eines der am meisten vom Flüchtlingszustrom betroffenen Bundesländer war – der Politik einer aktiven Willkommenskultur zunächst mehrheitlich ablehnend gegenüberstand, und zum anderen, weil mit der Alternative für Deutschland (AfD) eine Partei rechts der Union bereitstand, die die Verunsicherung in beträchtlichen Teilen der deutschen Gesellschaft als Folge der Flüchtlingskrise erfolgreich gegen die Union instrumentalisierte. Wie sich diese Ereignisse langfristig auswirken werden, muss einstweilen offenbleiben.

1 Vgl. Andreas Grau (Hg.): Dokumentation zur Ausländer- und Integrationspolitik der CDU 1956–2012. Sankt Augustin/Berlin 2014, S. 278–280, hier 278.

2 Vgl. hierzu im Überblick Matthias Stickler: Flucht und Vertreibung in Mitteleuropa als Folge des Zweiten Weltkriegs, in: Dirk Reitz/Hendrik Thoß (Hg.): Sachsen, Deutschland und Europa im Zeitalter der Weltkriege. Berlin 2019, S. 297–326; dort auch weiterführende Literatur.

3 Vgl. die Daten bei Gerhard Reichling: Die deutschen Vertriebenen in Zahlen, Teil II. Bonn 1989, S. 30, 32. Zum Gesamtkomplex vgl. im Überblick Matthias Stickler: Vertriebenenintegration in Österreich und Deutschland – ein Vergleich, in: Michael Gehler/Ingrid Böhler (Hg.): Verschiedene europäische Wege im Vergleich. Österreich und die Bundesrepublik Deutschland 1945/49 bis zur Gegenwart. Festschrift für Rolf Steininger zum 65. Geburtstag. Innsbruck 2007, S. 416–435; sowie ausführlich Andreas Kossert: Kalte Heimat. Die Geschichte der deutschen Vertriebenen nach 1945. München 2008.

4 Zur Vertriebenenintegration in der SBZ/DDR vgl. ausführlich Michael Schwartz: Vertriebene und »Umsiedlerpolitik«. Integrationskonflikte in den deutschen Nachkriegs-Gesellschaften und die Assimilationsstrategien in der SBZ/DDR 1945–1961. München 2004.

5 Vgl. zum Folgenden, sofern nicht anders angegeben, v.a. Matthias Stickler: »Ostdeutsch heißt Gesamtdeutsch« – Organisation, Selbstverständnis und heimatpolitische Zielsetzungen der deutschen Vertriebenenverbände 1949–1972. Düsseldorf 2004.

6 Vgl. die Satzung des LVON vom 17. September 1958 (ACDP 01-094, 021/2). Beim LVON handelte es sich allerdings nicht um einen »richtigen« Landesverband, da eine echte Doppelrepräsentation der Vertriebenen im Sinne von alter und neuer Heimat nicht durchsetzbar war.

7 Vgl. Hans-Otto Kleinmann: Geschichte der CDU 1945–1982. Stuttgart 1993, S. 109–111, 235–237, 474 f.

8 Eine ähnliche Lösung hatte man in der CDU auch für die Repräsentanten der Ost-CDU gefunden, die sich als Folge der Gleichschaltung der CDU in der SBZ/DDR seit 1947 in der sogenannten Exil-CDU zusammenfanden und deren erster Vorsitzender Jakob Kaiser (1888–1961) war. Die Exil-CDU bestand bis zur Wiedervereinigung Deutschlands im Jahr 1990; vgl. Kleinmann: CDU 1945–1982, S. 237–239, 480.

9 Der BHE, später Gesamtdeutscher Block – Block der Heimatvertriebenen und Entrechteten (GB-BHE), war als parteipolitische Vertretung von Vertriebeneninteressen gegründet worden. Dieser konnte zwar in den 1950er-Jahren einigen Einfluss gewinnen, doch gelang es ihm nicht, sich dauerhaft zu behaupten; vgl.

hierzu Franz Neumann: Der Block der Heimatvertriebenen und Entrechteten 1950–1960. Ein Beitrag zur Geschichte und Struktur einer politischen Interessenpartei. Meisenheim/Glan 1968; Matthias Stickler: Block der Heimatvertriebenen und Entrechteten (BHE), in: Online-Lexikon zur Kultur und Geschichte der Deutschen im östlichen Europa, 2013 (http://ome-lexikon.uni-oldenburg. de/55228.html, Abruf: 15. Dezember 2019); dort Verweis auf weitere Literatur.

10 Vgl. Frank Bösch: Die politische Integration der Flüchtlinge und Vertriebenen und ihre Einbindung in die CDU, in: Rainer Schulze (Hg.): Zwischen Heimat und Zuhause. Deutsche Flüchtlinge und Vertriebene in (West-)Deutschland 1945–2000. Osnabrück 2001, S. 107–125. Einer der (im Rückblick) prominentesten Parteiwechsler war Erich Schellhaus, der später allerdings wieder zur CDU zurückkehrte.

11 Vgl. Philipp-Christian Wachs: Der Fall Oberländer (1905–1998). Ein Lehrstück deutscher Geschichte. Frankfurt a. M. 2000.

12 Vgl. Reinhard Rohde: Heinrich Albertz und Erich Schellhaus: Zwei Flüchtlingspolitiker der ersten Stunde, in: Schulze (Hg.): Zwischen Heimat und Zuhause, S. 126–140; Michael Schwartz: Funktionäre mit Vergangenheit. Das Gründungspräsidium des Bundesverbandes der Vertriebenen und das »Dritte Reich«. München 2013, v.a. S. 27–32, 173 f., 289–295, 413–420.

13 Vgl. Gilad Margalit: Hans-Christoph Seebohm und sein Versuch zur Universalisierung des Vertriebenenproblems in der Nachkriegszeit, in: Matthias Stickler (Hg.): Jenseits von Aufrechnung und Verdrängung. Neue Forschungen zu Flucht, Vertreibung und Vertriebenenintegration. Stuttgart 2014, S. 35–44.

14 Vgl. Schwartz: Funktionäre mit Vergangenheit, v.a. S. 43–69, 187–190, 295–300, 420–446.

15 Vgl. Manfred Agethen: Barzel, Rainer, in: Winfried Becker u.a. (Hg.): Lexikon der Christlichen Demokratie. Paderborn u.a. 2002, S. 188–190.

16 Vgl. Guido Hitze: Hans Lukaschek (1885–1960), in: Jürgen Aretz/Rudolf Morsey/Anton Rauscher (Hg.): Zeitgeschichte in Lebensbildern. Aus dem deutschen Katholizismus des 19. und 20. Jahrhunderts, Bd. 11. Münster 2004, S. 143–159, 339 f.

17 Vgl. Jörg-Dieter Gauger: Kather, Linus, in: Becker u.a. (Hg.): Lexikon der Christlichen Demokratie; S. 293; Schwartz: Funktionäre mit Vergangenheit, v.a. S. 6–12, 22–27, 33–45, 157–160, 260–267, 348–358; Stickler: »Ostdeutsch heißt Gesamtdeutsch«, passim. Kather trat 1954 zum BHE über.

18 Vgl. Gregor Ploch: Clemens Riedel (1914–2003) und die katholischen deutschen Vertriebenenorganisationen. Motor oder Hemmschuh des deutsch-polnischen Verständigungsprozesses? Berlin 2011.

19 Vgl. Rudolf Vierhaus/Ludolf Herbst (Hg.): Biographisches Handbuch der Mitglieder des Deutschen Bundestages. 1949–2002, Bd. 2. München 2002, S. 847 f.; Günter Buchstab: Stingl, Josef, in: Becker u.a (Hg.): Lexikon der Christlichen Demokratie, S. 374.

20 Vgl. Matthias Stickler: Die zwei Leben des Dr. Herbert Czaja (1914–1997) – Grundzüge eines Lebensbilds, in: Ders. (Hg.): Jenseits von Aufrechnung und Verdrängung, S. 45–63.

21 Vgl. Christian Lotz: Herbert Hupka; in: Joachim Bahlcke (Hg.): Schlesische Lebensbilder, Band XI. Insingen 2012, S. 603–616; Stickler: »Ostdeutsch heißt Gesamtdeutsch«, v.a. S. 232–280.

22 Vgl. zum Lastenausgleich v.a.: Paul Erker: Rechnung für Hitlers Krieg. Aspekte und Probleme des Lastenausgleichs. Heidelberg 2004; Rudolf Fritz: Der Einfluß der Parteien und Geschädigtenverbände auf die Schadensfeststellung im Lastenausgleich. Diss. phil. Berlin 1964; Rüdiger Wenzel: Die große Verschiebung? Das Ringen um den Lastenausgleich im Nachkriegsdeutschland von den ersten Vorarbeiten bis zur Verabschiedung des Gesetzes 1952 (Historische Mitteilungen, Beiheft 70). Stuttgart 2008; Lutz Wiegand: Der Lastenausgleich in der Bundesrepublik Deutschland 1949 bis 1985. Frankfurt a. M. 1992.

23 Vgl. Heinz Berresheim: Das Bundesvertriebenengesetz. Zielsetzung, Inhalt und Ergebnis nach 40 Jahren, in: Wilfried Schlau (Hg.): Die Ostdeutschen. Eine dokumentarische Bilanz 1945–1995. München 1996, S. 131–154.

24 Vgl. Stickler: »Ostdeutsch heißt Gesamtdeutsch«, S. 221.

25 Vgl. zum Folgenden Matthias Stickler: Gegenspieler der Aussöhnung? Die Haltung der Vertriebenenverbände zur deutsch-polnischen Verständigung 1949 bis 1969, in: Friedhelm Boll/Wiesław Wysocki/Klaus Ziemer (Hg.): Versöhnung und Politik. Polnisch-deutsche Versöhnungsinitiativen der 1960er-Jahre und die Entspannungspolitik (Archiv für Sozialgeschichte, Beiheft 27). Bonn 2009, S. 224–244; Ders.: »Unserer Heimat droht Gefahr!« – Der Kampf des Bundes der Vertriebenen (BdV) gegen die Ostverträge, in: Einsichten und Perspektiven. Bayerische Zeitschrift für Politik und Geschichte 1/2010, S. 18–33.

26 Der BdV entstand aus zwei 1949 gegründeten Vorläuferorganisationen, den Vereinigten Ostdeutschen Landsmannschaften (VOL) bzw. Verband der Landsmannschaften (VdL) sowie dem Zentralverband vertriebener Deutscher (ZvD) bzw. Bund vertriebener Deutscher (BvD); vgl. hierzu ausführlich Stickler: »Ostdeutsch heißt Gesamtdeutsch«.

27 Vgl. v.a. Hans-Peter Schwarz: Helmut Kohl. Eine politische Biographie. München 2012.

28 Vgl. hierzu und zum Folgenden Matthias Stickler: Beharrung, Bedeutungsverlust und Neuorientierung – Die Rolle des Bundes der Vertriebenen im Prozeß der Wiedervereinigung Deutschlands, in: Jahrbuch für schlesische Kultur und Geschichte Band 53/54 (2012/13) [2015], S. 91–113. Vgl. auch Matthias Finster: »50 Jahre Bund der Vertriebenen – das sind auch 50 Jahre deutsche Geschichte« – die Arbeit des BdV nach 1982 im Spannungsfeld von Verbandslobbyismus und Geschichtspolitik, in: Stickler (Hg.): Jenseits von Aufrechnung und Verdrängung, S. 133–154.

29 Vgl. Brigitta Gaa-Unterpaul: Das Kriegsfolgenbereinigungsgesetz und die Änderung für das Vertriebenenrecht, in: Neue Juristische Wochenzeitschrift 46 (1993) 33, S. 2080–2082.

30 Vgl. hierzu Ulrich Herbert: Geschichte der Ausländerpolitik in Deutschland. Saisonarbeiter, Zwangsarbeiter, Gastarbeiter, Flüchtlinge. München 2001, S. 275–278; Wolfgang Gieler (Hg.): Handbuch europäischer Migrati-

onspolitiken. Die EU-Länder. Münster 2013, S. 59, 64 f.; Klaudia Tietze: Einwanderung und die deutschen Parteien. Akzeptanz und Abwehr von Migranten im Widerstreit in der Programmatik von SPD, FDP, den Grünen und CDU/CSU. Berlin 2008, S. 213–217. Zur Aussiedlerpolitik der CDU vgl. ferner Horst Waffenschmidt: Integration deutscher Spätaussiedler in Deutschland [1999] (https://www.kas.de/c/document_library/get_file?uuid=fb0d1c51-9152-dd64-5caf-ffe7e6c6daea&groupId=252038, Abruf: 22. Mai 2019); Christoph Bergner/Matthias Weber (Hg.): Aussiedler- und Minderheitenpolitik in Deutschland. Bilanz und Perspektiven. München 2009. Eine zusammenfassende, quellenfundierte Darstellung des Themas »Aussiedler« fehlt bisher.

31 Vgl. hierzu v.a. Wolfgang Gieler/Supriyo Bhattacharya: Deutsche Migrationspolitik. Standpunkte und Strategien politischer Parteien im Vergleich. Münster 2013; Grau (Hg.): Dokumentation zur Ausländer- und Integrationspolitik der CDU 1956–2012; Martin Ohlert: Zwischen »Multikulturalismus« und »Leitkultur«: Integrationsleitbild und -politik der im 17. Deutschen Bundestag vertretenen Parteien. Wiesbaden 2015; Tietze: Einwanderung und die deutschen Parteien.

32 Zur Ausländerpolitik der Bundesrepublik Deutschland vgl. Herbert: Geschichte der Ausländerpolitik in Deutschland, v.a. S. 202–229; Hakki Keskin: Deutschland als neue Heimat. Eine Bilanz der Integrationspolitik. Wiesbaden 2005; Gieler (Hg.): Handbuch europäischer Migrationspolitiken.

33 Vgl. Tietze: Einwanderung und die deutschen Parteien, S. 193 f.

34 Vgl. Grau (Hg.): Dokumentation zur Ausländer- und Integrationspolitik der CDU 1956–2012, S. 42–44, das Zitat 43.

35 Vgl. ebd., S. 42; Tietze: Einwanderung und die deutschen Parteien, S. 197.

36 Vgl. ebd., S.195.

37 Vgl. ebd., S. 198 f.

38 Vgl. Grau (Hg.): Dokumentation zur Ausländer- und Integrationspolitik der CDU 1956–2012, S. 67.

39 Ebd., S. 110–114.

40 Vgl. hierzu auch Tietze: Einwanderung und die deutschen Parteien, S. 205.

41 Vgl. Grau (Hg.): Dokumentation zur Ausländer- und Integrationspolitik der CDU 1956–2012, S. 124 f.

42 Zu Zimmermann vgl. seine Autobiografie Friedrich Zimmermann: Kabinettstücke. Politik mit Strauß und Kohl 1976–1991. Frankfurt a. M./Berlin 1994. Vgl. ferner: Renate Höpfinger: Zimmermann, Friedrich, in: Becker u.a. (Hg.): Lexikon der Christlichen Demokratie, S. 410; Eckhard Jesse: Zimmermann, Friedrich, in: Udo Kempf/Hans-Georg Merz (Hg.): Kanzler und Minister 1949–1998. Wiesbaden 2001, S. 770–775.

43 Zu Strauß vgl. v.a. Horst Möller: Franz Joseph Strauß. Herrscher und Rebell. München 2015; Peter Siebenmorgen: Franz Josef Strauß. Ein Leben im Übermaß. München 2015; Matthias Stickler: Franz Josef Strauß, in: Biographisch-Bibliographisches Kirchenlexikon, Band 31. Nordhausen 2010, Sp. 1316–1334.

44 Vgl. Tietze: Einwanderung und die deutschen Parteien, S. 206; zu Dregger vgl. den biografischen Überblick in: https://www.kas.de/web/geschichte-der-cdu/personen/biogramm-detail/-/content/alfred-dregger (Abruf: 20. Mai 2019), sowie jetzt Dieter Weirich: Alfred Dregger. Haltung und Herz – Eine Biografie. Frankfurt a. M. 2019.

45 Vgl. hierzu und zum Folgenden Tietze: Einwanderung und die deutschen Parteien, S. 206 f.

46 »Demokratie ist kein Gesangverein Harmonie«, in: Die Zeit, 28. Oktober 1988.

47 Vgl. Tietze: Einwanderung und die deutschen Parteien, S. 208.

48 Vgl. hierzu Stephan Breitenmoser/Sabine Gless/Otto Lagodny (Hg.): Schengen in der Praxis. Erfahrungen und Ausblicke. Baden-Baden u.a. 2009.

49 Vgl. zu diesem Gesamtkomplex im Überblick Tietze: Einwanderung und die deutschen Parteien, S. 208–213; Gieler (Hg.): Handbuch europäischer Migrationspolitiken, S. 70 f., 351–384.

50 Tietze: Einwanderung und die deutschen Parteien, S. 217–221.

51 Vgl. www.kas.de/upload/ACDP/CDU/Protokolle_Parteitage/1994-02-21-23_Protokoll_05.Parteitag_Hamburg.pdf, S. 431 (Abruf: 20. Mai 2019).

52 Ebd.

53 Ebd. (S. 463) und Grau (Hg.): Dokumentation zur Ausländer- und Integrationspolitik der CDU 1956–2012, S. 162.

54 Vgl. Tietze: Einwanderung und die deutschen Parteien, S. 222–224.

55 Vgl. Ljudmila Belkin: Verantwortung und Asylpolitik. Zur Vorgeschichte der jüdischen Kontingentflüchtlinge, in: Faust-Kultur, 12. Januar 2018 (https://faustkultur.de/3386-0-Belkin-Vorgeschichte-der-juedischen-Kontingentfluechtlinge.html#.Wmmo6qjiZhH, Abruf: 10. Mai 2019), dort auch weitere Literaturhinweise. Bereits die erste demokratisch legitimierte Regierung der DDR hatte sich 1990 bereit erklärt, Juden aufzunehmen. Vgl. auch Gieler (Hg.): Handbuch europäischer Migrationspolitiken, S. 72 f.

56 Vgl. Grau (Hg.): Dokumentation zur Ausländer- und Integrationspolitik der CDU 1956–2012, S. 6.

57 Vgl. Tietze: Einwanderung und die deutschen Parteien, S. 230.

58 Vgl. Grau (Hg.): Dokumentation zur Ausländer- und Integrationspolitik der CDU 1956–2012, S. 77–106, hier 79.

59 Vgl. ebd., S. 226–254, hier 227.

60 Vgl. hierzu und zum Folgenden Tietze: Einwanderung und die deutschen Parteien, S. 231 f.

61 Vgl. Ohlert: Zwischen »Multikulturalismus« und »Leitkultur«, S. 203–209.

62 Zu den einwanderungspolitischen Ansätzen Müllers vgl. Peter Müller: Von der Einwanderung zum Zuwanderungsmanagement – Plädoyer für ein nationales Programm der Zuwanderungspolitik in Deutschland, in: Ders./Wolfgang Bosbach/Dieter Oberndörfer (Hg.): Zuwanderung und Integration. Sankt Augustin 2001, S. 5–30.

63 Vgl. zum Folgenden Tietze: Einwanderung und die deutschen Parteien, S. 232–236.

64 Vgl. Grau (Hg.): Dokumentation zur Ausländer- und Integrationspolitik der CDU 1956–2012, S. 226–254, hier 228.

65 Ebd., S. 233.

66 Ebd., S. 241.

67 Vgl. Tietze: Einwanderung und die deutschen Parteien, S. 236 f.

68 Vgl. ebd., S. 237–239.

69 Vgl. Grau (Hg.): Dokumentation zur Ausländer- und Integrationspolitik der CDU 1956–2012, S. 255–260, hier 256.

70 Vgl. Bassam Tibi: Europa ohne Identität? Die Krise der multikulturellen Gesellschaft, München 1998; Ders.: Leitkultur als Wertekonsens. Bilanz einer missglückten deutschen Debatte, in: Aus Politik und Zeitgeschichte 1–2/2001 (http://www.bpb.de/apuz/26535/leitkultur-als-wertekonsens, Abruf: 22. Mai 2019).

71 Vgl. hierzu die streckenweise recht polemische Darstellung bei Keskin: Deutschland als neue Heimat, S. 74–79; sowie differenzierter bei Gieler/Bhattacharya: Deutsche Migrationspolitik, S. 42–45 und Ohlert: Zwischen »Multikulturalismus« und »Leitkultur«, S. 18–68 und passim.

72 Vgl. Armin Laschet: Integration und Demographie – Die neue soziale Frage, in: Maria Böhmer u.a.: Herausforderung Integration. Sankt Augustin/Berlin 2009, S. 45–52; Armin Laschet: Die Aufsteigerrepublik. Zuwanderung als Chance. Köln 2009.

73 Vgl. Maria Böhmer: Integration als gesamtgesellschaftliche Aufgabe, in: Dies. u.a.: Herausforderung Integration, S. 7–15.

74 Vgl. hierzu und zum vorher Gesagten Grau (Hg.): Dokumentation zur Ausländer- und Integrationspolitik der CDU 1956–2012, S. 8.

75 Vgl. ebd., S. 278–280. Hervorhebung vom Verfasser.

76 Vgl. Gieler/Bhattacharya: Deutsche Migrationspolitik, S. 42 f.

77 Ohlert formuliert skeptischer, die CDU schwanke zwischen einem Integrationsleitbild der Akkulturation und dem eines verfassungswerteintegrierten »Multikulturalismus«; vgl. Ohlert: Zwischen »Multikulturalismus« und »Leitkultur«, S. 261.

78 Vgl. hierzu etwa Werner J. Patzelt: Neue Deutsche in einem alten Land. Über Zuwanderung, Integration und Beheimatung. Würzburg 2018.

79 Vgl. Stefan Luft: Die Flüchtlingskrise. Ursachen, Konflikte, Folgen. München 2017; Otto Depenheuer/Christoph Grabenwarter (Hg.): Der Staat in der Flüchtlingskrise. Zwischen gutem Willen und geltendem Recht. Paderborn 2016.

24 Plakat zu den Bundestagswahlen 1957

Restauration oder Modernisierung – Deutungen der Ära Adenauer

Andreas Wirsching

1.

Als er am 15. September 1949 zum ersten Kanzler der Bundesrepublik Deutschland gewählt wurde, war Konrad Adenauer bereits dreiundsiebzig Jahre alt. »Ich habe mit Professor Martini, meinem Arzt gesprochen«, so berichtete Adenauer, »ob ich in meinem Alter dieses Amt wenigstens noch für ein Jahr übernehmen könne. Professor Martini hat keine Bedenken. Er meint, auch für zwei Jahre könne ich das Amt ausführen.«[1] Manchen mochte Adenauers hohes Alter dazu verleiten, ihn als bloßen Übergangskanzler zu betrachten. Und im Grunde lag es in der Natur der Sache, wenn über die gesamte Amtszeit Adenauers hinweg auch sein Rückzug stets denkbar war. Insofern gehört es zu den Paradoxien, an denen die deutsche Geschichte ja so reich ist, dass Adenauers erste beide Amtszeiten einen präzedenzlosen politischen Erfolg darstellten. Die feste Verankerung der Bundesrepublik im westlichen Bündnis, die damit verbundene Gewinnung der Teilsouveränität, der wirtschaftliche Aufschwung und auch die sozialstaatliche Expansion – dies waren Bestandteile einer beispiellosen Erfolgsbilanz. Als Adenauer daher bei der Bundestagswahl des Jahres 1957 mit einundachtzig Jahren die absolute Mehrheit errang, stand er im Zenit seines Ansehens.

Tatsächlich machten die (West-)Deutschen in den 1950er-Jahren mit ihrer jungen Demokratie eine vollständig andere Erfahrung als in der Weimarer Republik: An die Stelle der Dauerkrise trat eine unverhoffte Regierungsstabilität. Die Parteien übernahmen, ja suchten geradezu die Regierungsverantwortung, anstatt sie – wie in Weimar – zu fliehen. Die Bundesrepublik hatte wirtschaftlichen Erfolg und expandierte als Sozialstaat, beides kontrastierte mit dem Massenelend der Weltwirtschaftskrise seit 1929. Und selbst in der Außenpolitik gab es Erfolge statt internationaler Isolation wie zu Beginn der Weimarer Republik. Für all dies stand die Regierung Adenauer: ein stabiles Regiment des Bundeskanzlers, ja geradezu eine »Kanzlerdemokratie« statt schwacher und ständig wechselnder Reichskanzler, wie sie die Weimarer Republik gekannt hatte. Für die Entwicklung des bundesrepublikanischen Demokratie- und Verfassungsverständnisses wurde diese Kontrasterfahrung schlichtweg entscheidend. Sie befriedigte das Bedürfnis der Deutschen, eine neue historische Identität zu gewinnen und sich damit je länger, desto deutlicher gegen die Trübnis des Vergangenen abzugrenzen. Tatsächlich flammten gegen die parlamentarische Demokratie der 1950er-Jahre kaum mehr lebendige Gegenbilder auf, während die politisch-soziale Zerrissenheit der Weimarer Republik zur durchgehenden Negativfolie wurde. Dies war der Hintergrund, vor dem Fritz René Allemanns Bonmot »Bonn ist nicht Weimar« verstanden werden kann.[2]

In den 1980er-Jahren verfestigte sich dann das Bild der Ära Adenauer – und mit ihr die Geschichte der Bundesrepublik im Allgemeinen – als eine veritable »Erfolgsgeschichte«, die es auch entsprechend zu dokumentieren galt. 1983 eröffnete die fünf Jahre zuvor gegründete Stiftung Bundeskanzler-Adenauer-Haus die umfangreiche Editionsreihe »Adenauer –

Rhöndorfer Ausgabe«, die aus Adenauers umfangreichem politischen und privaten Nachlass schöpfte. Parallel dazu entstanden groß angelegte Publikationen wie die »Geschichte der Bundesrepublik Deutschland« oder auch die magistrale Adenauer-Biografie von Hans-Peter Schwarz.[3] Zugleich griff Helmut Kohls Initiative Platz, die Geschichte der Bundesrepublik im Museum auszustellen, was zur Gründung des Bonner Hauses der Geschichte führte. Offenkundig trat die Bundesrepublik nun in die Phase ihrer Selbsthistorisierung ein, und die Ära Adenauer stand dabei im Mittelpunkt.

Indes schwankt ihr Bild in der Geschichte.[4] Denn zum Blick auf den Erfolg der Ära Adenauer gehörte auch die scharfe Kritik an ihr. Geäußert wurde sie schon von Zeitgenossen, und dies in mehrfacher Hinsicht. Besonders nachhaltig und lang andauernd war die Kritik an Adenauers Deutschland- und – damit eng verkoppelt – an seiner Westintegrations- und Wiederbewaffnungspolitik. Von Kurt Schumacher und Gustav Heinemann über Thomas Dehler bis hin zur jüngeren Forschung zog sich wie ein roter Faden der Vorwurf, Adenauer sei deutschlandpolitisch zu inaktiv, mache sich zum Erfüllungsgehilfen der Westalliierten und verschenke damit möglicherweise gebotene Chancen auf die Wiedervereinigung.[5] Im Grunde hat erst die Wiedervereinigung selbst solche Stimmen zum Verstummen gebracht.

Der zweite große Kritikpunkt an der Ära Adenauer betraf – und betrifft neuerdings wieder mit verstärkter empirischer Evidenz – den Umgang mit der nationalsozialistischen Vergangenheit. Adenauer selbst, biografisch schwer gezeichnet vom Verfolgungsdruck des NS-Regimes, ließ zwar eine retrospektiv harte Haltung erkennen. Privatim betonte er im Februar 1946 die große Schuld des »deutschen Volkes«, aber auch der Bischöfe und des Klerus. Ein öffentlich sicht- und hörbarer Widerspruch insbesondere der katholischen Kirche sei aber nicht erfolgt, »und darum schweigt man am besten«.[6] Aber ebendieses Schweigen über die Vergangenheit wirft bis heute einen Schatten auf die Ära Adenauer. Der Holocaust und die Opfer des NS-Regimes spielten im öffentlichen Bewusstsein der 1950er-Jahre praktisch keine Rolle. Dagegen stellte die aktive, politisch-legislativ gesteuerte Wiedereingliederung früherer Diener des NS-Regimes in den Verwaltungsapparat der jungen Bundesrepublik eine bewusste »vergangenheitspolitische« Entscheidung Adenauers und der westdeutschen politischen Elite dar.[7]

All diese Basisentscheidungen, die Etablierung der Bundesrepublik als bürgerlich-marktwirtschaftliche Demokratie, ihre Verankerung im westlichen Bündnis und die Reintegration früherer Nationalsozialisten kulminierten im Vorwurf der »Restauration«. Der Begriff wurde zur Chiffre für einen verpassten Neuanfang und akzentuierte die nach innen gewandte Kritik an der Ära Adenauer. Im Folgenden wird erstens seine Evidenz für die Deutung der Epoche näher beleuchtet. Damit eng zusammen hängt zweitens die in letzter Zeit neu aufgeworfene Frage nach personellen Kontinuitäten zwischen NS-Diktatur und früher Bundesrepublik. Ein dritter Teil gilt dann den »modernisierenden« Tendenzen der Ära Adenauer.

2.

Der grundlegende Text der Restaurationsthese stammt bekanntlich von Walter Dirks. In seinem 1950 in den »Frankfurter Heften« publizierten Aufsatz über den »restaurativen Charakter der Epoche«, der gleichsam stilbildend wurde, zeichnete er ein überaus düsteres Bild von der Gegenwart. Insbesondere sei die einmalige Chance, »nach dem Zusammenbruch der alten Welt eine menschlichere aufzubauen«, verpasst worden, weil der neue Staat ohne sozialistische Elemente, etwa breite Umverteilungsmaßnahmen, errichtet worden sei. Stattdessen sei die alte Vormachtstellung der »Besitzenden« wiederhergestellt worden. Ebenso seien alte staatliche Strukturen, etwa die Bürokratie, beibehalten worden, was einen Austausch des NS-belasteten Personals unmöglich mache. Diese Entwicklung bezeichnete Dirks als »Restauration«, die er von Konservatismus und Reaktion abgrenzte. Politisch werde diese Restauration von allen Parteien unterstützt, auch von der Arbeiterbewegung, die sich in ihrer alten gespaltenen, statischen Form selbst »wiederhergestellt« habe. Eine Mitschuld trügen die Alliierten, die durch ihre Besatzungspolitik das Land just in jenem Moment seiner »Freiheit« beraubt hätten, der für Neuorientierung am geeignetsten gewesen wäre. Den größten Anteil der Verantwortung für die Restauration trügen aber die Bürger selbst. Obwohl doch der »Acker des Volkes« für die Freiheit bereitet gewesen sei, sei man den »Weg des geringsten Widerstands« gegangen. Man habe sich lieber im Altbekannten eingeigelt, anstatt notwendige Reformen anzupacken.[8]

Eugen Kogons zwei Jahre später veröffentlichter Artikel über »Die Aussichten der Restauration« schlug in dieselbe Kerbe, wenngleich mit anderer Akzentsetzung. Für ihn manifestierte sich die Restauration bereits de facto im schnell geglückten Wiederaufbau (West-)Deutschlands. Das Erstarken im politischen und vor allem wirtschaftlichen Feld verbinde sich mit einer geradezu unbekümmerten Haltung gegenüber der jüngsten Vergangenheit. Zugleich hätten – so wie früher auch – die wirtschaftlichen Interessengruppen und bürokratischen Eliten freie Hand gehabt, um eigene Ordnungsstrukturen zu entwerfen und ihre Autorität zu etablieren. Die hieraus entspringende »Restauration« sei »eine Politik der überlieferten ›Werte‹, Mittel und Denkformen, der scheinbaren Sicherheiten, der Wiederherstellung bekannter Interessen, soweit es nur möglich ist, eine Politik des Mangels an Vorstellungskraft, – die einzige Politik im Bereich der Freiheit, die eine Gesellschaft ohne Erneuerungskraft von Klassen, Nationen oder Kirchen hervorbringen kann, obgleich doch die Notwendigkeit zutage liegt, alle Bereiche der Wirklichkeit auf eine ihnen gemäße Ordnung hin zu erneuern und nicht sie in alter Weise wiederherzustellen«.[9]

Es ist wichtig festzuhalten, dass der Begriff der »Restauration« nicht aus dem marxistisch-sozialistischen Lager kam. Vielmehr gewann er Bedeutung als Kampfbegriff des sogenannten Linkskatholizismus. Dirks und Kogon verkörperten die Fortsetzung des vor 1933 gescheiterten Versuchs, den pluralistisch und sozial orientierten Flügel des politischen Katholizismus mit dem Weimarer Linksrepublikanismus und der Sozialdemokratie dauerhaft zu versöhnen.[10] Es galt, Elemente der christlichen Demokratie, des Sozialismus und die antifaschistische Erfahrung der »Konzentrationslager und Hinterstuben der inneren Emigration«[11] zu amalgamieren. Dass dies in der westdeutschen Nachkriegsgesellschaft nicht glückte, bewirkte eine tief greifende Enttäuschung, und der Erkenntnis, dass in der westdeutschen Nachkriegsdemokratie überwiegend »bekannte« Gesichter und Parteien den Ton angaben, entstieg die Diagnose der »Restauration«.

Allerdings bezog sich der Restaurationsvorwurf auf ein Bündel heterogener Tatbestände. Insofern er die ökonomische Wiederherstellung der Machtverhältnisse von vor 1933 und die Stabilisierung des westdeutschen »Kapitalismus« beklagte, kritisierte er die Abkehr der CDU von manchen frühen (wenngleich vagen) Vorstellungen eines christlichen Sozialismus, wie sie in den Frankfurter Leitsätzen von 1945 und im Ahlener Programm von 1947 niedergelegt worden waren. Bis 1950 waren sie für Dirks »bittere Lektüre« geworden.[12] Insofern der Restaurationsvorwurf sich auf die rasche Integration in das westliche Bündnis und infolgedessen die Akzentuierung des Kalten Krieges bezog – dem das Modell eines europäischen »dritten Weges« entgegengehalten wurde –, verwarf er die Wiederbewaffnung und Westintegration sowie den sterilen Antikommunismus der frühen Adenauer-Ära.[13] Von hier aus verlief dann der Weg zur grundsätzlichen Kritik an der deutschland- und außenpolitischen Orientierung Adenauers, wie sie sich später mit den Namen Heinemann und Dehler verband. Auch in gesellschaftspolitischer Hinsicht ließ sich der Restaurationsvorwurf verwenden, etwa in Bezug auf die Geschlechterordnung, die sich sehr rasch als altbekanntes bürgerliches Familienmodell reetablierte – mit männlichem Alleinverdiener, rechtlich nicht voll gleichgestellter Ehefrau und Hausfrauenehe.[14]

Im Zentrum der Restaurationskritik stand indes die politische Kultur der jungen Bundesrepublik. Die Vorstellung eines eigensüchtigen Getriebes der Bonner Parteien und eines Parlamentarismus, der zwischen Traditionsverhaftung und Konrad Adenauers »Kanzlerdemokratie« erstarrte, prägte die Diagnose. Diese Kritik argumentierte auch und gerade generationenspezifisch. Verfechter der Restaurationsthese gehörten überwiegend der »Kriegsjugendgeneration« an und standen nach 1945 im besten Alter.[15] Nicht zufällig griff daher die Attacke der »Jugend« auf die »Alten« zu den vertrauten Elementen der Parlamentarismus- und Parteienkritik der 1920er-Jahre. Organe wie die »Frankfurter Hefte« oder der »Ruf« polemisierten nachhaltig gegen den Rückfall in eine »zentralistische Massendemokratie« und ihre Parteienherrschaft. »Die aus der Konkursmasse von Weimar wiederauferstandenen Parteien mit ihren ›alten Männern‹, die schon einmal Schiffbruch erlitten haben«, so lautete der charakteristische Vorwurf, »sind ein Anachronismus.«[16]

Tatsächlich übernahm nach 1945 zunächst eine ältere, im 19. Jahrhundert wurzelnde Generation die politische Führung. Sie hatte die deutschen liberalen und demokratischen Traditionen gleichsam durch die totalitären Versuchungen hindurchgetragen. Prägende Figuren waren Konrad Adenauer (geboren 1876) und Theodor Heuss (geboren 1884), Carlo Schmid (geboren 1896), Kurt Schumacher (geboren 1896) und Reinhold Maier (geboren 1889). Zugespitzt formuliert, waren es die Träger der Weimarer Koalition, die nun ihre zweite demokratische Chance erhielten. Sie profitierten von der historischen Ausnahmesituation des Jahres 1945. Ihre alten deutschnationalen und nationalistischen Gegner waren infolge der Kollaboration mit dem NS-Regime desavouiert oder nach dem 20. Juli 1944 selbst verfolgt und dezimiert worden. Hinzu kam der Verlust der Gebiete östlich der Elbe, was für die preußische Aristokratie den Verlust ihrer materiellen Basis bedeutete. Die jüngeren Generationen dagegen waren durch Krieg und Kriegsgefangenschaft rein quantitativ dezimiert worden und hatten noch wenig Gelegenheit gehabt, sich parlamentarisch-politisch zu profilieren. Folgerichtig orientierten sich die Westalliierten primär an dem aus der Weimarer Republik bekannten personellen Angebot.

So dominierte zunächst in den Landesparlamenten der Westzonen, sodann im Parlamentarischen Rat sowie im ersten Bundestag die »Weimarer« Generation der vor 1900 Geborenen eindeutig. In den Landtagen Bayerns, Niedersachsens und Nordrhein-Westfalens betrug ihr Anteil an der Gesamtzahl der Abgeordneten während der ersten Wahlperiode jeweils 70, 68,5 und 58,3 Prozent; und auch in der zweiten Wahlperiode zu Beginn der 1950er-Jahre lag er in allen drei Bundesländern noch deutlich über 50 Prozent.[17] Im Parlamentarischen Rat waren zwei Drittel und im ersten, 1949 gewählten Bundestag 52,7 Prozent der Abgeordneten vor 1900 geboren worden.[18] Und in den »bürgerlichen« Parteien beziehungsweise Fraktionen der DVP, FDP sowie in der CDU lagen die jeweiligen Prozentsätze noch höher.[19]

Mithin waren es ganz überwiegend die Vertreter der demokratischen Parteien Weimars, die der frühen Bundesrepublik ihren Stempel aufdrückten. Und dass sich hier so überraschend schnell ein demokratisch-parlamentarischer »Parteienstaat« etablieren konnte, der auch nach 1945 zunächst bei vielen verpönt blieb, war dem historisch singulären Zusammenwirken zwischen einer demokratieerfahrenen politischen Generation und der genannten militärisch-politischen Ausnahmesituation geschuldet. Im Rückblick wird man dieses zweite Aufbauwerk der Weimarer Demokraten denn wohl doch als Glücksfall für die deutsche Nachkriegsgeschichte bewerten.

Die jüngeren Skeptiker freilich, die aus den Reihen der Kriegsjugendgeneration oder auch der sogenannten 45er-Generation kamen, blickten mit dem Kritikpotenzial der 1920er-Jahre auf die aus ihrer Sicht bloß »formale« Bonner Demokratie. Zum literarischen Leitmotiv dieser Kritik avancierte Wolfgang Koeppens 1953 veröffentlichter Roman »Das Treibhaus«. Dessen Hauptfigur, der aus dem Exil zurückgekehrte idealistische Bundestagsabgeordnete Keetenheuve, resigniert und zerbricht an dem treibhausartigen Bonner Betrieb: dort, wo fünfzig pensionierte Oberbürgermeister wohnen, wo Villen am Wasser stehen, wo Wohlhabenheit »mit der Heckenschere durch den Park« schreitet und wo Rosen gezüchtet werden – eine Anspielung auf Konrad Adenauer. Keetenheuve aber bleibt außen vor, gehört nicht dazu, und seine Ideen verlieren sich in seiner parlamentarischen Ohnmacht, die schließlich in den Suizid mündet. »Der Spiegel« kommentierte: »Die richtige Perspektive für das ›Treibhaus‹ erhält man, wenn man als Thema nicht eine Kritik am tatsächlichen Bonner Parlamentarismus annimmt, sondern: die Verzweiflung an der Restauration schlechthin und darüber hinaus die Verzweiflung an allen möglichen ›Ideen‹, die eine echte Evolution einleiten könnten. Denn: alle ›Ideen‹, die das moderne Arsenal zu bieten hat, sind ebenfalls alt und im Kern restaurativ.«[20]

Solche Empfindungen verbanden sich je länger, desto mehr mit der übermächtig und zugleich erstarrt wirkenden Gestalt des Bundeskanzlers. Zwar gewährleistete Konrad Adenauers »Kanzlerdemokratie«, wie Fritz René Allemann beobachtete, die Stabilität der Exekutive. Ein Rückfall in die »Ohnmacht des Weimarer Pseudo-Parlamentarismus« werde damit verhindert. Erkauft werde dies indes durch die »Atrophie der demokratischen Institutionen« und hier vor allem des Bundestags, der eindeutige »Verkümmerungserscheinungen« aufweise: »vor allem in der stillschweigenden Unterwerfung des Parlaments (…) unter den übermächtigen Willen des Regierungschefs«.[21] Ähnlich sah es später Arnulf Baring, für den Adenauers Regierungsstil auch in seiner Deutschlandpolitik deutlich wurde. Mit der »Kanzlerdemokratie« habe sich Adenauer ein machtpolitisches Instrument geschaffen, mit dem er die Regierungsgeschäfte der jungen Bundesrepublik autoritär und zielstrebig leitete. Aufgrund der Einsicht in die realen Verhältnisse habe er überdies die Teilung Deutschlands »kühl« als vorerst nicht veränderbar hingenommen. Bei der Politik der Westbindung sei Adenauers politischer Fokus auf den äußersten Westen Deutschlands – seine Heimat Köln und das Rheinland – sowie Frankreich als wichtigsten Nachbarn beschränkt gewesen. Zuletzt habe er kaum einen langfristigen, ausgeklügelten Plan für die Zukunft Deutschlands verfolgt, sondern habe »wie alle Taktiker (...) viel zu sehr aus dem Tag heraus« gehandelt.[22]

Parallel zu dieser »Ein-Mann-Herrschaft«[23] Adenauers etablierte sich die CDU als überkonfessionelle Partei. Für Walter Dirks entwickelte sie sich zwar schlicht zur »restaurativen Partei«, indem sie ihre christlich-sozialistischen Anfänge abstreifte und zum Sammelbecken von »vielen Kleinbürgern und Mittelständlern, angesehenen und christlich sanktionierten Honoratioren und Würdenträgern« wurde.[24] Faktisch allerdings wurde die CDU sehr bald zu weitaus mehr als zu einem Kanzlerwahlverein. Sie entwickelte sich zu einer dynamischen und sozial integrativen Bewegung, der es zunehmend gelang, die bürgerlichen Schichten an sich zu binden. So war die Ära Adenauer auch die Ära der »Schlüsselposition« der CDU, die sich allmählich zur Hegemonie entwickelte.[25]

Blickt man auf diese durchaus »modernen« und vitalen Aspekte der CDU-Geschichte, so verdient auch der Bundestag eine weitaus positivere Bewertung, als es die Vertreter der Restaurationsthese sehen wollten. Zwar sind die übermächtige Stellung des Kanzlers sowie sein robuster Umgang mit dem Bundestag und den anderen Verfassungsorganen unstrittig; und Adenauer war auch sicher kein »Erzieher zur Demokratie«, wie dies vielleicht für den Bundespräsidenten Theodor Heuss galt.[26] Aber eine klare politische Führung entsprach nicht nur dem Orientierungsbedürfnis der westdeutschen Bevölkerung, sondern ermöglichte es dem Bundestag auch, seine Rolle als aktives Parlament zu finden und auszubauen. Wie Marie-Luise Recker jüngst gezeigt hat, diente er als Arena für den Streit über die fundamentalen Basisentscheidungen der Ära Adenauer, ebenso wie seine Mitglieder in der kleinteiligen Ausschussarbeit Expertise gewannen und sich so zunehmend auf Augenhöhe zur Exekutive befanden. Nicht zuletzt erwuchs aus dem Bundestag der Ära Adenauer eine neue parlamentarische Elite, welche die Bundesrepublik der kommenden Jahre prägen sollte.[27]

Erinnert sei schließlich daran, dass Adenauer selbst die Mechanismen des parlamentarischen Regierungssystems sehr wohl verstand und sich darin als durchaus weitsichtig erwies. In dem berühmten Rhöndorfer Gespräch vom 21. August 1949 lehnte er eine von der Mehrheit seiner Parteikollegen favorisierte Große Koalition mit der SPD ab und setzte die bürgerliche Koalition mit der FDP und der DP durch, auch wenn er sich damit auf den fragilen Boden der knappestmöglichen Mehrheit von einer Stimme begab. Die Begründung war indes bemerkenswert und zeigte, wie viel Adenauer – jenseits seiner zweifellosen Abneigung, mit der SPD zu regieren – vom parlamentarischen System gelernt hatte:

»Ich sei der Meinung«, so erläuterte er, »daß wir Deutsche in den Jahren zwischen 1918 und 1933 die Grundprinzipien des demokratischen Parlamentarismus nicht richtig angewendet hätten. Damals habe man zuallererst darauf gesehen, Koalitionen schlechthin zu schaffen. Man habe weniger darauf geachtet, ob diese Koalitionen genügend innere Kräfte besessen hätten, um fruchtbare Arbeit leisten zu können. Wenn eine Koalition Elemente enthalte – und namentlich, wenn die Elemente ungefähr gleich stark seien –, die in wichtigsten Fragen genau entgegengesetzte Ansichten verträten, dann bestehe die Gefahr, daß eine solche Koalitionsregierung gelähmt sei und einfach steril bleibe. Das deutsche Volk müsse daran gewöhnt werden, daß die stärkste Partei die Führung übernehme und eine andere große Partei die Rolle der Opposition, aber eine verantwortungsvolle Opposition, die mit dem Interesse des Staatsganzen vereinbar sei. Wenn dann die führende Partei keinen Erfolg habe, dann werde ihr der Wähler bei der nächsten Wahl die Quittung für ihr Versagen geben. Wenn die Oppositionspartei gute

Opposition treibe, habe sie die Aussicht, bei einer zukünftigen Wahl an die Macht zu kommen. Das sei parlamentarische Demokratie.«[28]

Adenauer hatte also, das zeigen diese Einlassungen sehr deutlich, aus dem im Grunde nicht parlamentarischen Streben der Weimarer Demokraten gelernt, eine breitestmögliche, eben »große« Koalition zu bilden.[29] Eine stets präsente Alternativfunktion der Opposition und der damit ermöglichte parlamentarische Pendelschlag sind wichtige Voraussetzungen für die Funktionsfähigkeit der repräsentativen Demokratie. Sie fehlten über weite Strecken in der Weimarer Republik, wurden aber in der Ära Adenauer umso nachhaltiger ausgebildet. Per Saldo verwundert es daher nicht, wenn sich die Restaurationsthese in der zeithistorischen Forschung nicht durchsetzen konnte. Propagandistische Positionen der DDR-Forschung einmal beiseitegelassen,[30] vertrat sie insgesamt nur eine Minderheit westdeutscher Historiker und Politikwissenschaftler. Auch Theo Pirkers 1977 erschienenes Kompendium, das den Restaurationsbegriff noch einmal systematisch entfaltete und in den Vordergrund schob, blieb ohne große Wirkung.[31] Insgesamt erschien der Restaurationsbegriff als zu statisch und plakativ, um der komplexen sozialen und politischen Wirklichkeit der 1950er-Jahre analytisch gerecht zu werden.[32] Zur allgemeinen Skizzierung der Ära Adenauer trat mehr und mehr das Forschungsparadigma der »Modernisierung«.

3.

Bevor hierauf näher eingegangen wird, gilt es sich aber noch einmal dem Problem zuzuwenden, wie weit die frühe Bundesrepublik doch von starken personellen Kontinuitätenaus der NS-Zeit geprägt wurde. Die durch die Adenauersche »Vergangenheitspolitik« ermöglichte Rückkehr zahlreicher durch das NS-Regime kompromittierter Amts- und Funktionsträger in den Behörden- und Verwaltungsapparat der frühen Bundesrepublik gehörte seit jeher zum Vorwurf der »Restauration«. Die Personalie des Adenauer-Vertrauten und Kanzleramtschefs Hans Globke, der einst den Kommentar zu den Nürnberger Rassegesetzen verfasst hatte, wurde von manchen Zeitgenossen als Skandal empfunden. Und dass das Justizwesen durchsetzt blieb von Richtern, die auch vor 1945 bedenkenlos »Recht« gesprochen hatten, ist seit Längerem bekannt.[33] Darüber hinaus aber sind in diesem Bereich in den letzten Jahren erhebliche, meist öffentlich geförderte Forschungsanstrengungen unternommen worden, sodass wir heute über weitaus genauere Kenntnisse verfügen als noch in den 1990er-Jahren. Insbesondere die minutiöse Untersuchung der Bundesministerien der Justiz und des Innern sowie der Bundesorgane der Inneren Sicherheit lassen erkennen, dass die personelle Kontinuität hoch war – zum Teil deutlich höher als früher angenommen. Dies gilt zunächst in dem Sinne, dass frühere Mitglieder der NSDAP in der höheren Beamtenschaft stark vertreten waren.[34] Im Bundesministerium des Innern etwa wurde der Höhepunkt im Jahr 1961 erreicht: Der Anteil der ehemaligen NSDAP-Mitglieder unter der höheren Beamtenschaft betrug damals 67 Prozent. In manchen Abteilungen wie der Kultur- und der Sozialabteilung hatten phasenweise bis zu 85 Prozent der höheren Beamten der NSDAP angehört.[35]

Allerdings besteht Einigkeit darüber, dass diese Befunde nur eine begrenzte Aussagekraft haben. Es geht in der Forschung nicht um eine formale »Nazizählerei«, sondern um eine generelle Neubewertung der »Kontinuitäten« aus der Zeit vor 1945. Zu berücksichtigen ist zunächst, dass in der Ära Adenauer hinsichtlich der nationalsozialistischen Vergangenheit ein ganz anderes gesellschaftliches Klima herrschte als etwa seit den 1980er-Jahren. Die meisten Deutschen betrachteten sich damals nach wie vor selbst als Opfer – als Opfer des Krieges, der Luftangriffe, der Vertreibung, ja Hitlers selbst und des NS-Regimes im Allgemeinen oder auch der alliierten Entnazifizierungspolitik. Dem entsprach die grundsätzliche Trennung des Nationalsozialismus von den Deutschen und ihrer Geschichte. Hitler und seiner als cliquenartig beschriebenen Anhängerschaft wurde eine katastrophenartige, fast metaphysische Aura zugeschrieben: im Sinne des letztlich Unbegreiflichen, des rein charismatisch vermittelten Einbruchs eines Irrationalen, Exogenen, ganz Fremden in die deutsche Geschichte. »Hitler, ein aus der Tiefe hervorgegurgelter Dämon«, habe den Deutschen einen Kampf aufgezwungen, der schließlich zum Kampf gegen die eigene Nation eskalierte.[36] In einem solchen Kontext fragte man kaum danach, was diese oder jene Person konkret im NS-Regime getan hatte. Ein Entnazifizierungszeugnis zumindest als »Mitläufer« reichte in der Regel als Ausweis der guten Gesinnung aus.[37] Den Rest erledigten die »vergangenheitspolitischen« Wiedereingliederungsmaßnahmen des Artikels 131 GG und der Amnestiegesetze. Bis in die 1960er-Jahre war die bloße NSDAP-Parteimitgliedschaft mithin kein Hindernis für eine (Wieder-)Einstellung in den öffentlichen Dienst. Skepsis bestand allenfalls, wenn die Kandidaten vor 1933 in die NSADP eingetreten waren, wenn sie hohe Ämter innerhalb der Partei bekleidet, und vor allem dann, wenn sie zivile Ämter in den besetzten Ostgebieten innegehabt hatten. Hieraus ergab sich auch in den 1950er-Jahren nicht selten eine personalpolitische Grenzziehung.

Allerdings hing – wie im Bundesministerium des Innern (BMI) – Entscheidendes davon ab, über welche Netzwerke und persönlichen Verbindungen die Kandidaten verfügten. Die Personalpolitik des BMI wurde über viele Jahre hinweg maßgeblich von einem kleinen Zirkel von Personen bestimmt. Sie alle waren vor 1945 im Reichsministerium des Innern beschäftigt und kannten sich entsprechend lange. Es handelte sich neben Staatssekretär Ritter von Lex um den Leiter der Personalabteilung, Sklode von Perbandt, sowie den Unterabteilungsleiter Erich Keßler. Da die Einstellung leitender Beamter auch immer mit dem Bundeskanzleramt abgestimmt wurde, spielte dessen Chef Hans Globke ebenfalls eine wichtige Rolle. Nicht wenige leitende Beamte trugen zwar eine mindestens in Umrissen erkennbare deutliche materiale Belastung durch die NS-Zeit mit sich. Wenn sie aber dem *inner circle* des Ministeriums persönlich bekannt waren oder nachhaltig empfohlen wurden, stand ihrer Einstellung am Ende doch nichts im Wege. Auf diese Weise gelangten auch mehr oder minder schwer belastete Personen in den Dienst des BMI oder sogar Bewerber, die ihren Lebenslauf schlicht fälschten und dabei unerkannt blieben.[38]

Ein sehr weitgehendes Bewusstsein dafür, worin eine »Belastung« durch die NS-Vergangenheit bestehen konnte, bestand also in der Ära Adenauer nicht. Schließlich war das verwaltungsmäßig geschulte Personal rar, und man glaubte, auf entsprechende fachliche Expertise nicht verzichten zu können. Immerhin verfügte ein sehr großer Teil des Personals in den öffentlichen Ministerien und Behörden über berufliche Erfahrungen im Verwaltungs-, Justiz- und Polizeidienst während der NS-Diktatur. Personalpolitisch verfügbare Alternativen allerdings, namentlich unter den in der Weimarer Republik verwaltungsjuristisch geschulten Sozialdemokraten, wurden durchaus willentlich ausgeschlossen.[39]

Seitdem haben sich freilich die Beurteilungskriterien im Hinblick auf die Tätigkeiten im NS-Regime grundlegend gewandelt, und zwar sowohl in der Forschung wie auch im öffentlichen Bewusstsein. Wenn heute von den Verbrechen des NS-Regimes die Rede ist, dann sind damit keineswegs mehr nur die SS, die Schergen des Holocaust oder die unbezweifelbaren Schreibtischtäter gemeint. Vielmehr sind die Antriebskräfte des Regimes mehr und mehr in die Mitte der deutschen Gesellschaft verlegt worden, und entsprechend erweiterte sich der Täterbegriff. Die Tatsache, dass ein offenkundiges Unrechtsregime staatlich initiierte Massenverbrechen ausübte, führte insbesondere dazu, dass die NS-Bürokratie ihre Unschuld verlor. Die Bürokratie, die ja ihrem Selbstverständnis zufolge »sachlich« und »rational« oder sogar »unpolitisch« agiert, wird in der historischen Analyse zu einem untrennbaren Element des Unrechtsstaats und tendiert daher in ihren Handlungen selbst dazu, verbrecherisch zu werden.[40] Damit wird auch die ältere, auf Ernst Fraenkel zurückgehende Unterscheidung zwischen Normenstaat und Maßnahmenstaat deutlich relativiert. Um zum Täter zu werden, reichte es möglicherweise aus, wenn man sich in einem gewissen Radius des Regimes und der Partei befand, an einen bestimmten Ort gerufen wurde und sich hier bewährte. Binnen Kurzem überschritten die Akteure dann gleichsam einen *point of no return*. Nach 1945 mochten sie dann, wie dies sehr viele Beamte taten, von »Verstrickung« oder »Schicksal« sprechen; aber es war klar, dass sie sich aktiv an einem verbrecherischen Regime beteiligt hatten.

In diesem Sinne lässt sich auch heute die Frage nach der »Restauration« neu stellen. Kennzeichnend hierfür ist, dass die personellen und mentalen Kontinuitäten meist viel weiter zurückreichten als in das Jahr 1933, das heißt bis in die Zeit der Weimarer Republik, ja sogar in die Zeit vor 1914. Solche längeren Kontinuitätsbögen sind bei den Ministerialbeamten der frühen Bundesrepublik vielfach zu beobachten.

Die meisten pflegten ein »unpolitisches« Selbstverständnis, das zugleich auf der »Überparteilichkeit« der Staatsgewalt beharrte. Sie verstanden sich als Angehörige einer technischen, rein »sachlichen« und fachmännischen Verwaltung. Ihr Ziel richtete sich auf bewahrende Effizienz. Freilich ist diese Form der scheinbar unpolitischen Überparteilichkeit für den deutschen Konservatismus ebenso Ausdrucksform des Antipluralismus wie eine spezifische Form des politischen Selbstbetrugs gewesen. Spätestens nämlich, wenn es darum geht, politische oder politisch relevante Entscheidungen zu treffen, ist die Fiktion des »Unpolitischen« vorbei – und nirgends anders machten sich die Folgen dieses Selbstbetrugs verheerender deutlich als im Verhältnis der deutschen Beamtenschaft zum NS-Regime. Das gilt auch, wenn dieser Selbstbetrug als zentrales Narrativ der Selbstentschuldung nach 1945 noch lange fortbestand.

Diese Fiktion der unpolitischen Überparteilichkeit entsprang einem abstrakten Staatsverständnis, das sich im NS-Regime allzu leicht vor den Karren spannen ließ und auch noch in der frühen Bundesrepublik erkennbar ist. Zu diesen langfristigen Kontinuitäten der deutschen Geschichte gehörte auch ein spezifischer sozialmoralischer Konservatismus. Gesellschaftspolitisch offenbarte er sich unter anderem im Umgang mit sozialen Randgruppen, sogenannten Asozialen und Alkoholikern, Arbeitsscheuen und Zigeunern. Als die Sozialabteilung des BMI 1961 die Zwangsbewahrung solcher »sozial gefährdeter« Erwachsener in das Bundessozialhilfegesetz aufnehmen wollte, äußerte sich hier eine sehr eindeutige obrigkeitsstaatlich-repressive Tradition des sozialmoralischen Konservatismus. Seine Anhänger glaubten im Übrigen auch, durch staatlich-autoritäre Intervention jene kulturellen Bewegungen drosseln zu können, die als unziemlich und subversiv galten und hergebrachte Muster sozialer Ordnung infrage stellten. Ein solcher sozialmoralischer Konservatismus war zum Beispiel 1926 die kulturpolitische Grundlage des umstrittenen Gesetzes gegen »Schmutz und Schund« gewesen. Nach 1945 finden sich seine Spurenelemente in der Kulturabteilung des BMI.

All diese Phänomene konstituieren einen Zeitbogen der deutschen Geschichte. Er verläuft von circa 1890 bis 1960 und ist durch eine relativ homogene, konservativ-etatistische Haltung mit klar antidemokratischem und antipluralistischem Einschlag gekennzeichnet. Gerade für Beamte ergab sich hieraus eine beträchtliche Affinität zum Nationalsozialismus. Als parasitäre Bewegung, die er war, nahm der Nationalsozialismus diese konservative Haltung, soweit sie ihm nützlich war, mit. Er radikalisierte und pervertierte sie und hat sie damit am Ende auch desavouiert.[41] Dauerhaft diskreditiert wurden viele der älteren, konservativ-obrigkeitsstaatlichen Traditionen in der Bundesrepublik allerdings erst seit den 1970er-Jahren.

4.

Es kennzeichnet die Vielschichtigkeit der Ära Adenauer, dass entsprechende Kontinuitäten eng einhergingen mit einer tief greifenden gesellschaftlichen und kulturellen Modernisierung. Schon Hans-Peter Schwarz sprach 1981 von den 1950er-Jahren als einer »Periode aufregender Modernisierung«.[42] Und inzwischen hat sich die »Modernisierung« als Deutungsparadigma der 1950er- und frühen 1960er-Jahre weitgehend durchgesetzt.[43] »Modernisierung« – das bezog sich zunächst auf die harten sozialgeschichtlichen Daten und Entwicklungen. So bitter das Schicksal von Krieg und Vertreibung viele Deutsche traf und so hart die sozialen Verwerfungen auch waren: Für den westlichen Teilstaat erzeugten sie einen gewaltigen Modernisierungsschub. Der Verlust der Ostgebiete und mit ihnen der sozialen Basis des ostelbischen Adels homogenisierte die bundesrepublikanische Nachkriegsgesellschaft. In Westdeutschland dagegen wurden traditionell geschlossene soziokulturelle Milieus durch den Zuzug der Millionen von Flüchtlingen aufgebrochen und dauerhaft verändert. Die modernen Basisprozesse der Urbanisierung und Industrialisierung setzten sich mit der wirtschaftlichen Erholung und dem »Wirtschaftswunder« der 1950er- und 1960er-Jahre dynamisch fort. Immer weniger Menschen bestritten ihren Lebensunterhalt in der Landwirtschaft – ihr Anteil sank zwischen 1950 und 1962 von 22,1 auf 12,1 Prozent. Dagegen entstanden immer mehr Arbeitsplätze in der boomenden Industrie, aber auch im »modernen« Dienstleistungssektor.[44] Zugleich erreichten Mobilität und Motorisierung eine zuvor ungeahnte Dimension. Und die Hausfrau der 1950er- und 1960er-Jahre, inmitten ihres durch Kühlschrank und Küchenmaschine, Waschmaschine und Staubsauger modernisierten Haushalts, ist geradezu zur Werbeikone der Epoche geworden.

Solche tief greifenden und zuvor nicht gekannten Veränderungen in der Struktur der westdeutschen Gesellschaft bildeten die äußeren Voraussetzungen für jene kulturellen Wandlungsprozesse, auf denen das Deutungsparadigma der »Modernisierung« in erster Linie beruht. Maßgeblich herausgearbeitet von ihrem historiografischen Pionier, Axel Schildt, betreffen sie vor allem die Entfaltung der modernen Massenkultur, die sich in Medien und Konsum, Freizeit und Lebensstil niederschlug. In dieser Beziehung stellte die Ära Adenauer eine Schlüsselperiode der modernen deutschen Geschichte dar, wie in der Forschung seit den 1990er-Jahren intensiv nachgewiesen worden ist.[45] Tatsächlich übt die

Massenkultur, jenes Ensemble aus Kommerz und populären Künsten, Freizeit- und Unterhaltungsangeboten, eine nachhaltig uniformierende Kraft aus. Sie tendiert dazu, ältere gesellschaftliche und kulturelle Gegensätze zunächst zu überlagern, später abzuschleifen. Im Kern ist die Massenkultur zunächst ein städtisches Phänomen und konstituiert als solches ein weitgehend neues, eben »modernes« Verhältnis zwischen Individuum und Gesellschaft. Sie spricht den Einzelnen als moralisch autonomes Subjekt an: als Individuum, das frei über sich und seine Zeit, seine Bedürfnisse und seine Kommunikation verfügt.

Das galt zunächst für die Entwicklung der Medien: Unter den Bedingungen der Demokratie wurden nach 1945 das Radio und seit dem Ende der 1950er-Jahre auch das Fernsehen zum Massenmedium im engeren Sinne. 1950 gab es in der Bundesrepublik rund neun Millionen Radioempfänger, 1963 waren es über siebzehn Millionen. Und zwischen 1953 und 1964 stieg die Zahl der Fernsehempfänger von 12.000 auf mehr als zehn Millionen. Anders formuliert: Im Jahre 1960 besaßen in der Bundesrepublik genau 25 Prozent aller Haushalte ein Fernsehgerät.[46] War also das Empfangsgerät in den frühen 1950er-Jahren als Luxusartikel noch einer verhältnismäßig kleinen, einkommensstarken Gruppe vorbehalten, so brachten die 1960er-Jahre eine weitgehende Angleichung mit sich. Mit dem Fernsehen veränderte sich nachhaltig die Struktur der Medien und damit der Massenkultur insgesamt. Bild und Ton und mit ihnen der »Kult der Zerstreuung«, über den Siegfried Kracauer im Hinblick auf das Kino gesprochen hatte,[47] kamen nun massenhaft in die Privathaushalte. Binnen kurzer Zeit wurde das Fernsehen zu einem Medium für die »breite Bevölkerung«, für dessen Empfang die Ungleichheit des Einkommens eine immer geringere, schließlich überhaupt keine Rolle mehr spielte.

Mit vergleichbarer Dynamik entwickelte sich der Freizeit- und Urlaubssektor. Zwischen 1950 und 1960 stieg der Umfang der frei verfügbaren Zeit in dem Maße, in dem die Wochenarbeitszeit und die Zahl der Arbeitstage pro Jahr sanken: Letztere von 277 auf 248.[48] Dieser Gewinn an selbstbestimmter Zeit und individueller Mobilität im Urlaub und zunehmend auch am Wochenende wurde zu einem entscheidenden Motiv für den Kauf eines Automobils, das damit zum wohl wichtigsten massenkulturellen Element der Ära Adenauer avancierte. Der Besitz und der Gebrauch des eigenen Automobils vermittelten ein Freiheitsgefühl, das dem individualistisch geprägten Zeitgeist entsprach.[49] Sie verhießen die präzedenzlose Erweiterung der raum-zeitlichen Grenzen und damit ein gleichsam »amerikanisches« Lebensgefühl. Zugleich diente der Appell an dieses Lebensgefühl als Werbung für den Tourismus. Westdeutschland, so erklärte die Deutsche Zentrale für Fremdenverkehr 1951 in ihrem »Reisemerkbuch Deutschland«, sei mit seinem »dichten Straßennetz ein ideales Land für Automobilisten«; die Autobahnen – »die ›Super-Highways‹ Deutschlands« hätten ihr Vorkriegsniveau wieder erreicht und ließen »hohe Geschwindigkeiten« zu.[50]

Die automobile Urlaubsreise ermöglichte und repräsentierte während der 1950er- und 1960er-Jahre die Konstruktion von Individualität in der Massengesellschaft; nicht zuletzt zeugte die beständig ansteigende Zahl der zugelassenen PKWs davon. Zugleich freilich offenbarte die Entwicklung des Tourismus die Paradoxie der modernen Massenkultur: Dem Individualisierungsprozess stellte sich immanent die gegenläufige Tendenz zur Uniformierung entgegen. Die scheinbare Individualität des Verkehrsmittels traf auf die Gleichförmigkeit mediterraner Urlaubsorte; und zugleich schlug die Stunde des organisierten, zunehmend standardisierten und pauschalierten Massentourismus. Nicht zufällig verzeichnete die deutsche Tourismusindustrie während der 1950er- und 1960er-Jahre gewaltige Zuwachsraten und Gewinne.[51]

In der Ära Adenauer kulminierte also ein langfristiger Prozess, der sich von den ersten Jahrzehnten des 20. Jahrhunderts bis in die 1980er-Jahre hinein erstreckte und sich unter den Bedingungen der westdeutschen Demokratie mit beispielloser Dynamik entfaltete. Erst hier, in der Bundesrepublik, gelangte die moderne Konsumgesellschaft in Deutschland zum vollen Durchbruch. Nach den ersten Entwicklungsschüben in den 1920er- und 1930er-Jahren vollzog sich in den 1950er- und 1960er-Jahren die definitive Demokratisierung des Konsums, und dies mit allen Ambivalenzen. Zwar forderte die moderne Konsumgesellschaft den »Einzelnen« zur Konstruktion seiner individuellen Identität durch »Konsumerlebnis« und Lebensstil auf. Aber zugleich trieb sie die kulturelle Uniformierung des *more of the same* voran. Die uniformierende Expansion des Konsums trug dazu bei, die in der deutschen Gesellschaftsgeschichte traditionell starken Klassengegensätze und fragmentierten Milieus auszuhöhlen, zu transzendieren und womöglich durch »Erlebnismilieus« zu ersetzen.[52] Ohne dass sich die realen Einkommens- und Vermögensrelationen verschoben hätten, schienen sich doch ein allmählicher »Abschied von der Proletarität« (Josef Mooser) und eine kulturelle »Nivellierung« zu vollziehen. Nach einer langen Periode der Konsumkritik, die auch in der Ära Adenauer von »links« wie von »rechts« sehr präsent war,[53] erzeugte dies ein neues Bild vom Konsumenten. In Anlehnung an amerikanische Vorbilder bereitete sich nun auch die Bundesrepublik für eine Rolle als »Konsumentenrepublik« vor, bestehend aus mündigen »Kunden-Bürgern«, die durch Konsum sowohl ihre persönlichen Wünsche wie auch ihre bürgerlichen Pflichten erfüllten.[54] Insofern weist die deutsche Erfahrung des 20. Jahrhunderts definitiv auf eine positive Korrelation zwischen Demokratie und Konsumgesellschaft hin. Was die Weimarer Republik in der Mitte der 1920er-Jahre nur ansatzweise entwickelte, vollendete sich in der Bundesrepublik.

Allerdings kennzeichnet es die Widersprüchlichkeit, ja die kulturelle »Janusköpfigkeit«[55] der Ära Adenauer, dass der Durchbruch der Konsumgesellschaft zum Gegenstand heftiger kultur- und sozialkritischer Auseinandersetzungen wurde. Ebenso einflussreich wie umstritten wurde insbesondere Helmut Schelskys Schlagwort der »nivellierten Mittelstandsgesellschaft«, womit er freilich weniger den Strukturwandel selbst als das Selbstverständnis der westdeutschen Nachkriegsgesellschaft traf.[56] Tatsächlich konnte von einer sozialen Nivellierung wohl kaum die Rede sein, wenn faktische Ungleichheitsrelationen unverändert blieben. Es ist häufig darauf hingewiesen worden, dass die westdeutsche Gesellschaft in der Ära Adenauer zwar einem beispiellosen »Fahrstuhleffekt« unterlag. In dem Maße, in dem alle Klassen und Schichten beträchtliche materielle Zugewinne verbuchen und ihren Lebensstandard auch in der Breite steigern konnten, stieg das soziale Niveau im Ganzen an. Befördert wurde dies nicht zuletzt durch die Adenauer'sche Sozialpolitik, und hier vor allem durch die Einführung ihrer Prunkstücke, dem Lastenausgleich und der dynamischen Rente im Jahre 1957. Sie integrierte nun auch die gewissermaßen zu kurz Gekommenen, die in der ersten Jahrhunderthälfte den Karren gezogen hatten und von der neuen Prosperität kaum mehr profitieren konnten.

Die sozialen Unterschiede und Gegensätze in den Besitz- und Einkommensverhältnissen veränderten aber weder der Fahrstuhleffekt noch eine avancierte Sozialpolitik. Insofern überraschte es nicht, wenn Schelskys Diagnose einer nivellierten Mittelstandsgesellschaft auf Kritik traf. Am deutlichsten und analytisch schärfsten kam sie von Ralf Dahrendorf, einem Soziologen, dessen Denken sehr viel stärker von der Klassenanalyse und einem egalitären Staatsbürgerideal geprägt war. Für Dahrendorf stand Schelsky daher in einer spezifisch deutschen Tradition, die eine »bleibende Aversion gegen den Gedanken sozialer Ungleichheit« verriet und von »Wilhelms I. angemessenerweise in der Präambel zum Sozialistengesetz beschworener ›Harmonie der Klassen‹ bis zu Hitlers ›Volksgemeinschaft‹ reicht«. In diesem Sinne glich Schelskys Idee einer »Beruhigungsideologie« angesichts der faktisch verifizierbaren Ungleichheiten: »Die schichtenlose Gesellschaft liefert die Ideologie, die die äußere Seite der fehlenden Gleichheitschancen in Deutschland verdeckt.«[57] Aus dieser Skepsis speisen sich auch die Reserven mancher Historiker gegenüber der Prämierung der »Modernisierung« durch Massenkultur als das Spezifikum der Ära Adenauer. Für Hans-Ulrich Wehler etwa bildete ein Schlüsselbegriff wie Konsumgesellschaft keine hinreichende Erklärungskraft, »da sie zwar wichtige, neuartige Aspekte, nicht jedoch das innere Ordnungsgefüge der Gesellschaft angemessen« erfasse. Demgegenüber herrschte in der Bundesrepublik eine »erstaunliche Konstanz« in der sozialen Ungleichheit von Vermögen und Einkommen, von Bildungschancen und restriktiven Klassenbedingungen.[58] Dieser eher skeptische Blick auf die Ära Adenauer ist heute wieder aktueller geworden angesichts einer neuen und an Schärfe gewinnenden Ungleichheitsdiskussion.

5.

Jedenfalls ist deutlich geworden, dass sich die Ära Adenauer einer eindeutigen Bewertung entzieht, und das gilt sowohl für die Zeitgenossen wie auch für die historische und sozialwissenschaftliche Forschung. Wichtig ist, daran zu erinnern, dass keine historische Periode in ihrem Profil eindeutig und unveränderbar ist. Auch die Ära Adenauer war alles andere als statisch, weshalb sich eindimensionale Urteile über sie verbieten. Keiner der Begriffe »Restauration« oder »Modernisierung« vermag sie ganz zu erklären. Im Gegenteil: Restaurative Elemente paarten sich in ihr mit dynamischer Modernisierung; ein übermächtiger Kanzler mit der Entstehung eines lebendigen Parlamentarismus; ein beispielloser Prosperitätsanstieg mit fortbestehender sozialer Ungleichheit.

Am besten trifft die Ära Adenauer daher die Feststellung ihrer Wandelbarkeit. Sie ist ein Musterbeispiel für den Prozesscharakter jeder Demokratie. Gerade angesichts der vielen personellen und mentalen Kontinuitäten, die an ihrem Anfang standen, drückte sich dies in einer Kaskade von Lernprozessen aus. Das galt für die Bürokratie in den Ministerien. Die Beamten hatten zu lernen, dass sich ihr überkommener Etatismus zunehmend am Bundesverfassungsgericht, an der parlamentarischen Opposition, an der kritischen Öffentlichkeit oder schlicht am »Zeitgeist« brach. Die Behörden erkannten mit der Zeit, dass überkommene Moralvorstellungen einem neuen, pluralistischeren Verständnis von Presse- und Kunstfreiheit zu weichen hatten. Die Bundestagsabgeordneten und die politischen Parteien lernten, sich zu organisieren, um die effiziente Arbeit von Regierung und Opposition zu gewährleisten. Aber keineswegs waren es nur die Politiker und Beamten, die die neue Demokratie erlernten. Der Lernprozess erfasste im Grunde die ganze Gesellschaft. Journalisten lernten, sich von der bevormundenden Medienpolitik und dem »Konsensjournalismus« der Regierung Adenauer zu emanzipieren.[59] Männer begannen, sich damit auseinanderzusetzen, dass die grundgesetzlich garantierte Gleichberechtigung der Frauen auch institutionell zu realisieren war.[60] Väter lernten neue, »weichere« Formen der Autorität kennen, die der »Lebensform« Demokratie besser entsprachen als althergebrachte »harte« Männlichkeitsvorstellungen.[61] Die Gesellschaft insgesamt lernte allmählich, den Pluralismus und Individualismus der Moderne zu akzeptieren und mit ihm umzugehen. In diesem Sinne konnte auch einer der Väter der Restaurationsthese, Eugen Kogon, 1962 öffentlich resümieren: »Die freiheitliche Demokratie ist (…) ein langer und mühseliger, ein noch nicht annähernd abgeschlossener Bildungs- und Einübungsprozeß. Glücklicherweise gibt es überall aktive Minderheiten, die das Werk des allgemeinen Fortschritts besorgen – produktive Unruhegruppen, denen das Werk der geduldigen Aufklärung, der ebenso geduldigen, aus Prinzipien und Erfahrung gespeisten Erziehung, die der Demokratie die allgemeinen Voraussetzungen schaffen, am Herzen liegt.«[62]

1   Konrad Adenauer: Erinnerungen 1945–1953. Stuttgart 1965, S. 228.

2   Fritz René Allemann: Bonn ist nicht Weimar. Köln/Berlin 1956; vgl. insgesamt Sebastian Ullrich: Der Weimar-Komplex. Das Scheitern der ersten deutschen Demokratie und die politische Kultur der frühen Bundesrepublik. Göttingen 2009.

3   Hans-Peter Schwarz: Adenauer: Der Aufstieg: 1876–1952, und Adenauer: Der Staatsmann: 1952–1967. Stuttgart 1986, 1991.

4   Siehe z.B. Michael Hochgeschwender (Hg.): Epoche im Widerspruch. Ideelle und kulturelle Umbrüche der Adenauerzeit. Bonn 2011.

5   Thomas Flemming: Gustav W. Heinemann. Ein deutscher Citoyen. Essen 2014, S. 21–231; Udo Wengst: Thomas Dehler 1897–1967. Eine politische Biographie. München 1997; Rolf Steininger: Eine Chance zur Wiedervereinigung? Die Sta-

lin-Note vom 10. März 1952. Darstellung und Dokumentation auf der Grundlage unveröffentlichter britischer und amerikanischer Akten. Bonn 1985; Josef Foschepoth (Hg.): Adenauer und die deutsche Frage. Göttingen 1990, hier v.a. auf S. 29–60 der Beitrag des Herausgebers: Westintegration statt Wiedervereinigung. Adenauers Deutschlandpolitik 1949–1955.

6 Konrad Adenauer an Berhard Custodis, 23. März 1946, in: Adenauer. Briefe 1945–1947 (Rhöndorfer Ausgabe). Bearb. von Hans Peter Mensing, Berlin 1983, Nr. 169, S. 172 f. (das Zitat 173).

7 Norbert Frei: Vergangenheitspolitik. Die Anfänge der Bundesrepublik und die NS-Vergangenheit. München 1996.

8 Walter Dirks: Der restaurative Charakter der Epoche, in: Frankfurter Hefte 5 (1950), S. 942–954.

9 Eugen Kogon: Die Aussichten der Restauration. Über die gesellschaftlichen Grundlagen der Zeit, in: Frankfurter Hefte 7 (1952), S. 165–177, hier 172.

10 Vgl. hierzu Clemens Albrecht u.a.: Die intellektuelle Gründung der Bundesrepublik. Eine Wirkungsgeschichte der Frankfurter Schule. Frankfurt a. M./New York 1999, S. 132–135.

11 Dirks: Charakter, S. 947.

12 Ebd., S. 948.

13 Vgl. Axel Schildt: Der Europa-Gedanke in der westdeutschen Ideenlandschaft der ersten Nachkriegsjahre (1945–1955), in: Ders.: Annäherungen an die Westdeutschen. Sozial- und kulturgeschichtliche Perspektiven auf die Bundesrepublik. Göttingen 2011, S. 78–91. Zum Antikommunismus im Kontext des Kalten Krieges siehe Stefan Creuzberger: Kampf für die Einheit. Das gesamtdeutsche Ministerium und die politische Kultur des Kalten Krieges 1949–1969. Düsseldorf 2008; Ders./Dierk Hoffmann (Hg.): »Geistige Gefahr« und »Immunisierung der Gesellschaft«. Antikommunismus und politische Kultur in der frühen Bundesrepublik. München 2014.

14 Merith Niehuss: Familie, Frau und Gesellschaft. Studien zur Strukturgeschichte der Familie in Westdeutschland 1945–1960. Göttingen 2001; Lukas Rölli-Alkemper: Familie im Wiederaufbau. Katholizismus und bürgerliches Familienideal in der Bundesrepublik Deutschland 1945–1965. Paderborn 2000.

15 Allgemein hierzu Benjamin Möckel: Erfahrungsbruch und Generationsbehauptung. Die »Kriegsjugendgeneration« in den beiden deutschen Nachkriegsgesellschaften. Göttingen 2014.

16 Karl-Wilhelm Böttcher: Die junge Generation und die Parteien, in: Frankfurter Hefte 3 (1948), S. 757.

17 Eigene Berechnungen nach den Angaben in: Marie-Luise Recker/Klaus Tenfelde (Hg.): Handbuch zur Statistik der Parlamente und Parteien in den westlichen Besatzungszonen und in der Bundesrepublik Deutschland, Teilband I: Abgeordnete in Bund und Ländern. Mitgliedschaft und Sozialstruktur 1946–1990. Bearb. von Christian Handschell. Düsseldorf 2002, S. 181, 216 f., 224 f.

18 Berechnet nach der Mitgliederliste des Parlamentarischen Rats in: Kurt Georg Wernicke: Der Parlamentarische Rat 1948–1949. Boppard am Rhein 1975, S. 429–435; sowie nach Recker/Tenfelde (Hg.): Handbuch zur Statistik, S. 166 f.

19 Siehe Dieter Hein: Zwischen liberaler Milieupartei und nationaler Sammlungs-
    bewegung. Gründung, Entwicklung und Struktur der Freien Demokratischen
    Partei 1945–1949. Düsseldorf 1985, S. 192; Wernicke: Parlamentarischer Rat,
    S. 429–435; Recker/Tenfelde (Hg.): Handbuch zur Statistik, S. 166.

20 Wolfgang Koeppen: Das Treibhaus. Stuttgart 1953. Zitat: Das Bundes-Treib-
    haus, in: Der Spiegel, 4. November 1953. Vgl. insgesamt jetzt das grundlegende
    Werk von Benedikt Wintgens: Treibhaus Bonn. Die politische Kulturgeschichte
    eines Romans. Düsseldorf 2019.

21 Allemann: Bonn ist nicht Weimar, S. 346 f. Zum Problem der Kanzlerdemokra-
    tie, ein Begriff, den Dolf Sternberger in den 1950er-Jahren prägte, vgl. Anselm
    Doering-Manteuffel: Strukturmerkmale der Kanzlerdemokratie, in: Der Staat 30
    (1991), S. 1–18; sowie Karlheinz Niclauß: Kanzlerdemokratie. Regierungsfüh-
    rung von Konrad Adenauer bis Gerhard Schröder, 2. Aufl. Paderborn 2004.

22 Arnulf Baring: Im Anfang war Adenauer. Die Entstehung der Kanzlerdemokra-
    tie. München 1984, S. 9–109, die Zitate 104 und 106.

23 Allemann: Bonn ist nicht Weimar, S. 349.

24 Dirks: Charakter, S. 948.

25 Vgl. hierzu Frank Bösch: Die Adenauer-CDU. Gründung, Aufstieg und Krise ei-
    ner Erfolgspartei 1945–1969. Stuttgart/München 2001.

26 Vgl. hierzu Andreas Wirsching: Demokratie als »Lebensform« – Theodor Heuss
    (1884–1963), in: Ders.: Demokratie und Gesellschaft. Historische Studien zur
    europäischen Moderne. Göttingen 2019, S. 112–126 (zuerst 2012).

27 Marie-Luise Recker: Parlamentarismus in der Bundesrepublik Deutschland.
    Der Deutsche Bundestag 1949–1969. Düsseldorf 2019.

28 Adenauer: Erinnerungen 1945–1953, S. 226 f.

29 Dazu Andreas Wirsching: Koalition, Opposition, Interessenpolitik. Probleme
    des Weimarer Parteienparlamentarismus, in: Ders.: Demokratie und Gesell-
    schaft, S. 56–80, hier v.a. 60–69: Die Idee der großen Koalition als parlamenta-
    risches Substitut für das Regieren »über den Parteien«.

30 Rolf Badstübner: Restauration in Westdeutschland 1945–1949. Berlin (Ost)
    1965.

31 Theo Pirker: Die verordnete Demokratie. Grundlagen und Erscheinungen der
    »Restauration«. Berlin 1977.

32 Differenziert Claudia Fröhlich: Restauration. Zur (Un-)Tauglichkeit eines Erklä-
    rungsansatzes westdeutscher Demokratiegeschichte im Kontext der Auseinan-
    dersetzung mit der NS-Vergangenheit, in: Stephan Glienke u.a. (Hg.): Erfolgs-
    geschichte Bundesrepublik? Die Nachkriegsgesellschaft im langen Schatten des
    Nationalsozialismus. Göttingen 2008, S. 17–52; Jürgen Kocka: 1945. Neubeginn
    oder Restauration?, in: Carola Stern/Heinrich A. Winkler (Hg.): Wendepunkte
    deutscher Geschichte 1848–1945. Frankfurt a. M. 1979, S. 141–168.

33 Siehe u.a. Ingo Müller: Furchtbare Juristen. Die unbewältigte Vergangenheit
    unserer Justiz. Berlin 2014; Hubert Rottleuthner: Karrieren und Kontinuitäten
    deutscher Justizjuristen vor und nach 1945. Berlin 2010.

34 Manfred Görtemaker/Christoph Safferling: Die Akte Rosenburg. Das Bundes-
    ministerium der Justiz und die NS-Zeit. München 2016; Frank Bösch/Andreas

Wirsching (Hg.): Hüter der Ordnung. Die Innenministerien in Bonn und Ost-Berlin nach dem Nationalsozialismus. Göttingen 2018; Constantin Goschler/Michael Wala: »Keine neue Gestapo«. Das Bundesamt für Verfassungsschutz und die NS-Vergangenheit. Reinbek bei Hamburg 2015; Immanuel Baumann u.a.: Schatten der Vergangenheit. Das BKA und seine Gründungsgeneration in der frühen Bundesrepublik. Köln 2011; sowie die Veröffentlichungen der Unabhängigen Historikerkommission zur Erforschung der Geschichte des Bundesnachrichtendienstes 1945–1968. Hg. von Jost Dülffer u.a., bisher 10 Bände, Berlin 2013–2018. Einen Überblick über den Forschungsstand vermitteln Christian Mentel/Niels Weise: Die zentralen deutschen Behörden und der Nationalsozialismus. Stand und Perspektiven der Forschung. München/Potsdam 2016.

35 Bösch/Wirsching (Hg.): Hüter der Ordnung, S. 125, 601.

36 FAZ, 8. Mai 1955.

37 Vgl. Lutz Niethammer: Die Mitläuferfabrik. Die Entnazifizierung am Beispiel Bayerns. Bonn 1982.

38 Beispiele bei Bösch/Wirsching: Hüter der Ordnung, S. 146–175.

39 Ebd., S. 72 f.

40 Vgl. hierzu Christiane Kuller: »Kämpfende Verwaltung«. Bürokratie im NS-Staat, in: Süß/Süß (Hg.): Das »Dritte Reich«, S. 227–244.

41 Vgl. zur »Amalgamierung traditioneller antiliberaler, antiuniversalistischer und antidemokratischer Muster mit jenen der NS-Zeit« Ulrich Herbert: Liberalisierung als Lernprozeß. Die Bundesrepublik in der deutschen Geschichte – eine Skizze, in: Ders. (Hg.): Wandlungsprozesse in Westdeutschland. Belastung, Integration, Liberalisierung 1945–1980, Göttingen 2002, S. 7–50, hier 17.

42 Hans-Peter Schwarz: Die Ära Adenauer 1949–1957. Stuttgart/Wiesbaden 1981, S. 382.

43 Siehe die neueren Gesamtdarstellungen von Edgar Wolfrum: Die geglückte Demokratie. Geschichte der Bundesrepublik Deutschland von ihren Anfängen bis zur Gegenwart. Stuttgart 2006, S. 144 ff.; Eckart Conze: Die Suche nach Sicherheit. Eine Geschichte der Bundesrepublik Deutschland von 1949 bis in die Gegenwart. Berlin 2009, S. 184 ff.; Ulrich Herbert: Geschichte Deutschlands im 20. Jahrhundert. München 2014, S. 682 ff.

44 Zahlen in: Statistisches Bundesamt (Hg.): Bevölkerung und Wirtschaft 1872–1972. Wiesbaden 1972, S. 142.

45 Siehe insbesondere Axel Schildt: Moderne Zeiten. Freizeit, Massenmedien und »Zeitgeist« in der Bundesrepublik der 50er Jahre. Hamburg 1995; Ders./Arnold Sywottek (Hg.): Modernisierung im Wiederaufbau. Die westdeutsche Gesellschaft der fünfziger Jahre. Bonn 1998; Axel Schildt u.a. (Hg.): Dynamische Zeiten. Die 60er Jahre in den beiden deutschen Gesellschaften. Hamburg 2000; Kaspar Maase: Grenzenloses Vergnügen. Der Aufstieg der Massenkultur 1850–1979. Frankfurt a. M. 1997.

46 Zahlen nach Statistisches Bundesamt (Hg.): Bevölkerung und Wirtschaft 1872–1972, S. 209, sowie nach Statistisches Jahrbuch für die Bundesrepublik Deutschland 1962–1972; Axel Schildt: Der Beginn des Fernsehzeitalters. Ein

neues Massenmedium setzt sich durch, in: Ders./Sywottek (Hg.): Modernisierung im Wiederaufbau, S. 477–492, hier 481.

47 Siegfried Kracauer: Das Ornament der Masse. Frankfurt a. M. 1963, S. 311.

48 Arne Andersen: Der Traum vom guten Leben. Alltags- und Konsumgeschichte vom Wirtschaftswunder bis heute. Frankfurt a. M./New York 1997, S. 210.

49 Vgl. Dietmar Klenke: Bundesdeutsche Verkehrspolitik und Motorisierung. Konfliktträchtige Weichenstellungen in den Jahren des Wiederaufstiegs. Stuttgart 1993, S. 111–116.

50 Zitiert nach Schildt: Moderne Zeiten, S. 194.

51 Endlich Urlaub! Die Deutschen reisen. Begleitbuch zur Ausstellung im Haus der Geschichte der Bundesrepublik Deutschland, Bonn, 6. Juni bis 13. Oktober 1996. Redaktion: Hans Walter Hütter, Petra Rösgen. Köln 1996, S. 54–58.

52 Stefan Goch: Aufstieg der Konsumgesellschaft – Niedergang der Milieus? Viele Fragen, in: Michael Prinz (Hg.): Der lange Weg in den Überfluß. Anfänge und Entwicklung der Konsumgesellschaft seit der Vormoderne. Paderborn 2003, S. 413–436, hier v.a. 430–435.

53 Hierzu Andreas Wirsching: Konsum statt Arbeit? Zum Wandel von Individualität in der modernen Massengesellschaft, in: Ders.: Demokratie und Gesellschaft, S. 329–359, hier v.a. 331–337 (zuerst 2009).

54 Vgl. Sheryl Kroen: Der Aufstieg des Kundenbürgers? Eine politische Allegorie für unsere Zeit, in: Prinz (Hg.): Der lange Weg, S. 533–564.

55 Georg Bollenbeck/Gerhard Kaiser (Hg.): Die janusköpfigen 50er Jahre: Kulturelle Moderne und bildungsbürgerliche Semantik III. Wiesbaden 2000.

56 Helmut Schelsky: Die Bedeutung des Schichtungsbegriffes für die Analyse der gegenwärtigen deutschen Gesellschaft (1953), in: Ders.: Auf der Suche nach Wirklichkeit. Gesammelte Aufsätze. Düsseldorf/Köln 1965, S. 331–336, hier 332. Vgl. zum Ganzen Paul Nolte: Die Ordnung der deutschen Gesellschaft. Selbstentwurf und Selbstbeschreibung im 20. Jahrhundert. München 2000, S. 330 ff.

57 Ralf Dahrendorf: Gesellschaft und Demokratie in Deutschland. München 1965, S. 150.

58 Hans-Ulrich Wehler: Deutsche Gesellschaftsgeschichte, Bd. V: 1949–1990. München 2008, S. 208, 213. Siehe auch Ders.: Die Last des Erfolgs: Die Vorteile des »Wirtschaftswunders« und die Bürde der Sozialen Ungleichheit, in: Ders.: Land ohne Unterschichten? Neue Essays zur deutschen Geschichte. München 2010, S. 206–227.

59 Christina von Hodenberg: Die Journalisten und der Aufbruch zur kritischen Öffentlichkeit, in: Herbert (Hg.): Wandlungsprozesse, S. 278–311, hier 297.

60 Vgl. nur Carmen Leicht-Scholten: Das Recht auf Gleichberechtigung im Grundgesetz. Die Entscheidungen des Bundesverfassungsgerichts von 1949 bis heute. Frankfurt a. M./New York 2000.

61 Till van Rahden: Wie Vati die Demokratie lernte: Religion, Familie und die Frage der Autorität in der frühen Bundesrepublik, in: Daniel Fulda u.a. (Hg.): Demokratie im Schatten der Gewalt. Geschichten des Privaten im deutschen Nachkrieg. Göttingen 2010, S. 122–151.

62 Eugen Kogon: Der Parlamentarismus unter den gegenwärtigen gesellschaftlichen Bedingungen. Rede zur Eröffnung des neuen Hessischen Parlaments-Plenarsaals in Wiesbaden am 18. September 1962, in: Ders.: Die unvollendete Erneuerung. Deutschland im Kräftefeld 1945–1963. Frankfurt a. M. 1964, S. 240–258, hier 258.

Christlich= Demokratische UNION

Männer und Frauen!
Alte und junge Generation!

Die CDU, die neue Aufbaupartei
verurteilt und bekämpft Nazi-Ideen und Methoden:

Diktatur und geheuchelte Demokratie,
Lügen und Terror in jeder Form,
Politische, sittliche und soziale Gewissenlosigkeit,
Kollektivismus und jede Gleichschaltung,
Charakterlosigkeit und Unfähigkeit in Politik und Verwaltung;

Die CDU, die starke Volkspartei
tritt ein für wahre Demokratie:

Recht und Schutz der persönlichen Freiheit und des Privateigentums,
Unbedingte Wahrheit in Wort und Schrift,
Soziale Ordnung und Gesetze aus christlicher Verantwortung,
Das Gemeinwohl aller Berufsstände,
Für saubere Verwaltung in Kreis und Gemeinden.

Unser Aufbau:

Behebung der Wohnungsnot, Besserung der Ernährungslage, Ausgleichung
der Kriegslasten, gerechte Verteilung der Steuern, Aufnahme und Betreuung
unserer Flüchtlinge, Sorge für unsere Kriegsgefangenen.
Geistige und sittliche Erneuerung aus den Werten unserer Kultur.
Anbahnung einer Politik der Verantwortung und der Verständigung
für einen dauerhaften Frieden.

Deine Stimme für die UNION!
Dein erster Beitrag zum Aufbau!

Verantwortl.: Großhessisches Landessekretariat Frankfurt a. M., Bruno Dörpinghaus, Hausnr. 3. Tel. 53170/53650.
Druck: Franz Jos. Henrich, Flm.-Schwanheim, Auflage: 2000. 4. 46.

25 Plakat zu den Kommunalwahlen in Hessen 1946

Volksparteien – Entwicklung und Perspektiven

Edgar Wolfrum

1. Parteityp und Problemlage

Nachdem Dolf Sternberger den Begriff »Volkspartei« eingeführt und diese von der Klassen-, Interessen- oder Honoratiorenpartei abgegrenzt hatte, hat sich insbesondere die deutsche Politikwissenschaft daran abgearbeitet. Der Begriff hat
rasch Eingang in den alltäglichen Sprachgebrauch gefunden
und klingt schöner als »Allerweltspartei«, der durch eine
Übersetzung des englischen Wortes *catch-all-party* bei Otto
Kirchheimer in den 1960er-Jahren entstanden war.[1]

Volksparteien, so das allgemeine Verständnis, müssen breit
sein und groß. Sie müssen möglichst viele Schichten der Gesellschaft – jenseits unterschiedlicher Weltanschauungen –
ansprechen, sie repräsentieren und bei Wahlen zu den Urnen
ziehen. Das Programmangebot darf dementsprechend nicht
zu fokussiert, sondern sollte weit ausgedehnt sein, ohne allerdings beliebig zu werden. Volksparteien sollten möglichst
viele Werte unterschiedlicher Milieus und Schichten auf die
eine oder andere Art und Weise widerspiegeln und über eine
breite Mitgliederbasis verfügen. Ihre Selbstdarstellung hebt
darauf ab, breite Wählerschichten anzusprechen und in ihrer
Interessenvielfalt ausgleichend zu vertreten.[2] Wahlerfolge
erringen Volksparteien nur dann, wenn es ihnen gelingt, mit
ihren Forderungen weit in die politische Mitte vorzustoßen.
Sie müssen somit auch Wählerinnen und Wähler anziehen,

die keinen unmittelbaren Nutzen aus der Umsetzung des engeren Programms der Partei ziehen würden. Es muss diesen Wählerinnen und Wählern nur einleuchten, dass die erstrebten Inhalte und Neuerungen einen Beitrag zur gewünschten Festigung des gesellschaftlichen Zusammenhalts leisten, und bei ihnen der Wunsch entstehen, sich dem gerne anzuschließen. Welche Partei auch immer um die politische Mitte kämpft: Sie muss plausible Antworten auf möglichst viele Herausforderungen der jeweiligen Gegenwart liefern, Innenpolitik und globale Herausforderungen verknüpfen und die drängenden Fragen nach der Gestaltung der Zukunft in den Blick nehmen. Sie darf keinen Politikbereich, im Inneren wie im Äußeren, vollkommen ausblenden. Es ist ein Spagat und, wenn er gelingt, eine hohe Kunst.

Möglichst breite und integrative Parteien: Das war das Erfolgsrezept der geglückten Demokratie der (alten) Bundesrepublik Deutschland. Es folgte aus den negativen Erfahrungen der Weimarer Republik und bedeutete eine Art von Lernleistung.

Lange hat sich vor allem eine Partei auf diesen Spagat zwischen Tradition und Moderne, zwischen konservativ und progressiv, verstanden: die CSU in Bayern. Diese Partei gibt es seit fünfundsiebzig Jahren, davon war sie einundsiebzig Jahre Regierungspartei und führte den Freistaat fünfzig Jahre lang mit absoluter Mehrheit. 1974 und 2003 lag die Zustimmung auf Rekordniveau und erreichte über 60 Prozent.[3] Mit dieser Hegemonie bildet die CSU eine Ausnahmeerscheinung in der deutschen Parteienlandschaft. Eine Erfolgsgarantie war der Anspruch, so etwas wie einen Staat ohne Nation zu vertreten, die feste Verbindung der CSU mit Bayern ist essenziell. Vergleichbar ist diese Ausrichtung mit der Scottish National Party oder der Südtiroler Volkspartei – hier wie dort kommt der Wunsch nach einer gewissen regionalen Autonomie zum Ausdruck. Nach der deutschen Wiedervereinigung konnte auch die PDS eine Zeit lang in diesem Sinne als ostdeutsche Volkspartei charakterisiert werden.

In jüngeren Jahren war im CSU-Slogan »Laptop und Lederhose« das »und« entscheidend, nämlich die Verbindung von Tradition *und* Modernisierung, Heimat *und* Weltoffenheit.[4] Nach diesem Muster gelang 1998 auch der letzte große Wahlsieg der SPD auf Bundesebene: »Innovation und Gerechtigkeit«, oder personell: Gerhard Schröder und Oskar Lafontaine. Dass diese Konstellation nicht gut ging und das gemeinsame Projekt nach wenig mehr als hundert Tagen endete, als Lafontaine den Bettel hinschmiss, steht auf einem anderen Blatt.[5] Doch dieses »und« wurde zum Erfolgsrezept in einer komplizierter gewordenen Welt. Jüngst hat es wieder der grüne Ministerpräsident Baden-Württembergs, Winfried Kretschmann, zur Erfolgsmelodie erklärt. In seinem Bändchen »Worauf wir uns verlassen wollen« plädiert er gerade für eine solche »Politik des Und«: Ökonomie und Ökologie, Zusammenhalt und Vielfalt, Fortschritt und Humanität, Nation und Europa, wirtschaftliche Dynamik und sozialer Ausgleich, Sicherheit und Freiheit, Humanität und Ordnung und so weiter und so fort.[6]

Diese Entwicklung ist nicht neu, wird durch die mittlerweile unendlich differenzierte Gesellschaft jedoch weiter verstärkt; differenziert in ihrem Einkommen, ihrem Sozialstatus, ihren Konsumgewohnheiten und ihren Lebensstilen. Die Politik ist turbulenter geworden, die Anforderungen sind vielgestaltig, häufig global. Das vielfältige »und« spiegelt diese Entwicklung. In früheren Zeiten lautete das einen großen Zuspruch garantierende Motto nicht »und«, sondern »oder« beziehungsweise »statt«: »Freiheit statt Sozialismus«, so der Wahlkampfslogan der CDU/CSU 1980, oder bei Konrad Adenauer 1957 die klare Alternative: »Keine Experimente!«.

Ähnlich apodiktisch war der Wahlkampfslogan der SPD 1969: »Wir schaffen das moderne Deutschland«, wir und nicht die »anderen«. Die Zeiten klarer Unterschiede während des Ost-West-Konflikts und des Kalten Krieges wirkten auch nach innen, in die Gesellschaft. Man schloss sich »gegen« etwas zusammen. Das war allemal leichter als die Situation heutzutage ist, wo man sich nicht gegen, sondern für etwas zusammenschließen muss.

2. Stabilitätsanker nach 1945

Den Volksparteien vorausgegangen waren die Massenintegrationsparteien im deutschen Kaiserreich, die die jeweiligen »Reichsfeinde« unter ihrem Dach sammelten: das Zentrum als Ort der Katholiken und die SPD als Ort sozialistischer Arbeiter. Die katholische Zentrumspartei konnte bereits im Kaiserreich den Charakter einer schichten- und regionsübergreifenden Volkspartei ausbilden, zumindest in Ansätzen, denn erst die überkonfessionelle Öffnung nach dem Zweiten Weltkrieg schloss diesen Prozess ab. Die Weimarer Republik brachte zwei neue Entwicklungen, von denen die eine rasch abbrach und die andere demokratiegefährdend war. Zum einen: Das Görlitzer Programm der SPD von 1921 formulierte, die Partei sehe sich als Vertreterin des arbeitenden Volkes in Stadt und Land, als Kampfgemeinschaft für Demokratie und Sozialismus. Der Weg zur Volkspartei, der hier eingeschlagen wurde, erwies sich als sehr kurz. Nach der »Wiedervereinigung« mit den Resten der linken Unabhängigen Sozialdemokraten war im Heidelberger Programm von 1925 die Öffnung schon wieder beendet, und es stand die alte Konzentration auf die Arbeiterklasse im Vordergrund.[7] Zum anderen: Der NSDAP schreibt die Forschung den Charakter einer »Volkspartei des Protestes« zu, keine andere Partei erreichte am Ende der 1920er-Jahre eine derart heterogene Zusammensetzung ihrer Wählerschaft aus nahezu allen gesellschaftlichen Gruppen.[8]

Das, was wir heute unter Volksparteien verstehen, gehört in vollem Umfang erst zur Geschichte der Bundesrepublik Deutschland. Kaum jemand hätte zu Beginn der 1950er-Jahre die Prognose gewagt, dass das deutsche Parteiensystem zu einem der wichtigsten Elemente für die Stabilität der Republik werden sollte, obwohl im Artikel 21 des Grundgesetzes die Parteien eine verfassungsmäßig bedeutsame Rolle zugewiesen bekamen und ein Trennungsstrich zwischen verfassungsloyalen und verfassungswidrigen Parteien gezogen wurde. Die prekäre Situation der jungen Demokratie konnte insbesondere dann abgemildert werden, wenn die neu geschaffenen Institutionen überzeugend funktionierten – und hier kam dem Parteiensystem eine Schlüsselrolle zu, weil Parteien im Rahmen der Repräsentativverfassung eine Mittlerrolle zu übernehmen hatten. Die Ausgangssituation war allerdings schlecht: In der Weimarer Republik waren die Parteien eine der meistgehassten Erscheinungen des politischen Lebens gewesen, und dieses negative Image haftete ihnen auch nach 1949 eine Zeit lang an. Im Jahr 1950 hielten 25 Prozent der befragten Westdeutschen einen Einparteienstaat für wünschenswert, nur 53 Prozent bevorzugten ein Mehrparteiensystem; dagegen sollten es 1968 nur noch 7 Prozent sein, die gegen, und 81 Prozent, die für den Parteienpluralismus votierten.[9]

Man muss sich vor Augen halten: In der Geschichte der Bundesrepublik gab es bisher insgesamt über hundertdreißig Parteien, die sich seit 1949 an Bundes- beziehungsweise Landtagswahlen beteiligten. Einige der größeren und wichtigeren unter ihnen sind durch die Entwicklungen der Großparteien in den vorparlamentarischen Raum oder in lokale Vertretungen abgedrängt worden.[10] Von den zehn Parteien des ersten Deutschen Bundestags waren 1961 nur noch drei übrig, CDU/CSU, SPD und FDP, und dies sollte bis in die 1980er-Jahre hinein so bleiben. Dieser im internationalen Vergleich beispiellose Konzentrationsprozess ging mit einer enormen Integrationsleistung einher. Die Forschung ist sich weitgehend darüber einig, dass hier das besondere Geheimnis der Nachkriegsmetamorphose Westdeutschlands zu suchen ist: Die im ersten Jahrzehnt der Bonner Demokratie vollzogene Konzentration auf ein Dreiparteiensystem wird als ein entscheidender Grund für die Stabilität der Bundesrepublik angesehen, weil so erstmals in der deutschen Geschichte die zentrifugalen Kräfte ideologischer, sozialer und politischer Zersplitterung aufgehoben werden konnten.[11]

Selbstverständlich war diese Entwicklung keineswegs. Nachdem die Alliierten die Lizenzierungspolitik aufgegeben hatten, entstanden 1950 schlagartig etwa dreißig neue Parteien, es kam zu einer breiten Auffächerung, zu einer – wenn auch kurzen – Blüte zumeist bürgerlicher Splitterparteien. Dabei handelte es sich um kleinere Interessen- und Regionalparteien, die die vorhandenen Nöte, Ängste, Unzufriedenheiten und regionalen Traditionen eines Teils der Bevölkerung zum Ausdruck brachten, aber auch um Gruppierungen im rechtsextremistischen Bereich, die sich bisher nicht hatten formieren dürfen. Bereits mit der zweiten Bundestagswahl von 1953, vor allem aber mit der dritten von 1957 – als die CDU/CSU die absolute Mehrheit der Stimmen erhielt – war die Parteienvielfalt jedoch eingeschmolzen, und die christdemokratische Union hatte die kleinen Gruppierungen gleichsam aufgesogen, weshalb Zeitgenossen in Analogie zum »Wirtschaftswunder« von einem »Wahlwunder« sprachen.[12]

Die Union war dabei mit ihrer Sammlungspolitik so erfolgreich, weil die junge Bundesrepublik, die sie mit einem überragenden Bundeskanzler regierte, wider Erwarten erfolgreich war, insbesondere auf wirtschaftlichem Gebiet. Das zeigte sich in erster Linie bei genauerer Betrachtung des Bunds der Heimatvertriebenen und Entrechteten (BHE), der 1950 in Schleswig-Holstein gegründet wurde und bei der ersten Landtagswahl, an der er sich beteiligte, auf Anhieb 23,4 Prozent der Stimmen erhielt, womit er noch vor der CDU lag.[13] Waldemar Kraft, der Parteigründer, war ein spätes Mitglied der NSDAP gewesen. Konrad Adenauer band ihn gleichwohl in die neue Bundesregierung ein und benutzte Kraft, der politisch mehr und mehr auf der Linie der Union lag, als Mehrheitsbeschaffer für seine Innen- und Außenpolitik. Diese Einbindung war klug. Als wichtiger noch erwies sich, dass »im Schmelztiegel des Wirtschaftswachstums« die (Protest-)Wählerbasis des BHE mehr und mehr dahinschwand.[14]

Äußere Faktoren wie die erfolgreich verlaufende Wirtschafts- und Sozialpolitik oder der konsequente Kurs der Westintegration im Kalten Krieg und ein beliebter Kanzler liefern nur partielle Erklärungen dafür, warum die Union so erfolgreich war und eine so große Integrationskraft entfalten konnte.[15] Seit dem Goslarer Parteitag von 1950 verfügte die CDU über eine bundesweite Organisation, doch die Parteistruktur blieb semiprofessionell und dem Modell der Honoratiorenpartei verhaftet und war weitgehend regional verankert, was ihre Flexibilität erhöhte. Darüber hinaus bildete die CDU in der politischen Praxis wirkungsvolle Mechanismen aus, um eine breite Blockbildung mit den bürgerlichen Kleinparteien zu erlangen, die sich für diese schnell als tödliche Umarmung erweisen sollte. Bei ihren Wahlbündnissen, Fusionsangeboten und der Postenverteilung sowie bei der Aufteilung von Wirtschaftsspenden zeigte sich die Unionsführung sehr großzügig. Hierdurch gelang es ihr, kleinere Parteien gleichsam als einen »externen« Arm der CDU darzustellen. Ohne die Hilfe der CDU – die ihr einige sichere Wahlkreise abtrat – wäre die vor allem auf protestantische Gebiete in Niedersachsen konzentrierte Deutsche Partei weder 1953 noch 1957 in den Bundestag eingezogen. Die Spitzenpolitiker solcher Parteien lockte die CDU dann mit einer Umarmungsstrategie zu sich herüber, und den führenden Leuten folgten bald auch weite Teile der Wählerschaft.

Ausgangspunkt der Unionserfolge war ihre Verwurzelung im politischen Katholizismus, bei der Bundestagswahl von 1953 lag der katholische Stimmenanteil 25 Prozent über dem evangelischen. Innerparteilich jedoch setzte die CDU-Führung auf allen Ebenen einen harten konfessionellen Proporz durch, wodurch sie allmählich das Image verlor, eine vor allem katholische Partei zu sein (das »Neue Zentrum«, wie politische Gegner sie anfangs gerne titulierten). War beispielsweise der Bundeskanzler katholisch, so hatte der CDU-Bundestagspräsident – zuerst Hermann Ehlers, dann Eugen Gerstenmaier – evangelisch zu sein. Ihr weltanschauliches Selbstverständnis, das auf drei Pfeilern – der christlichen Orientierung, dem Antisozialismus und der Selbstverortung als Volkspartei – ruhte, erwies sich als erfolgreiches Sammlungskonzept. Der Vorteil des christlichen Nenners war, dass er im Schatten zweier Diktaturen zugleich eine entlastende, eine abgrenzende und eine integrierende Selbstdeutung bot, ließ er sich doch als Gegenstück zum »Dritten Reich«, zum SED-Staat und zum Manchester-Kapitalismus herausstellen. Der Antisozialismus war bereits in der Weimarer Republik eine wichtige Sammlungsformel der bürgerlich-protestantischen Wählerschaft gewesen – und der Kalte Krieg, die deutsche Teilung sowie das abschreckende Beispiel des »Sozialismus« in der DDR verstärkte sie noch zusätzlich. Die

Selbstbeschreibung als Partei der »Mitte«, des Maßes und der Ausgewogenheit schließlich konnte an die erfolgreichste Formel der Union überhaupt anknüpfen: die »Soziale Marktwirtschaft« mit ihrem populären Repräsentanten Ludwig Erhard; ein Zusammenhang, den die CDU in ihrer Wahlwerbung bewusst hergestellt hatte.

Doch in den 1950er-Jahren befanden sich die kleinen bürgerlichen Parteien nicht allein im »Adenauer-Sog«,[16] auch das Wahlrecht bedrohte ihre Existenz: Seit 1953 mussten bundesweit 5 Prozent der Stimmen oder ein Direktmandat errungen werden, um in den Bundestag einzuziehen, 1957 wurde die Sperrklausel noch einmal verschärft, seither reichen erst drei Direktmandate für den Einzug in den Bundestag aus, wenn eine Partei bundesweit die Fünfprozent-Hürde nicht überspringt. Auf der Länderebene vollzog sich der Einschmelzungsprozess des Vielparteiensystems längst nicht so schnell wie auf der Bundesebene, hier blieben regionale Besonderheiten bestehen. Hinsichtlich der Antisystemparteien am rechten und linken Rand des politischen Spektrums erwiesen sich Parteienverbote der wehrhaften Demokratie als ein probates Mittel, die Republik zu konsolidieren. Mit der Sozialistischen Reichspartei (SRP) wurde 1952 erstmals in der deutschen Geschichte eine Partei wegen ihrer Verfassungsfeindlichkeit verboten. Die SRP verstieß gegen die freiheitlich-demokratische Grundordnung, missachtete die Menschenrechte, bekämpfte das Mehrparteienprinzip, war nach dem Führerprinzip aufgebaut und mit der NSDAP (zum Teil sogar personell) wesensverwandt.

Wenige Tage nach der Klage gegen die SRP, am 22. November 1951, beantragte die Bundesregierung das Verbot der KPD. Es ging offensichtlich darum, die Schläge zwischen den Extremen zu verteilen. Doch das KPD-Verbot erwies sich als viel langwieriger – das Urteil wurde erst am 17. August 1956 gefällt – und als juristisch komplizierter. Die bundesdeutsche KPD wurde gemeinhin als Filiale der SED wahrgenommen.

Hatten der elektorale Misserfolg der KPD und schließlich ihr Verbot Auswirkungen auf die Sozialdemokratie? Es ließe sich argumentieren, dass die SPD dadurch in die Lage kam, ihr Wählerpotenzial zu vergrößern, doch dieser Gewinn bewegte sich in engen Grenzen. Wichtiger war: Der Wegfall einer linken Konkurrenz erleichterte den Kurs einer programmatischen Neubestimmung, den Weg von der Klassen- zur Volkspartei. Ob die Sozialdemokraten diesen Weg überhaupt einschlagen wollten, blieb lange Zeit unentschieden. Andererseits konnte das Feindbild Kommunismus sich auch schnell zum Feindbild Sozialdemokratie ausdehnen, wovon der Bundestagswahlkampf im September 1953 eine Kostprobe lieferte. Auf einem ihrer Wahlplakate titelte die CDU: »Alle Wege des Marxismus führen nach Moskau!«[17]

Was zunächst als Vorteil der Sozialdemokratie erschien, ihre lange demokratische Tradition, entpuppte sich in der frühen Bundesrepublik als Nachteil: 90 Prozent der SPD-Mitglieder im Westen waren bereits vor 1933 in der SPD oder ihr nahestehenden Vereinigungen tätig gewesen. Diese »Traditionskompagnie« bremste den Erneuerungswillen, sogar ein Hang zur Abschottung machte sich breit. Der Stolz auf die Traditionen der Partei drohte in Borniertheit umzuschlagen. Bei den Wahlen blieb sie im »30-Prozent-Turm« gefangen, während die Union von Wahl zu Wahl triumphierte. 1953 war die SPD nur von rund der Hälfte der Arbeiterbevölkerung – ihrer »natürlichen« Hausmacht – gewählt worden; die Mittelschichten, Selbstständige, Frauen und Katholiken in nennenswertem Umfang zu gewinnen, blieb ihr infolge der noch weithin dominierenden marxistischen Ausrichtung ohnehin verwehrt.[18] Den meisten Westdeutschen erschien die Sozialdemokratie in den 1950er-Jahren als die Partei der

permanenten Neinsager, als antiwestlich und mit ihrer radikalen Opposition fast systemgefährdend.[19]

Anstöße zu einer Partei- und Programmreform gingen
nicht von der zentralen Führungsspitze, sondern zuerst von
den Ländern aus, in denen sich eine Reihe neuer tatkräfti-
ger Persönlichkeiten schon seit den Besatzungsjahren daran-
gemacht hatte, ideologischen »Ballast« abzuwerfen und Türen
der Erneuerung, besonders in Richtung westlicher Wertorientierungen hin, zu öffnen, um so die SPD zu einer undogma-
tischen Volkspartei der sozialen Demokratie zu machen. Aber
es bedurfte dreier schwerer Wahlniederlagen, 1949, 1953 und
1957, ehe die Reformer innerhalb der SPD endlich Oberwasser
gewannen. Seit 1957 beschleunigte sich die Programmdiskussion, der Stuttgarter Parteitag von 1958 setzte deutliche inhaltliche Zeichen des Wandels, und die Initiative ging von der
zentralen Funktionärsbürokratie, den Traditionalisten, auf
jüngere, politisch kundige, ausstrahlungskräftige, in der Öffentlichkeit bekannte und geschätzte Politiker wie Fritz Erler,
Willy Brandt oder Carlo Schmid über, denen Herbert Wehner, seit 1958 stellvertretender SPD-Vorsitzender, die notwendige innerorganisatorische Rückendeckung verlieh. Die SPD
befand sich auf dem Weg zum Godesberger Programm von
1959, das nicht nur ein Parteidokument darstellte, sondern
den Wandel der westdeutschen Demokratie überhaupt aus-
drückte: eine immer weitere Kreise umfassende ideelle und
politische Liberalisierung und »Westernisierung«.

3. Blühen und Welken der Volksparteien

Als die Volksparteien in Deutschland in voller Blüte standen,
vertraten sie jeweils einzeln zwischen 35 und 50 Prozent der
Wählerschaft, gemeinsam bisweilen mehr als 90 Prozent.

Die 1970er-Jahre waren das Jahrzehnt der Volksparteien: Union und SPD erreichten gemeinsam um die 90 Prozent, die CSU übersprang in Bayern die 50-Prozent-Marke, in Baden-Württemberg errang die CDU ab 1972 mehrfach die absolute Mehrheit, im »roten Hessen« oder in Hamburg war es seit den 1960er-Jahren für lange Zeit gerade andersherum, hier triumphierte die SPD jenseits der 50-Prozent-Marke. In den späten 1970er-Jahren kam es mit dem Aufstieg der Grünen zum Wandel, ein Welken der Volkspartei SPD begann. Dass die bayerische CSU die Fraktionsgemeinschaft mit der CDU beenden und als »vierte Partei« in der ganzen Republik auftreten könnte, ging als Gespenst von Kreuth in die Geschichte ein. Im Tagungszentrum von Wildbad Kreuth traf sich die CSU-Spitze jährlich. Dort wurde mit der Schwesterpartei gehadert, dort drohte so mancher damit auszuscheren – es war indes ein kurzzeitiger Schreckensmoment.

Nicht nur in Deutschland, sondern in ganz Europa, in West wie in Ost, haben die Volksparteien auf dem Markt der Wählerinnen und Wähler seit den 1990er-Jahren an Attraktivität verloren und stecken nun in der Krise. Die Lage war oft viel dramatischer als in Deutschland. Der Niedergang der französischen Volksparteien ist besonders furchterregend. Die Verlierer der ersten Runde der französischen Präsidentschaftswahlen 2017 waren Frankreichs traditionelle Volksparteien. François Fillon, der konservative Republikaner, kam auf knapp über 20 Prozent, der sozialistische Kandidat Benoît Hamon erzielte mit gerade einmal 6,3 Prozent ein historisch miserables Wahlergebnis. In Frankreich war das Parteiensystem traditionell heterogener als in Deutschland, und Volksparteien entstanden durch den Zusammenschluss mehrerer kleiner Parteien, doch blieb die Bindung stets prekär. Die Resultate spiegelten den desolaten Zustand dieser Parteien. Noch 2012 hatten die Sozialisten mit 28,3 Prozent der

Stimmen im ersten und mit 51,6 Prozent im zweiten Wahlgang ein stattliches Ergebnis erzielt. Auf der anderen Seite triumphierten der Front National und die neu gegründete Bewegung En marche von Emmanuel Macron. Die Zweifel am überkommenen Parteiensystem, das vom Wechsel zwischen Sozialisten und Gaullisten geprägt war, hatten Grenzen gesprengt. Die traditionellen Fraktionen wurden regelrecht pulverisiert. Ähnlich massiv waren die Umbrüche in den Niederlanden, wo die Sozialdemokraten 2017 von 19 auf 6 Prozent abstürzten und die konservativ-liberale Volkspartei nach Verlusten nur noch 21 Prozent erhielt. Italien ist das jüngste Beispiel für aufsehenerregende Kräfteverschiebungen. Seit dem Ende des Zweiten Weltkriegs hatten in Rom Christdemokraten, Kommunisten und Sozialdemokraten regiert, auch wenn im Parlament meistens weit mehr Parteien vertreten waren. Dann taumelten zuerst die Kommunisten in eine Sinnkrise, und anschließend gingen Christdemokraten und Sozialdemokraten im Strudel von Korruptionsskandalen unter. Zwar gelangen zwischenzeitlich Parteiallianzen von Mitte-rechts und Mitte-links, doch glichen diese nur noch Nachhutgefechten. Immer mehr Wählerinnen und Wähler wandten sich populistischen Kräften zu, von Silvio Berlusconi am Beginn dieser Entwicklung bis zur Fünf-Sterne-Bewegung und gegenwärtig der rechtspopulistischen Lega.[20]

4. Die Normalität der Instabilität

Nicht nur die Politikstile und politischen Resultate wandelten sich seit der deutschen Wiedervereinigung von 1990. Besonders die Veränderungen im deutschen Parteiensystem waren erheblich, die Ergebnisse der Wahlen bezeugen dies. Die Gesellschaft war vielfältiger und streitlustiger geworden. Die alten Volksparteien schrumpften, während die kleinen Parteien an Gewicht gewannen. Dies warf die Frage auf, wo die Schnittmengen zwischen den einzelnen Lagern und Parteien zu suchen waren. Das bundesdeutsche Parteiensystem durchlief seit 1949 mehrere Phasen, die erste und die zweite sind oben beschrieben worden: Der Neuformierungsphase nach dem Krieg folgte eine Konsolidierungsphase in den 1950er-Jahren, schließlich bildete sich auf Bundesebene das Dreiparteiensystem von Union, SPD und FDP heraus, auf dessen Höhepunkt in den 1970er-Jahren die beiden Volksparteien Union und SPD mit 91 Prozent der Wählerstimmen eine so große Dominanz hatten wie nie zuvor und niemals mehr danach. Mit Beginn der 1980er-Jahre setzte eine Pluralisierung ein, die Grünen kamen dazu, die CSU haderte mit der Union-Fraktionsgemeinschaft, und am rechten Rand formierten sich kleinere Gruppen. Ein weiterer Schub der Fragmentierung begann dadurch, dass mit der Vereinigung das DDR-Parteiensystem und die Neugründungen in der friedlichen Revolution hinzukamen, und mit der Bundestagswahl von 2005 »verlor das bundesrepublikanische Parteiensystem endgültig seine bisherige relativ starre Wettbewerbsstruktur und wurde zum ›fluiden Fünfparteiensystem‹«.[21] Schließlich erweiterte es sich noch einmal infolge der Flüchtlingskrise und der Finanzkrise, aber auch dadurch, dass die CDU gesellschaftspolitisch immer weiter nach »links« gerückt war: Aus Sicht des rechtskonservativen Teils der bisherigen Wählerschaft der Union verließ Bundeskanzlerin Angela Merkel spätestens seit September 2015 einen – politologisch gesprochen – »Akzeptanzkorridor«, was zu einer massiven Abwanderung in Richtung der neuen rechten Partei AfD führte. Der forcierte Modernisierungsprozess in Richtung Mitte-Orientierung führte also dazu, dass sich die Integrationsfähigkeit der CDU nach rechts abschwächte. Der Markenkern »konservativ« wurde beschädigt. Die kulturelle Liberalisierung der Partei ließ eine Leerstelle entstehen, welche die rechtspopulistische AfD füllen konnte. Gleichzeitig führte sie zu erheblichen Auseinandersetzungen mit der Schwesterpartei CSU. Andererseits blieb die Union eine der letzten großen Volksparteien in Europa, und andere Parteien konnten von den erzielten Ergebnissen nur träumen.

Eine massive Abwanderung, in diesem Fall nach links, hatte die SPD bereits hinter sich. Sie konnte sich davon nicht mehr erholen, sondern trieb immer weiter nach unten und verlor in Umfragen und Wahlen sogar den Status der zweitstärksten Partei; in einigen Bundesländern sank sie unter die 10-Prozent-Marke. Ihren traditionellen Markenkern, nämlich die »Sozialkompetenz«, hatte sie in den Augen vieler durch marktliberale Positionen der Agenda 2010 unter Gerhard Schröder verloren. Diese Agenda bettete sich in einen gesamteuropäischen Trend ein. Unter dem Gebot der »Modernisierung« hatten Sozialdemokraten überall – am stärksten ausgeprägt unter Tony Blair in Großbritannien – den globalen Finanzmarktkapitalismus akzeptiert und staatlichen Interventionen abgeschworen.[22] Nach dreißig Jahren Radikalliberalismus, häufig – jedoch meist abwertend – auch als Neoliberalismus apostrophiert, befand sich die europäische Sozialdemokratie in einer tiefen Depression. In Deutschland führte die neue Ausrichtung zunächst zu einer gewerkschaftlich orientierten Abspaltung von der West-SPD in Gestalt der WASG, die dann in der Linkspartei aufging, womit am Ende Die Linke zu einer gesamtdeutschen Partei wurde und den Status einer ostdeutschen Regionalformation hinter sich lassen konnte.

Die ehedem beiden klassischen Volksparteien sind somit in eine Krise geraten, die Sozialdemokraten noch viel stärker als die Christdemokraten, die den Kern ihrer »Marke«

in Gestalt der »Wirtschaftskompetenz« einigermaßen bewahren konnten. Ihre historischen Wurzeln hatten beide, wie gesehen, in den Massenintegrationsparteien des Kaiserreichs, und ihre Anhänger bestanden aus homogenen sozialen Gruppen, der Arbeiterschaft auf der einen Seite und der Katholiken (Zentrum) auf der anderen; im Wertesystem unterschieden sie sich fundamental, es bildeten sich sozialmoralische Milieus heraus mit festen, nicht nur rational-interessengeleiteten, sondern viel tieferen, auch emotionalen Bindungen »von der Wiege bis zur Bahre«. Nach dem Zweiten Weltkrieg hob die neue interkonfessionelle Ausrichtung die Union zu ganz neuen Erfolgen, die SPD legte seit dem Parteitag von Bad Godesberg 1959 ihren Klassenkampfcharakter zugunsten ideologisch gemäßigter Positionen ab, was ihr schließlich zur Macht verhalf. Die Presskräfte des Kalten Krieges und der deutschen Teilung stabilisierten dieses System der beiden Volksparteien.

Diese Zeiten sind lange und unwiederbringlich vorbei. In der modernen Marktdemokratie nach dem Ende des Ost-West-Konflikts erwarteten viele Bürgerinnen und Bürger von der Politik nicht so sehr eine Haltung als viel mehr die Befriedigung ihrer Bedürfnisse. Die Konsumenten wurden ungeduldig, launisch, jederzeit fordernd und wollten sich nicht binden.[23] Nicht nur, dass die Gesellschaft insgesamt facettenreicher geworden war, im Zeitalter der Digitalisierung verwoben sich Kommunikation und Lebenswelten zu einem bunten Teppich. Berufsstrukturen hatten sich verändert, die Mobilität war gestiegen, Globalisierungs- und Säkularisierungsprozesse schritten ebenso wie eine Individualisierung voran. Dass sich damit traditionelle soziale Milieus verflüchtigten, langfristige Wertorientierungen nachließen und enge Bindungen erodierten, lag auf der Hand. Das galt für die Geschlechter ebenso wie für die Generationen. Zeiten der Ungeduld und Nervosität befördern die Demokratie nicht; diese benötigt viel Zeit, nicht Hast, um Probleme zu lösen, Konflikte auszutragen, einen Konsens herzustellen. Da sich auf dem Feld der bundesdeutschen Politik sehr viele Vetospieler bewegen – die »gesellschaftlich relevanten Gruppen« –, wird jede Aushandlung zu einem mühseligen Geschäft. Und die Logiken der Medien – die ungeduldig sind und nach Skandalisierung lechzen – und diejenige einer zeitraubenden Kooperationsdemokratie laufen auseinander. Das tut der Demokratie nicht gut.

Parteibindungen lassen nach, Loyalitäten lockern sich, Mitglieder schwinden. Besonders dramatisch war dies bei der SPD, die nach der Jahrtausendwende fast die Hälfte ihrer Mitglieder verlor. Lag dies daran, dass die einstmals großen Parteien am Verlust ihres Profils litten, das durch Große Koalitionen abgeschliffen wurde? Ein Ende der Volksparteien? Womöglich. Doch könnte es nicht auch so sein, dass gerade die Vermehrung von Volksparteien auf niedrigerem Niveau stattfindet? Und auch dies trifft noch zu: Trotz der Erosion der einstmals großen deutschen Volksparteien ist die gesellschaftliche Verankerung ausweislich ihrer Mitgliederzahlen immer noch vergleichsweise hoch.[24] Ist die CDU eine Volkspartei neuen Typs, der sich dadurch auszeichnet, dass gleicher Abstand zu allen kleineren Parteien gehalten werden muss, um sich den jeweiligen Koalitionspartner je nach Lage der Dinge aussuchen zu können?[25] Dass die Wählerinnen und Wähler vergessen wurden und somit die Volksparteien Parteien ohne Volk seien, wird von Wahlforschern gerne betont. Die Kernthese lautet: Volksparteien sind an ihrem Niedergang selbst schuld, da sie sich seit vielen Jahren auf Randthemen und Randgruppen fokussiert hätten, während sie sich mit den Hoffnungen, Wünschen und Ängsten sowie den Erwartungen der Mehrheit der Deutschen nicht mehr beschäftigten.[26] Politisch wirksam, so argumentiert der amerikanische Politikwissenschaftler Francis Fukuyama auf einer generellen Ebene, sei der Wunsch der Menschen nach Identität; werde er nicht erfüllt, schwinde der Grundkonsens in einer demokratischen Gesellschaft. Demokratien seien auf eine lebendige demokratische Kultur angewiesen, die das Bedürfnis der Menschen nach Würde und Stolz befriedigen könne.[27]

Die Politikverdrossenheit wuchs parallel zum Unmut über die etablierten Volksparteien, deren Profil immer unschärfer wurde. So befand sich auch der deutsche Konservatismus in einem Zustand der Erschöpfung – einerseits durch die langen Regierungstätigkeiten Helmut Kohls und Angela Merkels, andererseits durch neue gesellschaftliche Entwicklungen. Die Frage, wie ein zeitgemäßer Konservatismus aussehen und diesen Trend umkehren könnte, treibt Parteistrategen und unionsnahe Wissenschaftler seit Längerem um.[28] Bereits seit der zweiten Hälfte der 1980er-Jahre hielten Konservative die von Kohl 1982 verkündete »geistig-moralische Wende« – eine Rückkehr zu christlich-konservativen Werten nach langer sozialliberaler Regierungszeit – für gescheitert, und Soziologen sprachen von einer »Sozialdemokratisierung« der Union.[29] Die Abneigung gegenüber Kanzlerin Merkel infolge ihrer Flüchtlingspolitik brachte das Fass zum Überlaufen.

5. Offene Zukunft

Die Demokratie der Bundesrepublik Deutschland befindet sich offenbar an einer Schwelle: Bis in die 1970er-Jahre hinein dienten die Volksparteien als die zentralen Säulen für die Inklusion der Bürger in das politische System. Genau dies fand seit dem Ende der 1980er-Jahre immer weniger statt. Demokratie braucht, um lebendig zu sein, Konkurrenz. Stattdessen ist heute eine Entfremdung von Parteien und Gesellschaft festzustellen: »Worin liegt nun die Kalamität der Volksparteien? Sie sind finanziell gut ausgestattet. Ihr Einflussspektrum ist weit gefächert. Und dennoch sind sie labil, sind mehr Getriebene als politische Antreiber. Der Kern des Politischen ist den Volksparteien abhandengekommen. Das hat sie kraftlos gemacht. Präziser: Die Volksparteien haben ihr spezifisches Ethos verloren. Ihnen fehlen kreative Programmatiker, die neu über die Sinnfrage und Zielperspektive des politischen Tuns nachdenken.«[30]

Koalitionsbildungen waren in der Bundesrepublik über viele Jahrzehnte eine Allianz der verschiedenen Lebenswelten lediglich eines Lagers. Als die FDP sich am Ende der 1960er-Jahre sozialliberal ausrichtete und nicht mehr nationalliberal, war das Bündnis mit der SPD vorgezeichnet; und Rot-Grün 1998 wurde sogar als gemeinsames »Projekt« jener, die doch irgendwie zusammengehörten, überhöht. Um wie viel schwieriger werden Bündnisse über die Lager hinweg? Um wie viel problematischer sind Große Koalitionen zwischen den geschrumpften Volksparteien? Einerseits sollen die Volksparteien voneinander unterscheidbar sein, andererseits müssen sie in der Nähe zur Mitte bleiben, und diese Kumulation in der Mitte produziert rechts und links radikale Flankenparteien. Dennoch ist Vorsicht bei Prognosen angezeigt: Der Abgesang auf die Volksparteien war im vollen Gange, als die Union 2013 plötzlich wieder über 40 Prozent und fast die absolute Mehrheit an Mandaten erhielt. Dafür, dass bereits nach der Bundestagswahl vier Jahre zuvor, also 2009, das Ende der Volksparteien in grellen Farben an die Wand gemalt wurde, war das Ergebnis der Union bei der Wahl 2013 tatsächlich überraschend gut.[31]

Sind die deutschen Volksparteien noch zu retten? Oder werden sie wie in vielen anderen Staaten der Europäischen Union zuerst schwächeln, dann zugrunde gehen und am Ende ganz verschwinden? Eine repräsentative Allensbach-Umfrage vom März 2019 offenbarte eine wachsende Unzufriedenheit mit Union und SPD.[32] Im Vergleich mit Frankreich oder Italien erschien Deutschland zwar als ein Hort politischer Stabilität, und die meisten Deutschen wollten die Volksparteien nicht abschaffen, doch die Lage war prekär geworden. Fast 50 Prozent der Befragten wünschten sich auch für die Zukunft ein Parteiensystem mit wenigen großen Parteien, und 64 Prozent meinten, es sei besser, wenn sich eine Partei nicht nur um die Interessen einer einzelnen gesellschaftlichen Gruppe kümmere, sondern die ganze Gesellschaft im Blick habe. Doch die gleichen Menschen, die im Grundsatz Volksparteien gut fanden, sagten ihnen nichts Gutes voraus und verhielten sich auch anders: Mehr als die Hälfte rechnete nicht mehr mit einer Erholung von Union und SPD. Und noch mehr Befragte wollten nicht unbedingt einer großen Partei ihre Stimme geben. Was war los? Über 53 Prozent der Befragten gaben zu Protokoll, dass die Union Politiker in ihren Reihen habe, die »ausgesprochen unsympathisch« seien. An den »Sorgen und Wünschen der Bevölkerung« werde vorbeigeredet, meinten 51 Prozent, und kaum weniger Befragte sagten, dass die Union »vieles verspricht, was sie nicht halten kann«. Nur 11 Prozent waren der Meinung, die CDU habe Konzepte, mit denen es den Menschen in Deutschland auf Dauer gut gehe. Und gerade einmal 3,8 Prozent glaubten, dass es mit dieser Partei wieder aufwärts gehe. Bei der SPD war die Lage sehr ähnlich. Hier meinten nur noch knapp 13 Prozent, in ihren Reihen gebe es Politiker, denen man vertrauen könne.

Andererseits: 2018 gewannen die Grünen mehrere Landtagswahlen, und ihre Umfragewerte stiegen in bislang ungeahnte Höhen. Die Grünen galten manchen als neue Volkspartei – oder jedenfalls auf dem Weg dorthin. Ihre beiden Vorsitzenden, aber auch so mancher grüne Politiker in der Provinz avancierten zu Stars der Politszene mit hohen Beliebtheitswerten. Wenngleich die goldenen Zeiten der Volksparteien der Vergangenheit anzugehören scheinen, so darf man nicht ausblenden, dass die »richtigen« Personen und die »guten« Problemlösungen den Abstieg auch stoppen können. Denn eine Konstante galt trotz allen so grundsätzlichen Veränderungen während der gesamten Lebensdauer der Bundesrepublik bis in die Gegenwart: Immer spielte das politische Personal die zentrale Rolle, sosehr sich viele wünschten, Programme und nicht Personen mögen im Vordergrund stehen. Vieles kann sich rasch wieder ändern, die Halbwertszeit von Prognosen ist äußerst gering – und wer heute vorgibt zu wissen, was morgen ist, der bereitet nur den nächsten Irrtum vor.

1 Dolf Sternberger: Das deutsche Wahlwunder, in: Die Gegenwart 8 (1953), S. 584–587; Otto Kirchheimer: Der Wandel des westdeutschen Parteiensystems, in: Politische Vierteljahresschrift 6 (1965), S. 20–41.

2 Ullrich Weiß/Klaus Grimmer: Volkspartei, in: Dieter Nohlen/Florian Grotz (Hg.): Kleines Lexikon der Politik. München 2015, S. 614–617; Oskar Niedermayer: Die Erosion der Volksparteien, in: Zeitschrift für Politik 57 (2010), S. 265–277; Peter Lösche: Ende der Volksparteien, in: Aus Politik und Zeitgeschichte 51 (2009), S. 6–12.

3 Thomas Schlemmer: Die CSU von 1945 bis 2018. Eine kurze Bilanz, in: Aus Politik und Zeitgeschichte 51–52 (2018), S. 29–34.

4 Ders.: Politik und Selbstdarstellung in Bayern und Baden-Württemberg, in: Stefan Grüner/Sabine Mecking (Hg.): Wahrnehmung und Steuerung von sozialökonomischem Wandel in Deutschland 1945–2000. Berlin/Boston 2017, S. 171–190.

5 Edgar Wolfrum: Rot-Grün an der Macht. München 2013, S. 110–121.

6 Winfried Kretschmann: Worauf wir uns verlassen wollen. Für eine neue Idee des Konservativen. Frankfurt a. M. 2018.

7 Heinrich A. Winkler: Weimar 1918–1933. Die Geschichte der ersten deutschen Demokratie. München 1993; Bernd Faulenbach: Geschichte der SPD. München 2012.

8 Jürgen W. Falter: Hitlers Wähler. München 1991, S. 364–375.

9 Vgl. David P. Conradt: West Germany: A Remade Political Culture?, in: Comparative Political Studies 7 (1974), S. 222–238, hier 227.

10 Eine Übersicht bietet Richard Stöss: Parteien-Handbuch. Die Parteien der Bundesrepublik Deutschland 1945–1980, 2 Bde. Wiesbaden 1986.

11 Vgl. Peter Graf Kielmansegg: Nach der Katastrophe. Eine Geschichte des Geteilten Deutschland. Berlin 2000, S. 261–269; Alf Mintzel: Großparteien im Parteienstaat der Bundesrepublik Deutschland, in: Aus Politik und Zeitgeschichte 39 (1989), S. 3–14; Gordon Smith: The German Volkspartei and the Career of the Catch-All Concept, in: Herbert Döring u.a. (Hg.): Party Government and Political Culture in Western Germany. London 1982, S. 59–76.

12 Dolf Sternberger: Das deutsche Wahlwunder.

13 Vgl. Franz Neumann: Der Block der Heimatvertriebenen und Entrechteten 1950–1960. Ein Beitrag zur Geschichte und Struktur einer politischen Interessenpartei. Meisenheim a. Gl. 1968, S. 34.

14 Jürgen Dittberner: Zur Entwicklung des Parteiensystems zwischen 1949 und 1961, in: Dietrich Staritz (Hg.): Das Parteiensystem der Bundesrepublik. Opladen 1976, S. 129–156, hier 139.

15 Vgl. Dorothee Buchhaas: Die Volkspartei. Programmatische Entwicklung der CDU 1950–1973. Düsseldorf 1981; Frank Bösch: Die Adenauer-CDU. Gründung, Aufstieg und Krise einer Erfolgspartei 1945–1969. Stuttgart 2001; Ders.: Macht und Machtverlust. Geschichte der CDU. München 2002.

16 Hans-Heinrich Jansen: Im Adenauer-Sog. Die kleinen bürgerlichen Parteien in den 50er Jahren, in: Marie-Luise Recker u.a. (Hg.): Bilanz: 50 Jahre Bundesrepublik Deutschland. St. Ingbert 2001, S. 69–81.

17 Abb. bei Hans-Peter Schwarz: Die Ära Adenauer. Gründerjahre der Republik 1949–1957 (Geschichte der Bundesrepublik Deutschland, Bd. 2). Wiesbaden 1982, S. 195.

18 Vgl. Helga Grebing: Die Parteien, in: Wolfgang Benz (Hg.): Geschichte der Bundesrepublik Deutschland, Bd. 1. Frankfurt a. M. 1989, S. 71–150, hier 98.

19 Kurt Klotzbach: Der Weg zur Staatspartei. Programmatik, praktische Politik und Organisation der deutschen Sozialdemokratie 1945–1965. Berlin 1982, S. 598.

20 Saskia Richter: Europäische Volksparteien in der Transformation, in: Frankfurter Hefte 1/2/2010, S. 52–54.

21 Oskar Niedermayer: Das Parteiensystem der Bundesrepublik Deutschland, in: Ders. (Hg.): Handbuch Parteienforschung. Wiesbaden 2013, S. 739–764, hier 753.

22 Vgl. Edgar Wolfrum: Rot-Grün an der Macht, S. 138–168; Anthony Giddens: Der Dritte Weg. Die Erneuerung der sozialen Demokratie. Frankfurt a. M. 1999; Ders. (Hg.): The Global Third Way Debate. Cambridge 2001.

23 Vgl. Franz Walter: Gelb oder Grün? Kleine Parteiengeschichte der besserverdienenden Mitte in Deutschland. Bielefeld 2010.

24 Oskar Niedermayer: Die Erosion der Volksparteien, S. 276.

25 Albrecht von Lucke: Volkspartei neuen Typs: Die Merkel-Union, in: Forschungsjournal Neue Soziale Bewegungen 1 (2010), S. 75–77, hier 77.

26 Manfred Güllner: Der vergessene Wähler. Vom Aufstieg und Fall der Volksparteien. Baden-Baden 2017.

27 Francis Fukuyama: Identität. Wie der Verlust der Würde unsere Demokratie gefährdet. Hamburg 2019, S. 133.

28 Andreas Rödder: Konservativ 21.0. Eine Agenda für Deutschland. München 2019, S. 10.

29 Thomas Biebricher: Geistig-moralische Wende. Die Erschöpfung des deutschen Konservativismus. Berlin 2018, S. 3.

30 Franz Walter: Im Herbst der Volksparteien? Aufstieg und Rückgang politischer Massenintegration. Bielefeld 2009, S. 99.

31 Udo Zolleis: Auf die Kanzlerin kommt es an, in: Reimut Zolnhöfer u.a. (Hg.): Politik im Schatten der Krise. Wiesbaden 2015, S. 73–91, hier 73 f.

32 Institut für Demoskopie Allensbach im Auftrag der Bertelsmann Stiftung: Sind die Volksparteien noch zu retten? Ergebnisse einer repräsentativen Umfrage, 2019.

26 Plakat der Frauen Union 1990

Die CDU, die parlamentarische Demokratie und die Frage der Repräsentation

Barbara Zehnpfennig

1. Der Beginn

Als sich nach dem Zusammenbruch des »Dritten Reichs«, nach Kriegsniederlage und unter Besatzungsstatut die Bundesrepublik Deutschland zu konstituieren begann, fing sie politisch natürlich nicht bei null an. Sie knüpfte in puncto Parlamentarismus nicht zuletzt an ihrer Weimarer Erfahrung an, nachdem das Parlament im Nationalsozialismus zu einem reinen Akklamationsorgan verkommen war. Die Verachtung des Parlaments war beiden totalitären Systemen, dem kommunistischen wie dem nationalsozialistischen, zu eigen. Selbst die verwendete abfällige Begrifflichkeit war dieselbe; Lenin wie Hitler nannten das Parlament eine »Schwatzbude«.[1] Sie, die als unangefochtene Führer alle Macht in sich konzentrierten, waren fleischgewordene *executio*. Mit der *deliberatio*, der Urangelegenheit des Parlaments, konnten sie naturgemäß nichts anfangen; ja, sie wäre ihnen hinderlich gewesen bei der Durchsetzung ihrer menschenmörderischen Politik.

Der demokratische Staat hingegen, der die Bundesrepublik nach dem Willen der westlichen Alliierten und aller Deutschen, die ihre Lehre aus den totalitären Experimenten gezogen hatten, werden sollte, brauchte ein starkes Parlament. Und so erarbeitete der Parlamentarische Rat auf der

Grundlage des Entwurfs des Herrenchiemseer Konvents eine Verfassung, das Grundgesetz, das dem Parlament in der Tat eine herausragende Stellung im Machtgefüge verschaffte. Schon die Bildung des Parlamentarischen Rats war eine Referenz an die Bedeutung der Legislative: Die Mitglieder des Rats wurden von den Länderparlamenten gewählt. Dass den Vorsitz des Rats Konrad Adenauer, ein bekennender Gegner des Nationalsozialismus, einnahm, hatte hohen Symbolwert. Hier sollte erkennbar ein Neuanfang gemacht werden, indem ein ehemaliger Zentrumspolitiker mit dezidiert christlicher Prägung dazu berufen wurde, die Leitung des Rats zu übernehmen, der über die politische Zukunft Deutschlands entscheiden sollte.

In der neuen Verfassung war das Parlament des Bundes, der Bundestag, dem Westminster-Modell[2] nachempfunden, sodass ein echtes parlamentarisches System entstand: Die Legitimationsquelle auch der anderen Gewalten ist die vom Volk gewählte Volksvertretung, sie hat das Legitimationsmonopol.[3] Damit hatte man einen der wesentlichen Mängel der Weimarer Verfassung korrigiert. Denn diese hatte dem Parlament mit dem direkt vom Volk gewählten Reichspräsidenten eine Konkurrenz verschafft, die dessen (Selbst-)Ermächtigung entsprechend erleichterte. Auch die Aufwertung der politischen Parteien durch ihre Verankerung in der Verfassung stärkte das parlamentarische Prinzip, waren sie damit doch als wichtige Agenten im politischen Prozess und in der Willensbildung des Volkes anerkannt. Das war schon deshalb ein notwendiger Schritt, weil die Zersplitterung der Parteien in der Weimarer Republik sowie die heftigen Kämpfe zwischen ihnen sehr dazu beigetragen hatten, ihre Achtung in der Bevölkerung zu mindern. Nun aber wurden sie durch Paragraf 21 GG als Teil der Verfassung rehabilitiert, um nicht zu sagen geadelt.

Vor diesem Hintergrund konnte sich die Ausbildung des westdeutschen Parteiensystems vollziehen, die besondere Rolle der Parteien in der parlamentarischen Arbeit herausbilden. Die Traditionspartei SPD musste sich dabei nicht neu formieren, sie konnte auf ihre durch den Nationalsozialismus gewaltsam unterbrochene Parteigeschichte zurückgreifen. Die CDU hingegen war eine echte Neugründung, auch wenn sie personell und inhaltlich stark mit der früheren Zentrumspartei verbunden war. Das schon zu Zeiten Bismarcks gegründete Zentrum war trotz seiner Offenheit gegenüber anderen religiösen Bekenntnissen in der Praxis rein katholisch. Es war bereits eine Volkspartei, da es »westfälische Bauern, badische Handwerker, rheinische Bergarbeiter und schlesische Adelige« und Monarchisten ebenso wie Republikaner in seinen Reihen vereinte.[4] Die CDU wollte sich unter Beibehaltung des christlichen Elements auch für andere Konfessionen öffnen, und sie musste ebenfalls sehr divergierende Interessen und unterschiedliche Milieus einbinden, um unter den neuen Bedingungen den Charakter einer Volkspartei annehmen zu können. Dass ihr dies gelang, ist sicher nicht unwesentlich auf ihren Kanzler Konrad Adenauer zurückzuführen sowie auf die Zufriedenheit der Bürger mit der wirtschaftlichen Entwicklung der Bundesrepublik ab den 1950er-Jahren, welche sich dem deutschen Aufbauwillen, aber zweifellos ebenfalls der Wirtschaftspolitik Ludwig Erhards verdankte.

Rückblickend grenzt es an das Wunderbare, dass in Deutschland trotz des Scheiterns der Weimarer Demokratie, trotz einer von vielen zunächst begeistert aufgenommenen, tatsächlich aber menschenverachtenden Diktatur und trotz einer vernichtenden Kriegsniederlage eine stabile parlamentarische Demokratie entstehen konnte. Immerhin konnte man auf keine so glorreiche parlamentarische Vergangenheit wie in Großbritannien zurückblicken, und das Ansehen der Demokratie war durch die schon genannten Parteienkämpfe in der Weimarer Zeit nicht eben gestärkt worden; sogar in Widerstandskreisen war man während der NS-Diktatur nicht unbedingt der Meinung, ein demokratisches System sei die beste Alternative zu dem verabscheuten Regime.[5] Es waren wohl nicht zuletzt die nach demokratischen Grundsätzen aufgebauten und agierenden Parteien, die der parlamentarischen Demokratie in Deutschland einen entscheidenden Rückhalt gaben – bei aller Parteienkritik, die sich später gegen sie wenden sollte. Und dass das Parteiensystem so lange derart reibungslos funktionierte, nicht zerfaserte und den Bürgern ganz offenbar das Gefühl gab, politisch tatsächlich vertreten zu werden, hing nicht zuletzt mit der inhaltlichen und sozialen Breite zusammen, die die beiden großen Volksparteien CDU und SPD repräsentierten. Ob der CDU ihr katholischer Ursprung dabei half? Immerhin war der christliche Universalismus immer schon auf Integration hin ausgerichtet. Auf jeden Fall hatte man von der Integrationskraft der Zentrumspartei lernen können.[6] Freilich musste sich diese Kraft, auch Heterogenes zusammenzuführen, nun unter neuen geschichtlichen und sozialen Bedingungen bewähren.

2. Parlament, Fraktion und Parlamentspräsident

Der Bundestag wurde, anders als das englische Vorbild, als Mischung aus Rede- und Arbeitsparlament angelegt. Die Plenarsitzungen machen also nur einen Teil der Parlamentsarbeit aus, ein wesentlicher Teil der Arbeit vollzieht sich, eher unsichtbar, in den Ausschüssen und Arbeitsgruppen. Was das bundesrepublikanische aber mit dem britischen

System gemein hat, ist die Tatsache, dass die Regierung, die ja Teil des Parlaments ist, sich auf das Abstimmungsverhalten ihrer Abgeordneten verlassen können muss. Die Fraktion muss Fraktionsdisziplin üben, damit die Regierung Gesetze und Etat durchgesetzt bekommt. Dasselbe gilt natürlich für die Oppositionsparteien, die ebenfalls eine möglichst geschlossene Front gegen die Regierung bilden sollten. Von daher kommt der Fraktionsführung eine besondere Bedeutung zu, ist sie doch dafür verantwortlich, dass niemand unvorhergesehen aus der Reihe ausschert und ein Abstimmungsergebnis herbeiführt, das die Partei bloßstellt. Dass die Fraktionsdisziplin oft »Fraktionszwang« genannt wird, verkennt die Tatsache, dass dem Beschluss der Fraktion innerparteiliche Diskussion und Meinungsbildung vorausgegangen ist. Mit einem »Diktat« würde die Fraktionsführung bei Abgeordneten, die in der Regel auf den Rückhalt aus ihrem Wahlkreis bauen können, wohl kaum Erfolg haben; zudem hat jede Fraktion sich am Abgeordnetengesetz zu orientieren, das die Organisation der Fraktionen auf der Grundlage der parlamentarischen Demokratie festschreibt.

Die CDU war in der außerordentlichen Lage, in bisher immerhin fünfzig von insgesamt siebzig Jahren Bundesrepublik den Kanzler und damit, im Verein mit ihrer Schwesterpartei CSU und mit unterschiedlichen Koalitionspartnern, die Regierung stellen zu können. Insofern hat sie die Bundesrepublik geprägt wie keine zweite Partei. Je nach Stärke des Kanzlers, politischer Situation und Persönlichkeit des Fraktionsvorsitzenden gestaltete sich die Stellung der Fraktion, nämlich ob sie sich eher als Zuarbeiterin verstand oder selbstbewusst fordernd auftrat. Unabhängig davon ist die Fraktion aber stets ein »Machtfaktor«[7] mit beträchtlichem Eigenwillen und Eigengewicht. Schließlich haben die Angehörigen der Fraktion ihre Legitimation durch den Wähler erhalten, und sie verfolgen eine eigene Agenda. Deshalb ist der politische Kampf keineswegs auf den mit dem politischen Gegner beschränkt. Auch innerhalb der eigenen Fraktion gilt es, Kämpfe auszufechten, ein in der Demokratie durchaus erwünschter Effekt. Denn für die parlamentarische Deliberation ist Pluralismus unabdingbar. Die beste Lösung zu finden, erfordert die Auseinandersetzung mit der Vielheit der Perspektiven.

Unter der ersten Kanzlerschaft in der Bundesrepublik, der Konrad Adenauers, mussten sich die Verfahrensweisen innerhalb der Fraktion natürlich erst einmal einspielen. Beispiellos war die Tatsache, dass die CDU eine Fraktionsgemeinschaft mit der Schwesterpartei CSU bildete – eine bis heute mitunter spannungsreiche Zusammenarbeit, die bekanntlich zu enden drohte, als Franz Josef Strauß 1976 in Kreuth den Trennungsbeschluss herbeiführte. Dieser wurde allerdings kurze Zeit später wieder aufgehoben. Nachdem Adenauer Kanzler geworden war, galt es jedenfalls, die Fraktion unter den neuen Bedingungen überhaupt erst einzurichten, und da Adenauer ein sehr machtbewusster Kanzler war, spielte die Fraktion, zumindest in den ersten zwölf Jahren seiner Regentschaft, eine eher »dienende« Rolle.[8] Sie folgte ihm allerdings nicht bedingungslos, zumal die sozialpolitischen Vorstellungen innerhalb der Fraktion divergierten, was sich in entsprechendem Abstimmungsverhalten niederschlug.[9] Die in der Fraktion bestehenden Interessengegensätze mussten durch den Fraktionsvorstand ausgeglichen werden, der im Lauf der Jahre immer weiter vergrößert wurde.[10] Was Adenauer zugutekam, war die enge Zusammenarbeit mit dem Fraktionsvorsitzenden Heinrich Krone, der sein Amt von 1955 bis 1961 innehatte.

Als Adenauer nach der Bundestagswahl 1961 an Zustimmung in der Fraktion verlor, zeigte sich, wie sich die Gewichte verschoben hatten. Die Fraktion favorisierte Erhard als Kanzler, der dann 1963 auch gewählt wurde, obwohl er, anders als Adenauer, den Parteivorsitz damals noch nicht innehatte. Mit ihrem Vorsitzenden Rainer Barzel, der von 1964 bis 1973 amtierte und 1971 auch den Parteivorsitz errang, gelang es der Fraktion, ihre Machtposition weiter auszubauen. Barzel verschaffte es auch die Anwartschaft auf das Kanzleramt, das er jedoch in zwei Anläufen verfehlte. 1973 trat er von seinem Amt zurück, und Karl Carstens wurde zum Fraktionsvorsitzenden gewählt. Im selben Jahr übernahm Helmut Kohl den Parteivorsitz und war bestrebt, die Führungsgremien der Partei gegenüber der Fraktion wieder zu stärken; der Fraktionsvorsitzende trat nicht mit ihm in Konkurrenz um die Kanzlerkandidatur. Nach dem Verfehlen der absoluten Mehrheit bei den Wahlen 1976 wurde Kohl auch zum Vorsitzenden der Fraktion, konnte aber bei der nächsten Bundestagswahl 1980 nicht verhindern, dass die Fraktion Franz Josef Strauß als Kanzlerkandidaten durchsetzte.[11] Erst nach dessen Scheitern gelang es Kohl, die Fraktion auf seine Seite zu bringen und sie während seiner Kanzlerschaft trotz immer wieder einmal auftretender Konflikte auch an seiner Seite zu wissen. Dabei half ihm die Verlässlichkeit Wolfgang Schäubles, der den Fraktionsvorsitz 1991 bis 2000 innehatte. Angela Merkel errang ähnlich wie Kohl zunächst den Parteivorsitz (2000) und dann den Fraktionsvorsitz (2002) als Vorbereitung für die Kanzlerkandidatur. Als sie 2005 Kanzlerin wurde, hatte sie mit Volker Kauder einen loyalen Mitstreiter an der Spitze der Fraktion. Die Zusammenarbeit klappte auch lange reibungslos, bis Merkel den Rückhalt in der Fraktion verlor, was sich in der überraschenden Abwahl Kauders 2018 zeigte. Seither wird die Fraktion von Ralph Brinkhaus geleitet, der sich darum bemüht, die divergierenden Interessen und Positionen innerhalb der Fraktion wieder zusammenzuführen.

Was sich an diesem sehr kursorischen Überblick ablesen lässt, ist, dass sich die Gewichte zwischen Partei und Fraktion immer wieder verschieben können, dass ein ständiges Kräfteringen stattfindet, dass es trotz aller Rede von der entscheidenden Bedeutung der Strukturen doch immer wieder auch auf Personen ankommt, wenn es um die Gestaltung des politischen Prozesses geht. Hat der Fraktionsvorsitzende eigene Ambitionen, dient ihm die Fraktion als Sprungbrett zur Kanzlerkandidatur, oder versteht er sich selbst eher als Organisator der Zuarbeit für die Regierung? Wie wichtig die Fraktion ist, belegt auch das Faktum, dass sie eine nicht zu unterschätzende Rolle bei den »Ministerkarrieren«[12] spielt. Minister entstammen in der Regel der Fraktion und sind damit eben auch Mitglieder des Bundestags.[13] Von außen kommende Minister haben oft zunächst einen schweren Stand, wie sich an Rita Süssmuth, Ursula Lehr und Rupert Scholz, die alle drei von Helmut Kohl berufen wurden,[14] gezeigt hat. Dass sich die spätere Position des Ministers aber sehr oft in der Fraktion vorbereitet, dass damit ein großer Teil des Kabinetts an die Bundestagsfraktion rückgebunden ist, unterstreicht noch einmal die mittelbare Bedeutung der Legislative auch für die Exekutivfunktion in der parlamentarischen Demokratie: Das Parlament ist der Quellpunkt, aus dem sich alles andere speist.

Diese Tatsache kommt ebenfalls in der Rangordnung der höchsten Staatsämter zum Ausdruck. Der Bundestagspräsident ist dem Protokoll gemäß der zweite Mann im Staat, das heißt, er rangiert noch vor dem Bundeskanzler. In der Öffentlichkeit mag das anders wahrgenommen werden, weil die Exekutive naturgemäß die meiste Aufmerksamkeit auf sich zieht. Schließlich operiert sie viel stärker im Bereich des Sichtbaren als die Legislative. Nichtsdestotrotz kann es auch Bundestagspräsidenten gelingen, sich dem öffentlichen Bewusstsein einzuprägen, besonders dann, wenn sie über rhetorische Fähigkeiten verfügen, die über das Parlament hinauswirken.

Da traditionsgemäß die größte Fraktion im Bundestag den Bundestagspräsidenten stellt, hat es in den siebzig Jahren Bundesrepublik erst zweimal sozialdemokratische Amtsinhaber gegeben, nämlich Annemarie Renger (1972–1976) und Wolfgang Thierse (1998–2005). Beide haben nicht nur mit ihrer Parteizugehörigkeit, sondern auch in anderer Hinsicht Neuland betreten: Renger war die erste Frau in diesem Amt, Thierse der erste (und bisher einzige) Ostdeutsche. Von diesen beiden Ausnahmen abgesehen, war es ausnahmslos die CDU/CSU-Fraktion, aus der der Bundestagspräsident gewählt wurde. So hat die Bundesrepublik bisher elf CDU/CSU-Parlamentspräsidenten erlebt: Erich Köhler, Hermann Ehlers, Eugen Gerstenmaier, Kai-Uwe von Hassel, Karl Carstens, Richard Stücklen, Rainer Barzel, Philipp Jenninger, Rita Süssmuth, Norbert Lammert und aktuell Wolfgang Schäuble. Nur einer aus der Reihe, Richard Stücklen, gehörte der CSU an, die auch bisher nur zwei der gemeinsamen Kanzlerkandidaten der Union, Franz Josef Strauß und Edmund Stoiber, gestellt hat. Das ist angesichts der Zahlenverhältnisse nicht weiter verwunderlich; der Anteil der CSU an der Gesamtstimmenzahl der beiden Schwesterparteien lag in der bisherigen Geschichte der Bundesrepublik zwischen 16,2 (1990) und 23,4 Prozent (2002).

Von allen Funktionen, die dem Bundestagspräsidenten zukommen, zum Beispiel dass an ihn alle Gesetzentwürfe und Eingaben gerichtet werden, dass er die Rechenschaftsberichte der Parteien entgegennimmt, dass er die Erstattung der Wahlkampfkosten regelt, ist seine Funktion als Präsident der Plenarsitzungen die öffentlichkeitswirksamste. Hier kann er seine eigene Handschrift unmittelbar hinterlassen, je nachdem, ob und welche Ordnungsrufe er erteilt und wie er die Würde des Parlaments definiert und wahrt. Und auch seine Reden vor dem Bundestag sind von Gewicht: Ein einziger Fehlgriff, so die Rede von Philipp Jenninger am 9. Januar 1988, kann eine Karriere beenden, und viele glänzende Reden, etwa die von Norbert Lammert, können den Ruf eines großen Rhetorikers begründen. Für die parlamentarische Demokratie ist das Amt des Parlamentspräsidenten von hoher Symbolkraft. In der Person, die es ausfüllt, verdichtet sich die Würde des Hauses, die Würde einer Institution, die den Willen des Volkes zum Tragen bringen soll. Das war bisher allen, die dieses Amt ausgeübt haben, bewusst.

Die Angst, dass das zumindest nicht allen Vizepräsidenten bewusst sein könnte, mag einer der Gründe sein, warum man entgegen den Gepflogenheiten und im Widerspruch zur Geschäftsordnung des Bundestags der AfD die Position des Vizepräsidenten bisher verweigert, obwohl jede Fraktion mit einem Vize im Bundestag vertreten sein soll. Auch die CDU/CSU-Fraktion war an der Ablehnung der bisherigen Kandidaten offenbar zumindest beteiligt. Die Frage dabei ist, was die Würde des Hauses mehr verletzt: die Verleihung des Amts an den Angehörigen einer problematischen Partei oder der Verstoß gegen die selbst gegebenen Regeln. Das berührt die Frage der Repräsentation, auf die weiter unten noch einmal zurückzukommen ist.

3. Besondere Herausforderungen

Lässt man die siebzig Jahre Bundesrepublik Revue passieren, so findet sich eine ganze Reihe von Herausforderungen, denen sich die parlamentarische Demokratie und das Parlament stellen mussten: der NATO-Beitritt, die Zustimmung zu den verschiedenen Schritten der europäischen Integration, die Ostverträge, die deutsche Wiedervereinigung, der erste Auslandseinsatz der Bundeswehr, die Einführung des Euro, die Entscheidungen zur Gentechnologie, der Euro-Rettungseinsatz, die Neuregelung des Asylrechts und vieles andere mehr. Die CDU, die ihrem Selbstverständnis nach christlich-soziale, konservative und liberale Wurzeln in sich vereint,[15] positionierte sich in diesen Fragen gemäß innerfraktionellem Kompromiss beziehungsweise je nachdem, welcher ihrer Wurzeln sie den Vorrang gab. Denn nicht immer lassen sich diese drei harmonisieren. Bei der Frage, wie man mit der Gentechnologie verfahren soll, kann man beispielsweise nicht zugleich konservativ und liberal argumentieren. In der Ära Merkel wurde der Partei von außen, aber auch aus dem Inneren der Partei selbst der Vorwurf gemacht, die konservative Wurzel gegenüber der liberalen vernachlässigt, ja eine linksliberale Wendung vollzogen zu haben.[16] Nicht klar dabei war und ist allerdings, wie Konservativismus in einer sich ständig ändernden Wirklichkeit zu verstehen ist; die bloße Beharrung wäre innerhalb eines sich verändernden Umfelds nichts anderes als Rückschritt.[17] Und dass sich die Bundesrepublik seit den eher behäbigen Jahren des Wirtschaftswunders bis zur sich fortwährend beschleunigenden, hoch technisierten, multiethnischen und globalisierten Gegenwart gravierend geändert hat, steht außer Zweifel.

Innerhalb der vielen Veränderungen und Umbrüche, die die Bundesrepublik seit ihrer Gründung bis heute erlebt hat, scheinen für das parlamentarische System zwei von besonderer Bedeutung zu sein, die hier deshalb auch näher betrachtet werden sollen. Gemeint ist der Zweifel am parlamentarischen System selbst, wie er sich in der 68er-Bewegung und seit einigen Jahren wieder in dem populistischen Aufbegehren gegen die »etablierte« Politik niedergeschlagen hat.

Es ist interessant, dass sich hier Grundmuster der überkommenen Parlamentarismuskritik wiederholen – jener Kritik, die in den 20er-Jahren des 20. Jahrhunderts am prägnantesten von Carl Schmitt formuliert wurde.[18] Dass diese Kritik für rechte wie linke Gegner des parlamentarischen Systems verwertbar war, zeigte sich an Schmitts steiler Karriere im »Dritten Reich«[19] sowie an der Wiederverwertung seiner Gedanken durch Vordenker der 68er wie zum Beispiel Johannes Agnoli.[20] Mit dem Angriff auf das Parlament sollte die westliche Demokratie selbst getroffen werden, das war der gemeinsame Antrieb der extremen Rechten und der extremen Linken.

Wenn man noch einmal an die Gründungssituation der Bundesrepublik zurückdenkt, so lieferte die Erfahrung des linken und rechten Totalitarismus den politischen und existenziellen Hintergrund für die Ausgestaltung des neuen demokratischen Systems. Die christliche Ausrichtung der an der Neugründung an maßgebender Stelle beteiligten CDU bildete in mehrfacher Hinsicht das Gegenmodell zum Totalitarismus: Das christliche Verständnis des Person-Seins konterkarierte den totalitären Massenmenschen, die christliche Spiritualität den kommunistischen Materialismus und nationalsozialistischen Rassismus, die christliche Gewissensfreiheit den totalitären Gesinnungsterror. Auch im Widerstand gegen den Nationalsozialismus fanden sich viele christlich motivierte Menschen, die die Kraft zum Widerstand aus ihrem Glauben schöpften, eben weil er die auch anthropologische Alternative zur totalitären Variante des »Neuen Menschen« bildete.

Nun gründete sich der antitotalitäre Konsens, der am Anfang der Bundesrepublik stand, nicht bei allen beteiligten Parteien unbedingt auf das Christentum. Doch die Einigung auf das westliche Modell der Demokratie erfolgte nichtsdestotrotz vor dem Hintergrund der christlich-abendländischen Tradition: Menschenwürde, personale Verantwortung und Selbstbestimmung sind die Grundlage für Volkssouveränität und parlamentarische Repräsentation. Hier ist sozusagen zivilreligiös gewendet, was Kernbestand des christlichen Menschenbilds ist. Allerdings war mit der Theorie der parlamentarischen Repräsentation auch immer der Gedanke eines gewissen hierarchischen Gefälles verbunden: Die Auswahl der Volkvertreter soll eine Bestenauswahl sein – ansonsten könnte man die Abgeordneten auch per Los bestimmen –, und das parlamentarische Verfahren der Deliberation, der gemeinsamen Suche nach der besten Lösung, sollte eine Klärung der Argumente und Hebung des Argumentationsniveaus mit sich bringen. Daraus ergab sich sogar eine Art erzieherischer Auftrag an das Parlament. In ihm sollte der vorbildliche Umgang mit Sachfragen und Problemlösungen gepflegt werden, der auf diese Weise läuternd auf das Denken der Bürger zurückwirken konnte.[21]

Carl Schmitts Kritik am Parlamentarismus, die später von der Linken wiederaufgegriffen wurde, zielte nun auf den »Kern der Institution«.[22] Es ging Schmitt darum zu zeigen, dass der Glaube an das Parlament auf einer veralteten, liberalen Vorstellung von Politik beruht: nämlich dass es in ihr um Wahrheitsfindung gehe, dass das öffentliche Aushandeln von Argument und Gegenargument zu einer Steigerung von Vernunft führe, ja, dass Öffentlichkeit als solche schon etwas Gutes sei, weil sie mit dem Licht der Aufklärung assoziiert werde. Schmitts »Entlarvung« des Parlaments, unternommen in einer Zeit, in der die Weimarer Demokratie Unterstützung und keine defätistische Kommentierung gebraucht hätte, nahm das Parlament sozusagen in die Zange. Die Prinzipien, denen es folgte, seien widersprüchlich, und die parlamentarische Praxis sei verlogen. Der Austausch von Argument und

Gegenargument führe nämlich nicht zur Wahrheit, sondern zum ewigen Gerede, das irgendwann per Dezision, das heißt per begründungslosem Entschluss, beendet werde; außerdem sei mit der Verbindung von Legislative und Exekutive im Parlament die Gewaltenteilung, die zum Kernbestand der liberalen politischen Theorie gehört, aufgehoben. Und was die Praxis des Parlaments angehe, so fänden die Entscheidungen de facto eben nicht öffentlich, sondern hinter verschlossenen Türen statt; die Plenumsdebatten oder schlicht das ganze Parlament seien »Fassade«. Zudem sei für das alltägliche Leben der Menschen letztlich wichtiger, was »die Vertreter großkapitalistischer Interessenverbände im engen Komitee« unter sich abmachten, als was im Parlament ausgehandelt werde.[23]

Gerade der letztgenannte Punkt lieferte natürlich eine Steilvorlage für die linke Parlamentarismuskritik, und auch die Schmittsche Lösung für das von ihm konstatierte oder konstruierte Dilemma widersprüchlicher Prinzipien und faktischer Entleerung der Parlamentsarbeit war für die linke, aber auch für die spätere rechte Parlamentarismuskritik attraktiv: Die wahre Demokratie bedürfe keiner Volks-»Vertretung«. Es gäbe viel unmittelbarere Arten, den Volkswillen zu artikulieren und umzusetzen.

Dass ein Teil der Studentenbewegung sich unter dem Logo APO, also Außerparlamentarische Opposition, formierte, war programmatisch zu verstehen: Auf die parlamentarische Opposition könne man sich nicht verlassen, die wahre Opposition müsse außerparlamentarisch stattfinden. Das war zum einen die Reaktion auf die Tatsache, dass seit 1966 unter der Führung von Kurt Georg Kiesinger eine Große Koalition regierte und damit die kleine FDP als einzige Oppositionspartei verblieb – eine im Hinblick auf die primäre Oppositionsfunktion, die Regierungskontrolle, in der Tat nicht sehr günstige Konstellation. Doch hätte den Studenten zum anderen auch eine stärkere parlamentarische Gegenkraft nicht genügt, denn viele wollten »eine fundamentaloppositionelle Organisation, die sich gegen die vom Verfassungsstaat geschützten Strukturen und gegen jede Art oligarchischer Transformation wendet«, wie es Agnoli und Brückner formulierten.[24]

So hatte sich ein nicht unwesentlicher Teil der Studentenbewegung die Systemopposition auf die Fahnen geschrieben und agierte ihrem Selbstverständnis nach »im Auftrag der Massen«, die davon freilich nichts wussten oder, sofern sie es zur Kenntnis nahmen, nicht viel davon hielten. Auf jeden Fall stand dahinter ein anderes, im Zweifelsfall marxistisches Demokratieverständnis: Das Volk bedarf der Vermittlung durch parlamentarische Vertretung nicht, das führt nur zur Bildung von Oligarchien, die in der Regel von den Großkonzernen gesteuert sind. Das »Klassenbewusstsein« und die »spontane Organisation der Massen« sollten an die Stelle liberal-demokratischer Strukturen treten. Es war so letztlich ein Aufstand gegen jene Grundlagen des parlamentarischen Systems, die der christlich-abendländischen Tradition entstammten: der hohe Eigenwert der Person, die daraus resultierende individuelle Verantwortung auch im politischen Prozess, das Vertrauen auf die Kraft des Arguments anstelle des Verweises auf die Gesetzmäßigkeit historischer Entwicklungen und auf gesellschaftliche Strukturen. Im Grunde war es die Rückkehr zu dem, wogegen sich die Bundesrepublik gegründet hatte, nämlich die Ersetzung des Individuums durch das Kollektiv und des Bemühens um rationale Problemlösung durch eine eschatologische Heilserwartung.

Die CDU hat die Umbruchsituation der 68er-Zeit zu innerparteilichen Reformen, zum Beispiel zu einer stärkeren inneren Demokratisierung, genutzt, wobei der Reformprozess allerdings schon Jahre vor der Studentenbewegung begonnen hatte.[25] Entgegen dem Eindruck, dass es vonseiten der »etablierten« Parteien gegenüber den Studenten nur Ablehnung und Konfrontation gegeben habe, gab es durchaus auch Verständnis für manche Anliegen der 68er und immer wieder Gesprächsangebote und tatsächliche Dialoge, wie sie beispielsweise selbst der viel gescholtene Kurt Georg Kiesinger oder Rainer Barzel mit Studenten geführt haben.[26] Auch nahm die Partei Impulse aus der ihr nahestehenden Studentenvereinigung, dem RCDS, auf, wobei manche von dessen Protagonisten wie Wulf Schönbohm und Peter Radunski später wichtige Parteiämter einnahmen.

Wie immer man nun die Auswirkungen der 68er-Bewegung einschätzen mag, ob sie tatsächlich zur Liberalisierung der Gesellschaft oder zur Dogmatisierung linker Positionen, etwa via Political Correctness, geführt haben – der Kampf gegen das parlamentarische System, dem sich Teile der Bewegung verschrieben hatten, ging an die Substanz der demokratischen Ordnung und mündete nicht zufällig bei einer kleinen radikalen Minderheit in den Terrorismus. Das war ein deutliches Zeichen dafür, dass man sich der Ratio des Parlaments, nämlich dem schon im Begriff »Parlament« liegenden Zutrauen in die Kraft des Wortes, nicht zu unterstellen gewillt war und es durch die gewaltsame Tat ersetzen wollte, die Tat einer selbst erklärten Bewusstseinselite.

Nachdem die von so manchem erhoffte, aber niemals von der Mehrheit der Bevölkerung gewollte Revolution in Deutschland ausgeblieben war und sich die Parteien durch Professionalisierung, stärkere Beteiligung der Parteibasis und programmatische Öffnung modernisiert hatten, schien die parlamentarische Demokratie eine unanfechtbare Stabilität erreicht zu haben. Selbst die wahrlich große Herausforderung der Wiedervereinigung wurde, nicht zuletzt dank des entschlossenen und durchdachten Vorgehens Helmut Kohls, gemeistert; der Bundestag integrierte die ostdeutschen Abgeordneten und auch die neu gewandete, de facto alte SED-PDS. Es hatte zwar immer einmal wieder Kritik an der beherrschenden Stellung der Parteien in Politik und Gesellschaft gegeben, und die »Parteienstaatsthese« des Staatsrechtlers Gerhard Leibholz, der gemäß die Parteien in der modernen Demokratie die eigentlichen Träger des Volkswillens sind,[27] schien diese Sicht zu bestätigen. Doch war die Systemfrage nach der Studentenrevolte im Grunde nicht mehr gestellt worden.

Ob die Entwicklungen der letzten Jahre, nämlich das Aufkommen populistischer Bewegungen, sich zur Systemfrage auswachsen, scheint noch offen. Aber wieder werden, diesmal primär von rechter Seite – obwohl es auch Linkspopulismus gibt –, oligarchische Tendenzen in der politischen Klasse beklagt. Bewegungen wie PEGIDA, Pro NRW etc. verlagern die Aktion vom Parlament auf die Straße, vom Parlamentarier auf den Wutbürger und fordern tiefgreifende Veränderungen. Es bestehe eine kaum mehr überbrückbare Entfernung zwischen dem Volk und seinen Repräsentanten, der Wille des Volkes werde gröblich missachtet, und die etablierten Parteien seien nicht mehr dazu in der Lage, eine dem Bürger gemäße Politik zu machen. Mit Ingrimm wird auf »Repräsentationslücken«[28] hingewiesen, die zu füllen man sich zum Beispiel von der AfD erhofft, die freilich wieder eine Partei ist.

Was die Ursachen dieses neuerlichen Aufbegehrens gegen das Medium der Volksvertretung sind, weshalb man meint, die unmittelbare Aktion des Bürgers bringe den Volkswillen besser zum Ausdruck als die argumentativ fundierte Rede und Gegenrede im Parlament, ist nicht leicht zu beantworten. Die massive Zuwanderung seit 2015 aufgrund von Angela Merkels Entscheidung, die Grenzen vor den Flüchtlingen aus Syrien nicht zu schließen, war zweifellos für viele Menschen ein Anlass, auf die Straße zu gehen. Dahinter stehen Entfremdungsängste, die Furcht vor islamistischem Terror und wohl auch Sozialneid. Was ebenfalls viele auf die Straße treibt, ist das Gefühl, in einem links dominierten Meinungsklima über bestimmte Dinge nicht mehr offen sprechen zu können, weil die Political Correctness es nicht zulässt, zum Beispiel über die gesellschaftliche Ächtung des Patriotismus, die Gender-Ideologie und die Dogmatisierung des Diversitätsdenkens, des Multikulturalismus und der Klimapolitik.

Dabei richtet sich die Wut nicht nur gegen die politische Linke, sondern auch gegen die CDU, die in den letzten Jahrzehnten eine konservative Bastion nach der anderen geräumt und nicht zuletzt mit der von Merkel betriebenen »asymmetrischen Demobilisierung« die gesamte Partei nach links verschoben habe. Ob diese Einschätzung tatsächlich der entscheidende Grund der Empörung ist, bliebe zu prüfen. Festzustellen ist auf jeden Fall, dass sich eine nennenswerte Zahl von Bürgern durch die etablierten Parteien, die verächtlich »Altparteien« genannt werden, nicht mehr hinreichend repräsentiert sieht und in der »Bewegung« die Alternative zur »Partei« findet, weil das Parteien- und Repräsentationssystem als erstarrt wahrgenommen wird. Das ist nun allerdings ein Prozess, der in vielen europäischen Ländern und den USA zu konstatieren ist, was die Frage aufwirft, ob man es hier mit Erosionserscheinungen der Demokratie westlicher Prägung schlechthin zu tun hat.

Ein Aspekt, der in dem genannten Zusammenhang sicherlich auch eine Rolle spielt, ist die Bedeutung des Internets für das moderne Leben. Das Internet ermöglicht unmittelbare Kommunikation; oftmals simuliert es sie allerdings auch nur, wenn man an die verschiedenen Ebenen des Fiktiven und Fiktionalen denkt, die in dieser Art von Austausch zusammenwirken. Die Gewöhnung an diese (scheinbare) Unmittelbarkeit, auch die Gewöhnung an die sofortige Befriedigung von Bedürfnissen ist etwas, das in Konkurrenz steht zu politischen Prozessen, die wie das parlamentarische Verfahren ganz bewusst auf Vermittlung, auf die Brechung direkter Willensäußerung durch reflexive Prozesse, durch Einbeziehung auch anderer Perspektiven als der eigenen setzen. Es ist also ein durchaus gewagtes Spiel, wenn Politiker, um ihre Modernitätszugewandtheit zu beweisen, auf der Klaviatur sozialer Medien mitzuspielen versuchen und damit vielleicht unbewusst dazu beitragen, den Gedanken der Repräsentation, die eben keine unmittelbare Mitwirkung aller bedeutet, zu delegitimieren.[29]

Partizipation, also Teilhabe, ist etwas demokratisch durchaus Erwünschtes. Die unmittelbare Aktion aber, die keine deliberativen Freiräume lässt, die keine Achtung vor Minderheitspositionen zeigt und sich der Dynamik der Masse ergibt, wurde durch die parlamentarische Demokratie ganz bewusst aus dem politischen Prozess weitgehend ausgeschaltet. Wenn nun wieder auf der rechten Seite, so wie damals auf der linken, von einem Volkswillen die Rede ist, der gegen das parlamentarische System ins Spiel gebracht wird, dann sollten sich die demokratischen Parteien, und allen voran die CDU, argumentativ gegen derlei Ansinnen wappnen und die Alternative aktiv dagegensetzen. Im Parlamentarischen Rat hatte man sich mit gutem Grund gegen plebiszitäre Elemente im Grundgesetz ausgesprochen,[30] weil man den Effekt einer auf Massenbewegungen setzenden Politik noch unmittelbar vor Augen hatte.

Denn es sind nicht nur die oben geschilderten Probleme der Emotionalisierung, des fehlenden Minderheitenschutzes und der mangelhaften argumentativen Differenziertheit, die politische Bewegungen in der Regel mit sich bringen. Es ist auch eine immer wiederkehrende Grundstruktur, dass die Bewegung, weil sie auf Vermassung beruht, auf Führerfiguren zurückgreifen muss, um organisationsfähig zu sein. Die demokratischen Führungspersönlichkeiten sind im Gegensatz zu Führern von Massenbewegungen gewählt, haben ein Ausleseverfahren hinter sich gebracht und können ihre Position nur halten, wenn sie sich als kompromissfähig erweisen. Denn nur so können sie sich den Rückhalt auch derer sichern, die nicht unmittelbar zu ihren Gefolgsleuten zählen. Zudem sind sie abwählbar – ein sehr wirksames Kontrollmittel, um Radikalisierung und Machtversessenheit entgegenzuwirken. Das alles gilt für die Führer von Massenbewegungen nicht. Ihr Erfolg beruht gerade auf polemischer Zuspitzung, fehlender Differenzierung und der Bestätigung durch bloße Akklamation, also durch jenen Ausdruck von Zustimmung, den Carl Schmitt als besonders demokratisch pries, demokratischer jedenfalls als die Bestätigung durch Wahlen.[31]

4. Wie reagieren?

Was können nun die Parteien als die wesentlichen Träger des demokratischen Prozesses tun, um das Vertrauen, das sie bei einem Teil der Wähler verloren haben, zurückzugewinnen? Was kann speziell die CDU tun, um der schleichenden Delegitimierung der parlamentarischen Demokratie entgegenzuwirken? Darauf eine einfache Antwort zu geben, ist schlechterdings unmöglich, man kann aber zumindest die Problemlage verdeutlichen. Es ist schon oft festgestellt worden, dass die traditionellen Milieus, aus denen die Parteien sich früher speisten, weggebrochen sind. Bei der CDU war das natürlich vor allem das katholische Milieu, das in einer gründlich säkularisierten Gesellschaft wie der gegenwärtigen deutschen keine Rolle mehr spielt.[32] Die Entwicklung zur Volkspartei brachte eine inhaltliche Öffnung mit sich, die aber zugleich die politischen Konturen verschliff. Darüber hinaus vermindern Individualisierungstendenzen in der Gesellschaft die Bereitschaft, sich in Großorganisationen zu engagieren, zumal mit einem solchen Engagement auch ein gehöriges Maß an Kompromissbereitschaft verbunden ist.[33] Sich überhaupt in irgendeiner Weise zu binden, fällt vielen zunehmend schwer, was die Volatilität des Wahlverhaltens und die Kurzfristigkeit der Wahlentscheidung belegen. Und ein vielleicht auch nicht zu unterschätzender Faktor für die Entfremdung zwischen Partei und zumindest einem Teil der Bevölkerung mag die zunehmende Professionalisierung der Parteikarrieren sein, also die unzureichende Rückbindung der Entscheidungsträger an das Alltagsleben der Bürger.

Es sind also gesellschaftliche Tendenzen, eine möglicherweise nicht hinreichend klare programmatische Positionierung und eine gewisse, auch durch die hohe Arbeitsbelastung bedingte Isolierung der Politiker, die hier zusammenkommen. Doch aufseiten der Bürger hat sich vielleicht inzwischen eine zu hohe Anspruchshaltung ausgebildet, nämlich die Erwartung, Politik sei eine Frage der schnellen Befriedigung von Interessen, zumal partikularer, und bei Nichtgewährung sei der bloße Protest anstelle eines konstruktiven bürgerlichen Engagements die angemessene Antwort. Wie kann man auf diese Situation reagieren?

Einer Partei wie der CDU, die ihrem Selbstverständnis nach und aufgrund ihrer christlichen Herkunft immer antimaterialistisch orientiert war, würde es angesichts der Lage gut anstehen, die geistige Dimension der Politik wieder ins

Spiel zu bringen. Dazu gehörte eine bürgernahe Vermittlung der Bedeutung der parlamentarischen Demokratie angesichts illusionärer Vorstellungen von der unmittelbaren Wirkung des Volkswillens. Dazu gehörte ebenfalls eine programmatische Debatte, die vielleicht dem Konservativen wieder mehr Raum ließe, allerdings einem konservativen Profil, das zukunftstauglich sein muss. Dazu gehörten auch das Wahr- und Ernstnehmen bürgerlicher Ängste, denen freilich nur zum Teil entsprochen werden sollte, zum Teil aber mutig entgegenzutreten ist, wenn sie sich als sachlich nicht gerechtfertigt erweisen.

Was man natürlich nicht beschließen oder aus dem Hut zaubern kann, wäre eine große Idee, die man der gesellschaftlichen Fraktionierung und der bloßen Selbstbezogenheit in Politik und Gesellschaft entgegensetzen könnte. Wofür man aber sorgen kann, ist Bildung als mögliche Voraussetzung für das Entwickeln großer Ideen. Hier wäre die CDU auf einem Terrain, das ihr wesensgemäß ist. Freilich müsste das eine Bildung sein, die nicht kurzfristigem Kosten-Nutzen-Denken unterworfen ist, sondern der Bildung der Persönlichkeit dient, wie es dem christlichen Menschenbild entspricht. Warum also nicht an dieser Stelle ansetzen? Bildung ist immer eine Investition in die Zukunft. Und wenn es um die Zukunft der Demokratie geht, sollte man mit Investitionen nicht zögern.

1 Vgl. Wladimir I. Lenin: Staat und Revolution. Die Lehre des Marxismus vom Staat und die Aufgaben des Proletariats in der Revolution. Berlin 1970 (Erstauflage 1917), S. 49; Adolf Hitler: Mein Kampf. München 1942 (Erstauflage Bd. 1 1925, Bd. 2 1927), S. 99.
2 Bei diesem steht das – in der Regel mit zwei Kammern versehene – Parlament im Mittelpunkt des politischen Geschehens; die Exekutive wird durch das Parla-

ment bestellt und ist diesem verantwortlich. Statt strikter Gewaltenteilung besteht hier also eine partielle Gewaltenverschränkung.

3 Wolfgang Rudzio: Das politische System der Bundesrepublik Deutschland. Opladen 2000, S. 50 f.

4 Franz Walter/Christian Werwath/Oliver D'Antonio: Die CDU. Entstehung und Verfall christdemokratischer Geschlossenheit. Baden-Baden 2014, S. 18.

5 Sehr einseitig dargestellt wird diese Distanz mancher Widerständler zur Demokratie bei Theodore S. Hamerow: Die Attentäter. Der 20. Juli – von der Kollaboration zum Widerstand. München 1999. Differenziert hingegen Hans-Christof Kraus: Der konservative Widerstand gegen den Nationalsozialismus – Bedeutung und Problematik, in: Barbara Zehnpfennig (Hg.): Politischer Widerstand. Allgemeine theoretische Grundlagen und praktische Erscheinungsformen in Nationalsozialismus und Kommunismus. Baden-Baden 2017, S. 181–204.

6 Ebd.

7 Wie Hans-Peter Schwarz es bereits mit dem Titel des von ihm herausgegebenen Buches signalisiert: Die Fraktion als Machtfaktor. CDU/CSU im Deutschen Bundestag bis heute. München 2009.

8 Ebd., S. 288.

9 Walter/Werwath/D'Antonio: Die CDU, S. 34. Zur anfänglichen Heterogenität der Fraktion siehe auch Heinrich Oberreuter: 1968 – Geburtsstunde der modernen CDU?, in: Historisch-Politische Mitteilungen 25 (2018), S. 183–191.

10 Hans-Otto Kleinmann: Geschichte der CDU 1945–1982. Stuttgart 1993, S. 209.

11 Schwarz: Fraktion als Machtfaktor, S. 289 f.

12 Ebd., S. 278.

13 Josef Schmid: Die CDU. Organisationsstrukturen, Politiken und Funktionsweisen einer Partei im Föderalismus. Opladen 1990, S. 161.

14 Schwarz: Fraktion als Machtfaktor, S. 286.

15 Zur Programmatik der Partei siehe Petra Hemmelmann: Der Kompass der CDU. Analyse der Grundsatz- und Wahlprogramme von Adenauer bis Merkel. Wiesbaden 2017.

16 Mariam Lau: Die letzte Volkspartei. Angela Merkel und die Modernisierung der CDU. München 2009, S. 179–205.

17 Barbara Zehnpfennig: Will heute niemand mehr konservativ sein?, in: FAZ, 4. Juni 2018.

18 Carl Schmitt: Die geistesgeschichtliche Lage des heutigen Parlamentarismus. Berlin 1985 (Erstauflage 1923).

19 Diese Karriere fand 1936 zwar ein jähes Ende, aber nicht, weil Schmitt sich auf einmal in Opposition zum System begeben hätte, sondern aufgrund von Konflikten mit der SS.

20 Johannes Agnoli/Peter Brückner: Die Transformation der Demokratie. Frankfurt a. M. 1968.

21 Vgl. dazu z.B. die klassische Position von John Stuart Mill: Betrachtungen über die repräsentative Demokratie. Paderborn 1971.

22 Schmitt: Geistesgeschichtliche Lage, S. 30.

23 Ebd., S. 62.

24 Agnoli/Brückner: Transformation der Demokratie, S. 73.

25 Oberreuter: 1968, S. 185.

26 Philipp Gassert: Von den Schwierigkeiten einer Historisierung: Warum wir uns an »68« als klare Konfrontation erinnern, in: Historisch-Politische Mitteilungen 25 (2018), S. 37–56, hier 44. Gassert wendet sich generell gegen eine nachträgliche Konstruktion der 68er-Zeit, die z.B. von einer Konfrontation zweier Blöcke der »Beharrung« und des »Aufbruchs« (S. 54) sowie einer nachfolgenden kulturellen Hegemonie der Linken ausgeht.

27 Gerhard Leibholz: Das Wesen der Repräsentation und der Gestaltwandel der Demokratie im 20. Jahrhundert. Berlin 1966.

28 So der von Werner Patzelt in die Diskussion gebrachte Begriff, vgl. Werner Patzelt: Der 18. Deutsche Bundestag und die Repräsentationslücke. Eine kritische Bilanz, in: Zeitschrift für Staats- und Europawissenschaften 2–3 (2017), S. 244–285.

29 Vgl. dazu Barbara Zehnpfennig: Mehr Transparenz – weniger Demokratie? Die politische Bedeutung des Internets, in: Marianne Kneuer (Hg.): Das Internet: Bereicherung oder Stressfaktor für die Demokratie? Baden-Baden 2013, S. 35–56.

30 Das spricht nicht gegen Volksbefragungen, Referenden etc. auf Länderebene; im Gegenteil wäre es vielleicht sinnvoll, dieses Element demokratischer Teilhabe auszubauen. Vgl. zu diesem Thema Frank Decker: Braucht die repräsentative Demokratie der Bundesrepublik plebiszitäre Korrektive? Eine kritische Bestandsaufnahme der aktuellen verfassungsrechtlichen und -politischen Diskussion, in: Marianne Kneuer (Hg.): Standortbestimmung Deutschlands: Innere Verfasstheit und internationale Verantwortung. Baden-Baden 2015, S. 225–252.

31 Schmitt: Geistesgeschichtliche Lage, S. 22.

32 Frank Bösch: Macht und Machtverlust. Die Geschichte der CDU. Stuttgart/ München 2002, S. 192.

33 So sank die Zahl der Mitglieder der CDU beispielsweise von 798.000 im Jahr 1990 auf 426.000 im Jahr 2018.

Anhang

Regesten

Günter Bannas: Helmut Kohl – der CDU-Vorsitzende

Der Aufstieg und die ungewöhnlich lange Amtszeit Helmut Kohls als CDU-Vorsitzender werden auf sein Zusammenspiel mit Reformern wie Kurt Biedenkopf und Heiner Geißler, seine Zusammenarbeit mit Wolfgang Schäuble und sein Netzwerk loyaler Vertrauter zurückgeführt.

Frank Bösch: Die CDU-Vorsitzenden und -Generalsekretäre

Unter welchen Bedingungen gelang es CDU-Vorsitzenden, erfolgreich zwischen Fraktion, Regierungsamt und Parteiapparat zu agieren? Gezeigt werden ihre Führungstechniken im Vergleich. Die drei langjährigen Vorsitzenden Adenauer, Kohl und Merkel starteten als Reformer, waren intern kommunikationsstark, entwickelten jedoch auf Dauer ihre Politik aus dem Kanzleramt heraus.

Thomas Brechenmacher: Die CDU unter Angela Merkel (2000–2018)

Ins Amt gekommen in der Krise der Partei nach der Spendenaffäre, gelang Angela Merkel als CDU-Vorsitzender die Rückeroberung des Kanzleramts. Ihr konsensorientierter Politikstil führte lange Jahre zu einer bestimmenden Rolle auf deutscher und europäischer Ebene. Die »Dehnung« des Markenkerns der CDU und die eher von humanitären Motiven bestimmte Flüchtlingspolitik begünstigten dann jedoch die Etablierung der AfD und führten in der Folge zu Wahlniederlagen und dem letztlich selbstbestimmten Ende der Ära Merkel.

Lars P. Feld: Soziale Marktwirtschaft, Ordnungsökonomik und Freiburger Schule: Wie modern ist ordnungspolitisches Denken?

Skizziert werden die ordnungsökonomischen Grundlagen der Sozialen Marktwirtschaft, insbesondere die Freiburger Schule und die Rolle Ludwig Erhards. Die weitere Entwicklung der deutschen Wirtschaftspolitik auf diesen Grundlagen wird dargestellt und die Modernität der deutschen Ordnungsökonomik im Rahmen von EU und EZB diskutiert.

Ralf Fücks: Kampf um die Mitte – Perspektiven und Koalitionsoptionen der Union

Die Erosion der CDU wird als Teil eines gesamteuropäischen Prozesses gesehen, der populistische Bewegungen auf Kosten sozialistischer wie konservativer oder christlich-demokratischer Parteien wachsen lässt. Parallel ist der Union mit den Grünen eine neue Konkurrenz im bürgerlichen Spektrum erwachsen, die sie weder kopieren noch ignorieren kann. Die Koalitionsoption mit den Grünen, das Bündnis der »alten« und der »neuen« Mitte, bietet die Chance für eine Modernisierung der Bundesrepublik.

Michael Gehler: Die CDU, Europa und die europäische Einigung: Motor der Multifunktionalität im Mehrebenensystem

Die CDU hat seit ihrer Gründung die europäische Zusammenarbeit vorangetrieben. Dabei war von Anfang an die deutsch-französische Zusammenarbeit entscheidend, von den Römischen Verträgen über die EG bis hin zur Europäischen Union. Deutsche Spitzenpolitiker und die CDU als Partei spielten dabei in den Institutionen sowie im Europäischen Parlament eine Schlüsselrolle.

Rolf Hasse: Die Währungspolitik der CDU zwischen D-Mark und Euro

Der Weg in die Währungsunion seit Gründung der EWG bis in die jüngste Vergangenheit wird nachgezeichnet. Die Bundesrepublik, die wesentliche strukturelle Haltelinien wie die Defizitgrenze oder die No-Bailout-Klausel der EZB durchgesetzt hatte, unterließ es seitdem jedoch, gegen deren Aufweichung anzukämpfen.

Klaus-Dietmar Henke: Die Auseinandersetzung mit der NS-Vergangenheit

Die Auseinandersetzung der CDU mit der NS-Vergangenheit wird gedeutet als der Versuch, NS-belastete Wählerschichten nicht zu verprellen. Bis in die 1960er-Jahre habe dies zu einer nur gebremsten Aufarbeitung und Verfolgung von NS-Verbrechen geführt. Adenauer habe zwar das Wiedergutmachungsabkommen mit Israel durchgesetzt, aber erst nach der Weizsäcker-Rede 1985 sei die öffentliche Meinung in der Bundesrepublik wie in der Union umgeschlagen.

Wolfgang Jäger: Die CDU und das Ziel der deutschen Einheit

Die Union hielt seit ihrer Gründung am Ziel der deutschen Einheit fest. Dabei galt allerdings, dass die politische Freiheit nicht der Einheit geopfert werden könne. Helmut Kohl behielt, auch als in den 1980er-Jahren die SPD die Zweistaatlichkeit akzeptiert hatte, die Wiedervereinigung als Staatsziel bei und konnte sie durch geschicktes Taktieren 1989/90 erreichen.

Karl-Rudolf Korte: Über den elastischen Sicherheitskonservatismus der CDU-Wähler

Die CDU ist weiterhin überdurchschnittlich erfolgreich bei Frauen, christlich gebundenen Wählern (hierbei besonders bei Katholiken) und tendenziell älteren Wählern. Die Partei hat lange von Angela Merkels Beliebtheitswerten profitiert, allerdings entwickelt sich seit 2015 ein »Merkel-Malus«. Da der Anteil der Wechselwähler zunimmt, muss die CDU elastisch je nach Thema die konservative oder linke Seite der Partei betonen, um weiterhin ihr Potenzial ausschöpfen zu können.

Frank-Lothar Kroll: Christliche Demokratie – vom Glaubensbekenntnis zum politischen Programm?

Die ideengeschichtliche Entwicklung der christlichen Demokratie seit dem 19. Jahrhundert wird hier mit Blick auf den deutschen Geschehensraum nachgezeichnet. Während bei den Katholiken mit dem Zentrum eine kirchennahe Partei entstand, war auf evangelischer Seite kein entsprechend einflussreiches Pendant vorhanden. Erst unter dem Eindruck der NS-Diktatur gelang es, mit der Gründung der Union 1945 die konfessionellen Schranken zu überwinden.

Mariam Lau: Die CDU und die Frauen

Der lange Weg der Frauen in der CDU zur Macht wird analysiert; von den Anfängen nach dem Zweiten Weltkrieg, noch bestimmt von den vor allem religiös vorgegebenen familienpolitischen Vorstellungen der Union, bis hin zur zweiten CDU-Vorsitzenden Kramp-Karrenbauer. Deutlich wird, dass zwar schon Parteivorsitzende wie Adenauer und dann – schon deutlich stärker – Kohl Frauen immer mehr gefördert haben, der eigentliche Durchbruch aber mit der Modernisierung des Familienbilds in der CDU unter Merkel einsetzte.

Antonius Liedhegener: Das »C« als »Himmelsanker« oder: Warum die CDU der Säkularisierung trotzt

Vor dem Hintergrund des religiösen Wandels in der deutschen Gesellschaft werden die Debatten um die Rolle des Christentums für die CDU untersucht. Dabei wird unter Auswertung der Parteiprogramme der Beitrag des »C« für den Zusammenhalt und den Wahlerfolg der Union analysiert.

Horst Möller: Die Union aus CDU und CSU – zum Verhältnis der Schwesterparteien

Die »konkurrierende Kooperation« zwischen CDU und CSU ermöglichte der CDU über weite Phasen der Geschichte der Bundesrepublik die Rolle als größte Fraktion, während die CSU eine deutlich größere bundespolitische Wirksamkeit erreichte, als es ihr alleine möglich gewesen wäre. Beide sind aufeinander angewiesen, sodass Überlegungen zur Auflösung der Fraktionsgemeinschaft wie 1976 oder 2018 nicht realisiert wurden. Seit dem Wechsel im Vorsitz beider Parteien wird seit 2018/19 hingegen die Harmonie beschworen.

Peter Müller: »Ohne Sicherheit ist keine Freiheit« – die CDU und die Innere Sicherheit

Die CDU versteht sich als »Partei der Inneren Sicherheit«. Davon ausgehend wird ihre Sicht auf das Verhältnis von Freiheit und Sicherheit beschrieben und sich daraus ergebende Ableitungen in einzelnen Politikfeldern dargestellt.

Ursula Münch: Erosion der demokratischen Mitte? Herausforderungen der Unionsparteien in den Zeiten postpandemischer Krisenbewältigung

Schon vor der Coronakrise stand die CDU als letzte Volkspartei vor der Herausforderung, dass ein zunehmender Teil der Bevölkerung sich nicht mehr von den klassischen Parteien repräsentiert sieht. Die Auseinandersetzung über die Wahl eines Ministerpräsidenten in Thüringen hat verdeutlicht, dass damit auch schwere innerparteiliche Konflikte drohen. Der neue Vorsitzende wird neben diesen Problemen die wirtschaftlichen, finanziellen und gesellschaftlichen Folgen der Corona-Pandemie zu bewältigen haben.

Herfried Münkler: Die CDU im Kreuzfeuer von Oppositionsbewegungen: Wiederbewaffnung, Friedensbewegung und AfD

Betrachtet wird die Auseinandersetzung der CDU mit drei Oppositionsbewegungen, die sich bezüglich der Frage der Wiederbewaffnung, der NATO-Nachrüstung sowie dem Zuzug von Flüchtlingen seit 2015 formierten. Adenauer gelang es, die Wiederbewaffnung als Teil der Westbindung und Wiedergewinnung der deutschen Souveränität zu kommunizieren, und Helmut Kohl konnte erfolgreich die NATO-Nachrüstung als Vorbedingung der Wiedervereinigung ausdeuten. Für die Grenzöffnung 2015 wurde dagegen mit Ausnahme der moralischen Komponente kein klares Narrativ entwickelt, das sie in einen langfristigen Kontext der Unionspolitik gestellt hätte. Dies führte zu einer Zerreißprobe innerhalb der Union und zur Etablierung der AfD.

Klaus Naumann: Die CDU zwischen transatlantischer Bündnistreue und Ausgleich mit dem Osten

Die CDU wurde durch Konrad Adenauer seit Bestehen der Bundesrepublik auf die Bindung an den Westen festgelegt. Unter Bundeskanzler Kohl erwies sich die in der Nachrüstungsdebatte bewiesene Bündnistreue bei gleichzeitiger Gesprächsbereitschaft gegenüber der Sowjetunion als entscheidend für den Erfolg seiner Wiedervereinigungspolitik.

Heinrich Oberreuter: Recht und Geld – Parteienrecht und Parteienfinanzierung

Nachgezeichnet wird der Weg zu einer immer stärkeren Verrechtlichung der Arbeit und Finanzierung der Parteien, die sich zwangsläufig aus deren konstitutiver Stellung im System der politischen Willensbildung der Bundesrepublik ergibt. Dabei waren Krisen wie auch die CDU-Parteispendenaffäre 1998 immer wieder Anstoß zur Weiterentwicklung der Gesetzgebung.

Andreas Rödder: Die Rolle der CDU in der deutschen Geschichte

Die CDU hat den weit überwiegenden Teil der Geschichte der Bundesrepublik über die Regierung gestellt und wesentliche Richtungsentscheidungen verantwortet: die Ausgestaltung der Wirtschafts- und Sozialordnung, Westbindung, europäische Einigung und deutsche Wiedervereinigung sowie im frühen 21. Jahrhundert die Euro-Rettungspolitik und die Politik in der Migrationskrise. Dabei gründeten ihre programmatische Breite als überkonfessionelle Sammlungsbewegung und ihr Pragmatismus als Regierungspartei auf einem konstitutiven Antisozialismus beziehungsweise Antikommunismus, einem christdemokratischen Menschenbild und dem Prinzip der Subsidiarität.

Wolfgang Schroeder: Die Sozialpolitik der Union:
Christdemokratische Sozialpolitik im Wandel
der Zeit

Die Sozialpolitik der CDU hat die Struktur des deutschen
Sozialstaats in seinen wesentlichen Elementen Solidarität,
Subsidiarität und Sozialpartnerschaft geprägt. Die jeweilige
Position entstand in der Debatte zwischen dem Arbeitnehmerflügel, der sich im Wesentlichen an Vorstellungen der katholischen Soziallehre orientiert, sowie dem ordoliberal ausgerichteten Wirtschaftsflügel.

Matthias Stickler: Von der Integration der
Vertriebenen zum »Integrationsland Deutschland« –
die Migrationspolitik der CDU im Wandel

Die Migrationspolitik der CDU hat lange zwischen deutschen Vertriebenen und Spätaussiedlern auf der einen und
nicht-deutschen Arbeitsmigranten auf der anderen Seite unterschieden. Die Integration der Flüchtlinge und Vertriebenen durch Maßnahmen wie den Lastenausgleich oder die
Rentenreform war eine der großen sozialpolitischen Leistungen der Adenauer-Regierung. Bei Arbeitsmigranten lag der
Fokus der christdemokratischen Politik seit den 1970er-Jah-
ren auf der Begrenzung des Zuzugs, erst seit den 1990er-Jah-
ren hat die CDU sukzessive den Wandel von einer Auslän-
der- zur Einwanderungspolitik hin vollzogen.

Andreas Wirsching: Restauration oder Modernisierung – Deutungen der Ära Adenauer

Die Bewertungen der Ära Adenauer bewegen sich zwischen einer schon von Zeitgenossen kritisierten angeblichen Restauration und einer Modernisierung der bundesdeutschen Gesellschaft. Trotz der nicht adäquaten Aufarbeitung der NS-Verbrechen gelang der Aufbau einer funktionsfähigen, stabilen und von der Bevölkerung angenommenen Parteiendemokratie. Dies sowie die in jeder Schicht spürbare Steigerung des Wohlstands infolge des wirtschaftlichen Erfolgs, der Aufbau eines expandierenden Sozialstaats und eine Klassengegensätze nivellierende Konsumkultur sind eher Merkmale einer Modernisierung. Insgesamt ist deshalb wohl vor allem der dynamische Wandel das Epochenmerkmal der bundesdeutschen Nachkriegszeit.

Edgar Wolfrum: Volksparteien – Entwicklung und Perspektiven

Volksparteien als schichtübergreifende, politisch breit aufgestellte Parteien sind ein genuines Merkmal der Parteienstruktur der Bundesrepublik, obwohl die Zentrumspartei schon vergleichbare Züge aufwies. Nachdem die CDU in den 1950er-Jahren und die SPD nach dem Godesberger Programm von 1959 zu genuinen Volksparteien wurden, setzte in den 1990er-Jahren ein Wählerschwund ein, der in anderen europäischen Staaten seine Entsprechung findet. Die oft vernehmbare Prognose vom Untergang der Volksparteien ist dabei aber weniger zwangsläufig, als es den Anschein hat.

Barbara Zehnpfennig: Die CDU, die parlamentarische Demokratie und die Frage der Repräsentation

Als Reaktion auf die Erfahrungen mit der NS-Diktatur wurde die Bundesrepublik bewusst um ein verfassungsrechtlich starkes Parlament herum konzipiert, das alleine über demokratische Legitimation verfügt. Während APO und linker Terrorismus der parlamentarischen Demokratie nichts anhaben konnten, wird sie durch die Unmittelbarkeit des Internets, die Entkoppelung herrschender Eliten sowie rechtspopulistische Bewegungen zunehmend infrage gestellt.

Autoren

Günter Bannas, 1952 in Kassel geboren, Buchautor und Kolumnist, 1999–2018 Leiter der FAZ-Parlamentsredaktion in Berlin.

Prof. Dr. Frank Bösch, 1969 in Lübeck geboren, ist ordentlicher Professor für die Geschichte des 20. Jahrhunderts an der Universität Potsdam und Direktor des Leibniz-Zentrums für Zeithistorische Forschung (ZZF).

Prof. Dr. Thomas Brechenmacher, 1964 in Immenstadt geboren, ist Professor für Neuere Geschichte mit dem Schwerpunkt deutsch-jüdische Geschichte an der Universität Potsdam sowie Vorsitzender der wissenschaftlichen Kommission der Kommission für Zeitgeschichte.

Prof. Dr. Dr. Lars P. Feld, 1966 in Saarbrücken geboren, ist seit 2010 Professor für Wirtschaftspolitik und Ordnungsökonomik an der Albert-Ludwigs-Universität Freiburg, Direktor des Walter Eucken Instituts sowie seit 2011 Mitglied und seit März 2020 Vorsitzender des Sachverständigenrats zur Begutachtung der gesamtwirtschaftlichen Entwicklung.

Ralf Fücks, 1951 in Edenkoben geboren, war 1991–1995 Senator für Stadtentwicklung und Umweltschutz der Hansestadt Bremen, 1997–2017 Mitglied des Vorstands der Heinrich-Böll-Stiftung, Gründer und geschäftsführender Gesellschafter des »Zentrums Liberale Moderne« in Berlin.

Prof. Dr. Michael Gehler, 1962 in Innsbruck geboren, ist seit 2006 Professor für Neuere Deutsche und Europäische Geschichte, Jean Monnet Chair für Geschichte Europas und der europäischen Integration, und Leiter des Instituts für Geschichte an der Stiftung Universität Hildesheim sowie korrespondierendes Mitglied der Österreichischen Akademie der Wissenschaften in Wien.

Prof. Dr. Rolf Hasse, geboren 1940, war Professor für Volkswirtschaftslehre an der Universität der Bundeswehr in Hamburg (1981–1998), der Universität Leipzig (1998–2006) sowie Direktor des Fraunhofer-Zentrums für Mittel- und Osteuropa in Leipzig (2006–2008).

Prof. Dr. Klaus-Dietmar Henke, 1947 in Räckelwitz/Kreis Kamenz geboren, war bis 2012 Inhaber des Lehrstuhls für Zeitgeschichte in Dresden, zuvor beziehungsweise daneben stellvertretender Chefredakteur der »Vierteljahrshefte für Zeitgeschichte«, Wissenschaftschef der Gauck-Behörde und Direktor des Hannah-Arendt-Instituts.

Prof. Dr. Dr. h. c. mult. Wolfgang Jäger, 1940 in Niedereschach geboren, em. Professor für Wissenschaftliche Politik an der Universität Freiburg, 1995–2008 Rektor der Universität, seit 1988 Richter am Verfassungsgerichtshof Baden-Württemberg.

Prof. Dr. Karl-Rudolf Korte, 1958 in Hagen geboren, ist seit 2002 Professor für Politikwissenschaft an der Universität Duisburg-Essen und seit 2006 Direktor der NRW School of Governance.

Annegret Kramp-Karrenbauer, 1962 in Völklingen geboren, 2011–2018 Ministerpräsidentin des Saarlandes, seit 2018 Bundesvorsitzende der CDU, seit 2019 Bundesministerin der Verteidigung.

Prof. Dr. Frank-Lothar Kroll, 1959 in Aachen geboren, ist seit 2004 Professor für Europäische Geschichte des 19. und 20. Jahrhunderts an der Universität Chemnitz und seit 2006 Vorsitzender der Preußischen historischen Kommission sowie seit 2011 der Prinz-Albert-Gesellschaft e. V.

Prof. Dr. Norbert Lammert, 1948 in Bochum geboren, gehörte von 1980–2017 dem Deutschen Bundestag an, von 2005–2017 als Bundestagspräsident, und ist seit 2018 Vorsitzender der Konrad-Adenauer-Stiftung e. V.

Mariam Lau, 1962 in Teheran geboren, ist als Publizistin und Journalistin unter anderem für die taz und die Welt tätig gewesen und seit 2010 politische Korrespondentin der Zeit.

Prof. Dr. Antonius Liedhegener, 1963 in Arnsberg geboren, ist seit 2008 Professor für Politik und Religion an der Universität Luzern.

Prof. Dr. Dr. h. c. mult. Horst Möller, 1943 in Breslau geboren, war von 1982–1989 Professor für Neuere Geschichte an der Universität Nürnberg-Erlangen, von 1989–1992 Direktor des Deutschen Historischen Instituts in Paris und von 1992–2011 Direktor des Instituts für Zeitgeschichte München-Berlin, ab 1996 zugleich Professor an der Universität München.

Peter Müller, 1955 in Illingen geboren, von 1999–2011 Ministerpräsident des Saarlandes, von 2009–2011 auch Justizminister des Saarlandes, seit 2011 Richter am Bundesverfassungsgericht.

Prof. Dr. Ursula Münch, 1961 in Esslingen am Neckar geboren, ist seit 1999 Professorin für Politikwissenschaft an der

Universität der Bundeswehr München und seit 2011 Direktorin der Akademie für Politische Bildung Tutzing.

Prof. Dr. Herfried Münkler, 1951 in Friedberg/Hessen geboren, 1992 bis zur Emeritierung 2018 Professor für Theorie der Politik an der Humboldt-Universität Berlin.

Klaus Naumann, General a. D., 1939 in München geboren, Generalinspekteur der Bundeswehr 1991–1996, Vorsitzender des NATO-Militärausschusses 1996–1999.

Prof. Dr. Heinrich Oberreuter, 1942 in Breslau geboren, war Professor für Politikwissenschaft an der FU Berlin (1978–80) und der Universität Passau (1980–2010), Direktor der Akademie für politische Bildung Tutzing (1993–2011), Gründungsdekan für Geistes- und Sozialwissenschaften an der TU Dresden (1991–93).

Prof. Dr. Andreas Rödder, 1967 in Wissen geboren, ist seit 2005 Professor für Neueste Geschichte an der Universität Mainz.

Prof. Dr. Wolfgang Schroeder, 1960 in Mayen geboren, ist seit 2006 Professor für Politikwissenschaft an der Universität Kassel und war von 2009–2014 Staatssekretär im Ministerium für Arbeit und Soziales des Landes Brandenburg.

Prof. Dr. Matthias Stickler, 1967 in Aschaffenburg geboren, lehrt Neuere und Neueste Geschichte und ist Wissenschaftlicher Leiter des Instituts für Hochschulkunde an der Universität Würzburg.

Prof. Dr. Andreas Wirsching, 1959 in Heidelberg geboren, ist seit 2011 Direktor des Instituts für Zeitgeschichte München-

Berlin, war Professor für Neueste Geschichte an den Universitäten Tübingen und Augsburg und lehrt seit 2011 an der Ludwig-Maximilians-Universität München.

Prof. Dr. Edgar Wolfrum, 1960 in St. Georgen geboren, ist seit 2003 Inhaber des Lehrstuhls für Zeitgeschichte an der Universität Heidelberg, Autor zahlreicher Veröffentlichungen zur deutschen und europäischen Geschichte.

Prof. Dr. Barbara Zehnpfennig, 1956 in Köln geboren, ist Professorin für Politische Theorie und Ideengeschichte an der Universität Passau sowie ordentliches Mitglied der Bayerischen Akademie der Wissenschaften.

Abbildungsverzeichnis

Titelabbildungen (von links nach rechts):

Konrad-Adenauer-Stiftung e. V./Giuseppe Moro
Bundesarchiv, B 145 Bild-F004204-0003/Doris Adrian/CC-BY-SA 3.0
Konrad-Adenauer-Stiftung e. V./Rainer Unkel
ullstein bild/Christian Bach

Plakate (in der Reihenfolge des Abdrucks):

ACDP Plakatsammlung 10-009-613
ACDP Plakatsammlung 10-001-3500
ACDP Plakatsammlung 10-031-881
ACDP Plakatsammlung 10-031-60000
ACDP Plakatsammlung 10-001-650
ACDP Plakatsammlung 10-008-1107
ACDP Plakatsammlung 10-030-8
ACDP Plakatsammlung 10-030-802
ACDP Plakatsammlung 10-024-182
ACDP Plakatsammlung 10-001-14
ACDP Plakatsammlung 10-016-1221
ACDP Plakatsammlung 10-017-1
ACDP Plakatsammlung 10-001-1862
ACDP Plakatsammlung 10-001-8
ACDP Plakatsammlung 10-002-11
ACDP Plakatsammlung 10-010-1302
ACDP Plakatsammlung 10-001-4003

ACDP Plakatsammlung 10-031-743.4
ACDP Plakatsammlung 10-001-411
ACDP Plakatsammlung 10-024-184
ACDP Plakatsammlung 10-001-4
ACDP Plakatsammlung 10-009-4
ACDP Plakatsammlung 10-009-27
ACDP Plakatsammlung 10-001-642
ACDP Plakatsammlung 10-015-1
ACDP Plakatsammlung 10-031-10000